中等职业教育国家规划教材

Daolu Cailiao Shiyan

道路材料试验

（第二版）

（公路与桥梁专业）

主　编　伍必庆
主　审　张美珍

人民交通出版社

内 容 提 要

本书是中等职业教育国家规划教材，主要讲述了道路工程用各种建筑材料的技术性质、组成设计以及常规的试验方法。内容包括筑路用土，砂石材料，石灰和水泥，普通水泥混凝土，稳定土和建筑砂浆，沥青材料，沥青混合料，建筑钢材和木材，并介绍了发展中的材料与应用。

本书作为中等职业学校公路与桥梁专业教学用书，也可供继续教育及职业培训使用，或作为公路工程技术人员的学习参考书。

图书在版编目（CIP）数据

道路材料试验/伍必庆主编．—2版．—北京：人民交通出版社，2007.1

ISBN 978-7-114-06231-5

Ⅰ．道…　Ⅱ．伍…　Ⅲ．道路工程－建筑材料－材料试验　Ⅳ．U414.03

中国版本图书馆 CIP 数据核字（2006）第 128541 号

中等职业教育国家规划教材

书　　名：道路材料试验（第二版）（公路与桥梁专业）
著 作 者：伍必庆
责任编辑：郝瑞苹
出版发行：人民交通出版社
地　　址：（100011）北京市朝阳区安定门外外馆斜街 3 号
网　　址：http：//www.ccpress.com.cn
销售电话：（010）85285838，85285995
总 经 销：北京中交盛世书刊有限公司
经　　销：各地新华书店
印　　刷：廊坊市长虹印刷有限公司
开　　本：787×1092　1/16
印　　张：23
字　　数：563 千
版　　次：2002 年 7 月第 1 版　2007 年 1 月第 2 版
印　　次：2007 年 1 月第 2 版第 1 次印刷　总第 4 次印刷
书　　号：ISBN 978-7-114-06231-5
印　　数：16001—21000 册
定　　价：30.00 元

中等职业教育国家规划教材出版说明

为了贯彻《中共中央国务院关于深化教育改革全面推进素质教育的决定》精神，落实《面向21世纪教育振兴行动计划》中提出的职业教育课程改革和教材建设规划，根据教育部关于《中等职业教育国家规划教材申报、立项及管理意见》（教职成[2001]1号）的精神，我们组织力量对实现中等职业教育培养目标和保证基本教学规格起保障作用的德育课程、文化基础课程、专业技术基础课程和80个重点建设专业主干课程的教材进行了规划和编写，从2001年秋季开学起，国家规划教材将陆续提供给各类中等职业学校选用。

国家规划教材是根据教育部最新颁布的德育课程、文化基础课程、专业技术基础课程和80个重点建设专业主干课程的教学大纲（课程教学基本要求）编写，并经全国中等职业教育教材审定委员会审定。新教材全面贯彻素质教育思想，从社会发展对高素质劳动者和中初级专门人才需要的实际出发，注重对学生的创新精神和实践能力的培养。新教材在理论体系、组织结构和阐述方法等方面均作了一些新的尝试。新教材实行一纲多本，努力为学校选用教材提供比较和选择，满足不同学制、不同专业和不同办学条件的学校的教学需要。

希望各地、各部门积极推广和选用国家规划教材，并在使用过程中，注意总结经验，及时提出修改意见和建议，使之不断完善和提高。

教育部职业教育与成人教育司

二〇〇六年六月

第一版前言

为了贯彻《中共中央国务院关于深化教育改革全面推进素质教育的决定》，落实《面向21世纪教育振兴行动计划》中提出的“职业教育课程改革和教材建设规划”，教育部全面启动了中等职业教育国家规划教材建设工作。交通职业教育教学指导委员会路桥工程学科委员会组织全国交通职业学校（院）的教师，根据教育部最新颁布的公路与桥梁专业的主干课程教学基本要求，编写了中等职业教育公路与桥梁专业国家规划教材共8种，并通过了全国中等职业教育教材审定委员会的审定。

本套教材的编写融入了全国各交通职业学校（院）公路与桥梁专业的教学改革成果，并结合了最新的技术标准、规范以及公路科技进步等情况，具有较强的针对性。新教材较好地贯彻了素质教育的思想，力求体现以人为本的现代理念，从交通行业岗位群的知识和技能要求出发，并结合对培养学生创新能力、职业道德方面的要求，提出教学目标并组织教学内容，在教材的理论体系、组织结构、内容描述上与传统教材有了明显的区别。

《道路材料试验》是中等职业教育公路与桥梁专业国家规划教材之一，内容包括：筑路用土，砂石材料，石灰和水泥，普通水泥混凝土、建筑砂浆和稳定土，沥青材料，沥青混合料，建筑钢材和木材，共7章。

参加本书编写工作的有：内蒙古大学职业技术学院伍必庆（编写第二、四、五章）、河南省交通学校宁金成（编写第一章）、山西交通职业技术学院李建刚（编写第三、七章）、广西交通职业技术学院刘芳（编写第六章），全书由内蒙古大学职业技术学院伍必庆担任主编，湖南交通职业技术学院文德云担任责任编委。人民交通出版社聘请湖南交通职业技术学院文德云高级讲师担任本套教材的总统稿人。

本书由长安大学胡大琳教授担任责任主审，陈栓发、徐江萍副教授审稿。他们对书稿提出了宝贵意见，在此表示衷心感谢。

限于编者经历及水平，教材内容很难覆盖全国各地的实际情况，希望各教学单位在积极选用和推广国家规划教材的同时，注意总结经验，及时提出修改意见和建议，以便再版修订时改正。

交通职业教育教学指导委员会

路桥工程学科委员会

二〇〇二年五月

第二版前言

随着公路特别是高速公路建设事业的快速发展,我国在公路与桥梁工程设计理论、公路建设新材料、公路施工新技术和新工艺等方面的研究取得了许多新的成果。为此,近年来中华人民共和国交通部颁布了一些新的行业标准、规程和规范。为紧跟行业新技术的发展步伐,适应新标准和规范的要求,改正第一版教材中与新标准、规程和规范表述不相吻合的内容,也为了弥补第一版教材在使用过程中发现的不足,交通职业教育教学指导委员会路桥工程专业指导委员会研究决定,对2002年出版的中等职业教育国家规划教材按以下原则重新编写。

1.遵循"去旧补新"的原则。根据国家和行业颁布的最新标准、规程和规范以及行业科技进步需要,对原教材中的部分内容进行适当的调整和更新,同时对原教材中的不足和疏忽予以弥补。

2.突出实践技能的原则。按照教育部对中等职业教育培养目标的定位,吸收近几年职业教育教学改革的经验和成果,力求使新修订的教材更符合中职学生的认知规律、实际应用和职业技能的训练需要,体现"所学即所用,所用即所教"。

参加本书编写工作的有:河南交通职业技术学院宁金成(编写第一章),内蒙古大学职业技术学院伍必庆(编写第二、四、五、八章),山西交通职业技术学院李建刚(编写第三、七章),广西交通职业技术学院刘芳(编写第六章)。全书由伍必庆担任主编,山西交通职业技术学院张美珍担任主审。

第二版教材增附教育部颁布的《中等职业学校公路与桥梁专业教学指导方案》中对《道路材料试验》课程的"教学基本要求",以便于各校组织教学时参考。

交通职业教育教学指导委员会
路桥工程专业指导委员会
二〇〇六年八月

目录

目录

目录

第一章 筑路用土

【内容简介和学习目标】

本章着重介绍土的组成，土的物理性质及其指标，土的水理性质，土的粒度成分及工程分类方法。

通过本章学习，学生能够根据土的三相体的概念，进行土的物理性质指标的测试和计算，描述黏性土的物理性质、物理状态与含水量之间的关系。应用颗粒分析方法和公路土工分类方法，确定土的类别和名称，并具有各种土工试验检测能力，同时能进行土的野外简易鉴别。

第一节 概 述

一、土粒特征

土是指地壳表层的物质，在长期风化、搬运、磨蚀、沉积作用的过程中，形成大小不等、未经胶结的一切松散物质。它包括土壤、黏土、矿、岩屑、岩块和砾石等。

土总的特征是颗粒与颗粒之间的连接强度较土粒本身强度低，甚至没有联结性。根据土粒之间有无联结性，大致可将土分为砂类土(砾石、砂)和黏性土两大类。

土从外观的颜色看，较为复杂，但以黑、红、白为基本色调。颜色是土颗粒成分的直接反映，黑色是由所含有机物的腐化(腐殖质)染色而成的；白色常来自石英和高岭石的本色；红色主要是由高价氧化铁染色而成。随着土的成因环境不同，土呈现出多种多样的颜色。

土粒特征主要是形状、粒径、比表面积。

(1)形状　岩石遭到风化剥蚀可裂成碎屑，有些矿物，无论粗细，都仍然保持各自晶体形状，有块状、球状、板状、片状、柱状等。

(2)粒径　土的颗粒有粗有细，尽管土粒粗细悬殊，都属于土质学研究范围。为了便于分辨土的粗细程度，通常把土粒视为球体，以其直径尺寸表示土粒的粗细，工程上常以毫米作为土粒粒径的计量单位。

(3)比表面积　一切几何体，它的形状、体积和表面之间都有一定的比例关系。在土质学中常用比表面积来表示这一关系，即以物体的总表面积除以它的总体积，所得的商称作比表面积，用 A_R 表示，单位为 mm^{-1}，计算公式为：

$$比表面积\ A_R = \frac{物体总表面积(mm^2)}{物体总体积(mm^3)} = \frac{\pi d^2}{\frac{1}{6}\pi d^3} = \frac{6}{d}(mm^{-1}) \tag{1-1}$$

式中：d——土颗粒直径(mm)。

二、土的结构

土的结构是指土粒的大小、形状、表面特征、相互排列及其联结关系的组合情况。它与土粒的矿物成分、沉积条件和沉积过程有关。由于土的工程地质差异与土的结构有很密切的关系，常将土的结构划分为如下4个基本类型(图1-1)。

(1)单粒结构　土在沉积过程中，较粗的颗粒分别受到重力作用下沉，沉积层中每一个颗粒都与相邻的颗粒互相接触，互相支承，形成单粒结构[图1-1a)]，如砂砾、砂土和较粗的粉土，都属于这种单粒结构。

(2)蜂窝结构　较细的土粒在水中受重力作用下沉的速度较慢，由于受土粒间分子引力的影响，一些相互邻近的土粒联结成小团下沉，堆积成具有很大孔隙的蜂窝状结构[图1-1b)]，土粒团中形成的蜂窝状孔隙，远远大于土粒本身的尺寸。没有经过压密的蜂窝结构的土体，在外力作用下，土中的孔隙会大大地缩小，土体也会产生较大的沉陷。

(3)絮状结构　粒径小于0.002mm的土粒，在水中可以长时间处于悬浮状态，本身所受重力不足以使其下沉。如果在悬液中加入某种电解质，可以使土粒间的排斥力减弱，土粒相互靠近，凝聚成絮状物体在水中下沉，形成絮状结构[图1-1c)]。这种结构的特点，是细小的土粒结成带状土骨架，再以带状的土骨架组成封闭的空室。土粒间的孔隙小，带状骨架间的孔隙很大。但是，这些孔隙实际上很小，用肉眼是看不见的。

(4)非均粒结构　土在沉积过程中，如果粗细颗粒混合下沉，就会形成粒径大小相差悬殊的土结构，称为非均粒结构[图1-1d)]。例如黏粒与砂粒、粉粒所形成的非均粒结构，黏粒包裹在粗粒表面上，具有弹性。细粒土受粗粒的影响，可形成较紧密的结构。

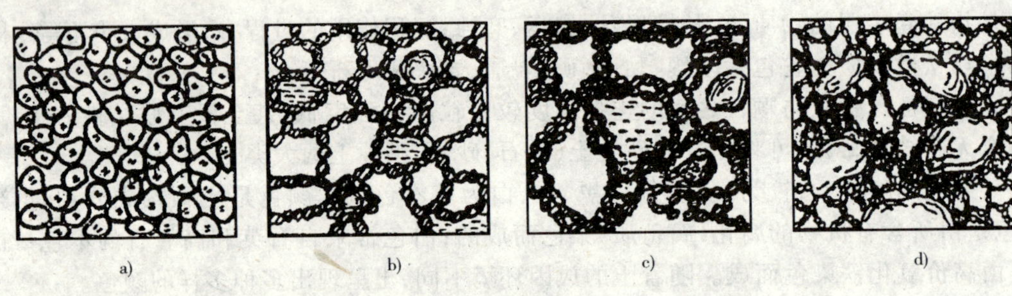

图1-1　土的结构

a)单粒结构；b)蜂窝结构；c)絮状结构；d)非均粒结构

以上4种结构类型，从工程地质观点看，单粒结构中由于地质成因上堆积速度不同，所以颗粒间在相互排列的方式和紧密程度上有所不同，也就形成了松散结构和紧密结构，松散结构的土层不稳定，而紧密结构的土层在建筑物的静力荷重下，不会压缩沉陷，在重力荷载或振动的情况下，孔隙度变化也很小，不会造成破坏，是较理想的结构。蜂窝状或絮状结构都是土粒比较均匀时形成的，这两种土层的孔隙率较大，在荷载作用下会产生较大的沉降。非均粒结构，粗细颗粒混合下沉，相互排列很紧，孔隙较小，结构密实，具有良好的工程地质性质。

第二节　土的三相组成

一、土的相系组成

土的三相是指土的固相、液相和气相。土的矿物颗粒是构成土的主体部分，为土的固态相，它是土的“骨架”，也叫做“土粒”。

土粒与土粒之间存在孔隙，如果孔隙全部被气体所充斥，就构成了土的气态相部分；如果孔隙全部为水所充满，就构成土的液态相部分。前者称为干土，后者称为饱和土。干土和饱和土分别是由固相和气相、固相和液相组成，故都称为二相体系。

土粒之间的孔隙中，如果既有液态相水，又有气态相的空气，这种土称为湿土。湿土是介于饱和土和干土之间的，由固相、气相和液相组成，故称为三相体系。

总的来说，一般土都是由固态相的土粒、液态相的水和气态相的空气所组成，故合称为土的三相组成部分。

土的相系组成对土的状态和性质有着密切关系。如砂土，由土粒和空气组成二相体系的干砂土是松散的；由土粒和水组成的二相体系的饱水砂土也是松散的，而三相体系的湿砂土具有一定程度的联结性。黏性土随着相系组成的不同，其状态和性质的变化更为明显。

二、土的相系组成之间的相互作用

1.固态相与液态相

在土的相系组成中，土粒的矿物成分、颗粒形状、大小及其组织结构，对土的工程性质有着决定性的影响。然而，当土粒之间有水存在时，则水对土粒间所起的作用就显得更为重要。一般来说，由于细小的土粒表面具有带游离价的原子或离子绕其周围，而形成静电引力场(图 1-2)。因水分子为偶极体，以 O^{2-} 为阴极、H^+ 为阳极，在土粒表面静电引力场的作用下，产生“同号电荷相斥，异号电荷相吸”的效应，且随场强距离由近而远，其活动能力由小而大。愈靠近土粒表面，水分子排列得愈紧密而整齐，几乎完全失去了自由活动的能力。距土粒表面渐远，其强度渐小，水分子也逐渐不那么整齐、紧密了，但仍不能完全自由。只有在场强之外，水分子才具自由活动的能力，成为自由液态水。这些部分或完全地失去自由活动能力的水分子，在土粒四周所形成的一层水膜，称为水化膜。水化膜受静电引力的影响，其密度比一般自由液态水大，愈靠近土粒表面密度愈大。其力学性质也与自由液态水不同，有似固态相，故把水化膜列为固态相与液态相的过渡型。

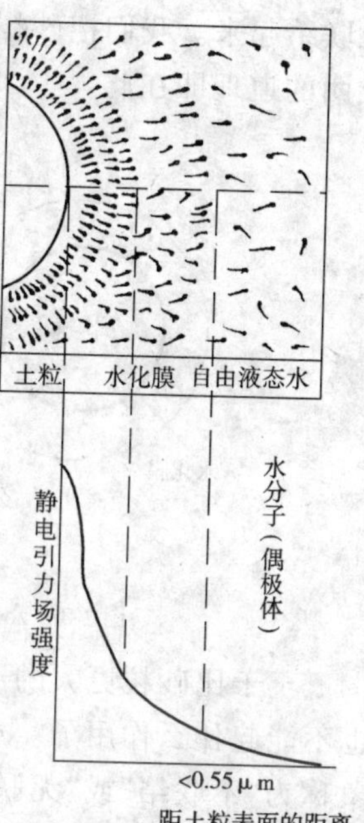

图 1-2 土粒与水相互作用示意图

两个相邻的土粒比较靠近时，各自形成的水化膜就有一部分重合起来，形成公共水化膜(图 1-3)。公共水化膜对细粒土的性质有很大的影响，因为它能把相邻的土粒牢固地联结在一起，尤其是当水中含有盐类时，它们的离子也参与到公共水化膜中去，其联结能力就会更为加强。相邻土粒通过公共水化膜所形成的这种比较牢固的联结关系，称为“水胶联结”。这同沉积岩的碎屑颗粒之间通过胶结物联结起来成为坚硬岩石，在性质上饲类似的，只是联结物及其牢固程度有所不同罢了。

水胶联结力的强度与土粒的大小有着很密切的内在联系。水胶联结力与土粒表面积成正比，而与土粒的体积成反比。即联结力与比面积成正比，比面积愈大，联结力也愈大。

含细小颗粒较多的黏性土，因水胶联结力强故能成块。当黏性土中含水量减少时，孔隙中自由液态水逐渐减少，土粒逐渐靠近，水胶联结力逐渐增强，土的体积不断收缩、干硬，表面常因收缩而出现裂缝。许多黏土沉积物表面的龟裂纹，就是这样形成的。反之，当黏土中的水分不断增加时，它的联结力便会变小、变软，体积膨胀；当其自由液态水超过饱和时，则公共水化膜减少，土粒间甚至会完全失去联结力使之软化、崩解。

“黏性土”这个名词的来源，就是因为它含有较多的细小土粒，使之具有较大的水胶联结力而表现为有较强的黏着性而得名。

至于砂土，由于土粒的直径大、质量相对较大，比面积较小，微弱的水胶联结力不足以黏持土粒的重力，土粒间有相互脱离的趋势，故二相系的干砂土和饱和砂土都呈松散状态，无黏着力。

2.固态相、液态相与气态相

在三相体系中，土粒的孔隙里既有水又有空气，三者交界处存在着一个弯曲的界面（图1-4）。在液—气之间，水分子受液体内部水分子的吸引使液体趋向收缩而产生表面张力。在固—液—气三相界面处的水分子，由于靠近土粒而受密度较大的水化膜的牵引，并在表面张力作用下，其接触处便形成弯曲的自由液面，称之为弯液面。由弯液面产生的力，称为"毛细力"。可见，在三相体系中由于气态相的存在使粒间的联结力有所增加，这对于三相体系的湿砂而言，虽水胶联结力不足以克服砂的重力，但由于公共水化膜的力量再加上毛细力，故也能将砂粒联结起来。我们把砂粒间的这种松散的联结关系，称为"水联结"。湿砂土之所以用锹能挖成团的道理即在此。

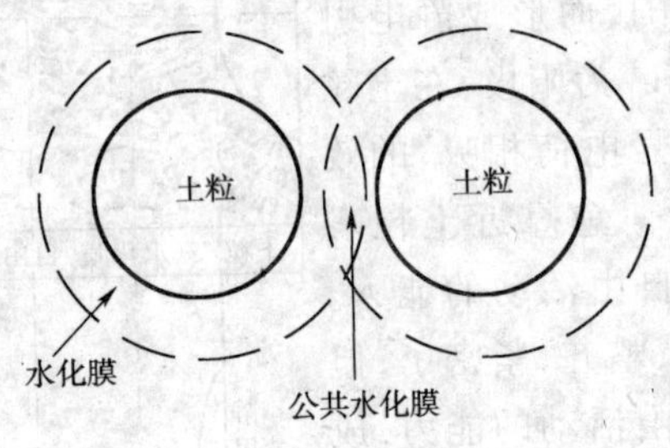

图1-3　公共水化膜示意图

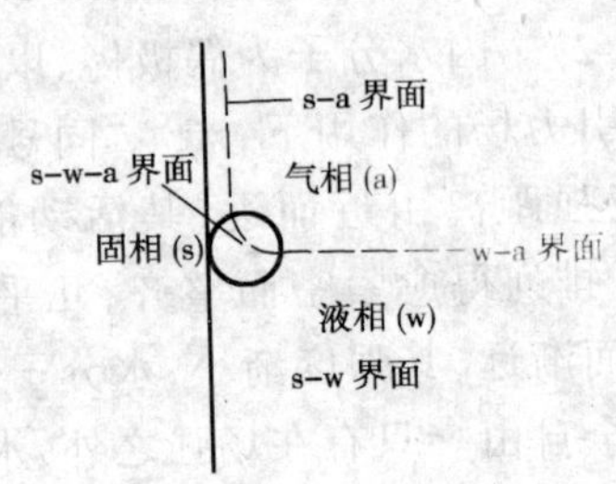

图1-4　三相界面上弯液面的形成

至于比砂粒更大的土粒，如砾石，即使是三相体系，由于体积大，比面积相对太小，毛细力也不能起什么作用了。这种有水参与的联结力已不足以克服土粒自身的重力，我们把这一现象称为"不联结"或"无联结"。

由上述可知，土的相系之间的相互作用，随着土粒的大小不同而具有不同的联结关系。黏性土为水胶联结，砂土为水联结，砾石等粗大颗粒的土为无联结。除土粒的大小外，影响水化膜厚度的因素还有土的矿物成分和化学成分等。

第三节　土的基本物理性质及其指标

土的物理性质是指土的各组成部分（固相、液相和气相）的数量比例、性质和排列方式等所表现的物理状态，如轻重、干湿、松密程度等。土的物理性质是土最基本的工程地质性质，它在工程地质中，不仅要结合土的成分、结构、含水、含气的情况来了解其物理性质的特点和变化规律，而且还要通过试验取得其物理性质各项指标的数据，以作为工程设计的依据。

对于土体中的三相各自的质量、体积与总体积的相对比值，为了便于分析和计算的方便，一般将土的三相关系用简图加以表达（图1-5）。

土的物理性质指标可以用各相之间的比例关系表示，通常测试的指标是土的质量、密度和相对密度。

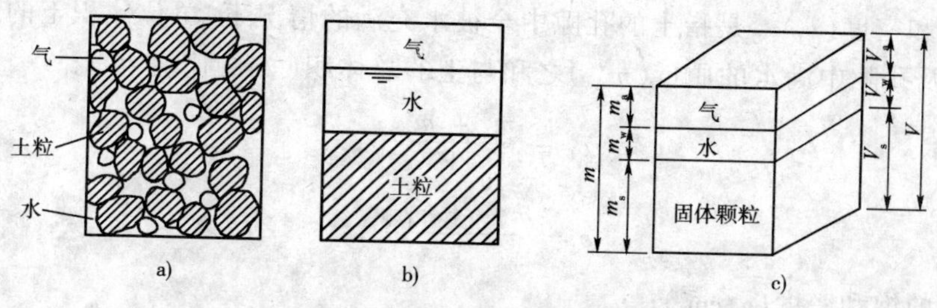

图 1-5 土的三相图

a)实际土体;b)土的三相图;c)土的三相比例图

m,V-土的总质量和总体积;m_s,V_s-土颗粒所占的质量和体积;V_n-孔隙的体积;m_w,V_w-土中水分所占的质量和体积;m_a,V_a-孔隙中气体所占的质量和体积(气体的质量很小可忽略不计,即 $m_a=0$)

一、土的质量

土的质量包括土粒、孔隙中水和气体的质量,土样的总体积可由式(1-2)表示:

$$V = V_a + V_w + V_s \tag{1-2}$$

土样的总质量可用式(1-3)表示。

$$m = m_a + m_w + m_s \text{ 或 } m = m_w + m_s \tag{1-3}$$

式中符号意义同前。

二、土的密度

土的密度是指土的总质量与土的总体积的比值。根据孔隙中水分情况可将土的密度分为天然密度(ρ)、干密度(ρ_d)、饱和密度(ρ_f)和水下密度(ρ')。

(1)天然密度(ρ) 也称湿密度,是指天然状态下,土的单位体积的质量。

从三相图可知:

$$\rho = \frac{m}{V} = \frac{m_s + m_w}{V} \tag{1-4}$$

式中:ρ——土的天然密度(g/cm^3);

其余符号意义同前。

天然密度测定,通常是用环刀法、灌砂法测定。土的密度一般在 1.6~2.2 g/cm^3 之间,砂土为 1.4 g/cm^3;亚砂土和亚黏土为 1.6 g/cm^3;黏土可达 2.0~2.2 g/cm^3。

(2)干密度 ρ_d 是指干燥状态下单位体积土的质量,即土中固体土粒的质量(m_s)与土的体积的比值。

$$\rho_d = \frac{m_s}{V} \tag{1-5}$$

式中:ρ_d——干密度(g/cm^3);

其余符号意义同前。

土的干密度实际上是土中完全没有天然水分的密度,它是土的密度的最小值。土的干密度直接与土中所含土粒质量的多少有关,也就是与土结构的紧密程度有关,间接地与土粒的矿物成分有关。某一土样的干密度值的大小主要取决于土的结构。因为它在这一状态下与含水量无关。因此,土的结构影响着干密度的值,干密度值越大,土越密实。干密度在一定程度上反映了土粒排列的紧密程度,在工程中常用它作为压实的控制指标。

(3)土的饱和密度(ρ_f) 是指土的孔隙中全被水充满的情况下,单位体积土的质量。即土粒的质量(m_s)及孔隙中满水的质量(m'_w)之和与土的总体积(V)的比值。

$$\rho_f = \frac{m_s + m'_w}{V} \tag{1-6}$$

或者:

$$\rho_f = \frac{m_s + V_n \cdot \rho_w}{V} \tag{1-7}$$

式中:ρ_f——土的饱和密度(g/cm^3);

m'_w——土的孔隙中满水的质量(g);

ρ_w——水的密度(g/cm^3);

其余符号意义同前。

土的饱和密度的大小,与土中孔隙体积和组成土粒矿物成分及其密度有关。土中孔隙体积小,土粒密度大,土的饱和密度就大,反之则小。含有机质较多的淤泥质土,孔隙体积特大,其饱和密度就小,一般只有1.4~1.6 g/cm^3。对饱和密度这一指标不用实测,往往用其他指标推导求得。

(4)水下密度(ρ') 也称浮密度或浸水密度。是指土在地下水面以下,单位体积的质量。因土处于水面以下,孔隙全被水充满,同时又受到水的浮力作用,使土粒质量减轻。这时的密度即为土粒质量(m_s)加上孔隙中满水的质量($V_n \cdot \rho_w$)再减去土的体积在水下产生的浮重($V \cdot \rho_w$)之后,所得质量与土的总体积的比值。

$$\begin{aligned}\rho' &= \frac{m_s + V_n \cdot \rho_w - V \cdot \rho_w}{V} \\ &= \frac{m_s + V_n \cdot \rho_w - V_n\rho_w - V_s \cdot \rho_w}{V} \\ &= \frac{m_s - V_s \cdot \rho_w}{V}\end{aligned} \tag{1-8}$$

式中:ρ'——水下密度 (g/m^3);

ρ_w——水的密度($\rho_w \approx 1$)。

式(1-8)可写成 $\rho' = \rho_f - 1$。

式中符号意义同前。

在工程计算中,地下水位以下土层的密度,都要采用浮密度指标。砂性土和卵石土在自由水作用下,便受到同体积水重的浮力;而黏性土的孔隙中有结合水,由于结合水有黏滞性,具有固体特征,它对黏土颗粒就没有浮力作用,因水下黏土所承受的浮力并非同体积水重的浮力,计算时应视紧密程度折减。

三、土粒的相对密度

是指土固体物质本身的密度。即土在105~110℃下烘至恒重时的质量与同体积4℃时蒸馏水质量的比值。土粒的相对密度可用下式表达:

$$G_s = \frac{m_s}{m_w} = \frac{m_s}{V_s\rho_w} \tag{1-9}$$

式中:G_s——土粒的相对密度;

m_w——4℃时同体积蒸馏水的质量(g);

其余符号意义同前。

土粒相对密度只与组成土粒的矿物成分有关，而与土的孔隙大小及其中所含水分多少无关。随着土颗粒的矿物成分不同，其土粒相对密度也不同。砂土的颗粒相对密度较小，一般在2.65~2.75之间，黏土的颗粒相对密度较大，约在2.75~2.80之间，当土中含有有机质较多时，土粒相对密度就下降至2.60左右。

第四节　土的其他物理性质指标

土的物理性质除上述土的质量、密度和相对密度外，还有其他物理性质，如含水量、饱和含水量、最佳含水量和饱和度等。

一、土的含水量(w)

土的含水量是指土的孔隙中所含水分的数量。即土中水的质量与土颗粒质量之比，用百分数表示。

$$w = \frac{m_w}{m_s} \times 100\% \tag{1-10}$$

式中：w——土的含水量(%)；

其余符号意义同前。

土的含水量，准确地说应该是土的含水率。其值愈大，表明土中的水分也愈多。它只能表明土中固相和液相之间的数量关系。而不能表示水充满孔隙的程度。土的含水量测定方法常用烘干法或酒精燃烧法直接测定。

二、土的饱和含水量(w_{max})

土的饱和含水量是假定土中的孔隙全部被水充满，达到饱和状态时的含水量。即土的孔隙中充满水分的质量($V_n \cdot \rho_w$)与土颗粒质量的比值，用百分数表示。

$$w_{max} = \frac{V_n \cdot \rho_w}{m_s} \times 100\% \tag{1-11}$$

式中：w_{max}——土的饱和含水量(%)；

其余符号意义同前。

饱和含水量实质上就是用水的数量来表示土的孔隙体积的大小，即 $V_n = m_w$。土的饱和含水量不用实测，可利用有关的物理性质指标导出。

三、土的最佳含水量($w_{佳}$)

土的最佳含水量是材料在标准击实试验条件下，所达到最大干密度时的含水量。可利用室内击实曲线获得。

四、土的饱和度(S_r)

土的饱和度是土中天然含水量的体积(V_w)与土的全部孔隙(V_n)的比值，表示孔隙被水充满的程度，用百分数表示。

$$S_r = \frac{V_w}{V_n} \times 100\% \tag{1-12}$$

或者，用天然含水量(w)和饱和含水量(w_{max})的比值来表示：

$$S_r = \frac{w}{w_{max}} \times 100\% \tag{1-13}$$

式中：S_r——土的饱和度(%)；

其余符号意义同前。

饱和度对砂性土有一定的实际意义。它是反映砂性土干湿状态的物理指标。从公式(1-12)中可知：当 $V_w = 0$(孔隙中无水)，$S_r = 0$ 时，为干燥土，属二相系(固、气)；当 $V_w = V_n$(孔隙中充满水)，$S_r = 1$ 时，为饱和土属二相系(固、液)；由于 S_r 介于 0~1 之间，按照天然砂性土所含水分的多少，可将砂性土划分为三个状态：

稍湿的　$0 \leqslant S_r \leqslant 50\%$

很湿的　$50\% < S_r \leqslant 80\%$

饱和的　$80\% < S_r \leqslant 100\%$

如果发现 $S_r > 100\%$ 时，表明三项基本实测指标 G_s、ρ、w 的测定可能存在误差，应进行检查。

颗粒较粗的砂性土，对含水量的变化不敏感，当 w 发生某种改变时，它的物理力学性质变化不大，所以对砂性土的物理状态可以用 S_r 来表示。但对黏性土而言，它对 w 的变化十分敏感，随着含水量增加体积膨胀，结构也发生了改变。当处于饱和状态时，其力学性质可能降低为 0；同时还因黏粒间多是结合水，而不是普通液态水，这种水的密度大于 1，则 S_r 值也偏大，故对黏性土一般不用 S_r 这一指标。

第五节　土的孔隙性结构指标

土不是致密无隙的固体，而是指土粒间存在着孔隙的物体。土的孔隙性是指孔隙的大小、形状、数量及连通情况等特征。土的孔隙性决定于土的粒度成分和土的结构，即土粒排列的松紧程度。

土的孔隙性结构指标是土的孔隙比、孔隙度(孔隙率)及相对密度等，它反映土的结构而与土中含水多少无关，它不仅是状态指标，而且还是结构指标。

一、孔隙比(e)

孔隙比是指土中孔隙的体积(V_n)与土粒的体积(V_s)的比值，用小数表示。

$$e = \frac{V_n}{V_s} \tag{1-14}$$

式中：e——土的孔隙比；

其余符号意义同前。

土的孔隙比是反映结构状态的一个指标，它可用来比较土内孔隙总体的大小，但不能反映土中单个孔隙的大小，e 越大，土体越松，反之紧密，土的松密是决定土体强度的主要指标。一般在天然状态下的土，若 $e < 0.6$，可作为良好的地基土；若 $e > 1$，表明土中 $V_n > V_s$，是工程性质不良的土。

二、孔隙度(n)

在天然状态下，土中的孔隙体积与整个土体积的比值，称为孔隙度或孔隙率，用百分数表示。

$$n = \frac{V_n}{V} \times 100\% \tag{1-15}$$

具有单粒结构的土,由于颗粒排列松紧不同,孔隙度也有变化,排列紧密的孔隙度小,排列松散的孔隙度大。粒度成分对孔隙度也有很大的影响,不均粒土的孔隙度要小于均粒土的孔隙度。

具有絮状结构的黏性土,单个孔隙很小,但数量很多。水在其中为结合水,所以黏性土的孔隙度可以大于50%,即 V_n 可能大于 V_s。

当土的结构因受外力而改变时,孔隙度也随之而改变,即 V 和 V_n 都在改变,故往往要用孔隙比来说明。

n 与 e 都是反映孔隙性的指标,但在应用上都有所不同。凡是用于与整个土的体积有关的测试时,一般用 n 较为方便;但若要对比一种土的变化状态时,则用 e 较为准确。由于 V_n 是不变的,可视为定值,土在荷载作用下引起变化的是 V_n,而 e 的变化直接与 n 的变化成正比,所以 e 能更明显地反映孔隙体积的变化。在工程设计和计算中常用 e 这一指标。

n 和 e 不是实测指标,而是利用它们与 G_s、ρ、w 等三项实测指标的关系导出的。

三、砂类土的相对密实度

相对密实度是反映砂类土在天然状态下松密程度的指标。数值上等于砂土在最疏松状态和天然状态下孔隙比之差与最疏松状态和最密实状态下孔隙比之差的比值。即:

$$D_r = \frac{e_{max} - e}{e_{max} - e_{min}} \tag{1-16}$$

式中:D_r——相对密实度;

e——土的天然孔隙比;

e_{min}——最密实状态的孔隙比;

e_{max}——最疏松状态的孔隙比。

相对密实度可以用来判断砂性土的密实状态及其是否有压密的可能性。当 $D_r = 1$ 时,土体为密实的;$D_r = 0$ 时,土为最疏松状态,在外力作用下,土体的压缩性很大。按 D_r 的大小,砂性土可分为4种状态,见表1-1。

砂土密实度划分

表1-1

分级		相对密实度 D_r	标准贯入平均击数 N(63.5kg)
密实		$D_r \geq 0.67$	30~50
中密		$0.67 > D_r > 0.33$	10~29
松散	稍松	$0.33 \geq D_r \geq 0.20$	5~9
	极松	$D_r < 0.20$	<5

目前对砂性土的 e_{max}、e_{min} 不能准确测定,加之要取原状砂土的土样也十分困难,故对砂土 D_r 值所测定的误差也很大。对此在实际工程中,常利用标准贯入试验法或静力触探试验法,在现场测定其近似值,以作为 D_r 分级的参考。标准贯入试验法是用63.5kg的铁锤,悬高76cm自由下落,使之锤击内径35mm、外径51 mm、长500 mm的标准贯入器,向砂土层中贯入15cm后开始记数直至贯入30cm深处所需的锤击数 N,对照表1-1评价所测砂土层的天然密实度。

四、压实方与天然密实方间的换算系数

路基工程设计图纸给出的土、石方数量，是按工程的几何尺寸计算出来的压实方，必然存在着天然密实方与压实方之间的量差。

由于土石方作业的土壤种类、存在形式、天然密实度各不相同，而且设计要求的填方密实度也不相同，所以压实方与天然密实方间换算系数也不是定值，最好是通过试验分别确定。

压实：对土或其他筑路材料施加动的或静的外力，以提高其密实度的作业。

压实度：土或其他筑路材料压实后的干密度与最大干密度之比，以百分率表示。

$$R = \frac{\rho_{实}}{\rho_{max}} \times 100\% \tag{1-17}$$

式中：R——压实度（%）；

$\rho_{实}$——工地实测压实后干密度（g/cm^3）；

ρ_{max}——试验室击实试验后的最大干密度（g/cm^3）。

压实系数：土或其他筑路材料经压实后要求的压实度与该种材料天然密实度之比。

$$K = \frac{R_{标}}{R_{天}} \tag{1-18}$$

式中：K——压实系数；

$R_{天}$——土或其他筑路材料天然密实度；

$R_{标}$——土或其他筑路材料经压实后要求达到的压实度。

第六节　土的物理性质指标间的相互关系

前面介绍的土的物理性质指标，除土粒相对密度 G_s 外，一部分与土的结构有关，如孔隙比 e、孔隙度 n、干密度 ρ_d、相对密实度 D_r；另一部分与土的结构、含水量同时有关，如饱和含水量 w_{max}、含水量 w、饱和密度 ρ_f、水下密度 ρ'、最佳含水量 $w_{佳}$、饱和度 S_r 等。这些物理性质指标实质上就是土固相、液相和气相在质量和体积方面不同组合上所构成的不同比值，即三者之间的质量与质量、质量与体积、体积与体积相互组成不同性质的指标。在工程地质的测设中，只有准确地掌握了这些概念、才能正确地评价土质。

为了进一步了解各指标的内容及其相互关系，现将上述各项指标的定义、指标来源以及对指标的实际应用等方面，归纳为“土的物理性质主要指标一览表”，供对照参考，见表1-2。

土的物理性质主要指标一览表

表1-2

指标名称	表达式	参考数值	指标来源	实际应用
相对密度 G_s（比重）	$G_s = \frac{m_s}{V_s \cdot \rho_w}$	2.65～2.75	由试验确定	1.换算 n、e、ρ_d； 2.工程计算
密度 ρ（g/cm^3）	$\rho = \frac{m}{V}$	1.60～2.20	由试验确定	1.换算 n、e； 2.说明土的密度
干密度 ρ_d（g/cm^3）	$\rho_d = \frac{m_s}{V}$	1.30～2.00	$\rho_d = \frac{\rho}{1+w}$	1.换算 n、e； 2.粒度分析、压缩试验资料整理

续上表

指标名称	表达式	参考数值	指标来源	实际应用
饱和密度 ρ_f (g/cm^3)	$\rho_f=\frac{m_s+V_n\rho_w}{V}$	1.80～2.30	$\rho_f=\frac{\rho(G_s-1)}{G_s(1+w)}+1$	
水下密度 ρ' (g/cm^3)	$\rho'=\frac{m_s+V_s\rho_w}{V}$	0.8～1.30	$\rho'=\frac{\rho(G_s-1)}{G_s(1+w)}$	1.计算潜水面以下地基土自重应力； 2.分析人工边坡稳定
天然含水量 w	$w=\frac{m_w}{m_s}$	$0<w<1$	由试验确定	1.换算 s_r、ρ_d、n、e； 2.计算土的稠度指标
饱和含水量 w_{max}	$w_{max}=\frac{V_n\rho_w}{m_s}$		$w_{max}=\frac{G_s(1+w)-\rho}{G_s\cdot\rho}$	
饱和度 S_r	$S_r=\frac{V_w}{V_n}$	0～1	$s_r=\frac{G_s\cdot\rho\cdot w}{G_s(1+w)-\rho}$	1.说明土的饱水状态； 2.砂土、黄土计算地基承载力
天然孔隙度 n	$n=\frac{V_n}{V}$		$n=1-\frac{\rho}{G_s(1+w)}$	1.计算地基承载力； 2.砂土估计密度和渗透系数； 3.压缩试验整理资料
天然孔隙比 e	$e=\frac{V_n}{V_s}$		$e=\frac{G_s(1+w)}{\rho}-1$	1.说明土中孔隙体积； 2.换算 e 和 ρ'

土的物理性质指标的相互关系，可用三相图法换算，通过试验测得的3个基本物理指标后，就可以计算出其他指标，下面用例题说明换算方法。

【例1】 一块原状土样，经试验测得：天然密度 $\rho=1.67g/cm^3$，含水量 $w=12.9\%$，土粒相对密度 $G_s=2.67$，求土的孔隙比 e、孔隙率 n 和饱和度 S_r。

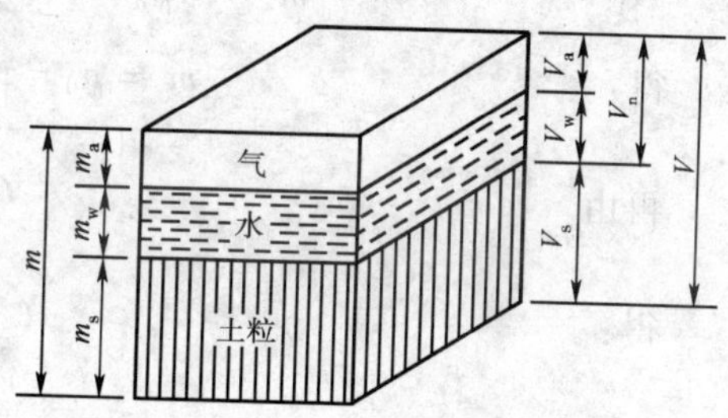

图1-6 土的三相示意图

V-土的总体积(cm^3)；V_n-孔隙的体积(cm^3)；V_a-气体的体积(cm^3)；V_w-水的体积(cm^3)；V_s-土粒的体积(cm^3)；m-土的点质量(g)；m_a-气体的质量(g)；m_w-水的质量(g)；m_s-土粒的质量(g)

解：给出土的三相图，见图1-6。

(1)设 $V=1cm^3$，以土的总体积为1作为计算的出发点，事实上由于土的各项物理性质指标都是三相间量的比例关系，不是量的绝对值，取其他的量为1(如 $V_s=1$，$m_s=1$ 等)作为出发点，都可以得出同样的结果。

(2) $\because \rho=\frac{m}{V}$，$\therefore m=\rho\cdot V=1.67g$

(3) $\because w=\frac{m_w}{m_s}$，$\therefore m_w=0.129m_s$

$\because m=m_s+m_w+m_a \quad m_a=0 \;\therefore m=m_s+m_w$

$1.67=m_s+0.129m_s,\; m_s=1.48g$

(4) $\because G_s=\frac{m_s}{V_s}$，$\therefore V_s=\frac{m_s}{G_s}=\frac{1.48}{2.67}=0.554cm^3$

(5) $\because m_w$ 与 V_w 数值上相等，$\therefore m_w=V_w=0.129\times1.48=0.19g$

(6) $\because V_n+V_s=V=1$，$\therefore V_n=1-0.554=0.446cm^3$

到此为止，三相图上所有的数据全部求出。根据各项物理性质指标的定义式，求出相应的数值。

$$e = \frac{V_n}{V_s} = \frac{0.446}{0.554} = 0.81$$

$$n = \frac{V_n}{V} \times 100\% = \frac{0.446}{1} \times 100\% = 44.6\%$$

$$S_r = \frac{V_w}{V_n} \times 100\% = \frac{0.19}{0.446} \times 100\% = 43\%$$

如果例 1 在计算时以 $m=1$ 或 $V_s=1$，其结果是否相同？请自己证明。

【例 2】 介绍三相图法导出公式的基本思路(图 1-7)的两种求解法。

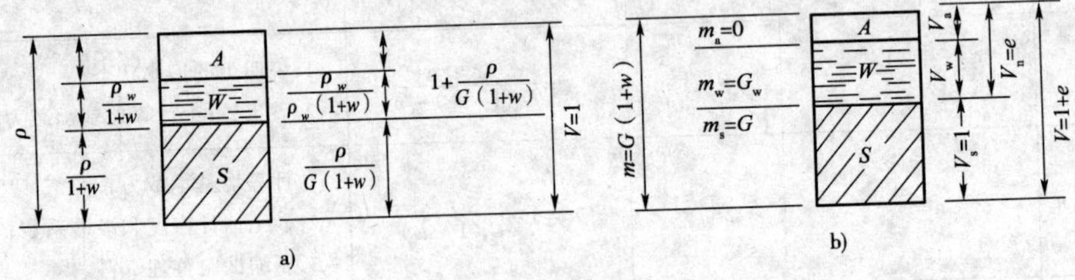

图 1-7 三相图法与导出公式

解：如图 1-7a)所示：如已知 ρ、G_s、w 时，可设土的总体积 $V=1$，由 $\rho = \frac{m}{V}$，得 $m=\rho$。

又由 $$w = \frac{m_w}{m_s} = \frac{\rho - \rho_d}{\rho_d} (\because m_s = \frac{m_s}{V} = \rho_d, m_w = m - m_s = \rho - \rho_d)$$

得：$$m_s = \rho_d = \frac{\rho}{1+w}; m_w = m_s \cdot w = \frac{\rho \cdot w}{1+w}$$

再由 $$G_s = \frac{m_s}{V_s}, V_s = \frac{m_s}{G_s}$$

得：$$V_s = \frac{\rho}{(1+w)G_s}$$

$$V_n = V - V_s = 1 - \frac{\rho}{(1+w) \cdot G_s}$$

到此为止，图 1-7a)中的各项质量和体积均已确定，即可导出各指标的换算公式。

如图 1-7b)所示，如已知 G_s、w、e 时，则可令土粒的体积 $V_s=1$，由 $e = \frac{V_n}{V_s}$，得 $e=V_n$，于是土的总体积为：$V = V_s + V_n + 1 + e$。

又由 $G_s = \frac{m_s}{V_s}$，$m_s = G_s$。

再由 $w = \frac{m_w}{m_s}$，得 $m_w = w \cdot m_s = w \cdot G_s$。

到此为止，图 1-7b)中的各项质量和体积均已确定，也可导出各项指标换算公式

导出的各项指标换算公式见表 1-3。

土的物理性质常用指标换算公式

表 1-3

已知指标 / 计算式 / 计算指标	含水量 w (%)	土粒相对密度 G_s(土粒比重)	密度 ρ (g/cm^3)	干密度 ρ_d (g/cm^3)	孔隙比 e	孔隙率 n (%)	饱和度 S_r (%)	饱和含水量 w_{max}(%)	水下密度 ρ' (g/cm^3)	饱和密度 ρ_f (g/cm^3)
$w=?$	$\left(\frac{m_w}{m_s}\right)$	$\frac{\rho(1+e)}{G_s\rho_w}-1$	$\frac{\rho}{\rho_d}-1$	$\frac{S_r(G_s\rho_w-\rho_d)}{G_s\rho_d}$	$\frac{eS_r}{G_s}$	$\frac{nS_r\rho_w}{\rho-nS_r\rho_w}$	$\frac{eS_r\rho_w}{(1+e)\rho_d}$	$\frac{\rho w_{max}}{n\rho_w}-1$	$\frac{\rho}{\rho'+(1-n)\rho_w}-1$	$\frac{S_r}{\rho_d}(\rho_f-\rho_d)$
$G_s=?$	$\frac{(1+e)\rho}{\rho_w(1+w)}$	$\left(\frac{m_s}{V_s}\right)$	$\frac{S_r\rho}{S_r\rho_w(1+w)-w\rho}$	$\frac{S_r\rho_d}{S_r\rho_w-w\rho_d}$	$\frac{(1+e)\rho_d}{\rho_w}$	$\frac{\rho-nS_r\rho_w}{(1-n)\rho_w}$	$\frac{eS_r}{w}$	$\frac{e}{w_{max}}$	$1+\frac{\rho'(1+e)}{\rho_w}$	$\frac{\rho_f-n\rho_w}{1-n}$
$\rho=?$	$\frac{G_s\rho_w(1+w)}{1+e}$	$\frac{S_rG_s\rho_w(1+w)}{wG_s+S_r}$	$\left(\frac{m}{V}\right)$	$\rho_d(1+w)$	$\frac{G_s+eS_r}{1+e}\rho_w$	$\rho_d+nS_r\rho_w$	$\frac{eS_r(1+w)\rho_w}{(1+e)w}$	$\frac{G_s(1+w)}{1+G_sw_{max}}\rho_w$	$\frac{G_s\rho'(1+w)}{G_s-1}$	$(1+w)(\rho_f-n\rho_w)$
$\rho_d=?$	$\frac{\rho}{1+w}$	$\frac{G_s\rho_w}{1+e}$	$\frac{G_s(\rho-S_r\rho_w)}{G_s-S_r}$	$\left(\frac{m_s}{V}\right)$	$\frac{eS_r\rho_w}{(1+e)w}$	$\rho-nS_r\rho_w$	$\frac{S_rG_s\rho_w}{wG_s+S_r}$	$\frac{e\rho_w}{(1+e)w_{max}}$	$\frac{G_s\rho'}{G_s-1}$	$\rho_f-n\rho_w$
$e=?$	$\frac{G_s\rho_w(1+w)}{\rho}-1$	$\frac{wG_s}{S_r}$	$\frac{w\rho}{S_r\rho_w(1+w)-w\rho}$	$\frac{\rho-\rho_d}{S_r\rho_w-(\rho-\rho_d)}$	$\left(\frac{V_a}{V_s}\right)$	$\frac{n}{1-n}$	$\frac{G_s\rho_w-\rho}{\rho-S_r\rho_w}$	G_sw_{max}	$\frac{\rho_w(G_s-1)}{\rho'}-1$	$\frac{\rho_f-\rho_d}{\rho_w+\rho_d-\rho_f}$
$n=?$	$1-\frac{\rho}{G_s\rho_w(1+w)}$	$\frac{wG_s}{S_r+wG_s}$	$\frac{\rho-\rho_d}{S_r\rho_d}$	$\frac{w\rho_d}{S_r\rho_w}$	$\frac{e}{1+e}$	$\left(\frac{V_a}{V}\right)$	$\frac{G_s\rho_w-\rho}{(G_s-S_r)\rho_w}$	$\frac{G_sw_{max}}{1+G_sw_{max}}$	$1+\frac{\rho_d-\rho'}{\rho_w}$	$\frac{\rho_f-\rho_d}{\rho_w}$
$S_r=?$	$\frac{G_sw\cdot\rho}{G_s\rho_w(1+w)-\rho}$	$\frac{G_sw}{e}$	$\frac{G_s(\rho-\rho_d)}{G_s\rho_w-\rho_d}$	$\frac{w(1-e)\rho_d}{e\rho_w}$	$\frac{\rho(1+e)-G_s\rho_w}{e\rho_w}$	$\frac{w\rho}{n(1+w)\rho_w}$	$\left(\frac{V_w}{V_a}\right)$	$\frac{w}{w_{max}}$	$\frac{w(\rho'+\rho_w)}{n\rho_w}-w$	$\frac{w\rho_d}{\rho_f-\rho_d}$
$w_{max}=?$	$\frac{G_s\rho_w(1+w)-\rho}{G_s\rho}$	$\frac{e}{G_s}$	$\frac{n(1+w)\rho_w}{\rho}$	$\frac{\rho-\rho_d}{S_r\rho_d}$	$\frac{e\rho_w}{(1+e)\rho_d}$	$\frac{n\rho_w}{n(1+w)\rho_w}$	$\frac{w}{S_r}$	$\left(\frac{V_s\rho_w}{m_s}\right)$	$\frac{n(G_s-1)\rho_w}{G_s\rho}$	$\frac{n\rho_w}{\rho_f-n\rho_w}$
$\rho'=?$	$\frac{(G_s-1)\rho}{G_s(1+w)}$	$\frac{(G_s-1)\rho_w}{1+e}$	$\frac{\rho}{1+w}-\frac{\rho_w}{1+e}$	$\rho_d-(1-n)\rho_w$	$\frac{eS_r-w}{(1+e)w}\rho_w$	$\rho-[1-n(1-S_r)]\rho_w$	$\frac{\rho_d(S_r+w)}{S_r}-\rho_w$	$\frac{n(G_s-1)\rho_w}{G_sw_{max}}$	$\left(\frac{m_s-V_s\rho_w}{V}\right)$	$\rho_f-\rho_w$
$\rho_f=?$	$\left(1+\frac{w}{S_r}\right)\rho_d$	$G_s(1-n)+n\rho_w$	$\frac{\rho}{1+w}+n\rho_w$	$\rho_d+(G_s-\rho_d)\frac{\rho_w}{G_s}$	$\rho_d+\frac{e\rho w}{1+e}$	$\rho_d+n\rho_w$	$\left(\frac{S_r}{w}+1\right)n\rho_w$	$\left(1+\frac{1}{w_{max}}\right)n\rho_w$	$\rho'+\rho_w$	$\left(\frac{m_s+V_s\rho_w}{V}\right)$

注：计算式中的 w、n、S_r、w_{max} 均为小数，计算得的指标再换为百分数。

【例 3】 某饱和砂土,已测得其含水量 $w=25\%$,颗粒相对密度 $G_s=2.60$,试求其天然密度 ρ、干密度 ρ_d 及孔隙比 e。

解:从题意知:饱和砂土 $S_r=1$,其含水量为饱和含水量 $w=w_{max}=25\%$,$G_s=2.60$

用换算公式求解:

$$S_r=\frac{G_s\cdot\rho\cdot w}{G_s(1+w)-\rho}$$

$$1=\frac{2.60\times\rho\times0.25}{2.60\times(1+0.25)-\rho}$$

$$\rho=1.97\mathrm{g/cm^3}$$

$$\rho_d=\frac{\rho}{1+w}=\frac{1.97}{1+0.25}=1.58\mathrm{g/cm^3}$$

$$e=\frac{G_s\cdot(1+w)}{\rho}-1=\frac{2.60\times(1+0.25)}{1.97}-1=0.65$$

第七节 黏性土的性质

黏性土的性质主要是土固体颗粒与水相互作用所表现的一系列性质,如黏性土的稠度、亲水性、膨胀与收缩等特性。

一、黏性土的稠度和界限含水量

黏性土的含水量不同,它的物理性质和物理状态都不同。稠度是指黏性土随含水量多少而表现出的稀稠程度。黏性土在不同稠度时所呈现的固态、塑态、液态称为稠度状态。由于含水量的变化,黏性土可以从一个稠度状态转变为另一种稠度状态的界限,称为稠度界限。由于稠度界限是由含水量表示的,又称为界限含水量。

为了更细地区分黏性土的稠度状态,又可将固态分为固态、半固态,将塑态分为硬塑态和软塑态,将流态分为滞流态和液流态 6 种。处于固态下的黏性土具有固体性质,力学强度最高;处于塑态下的黏性土,具有可塑性,在硬塑态时有较好的力学性质,在软塑状态下的黏性土力学性质较差;处于流态的黏性土,力学性质完全遭到破坏,不能选作地基。

二、液限、塑限、塑性指数及液限指数

液限(w_L)又称塑性上限或液性下限,是指黏性土由可塑状态转变为流动状态时的分界含水量。

塑限(w_P)又称塑性下限,是可塑状态与半干硬状态之间的界限含水量。

黏性土自可塑状态起,逐渐增加含水量到滞流状态出现时止,若增加的含水量幅度大,说明该黏性土的吸水能力很强,有一种特大的保持塑限状态的能力,我们称这样的黏性土具有高塑性;如果由可塑状态转变到滞流状态所增加的含水量很小,就称这一类黏性土为低塑性。黏土的塑性高低,通常以塑性指数 I_P 表示,即塑性指数大的黏性土具有高塑性,塑性指数小的黏性土具有低塑性。在数值上,塑性指数等于液限与塑限之差。

$$I_P=w_L-w_P \tag{1-19}$$

塑性指数是反映黏性土中黏粒和胶粒含量的一个重要指标,塑性指数大的黏性土,表明土中黏粒和胶粒多。在工程地质实践中常用 I_P 值对黏性土进行分类和命名,如表 1-4。

土按塑性指数(I_p)的分类

表 1-4

土的名称	砂 土 (无塑性土)	亚黏土 (低塑性土)	亚黏土 (中塑性土)	黏 土 (高塑性土)
塑性指数	$I_p<1$	$1<I_p\leqslant 7$	$7<I_p\leqslant 17$	$I_p>17$

黏性土的液限、塑限和塑性指数，都不是测定天然土物理性质的指标，而是评定黏性土物理性质的稠度指标。对于任何状态的黏性土应该用试验方法，先找出稠度状态变化时的含水量液限或塑性，再与它的天然含水量比较，借以判定土的稠度状态。若天然含水量大于塑限小于液限，可以判断此土是处于塑性状态。黏性土界限含水量测定通常用液塑限联合测定仪同时测定液限和塑限。关于测试液塑性的方法见本章试验五黏性土的液限和塑限含水量。

为了反映黏性土在天然情况下的稠度状态，可以用液性指数(I_L)来表示，即土的天然含水量和塑限之差与塑性指数的比值：

$$I_L=\frac{w-w_P}{I_P}=\frac{w-w_P}{w_L-w_P} \tag{1-20}$$

式中：I_L——土的液性指数；

w_L——土的液限；

w_P——土的塑限。

对于某种黏性土，其液限 w_L 和塑限 w_P 都是一定值，土的天然含水量越大，液性指数越大，土越稀软。在工程中，为了更好地掌握天然土的稠度状态，将液性指数划分为 5 级，见表1-5。

黏性土相对稠度状态

表 1-5

<table>
<tr><td>液性指数值</td><td>$I_L\leqslant 0$</td><td>$0<I_L\leqslant 0.25$</td><td>$0.25<I_L\leqslant 0.75$</td><td>$0.75<I_L\leqslant 1$</td><td>$I_L>1$</td></tr>
<tr><td rowspan="2">稠度状态</td><td>干硬状态</td><td>硬塑状态</td><td>易塑状态</td><td>软塑状态</td><td>流动状态</td></tr>
<tr><td>半固体状态</td><td colspan="3">塑性状态</td><td>液流状态</td></tr>
</table>

黏性土的干、湿程度或软、硬程度，可以用液性指数判断，这有助于了解天然土的物理性能。

三、黏性土的亲水性、收缩与膨胀性和其他特性

1.黏性土的亲水性

黏土矿物与水作用的能力，从现象上看，表现为吸水能力和持水能力。黏性土的这一特性，通常称为亲水性。土的比面积的大小是反映黏土亲水能力的一个条件，黏土与水作用，使黏土的物理性质发生许多重要的变化，假若选择黏性土做土工结构物或做天然地基，如不考虑水的影响，就会给工程带来麻烦。

2.土的收缩与膨胀性

黏土中的含水量减少，体积随着减小的现象称为收缩。土中水分减少，可使土粒周围水膜变薄，土粒间的距离变小，孔隙度降低，凝聚力增强，土中含水量降低，致使稠度状态发生改变，可由塑态进入固态。

黏性土因含水量增大而发生体积增大的现象称为膨胀。土的膨胀与收缩相反，因土中含水量增加致使黏土矿物与水的相互作用加强，土粒表面结合水膜变厚，水分子压力迫使土粒间的距离拉开，孔隙度增大，土体出现膨胀现象。土体发生膨胀后，土粒分子引力减弱，凝聚力下降，土的力学强度降低。

3.压实性

土的压实性是指采用人工或机械对土施以夯实，振动作用，使土在短时间内压实变密，获

得最佳结构，以改善和提高土的力学强度的性能，或者称为土的击实性。土的击实过程，既不是静荷载作用下排水固结过程，也不同于一般压缩过程，而是在不排水条件下迫使土的颗粒重新排列，其固相密度增加，气相体积减小的过程。

在工程建设中，常常会遇到填土夯实问题，如路堤、土坎、挡土墙、敷设管道、基础垫层以及回填土等等，都是以土作为材料，按一定要求和范围进行堆填而成。填土不同于天然土层，它是经过挖掘、搬运，原结构已被破坏，含水量也发生变化的土，堆填时必然在土团之间留下许多大的孔隙。未经压实的填土强度低，压缩性大而且不均匀，遇水易发生陷坍、崩解等现象。特别是像道路路堤这样的土工构筑物，在车辆频繁运行和反复动荷载作用下，可能出现不均匀或过大的沉陷或坍落甚至失稳滑动，从而恶化运营条件及增加维修工作量。所以，路堤、机场跑道等填土工程必须按一定标准压实使之具有足够的密实度，以确保行车安全和平顺。

所谓"足够的压实度"，是指通过在标准压实条件下获得压实填土的最大干密度和相应的最佳含水量。为了技术上可靠、经验上合理，一般在室内将采集的土样用标准击实试验的方法，获得击实曲线，从击实曲线中可得到最理想的密度数据。关于击实试验法见本教材试验部分：土的最大干密度、最佳含水量试验。

第八节　土的透水性、毛细性及土中水的运动规律

土中水并非处于静止不变的状态，而是在运动着。土中水的运动原因和形式很多，例如：在重力的作用下，地下水的流动（土的渗透性问题）；由于表面现象产生的水分移动（土的毛细现象）等。土中水的运动将对土的性质产生影响，在许多工程实践中碰到的问题如流沙、冻胀、渗透固结、渗流时的边坡稳定等，都与土中水的运动有关。本节着重研究土的透水性、毛细性及土中水的运动规律。

一、土的透水性

1. 渗透的概念

土中的自由液态水在重力作用下沿孔隙发生运动的现象，称为渗透。土能使水透过孔隙的性能，称为土的透水性。

土的透水性强弱，主要取决于土的粒度成分及其孔隙特征：即孔隙的大小、形状、数量及连通情况等。粗碎屑土和砂土都是透水性良好的土，细粒土为透水性不良的土，而黏土因有较强的结合水膜，若再加上有机质的存在，则自由水不易透过，则可视为不透水层。黏性土也不是绝对不透水的，自然界的黏性土层的透水性具有各向异性的特征，如带状结构的黏性土，其水平方向的透水性大于垂直方向；黄土类土，由于垂直节理发育，故在垂直方向的透水性大于水平方向。

土的透水性是实际工程中不可忽视的工程地质问题。例如路基土的疏干、桥墩基坑出水量的计算，饱和黏性土地基稳定时间的计算，河滩路堤填料的渗透性；河岸、小型水库的防水土坝的隔水层的选料等等。

2. 土的层流渗透定律

水在孔隙中渗透或渗流，其运动状态常随水流的速度不同而分为两种：层流和紊流。在细小孔隙中运动着的水，水流质点彼此不相混杂、干扰，流线大致呈互相平行方式运动，故称为层流。土中水的层流不同于管道或沟壑中的层流，它不可能是顺直、有规律的流线，而是曲折、甚

至是迂回地运动着。但水在土的孔隙中受重力作用的影响，总是由高水压区流向低水压区。由此产生水头压力。水头压力的大小取决于水力梯度，如图 1-8 所示。水力梯度 J 是指两点之间的水头差($\Delta H = H_1 - H_2$)与单位流程长度 L 之比值。

$$J = \frac{\Delta H}{L} = \frac{H_1 - H_2}{L} \tag{1-21}$$

关于水在地下岩、土孔隙中渗流的现象，法国水力学家亨利·达西于 19 世纪中叶作了长期的观察和试验，其结果如下式：

$$Q = K \cdot F \cdot \frac{\Delta H}{L} \tag{1-22}$$

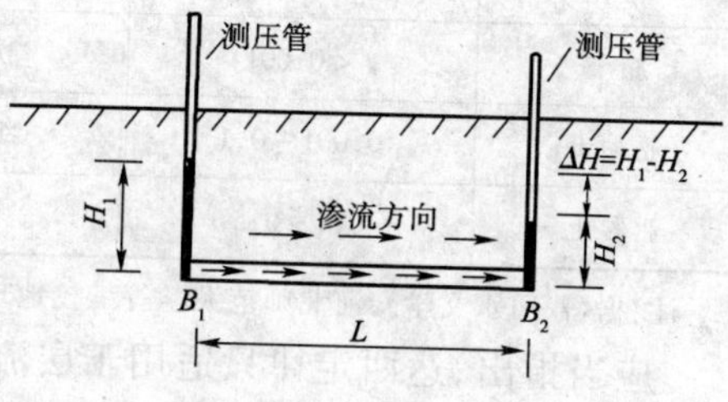

测压管
测压管
$\Delta H=H_1-H_2$
H_1
渗流方向
H_2
B_1
B_2
L

图 1-8 水在土中渗透

式中：Q——单位时间内透过的水量(m^3/s)；

F——透过水流的过水截面(m^2)；

$\frac{\Delta H}{L}$——水力梯度，单位流程长度上的水头差(%、‰)；

K——渗透系数(m/s)。

由上式可知，某一过水截面上，单位时间内的渗透水量与水头差成正比；而与渗透流程的长度成反比。

将式(1-22)代入式(1-23)，得：

$$Q = K \cdot F \cdot J \tag{1-23}$$

式(1-24)两端除以 F 后，该式左端 $\frac{Q}{F} = v$ 为渗透速度。则式(1-24)变为：

$$v = K \cdot J \tag{1-24}$$

由式(1-25)可知，渗透速度与水力梯度成正比，此系层流渗透定律，或称线性渗透定律，简称达西定律。

可是，由于土孔隙中所渗流的水不是通过土的整个截面，而仅仅是通过该截面内土粒间的孔隙。因此，土中孔隙水的实际流速 v_0 要比式(1-25)的计算的平均流速 v 要大，它们之间的关系为：

$$v_0 = \frac{v}{n} \tag{1-25}$$

式中：n——土的孔隙率。

由于 n 永远小于 1，所以渗透速度 v 永远小于水在孔隙中运动的实际流速 v_0。但在工程实际计算中，按式(1-25)计算比较方便。

达西定律中的渗透系数 K，是反映土的透水性的重要指标。一般可选用代表性的土样，在实验室或现场测定。根据某一定时间 t 内所测定的数据，由式(1-23)导出：

$$K = \frac{Q \cdot L}{\Delta H \cdot F \cdot t} \tag{1-26}$$

或者由式(1-24)导出：

$$K = \frac{v}{J} \tag{1-27}$$

由上式可知，若 $J = 1$ 时，则 $v = K$，即渗透系数在数值上等于渗透速度。两者的单位相同，一般用 m/d 或用 cm/s。

渗透系数对于同一类土而言，应为一定值常数，但却因土类不同而异，其规律是：K 值随着土粒的增大而增高，如表 1-6 所示。在实际工程中，常采用最简便的方法就是根据经验数值查表而得。

表 1-6

各种土的渗透系数

土名	渗透系数(m/d)	土名	渗透系数(m/d)	土名	渗透系数(m/d)
黏土	<0.001	粉砂	0.5 ~ 1.0	粗 砂	15 ~ 50
亚黏土	0.001 ~ 0.1	细砂	1 ~ 5	砾石砂	50 ~ 100
亚砂土	0.1 ~ 0.5	中砂	5 ~ 15	砾 石	100 ~ 200

注：据《普通水文学》，河北师范大学等三校地理系合编。

应当指出，达西定律只适用于层流或线性渗透的情况，故对中砂、细砂及粉砂等土层是适用的。但对粗颗粒土，如粗砂、砾石、卵石之类的土就不适用了，因为这些土层孔隙中的水的渗透速度较大，已不是层流而是紊流。即地下水在岩、土的大孔隙中运动时，当其流速超过一定限度时，就可能出现紊流运动，计算紊流渗透速度的公式应服从于非线性渗透定律：渗透速度与水力梯度的 1/2 次方成正比，其表达式为：

$$v = KJ^{\frac{1}{2}} \tag{1-28}$$

有时岩、土孔隙中的渗透水处于层流与紊流之间，被称之为混流运动，此时，则用下式计算：

$$v = KJ^{\frac{1}{m}} \tag{1-29}$$

式中 m 值的范围界于 1 ~ 2 之间。当 $m = 1$ 时，即为达西层流运动公式，当 $m = 2$ 时，即为紊流渗透公式。

至于黏土中的渗流规律还需将达西定律作些修正。下面将讨论黏性土的透水性问题。

3. 黏性土的相对不透水性

在黏性土中，由于黏粒(尤以其中含有胶粒时)的表面能很大，使其周围的结合水具有极大的黏滞性和抗剪强度。结合水的黏滞性对自由水起着黏滞作用，使之不易形成渗流现象，故把黏性土的透水性能相对地称为不透水性。也正由于这种黏滞作用，自由水在黏土层中必须具备足够大的水头差(或水力梯度)，克服结合水的抗剪强度才能发生渗流。我们把克服其抗剪强度所需的一定值的水力梯度，称为黏土的起始水力梯度 J_0。于是，在计算黏土的渗流速度时，应将达西定律的公式修正为：

$$v = K(J - J_0) \tag{1-30}$$

现以砂土和黏土的渗透规律为例来分析。如图 1-9 所示：在 v-J 坐标中，a 线表示砂土，b 线表示黏土。由图中可见，砂土只要 $J > 0$ 就开始渗透，并随 J 值的增大，流速也增加；而 b 线，在 $J < J_0'$ 时，$v = 0$，即没有发生渗流现象，要待水力梯度达到 $J > J_0$ 时，自由水才开始发生渗流。一般常以 b 线交于 J 轴上的直线代替曲线(图中的虚线)，即以 J_0 代替 J_0'。于是，从图中可以看出：b 线黏土当 $J > J_0$ 时才开始渗流，自此后，服从于达西定律：随着水力梯度的增高，渗流速度增大。

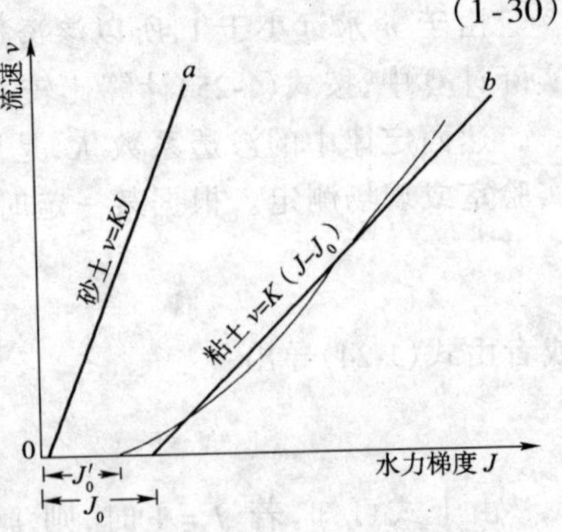

图 1-9 砂土和黏土的渗透规律

4. 影响土的渗透性的因素

从以上分析的情况中不难看出，影响土的透水性的因素主要有：

(1)土的粒度成分及矿物成分　土的颗粒的大小、形状及级配等影响土中孔隙大小及其形状，因而影响着土的渗透性。土颗粒越粗、越浑圆、越均匀时，其渗透性就大。砂土中混有粉土及黏土时，其渗透系数会大大降低。关于土的矿物成分对粗碎屑土甚至粉土的渗透性影响不大；但黏土中含有亲水性较强的黏土矿物(如蒙脱石)或有机质时，使土粒遇水膨胀，大大降低了透水性；有机质含量较多的淤泥几乎是不透水的。

(2)土粒表面的结合水膜　黏性土中结合水膜较厚时，会阻塞土的孔隙，降低土的渗透性。如含钠黏土，钠离子使土粒的静电引力场扩大，水化膜增厚，则透水性很低；如黏土加入高价的电解质(如 Al、Fe 等)时，会使水化膜变薄，黏粒凝聚成粒团，土的孔隙增大，则土的透水性也增大。

(3)土的结构构造　天然土层通常不是各向同性的，在渗透方面往往如此。黄土垂直方向的渗透性大于水平方向；带状黏土水平方向的透水性大于垂直方向，其渗透系数相差可达数倍到数十倍。因而，土的结构构造影响着土的透水性。

(4)水的黏滞度与水温　水的黏滞度随水温而变。在天然土层中，因表土层以下的温度变化很小，可不予考虑，但在室内做渗透试验时，同一种土在不同温度下会得到不同的渗透系数值，故应考虑温度的影响。一般以水温为 10℃时的渗透系数 K_{10}的黏滞度为 1，根据试验证明，水的黏滞度的比值，在水温 -10℃时，为 1.988，水温 40℃时，为 0.502。由此可见，水的黏滞度随水温的降低而增大；反之，水温增高时，则水的黏滞度减小。

(5)土孔隙中的气体　土孔隙中气体的存在可减少土体实际渗透面积，同时气体随渗透水压的变化而胀缩，成为影响渗透面变化的不定因素。当土孔隙中存在密闭气泡时，会阻塞自由水的渗流而降低土的渗透性。有的密闭气泡是由溶解于水中的气体分离出来而形成的，故在室内试验时，规定要用不含溶解有空气的蒸馏水。

二、土的毛细性

土的毛细性是指土中毛细孔隙能使水产生毛细现象的性质。如果我们把一块干土的下部与水接触，就会看到水分向土块上部浸润，开始时上升的速度快，后来变慢，达到某一高度时趋于停止，这就是毛细现象。水分在土块中浸润的高度，就是毛细水在土中上升的高度。毛细水的上升可引起道路翻浆、盐渍化、冻害等，会导致路基失稳。

土的毛细现象主要是砂性土中的孔隙相互连通成微型管道，纵横如网状分布在土体中，这些微型管道可以吸引水分子克服重力影响向上运动。管道的孔径越小，毛细水上升的高度越大。

第九节　土的颗粒级配

自然界的土，作为组成土体骨架的土粒，大小悬殊，性质各异。工程上常把组成土的各种大小颗粒的相互比例关系，称为土的粒度成分。土的粒度成分如何，对土的一系列工程性质有着决定性的影响，因而它是工程地质研究的主要内容之一。

一、粒组的划分

土的粒度，是指土颗粒的大小，以粒径表示，通常取毫米(mm)为单位。土粒由粗到细，粒径尺寸相差非常悬殊，为了研究方便，将一定范围大小的土粒合并成一组，土粒由粗到细划分为若干段，每一段规定一个粒径尺寸范围，称为粒组。每个粒组的区间内，常以其粒径的上、下限给粒组命名，见表1-7。

粒组划分表 表1-7

<table>
<tr><td>粒径(mm)</td><td>200</td><td>60</td><td>20</td><td>5</td><td>2</td><td>0.5</td><td>0.25</td><td>0.074</td><td>0.002</td></tr>
<tr><td colspan="2">巨粒组</td><td colspan="6">粗粒组</td><td colspan="2">细粒组</td></tr>
<tr><td rowspan="2">漂石
(块石)</td><td rowspan="2">卵石
(小块石)</td><td colspan="3">砾(角砾)</td><td colspan="3">砂</td><td rowspan="2">粉粒</td><td rowspan="2">黏粒</td></tr>
<tr><td>粗</td><td>中</td><td>细</td><td>粗</td><td>中</td><td>细</td></tr>
</table>

从工程地质角度看，划分原则为：

(1)应符合量变到质变的规律。以2mm粒径为土粒有无毛细水的界限；以0.074mm粒径为土粒有无水联结和有无黏着力的界限；以0.002mm粒径为土粒有无黏着力的界限。

(2)应与现代粒度分析水平相适应。粒径大于0.074mm的土粒，可用筛析法进行颗粒分析；粒径小于0.074mm的土粒，可采用静水沉降法进行颗粒分析。

(3)粒组的界限值服从数学规律，便于记忆。

二、粒度成分的分析方法

一般天然土都由若干个粒组组成，它所包含的各个粒组在土的全部质量中各自占有的比例，称为粒度成分。

组成土体的粒径是大小不同粒径的集合体，土粒粒径的大小和级配与土的工程性质密切相关。土的颗粒分析试验就是测定土的粒径大小和级配状况，为土的分类、定名和工程应用提供依据。对于粒径大于0.074mm的土用筛析法直接测试，粒径小于0.074mm的土用静水沉降法间接测试。

(1)筛析法　是将土样通过逐级减少孔径的一组标准筛，对于通过某一筛孔的土粒，可以认为其粒径恒小于该筛的孔径，反之，遗留在筛上的颗粒，可以认为其粒径恒大于该筛孔径，这样即可把土样的大小颗粒按筛孔径大小逐级加以分组和分析。以某碎屑土为例，风干土样300g，经筛分后，按粒径分层测其各粒组的质量，记入土样分析成果表中(见表1-8)。将表1-9中的百分含量计算出来，最后以累计筛余百分率最先符合表1-8规定的颗粒级配，将此土命名，该土属中砂土。

某土样筛分分析成果表 表1-8

粒组名称	粒径(mm)	质量(g)	百分含量(%)
卵砾组	>2	3	1
极粗砂粒组	2~1	36	12
粗砂粒组	1~0.5	96	32
中砂粒组	0.5~0.25	120	40
细砂粒组	0.25~0.1	30	10
极细砂粒、更细土粒	<0.1	15	5
总　计		300	100

砂类土按颗粒级配分类 表 1-9

土的名称	颗粒级配
砾砂	粒径 > 2mm 的颗粒占全质量的 25% ~ 50%
粗砂	粒径 > 0.5mm 的颗粒超过全质量的 50%
中砂	粒径 > 0.25mm 的颗粒超过全质量的 50%
细砂	粒径 > 0.1mm 的颗粒超过全质量的 75%
粉砂	粒径 > 0.1mm 的颗粒不超过全质量的 75%

注:按表定名时,根据表中粒径分组由大到小,以最先符合者确定之。

(2)沉降分析法　基本原理是 0.002 ~ 0.2mm 粒径的土在水或液体中靠自重下沉时应做等速运动,运动的规律符合司笃克斯定律,定律认为土粒越大,在静水中沉降的速度越快,反之土粒越小,沉降速度越慢。设土粒为圆球形颗粒,在无限大的水面中沉降,它在重力作用下产生的稳定沉降速度为 v,则粒径与沉降速度的平方根成正比。

$$d = \sqrt{\frac{18\eta}{\rho_s - \rho_w}} \cdot \sqrt{v} \tag{1-31}$$

式中:d——土粒粒径(mm);

ρ_s、ρ_w——分别为土颗粒密度和水密度(g/cm^3);

η——水的动力黏滞系数(Pa·s);

v——球形颗粒在液体中的稳定沉降速度。

在进行粒度成分分析时,先把一定质量的干土制成一定体积的悬液,搅拌均匀后,各种粒径的土在悬液中分布是均匀的,即各种粒径在悬液中的浓度在不同深处都是相等的。静置一段时间后,悬液中不同粒径的颗粒以相应的速度在水中沉降,较粗颗粒沉降较快,细颗粒沉降慢,这样悬液中各段的密度有不同程度的减小,粒度成分发生变化,这一基本现象可用比重计法分别测出各粒级的粒径大小。

三、粒度成分的表示方法

经过试验分析,知道了土样中各粒组的相对含量之后,就要用一定的方法将它表示出来。

(1)表格法　将经过测定得到的土的粒度,按照各粒组相对含量的百分数记入表 1-10,使得土样的粒度成分一览无遗,同一表格中可以表示出多种土样粒度成分分析的成果。

土的粒度成分表格法 表 1-10

粒　组(mm)		粒度成分(以质量百分率计)		
		土样 a	土样 b	土样 c
砾粒	10 ~ 5	—	25.0	—
	5 ~ 2	3.1	20.0	—
	2 ~ 1	6.0	12.3	—
砂粒	1 ~ 0.5	14.4	8.0	—
	0.5 ~ 0.25	41.5	6.2	—
	0.25 ~ 0.1	26.0	4.9	8.0
	0.10 ~ 0.05	9.0	4.6	14.4
粉粒	0.05 ~ 0.01	—	8.1	37.6
	0.01 ~ 0.005	—	4.2	11.1
黏粒	0.005 ~ 0.002	—	5.2	18.9
	< 0.002	—	1.5	10.0

(2)累积曲线法　通常用半对数坐标纸绘制，以土粒粒径尺寸的常用对数值作为横坐标，小于某一粒径尺寸的粒组累计相对含量的百分数为纵坐标，将经过筛分法或沉降法所得到的粒度成分分析结果，绘制在这个单对数坐标纸上，就得到了粒度成分的累积曲线(见图 1-10)。

从累积曲线图上可以看出：曲线平缓，表明土的粒度成分混杂，大小粒组都有，各粒组的相对含量都差不多；曲线坡度较陡，表明土粒比较均匀，斜率最大线段所包括的粒组在土样中的含量最多，成为具有代表性的粒组。

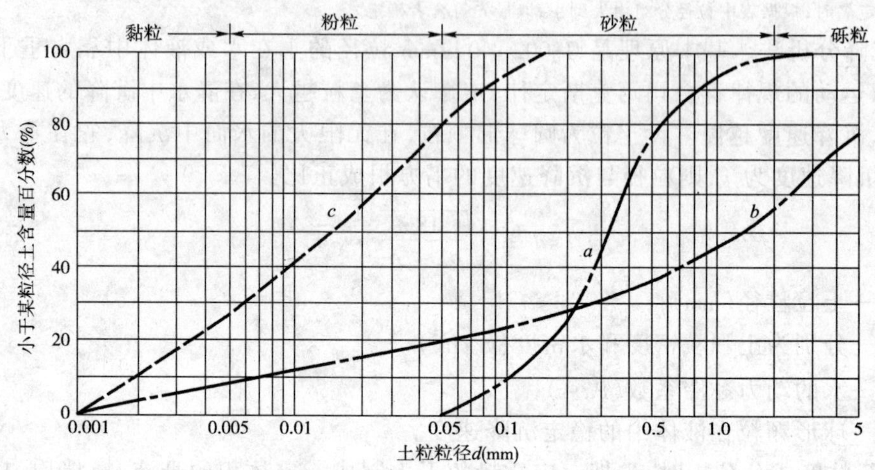

图 1-10　颗粒成分累积曲线

①累积曲线的用途：

a.从累积曲线的形态及分布的粒组区间可判断土的粒度成分的级配特征。

b.利用累积曲线可以求得有关土粒的级配指标：不均匀系数 C_u 和曲率系数 C_c。

c.通过累积曲线可以查知各粒组的相对含量，给土命名。

②土粒的级配指标。处于天然状态下的土，不仅矿物成分复杂而且土粒大小也十分混杂。对于分选性差的土，各粒组相对含量差不多，就称为不均粒土。对于分选性好的土，只有一两个粒组的相对含量占绝对多数，就称为均粒土。土粒的均匀程度关系到土透水性与毛细性的强弱。为了判别土粒的均匀程度，常以限定粒径 d_{60} 与有效粒径 d_{10} 的比值作为判定指标，称为土的不均匀系数，即：

$$C_u = \frac{d_{60}}{d_{10}} \tag{1-32}$$

式中：C_u——土的不均匀系数；

d_{10}——有效粒径，在累积曲线上，累积含量为 10% 所对应在横坐标上的粒径值(mm)；

d_{60}——限定粒径，在累积曲线上，累积含量为 60% 所对应在横坐标上的粒径值(mm)。

不均匀系数 C_u 可以反映土的粗细情况和级配情况，C_u 值越大，曲线越平缓，表明土粒大小分布范围大，土的级配良好；C_u 值越小，曲线越陡，表明土粒大小相近似，土的级配不良。一般认为 $C_u < 5$ 时，属于均粒土，其级配不良；$C_u \geq 5$ 的土为不均粒土，级配良好。在实际工作中仅用 C_u 来判别土粒级配的好坏是不够的，还必须分析曲率系数 C_c。

$$C_c = \frac{(d_{30})^2}{d_{10} \cdot d_{60}} \tag{1-33}$$

式中：C_c——累积曲线的曲率系数；

d_{30}——在累积曲线上，累积含量为30%所对应在横坐标上的粒径值(mm)；

其余符号意义同前。

C_c 值越高，表明土的均匀程度越高；反之，均匀程度越低。在工程中，常利用累积曲线法及其中的两个指标来判定土的级配优劣情况。根据工程经验，只有同时满足 $G_u \geqslant 5$ 和 $C_c = 1 \sim 3$这两个条件时，土才为级配良好的，否则为级配不良的土。

(3)三角坐标法　利用等边三角形中任意一点至三边的垂线之和恒等于三角形之高的原理来表示粒度成分。以等边三角形的高为100%，将已知土样3个组成部分的相对含量，各等于一个边的垂距，就可以用作图法决定三条线的交点，这个点在三角形中的位置，就表示3个粒组的相互关系。如图1-11中的 m 点，该点表示某土样的黏度成分中黏粒占23%，粉粒占47%和砂粒占30%。将它们的相对含量分别用 h_1、h_2、h_3 表示，取一个等边三角形的三边分别为黏粒、粉粒及砂粒的零线，至对应角顶高划分为100%，按照上述作图法找出交点 m，从 m 点至黏粒零线边的垂距为 $0.23H$，即表示黏粒的含量为23%，依次 m 点至粉粒零线边的垂距为 $0.47H$，至砂粒零线边的垂距为 $0.3H$（H 为100%，$H = h_1 + h_2 + h_3$）。

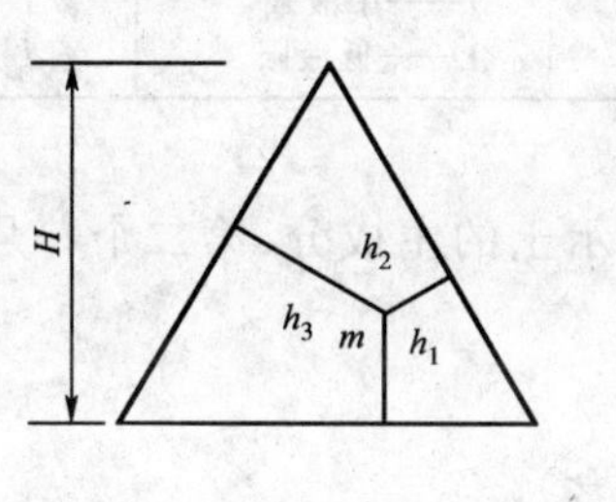

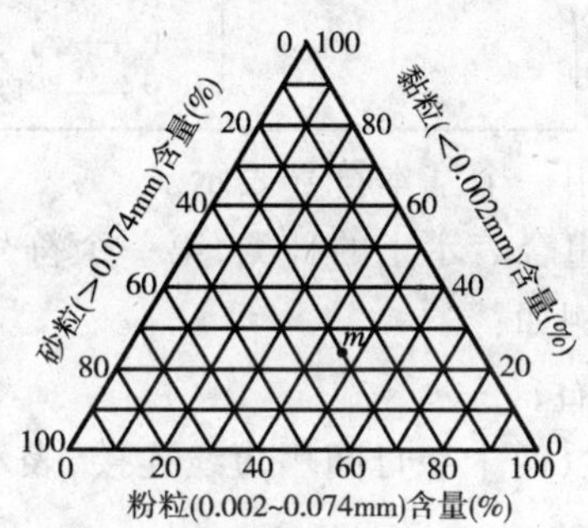

图1-11　三角坐标表示粒度成分

三角坐标法的优点很多，能在同一张坐标图上，用若干点表示若干个土样的粒度成分，以供我们分析比较。三角坐标法在道路工程、水利工程中是常用的方法。

第十节　土的工程分类

自然界的土是在各种不同成土环境里形成的，其组成、结构、成分以及物理、水理、力学性质千差万别，即便是组成结构和成分很相近的土，由于沉积深度或所经历的年代不同，土的工程性质、地质性质也可能相差很大。为了便于区分或鉴别，工程上常根据土的物理力学性质给予分类或定名。

一、分类原则和分类方法

(1)分类原则　粗粒土按粒度成分及级配特征；细粒土按塑性指数和液限，即塑性图法；有机土和特殊土则分别单独各列为一类。对定出的土名给以明确含义的文字符号，既可一目了然，又可便于查找。

(2)分类方法　在进行土的工程分类时，应根据土类、土组和土名的次序区分，首先按相应的粒级含量超过50%来划分土类。对于混合土类，其中粒组含量小于5%为不含，5%～15%为微含，15%～50%为含量界限。对于细粒土类，按液限划分为低、中、高、很高4级。对已知土样应在试验室进行分类试验。用土的颗粒大小分析试验，确定各粒组的含量；用液、塑限测定仪测定土的液限、塑限，并计算出塑性指数。对土的野外鉴别，可用眼看、手摸、嗅觉对土进行概略区分，最后将土分类、命名。

二、分类符号

工程土的分类符号见表1-11。

工程土的分类符号表　　表1-11

符号＼土类 特征	巨粒土(石)	粗粒土	细粒土	有机土
成分	B——漂石 C_b——卵石	G——砾石 S——砂	F——细粒土 C——黏土 M——粉土 O——有机质土	P_t
级配或土性		W——良好级配 P——不良级配 P_u——均匀级配 P_g——阶段级配	V——很高液限 H——高液限 I——中液限 L——低液限	

(1)土类名称可用一个基本符号表示。

(2)由两个符号组合表示土的种类，第一个符号表示土的主成分，第二个符号表示土的副成分、级配或液限。例如：

GP：不良级配砾石；

S-M：微含粉土砂(两个字母间用短线连接，表示微含)；

ML：低液限粉土。

(3)由3个符号组合表示土的种类，第一个符号表示土的主要成分，第二个符号表示液限的高低或级配的好坏，第三个符号表示土中所含副成分。例如：

GHC：高液限含黏土砾石；

SP-M：微含粉土不良级配的砂；

CLM：粉质低液限黏土。

三、公路系统的土质分类

1.工程土分类的总体系

巨粒土、粗粒土、细粒土、特殊土的分类标准见图1-12。

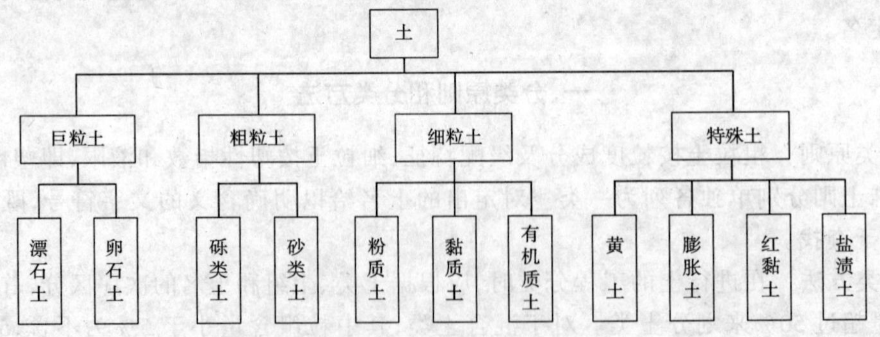

图1-12　土分类总体系图

2.巨粒土分类

(1)试样中巨粒组质量多于总质量50%的土称巨粒土,分类体系见图1-13。

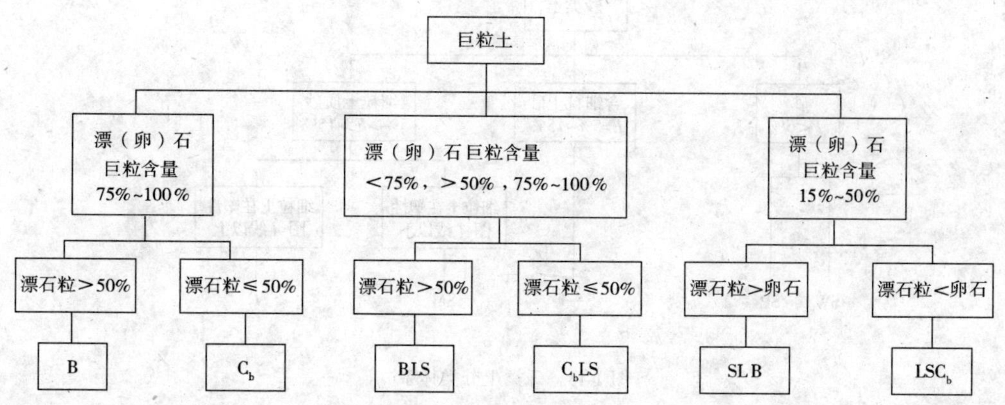

图1-13 巨粒分类体系

(2)巨粒土可分为两类:一类是巨粒组质量多于总质量75%的土称漂(卵)石。另一类巨粒组质量为75%~50%的土称漂(卵)石类土。

3.粗粒土分类

试样中粗粒组质量多于总质量50%的土称为粗粒土,它包括砾类土和砂类土,见图1-14、图1-15。

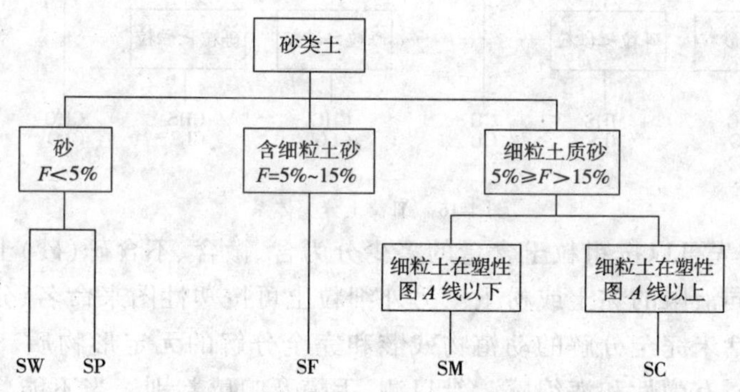

图1-14 砾类土分类体系

粗粒土主要以土的粒度和粒度成分划分,粒径大于0.074mm、小于60mm的土必须占总土质量的50%以上。粗粒土是一种无凝聚的土,包括砾类土和砂类土。凡粒径在2~60mm,含量在50%以上的土称为砾类土;粒径在0.074~2mm,含量在50%以上的土称为砂类土。如在粗粒土中含有细粒土,可按其含量的多少分为含、微含、不含。粗粒土命名还应按颗粒级配状况来定土名,凡土的不均匀系数 $C_u \geqslant 5$ 且曲率系数 $C_c = 1 \sim 3$ 的粗粒土称作级配良好,不能同时满足这两个条件的粗粒土称作级配不良。对粗粒土中所含细粒土的性质也应进行分析,只有这样才能准确划分粗粒土类。

4.细粒土分类

试样中细粒组质量多于总质量50%的土称为细粒土,主要成分是粉粒和黏粒,有时还含有有机质，见图 1-16。

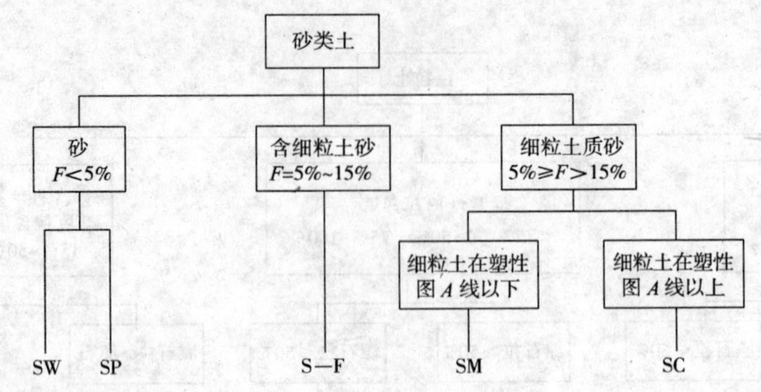

图 1-15　砾类土分类体系

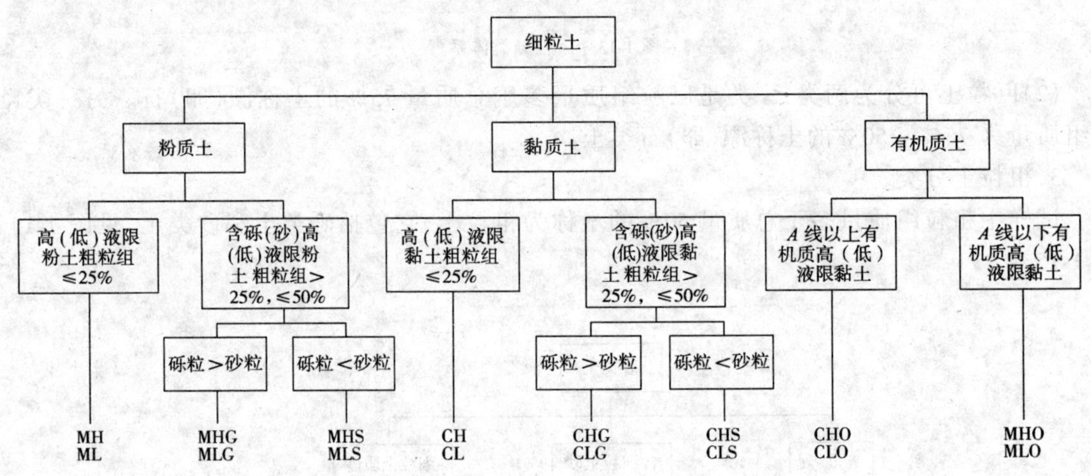

图 1-16　细粒土分类体系

在细粒土中，首先可以按粗粒土含量的多少分为含、微含、不含砾(砂)土；其次按细粒土的性质不同可分为不同液限的黏土或粉土。另外细粒土可按塑性图来命名、分类。

土中有机质包括未完全分解的动植物残骸和完全分解的无定形物质。后者多呈黑色、青黑色或暗色，有臭味，有弹性和海绵感。借目测、手摸及嗅感判别。当不能判定时，可采用下列方法：将试样在 105 ~ 110℃的烘箱中烘烤，若烘烤 24h 试样的液限小于烘烤前的 3/4，该试样为有机质土。当需要有机质含量时，按有机质含量试验进行。

5. 工程土按塑性图分类

塑性图：可用普通方格纸绘制，以土的塑性指数 I_P 为纵坐标，以液限 w_L(%)为横坐标，凡是用液塑限联合测定仪测定土的液限、塑限，并计算出相应的塑性指数，都可以根据这些数据，在塑性图上找到土样在图中的位置；再根据它在图中的区域，可查知某一土样的土类或土名(见图 1-17)。

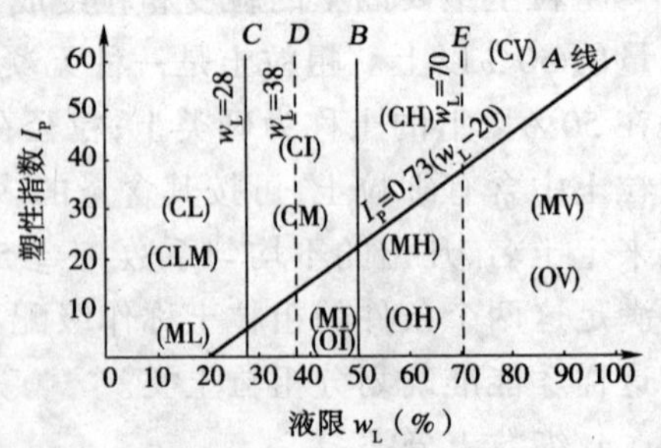

图 1-17　塑性图

塑性图中有一条倾斜的 A 线，A 线的斜率方程：

$I_p = 0.73(w_L - 20)$，将直角坐标图分为 C(黏土)区与 M(粉土)区；还有一条 B 线，B 线方程：$w_L = 50$将坐标图按液限高低分割成两个区域，即由左至右分为：L(低液限)区、H(高液限)区。另外在图中还有 C 线、D 线和 E 线，w_L 值分别为 28、38、70。这些线把整个塑性图划分为若干区，每一个区表示一种或两种不同土性的土类。

6. 特殊土分类

特殊土主要是黄土、膨胀土和红黏土。本"分类"给出黄土、膨胀土和红黏土在塑性图中的位置及其学名，以及盐渍土的含盐量标准。黄土、膨胀土和红黏土按图 1-18 定名。

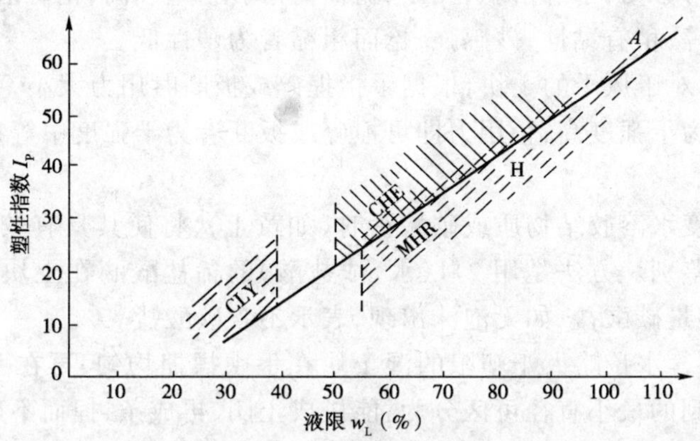

图 1-18　特殊土塑性图

(1)黄土　低液限黏土(*CLY*)，分布范围：大部分在 A 线以上，$w_L < 40\%$。

(2)膨胀土　高液限黏土(*CHE*)，分布范围：大部分在 A 线以上，$w_L > 50\%$。

(3)红黏土　高液限粉土(*MHR*)，分布范围：大部分在 A 线以下，$w_L > 55\%$。

盐渍土按表 1-12 分类。

盐渍土分类　　表 1-12

名　称	被利用的土层中平均总盐量(以质量百分率计)	
	氯盐渍土及亚氯盐渍土	硫酸盐渍土及亚硫酸盐渍土
弱盐渍土	0.3 ~ 1.0	0.3 ~ 0.5
中盐渍土	1 ~ 5	0.5 ~ 2
强盐渍土	5 ~ 8	2 ~ 5
过盐渍土	> 8	> 5

注：含盐量以 100g 干土内的含盐总量计。

四、土的野外鉴别

在进行公路路线勘测过程中，沿路线所经地带和桥涵位置处的土质、地质须逐段挖探或钻探，取得土样，经分析试验得出土质和地质资料，提供选定路线方向、桥涵位置及以后设计路基、路面用土，建筑物土基和编制预算的依据。为配合试验室的取样试验和及时地提出急需的资料，常采用现场目测、手触和简易试验的方法进行野外鉴别。在勘测现场应做到：第一，对取样的土层的宏观情况作出较详细的描述和记录，并对其土层的基本性质作出初步判别；第二，对所取土样应直观地作出肉眼描述和鉴别，并定出土名，以供室内试验后定名参考。

1.野外鉴别简易试验方法

土的简易鉴别方法用目测法代替筛分法确定土粒组成及其特征;用干强度、手捻韧性和摇振反应等定性方法代替用液限仪测定细粒土的塑性。

(1)手搓试验　将含水量略大于塑限的湿土块在手中揉捏均匀,再在手掌上搓成土条,根据土条不断裂而能达到的最小直径可区分为:能搓成 $\phi > 3.0$mm 土条即断裂者为塑性低;能搓成 $\phi = 1 \sim 3.0$mm 土条而不断的为塑性中等;能搓成 $\phi < 1.0$mm 土条为塑性高。

(2)手捻试验　将稍湿或硬塑的小土块在手中揉捏,然后用拇指和食指将土捻成片状,根据手感和土片光滑度可分为:手感滑腻,无砂,捻面光滑者为塑性高;稍有滑腻感,有砂类,捻面稍有光泽者为塑性中等;稍有黏性,砂感强,捻面粗糙者为塑性低。

(3)干强度试验　对于风干的土块,根据手指捏碎或扳断时用力大小,可区分为:很难或用力才能捏碎或扳断者为干强度高;稍用力即可捏碎或扳断者为干强度中等;易于捏碎或捻成粉末者为干强度低。

当土中含有高强度水溶胶结物质或碳酸钙时(如黄土),将使其具有较高的干强度,因此,需辅以稀盐酸反应来鉴别。方法是用 2:1(水:浓盐酸)的稀盐酸滴在土块上,泡沫很多,且持续时间较长,表示含多量碳酸盐,如无泡沫出现,表示不含碳酸盐。

(4)韧性试验　将含水量略大于塑限的湿土块在手中揉捏均匀,再在手掌上搓成土条,根据土条不断裂而能达到的最小直径可区分为:能搓成土团,再成条,捏而不碎者为韧性高;可再成团,捏而不易碎者为韧性中等;勉强或不能揉成团,稍捏或不捏即碎者为韧性低。

(5)摇振试验　将软塑至流动的小块,团成小球状放在手上反复摇晃,并用另一手击振该手掌,土中自由水析出土球表面,呈现光泽;用两个手指捏土球,放松后又被吸入,光泽消失。根据水分析出和消失的快慢,可区分为:反应快,立即渗水和吸水;反应中等,渗水和吸水中等;无反应,渗水吸水慢及不渗不吸。

(6)盐渍土的简单定性试验　取土数克,捏碎,放入试管中,加水 10 余毫升,用手堵住管口,摇荡数分钟后过滤,取滤液少许,分别放入另外几个试管中,用下列方法鉴定溶盐酸的种类:

①在试管中滴入 1:1 的水:浓硝酸(HNO_3)和 10%硝酸银($AgNO_3$)溶液各数滴,如有白色沉淀($AgCl$)出现时,则土中有氯化物盐类存在。

②在试管中加入 1:1 的水:浓盐酸(HCl_2)和 10%氯化钡($BaCl_2$)溶液各数滴,如有白色沉淀($BaSO_4$)出现时,则土样中有硫酸盐类存在。

③在试管中加入酚酞指示剂 2~3 滴,如呈现樱桃红色,则土样中有碳酸盐类存在。

2.碎石类土和砂类土

(1)土样描述:

①对碎石类土应包括颜色、土粒大小、粒度成分组成、颗粒风化程度与磨圆度、填充物的成分及性质、含量、土的潮湿程度及密实度等,并初步确定土类名称;

②对砂类土应包括颜色、颗粒粗细与颗粒形状、粒度成分与粒组组成、密实程度及潮湿程度等,并初步确定土类名称。

(2)野外鉴别见表 1-13、表 1-14、表 1-15。

3.黏性土

(1)细粒土的描述应包括土的颜色、组织结构,土中是否有夹杂物及夹杂物的性质与含量,天然状态下的潮湿程度及密实程度,以及用小刀削切、用手指搓捻时的感觉等等。

(2)黏性土的野外鉴别见表 1-16、表 1-17。

碎石类土及砂类土野外鉴别 表 1-13

鉴别方法	大块碎石类土		砂类土				
	卵(碎)石土	圆(角)砾石土	砾砂	粗砂	中砂	细砂	粉砂
颗粒粗细	一半以上颗粒接近和超过蚕豆粒大小	一半以上颗粒接近和超过小高粱粒大小	约有一半以上颗粒接近和超过小高粱粒大小	约有一半以上颗粒接近和超过细小米粒大小	约有一半以上颗粒接近和超过鸡冠花子粒大小	颗粒粗细程度较精制食盐稍粗,与粗玉米粉近似	颗粒粗细程度较精制食盐稍细,与小米粉近似
干燥时状况	颗粒完全分散	颗粒完全分散	颗粒完全分散	颗粒完全分散,有个别胶结	颗粒基本分散,有局部胶结(胶结部分一碰即散)	颗粒大部分散,少量胶结(胶结部分稍加碰撞即散)	颗粒少部分分散,大部分胶结(稍加压力亦可分散)
湿润时用手拍击	表面无变化	表面无变化	表面无变化	表面无变化	表面偶有水印	表面有水印	表面有显著水印
黏着感	无黏着感	无黏着感	无黏着感	无黏着感	无黏着感	偶有轻微黏着感	有轻微黏着感

注:所列分类标准适用于较纯净的砂、卵石。

碎石类土密实程度鉴别 表 1-14

密实程度	骨架和充填物	天然坡和开挖情况	钻探情况
密实	骨架颗粒交错紧贴,孔隙填满,充填物密实	天然陡坡较稳定,坎下堆积物较少。镐挖掘困难,用撬棍方能松动,坑壁稳定,从坑壁取出大颗粒处,能保持凹面形状	钻进困难,冲击钻探时,钻杆、吊锤跳动剧烈,孔壁较稳定
中密	骨架颗粒疏密不均,部分不连续,孔隙填满,充填物中密	天然坡不易陡立,或陡坎下堆积物较多,但大于粗颗粒安息角。镐可挖掘,坑壁有掉块现象,从坑壁取出大颗粒处,砂类土不易保持凹面形状	钻进较难,冲击钻探时,钻杆、吊锤跳动不剧烈,孔壁有坍塌现象
松散	多数骨架颗粒不接触,而被充填物包裹,充填物松散	不能形成陡坎,天然坡接近于粗颗粒的安息角,锹可以挖掘,坑壁易坍塌,从坑壁取出大颗粒后,砂类土即塌落	钻进较容易,冲击钻探时,钻杆稍有跳动,孔壁易坍塌

砂类土潮湿程度野外鉴别 表 1-15

潮湿程度	稍湿	潮湿	饱和
试验指标	$S_r \leq 0.5$	$0.5 < S_r \leq 0.8$	$S_r > 0.8$
感性鉴定	呈松散状,手模时感到潮湿	可以勉强握成团	空隙中的水可自由渗出

黏性土的野外鉴别 表 1-16

土类	用手搓捻时的感觉	用放大镜及肉眼观察搓碎的土	干时土的状况	潮湿时将土搓捻的情况	潮湿时用小刀削切的情况	潮湿土的情况	其他特长
黏土	极细的均匀土块很难用手压碎	均质细粉末看不见砂粒	坚硬、用锤能打碎,碎块不会散落	很容易搓成细于 0.5mm 的长条,易滚成小球	光滑表面,土面上看不见砂粒	黏塑的、滑腻的、黏连的	干时有光滑,有细狭条纹

续上表

土类	用手搓捻时的感觉	用放大镜及肉眼观察搓碎的土	干时土的状况	潮湿时将土搓捻的情况	潮湿时用小刀削切的情况	潮湿土的情况	其他特长
亚黏土	没有均质的感觉,感到有砂粒,土块容易被压碎	从它的细粉末可以清楚地看到砂粒	用锤击和手压土块容易碎开	能搓成比黏土较粗的短土条,能滚成小球	可以感觉到有砂粒存在	塑性的弱黏结性	干时光泽暗沉,条纹较黏土粗而宽
粉质亚黏土	砂粒的感觉少,土块容易压碎	砂粒很少,可见很多细粉粒	用锤击和手压土块容易碎开	不能搓成很长的土条、搓成的土条容易破裂	土面粗糙	塑性的弱黏结性	干时光泽暗淡,条纹粗而宽
亚砂土	土质不均匀,能清楚地感觉到砂粒的存在,稍用力土块即被压碎	砂粒多于黏粒	土块容易散开,用手压或用铲子铲起丢掷土块,散落成大屑	几乎不能搓成土条,滚成的土条容易开裂和散落	—	无塑性	
粉土	有干面似的感觉	砂粒少,粉粒多	土块极易散落	不能搓成土球和土条	—	成流体状	

黏性土潮湿程度野外鉴别 表 1-17

试验指标 / 潮湿程度 / 名称	$I_L < 0$	$0 \leqslant I_L < 1$	$I_L \geqslant 1$
	半干硬状态	可塑状态	流塑状态
黏砂土	扰动后不易握成团,一摇即散	扰动后能握成团,手摇时土表稍出水,手中有湿印,用手捏之水即吸回	手摇有水流出,土体塌流成扁圆形
砂黏土	扰动后一般不能捏成饼,易成碎块和粉末	扰动后能捏成饼,手摇数次不见水,但有时可稍见	扰动后手摇表层出水,手上有明显湿印
黏土	扰动后能捏成饼,边上多裂口	扰动后,两手相压土成饼状,黏于手掌,揭掉后掌中有湿痕	扰动后手捏有明显湿痕,并有土黏于手上

第十一节 筑路用土试验

试验一 含水量试验(烘干法、酒精燃烧法)

烘干法(T0103—93)

一、定义和适用范围

(1)土的含水量是在 105~110℃下烘至恒量时所失去的水分质量和达恒量后干土质量的

比值，以百分数表示，本法是测定含水量的标准方法。

(2)本试验方法适用于黏质土、粉质土、砂类土和有机质土类。

二、仪器设备

(1)烘箱可采用电热烘箱或温度能保持105~110℃的其他能源烘箱，也可用红外线烘箱。

(2)天平感量0.01g。

(3)其他干燥器、称量盒〔为简化计算手续，可将盒质量定期(3~6个月)调整为恒质量值〕等。

三、试验步骤

(1)取具有代表性试样，细粒土15~30g，砂类土、有机土为50g，放入称量盒内，立即盖好盒盖，称质量。称量时，可在天平一端放上与该称量盒等质量的砝码，移动天平游码，平衡后称量结果即为湿土质量。

(2)揭开盒盖，将试样和盒放入烘箱内，在温度105~110℃恒温下烘干。烘干时间对细粒土不得少于8h，对砂类土不得少于6h。对含有机质超过5%的土，应将温度控制在65~70℃的恒温下烘干。

(3)将烘干后的试样和盒取出，放入干燥器内冷却(一般只需0.5~1h即可)。冷却后盖好盒盖，称质量，准确至0.01g。

四、结果整理

(1)按下式计算含水量：

$$w=\frac{m-m_s}{m_s}\times 100\% \tag{1-34}$$

式中：w——含水量(%)；

m——湿土质量(g)；

m_s——干土质量(g)。

计算结果准确至0.1%。

(2)本试验记录格式如表1-18。

含水量试验记录(烘干法) 表1-18

工程编号________ 试 验 者________ 土样说明________

计 算 者________ 试验日期________ 校 核 者________

盒 号		1	2	3	4
盒质量 (g)	(1)	20	20	20	20
盒+湿土质量 (g)	(2)	38.87	40.54	40.65	40.45
盒+干土质量 (g)	(3)	35.45	36.76	36.16	35.94
水分质量 (g)	(4)=(2)-(3)	3.42	3.78	4.49	4.51
干土质量 (g)	(5)=(3)-(1)	15.45	16.76	16.16	15.94
含水量 (%)	$(6)=\frac{(4)}{(5)}$	22.1	22.6	27.8	28.3
平均含水量 (%)	(7)	22.4		28.1	

五、精密度和允许差

本试验须进行二次平行测定，取其算术平均值，允许平行差值应符合表 1-19 的规定。

含水量测定的允许平行差值　　表 1-19

含水量(%)	允许平行差值(%)	含水量(%)	允许平行差值(%)
5 以下	0.3	40 以上	≤2
40 以下	≤1		

六、报　告

(1)土的鉴别分类和代号。

(2)土的含水量。

酒精燃烧法(T 0104—93)

一、目的和适用范围

本试验方法适用于快速简易测定细粒土(含有机质的除外)的含水量。

二、仪 器 设 备

(1)称量盒(定期调整为恒质量)。

(2)天平：感量 0.01g。

(3)酒精：纯度 95%。

(4)滴管、火柴、调土刀等。

三、试 验 步 骤

(1)取代表性试样(黏质土 5~10g，砂类土 20~30g)，放入称量盒内，称湿土质量。

(2)用滴管将酒精注入放有试样的称量盒中，直至盒中出现自由液面为止。为使酒精在试样中充分混合均匀，可将盒底在桌面上轻轻敲击。

(3)点燃盒中酒精，燃至火焰熄灭。

(4)将试样冷却数分钟，按本试验(3)至(4)方法重新燃烧两次。

(5)等第三次火焰熄灭后，盖好盒盖，立即称干土质量，准确至 0.01g。

其余同 T 0103。

注：用燃烧法测定含水量不适宜测定有机质含量过高的土样，否则将影响试验数据的准确性，另外用燃烧法测含水量时一定要使酒精充分燃烧。

试验二　比 重 试 验(比重瓶法)

比重瓶法(T 0112—93)

一、目的和适用范围

(1)土的比重(相对密度)是土在 105~110℃下烘至恒量时的质量与同体积 4℃蒸馏水质量的比值。

(2)本试验的目的是测定土的颗粒比重，它是土的物理性基本指标之一。

(3)本试验法适用于粒径小于 5mm 的土。

二、仪 器 设 备

(1)比重瓶:容量 100(或 50)mL。

(2)天平:称量 200g,感量 0.001g。

(3)恒温水槽:灵敏度 ±1℃。

(4)砂浴。

(5)真空抽气设备。

(6)温度计:刻度为 0~50℃,分度值为 0.5℃。

(7)其他:如烘箱、蒸馏水、中性液体(如煤油)、孔径 2mm 及 5mm 筛、漏斗、滴管等。

三、比重瓶校正

(1)将比重瓶洗净、烘干,称比重瓶质量,准确至 0.001g。

(2)将煮沸经冷却的纯水注入比重瓶。对长颈比重瓶注水至刻度处,对短颈比重瓶应注满纯水,塞紧瓶塞,多余水分自瓶塞毛细管中溢出。调节恒温水槽至 5℃或 10℃,然后将比重瓶放入恒温水槽内,直至瓶内水温稳定。取出比重瓶,擦干外壁,称瓶、水总质量,准确至 0.001g。

(3)以 5℃级差,调节恒温水槽的水温,逐级测定不同温度下的比重瓶、水总质量,至达到本地区最高自然气温为止。每个温度时均应进行两次平行测定,两次测定的差值不得大于 0.002g,取两次测值的平均值。绘制温度与瓶、水总质量的关系曲线。

四、试 验 步 骤

(1)将比重瓶烘干,将 15g 烘干土装入 100mL 比重瓶内(若用 500mL 比重瓶,装烘干土约 12g),称量。

(2)为排除土中空气,将已装有干土的比重瓶,注蒸馏水至瓶的一半处,摇动比重瓶,并将瓶在砂浴中煮沸,煮沸时间自悬液沸腾时算起,砂及低液限黏土应不少于 30min,高液限黏土应不少于 1h,使土粒分散。注意沸腾后调节砂浴温度,不使土液溢出瓶外。

(3)如系长颈比重瓶,用滴管调整液面恰至刻度(以弯液面下缘为准),擦干瓶外及瓶内壁刻度以上部分的水,称瓶、水、土总质量。如系短颈比重瓶,将纯水注满,使多余水分自瓶塞毛细管中溢出,将瓶外水分擦干后,称瓶、水、土总质量,称量后立即测出瓶内水的温度,准确至 0.5℃。

(4)根据测得的温度,从已绘制的温度与瓶、水总质量关系曲线中查得瓶水总质量。如比重瓶体积事先未经温度校正,则立即倾去悬液,洗净比重瓶,注入事先煮沸过且与试验时同温度的蒸馏水至同一体积刻度处,短颈比重瓶则注水至满,按本试验(3)步骤调整液面后,将瓶外水分擦干,称瓶、水总质量。

(5)如系砂土,煮沸时砂粒易跳出,允许用真空抽气法代替煮沸法排除土中空气,其余步骤与本试验(3)至(4)相同。

(6)对含有某一定量的可溶盐、不亲性胶体或有机质的土,必须用中性液体(如煤油)测定,并用真空抽气法排除土中气体。真空压力表读数宜为 100kPa,抽气时间 1~2h(直至悬液内无气泡为止),其余步骤同本试验(3)至(4)。

(7)本试验称量应准确至 0.00lg。

五、结 果 整 理

(1)用蒸馏水测定时,按下式计算比重:

$$G_s = \frac{m_s}{m_1 + m_s - m_2} \times G_{wt} \tag{1-35}$$

式中：G_s——土的比重；

m_s——干土质量(g)；

m_1——瓶、水总质量(g)；

m_2——瓶、水、土总质量(g)；

G_{wt}——t℃时蒸馏水的比重(水的比重可查物理手册)，准确至0.001。

(2)用中性液体测定时，按下式计算比重：

$$G_s = \frac{m_s}{m'_1 + m_s - m'_2} \times G_{kt} \tag{1-36}$$

式中：m'_1——瓶、中性液体总质量(g)；

m'_2——瓶、土、中性液体总质量(g)；

G_{kt}——t℃时中性液体比重(应实测)，准确至0.001。

(3)本试验记录格式如表1-20。

比重试验记录(比重瓶法) 表1-20

工程名称________ 试验方法________ 试验日期________

试 验 者________ 计 算 者________ 校 核 者________

试验编号	比重瓶号	温度(℃)	液体比重	比重瓶质量(g)	瓶、干土总质量(g)	干土质量(g)	瓶、液总质量(g)	瓶、液、土总质量(g)	与干土同体积的液体质量(g)	比重	平均值	备注
		(1)	(2)	(3)	(4)	(5)	(6)	(7)	(8)	(9)		
						(4)-(3)			(5)+(6)-(7)	$\frac{(5)}{(8)} \times (2)$		
	1	15.2	0.999	34.886	49.831	14.945	134.714	144.225	5.434	2.748	2.75	
	2	15.2	0.999	34.287	49.227	14.940	134.696	1443.191	5.445	2.741		

六、精密度和允许差

本试验必须进行二次平行测定，取其算术平均值，以两位小数表示，其平行差值不得大于0.002。

七、报　告

(1)土的鉴别分类和代号。

(2)土的比重 G_s 值。

试验三　土体密度试验(环刀法、灌砂法)

环刀法(T 0107—93)

一、目的和适用范围

本试验方法适用于细粒土。

二、仪器设备

(1)环刀法:内径 6 ~ 8cm,高 2 ~ 3 cm,壁厚 1.5 ~ 2mm。

(2)天平:感量 0.1g。

(3)其他:修土刀、钢丝锯、凡士林等。

三、试验步骤

(1)按工程需要取原状土或制备所需状态的扰动土样,整平两端,环刀内壁涂一薄层凡士林,刀口向下放在土样上。

(2)用修土刀或钢丝锯将土样上部削成略大于环刀直径的土柱,然后将环刀垂直下压,边压边削,至土样伸出环刀上部为止。削去两端余土,使与环刀口面齐平,并用剩余土样测定含水量。

(3)擦净环刀外壁,称环刀与土合质量 m_1,准确至 0.1g。

四、结果整理

(1)按下列公式计算湿密度及干密度:

$$\rho = \frac{m_1 - m_2}{V} \tag{1-37}$$

$$\rho_d = \frac{\rho}{1 + 0.01w} \tag{1-38}$$

式中:ρ——湿密度(g/cm³);

m_1——环刀与土合质量(g);

m_2——环刀质量(g);

V——环刀体积(cm³);

ρ_d——干密度(g/cm³);

w——含水量(%)。

(2)本试验记录格式如表 1-21。

密度试验记录(环刀法)　　表 1-21

土样编号				1		2		3	
环刀号				1	2	3	4	5	6
环刀容积	(cm³)	①		100	100	100	100	100	100
环刀质量	(g)	②							
土+环刀质量	(g)	③							
土样质量	(g)	④	③-②	178.6	181.4	193.6	194.8	205.8	207.2
湿密度	(g/cm³)	⑤	$\frac{④}{①}$	1.79	1.81	1.94	1.95	2.06	2.07
含水量	(%)	⑥		13.5	14.2	18.2	19.4	20.5	21.2
干密度	(g/cm³)	⑦	$\frac{⑤}{1+0.01⑥}$	1.58	1.58	1.64	1.63	1.71	1.71
平均干密度	(g/cm³)	⑧		1.58		1.64		1.71	

五、精密度和允许差

本试验须进行二次平行测定,取其算术平均值,其平行差值不得大于 0.03g/cm^3。

六、报　　告

(1)土的鉴别分类和状态描述。

(2)土的含水量 w(%)。

(3)土的湿密度 ρ(g/cm^3)。

(4)土的干密度 ρ_d(g/cm^3)。

灌砂法(T0111—93)

一、目的和适用范围

本试验法适用于现场测定细粒土、砂类土和砾类土的密度。试样的最大粒径不得超过 15mm,测定密度层的厚度为 150~200mm。

注:①在测定细粒土密度时,可以采用 ϕ100 的小型灌砂筒;

②如最大粒径超过 15mm,则应相应地增大灌砂筒的尺寸,例如,粒径达 40~60mm 的粗粒土,灌砂筒和现场试筒的直径应为 150~200mm。

二、仪器设备

(1)灌砂筒:金属圆筒(可用白铁皮制作)的内径为 100mm,总高 360mm,灌砂筒主要分两部分:上部为储砂筒,筒深 27mm(容积约 2 120cm^3),筒底中心有一个直径 10mm 的圆孔;下部装一倒置的圆锥形漏斗,漏斗上端开口直径为 10mm,并焊接在一块直径 100mm 的铁板上,铁板中心有一直径 10mm 的圆孔与漏斗上开口相接。在储砂筒筒底与漏斗顶端铁板之间设有开关。开关为一薄铁板,一端与筒底及漏斗铁板铰接在一起,另一端伸出筒身外,开关铁板上也有一个直径 10mm 的圆孔。将开关向左移动时,开关铁板上的圆孔恰好与筒底圆孔及漏斗上开口相对,即三个圆孔在平面上重叠在一起,砂就可通过圆孔自由落下。将开关向右移动时,开关将筒底圆孔堵塞,砂即停止下落。

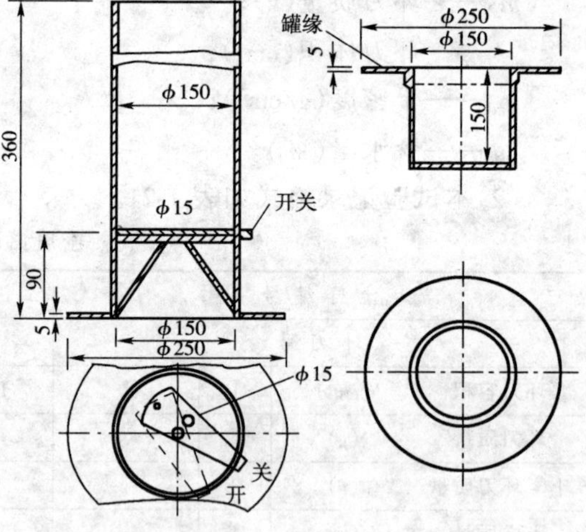

图 1-19　灌砂筒和标定罐(尺寸单位:mm)

灌砂筒的形式和主要尺寸如图 1-19 所示。

(2)金属标定罐:内径 100mm,高 150mm 和 200mm 的金属罐各一个,上端周围有一罐缘。

注:如由于某种原因,试坑不是 150mm 或 200mm 时,标定罐的深度应该与拟挖试坑深度相同。

(3)基板:一个边长 350mm,深 40mm 的金属方盘,盘中心有一直径 100mm 的圆孔。

(4)打洞及从洞中取料的合适工具,如凿子、铁锤、长把勺、长把小簸箕、毛刷等。

(5)玻璃板:边长约 500mm 的方形板。

(6)饭盒(存放挖出的试样)若干。

(7)台秤:称量 10~15kg,感量 5g。

(8)其他：铝盒、天平、烘箱等。

三、量　砂

粒径0.25~0.5mm、清洁干燥的均匀砂，约20~40kg。应先烘干，并放置足够时间，使其与空气的湿度达到平衡。

四、仪器标定

确定灌砂筒下部圆锥体内砂的质量，其步骤如下：

(1)在储砂筒内装满砂。筒内砂的高度与筒顶的距离不超过15mm。称筒内砂的质量 m_1，准确至1g。每次标定及而后的试验都维持这个质量不变。

(2)将开关打开，让砂流出，并使流出砂的体积与工地所挖试洞的体积相当(或等于标定罐的容积)。然后关上开关，并称量筒内砂的质量 m_3，准确至1g。

(3)将灌砂筒放在玻璃板上。打开开关，让砂流出，直到筒内砂不再下流时，关上开关，并细心地取走灌砂筒。

(4)收集并称量留在玻璃板上的砂或称量筒内的砂，准确至1g。玻璃板上的砂就是填满灌砂筒下部圆锥体的砂。

重复上述测量至少三次，最后取其平均值 m_2，准确至1g。

五、确定量砂的密度 ρ_s

(1)用水确定标定罐的容积 $V(cm^3)$，方法如下：

将空罐放在台秤上，使罐的上口处于水平位置，读记罐质量 m_7，准确至1g。向标定罐中灌水，注意不要将水弄到台秤上或罐的外壁。将一直尺放在罐顶，当罐中水面快要接近直尺时，用滴管往罐中加水，直到水面接触直尺。移去直尺，读记罐和水的总质量 m_8。重复测量时，仅需用吸管从罐中取出少量水，并用滴管重新将水加满到接触直尺。标定罐的体积按下式计算：

$$V = m_8 - m_7 \tag{1-39}$$

(2)在储砂筒中装入质量为 m_1 的砂，并将灌砂筒放在标定罐上，打开开关，让砂流出，直到储砂筒内的砂不再下流时，关闭开关。取下灌砂筒，称筒内剩余的砂质量，准确至1g。

(3)重复上述测量，至少三次，最后取其平均值 m_3，准确至1g。

(4)按下式计算填满标定罐所需砂的质量 $m_a(g)$：

$$m_a = m_1 - m_2 - m_3 \tag{1-40}$$

式中：m_1——灌砂入标定罐前，筒内砂的质量(g)；

m_2——灌砂筒下部圆锥体内砂的平均质量(g)；

m_3——灌砂入标定罐后，筒内剩余砂的质量(g)。

(5)按下式计算量砂的密度 $\rho_s(g/cm^3)$：

$$\rho_s = \frac{m_a}{V} \tag{1-41}$$

式中：V——标定罐的体积(cm^3)。

六、试验步骤

(1)在试验地点，选一块约40cm×40cm的平坦表面，并将其清扫干净。将基板放在此平坦表面上。如此表面的粗糙度较大,则将盛有量砂 m_5(g)的灌砂筒放在基板中间的圆孔上。打开灌砂筒开关,让砂流入基板的中孔内,直到储砂筒内的砂不再下流时关闭开关。取下灌砂筒,并称筒内砂的质量 m_6,准确至 1g。

(2)取走基板,将留在试验地点的量砂收回,重新将表面清扫干净。将基板放在清扫干净的表面上,沿基板中孔凿洞,洞的直径 100mm。在凿洞过程中,应注意不使凿出的试样丢失,并随时将凿松的材料取出,放在已知质量的塑料袋内,密封。试洞的深度应等于碾压层厚度。凿洞毕,称此塑料袋中全部试样质量,准确至 1g。减去已知塑料袋质量后,即为试样的总质量 m_t。

(3)从挖出的全部试样中取有代表性的样品,放入铝盒中,测定其含水量 w。样品数量:对于细粒土,不少于 100g;对于粗粒土,不少于 500g。

(4)将基板安放在试洞上,将灌砂筒安放在基板中间(储砂筒内放满砂至恒量 m_1),使灌砂筒的下口对准基板的中孔及试洞。打开灌砂筒开关,让砂流入试洞内。关闭开关。仔细取走灌砂筒,称量筒内剩余砂的质量 m_4,准确至 1g。

(5)如清扫干净的平坦的表面上,粗糙度不大,则不需放基板,将灌砂筒直接放在已挖好的试洞上。打开洞的开关,让砂流入试洞内。在此期间,应注意勿碰动灌砂筒。直到储砂筒内的砂不再下流时,关闭开关。仔细取走灌砂筒,称量筒内剩余砂的质量 m_4',准确至 1g。

(6)取出试洞内的量砂,以备下次试验时再用。若量砂的湿度已发生变化或量砂中混有杂质,则应重新烘干,过筛,并放置一段时间,使其与空气的温度达到平衡后再用。

(7)如试洞中有较大孔隙,量砂可能进入孔隙时,则应按试洞外形,松弛地放入一层柔软的纱布。然后再进行灌砂工作。

七、结果整理

(1)按下式计算填满试洞所需的质量 m_b(g):

灌砂时试洞上放有基板的情况

$$m_b = m_1 - m_4 - (m_5 - m_6) \tag{1-42}$$

灌砂时试洞上不放基板的情况

$$m_b = m_1 - m_4' - m_2 \tag{1-43}$$

式中:m_1——灌砂入试洞前筒内砂的质量(g);

m_2——灌砂筒下部圆锥体内砂的平均质量(g);

m_4、m_4'——灌砂入试洞后,筒内剩余砂的质量(g);

$(m_5 - m_6)$——灌砂筒下部圆锥体内及基板和粗糙表面间砂的总质量(g)。

(2)按下式计算试验地点土的湿密度 ρ(g/cm³):

$$\rho = \frac{m_t}{m_b} \times \rho_s \tag{1-44}$$

式中:m_t——试洞中取出的全部土样的质量(g);

m_b——填满试洞所需砂的质量(g);

ρ_s——量砂的密度(g/cm³)。

(3)按下式计算土的干密度 ρ_d(g/cm³):

$$\rho_d = \frac{\rho}{1 + 0.01w} \tag{1-45}$$

(4)本试验的记录格式如表 1-22。

密度试验记录(灌砂法)　　表 1-22

工程名称＿＿＿＿　　土样说明　砾类土　　试验日期＿＿＿＿

试 验 者＿＿＿＿　　计 算 者＿＿＿＿　　校 核 者＿＿＿＿

砂的密度　1.28g/cm³

取样桩号	取样位置	试洞中湿土样质量 m_t(g)	灌满试洞后剩余砂质量 $m_1(m'_4)$ (g)	试洞内砂质量 m_b(g)	湿密度 ρ(g/cm³)	含水量测定							干密度 ρ_d (g/cm³)
						盒号	盒+湿土质量(g)	盒+干土质量(g)	盒质量(g)	干土质量(g)	水质量(g)	含水量(g)	
		4031		2233.6	2.31	B_5	1211	1108.4	195.4	913	102.6	11.2	2.08
		2900		1613.9	2.30	3号	1125	1040	195.9	844.1	85	10.1	2.09

其余同(T 0107—93)环刀法。

试验四　土的最大干密度、最佳含水量试验

(T 0131—93)

一、目的和适用范围

本试验分轻型击实和重型击实。小试筒适用于粒径不大于 25mm 的土,大试筒适用于粒径不大于 38mm 的土。

二、仪 器 设 备

(1)标准击实仪(见图 1-20 和图 1-21)。轻、重型试验方法和设备的主要参数应符合表 1-23 的规定。

(2)烘箱及干燥器。

(3)天平:感量 0.01g。

(4)台秤:称量 10kg,感量 5g。

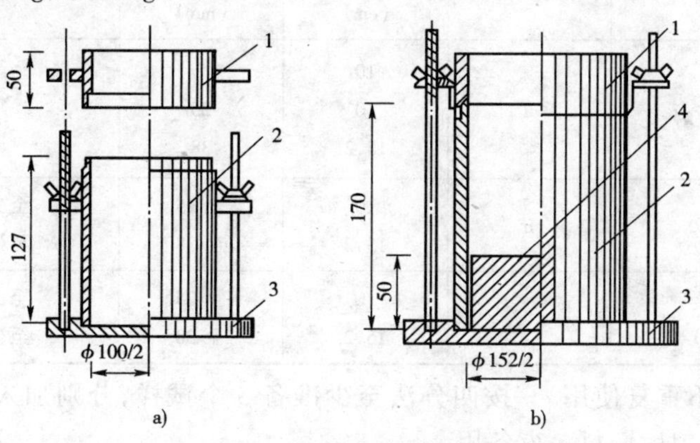

图 1-20　击实筒(尺寸单位:mm)

a)小击实筒;b)大击实筒

1-套筒;2-击实筒;3-底板;4-垫块

(5)圆孔筛:孔径 38mm、25mm、19mm 和 5mm 各 1 个。

(6)拌和工具:400mm × 600mm、深 70mm 的金属盘、土铲。

(7)其他:喷水设备、碾土器、盛土盘、量筒、推土器、铝盒、修土刀、平直尺等。

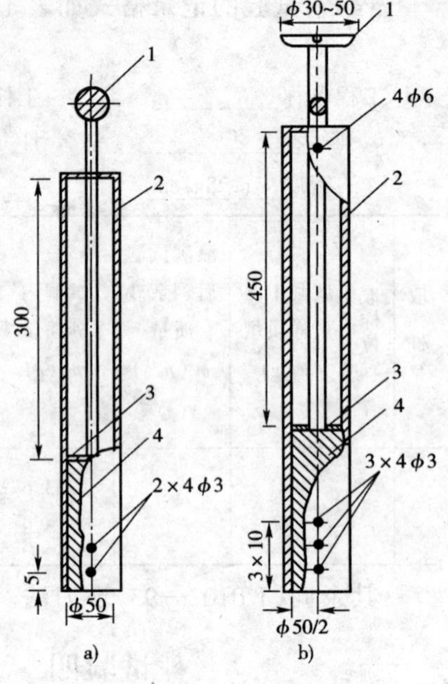

图 1-21 击实锤和导杆(尺寸单位:mm)

a)2.5kg 击锤;b)4.5kg 击锤

1-提手;2-导筒;3-硬橡皮垫;4-击锤

三、试 样

本试验可分别采用不同的方法准备试样。各方法可按表 1-24 准备试料。

(1)干土法(土重复使用) 将具有代表性的风干或在 50℃温度下烘干的土样放在橡皮板上,用圆木棍碾散,然后过不同孔径的筛(视粒径大小而定)。对于小试筒,按四分法取筛下的约 3kg;对于大试筒,同样按四分法取样约 6.5kg。

估计土样风干或天然含水量,如风干含水量低于开始含水量太多时,可将土样铺于一不吸水的盘上,用喷水设备均匀地喷洒适当用量的水,并充分拌和,闷料一夜备用。

击实试验方法种类 表 1-23

试验方法	类别	锤底直径 (cm)	锤质量 (kg)	落高 (cm)	试筒尺寸 内径(cm)	高(cm)	容积(cm^3)	层数	每层击数	击实功 (kJ/m^3)	最大粒径 (mm)
轻型Ⅰ法	Ⅰ.1	5	2.5	30	10	12.7	997	3	27	598.2	25
	Ⅰ.2	5	2.5	30	15.2	12	2177	3	59	298.2	38
重型Ⅱ法	Ⅱ.1	5	4.5	45	10	12.7	997	5	27	2687.0	25
	Ⅱ.2	5	4.5	45	15.2	12	2177	3	98	2677.2	38

试 料 用 量 表 1-24

使用方法	类别	试筒内径 (cm)	最大粒径 (mm)	试料用量 (kg)
干土法 (试样重复使用)	a	10	5	3
		10	25	4.5
		15.2	38	6.5
干土法 (试样不重复使用)	b	10	至 25	至少 5 个试验,每个 3
		15.2	至 38	至少 5 个试验,每个 6
湿土法 (试样不重复使用)	c	10	至 25	至少 5 个试验,每个 3
		15.2	至 38	至少 5 个试验,每个 6

(2)干土法(土不重复使用) 按四分法至少准备 5 个试样,分别加入不同水分(按 2% ~ 3% 含水量递增),拌匀后焖料一夜备用。

(3)湿土法(土不重复使用) 对于高含水量土,可省略过筛步骤,用手拣除大于 38mm 粗石子即可。保持天然含水量的第一个土样,可立即用于击实试验。其余几个试样,将土分成小土块，分别风干，使含水量按 2% ~ 3% 递减。

四、试验步骤

(1)根据工程要求，按表 1-23 规定选择轻型或重型试验方法。根据土的性质(含易击碎风化石数量多少，含水量高低)，按表 1-24 规定选用干土法(土重复或不重复使用)或湿土法。

(2)将击实筒放在坚硬的地面上，取制备好的土样分 3 ~ 5 次倒入筒内。小筒按三层法时，每次约 800 ~ 900g(其量应使击实后的试样等于或略高于筒高的 1/3)；按五层法时，每次约 400 ~ 500g(其量应使击实后的土样等于或略高于筒高的 1/5)。对于大试筒，先将垫块放入筒内底板上，按五层法时，每层需试样约 900g(细粒土) ~ 1100g(粗粒土)；按三层法时，每层需试样1700g左右。整平表面，并稍加压紧，然后按规定的击数进行第一层土的击实，击实时击锤应自由垂直落下，锤迹必须均匀分布于土样面，第一层击实完后，将试样层面“拉毛”，然后再装入套筒，重复上述方法进行其余各层土的击实。小试筒击实后，试样不应高出筒顶面 5mm；大试筒击实后，试样不应高出筒顶面 6mm。

(3)用修土刀沿套筒内壁削刮，使试样与套筒脱离后，扭动并取下套筒，齐筒顶细心削平试样，拆除底板，擦净筒外壁，称量，准确至 1g。

(4)用推土器推出筒内试样，从试样中心处取样测其含水量，计算至 0.1%。测定含水量用试样的数量按表 1-25 规定取样(取出有代表性的土样)。两个试样含水量的精度应符合表 1-19 的规定。

测定含水量用试样的数量 表 1-25

最大粒径(mm)	试样质量(g)	个　数	最大粒径(mm)	试样质量(g)	个　数
<5	15 ~ 20	2	约 19	约 250	1
约 5	约 50	1	约 38	约 500	1

(5)对于干土法(土重复使用)，将试样搓散，然后按干土法进行洒水、拌和，但不需闷料，每次约增加 2% ~ 3% 的含水量，其中有两个大于和两个小于最佳含水量，所需加水量按下式计算：

$$m_w = \frac{m_i}{1 + 0.01 w_1} \times 0.01(w - w_1) \tag{1-46}$$

式中：m_w——所需的加水量(g)；

m_i——含水量 w_1 时土样的质量(g)；

w_1——土样原有含水量(%)；

w——要求达到的含水量(%)。

按上述步骤进行其他含水量试样的击实试验。

对于干土法(土不重复使用)和湿土法，按第(3)条所备各个试样，分别按上述步骤进行击实试验。

五、结果整理

(1)按下式计算击实后各点的干密度：

$$\rho_d = \frac{\rho}{1 + 0.001 w} \tag{1-47}$$

式中：ρ_d——干密度(g/cm^3)；

ρ——湿密度(g/cm^3);

w——含水量(%)。

(2)以干密度为纵坐标,含水量为横坐标,绘制干密度与含水量的关系曲线(图 1-25),曲线上峰值点的纵、横坐标分别为最大干密度和最佳含水量。如曲线不能绘出明显的峰值点,应进行补点或重做。

(3)按下式计算空气体积等于零的等值线,并将这根线绘在含水量与干密度的关系图上,以资比较(图 1-22)。

$$\rho_d = \frac{1 - 0.01V_a}{\frac{1}{G_s} + \frac{w}{100}} \tag{1-48}$$

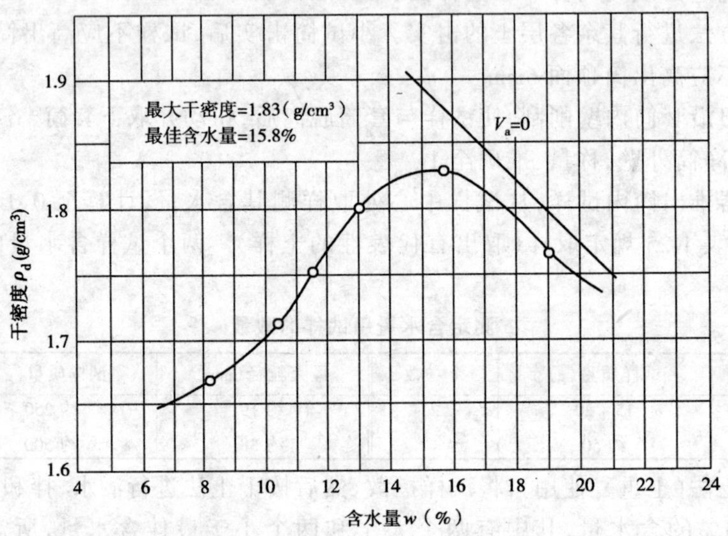

图 1-22 含水量与干密度的关系曲线

式中:ρ_d——试样的干密度(g/cm^3);

V_a——空气体积(%);

G_s——试样比重,对于粗粒土,则为土中粗细颗粒的混合比重;

w——试样的含水量(%)。

(4)当试样中有大于 38mm 颗粒时,应先取出大于 38mm 颗粒,并求得其百分率 P,把小于 38mm 部分做击实试验,按下面公式分别对试验所得的最大干密度和最佳含水量进行校正(适用于大于 38mm 颗粒的含量小于 30%时)。

最大干密度按下式校正:

$$\rho'_{dm} = \frac{1}{\frac{(1 - 0.01P)}{\rho_{dm}} + \frac{0.01P}{G'_s}} \tag{1-49}$$

式中:ρ'_{dm}——校正后的最大干密度(g/cm^3);

ρ_{dm}——用粒径小于 38mm 的土样试验所得的最大干密度(g/cm^3);

P——试料中粒径大于 38mm 颗粒的百分数(%);

G_s'——粒径大于 38mm 颗粒的毛体积比重，计算至 0.01。

最佳含水量按下式校正：

$$w_0' = w_0(1 - 0.01P) + 0.01Pw_2 \tag{1-50}$$

式中：w_0'——校正后的最佳含水量（%）；

w_0——用粒径小于 38mm 的土样试验所得的最佳含水量（%）；

P——同前；

w_2——粒径大于 38mm 颗粒的吸水量（%）。

(5)本试验记录格式如表 1-26。

击实试验记录 表 1-26

土样编号		筒号		落距	45cm
土样来源		筒容积	997cm³	每层击数	27
试验日期		击锤质量	4.5kg	大于 5mm 颗粒含量	

	试验次数		1	2	3	4	5
干密度	筒加土质量	(g)	2907.6	2981.6	3130.09	3215.8	3191.1
	筒质量	(g)	1103	1103	1103	1103	1103
	湿土质量	(g)	1804.6	1878.8	2027.9	2112.8	2088.1
	湿密度	(g/cm³)	1.81	1.88	2.03	2.12	2.09
	干密度	(g/cm³)	1.67	1.71	1.80	1.83	1.76

	盒号											
含水量	盒+湿水质量	(g)	33.45	33.27	35.60	35.44	32.88	33.13	33.13	34.09	36.96	38.31
	盒+干土质量	(g)	32.45	32.26	34.16	34.02	31.40	31.64	31.36	32.15	24.28	35.36
	盒质量	(g)	20	20	20	20	20	20	20	20	20	20
	水质量	(g)	1.0	1.01	1.44	1.42	1.48	1.49	1.77	1.94	2.68	2.95
	干土质量	(g)	12.45	12.26	14.16	14.02	11.40	11.64	11.36	12.15	14.28	15.36
	含水量	(%)	8.0	8.2	10.3	10.1	13.0	12.8	15.6	16.0	18.8	19.2
	含水量	(%)	8.1		10.2		13.0		15.8		19.0	
	最佳含水量 = 15.8%					最大干密度 = 1.83g/cm³						

审核者________ 计算者________ 试验者________

六、报　告

(1)土的鉴别分类和代号。

(2)土的最佳含水量 w_0（%）。

(3)土的最大干密度 ρ_{dm}（g/cm³）。

试验五　黏性土的液限和塑限含水量试验(联合测定仪、滚搓法)

液限塑限联合测定法(T 0118—93)

一、目的和适用范围

(1)本试验的目的是联合测定土的液限和塑限,划分土类、计算天然稠度、塑性指数,以供公路工程设计和施工使用。

(2)本试验适用于粒径不大于 0.5mm、有机质含量不大于试样总质量 5%的土。

二、仪 器 设 备

(1)LP—100 型液限塑限联合测定仪;锥质量为 100g,锥角为 30°,读数形式宜采用光电式、游标式、百分表式。

(2)盛土杯:直径 5cm,深度 4~5 cm。

(3)天平:称量 200g,感量 0.01g。

(4)其他:筛(孔径 0.5mm)、调土刀、调土皿、称量盒、研钵(附带橡皮头的研杵或橡皮板、木棒)干燥器、吸管、凡士林等。

三、试 验 步 骤

(1)取有代表性的天然含水量或风干土样进行试验。如土中含大于 0.5mm 的土粒或杂物时,应将风干土样用带橡皮头的研杵研碎或用木棒在橡皮板上压碎,过 0.5mm 的筛。

取 0.5mm 筛下的代表性土样 200g,分开放入三个盛土皿中,加不同数量的蒸馏水,土样的含水量分别控制在液限(a 点)、略大于塑限(c 点)和二者的中间状态(b 点)。用调土刀调匀,盖上湿布,放置 18h 以上。测定 a 点的锥入深度应为 20mm±0.2mm。测定 c 点的锥入深度应控制在 5mm 以下。对于砂类土,测定 c 点的锥入深度可大于 5mm。

(2)将制备的土样充分搅拌均匀,分层装入盛土杯,用力压密,使空气逸出。对于较干的土样,应先充分搓揉,用调土刀反复压实。试杯装满后,刮成与杯边齐平。

(3)当用游标式或百分表式液限塑限联合测定仪试验时,调平仪器,提起锥杆(此时游标或百分表读数为零),锥头上涂少许凡士林。

(4)将装好土样的试杯放在联合测定仪的升降座上,转动升降旋钮,等锥尖与土样表面刚好接触时停止升降,扭动锥下降旋钮,同时开动称表,经 5s 时,松开旋钮,锥体停止下落,此时游标读数即为锥入深度 h_1。

(5)改变锥尖与土接触位置(锥尖两次锥入位置距离不小于 1cm),重复(3)和(4)步骤,得锥入深度 h_1、h_2,允许误差为 0.5mm,否则,应重做。取 h_1、h_2 平均值作为该点的锥入深度 h。

(6)去掉锥尖入土处的凡士林,取 10g 以上的土样两个,分别装入称量盒内,称质量(准确至 0.01g),测定其含水量 w_1、w_2(计算到 0.1%)。计算含水量平均值 w。

(7)重复本规程(2)至(6)步骤,对其他两个含水量土样进行试验,测其锥入深度和含水量。

(8)用光电式或数码式液限塑限联合测定仪测定时,接通电源,调平机身,打开开关,提上锥体(此时刻度或数码显示应为零)。将装好土样的试杯放在升降座上,转动升降旋钮,试杯徐徐上升,土样表面和锥尖刚好接触,指示灯亮,停止转动旋钮,锥体立刻自行下沉,5s 时,自动停止下落,读数窗上或数码管上显示锥入深度。试验完毕,按动复位按钮,锥体复位,读数显示为零。

四、结果整理

(1)在二级双对数坐标纸上，以含水量 w 为横坐标，锥入深度 h 为纵坐标，点绘 a、b、c 三点含水量的 h-w 图，如图1-23所示，连此三点，应成一条直线。如三点不在同一直线上，要通过 a 点与 b、c 两点连成两条直线，根据液限（a 点含水量）在 h_p-w_L 图上查得 h_p，以此 h_p 再在 h-w 图上的 ab 及 ac 两直线上求出相应的两个含水量，当两个含水量的差值小于 2% 时，以该两点含水量的平均值与 a 点连成一直线。当两个含水量的差值大于 2% 时，应重做试验。

(2)在 h-w 图上，查得纵坐标入土深度 h = 20mm 所对应的横坐标的含水量 w，即为该土样的液限 w_L。

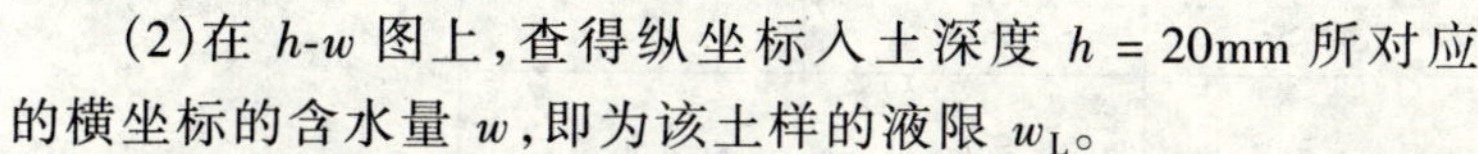

图 1-23　锥入度与含水量（h-w）关系图

(3)根据求出的液限，通过液限 w_L 与塑限时入土深度 h_p 的关系曲线（见图 1-24），查得 h_p，再由图 1-23 求出入土深度为 h_p 时所对应的含水量，即为该土样的塑限 w_p。查 w_L-h_p 关系图时，须先通过简易鉴别法及筛分法把砂类土与细粒土区别开来，再按这两种土分别采用相应的 w_L-h_p 关系曲线；对于细粒土，用双曲线确定 h_p 值；对于砂类土，则用多项式曲线确定 h_p 值。

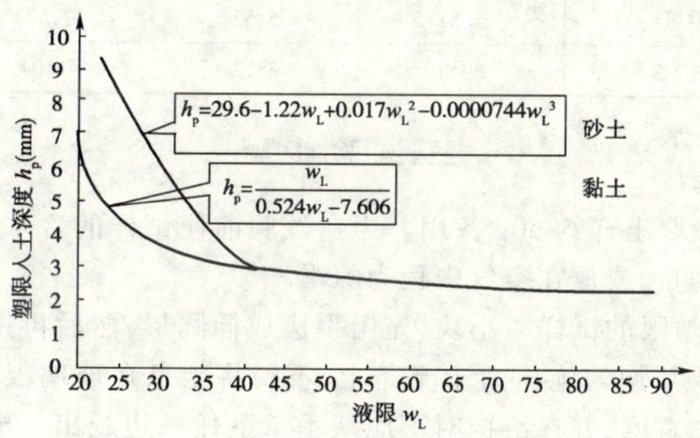

图 1-24　w_L-h_p 关系曲线

(4)本试验记录格式如表 1-27。

五、报　告

(1)土的鉴别分类和代号。

(2)土的液限 w_L、塑限 w_P 和塑性指数 I_p。

滚搓法塑限试验(T 0119—93)

一、目的和适用范围

本试验的目的是按滚搓法测定土的塑限，适用于粒径小于 0.5mm 的土。

二、仪器设备

(1)毛玻璃板:尺寸宜为 200mm×300mm。

(2)天平:感量 0.01g。

(3)其他:烘箱、干燥器、称量盒、调土皿、直径 3mm 的铁丝等。

液塑限联合试验记录　　表 1-27

工程名称＿＿＿＿　试 验 者＿＿＿＿　土样编号＿＿＿＿　计 算 者＿＿＿＿

取土深度＿＿＿＿　校 核 者＿＿＿＿　土样制备＿＿＿＿　试验日期

试验项目 \ 试验次数		1	2	3	备　注
入土深度(mm)	h_1	4.68	9.81	19.88	
	h_2	4.73	9.79	19.12	
	$\frac{1}{2}(h_1+h_2)$	4.71	9.80	20	
含水量(%)	盒号				W_P　I_P
	盒质量(g)	20			双曲线法　27.2　14.0
	盒＋湿土质量(g)	25.86	27.49	30.62	搓条法　26.2　15.0
	盒＋干土质量(g)	24.51	25.52	27.53	液限　$W_L=41.2$
	水分质量(g)	1.35	1.97	3.09	
	干土质量(g)	4.51	5.52	7.53	
	含水量(%)	29.9	35.7	41.04	

三、试验步骤

(1)制备试样,一般取土样约 50g 备用。为在试验前使试样的含水量接近塑限,可将试样在手中捏揉至不粘手为止,或放在空气中稍为晾干。

(2)取含水量接近塑限的试样一小块,先用手搓成椭圆形,然后再用手掌在毛玻璃板上轻轻搓滚。搓滚时须以手掌均匀施压力于土条上,不得将土条在玻璃板上进行无压力的滚动。土条长度不宜超过手掌宽度,并在滚搓时不应从手掌下任一边脱出。土条在任何情况下不允许产生中空现象。

(3)继续搓滚土条,直至土条直径达 3mm 时,产生裂缝并开始断裂为止。若土条搓成 3mm 时仍未产生裂缝及断裂,表示这时试样的含水量高于塑限,则将其重新捏成一团,重新搓滚;如土条直径大于 3mm 时即行断裂,表示试样含水量小于塑限,应弃去,重新取土加适量水调匀后再搓,直至合格。若土条在任何含水量下始终搓不到 3mm 时即开始断裂,则认为该土无塑性。

(4)收集约 3～5g 合格的断裂土条,放入称量盒内,随即盖紧盒盖,测定其含水量。

四、结果整理

(1)按下式计算塑限:

$$w_p = \left(\frac{m_1}{m_2} - 1\right) \times 100\% \qquad (1\text{-}51)$$

式中:w_p——塑限(%);

m_1——湿土质量(g);

m_2——干土质量(g)。

计算精确至0.1%。

(2)本试验记录格式同(T 0103—93)烘干法含水量试验(烘干法)记录。

五、精密度和允许差

本试验须进行两次平行测定,取其算术平均值,以整数(%)表示。其允许差值为:高液限土≤2%,低液限土≤1%。

六、报　告

(1)土的鉴别分类和代号。

(2)土的塑限值。

试验六　砂性土的渗透系数试验(常水头渗透系数试验)

常水头渗透试验(T 0129—93)

一、目的和适用范围

(1)本试验方法适用于砂类土和含少量砾石的无凝聚性土。

(2)试验用水应采用实际作用于土的天然水。如有困难,允许用蒸馏水或一般经过滤的清水,但试验前必须用抽气法或煮沸法脱气。试验时水温宜高于试验室温度3~4℃。

二、仪器设备

(1)常水头渗透仪(70型渗透仪):如图1-25,其中有封底圆筒高40cm,内径10cm,金属孔板距筒底6cm。有三个测压孔,测压孔中心间距10cm,与筒边连接处有铜丝布;玻璃测压管内径为0.6cm,用橡皮管与测压孔相连。

(2)其他:木锤、秒表、天平等。

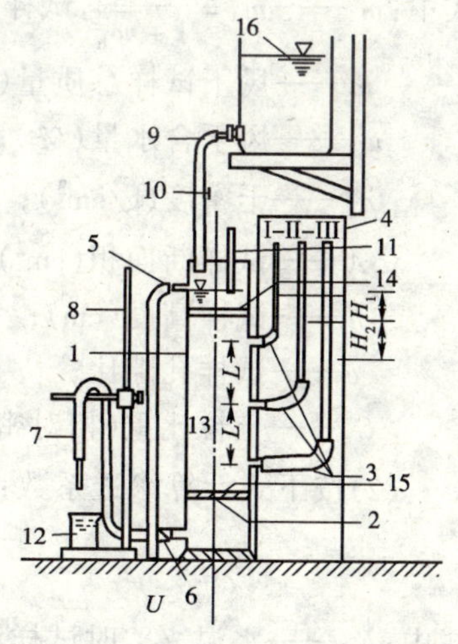

图1-25　常水头渗透仪装置

1-金属圆筒;2-金属孔板;3-测压孔;4-测压管;5-溢水孔;6-渗水孔;7-调节管;8-滑动支架;9-供水管;10-止水夹;11-温度计;12-量杯;13-试样;14-砾石层;15-铜丝筛布滤网;16-供水瓶

三、试验步骤

(1)按图1-25将仪器装好,接通调节管和供水管,使水流到仪器底部,水位略高于金属孔板,关止水夹。

(2)取具有代表性土样3~4kg,称量,准确至1.0g,并测其风干含水量。

(3)将土样分层装入仪器,每层厚2~3cm,用木锤轻轻击实到一定厚度,以控制孔隙比。如土样含黏粒比较多,应在金属孔板上加铺约2cm厚的粗砂作为缓冲层,以防细粒被水冲走。

(4)每层试样装好后,慢慢开启止水夹,水由筒底向上渗入,使试样逐渐饱和。水面不得高出试样顶面。当水与试样顶面齐平时,关闭止水夹。饱和时水流不可太急,以免冲动试样。

(5)如此分层装入试样、饱和,至高出测压孔 3~4cm 为止,量出试样顶面至筒顶高度,计算试样高度,称剩余土质量,准确至 0.1g,计算装入试样总质量。在试样上面铺 1~2cm 砾石作缓冲层,放水,至水面高出砾石层 2cm 左右时,关闭止水夹。

(6)将供水管和调节管分开,将供水管置入圆筒内,开启止水夹,使水由圆筒上部注入,至水面与溢水孔齐平为止。

(7)静置数分钟,检查各测压管水位是否与溢水孔齐平,如不齐平,说明仪器有集气或漏气,需挤压测压管上的橡皮管,或用吸球在测压管上部将集气吸出,调至水位齐平为止。

(8)降低调节管的管口位置,水即渗过试样,经调节管流出。此时调节止水夹,使进入筒内的水量多于渗出水量,溢水孔始终有余水流出,以保持筒中水面不变。

(9)测压管水位稳定后,测记水位,计算水位差。

(10)开动秒表,同时用量筒接取一定时间的渗透水量,并重复一次。接水时,调节管出水口不浸水中。

(11)测记进水和出水处水温,取其平均值。

(12)降低调节管管口至试样中部及下部 1/3 高度处,改变水力坡降 $\frac{H}{L}$,重复(8)~(11)步骤进行测定。

四、结果整理

(1)按下式计算:

$$\rho_d = \frac{m_s}{Ah} \tag{1-52}$$

$$e = \frac{G_s}{\rho_d} - 1 \tag{1-53}$$

式中:m_s——$m_s = \frac{m}{1 + \overline{w}_h}$,试样干质量(g);

m——风干试样总质量(g);

$\overline{w}_h$——风干含水量(%);

ρ_d——干密度(g/cm^3);

A——试样断面积(cm^2);

h——试样高度(cm);

e——试样孔隙比;

G_s——土粒比重(相对密度)。

(2)按下式计算渗透系数:

$$K_T = \frac{QL}{AHt} \tag{1-54}$$

式中:K_T——水温 T℃时试样渗透系数(cm/s);

Q——时间 t 内的渗透水量(cm^3);

L——两测压孔中心之间的试样高度(等于测压孔中心间距:L = 10cm);

H——平均水位差,$H = \frac{H_1 + H_2}{2}$(cm);

t——时间(s)。

(3)标准温度：

$$K_{20} = K_{\mathrm{T}} \frac{\eta_{\mathrm{T}}}{\eta_{20}} \tag{1-55}$$

式中：K_{20}——标准水温(20℃)时试样的渗透系数(cm/s)；

η_{T}——T℃时水的动力黏滞系数(kPa·s)；

η_{20}——20℃时水的动力黏滞系数(kPa·s)；

$\eta_{\mathrm{T}}/\eta_{20}$——黏滞系数比，见表 1-28。

水的动力黏滞系数 η、黏滞系数比 $\eta_{\mathrm{T}}/\eta_{20}$　　表 1-28

温度(℃)	动力黏滞系数 $\eta(10^{-6})$(kPa·s)	$\eta_{\mathrm{T}}/\eta_{20}$	温度(℃)	动力黏滞系数 $\eta(10^{-6})$(kPa·s)	$\eta_{\mathrm{T}}/\eta_{20}$
5.0	1.516	1.501	15.5	1.130	1.119
5.5	1.493	1.478	16.0	1.115	1.104
6.0	1.470	1.455	16.5	1.101	1.090
6.5	1.449	1.435	17.0	1.088	1.077
7.0	1.428	1.414	17.5	1.074	1.066
7.5	1.407	1.393	18.0	1.061	1.050
8.0	1.387	1.373	18.5	1.048	1.038
8.5	1.367	1.353	19.0	1.035	1.025
9.0	1.347	1.334	19.5	1.022	1.012
9.5	1.328	1.315	20.0	1.010	1.000
10.0	1.310	1.297	20.5	0.998	0.988
10.5	1.292	1.279	21.0	0.986	0.976
11.0	1.274	1.261	21.5	0.974	0.964
11.5	1.256	1.243	22.0	0.963	0.953
12.0	1.239	1.227	22.5	0.952	0.943
12.5	1.223	1.211	23.0	0.941	0.932
13.0	1.206	1.194	24.0	0.919	0.910
13.5	1.190	1.178	25.0	0.899	0.890
14.0	1.175	1.163	26.0	0.879	0.870
14.5	1.160	1.148	27.0	0.859	0.850
15.0	1.144	1.133	28.0	0.841	0.833

(4)根据需要，可在半对数坐标纸上绘制以孔隙比为纵坐标，渗透系数为横坐标的 e-K 关系曲线。

(5)本试验记录格式如表 1-29。

常水头渗透试验记录　　表 1-29

工程名称＿＿＿＿＿　仪器编号＿＿＿＿＿　试样高度　$h=30\text{cm}$　试验者＿＿＿＿＿

土样编号＿＿＿＿＿　侧压孔间距 $L=10\text{cm}$　试样干质量　$m_s=3200\text{g}$　计算者＿＿＿＿＿

土样说明＿＿＿＿＿　试样断面积 $A=78.5\text{cm}^2$　土粒比重　$G_s=2.65$　校核者＿＿＿＿＿

孔隙比　$e=0.95$　试验日期＿＿＿＿＿

试验次数	经过时间 t (s)	测压管水位(cm)			水位差(cm)			水力坡降 J	渗透水量 Q (cm^3)	渗透系数 K_T (cm/s)	平均水温 T (℃)	校正系数 $\frac{\eta_T}{\eta_{20}}$	水温 20℃ 时渗透系数 (cm/s)	平均渗透系数 K_{20}
		1 管	2 管	3 管	H_1	H_2	平均 H							
(1)	(2)	(3)	(4)	(5)	(6)	(7)	(8)	(9)	(10)	(11)	(12)	(13)	(14)	(15)
					(3) − (4)	(4) − (5)	$\frac{(6)+(7)}{2}$	$\frac{(8)}{(10)}$		$\frac{(10)}{A(9)(2)}$			(11) × (13)	$\frac{\sum(14)}{n}$
1	518	45.0	43.0	41.0	2.0	2.0	2.0	0.20	110	0.0135	13.5	1.176	0.0159	
2	520	45.0	43.0	41.0	2.0	2.0	2.0	0.20	111	0.0135	13.5	1.176	0.0159	
3	200	43.8	39.4	35.0	4.4	4.4	4.4	0.44	92	0.0135	13.5	1.176	0.0159	
4	200	43.6	39.2	34.8	4.4	4.4	4.4	0.44	93	0.0135	13.5	1.176	0.0159	
5	125	44.3	36.5	28.7	7.8	7.8	7.8	0.78	105	0.0137	13.5	1.176	0.0161	
6	125	44.3	36.5	28.7	7.8	7.8	7.8	0.78	105	0.0137	13.5	1.176	0.0161	0.016

五、精密度和允许差

一个试样多次测定时，应在所测结果中取 3 ~ 4 个允许差值符合规定的测值，求平均值，作为该试样在某孔隙比 e 时的渗透系数。允许差值不大于 2×10^{-n}。

六、报　告

(1)土的鉴别分类和代号。

(2)土的渗透系数 K_{20}值(cm/s)。

试验七　颗粒分析试验(筛分法)

筛分法(T0115—93)

一、目的和适用范围

本试验法适用于分析粒径大于 0.074mm 的土。

二、仪 器 设 备

(1)标准筛：粗筛(圆孔)：孔径为 60mm、40mm、20mm、10mm、5mm、2mm；细筛：孔径为 2mm、0.5mm、0.25mm、0.074mm。

(2)天平：称量 5000g，感量 5g；称量 1000g，感量 1g；称量 200g，感量 0.2g。

(3)摇筛机。

(4)其他：烘箱、筛刷、烧杯、木碾、研钵及杵等。

三、试　　样

从风干、松散的土样中，用四分法按照下列规定取出具有代表性的试样：

(1) 小于 2mm 颗粒的土 100 ~ 300g。

(2) 最大粒径小于 10mm 的土 300 ~ 900g。

(3) 最大粒径小于 20mm 的土 1000 ~ 2000g。

(4) 最大粒径小于 40mm 的土 2000 ~ 4000g。

(5) 最大粒径大于 40mm 的土 4000g 以上。

四、试验步骤

1. 对于无凝聚性的土

(1) 按规定称取试样,将试样分批过 2mm 筛。

(2) 将大于 2mm 的试样从大到小的次序,通过大于 2mm 的各级粗筛。将留在筛上的土分别称量。

(3) 2mm 筛下的土如数量过多,可用四分法缩分至 100 ~ 800g。将试样从大到小的次序通过小于 2mm 的各级细筛。可用摇筛机进行振摇。振摇时间一般为 10 ~ 15min。

(4) 由最大孔径的筛开始,顺序将各筛取下,在白纸上用手轻叩摇晃,至每分钟筛下数量不大于该级筛余质量的 1% 为止。漏下的土粒应全部放入下一级筛内,并将留在各筛上的土样用软毛刷刷净,分别称量。

(5) 筛后各级筛上和筛底土总质量与筛前试样质量之差,不应大于 1%。

(6) 如 2mm 筛下的土不超过试样总质量的 10%,可省略细筛分析;如 2mm 筛上的土不超过试样总质量的 10%,可省略粗筛分析。

2. 对于含有黏土粒的砂砾土

(1) 将土样放在橡皮板上,用木碾将黏结的土团充分碾散,拌匀、烘干、称量。如土样过多时用四分法称取代表性土样。

(2) 将试样置于盛有清水的瓷盆中,浸泡并搅拌,使粗细颗粒分散。

(3) 将浸润后的混合液过 2mm 筛,边冲边洗过筛,直至筛上仅留大于 2mm 以上的土粒为止。然后,将筛上洗净的砂砾风干称量。按以上方法进行粗筛分析。

(4) 通过 2mm 筛下的混合液存放在盆中,待稍沉淀。将上部悬液过 0.074mm 洗筛,用带橡皮头的玻璃棒研磨盆内浆液,再加清水,搅拌、研磨、静置、过筛,反复进行,直至盆内悬液澄清。最后,将全部土粒倒在 0.074mm 筛上,用水冲洗,直到筛上仅留大于 0.074mm 净砂为止。

(5) 将大于 0.074mm 的净砂烘干称量,并进行细筛分析。

(6) 将大于 2mm 颗粒及 2 ~ 0.074mm 的颗粒质量从原称量的总质量中减去,即为小于 0.074mm颗粒质量。

(7) 如果小于 0.074mm 颗粒质量超过总土质量的 10%,有必要时,将这部分土烘干、取样,另做比重计或移液管分析。

五、结果整理

(1)按下式计算小于某粒径颗粒质量百分数:

$$X = \frac{A}{B} \times 100\% \tag{1-56}$$

式中:X——小于某粒径颗粒的质量百分数(%);

A——小于某粒径的颗粒质量(g);

B——试样的总质量(g)。

(2)当小于 2mm 的颗粒如用四分法缩分取样时，试样中小于某粒径的颗粒质量占总土质量的百分数：

$$X = \frac{a}{b} \times P \times 100\% \tag{1-57}$$

式中：a——通过 2mm 筛的试样中小于某粒径的颗粒质量(g)；

b——通过 2mm 筛的土样中所取试样的质量(g)；

P——粒径小于 2mm 的颗粒质量百分数。

(3)在半对数坐标纸上，以小于某粒径的颗粒质量百分数为纵坐标，以粒径(mm)为横坐标，绘制颗粒大小级配曲线，求出各粒组的颗粒质量百分数，以整数(%)表示。

(4)必要时按下式计算不均匀系数：

$$C_u = \frac{d_{60}}{d_{10}} \tag{1-58}$$

式中：C_u——不均匀系数；

d_{60}——限制粒径，即土中小于该粒径的颗粒质量为 60% 的粒径(mm)；

d_{10}——有效粒径，即土中小于该粒径的颗粒质量为 10% 的粒径(mm)。

(5)本试验记录格式如表 1-30。

颗粒分析试验记录(筛分法) 表 1-30

工程名称________ 试验者________

土样编号________ 计算者________

土样说明________ 试验日期________ 校核者________

筛前总土质量 = 3000g；小于 2mm 取试样质量 = 810g；小于 2mm 土质量 = 810g；小于 2mm 土占总土质量 = 27%

粗筛分析				细筛分析				
孔径(mm)	累积留筛土质量(g)	小于该孔径的土质量(g)	小于该孔径土质量百分比(%)	孔径(mm)	累积留筛土质量(g)	小于该孔径的+质量(g)	小于该孔径土质量百分比(%)	占总土质量百分比(%)
				2	2190	810	100	27.0
60				1	2410	590	72.8	19.7
40	0	3000	100	0.5	2740	260	32.1	8.7
20	350	2650	88.3	0.25	2920	80	9.9	2.7
10	920	2080	69.3	0.074	2980	20	2.5	0.7
5	1600	1400	46.7					
2	2190	810	27.0					

六、报　告

(1)土的鉴别分类和代号。

(2)颗粒级配曲线。

(3)不均匀系数 C_u。

复习思考题

1.何谓土的结构？土的结构有哪几种？蜂窝结构如何形成？有何特点？各种土结构的工程性质如何？

2.土的物理性质指标都有哪些？其中哪几个可以直接测定？常用的测定方法是什么？

3.塑性指数的定义和物理意义是什么？何谓液限？如何测定？何谓塑限？如何测定？

4.影响土的渗透能力的主要因素有哪些？

5.如何用累计曲线法来判断土的级配？如何用累计曲线法分析土的粒度成分？

6.写出下列土类符号的具体名称：

CW、ML、S-M、CP-C、MY、CLS-B

7.简述在野外对土样的可塑性状态、潮湿程度、干密度等性质的简易鉴别方法。

8.简述"塑性图"的基本原理，它有何功能？假定你在"液、塑试验"中测得某土样的 $w_L=30\%$，$w_P=15\%$，该土在塑性图上应定为什么名称？

9.某涵洞地质勘察中取原状土做试验，用天平称 $50cm^3$ 湿土质量为95.15g，烘干后质量为75.05g，土粒相对密度为2.67，计算此土样的天然密度、有效密度、天然含水量、孔隙比、孔隙度和饱和度。

10.某桥梁地基土样，用体积为 $100cm^3$ 的环刀取样做试验，用天平测得环刀加湿土的质量为2241.00g，环刀质量为55.00g，烘干后土样质量为162.00g，土粒的相对密度为2.70，计算该土样的 w、S_r、e、n、ρ、ρ_x、ρ' 和 ρ_d，并比较各密度大小。

11.某饱和黏土的含水量为36%，土粒相对密度为2.75，求其孔隙比。

12.已知某土样的土粒相对密度为2.72，孔隙比为0.95，饱和度为37%，若将此土样的饱和度提高到90%时每 $1m^3$ 的土应加多少水？

13.一干砂试样的密度为1.66 g/m^3，土粒相对密度为2.70，将此干砂试样置于雨中，若砂样体积不变，饱和度增加到60%，计算此湿砂的密度和含水量。

14.今有一个湿土试样质量为200 g，含水量为15%，若要制备含水量为20.0%的试样，需加多少水？

15.已知某黏性土的液限为41%，塑限为22%，饱和度为98%，孔隙比为1.55，土粒相对密度为2.75，试计算此土样的塑性指数、液性指数，并确定黏性土的状态。

16.有一砂土试样，经筛析后各颗粒粒组含量如表1-31，试确定砂土的名称。

表 1-31

粒组(mm)	<0.075	0.075~0.1	0.1~0.25	0.25~0.5	0.5~1.0	>1.0
含量(%)	8.0	15.0	42.0	24.0	9.0	2.0

17.某地基土的试验中，已测得土样的干密度 $\rho_d=1.54g/cm^3$，含水量 $w=19.3\%$。土粒相对密度为2.71，计算土的 e、n 和 S_r；又测得此土样 $w_L=28.3\%$，$w_p=16.7\%$，计算 I_p 和 I_L；描述土的物理状态，定出土的名称。

第二章 砂石材料

【内容简介和学习目标】

本章重点讲述砂石材料的技术性质和技术要求,以及矿质混合料的级配理论和组成设计方法。同时简要介绍石料制品和粉煤灰、矿渣集料。

通过本章学习,要求学生知道砂石材料的技术性质和技术要求,会检验砂石材料的技术性质,能运用级配理论进行矿质混合料的配合组成设计。

石料是道路与桥梁建筑中用量最大的一种建筑材料,它可以直接(或经加工后)用作道路与桥梁的圬工结构,砂石材料可作为水泥混凝土、沥青混合料的集料。用作道路与桥梁建筑的石料或集料都应具备一定的技术性质,以适应不同工程建筑的技术要求。特别是作为水泥(或沥青)混凝土用的集料,要按级配理论计算其配合组成,因此,还必须掌握其组成设计的方法。

第一节 砂石材料的来源与分类

砂石材料是土木建筑工程中应用的散粒石材和整形石材的统称。按石材来源可分为天然石材和人造石材。

一、天然石材

天然石材是岩石经过长期风化和地质作用,再经人工开采和加工而成,天然石材的分类形式有以下几种:

1.按材质划分(表 2-1)

石材按材质分类 表 2-1

类型	成因	特性	应用	举例
岩浆岩(火成岩)	由地壳内的岩浆冷凝而成	具有结晶构造,没有层理,强度较高、耐久性好	广泛用于砌筑及饰面工程	花岗岩、闪长岩、橄榄岩、正长斑岩、辉绿岩、安山岩、花岗斑岩、玢岩、流纹岩、玄武岩
深成岩	在地壳深处生成			
喷出岩	由岩浆喷出地面后凝结而成(如火山喷发)			
沉积岩(水成岩)	由岩浆岩经风化与流水作用破坏后,再经沉积重新压实胶结而成	具有层理构造	除用于砌筑外,是生产石灰、水泥等胶凝材料的主要原料	砂岩、砾岩、页岩、黏土岩、石膏、石灰岩、白云岩
变质岩	岩浆岩或沉积岩受地壳变动或熔融岩浆的高温、高压作用变质后而成	性质决定于变质前的岩石成分和变质过程,通常比原来的沉积岩更致密、性能更好	多用于装饰工程,块石可用于铺筑道路,碎石可作混凝土集料	片麻岩、千枚岩、板岩、大理岩、石英岩

2.按尺寸划分(见表 2-2)

石材按尺寸分类 表 2-2

石材种类	成因	类型	用途
整形石材	经人工加工成一定形状的石材	块材	主要用于砌筑大型建筑的基础、桥墩,铺筑路面、桥面及路边石等
		板材、石制品	主要作为装饰材料
散粒石材	由天然岩石经风化或人工轧碎而成	砂、卵石、碎石	主要用作砂浆、混凝土的集料及路基材料

3. 按加工后的技术规格划分

主要有片石、块石、料石、砾石、碎石及石屑等。

二、人造石材

1.铸石

以天然岩石或工业废渣为主要原料,经高温熔化、浇筑成型、结晶、退火等工艺制得的硅酸盐材料。

2.陶粒

是由易熔黏土、粉煤灰和页岩等材料经高温快速焙烧而成的多孔颗粒材料,可用于配置轻骨料混凝土,也可用作绝热保温材料。

3.其他人造石材

有聚酯型人造石材、硅酸盐型人造石材、复合型人造石材、烧结型人造石材等,可作装饰板材,也可作卫生洁具。

第二节 石料的技术性质和技术要求

石料的技术性质,主要从物理性质、力学性质和化学性质三个方面进行评价。

一、石料的物理性质

石料的物理性质包括:物理常数(密度、毛体积密度、孔隙率等)、吸水性(吸水率、饱水率等)和耐候性(抗冻性、坚固性等)。

1.物理常数

石料的物理常数是石料组成结构状态的反映,与石料技术性质有着密切的联系。可在一定程度上表征石料内部的组织结构,间接预测石料的有关物理性质和力学性质,如图 2-1 所示。

(1)密度 是指在规定条件下,石料矿质实体单位体积的质量。根据体积的定义不同,石料的密度包括真实密度和毛体积密度等。

①真实密度:真实密度是石料在规定条件(105 ± 5℃烘干至恒重,温度 20 ± 2℃)下,单位真实体积(不含孔隙的矿质实体的体积)的质量。真实密度用 ρ_t 表示。图 2-1b)所示体积与质量的关系可用式(2-1)表示。

$$\rho_t = \frac{m_s}{V_s} \tag{2-1}$$

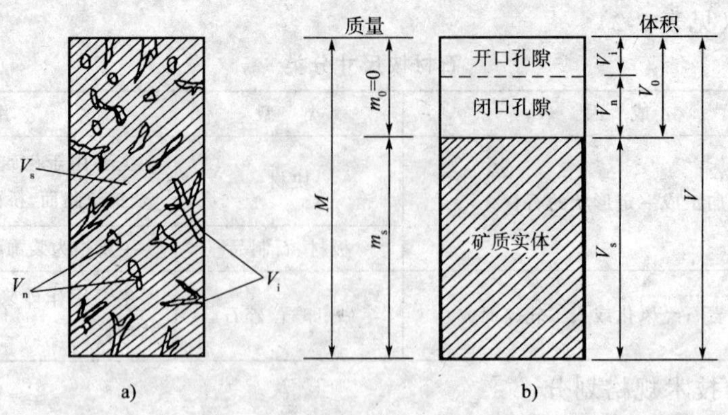

图 2-1　石料组成结构示意图

a)石料组成结构外观示意图;b)石料的质量与体积关系图

注:石料内部组成结构是由矿质实体和孔隙所组成的。孔隙又分为与外界连通的开口孔隙,不与外界连通的闭口孔隙。

式中:ρ_t——石料的真实密度(g/cm^3);

m_s——石料矿质实体的质量(g);

V_s——石料矿质实体的体积(cm^3)。

由于测定石料密度是在空气中称量石料质量的,所以石料中的空气质量 $m_0=0$,矿质实体的质量就等于石料的质量,即 $m_s=M$,故式(2-1)可改写为式(2-1′)。

$$\rho_t=\frac{M}{V_s} \tag{2-1′}$$

式中:ρ_t、V_s——意义同式(2-1);

M——石料的质量(g)。

石料真实密度的测定方法,按我国现行《公路工程岩石试验规程》(JTG E41—2005)采用"密度瓶法"。试验时将石料样品粉碎磨细后,在 105±5℃条件下烘至恒重,称得其质量。然后在密度瓶中加水经沸煮后,使水充分进入闭口孔隙中,通过"置换法"测定其真实体积。已知真实体积和质量即可按式(2-1′)求得真实密度。

②毛体积密度:毛体积密度是石料在规定条件下,单位毛体积(包括矿质实体和孔隙的体积)的质量。毛体积密度用 ρ_h 表示,由图 2-1b)体积与质量的关系可表示为式(2-2)。

$$\rho_h=\frac{m_s}{V_s+V_n+V_i} \tag{2-2}$$

式中:ρ_h——石料的毛体积密度(g/cm^3);

m_s、V_s——意义同式(1-1);

V_i、V_n——石料开口孔隙和闭口孔隙的体积(cm^3)。

由于 $m_s=M$,石料的矿质实体体积和孔隙体积之和即石料的毛体积,$V_s+V_n+V_i=V$,故式(2-2)可写为式(2-2′)。

$$\rho_h=\frac{M}{V} \tag{2-2′}$$

式中:ρ_h——石料的毛体积密度(g/cm^3);

M——石料的质量(g);

V——石料的毛体积(cm^3)。

石料毛体积密度的测定方法,按我国现行《公路工程岩石试验规程》(JTG E41—2005)规定，采用“静水称量法”。该方法是，将规则石料在105±5℃烘干至恒重，测得其质量。然后将石料吸水24h，使其饱水后用湿毛巾揩去表面水，即可称得饱和面干时的石料质量。最后用静水天平法测得饱和面干石料的水中质量，由此可计算出石料的毛体积。按式(2-2′)即可求得毛体积密度。此外，现行试验法亦允许用“封蜡法”来测定毛体积密度。

(2)孔隙率　岩石的孔隙率是指岩石孔隙体积占其总体积的百分率，由图2-1所示可表示为式(2-3)。

$$n = \frac{V_0}{V} \times 100\% \tag{2-3}$$

式中：n——石料的孔隙率(%)；

V_0——石料的孔隙(包括开口和闭口孔隙)的体积(cm^3)；

V——石料的总体积(cm^3)。

孔隙率亦可由真实密度和毛体积密度计算求得。由式(2-3)得：

$$n = \left(1 - \frac{\rho_h}{\rho_t}\right) \times 100\% \tag{2-3′}$$

式中：n——石料的孔隙率(%)；

ρ_t——石料的真实密度(g/cm^3)；

ρ_h——石料的毛体积密度(g/cm^3)。

石料的物理常数(真实密度、毛体积密度和孔隙率)不仅反映石料的内部组成结构状态，而且能间接地反映石料的力学性质(例如相同矿物组成的岩石，孔隙率愈低，其强度愈高)。尤其是石料的孔结构，会影响其所轧制成的集料在水泥(或沥青)混凝土中，对水泥浆(或沥青)的吸收、吸附等化学交互作用的程度。

2.吸水性

吸水性是石料在规定的条件下吸水的能力。石料与水作用后，水很快湿润石料的表面并填充了石料的空隙，因此水对石料的破坏作用的大小，主要取决于石料造岩矿物性质及其组织结构状态(即孔隙分布情况和孔隙率大小)。为此，我国现行《公路工程岩石试验规程》(JTG E41—2005)规定，采用吸水率和饱水率两项指标来表征石料的吸水性。

(1)吸水率　石料吸水率是指在室内常温(20±2℃)和大气压条件下，石料试件最大的吸水质量占烘干(105±5℃干燥至恒重)石料试件质量的百分率。

石料吸水率按式(2-4)计算。

$$w_a = \frac{m_1 - m}{m} \times 100\% \tag{2-4}$$

式中：w_a——石料吸水率(%)；

m——石料试件烘干至恒量时的质量(g)；

m_1——石料试件吸水至恒量时的质量(g)。

石料吸水率测定的方法，按我国现行《公路工程岩石试验规程》(JTG E41—2005)是将石料加工为规则试件，经105±5℃烘干称量后，在铺有薄砂的盛水容器中，用分层逐渐加水的方法使石料中的空气逐渐逸出，最后完全浸于水中任其自由吸水48h后，取出称量。测得烘干至恒重的质量和吸水至恒重的质量，即可按式(2-4)求得吸水率。

(2)饱水率　石料饱水率是在室内常温(20±2℃)和真空抽气(抽至真空度为残压2.67kPa)后的条件下，石料试件最大吸水的质量占烘干石料试件质量的百分率。

饱水率的测定方法，按我国现行《公路工程岩石试验规程》(JTG E41—2005) 采用煮沸法或真空抽气法。因为当真空抽气后占据石料孔隙内部的空气被排出，当恢复常压时，则水即进入具有稀薄残压的石料孔隙中，此时水分几乎充满开口孔隙的全部体积，所以，饱水率大于吸水率。饱水率的计算方法与吸水率相同。

3.抗冻性

石料抗冻性是指石料在吸水饱和状态下，抵抗多次冻结和融化作用而不发生显著破坏，同时也不严重降低强度的性质。

我国现行抗冻性的试验方法是采用直接冻融法和硫酸钠坚固性法。两种方法均需将石料制成直径和高均为50mm的圆柱体试件，或边长为50mm的正立方体试件，在105±5℃的烘箱中烘至恒重，并称重。

(1)直接冻融法　直接冻融法是测定石料在饱水状态下，抵抗反复冻融性能的直接方法。试验时首先使试件吸水达到饱和状态，然后置于负温(通常采用-15℃)的冰箱中冻结4h，取出试件放入20±5℃的水中融解4h，如此为一冻融循环。经过10、15、25或50次循环后，观察其外观破坏情况(产生裂缝、掉边、缺角或表面松散等破坏现象)并加以记录。将冻融试验后的试件再烘干至恒重，称其质量，然后测定石料的抗压强度，并按式(2-5)和式(2-6)分别计算石料的冻融质量损失率和耐冻系数。

$$Q_{冻} = \frac{m_1 - m_2}{m_1} \times 100\% \tag{2-5}$$

$$K_{fr} = \frac{f_{mo(fr)}}{f_{mo}} \tag{2-6}$$

式中：$Q_{冻}$、K_{fr}——冻融后的质量损失率和耐冻系数(%)；

m_1——试验前烘干试件的质量(g)；

m_2——试验后烘干试件的质量(g)；

f_{mo}——未经冻融循环试验的石料试件饱水抗压强度(MPa)；

$f_{mo(fr)}$——经若干次冻融循环试验后的石料试件饱水抗压强度(MPa)。

(2)坚固性试验　坚固性是评定石料试样经饱和硫酸钠溶液多次浸泡与烘干循环后，不发生显著破坏或强度降低的性质。由于硫酸钠结晶后体积膨胀，产生犹如水结冰相似的作用，使石料孔隙壁受到压力，也是测定石料抗冻性的方法。试验时将烘干石料试件置入饱和硫酸钠溶液中浸泡20h后，将试件取出置于105±5℃的烘箱中烘烤4h，至此完成第1个循环。待试样冷却至20±25℃后，即开始第2个循环。从第2个循环起，浸泡和烘烤时间均为4h。完成5次循环后，仔细观察试件有无破坏现象，将试件洗净烘至恒重，准确称出其质量，按式(1-5)计算坚固性试验质量损失率。

当水在石料孔隙内结冰时，体积约膨胀9%，对孔壁产生可达100 MPa的压力，在压力的反复作用下，使孔壁开裂。所以当石料吸收水分体积占开口孔隙体积90%以下时，石料不因冻结而产生破坏。因此对石料抗冻性要求，要根据石料本身吸水率大小及所处的环境和气候条件来考虑。一般要求在寒冷地区，冬季月平均气温低于-15℃的重要工程，石料吸水率大于0.5%时，都需要对石料进行抗冻性试验(因石料本身毛细孔中的水，在此温度下才结冰)。

桥梁建筑用石料，对1月份平均气温低于-15℃的地区(气候干燥地区和不受冻融部位除外)，应符合抗冻性要求。桥涵用石料抗冻性指标见表2-3。

桥涵用石料抗冻性指标　　表 2-3

结构物部位	大、中桥	小桥及涵洞
	冻融循环次数	
镶面或表面层的石料	50	25

二、石料的力学性质

公路与桥梁工程结构物中所用石料，还应具备一定的力学性质。除了一般材料力学所述及的抗压、抗拉、抗剪、抗弯、弹性模量等纯粹力学性质外，还应具备满足路用性能特殊要求的一些力学指标，如抗磨光、抗冲击和抗磨耗等。由于道路建筑用石料多轧制成集料使用，故抗磨光、抗冲击和抗磨耗等性能将在集料力学性质中讨论。此处主要讨论确定石料等级的抗压强度和磨耗性两项性质。

1.单轴抗压强度

道路建筑用石料的(单轴)抗压强度，按我国现行《公路工程岩石试验规程》(JTG E41—2005)规定，是将石料制备成 50±0.5mm 的正立方体(或直径与高均为 50±0.5mm 的圆柱体)试件，经吸水饱和后，在单轴受压并按规定的加载条件下，达到极限破坏时，单位承压面积的强度，按式(2-7)计算。

$$R = \frac{P}{A} \tag{2-7}$$

式中：R——岩石的抗压强度(MPa)；

P——极限破坏时的荷载(N)；

A——试件的截面积(mm^2)。

石料的单轴抗压强度是石料力学性质中最重要的一项指标，它是划分石料等级的主要依据。石料的抗压强度值主要取决于石料的组成结构(如矿物组成，岩石的结构和构造、裂隙的分布等)，同时试验的条件(如试件尺寸和形状、加载速度、试验状态温度和湿度等)对抗压强度试验结果有显著影响。

2.磨耗性

磨耗性是石料抵抗撞击、剪切和摩擦等综合作用的性能，以磨耗率表示，我国现行标准《公路工程岩石试验规程》(JTG E41—2005)规定石料磨耗试验方法与粗集料的磨耗试验方法相同，按《公路工程集料试验规程》(JTG E42—2005)采用洛杉矶式磨耗试验。

洛杉矶式(搁板式)磨耗试验，试验机是由一个直径为 711mm、长为 508mm 的圆鼓和鼓中的一个搁板所组成。试验用的试样是按一定规格组成的级配石料，总质量为 5000±50g。当试样加入磨耗鼓的同时，加入 12 个钢球，钢球总质量为 5000±50g，磨耗鼓以 30～33r/min 的转速旋转，在旋转时，由于搁板的作用，可将石料和钢球带到高处落下。经旋转 500 次后，将石料试样取出，用 2mm 圆孔筛或边长 1.6mm 的方孔筛筛去试样中的石屑，用水洗净留在筛上的试样，烘至恒重并称其质量。石料磨耗率按式(2-8)计算。

$$Q_{磨} = \frac{m_1 - m_2}{m_1} \times 100\% \tag{2-8}$$

式中：$Q_{磨}$——石料磨耗率(%)；

m_1——装入圆筒中的试样质量(g)；

m_2——试验后洗净烘干的试样质量(g)。

三、石料的化学性质

1.石料化学性质对其路用性能的影响

在实际工作中,各种矿质集料是与水泥或沥青组成混合料,使用于工程结构物中。过去认为,矿质集料是一种惰性材料,在混合料中只起着物理的作用。随着研究的深入,发现矿质集料在混合料中与结合料起着复杂的物理-化学作用。在沥青混合料中,由于矿质集料的化学性质变化,使沥青混合料的力学性质表现不同。

表 2-4 是石灰岩、花岗岩和石英岩三种典型石料与同一种沥青组成的沥青混合料,它们的强度和浸水后的强度以及强度降低百分率均有显著的差别。石灰石矿质混合料强度最高,浸水强度降低最少;花岗石矿质混合料次之;石英石矿质混合料最差。按化学分析方法对上述三种岩石化学组成的分析结果列于表 2-5 中。

不同矿物成分集料组成的沥青混合料强度比较　　表 2-4

编号	矿质混合料名称	干燥抗压强度 $f_{R(d)}$ (20℃)(kPa)	浸水后抗压强度 $f_{R(w)}$ (浸水 72h,20℃)(kPa)	浸水后强度降低 S_t(%)
1	石灰石矿质混合料	2058	1893	8.01
2	花岗石矿质混合料	1372	1116	15.01
3	石英石矿质混合料	1176	917	22.08

三种典型石料的化学组成分析　　表 2-5

岩石名称	化学组成(%)							
	SiO_2	CaO	Fe_2O_3	Al_2O_3	MgO	MnO	SO_3	P_2O_3
石灰石	1.00	55.57	0.27	0.27	0.06	0.01	0.01	—
花岗石	76.72	1.99	2.87	17.29	0.02	0.02	0.15	0.02
石英石	98.25	0.21	1.23	0.09	-	0.01	0.21	—

2.岩石按化学组成分类

从上表可以看出三种矿质混合料,它们在化学组成上不同之处就在于石灰石含有 CaO 成分很高,SiO_2 的成分很少。而花岗石与石英石与之相反,SiO_2 含量很高,CaO 含量很低。按克罗斯的分类法,岩石化学组成中 SiO_2 含量大于 65%的石料称为酸性石料;含 SiO_2 为 52%~65%的石料称为中性石料,SiO_2 含量小于 52%的石料称为碱性石料。虽然各种石料有其大致的 SiO_2 含量范围(见图 2-2),但是,石料造岩矿物是变化无常的,进行化学组成分析比较复杂。在道路工程中通常采用水煮法测定集料与沥青的黏附性。

四、石料的技术要求

1.路用石料的技术分级

按照我国现行《公路工程岩石试验规程》(JTG E41—2005)的规定,石料分级首先根据造岩矿物成分含量以及组织结构来确定岩石名称及所属类别,岩石类型共分四类,然后将每一类石料又按其物理力学性质(主要为饱水状态的抗压强度和磨耗率)分为下列 4 个等级:

1 级——最坚硬的岩石;

2 级——坚硬的岩石;

3 级——中等坚硬的岩石；

4 级——较软的岩石。

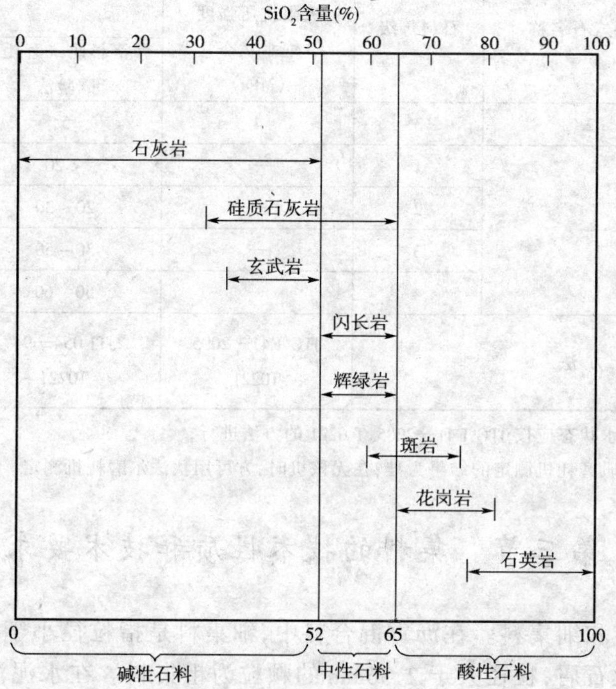

图 2-2 岩石与沥青黏附性按岩石中 SiO_2 含量分类

2.路用石料的技术标准

路用天然石料根据上述分类和分级方法,技术指标要求列于表 2-6。

道路建筑用天然石料等级和技术标准 表 2-6

岩石类别	主要岩石名称	石料等级	技术标准		
			极限抗压强度（饱水状态）（MPa）	磨耗率	
				洛杉矶式磨耗试验法	狄法尔式磨耗试验法
1	2	3	4	5	6
Ⅰ岩浆岩类	花岗岩、玄武岩、安山岩、辉绿岩等	1	> 120	< 25	< 4
		2	100 ~ 120	25 ~ 30	4 ~ 5
		3	80 ~ 100	30 ~ 45	5 ~ 7
		4	—	45 ~ 60	7 ~ 10
Ⅱ石灰岩类	石灰岩、白云岩等	1	> 100	< 30	< 5
		2	80 ~ 100	30 ~ 35	5 ~ 6
		3	60 ~ 80	35 ~ 50	6 ~ 12
		4	30 ~ 60	50 ~ 60	12 ~ 20
Ⅲ砂岩与片麻岩类	石英岩、片麻岩、石英片麻岩、砂岩等	1	> 100	< 30	< 5
		2	80 ~ 100	30 ~ 35	5 ~ 7
		3	50 ~ 80	35 ~ 45	7 ~ 10
		4	30 ~ 50	45 ~ 60	10 ~ 15

岩石类别	主要岩石名称	石料等级	技术标准		
			极限抗压强度（饱水状态）（MPa）	磨耗率	
				洛杉矶式磨耗试验法	狄法尔式磨耗试验法
1	2	3	4	5	6
Ⅳ 砾岩	—	1	—	<20	<5
		2	—	20~30	5~7
		3	—	30~50	7~12
		4	—	50~60	12~20
试验方法			JTG E41—2005 T0221	JTJ 054—94 T0221	JTJ 054—94 T0222

注：①抗压强度试件饱水状态应按 JTG E41—2005，T 0221 的方法进行；

②磨耗率应以洛杉矶磨耗机测定的结果为准；在无该机时，方可用狄法尔磨耗机测定。

第三节　集料的技术性质和技术要求

集料分为粗集料和细集料。在沥青混合料中，细集料是指粒径小于 2.36mm 的天然砂、人工砂（包括机制砂）及石屑，粒径大于 2.36mm 的颗粒为粗集料。在水泥混凝土中，细集料是指粒径小于 4.75mm 的天然砂、人工砂，粒径大于 4.75mm 的颗粒为粗集料。不同粒径的集料在水泥混凝土和沥青混合料中所起的作用不同，因此对它们的技术要求不同。

一、粗集料的技术性质

粗集料的技术性质包括物理性质和力学性质二个方面内容。粗集料物理性质有物理常数（表观密度、毛体积密度、堆积密度和空隙率等）、级配和坚固性。路用粗集料的力学性质有集料压碎值、集料磨光值、集料冲击值和集料磨耗率四项指标。

1.物理性质

(1)物理常数　在计算集料的物理常数时，不仅要考虑集料中的孔隙（开口孔隙和闭口孔隙），还要考虑颗粒间的空隙。粗集料的体积和质量的关系如图 2-3 所示。

①表观密度（简称视密度）：粗集料的表观密度是在规定条件（105±5℃烘干至恒重）下，单位表观体积（包括矿质实体和闭口孔隙体积）的质量。粗集料表观密度以 ρ_a 表示。

$$\rho_a = \frac{m_s}{V_s + V_n} \qquad (2\text{-}9)$$

式中：ρ_a——集料的表观密度（g/cm^3）；

m_s——矿质实体质量（g）；

V_s——矿质实体体积（cm^3）；

V_n——矿质实体闭口孔隙体积（cm^3）。

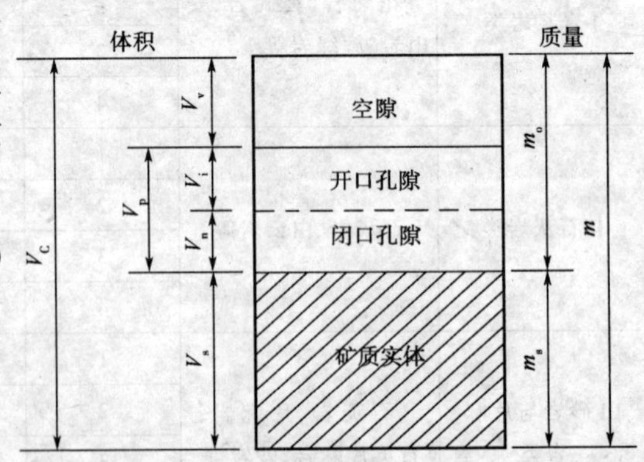

图 2-3　粗集料组成体积与质量关系示意图

粗集料表观密度测定方法是按《公路工程集

料试验规程》(JTG E42—2005)规定采用网篮法测定。

②毛体积密度:粗集料的毛体积密度是在规定的条件下,单位毛体积(包括矿质实体、闭口孔隙和开口孔隙)的质量。粗集料毛体积密度按图 2-3,可按式(2-10)计算。

$$\rho_b = \frac{m_s}{V_s + V_n + V_i} \tag{2-10}$$

式中:ρ_b——粗集料毛体积密度(g/cm^3);

V_s、V_n、V_i——分别为粗集料矿质实体、闭口孔隙和开口孔隙体积(cm^3);

m_s——矿质实体质量(g)。

粗集料毛体积密度的测定方法是按《公路工程集料试验规程》(JTG E42—2005)规定测定,是将已知质量的干燥粗集料经 24h 饱水后,用湿毛巾擦干而求得饱和面干质量,然后用排水法求得水中的体积,即可计算出粗集料毛体积密度。

③堆积密度:粗集料的堆积密度是单位体积(包括矿质实体、闭口孔隙及颗粒间体积)物质颗粒的质量,可按式(2-11)求得。

$$\rho = \frac{m_s}{V_s + V_n + V_i + V_v} \tag{2-11}$$

式中:V_s、V_n、V_i、V_v——分别为矿质实体、闭口孔隙、开口孔隙和空隙的体积(cm^3);

ρ——粗集料的堆积密度(g/cm^3);

m_s——矿质实体的质量(g)。

粗集料的堆积密度包括自然堆积状态、振实状态和捣实状态下的堆积密度,计算同上式。

④空隙率:粗集料空隙率是粗集料颗粒之间的空隙占总体积的百分率。

粗集料空隙率可按式(2-12)计算。

$$n = (1 - \frac{\rho}{\rho_a}) \times 100\% \tag{2-12}$$

式中:n——粗集料的空隙率(%);

ρ——粗集料的堆积密度(g/cm^3);

ρ_a——粗集料的表观密度(g/cm^3)。

(2)级配　粗集料中各组成颗粒的分级和搭配情况称为级配,级配是通过筛分试验确定的。筛分试验就是将粗集料通过一系列规定筛孔尺寸的标准筛,测定出存留在各个筛上的集料质量,根据集料试样的质量与存留在各筛孔上的集料质量,就可求得一系列与集料级配有关的参数:分计筛余百分率、累计筛余百分率和通过百分率。粗集料筛分试验中采用筛的尺寸及试样质量与细集料筛分试验有所不同,但级配参数的计算方法与细集料相同,详见“细集料的技术性质”内容。

(3)坚固性　除前述的将岩石加工成规则试块进行抗冻性和坚固性试验外,对已轧制成的碎石或天然卵石,亦可采用规定级配的各粒级集料,按《公路工程集料试验规程》(JTG E42—2005)选取规定数量,分别装在金属网篮中浸入饱和硫酸钠溶液中进行干湿循环试验。经 5 次循环次数后,观察其表面破坏情况,并用质量损失百分率来计算其坚固性(也称安定性)。

2.路用粗集料的力学性质

路用粗集料的力学性质主要是压碎值和磨耗值,其次是新近发展起来的抗滑表层用集料的三项试验,即磨光值、道瑞磨耗值和冲击值。不同道路等级对抗滑表层集料的磨光值、道瑞磨耗值和冲击值的技术要求列于表 2-7。

抗滑表层用集料技术要求　表 2-7

指　标	高速公路、一级公路	其他公路
石料磨光值(PSV)不小于	42	35
道瑞磨耗值(AAV)不大于	14	16
集料冲击值(AIV)不大于(%)	28	30

(1)集料压碎值　粗集料压碎值是集料在逐渐增加的荷载下抵抗压碎的能力,也是集料强度的相对指标,用以鉴定集料品质。我国现行规范《公路工程集料试验规程》(JTG E42—2005)中规定了压碎值的两种测试方法,分别用于鉴定水泥混凝土和沥青混合料用粗集料。规范规定,水泥混凝土用粗集料压碎值试验是将 9.5~19.0mm 集料试样 3kg 装入压碎值测定仪(图 2-4)的钢质圆筒内,放在压力机上,在 3~5min 内均匀地加荷至 200kN,立即卸载,称其通过 2.36mm 的筛余质量,按式(2-13)计算。

$$Q'_a = \frac{m_1}{m_0} \times 100\% \tag{2-13}$$

式中:Q'_a——集料的压碎值(%);

m_0——试样的质量(g);

m_1——试验后 2.36mm 筛上试样的筛余质量(g)。

对沥青路面用粗集料压碎值试验是将 13.2~16mm 集料试样 3kg 装入压碎值测定仪的钢质圆筒内,放在压力机上,一定时间内均匀地加荷至 400kN,立即卸载,称其通过 2.36mm 的筛余质量,按式(2-13)计算。

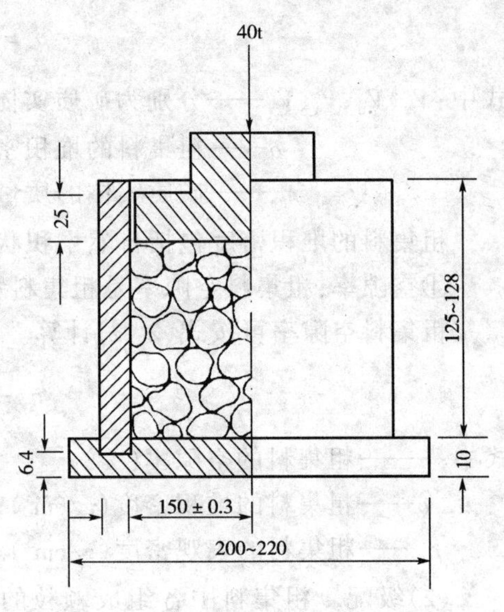

图 2-4　碎石压碎值测定仪(尺寸单位:mm)

(2)集料磨光值　磨光值是反映集料抵抗轮胎磨光作用能力的指标,它是采用加速磨光机磨光石料,并用摆式摩擦系数测定仪测得的磨光后集料的摩擦系数来确定。用高磨光值的集料来铺筑道路路面表层,可以提高路表的抗滑能力,保障车辆的安全行驶。集料的抗磨光性采用石料磨光值(PSV)来表示,石料磨光值愈高,表示抗滑性愈好。

磨光值试验的方法是将 10~15mm 干净集料颗粒单层紧密地排列在试模之中,并用环氧树脂砂浆固定,制成试件,经养护后拆模。同种集料制备四个试件,顺序安装在道路轮上。先用 30 号金刚砂对试件磨蚀 3h,再用 280 号金刚砂磨蚀 3h 后停机。取出试件后,用摆式摩擦系数测定仪测定试件的摩擦系数,将摩擦系数除以 0.6 即为集料的磨光值,以 PSV 表示。

(3)冲击值　冲击值反映集料抵抗多次连续重复冲击荷载作用的能力。由于路表集料直接承受车轮荷载的冲击作用,这一指标对道路表层用集料非常重要。

按《公路工程集料试验规程》(JTG E42—2005)规定的试验方法,集料的冲击值试验选取粒径为 9.5~13.2mm 的干燥集料颗粒,按标准方法分三层装入量筒中,称取集料试样质量,将称好质量的集料装入圆形钢筒中后置于冲击试验仪上,用捣实杆捣实 25 次使其初步压实,调整锤击高度,让锤从 380±5mm 处自由落下,连续锤击集料 15 次,每次间隔不少于 1s。将击实试验后的集料用 2.36mm 的筛子筛分并称取通过 2.36mm 筛的石屑质量。集料冲击值按式

(2-14)计算。

$$AIV = \frac{m_1}{m} \times 100\% \tag{2-14}$$

式中：AIV——集料的冲击值(%)；

m——试样的总质量(g)；

m_1——冲击试验后，通过 2.36mm 筛的石屑质量(g)。

(4)磨耗值　磨耗值用于评定集料抵抗车轮撞击及磨耗的能力。按《公路工程集料试验规程》(JTG E42—2005)采用道瑞磨耗试验机测定集料的磨耗值。其方法是选取粒径为 9.5～13.2mm的洗净集料试样，以单层紧密排列在试模中，集料颗粒不得少于 24 粒。用环氧树脂砂浆填充密实，养护 24h 后脱模取出试件，准确称出试件质量，试件、托盘和配重总质量为 2000±10g。将试件安装在道瑞磨耗机附的托盘上，按 28～30r/min 转速旋转 100 转，旋转的同时连续不断地向磨盘上均匀地撒布规定细度的石英砂，停机后取下试件，观察有无异常现象，然后按相同方法再磨 400 转，可分为 4 个 100 转重复 4 次磨完，也可连续 1 次磨完。转完 500 转后取出试件，刷净残砂，准确称出试件质量。集料的磨耗值按式(2-15)计算。

$$AAV = \frac{3(m_1 - m_2)}{\rho_s} \tag{2-15}$$

式中：AAV——集料的道瑞磨耗值；

m_1——磨耗前试样的质量(g)；

m_2——磨耗后试样的质量(g)；

ρ_s——集料表干密度(g/cm³)。

集料磨耗值愈高，表示集料耐磨性愈差。

二、细集料的技术性质

1.物理常数

细集料的表观密度、毛体积密度、堆积密度和空隙率等物理常数的涵义与粗集料完全相同，但由于细集料粒径小，试样数量可以减少，其精度要求高。

一般砂的表观密度为 2.6～2.7g/cm³；干燥状态下的松装密度为 1350～1650kg/m³，捣实后的紧装密度为 1600～1700kg/m³，干燥松散状态下的空隙率在 33%～45%之间，级配好的可减少到 35%～37%。

2.级配

级配是集料各级粒径颗粒的分配情况，砂的级配可通过砂的筛分试验确定。筛分试验是将预先通过 9.5mm 筛(水泥混凝土用天然砂)或 4.75mm 筛(沥青路面及基层用的天然砂、石屑、机制砂等)的试样，称取 500g(m_1)置于一套孔径分别为 4.75mm、2.36mm、1.18mm、0.6mm、0.3mm、0.15mm、0.075mm 的方孔筛上，分别求出试样存留在各筛上的质量，然后按下述方式计算其级配有关参数。

(1)分计筛余百分率　各号筛上的分计筛余百分率为各号筛上的筛余量除以试样总质量(M)的百分率，准确至 0.1%，按式(2-16)计算。

$$a_i = \frac{m_i}{M} \times 100\% \tag{2-16}$$

式中：a_i——各号筛上的分计筛余百分率(%)；

m_i——某号筛上的筛余质量(g)；

M——试样的总质量(g)。

(2)累计筛余百分率　各号筛的累计筛余百分率为该号筛及大于该号筛的各号筛的分计筛余百分率之和，但 0.075mm 筛不计算累计筛余，准确至 0.1%，按式(2-17)计算。

$$A_i = a_1 + a_2 + \cdots + a_i \tag{2-17}$$

式中：a_1、a_2、…、a_i——4.75mm、2.36mm…至计算的某号筛的分计筛余百分率(%)；

A_i——各号筛的累计筛余百分率(%)。

(3)通过百分率　各号筛的质量通过百分率等于 100 减去该号筛累计筛余百分率，准确至 0.1%，按式(2-18)计算。

$$P_i = 100 - A_i \tag{2-18}$$

式中：P_i——各号筛的通过百分率(%)；

A_i——各号筛的累计筛余百分率(%)。

综上所述，分计筛余、累计筛余和通过量的关系可见表 2-8。

分计筛余、累计筛余和通过量关系　　表 2-8

筛孔 d (mm)	存留质量 m_i (g)	分计筛余 a_i (%)	累计筛余 A_i (%)	通过量 P_i (%)
4.75	$M_{4.75}$	$a_{4.75}$	$A_{4.75} = a_{4.75}$	$P_{4.75} = 100 - A_{4.75}$
2.36	$m_{2.36}$	$a_{2.36}$	$A_{2.36} = a_{4.75} + a_{2.36}$	$P_{2.36} = 100 - A_{2.36}$
1.18	$m_{1.18}$	$a_{1.18}$	$A_{1.18} = a_{4.75} + a_{2.36} + a_{1.18}$	$P_{1.18} = 100 - A_{1.18}$
0.60	$m_{0.60}$	$a_{0.60}$	$A_{0.60} = a_{4.75} + a_{2.36} + a_{1.18} + a_{0.60}$	$P_{0.60} = 100 - A_{0.60}$
0.30	$m_{0.30}$	$a_{0.30}$	$A_{0.30} = a_{4.75} + a_{2.36} + a_{1.18} + a_{0.60} + a_{0.30}$	$P_{0.30} = 100 - A_{0.30}$
0.15	$m_{0.15}$	$a_{0.15}$	$A_{0.15} = a_{4.75} + a_{2.36} + a_{1.18} + a_{0.60} + a_{0.30} + a_{0.15}$	$P_{0.15} = 100 - A_{0.15}$
< 0.15	$m_{<0.15}$	$a_{<0.15}$	$A_{<0.15} = a_{4.75} + a_{2.36} + a_{1.18} + a_{0.60} + a_{0.30} + a_{0.15} + a_{<0.15}$	
	$\sum m_i = m$	$\sum a_i = 100$		

3.粗度

粗度是评价砂粗细程度的一种指标，通常用细度模数表示。细度模数亦称细度模量，可按式(2-19)计算，精确至 0.01。

$$M_x = \frac{(A_{0.15} + A_{0.3} + A_{0.6} + A_{1.2} + A_{2.36}) - 5A_{4.75}}{100 - A_{4.75}} \tag{2-19}$$

式中：$A_{0.15}$、$A_{0.3}$、…、$A_{4.75}$——分别为 0.15mm、0.3mm、…、4.75mm 各筛上的累积筛余百分率(%)；

M_x——砂的细度模数。

细度模数愈大，表示细集料愈粗。按《建筑用砂》(GB/T 146842—2001)规定砂的粗度按细度模数可分为下列三级：

M_x = 3.7 ~ 3.1 为粗砂；

M_x = 3.0 ~ 2.3 为中砂；

M_x = 2.2 ~ 1.6 为细砂。

【例 1】　现有某砂样经筛分试验，结果列于表 2-9，求该砂样的级配参数。

某砂样筛分试验结果　　表 2-9

筛孔尺寸(mm)	9.5	4.75	2.36	1.18	0.6	0.3	0.15	<0.15
各筛筛余质量(g)	0	30	50	80	130	110	80	20

解:(1)砂样级配参数列表计算如表 2-10。

级配参数计算结果　　表 2-10

筛孔尺寸(mm)	9.5	4.75	2.36	1.18	0.6	0.3	0.15	<0.15
分计筛余 a_i(%)	0	6	10	16	26	22	16	4
累计筛余 A_i(%)	0	6	16	32	58	80	96	—
通过量 P_i(%)	100	94	84	68	42	20	4	—

(2)砂样细度模数计算如下:

$$M_x = \frac{(16 + 32 + 58 + 80 + 96) - 5 \times 6}{100 - 6} = 1.82 \quad (\text{为细砂})$$

第四节　矿质混合料的组成设计

在路桥工程中,砂石材料多是以矿质混合料的形式与各种结合料(如水泥或沥青等)组成混合料使用。路用矿质混合料应当满足最小空隙率(即最大密实度)和最大摩擦力(各级集料紧密排列)的要求。为此,对矿质混合料必须进行组成设计。

一、矿质混合料的级配理论和级配曲线范围

1.矿质混合料的级配理论

不同粒径的集料,按一定比例配合,为达到较高的密实度(或最大摩擦力),采用下列两种级配。

1)级配曲线

(1)连续级配　某种混合料在标准筛孔配成的套筛(筛孔径按 1/2 递减)中筛分后,集料的颗粒尺寸由大到小连续分级,每一分级都占有适当比例,所得级配曲线平顺圆滑。一般天然河卵石就属于连续级配。

(2)间断级配　在连续级配的混合料中剔除其中一个(或几个)分级所形成的混合料,级配曲线产生间断。

连续级配和间断级配曲线如图 2-5 所示。

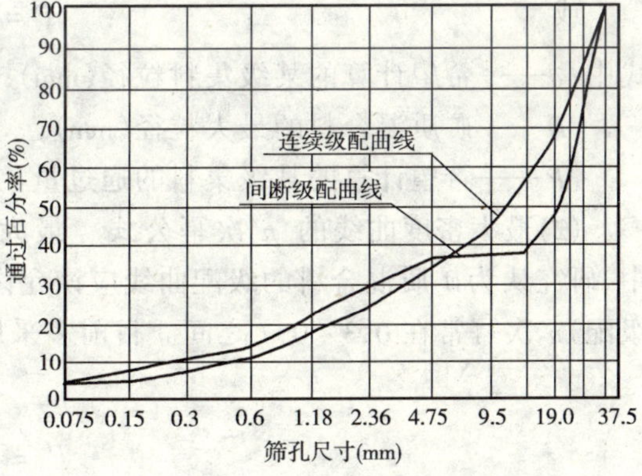

图 2-5　连续级配和间断级配曲线比较

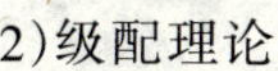
2)级配理论

目前用于计算连续级配的理论有最大密度曲线理论。

(1)最大密度曲线理论　最大密度曲线是通过试验提出的一种理想曲线,如图 2-6 所示。该理论认为“矿质混合料的颗粒级配曲线愈接近抛物线,则其密度愈大”。因此,当级配曲线为抛物线时其密实度最大。最大密度理想曲线可用粒径 d 与通过量 P 表示如下:

$$P^2 = kd \tag{2-20}$$

式中：P——矿质混合料各级颗粒粒径(mm)；

d——各级颗粒粒径集料的通过量(%)；

k——常数。

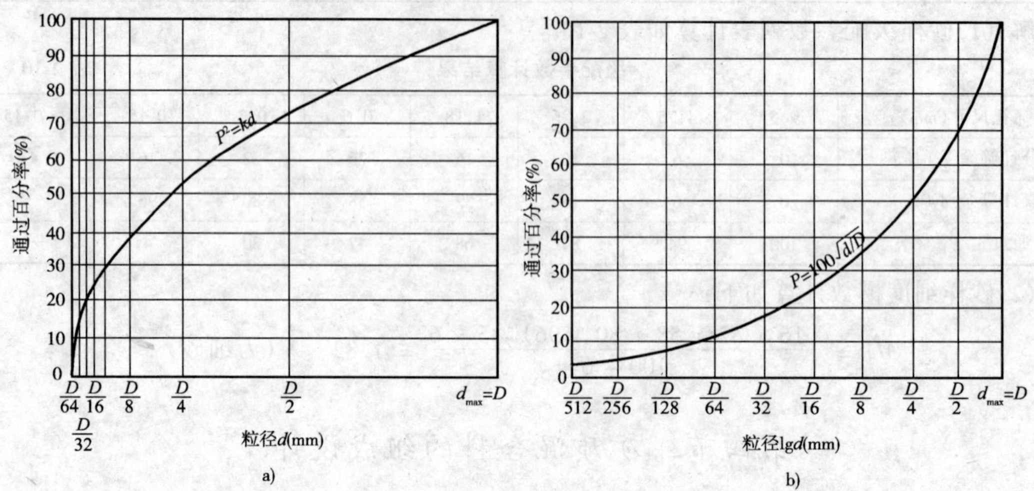

图 2-6 理想最大密度级配曲线

a)常坐标；b)半对数坐标

当颗粒粒径 d 等于最大粒径 D 时，则通过量 $P=100$；即 $d=D$ 时，$P=100$。

故
$$k=100^2\cdot\frac{1}{D} \tag{2-21}$$

当希望求任一级颗粒粒径 d 的通过量 P 时，用式(2-21)代入式(2-20)得

$$P=100\left(\frac{d}{D}\right)^{0.5} \tag{2-22}$$

或
$$P=100\sqrt{\frac{d}{D}}$$

式中：d——希望计算的某级集料粒径(mm)；

D——矿质混合料的最大粒径(mm)；

P——希望计算的某级集料的通过量。

(2)最大密度曲线的 n 次幂公式　最大密度曲线是一种理论的级配曲线。在实际应用中，研究认为矿质混合料的级配曲线应该允许在一定范围内波动，级配范围(包括密级配和开级配)n 次幂常在 0.3～0.7 之间。目前多采用 n 次幂的通式表达：

$$P=100\left(\frac{d}{D}\right)^{n} \tag{2-23}$$

式中：P、d 和 D——意义同前；

n——试验指数。

【例 2】 已知矿质混合料最大粒径为 40mm，试用最大密度曲线公式计算其最大密度曲线的各级粒径通过百分率；并按 $n=0.3\sim0.7$ 计算级配范围曲线的各粒级的通过百分率(提示：矿质混合料各级粒径尺寸按 1/2 递减)。

解：最大密度曲线公式和 n 次幂公式计算列于表 2-11。

最大密度曲线公式和级配范围曲线各级粒径通过百分率　　表 2-11

分级顺序 N		1	2	3	4	5	6	7	8	9	10
粒径比$\frac{D}{2^{n+1}}$		D	$\frac{D}{2}$	$\frac{D}{4}$	$\frac{D}{8}$	$\frac{D}{16}$	$\frac{D}{32}$	$\frac{D}{64}$	$\frac{D}{128}$	$\frac{D}{256}$	$\frac{D}{512}$
理论粒径 d_i(mm)		40	20	10	5	2.5	1.25	0.63	0.315	0.16	0.08
最大密度级配曲线通过百分率(%)	$n=0.5$	100	70.71	50.00	35.36	25.00	17.68	12.55	8.87	6.32	4.47
级配范围曲线通过百分率(%)	$n=0.3$	100	81.23	65.98	53.59	43.53	35.36	28.79	23.38	19.08	15.50
	$n=0.7$	100	61.56	37.89	23.33	14.36	8.34	5.47	3.37	2.10	1.29

2.级配曲线范围的绘制

为更好地表示矿质混合料及粗、细集料的级配情况，在实际工作中常绘制成筛分曲线。筛分曲线如按常坐标绘制，则必然造成前疏后密，不便于绘制和查阅。我国沿用半对数坐标，即横坐标颗粒粒径(筛孔尺寸)采用对数坐标，而纵坐标通过(或存留)百分率采用常坐标。

绘制级配范围曲线，首先按对数计算出各种颗粒粒径(或筛孔尺寸)在横坐标上的位置，表示通过(或存留)百分率的纵坐标则按普通算术坐标绘制。绘制好纵、横坐标后，最后将计算所得的各颗粒粒径的通过百分率绘于坐标图上，再将确定的各点连接为光滑曲线，在两个指数(n_1 和 n_2)之间所包括的范围即为级配曲线(通常加绘阴影线表示)。

各种颗粒粒径在横坐标上位置的确定方法如下：

①确定横坐标的长度 S。

②确定横坐标的对数间距系数：

$$K = \frac{S}{\lg D_{max} - \lg d_{min}} \tag{2-24}$$

式中：S——给定的横坐标长度 (mm)；

D_{max}——集料的最大粒径 (mm)；

d_{min}——集料的最小粒径 (mm)。

③各种颗粒粒径在横坐标上距最小粒径的位置：

$$S_x = (\lg D_x - \lg d_{min}) K \tag{2-25}$$

式中：S_x——各筛孔距 0.16mm 筛孔距离(mm)；

D_x—— 需要计算的颗粒粒径 (mm)。

【例 3】 绘制筛孔径为 31.5mm、19.0mm、9.5mm、4.75mm、2.36mm、1.18mm、0.60mm、0.3mm、0.15mm，横坐标为 100mm；试验指数 $n=0.3\sim0.5$ 级配范围曲线图。

解：①确定各筛孔在横坐标上的位置，计算结果见表 2-12。

$$K = \frac{S}{\lg D_{max} - \lg d_{min}} = \frac{100}{\lg 31.5 - \lg 0.15} = 43.06$$

$$S_x = (\lg D_x - \lg 0.15) \times 43.06$$

各筛孔在横坐标上的位置计算表　　表 2-12

筛孔尺寸 d_i(mm)	31.5	19.0	9.5	4.75	2.36	1.18	0.60	0.3	0.15
各筛孔距 0.15mm 筛孔距离 S_x(mm)	100	91	78	65	52	39	26	13	0

②确定级配曲线范围：理论级配曲线各级粒径通过百分率见表 2-13。

根据泰波公式 $P = 100 \times \left(\frac{d}{31.5}\right)^{0.3}$；$P = 100 \times \left(\frac{d}{31.5}\right)^{0.5}$

理论级配曲线各级粒径通过百分率　　表 2-13

筛孔尺寸 d_i(mm)		31.5	19	9.5	4.75	2.36	1.18	0.6	0.3	0.15
实验指数	$n = 0.3$	100	85.9	69.8	56.7	46.0	37.3	30.5	24.8	20.1
	$n = 0.5$	100	77.7	54.9	38.8	27.4	19.4	13.8	9.8	6.9

③绘制级配范围曲线图(见图 2-7)。

二、矿质混合料的组成设计方法

由于天然或人工轧制的集料往往很难符合级配范围的要求，一般使用两种或两种以上的集料配合起来才能满足级配范围的要求。矿质混合料配合组成设计的任务就是确定混合料中各 7 种集料的用量比例。

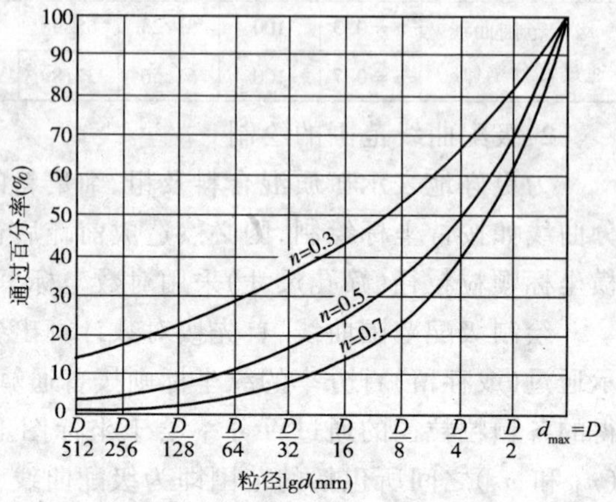

图 2-7　最大密度曲线和级配范围

注：图中 $n = 0.5$ 为最佳级配曲线；$n = 0.3 \sim 0.7$ 为允许波动范围，包括密级配和开级配

1. 试算法

1)基本原理

有几种矿质集料，需要配制成一种有一定级配要求的混合料，在确定各种矿质集料在混合料中的用量时，先找出各种矿质集料分计筛余百分率最大的筛孔径(占优势粒径)，并按照所确定的筛孔径进行试算，最终确定各种矿质集料在混合料中的用量。

设有 A、B、C 三种集料，需配制成级配为 M 的混合料，求 A、B、C 集料在混合料中的用量比例 X、Y、Z。

根据题意有：

$$X + Y + Z = 100 \tag{2-26}$$

$$a_{A(i)} \cdot X + a_{B(i)} \cdot Y + a_{C(i)} \cdot Z = a_{M(i)} \tag{2-27}$$

式中：$a_{A(i)}$、$a_{B(i)}$、$a_{C(i)}$——A、B、C 三种集料在(i)mm 筛孔的分计筛余量(%)；

X、Y、Z——A、B、C 三种集料在混合料中的用量比例(%)；

$a_{M(i)}$——级配为 M 的混合料在(i)mm 筛孔的分计筛余量(%)。

计算次序：先计算粗料，再计算细料，最后计算中间料。

2)计算步骤

(1)计算 A 料在混合料中的用量。按 A 料占优势粒径计算，设 A 料在(i)mm 筛孔占优势，此时忽略 B、C 两种集料在此粒径的含量(即 $a_{B(i)} = a_{C(i)} = 0$)，故

$$a_{A(i)} \cdot X = a_{M(i)} \tag{2-28}$$

$$X = \frac{a_{M(i)}}{a_{A(i)}} \tag{2-29}$$

(2)计算 C 料在混合料中的用量。按 C 料占优势粒径计算，设 C 料在(j)mm 筛孔占优势，此时忽略 A、B 两种集料在此粒径的含量(即 $a_{B(j)} = a_{C(j)} = 0$)，故

$$a_{C(j)} \cdot Z = a_{M(j)} \tag{2-30}$$

$$Z = \frac{a_{M(j)}}{a_{C(j)}} \tag{2-31}$$

(3)计算 B 料在混合料中的用量：

$$Y = 100 - (X + Z) \tag{2-32}$$

【例 3】 现有碎石、石屑和矿粉三种矿质材料，筛分结果按分计筛余列于表 2-14，要求配制成 AC-13 级配要求的混合料，求碎石、石屑和矿粉三种材料在混合料中的用量比例。

原有集料的分计筛余和混合料要求级配范围 表 2-14

原材料		筛孔尺寸(mm)										
		16.0	13.2	9.5	4.75	2.36	1.18	0.6	0.3	0.15	0.075	<0.075
各种矿料分计筛余(%)	碎石		5.2	41.7	50.5	2.6						
	石屑				1.6	24.0	22.5	16.0	12.4	11.5	10.8	1.2
	矿粉										13.2	86.6
AC-13 级配范围通过(%)		100	90~100	68~85	38~68	24~50	18~38	10~28	7~20	5~15	4~8	

解：①计算 AC-13 级配范围的分计筛余百分率中值，结果见表 2-15。

分计筛余百分率中值结果 表 2-15

筛孔尺寸(mm)	16.0	13.2	9.5	4.75	2.36	1.18	0.6	0.3	0.15	0.075	<0.075
AC-13 级配范围通过(%)	100	90~100	68~85	38~68	24~50	18~38	10~28	7~20	5~15	4~8	
AC-13 级配范围累计筛余(%)	0	10~0	32~15	62~32	76~50	82~62	90~72	93~80	95~85	96~92	—
AC-13 级配范围累计筛余中值(%)	0	5.0	23.5	47.0	63.0	72.0	81.0	86.5	90.0	94.0	100
AC-13 级配范围分计筛余中值(%)	0	5.0	18.5	23.5	16.0	9.0	9.0	5.5	3.5	4.0	6.0

②计算碎石在混合料中的用量。碎石在 4.75mm 筛孔占优势(分计筛余百分率最大)，令 $a_{B(4.75)} = a_{C(4.75)} = 0$，因此

$$X = \frac{a_{M(4.75)}}{a_{A(4.75)}} \times 100\% = \frac{23.5}{50.5} \times 100\% = 46.5\%$$

③计算矿粉在混合料中的用量。矿粉在 <0.075mm 筛孔占优势(分计筛余百分率最大)，令 $a_{A(0.075)} = a_{B(0.075)} = 0$，因此 $z = \frac{a_{M(0.075)}}{a_{C(0.075)}} \times 100\% = \frac{6.0}{86.8} \times 100\% = 6.9\%$

④计算石屑在混合料中的用量：

$$Y = 100 - (46.5 + 6.9) = 46.6\%$$

(4)校核 根据以上计算得到矿质混合料的组成配合比为：碎石 $X = 46.5\%$；石屑 $Y = 46.6\%$；矿粉 $Z = 6.9\%$。根据校核结果符合级配范围要求。如不符合级配范围，应调整配合比再进行试算，经几次调整，逐步接近，直至达到要求。如经计算确实不能符合级配要求，应调整或增加集料品种。

各矿质混合料的组成计算及校核结果列于表 2-16。

矿质混合料组成计算和校核表 表 2-16

原材料		筛孔尺寸(mm)										
		16.0	13.2	9.5	4.75	2.36	1.18	0.6	0.3	0.15	0.075	<0.075
各种矿料分计筛余(%)	碎石		5.2	41.7	50.5	2.6						
	石屑				1.6	24.0	22.5	16.0	12.4	11.5	10.8	1.2
	矿粉										13.2	86.6
各矿料在混合料中用量(%)	碎石 46.5		2.4	19.4	23.5	1.2						
	石屑 46.6				0.7	11.2	10.5	7.5	5.8	5.3	5.0	0.6
	矿粉 6.9										0.9	6.0
混合料分计筛余(%)			2.4	19.4	24.2	12.4	10.5	7.5	5.8	5.3	5.9	6.6
混合料累计筛余(%)			2.4	21.6	46.0	58.4	68.5	76.4	82.2	87.5	93.4	100
混合料通过量(%)		100	97.6	78.4	54.0	41.6	31.5	23.6	17.6	12.5	6.6	
AC-13 级配范围通过(%)		100	90~100	68~85	38~68	24~50	18~38	10~28	7~20	5~15	4~8	

2.图解法

1)已知条件

(1)各种集料筛析结果,并求出各级粒径通过百分率;

(2)技术规范(或理论级配)要求的合成级配范围,并求出合成级配范围的通过百分率中值。

2)设计步骤

(1)绘制级配曲线图,在设计说明书上按要求绘一长方形图框,连接对角线作为合成级配的中值,纵坐标按算术标尺绘出通过百分率(0~100%),横坐标表示各筛孔位置,按照合成级配中值要求的各筛孔通过百分率,从纵坐标引平行线与对角线相交,再从交点向下作垂线,垂足位置即为各相应筛孔位置,如图 2-8 所示。

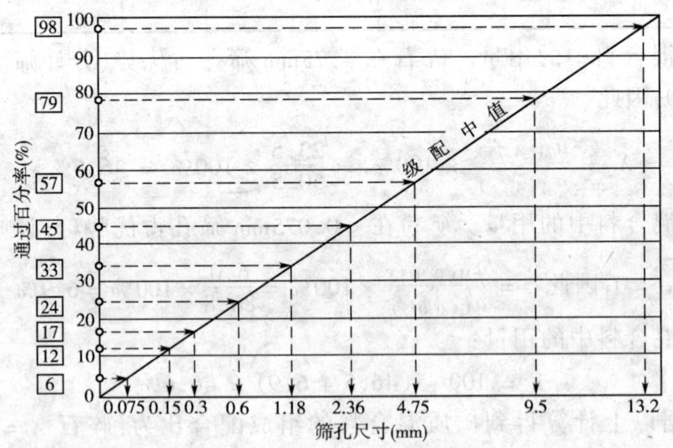

图 2-8 图解法级配曲线坐标图

(2)确定各种集料用量:将各种集料的通过量绘于级配曲线坐标图上,根据各种集料的级配曲线之间关系,确定各种集料在混合料中的用量。分三种情况:

①两相邻级配曲线重叠:第一条曲线与第二条曲线相互搭接时,在两级配曲线之间引一垂

直于横坐标的直线(使 $a=a'$)与对角线相交于点 M,通过 M 作一水平线与纵坐标交于 P 点,OP 即为集料 A 的用量。

②两相邻级配曲线相接:将前一集料曲线末端与后一集料曲线首端作垂线相连,与对角线相交于交点 N,通过 N 点作一水平线与纵坐标相交于 Q 点,PQ 为集料 B 的用量。

③两相邻级配曲线相离:集料 C 的末端与集料 D 的首端相互分离,作一垂直线平分相离开的距离($b=b'$),垂线与对角线相交于点 R,过 R 作一水平线与纵坐标相交于 S 点,QS 即为 C 料用量。

剩余 $S\text{-}T$ 即为 D 料用量。

(3)校核:按照图解法求得的各种集料用量,列表校核计算所得合成级配是否符合要求,超出级配范围时,应调整各种集料在混合料中的用量。

3)调整配合比

同试算法。

【例 5】 现有细碎石、石屑、砂、矿粉四种矿料,其筛分试验通过百分率及要求的级配范围中值结果如下,试用图解法将其配制成 AC-10 型沥青混合料。

各种矿料筛分结果见表 2-17。

各种矿料筛分结果 表 2-17

筛孔尺寸(mm)		13.2	9.5	4.75	2.36	1.18	0.6	0.3	0.15	0.075
各种矿料筛分通过量(%)	细碎石	98.0	16.7	0.8						
	石屑	100	95.5	36.4	1.0	0.5	0.3			
	砂	100	98.2	95.7	87.5	59.6	28.9	16.7	2.2	
	矿粉	100	100	100	100	100	99.1	97.4	94.3	81.9

AC-10 型沥青混合料级配范围及中值见表 2-18。

AC-10 型沥青混合料级配范围及中值 表 2-18

筛孔尺寸(mm)	13.2	9.5	4.75	2.36	1.18	0.6	0.3	0.15	0.075
AC-10 通过(%)	100	90 ~ 100	45 ~ 75	30 ~ 58	20 ~ 44	13 ~ 32	9 ~ 23	6 ~ 16	4 ~ 8
AC-10 中值(%)	100	95	60	44	32	22.5	16	11	6

解:①作图确定各种矿料在混合料中的用量,如图 2-9 所示。

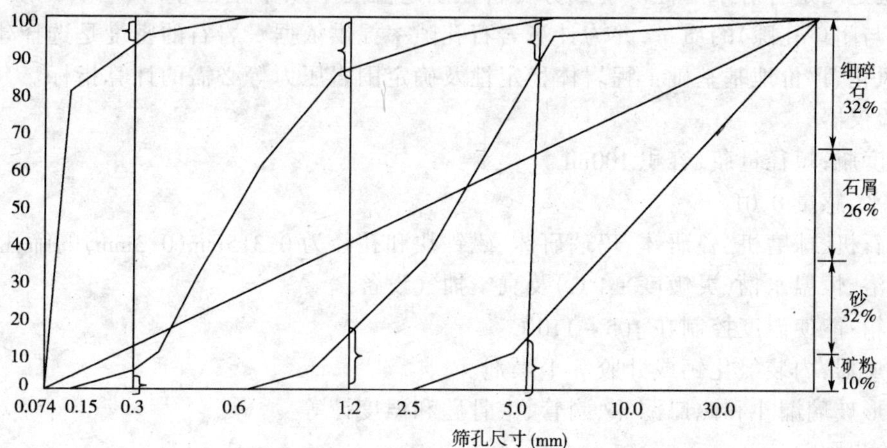

图 2-9 组成集料级配曲线和要求合成级配曲线图

②列表校核。

AC-10型沥青混合料图解法计算,见表2-19。

AC-10型沥青混合料图解法计算表 表2-19

筛孔尺寸(mm)		13.2	9.5	4.75	2.36	1.18	0.6	0.3	0.15	0.075
各种矿料筛分通过量(%)	碎石	98.0	16.7	0.8						
	细碎石	100	95.5	36.4	1.0	0.5	0.3			
	砂	100	98.2	95.7	87.5	59.6	28.9	16.7	2.2	
	矿粉	100	100	100	100	100	99.1	97.4	94.3	81.9
各种矿料在混合料中的用量(%)	碎石 32(32)	31.4 (31.4)	5.3 (5.3)	0.3 (0.3)						
	细碎石 26(26)	26.0 (26.0)	24.8 (24.8)	9.5 (9.5)	0.3 (0.3)	0.1 (0.1)	0.1 (0.1)			
	砂 32(34)	32.0 (34.0)	31.4 (33.4)	30.6 (32.5)	28.0 (29.8)	19.1 (20.3)	9.2 (9.8)	5.3 (5.7)	0.7 (0.7)	
	矿粉 10(8.0)	10.0 (8.0)	10.0 (8.0)	10.0 (8.0)	10.0 (8.0)	10.0 (8.0)	9.9 (7.9)	9.7 (7.8)	9.4 (7.5)	8.2 (6.6)
设计混合料级配		99.4 (99.4)	71.5 (71.5)	50.4 (50.3)	38.3 (38.1)	29.2 (28.4)	19.2 (28.4)	15.0 (13.5)	10.1 (8.2)	8.2 (6.6)
AC-10通过(%)		100	90~100	45~75	30~58	20~44	13~32	9~23	6~16	4~8

注:①括号中数字为调整后用量;

②调整后各筛孔都满足级配要求。

第五节 砂石材料试验

试验八 岩石的密度试验、毛体积密度试验

一、岩石的密度试验

1.试验目的

本试验是测定含有水溶性矿物成分石料在规定温度下烘干至恒重时,岩石矿质单位体积(不含开口与闭口孔隙)的质量,并为计算岩石孔隙率提供依据。岩石的密度是选择建筑材料、研究岩石风化、评价地基基础工程岩体稳定性及确定围岩压力等必需的计算指标。

2.试验仪器

(1)密度瓶:短径量瓶,容积100mL。

(2)天平:感量0.01g。

(3)轧石机、球磨机、瓷研钵、玛瑙研钵、磁铁块和孔径为0.315mm(0.3mm)的筛孔。

(4)砂浴、恒温水槽(灵敏度±1℃)及真空抽气设备。

(5)烘箱:能使温度控制在105~110℃。

(6)干燥器:内装氯化钙或硅胶等干燥剂。

(7)锥形玻璃漏斗和磁皿漏斗、滴管、牛骨匙和温度计等。

3.试验步骤

(1)取代表性岩石试样在小型轧石机上初碎(或手工用钢锤捣碎),再置于球磨机中进一步

磨碎,然后用研钵研细,使之全部粉碎成能通过0.315mm筛孔的岩粉。

(2)将制备好的岩粉放在瓷皿中,置于温度为105~110℃的烘箱中烘至恒量,烘干时间一般为6~12h,然后再置于干燥器中冷却至室温(20±2℃)备用。

(3)用四分法取两份岩粉,从每份试样中称取15g(m_1),精确至0.001g(本试验称量精度皆同),用漏斗灌入洗净烘干的密度瓶中,并注入试液至瓶的一半处,摇动密度瓶使岩粉分散。

(4)使用洁净水作试液时,可采用沸煮法或真空抽气法排除气体;使用煤油作试液时,应采用真空抽气法排除气体。采用沸煮法排除气体时,沸煮时间自悬液沸腾时算起不得少于1h;采用真空抽气法排除气体时,真空压力表读数宜为100kPa,抽气时间维持1~2h,直至无气泡溢出为止。

(5)将经过排除气体的密度瓶取出擦干,冷却至室温,再向密度瓶中注入排除气体且同温条件的试液,使接近满瓶,然后置于恒温水槽(20±2℃)内。待密度瓶内温度稳定,上部悬液澄清后,塞好瓶塞,使多余试液溢出。从恒温水槽内取出密度瓶,擦干瓶外水分,立即称其质量(m_3)。

(6)倾出悬液,洗净密度瓶,注入经排除气体并与试验同温度的试液至密度瓶,再置于恒温水槽内。待瓶内试液的温度稳定后,塞好瓶塞,将溢出瓶外试液擦干,立即称其质量(m_2)。

4.试验结果与数据整理

按下式计算岩石的密度值(精确至0.01g/cm³):

$$\rho_t = \frac{m_1}{m_1 + m_2 - m_3} \times \rho_{wt} \tag{2-33}$$

式中:ρ_t——岩石的密度(g/cm³);

m_1——岩粉的质量(g);

m_2——密度瓶与试液的合质量(g);

m_3——密度瓶、试液与岩粉的总质量(g);

ρ_{wt}——与试验同温度试液的密度(g/cm³)。

以两次试验结果的算术平均值作为测定值,如两次试验结果差值大于0.02 g/cm³时,应重新取样进行试验。

5.记录表格(表2-20)

密度试验记录表　　表2-20

试样编号			石料产地		
岩石名称			用　途		

试验次数	岩粉的质量 m_1 (g)	密度瓶与试液的合质量 m_2 (g)	密度瓶、试液与岩粉的总质量 m_3 (g)	与试验同温度试液的密度 (g/cm³)	密度(g/cm³) $\rho_t = \frac{m_1 - m_2}{V}$	备　注
①	②	③	④	⑤	⑥	⑦
1						
2						

试验者　　计算者　　校核者　　试验日期　　年　　月　　日

6.试验中注意的问题

(1)试样烘干至恒重是指相邻两次称量间隔时间不大于3h的情况下,前后两次称量之差小于该项试验所要求的称量精度(下同)。

(2)用牛骨匙向比重瓶中通过漏斗装入石粉时,注意石粉损失,每次加入少量石粉避免漏斗颈堵塞。倾注完毕应当排气并使之保持恒温。

(3)两次平行试验的精度误差应满足试验规定要求。

二、石料毛体积密度试验(静水称量法)

1.试验目的

岩石的毛体积密度是间接反映岩石致密程度、孔隙发育程度的参数,也是评价工程岩体稳定性及确定围岩压力等必需的计算指标。毛体积密度的试验方法有量积法、水中称量法和蜡封法。能制备成规则试件的各类岩石,可采用量积法;除遇水崩解、溶解和干缩湿胀外的其他各类岩石,可用水中称量法测定;遇水崩解、湿胀、含水溶性成分的松软石料及不能用量积法进行试验的岩石,宜用封蜡法测定其毛体积密度。

2.试验仪器

(1)岩石加工设备:切石机、钻石机、磨平机及小锤等。

(2)工业天平:称量 500g,感量 0.01g。

(3)烘箱:温度应控制在 105±5℃范围内。

(4)静水力学天平、平衡盘、吊钩、吊网、盛水容器、游标卡尺等。

3.试验步骤

(1)水中称量法试件制备:可采用规则或不规则形状,试件尺寸应大于组成岩石最大颗粒粒径的 10 倍,每个试件质量不宜小于 150g。规则形状的制作是把从料场取来的石料试样锤打成粒径约 50mm 的不规则形状试件至少三块。或者将石料试样在切石机上锯成大致 50mm 的立方体试件(或用钻石机和切石机制成直径与高均为 50mm 的圆柱体试件)3 个,然后用磨平机将试件磨平。冲洗干净,对试件编号后备用。

(2)测天然密度时,应取有代表性的岩石制备试件并称量;测干密度时,将试件放入烘箱,在 105~110℃下烘至恒量,烘干时间一般为 12~24h。取出试件置于干燥器内冷却至室温后,称干试件质量。

(3)将干试件浸入水中按规定方法进行饱和,饱和方法可依岩石性质选用煮沸法或真空抽气法。

(4)取出饱和浸水试件,用湿纱布擦去试件表面水分,立即称其质量。

(5)将试样放在水中称量装置的丝网上,称取试样在水中的质量(丝网在水中的质量可事先用砝码平衡)。在称量过程中,称量装置的液面应始终保持同一高度,并记下水温。

(6)称量精确至 0.01g。

4.试验结果整理

水中称量法岩石毛体积密度的计算公式为:

$$\rho_0 = \frac{m_0}{m_s - m_w} \times \rho_w \tag{2-34}$$

$$\rho_s = \frac{m_s}{m_s - m_w} \times \rho_w \tag{2-35}$$

$$\rho_d = \frac{m_d}{m_s - m_w} \times \rho_w \tag{2-36}$$

式中:ρ_0——天然密度(g/cm^3);

ρ_s——饱和密度(g/cm^3);

ρ_d——干密度(g/cm^3)；

m_0——试件烘干前的质量(g)；

m_s——试件强制饱和后的质量(g)；

m_w——试件强制饱和后在洁净水中的质量(g)；

ρ_w——洁净水的密度(g/cm^3)。

组织均匀的岩石，其密度试验结果应为 3 个试件测得结果的平均值，组织均匀的岩石，密度应记录最大与最小值。计算结果精确至 0.01 g/cm^3。

注：对于规则几何形状的试件，可以采用测量试件几何尺寸的方法确定其体积密度。例如立方体试件，用游标卡尺准确测量试件的长、宽、高，在每个面上的上、中、下 3 个部位进行测量，以 3 次测量的算术平均值作为测量结果，精确至 0.1mm。对于圆柱体试件，从上、中、下 3 个截面沿互相垂直的方向量直径 6 次，再在互相垂直的直径与圆周交点处测量高度 4 次，按照以上量得的直径和高度的算术平均值计算圆柱体试件体积，测量结果精确至 0.1mm。称量烘干后试件的质量再除以其相应体积，即得试件密度。

岩石毛体积密度的计算公式为：

$$\rho'_{ts} = \frac{m}{V} \tag{2-37}$$

式中：ρ'_{ts}——岩石毛体积密度(g/cm^3)；

m——烘干至恒重时试件的质量(g)；

V——岩石体积(g)。

5.记录表格(表 2-21)

石料毛体积密度试验记录表(静水称量法)　　表 2-21

试样编号		石料产地	
岩石名称		用途	

试验次数	试件烘干前的质量 m_0 (g)	试件强制饱和后的质量 m_s (g)	试件强制饱和后在洁净水中的质量 m_w (g)	天然密度 (g/cm^3)	饱和密度 (g/cm^3)	干密度 (g/cm^3)	备注
①	②	③	④	⑤	⑥	⑦	⑧
1							
2							
3							

试验者　　计算者　　校核者　　试验日期　　年　　月　　日

6.试验中注意的问题

(1)先对试件编号，以避免试验中出现数据混淆。

(2)试件吸水饱和过程应按照试验规程规定进行。

(3)用量积法测量试件体积时正确使用游标卡尺，应当用刀口卡住试件。

(4)准确计算试件的密度值并记录最大值和最小值。

试验九　石料的饱水率试验(真空法)

一、试验目的

通过本试验，可测定石料在常温下(20 ± 2℃)和真空(真空度为 20mmHg)条件下最大吸水质量占烘干石料试件质量的百分率。

二、试验仪器

(1)石料加工设备:切石机、钻石机、磨石机及小锤等。

(2)天平:感量 0.01g。

(3)烘箱:能使温度控制在 105 ± 5℃范围内。

(4)抽气设备:抽气机、水银压力计、真空干燥器、净气瓶等。

三、试验步骤

(1)将岩石用钻石机钻成直径 50 mm 的圆柱,再用锯石机加工成高为 50 mm 的标准试件,用磨石机将试件磨平,准确测量试件的外形尺寸,对试件编号。

(2)将试件在 105 ± 5℃烘箱中烘至恒重,取出后,置于干燥器内冷却到室温。

(3)从干燥器中取出试件,在天平上称其质量 m_0,精确至 0.01g。

(4)将称量后的试件置于净气瓶中,注入清水,水面高出试件 20 mm 以上,盖上净气瓶盖,使其密封。开动抽气机,使产生 20 mm 汞柱的真空,保持此真空状态一直到无气泡发生时为止(无气泡时间不少于 4 h),关上抽气机,试件在水中保持 2h。拧开净气瓶的开关,取出试件,用湿纱布擦去表面水分,然后,立即称其质量 m_1。

石料饱水率试验计算公式:

$$w_x = \frac{m_1 - m_0}{m_0} \tag{2-38}$$

式中:w_x——石料饱水率(%);

m_0——烘干至恒重时试件的质量(g);

m_1——吸水至恒重时试件的质量(g)。

(5)组织均匀的试件,取 3 个试件试验结果的平均值作为测定值,组织不均匀的,则取 5 个试件试验结果的平均值作为测定值。试验结果计算值精确至 0.01 %。

四、记录表格(表 2-22)

饱水率试验记录表 表 2-22

<table>
<tr><td colspan="2">试样编号</td><td colspan="3"></td><td>石料产地</td><td></td></tr>
<tr><td colspan="2">岩石名称</td><td colspan="3"></td><td>用　　途</td><td></td></tr>
<tr><td rowspan="2">试件编号</td><td rowspan="2">烘干试件的质量 m_1(g)</td><td colspan="3">吸水至恒重时的试件质量 m_2(g)</td><td rowspan="2">饱水率 $w_x = \frac{m_1 - m_0}{m_0}$(%)</td><td rowspan="2">备　注</td></tr>
<tr><td>1</td><td>2</td><td>3</td></tr>
<tr><td>1</td><td>2</td><td colspan="3">3</td><td>4</td><td>5</td></tr>
<tr><td></td><td></td><td></td><td></td><td></td><td></td><td></td></tr>
<tr><td></td><td></td><td></td><td></td><td></td><td></td><td></td></tr>
<tr><td></td><td></td><td></td><td></td><td></td><td></td><td></td></tr>
</table>

试验者　　　计算者　　　校核者　　　试验日期　　年　　月　　日

试验十　石料饱水抗压强度试验

一、试验目的

本试验测定规则形状(圆柱或立方体)岩石试样在饱水状态下的抗压强度,主要用于岩石的强度分级和岩性描述。

二、试验仪器

(1)压力试验机:能按所要求的速率加载,加荷速率为 300 ~ 2000kN。

(2)球形承压板:它分为上承压板和下承压板。

(3)岩石切片机;

(4)钻石机;

(5)磨石机;

(6)盛水容器。

三、试验步骤

(1)用钻石机或岩石切片机切割石料,然后再用锯石机将试件制成 50 mm 的正立方体试件或直径和高度均为 50mm 的圆柱体试件 6 个,在磨石机上将试件磨平,试件端面的平面度公差应小于 0.05mm,端面对于试件轴线垂直度偏差不应超过 0.25°。

(2)从磨石机上取下试件,先对试件进行编号,再用卡尺量取试件尺寸,精确到 0.1mm。圆柱体试件在顶面和底面分别测量两个相互正交的直径,并以其各自的算术平均值分别计算底面和顶面的面积,取其顶面和底面面积的算术平均值作为计算抗压强度所用的截面积。对立方体试件在顶面和底面各量取其边长,以两个面上相互平行的两个边长的算术平均值计算其承压面积。

(3)将编号后试件放入水槽中,对试件进行饱水处理。第一次注水至试件高度 1/4 处,隔 2h 后注水至试件高度 1/2 处,4h 后将水加至试件高度 3/4 处,6h 后将水加至高出试件顶面 20mm 以上。

(4)先将压板球面座用矿物油稍加润滑,以使在滑块自重作用下仍能闭锁。再将浸水 48h 后的试件取出,擦干试件表面水分。将试件放在下压板上,盖上球面座,使试件、压板和球面座彼此精确对中,放入压力试验机压力板上,并使它与加载机械设备对中。

(5)开动机器,使试件与压力机压板接触,先调整试验机度盘,使其指针读数对准零刻度,施加在试件上的荷载要始终保持一定的应力增长速度,调整试验机的油门,使施加应力的速率保持在 0.5 ~ 0.1MPa/s 的限度内。

试件破坏后,被动针留在破坏荷载位置,主动针归零,记录压力机度盘被动针所指示最大荷载值,精度 1%。

四、试验结果与数据整理

石料抗压强度试验计算公式为:

$$f_{sc} = \frac{F_{max}}{A_0} \tag{2-39}$$

式中：f_{sc}——岩石的抗压强度(MPa)；

F_{max}——极限破坏时的荷载(N)；

A_0——试件的截面积(mm^2)。

取6个试件试验结果的算术平均值作为测定值，如6个试件中的2个与其他4个试件抗压强度的算术平均值相差3倍以上时，则取试验结果相近的4个试件的算术平均值作为测定值。计算精确至1MPa。有显著层理的岩石，取垂直与平行层理方向的试件强度平均值作为试验结果。

五、记录表格(表2-23)

抗压强度试验记录表 表2-23

工程项目					石料产地			
岩石名称					用　途			
试样编号	试件处理情况	试件尺寸(mm)		试件截面积 $A(mm^2)$	极限荷载 $P(N)$	抗压强度(MPa) $R=\frac{P}{A}$	平均抗压强度(MPa)	备注
		直径	高					
(1)	(2)	(3)	(4)	(5)	(6)	(7)	(8)	(9)
1								
2								
3								
4								
5								
6								

试验者　　计算者　　校核者　　试验日期　　年　　月　　日

六、试验中注意的问题

(1)标准试件为50mm×50mm×50mm正立方体或直径和高度均为50mm的圆柱体，应满足试件平面度公差和端面与试件轴线垂直度偏差的要求。

(2)先对试件进行编号后再量取试件的尺寸，以免试件混淆。

(3)按饱水状态下的抗压强度划分石料的强度等级。若采用天然含水量时，试样保管期不应超过30d，并在试验报告中注明。

(4)压力机吨位选择应为大于试件破坏荷载的30%、小于其80%，试件破坏时的加荷速率保持在0.5~0.1MPa/s的限度内。

(5)石料抗压强度试验结果评定满足规定要求。

试验十一　石料和粗集料的搁板式磨耗度试验

一、试验目的

通过本试验可测定石料抵抗撞击、边缘剪切和摩擦等联合作用的能力。

二、试验仪器

(1)洛杉矶式(或搁板式)磨耗机:圆筒内径 710±5mm,内侧长 510±5mm,两端封闭,投料口的钢盖通过紧固螺栓和橡胶垫与钢筒紧密封闭,钢筒的回转速率为 30~33 r/min。钢球的直径约 46.8mm,质量为 390~445g,大小稍有不同,以便按要求组成符合要求的总质量。

(2)标准筛:符合要求的标准筛系列,以及筛孔为 1.7mm 的方孔筛一个。

(3)台秤:称量 10kg,感量 5g。

(4)烘箱:能使温度控制在 105±5℃范围内。

(5)容器:搪瓷盘等。

三、试验步骤

(1)将不同规格的集料用水洗干净,置烘箱中烘干至恒重。

(2)对所使用的集料,根据实际情况按表 2-24 选择最接近的粒级类别,确定相应的试验条件,按规定的粒级组成备料、筛分。其中水泥混凝土用集料宜采用 A 级粒度;沥青路面及各种基层、底基层的粗集料,表中的 16mm 筛孔也可用 13.2mm 筛孔代替。对非规格材料,应根据材料的实际粒度选择最接近的粒级类别及试验条件。

粗集料洛杉矶法磨耗试验条件　　表 2-24

粒度类别	粒级组成(mm)	试样质量(g)	试样总质量(g)	钢球个数(个)	钢球总质量(g)	转动次数(次)	适用的粗集料	
							规格	公称粒径(mm)
A	26.5~37.5 19.0~26.5 16.0~19.0 9.5~16.0	1250±25 1250±25 1250±25 1250±25	5000±10	12	5000±25	500		
B	19.0~26.5 16.0~19.0	2500±10	5000±10	11	4850±25	500	S6 S7 S8	15~30 10~30 10~25
C	9.5~16.0 4.75~9.5	2500±10 2500±10	5000±10	8	3330±20	500	S9 S10 S11 S12	10~20 10~15 5~15 5~10
D	2.36~4.75	5000±10	5000±10	6	2500±15	500	S13 S14	
E	63~75 53~63 37.5~53	2500±50 2500±50 2500±50	10000±100	12	5000±25	1000	S1 S2	
F	37.5~53 26.5~37.5	5000±50 5000±25	10000±75	12	5000±25	1000	S3 S4	30~60 25~50
G	26.5~37.5 19.0~26.5	5000±25 5000±25	10000±50	12	5000±25	1000	S5	20~40

注:①表中的 16mm 筛孔也可用 13.2mm 筛孔代替;

②A 级适用于未筛碎石混合料及水泥混凝土用集料;

③C 级中 S12 可全部采用 4.75~9.5mm 颗粒 5000g;S9 及 S10 可全部采用 9.5~16mm 颗粒 5000g;

④E 级中 S2 缺 63~75mm 颗粒,可用 53~63mm 颗粒代替。

(3)分级称量(准确至5g),称取总质量(m_1),将试样装入磨耗机选择钢球。将钢球加入圆筒中,盖好筒盖,紧固密封。把计数器调整到零位,设定要求的,对水泥混凝土集料,为500转,对沥青混合料集料,应符合表2-23的要求。开动磨耗机,使磨耗机以30~33 r/min的转速转动至规定要求的回转次数为止。

(4)取出钢球,将磨耗后的试样从投料口倒入接受容器(搪瓷盘)中。将试样用1.7mm的方孔筛过筛,筛去试样中被撞击磨碎的细屑,用水洗净存留在筛上的试样,送入烘箱烘至恒重(通常不小于4h),冷却至室温后准确称量其质量 m_2。

四、试验结果整理

石料磨耗试验的计算公式:

$$Q = \frac{m_1 - m_2}{m_1} \times 100\% \tag{2-40}$$

式中:Q——石料磨耗率(%);

m_1——装入圆筒中的试样质量(g);

m_2——试验后在1.7mm筛上洗净烘干的试样质量(g)。

石料的磨耗率取两次平行试验结果的算术平均值作为测定值。两次试验误差应不大于2%,否则应重新取样再做一次试验。

五、记录表格(表2-25)

磨耗试验记录表(洛杉矶法)　　表2-25

试样编号		石料产地		
岩石名称		用　途		

试验次数	试验前试样的质量 m_1(g)	磨耗后留在孔径2mm筛上的质量 m_2(g)	磨耗率(%) $Q = \frac{m_1 - m_2}{m_1} \times 100\%$		附　注
			单　值	平　均	
(1)	(2)	(3)	(4)	(5)	(6)
1					
2					

试验者　　计算者　　校核者　　试验日期　　年　　月　　日

六、试验中注意的问题

(1)在试验过程中应按洛杉矶法磨耗试验试样级配表中的规定要求选取各种粒径试样的数量 m_1。

(2)试验结果应注明冲洗筛的型号规格。

(3)两次试验误差应满足试验精度要求。

试验十二　水泥混凝土粗集料压碎指标试验

一、试验目的

本试验测定碎石或卵石抵抗压碎的能力,间接地推测其相应的强度,以评定其在公路工程中的适用性。

二、仪器设备

(1)压力试验机:500kN,应能在 10min 内达到 400 kN。

(2)压碎指标测定仪:由内径 150mm、两端开口的圆形试筒、压柱和底板组成。

(3)天平或台秤:称量 2~3kg,感量不大于 1g。

(4)标准筛:孔径分别为 13.2mm、9.5mm、2.36mm 方孔筛及底盘各一个。

(5)金属棒、金属筒和钢尺。

三、试验步骤

(1)采用风干石料用 9.5mm 的标准筛过筛,取 9.5~13.2mm 的试样 3 组各 3000g 供试验用。如试样过于潮湿需加热烘干时,烘箱温度不得超过 100℃,烘干时间不得超过 4h。试验前,石料应冷却至室温。

(2)每次试验的石料数量应满足按下述方法夯实后石料在试筒内的深度为 100 mm。在金属筒只确定石料的方法是:将试样分 3 次每次将试样表面刮平,用金属棒的半球面端从石料表面上均匀捣实 25 次。最后用金属棒作为直刮刀将表面仔细整平。称取量筒中试样质量 m_0,以相同质量的试样进行压碎值的平行试验。

(3)将试筒安放在底板上,取试样 1 份,将要求质量的试样分 3 次(每次数量大体相同)均匀装入试模中,每次均将试样表面整平,用金属棒的半球面端从石料表面上均匀捣实 25 次,然后用金属棒作为直刮刀将表面仔细整平。最后应控制试样表面距盘底的高度在 100mm。

(4)将装有试样的圆筒放到压力机上,注意使压头摆平。对中后开动压力机均匀施加荷载,在 10min 左右的时间内达到总荷载 400kN,稳定 5s 然后卸荷。取出装有试样的测定筒,倒出筒中试样并称其试验前质量 m_0,称量后用孔径为 2.36mm 圆孔筛筛除被压碎的细粒,然后称量剩留在筛上试验后质量 m_1。

四、试验结果与数据整理

粗集料压碎值计算公式为:

$$Q_a = \frac{m_1}{m_0} \tag{2-41}$$

式中:Q_a——粗集料压碎值(%);

m_0——试验前试样的质量(g);

m_1——试验后通过 2.36mm 筛孔的细料质量(g)。

以三次试验结果的算术平均值作为压碎值的测定值。计算结果精确到 0.1%。

五、记录表格(表 2-26)

六、试验中注意的问题

(1)试样应具有代表性并满足试验对一份试样所规定的级配要求。

(2)试验前剔除试样中的针、片状颗粒,并在附注栏内注明其含量。

(3)按照规定将试样装入筒内,控制装样高度。

(4)试验机按要求加荷和卸荷。

(5)以三次平行试验结果的算术平均值作为测定值。

粗集料压碎值指标试验记录表　表 2-26

试样编号				试样来源			
试样名称				试样用途			
试验次数	试样层高度(mm)		试样质量(g)		压碎指标值 Q_a(%)		附注
	试验前	试验后	试验前质量(g)	压碎后筛余质量(g)	个别	平均	
①	②	③	④	⑤	⑥	⑦	⑧
1							
2							
3							

试验者　　计算者　　审核者　　试验日期　　年　　月　　日

试验十三　粗集料的针、片状含量试验

一、水泥混凝土用粗集料针、片状颗粒含量试验

1.试验目的

使用专用的规准仪测定粗集料颗粒最小厚度(或直径)方向与最大长度(或宽度)方向的尺寸之比小于一定比例的颗粒。通过测定水泥混凝土使用的粒径 4.75mm 以上粗集料中针、片状颗粒的总含量,用于评价集料的形状及其在工程中的适用性。

2.仪器设备

(1)水泥混凝土及沥青面层针状规准仪和片状规准仪。规格要求见表 2-27。

(2)天平或台秤:感量不大于称量值的 0.1%。

(3)标准筛:孔径分别为 4.75mm、9.5mm、16mm、19mm、26.5mm、31.5mm、37.5mm,试验时根据需要选用。

水泥混凝土针、片试验的粒级划分及其相应的规准仪孔宽或间距　表 2-27

粒级(mm)	4.75~9.5	9.5~16	16~19	19~26.5	26.5~31.5	31.5~37.5
片状规准仪上相对应的孔宽(mm)	2.8 (A_1)	5.1 (A_2)	7.0 (A_3)	9.1 (A_4)	11.6 (A_5)	13.8 (A_6)
针状规准仪上相对应的孔宽(mm)	17.1 (B_1)	30.6 (B_2)	42.0 (B_3)	54.6 (B_4)	69.6 (B_5)	82.8 (B_6)

3.试验步骤

(1)试样制备:将试样在室内风干至表面干燥,用四分法缩分至表 2-28 规定的数量,称量 m_0,然后筛分成规定的粒级备用。

针、片状试验所需的试样最小质量　表 2-28

最大粒径(mm)	9.5	16	19	26.5	31.5	37.5	63
试样质量不少于(kg)	0.3	1	2	3	5	10	—

(2)目测挑出接近立方体形状的规则颗粒,将目测有可能属于针片状颗粒的集料按表 2-27

所规定的粒级用规准仪逐粒进行鉴定，凡颗粒长度大于针状规准仪上相应间距者，为针状颗粒。厚度小于片状规准仪上相应孔宽者，为片状颗粒。

(3)称量由各粒级挑出的针状和片状颗粒的总量 m_1。

4.试验结果与数据整理

碎石或卵石针、片状颗粒含量计算公式如下：

$$Q_e = \frac{m_1}{m_0} \times 100\% \tag{2-42}$$

式中：Q_e——试样的针、片状颗粒含量(%)；

m_0——试样的总质量(g)；

m_1——试样所含针、片状颗粒的总质量(g)。

二、粗集料针、片状颗粒含量试验(游标卡尺法)

1.试验目的

使用游标卡尺测定的粗集料颗粒最大长度(或宽度)方向与最小厚度(或直径)方向的尺寸之比大于3倍的颗粒，有特殊要求采用其他比例时，应在试验报告中注明。通过测定粗集料中针、片状颗粒的总含量，用于评定石料生产厂的生产水平及其该材料在工程中的适用性。

2.仪器设备

(1)标准筛：方孔筛4.75mm。

(2)天平：感量不大于1g。

(3)游标卡尺：精密度为0.1mm。

3.试验步骤

(1)按照规定的方法取样，试样最小取样数量应符合表2-29的规定，然后筛分成规定的粒级备用。

针片状颗粒的总含量试样最小取样数量　　表2-29

公称最大粒径(mm)	4.75	9.5	13.2	16	19	2.65	31.5	37.5	53	63	75
最小取样数量(kg)	0.6	1.2	2.5	4	8	8	20	40	—	—	—

(2)用分料器或四分法选取1kg左右的试样，对每一种规格的粗集料，应按照不同规格的公称粒径，分别取样检验。

(3)用4.75 mm标准筛将试样过筛，取筛上部分供试验用，称取试样的总质量 m_0，准确至1g，试样数量应不少于800g，并不少于100颗。对2.36～4.75mm级粗集料，由于卡尺量取有困难，一般不作测定。

(4)将试样平摊于桌面上，首先用目测挑出接近立方体形状的规则颗粒，剩下可能属于针状(细长)和片状(扁平)的颗粒。

(5)将欲测量的颗粒放在桌面上成一稳定状态，测量颗粒平面方向的最大长度 L，侧面厚度的最大尺寸 t，颗粒最大宽度 w，即 $t < w < L$，用卡尺逐颗测量石料的 L 及 t，将 $L/t \geqslant 3$ 颗粒(即最大长度方向与最大厚度方向尺寸之比大于3的颗粒)分别挑出作为针片状颗粒，称量针片状颗粒的总质量 m_1，准确至1g。

4.试验结果与数据

与水泥混凝土针片状颗粒结果整理相同。

试验十四　粗集料的筛分、表观密度、松装密度试验

一、粗集料的筛分试验

1.试验目的

本试验测定碎石或卵石的颗粒级配,为水泥混凝土配合比设计提供依据。

2.仪器设备

(1)试验筛:孔径从 75mm、63mm、37.5mm、31.5mm、26.5mm、19mm、16mm、9.5mm、4.75mm、2.36mm 方孔筛共 10 个,以及筛的底盘和盖各一只,试验用筛的规格可根据需要选用。

(2)托盘天平或台秤:精确至试样量的 0.1%。

(3)浅盘和铁锹。

3.试验步骤

(1)将从施工现场取来的试样充分拌匀,用四分法缩分到本试验所需的最小试样数量,试验时应按规定要求选用(表 2-30),烘干或者风干后备用。

筛分试验所需碎(卵)石最小取样数量表　　表 2-30

最大粒径(mm)	9.5	16	19	26.5	31.5	37.5	63	75
试样质量不少于(kg)	10	15	20	20	30	40	60	80

按规定要求准确称量出试样质量,精确至 0.1%(现场测试时要精确到 0.5%)。

(2)把试样倒入按筛孔尺寸顺序排好的筛中,盖上筛盖后进行筛分。先前后左右摇动套筛。使试样初步分离后按筛孔大小顺序过筛,一直到各号筛每分钟的通过量不超过试样总量的 0.1% 时,称量存留在筛上的试样质量。

(3)当某号筛上的筛余层厚度大于试样的最大粒径值时,应将该号筛上的试样分成两份分别筛分。直到各号筛每分钟的通过量不超过试样总量的 0.1% 。

(4)筛分后在筛上的所有分计筛余量和底盘剩余的总和与筛分前测定的试样总量相比,其相差不得超过 1%。

4.试验结果与数据整理

筛分应当进行两次平行试验,以两次结果的平均值计算各种参数。

5.记录表格(表 2-31)

6.试验中注意的问题

(1)试样应具有代表性,每次试验应满足一份试样最小质量的要求。

(2)当筛分试样的粒径大于 20mm 时,在筛分过程中,允许用手指拨动颗粒。20mm 以下粒径在筛分过程中不允许用手指拨动颗粒。

(3)试验时可用摇筛机筛分也可以用手筛。

(4)用两次试验结果的平均值计算各种参数,将试验结果与规范对照,评定粗集料是否满足规定级配范围的要求。

粗集料筛分试验记录表 表 2-31

试样编号				试样来源		
试样名称				试样用途		

筛孔编号	筛孔尺寸(mm)	各筛存留质量(g)			分计筛余(%)	累计筛余(%)	通过量(%)
		1	2	平均			
①	②	③	④	⑤	⑥	⑦	⑧
1							
2							
3							
4							
5							
6							
7							

试验者　　　　计算者　　　　审核者　　　　试验日期　　年　　月　　日

二、粗集料表观密度试验

1.试验目的

本试验测定碎石或卵石在规定条件下单位体积(包括矿质实体和内部封闭孔隙)的烘干质量,为计算空隙率和混凝土配合比设计提供必要的数据。

2.仪器设备

(1)静水天平:称量 5000g,感量 1g。其型号和尺寸应能允许在臂上悬挂盛试样的吊篮并浸入水中称量所盛物体的水中质量。

(2)吊篮:直径和高度均为 150mm,由孔径为 1~2mm 的筛网或钻有 2~3mm 孔洞的耐锈蚀金属板制成。

(3)盛水容器:有溢流孔。

(4)圆孔筛:孔径为 5mm。

(5)烘箱:能使温度控制在 105±5℃。

(6)带盖容器、浅盘 、温度计、刷子和毛巾等。

3.试验步骤

(1)将来样用 5mm 圆孔筛筛去小于 5mm 的颗粒,用四分法缩分至所需试样的最小质量。刷洗干净后分成两份备用。表 2-32 是表观密度试验所需试样最小质量要求表,在试验时应按规定选用。

表观密度试验所需的试样最小质量表 表 2-32

最大粒径(mm)	9.5	16	19	26.5	31.5	37.5	63	75
试样质量不少于(kg)	2	2	2	3	3	4	6	6

(2)取试样一份装入吊篮并浸入盛水容器中,水面至少高出试样 50mm,浸水 24h。

(3)取出浸水 24h 后的吊篮,移放至称量用的盛水容器中,用上下升降吊篮的方法排除气泡,应注意不使试样露出水面,吊篮每升降一次约为 1s,升降高度为 30~50mm。

(4)将盛水容器连同试样移放至称量台上,把吊篮挂在天平挂钩上,加满溢流水箱中的水,开启溢流阀，使盛水容器中的水保持一定高度（吊篮全部浸入水中）并测量水温。用天平称量吊篮及试样在水中的质量 m_2。

(5)提起吊篮，将试样倒入浅盘中，小心倾去流动的水，用拧干的湿毛巾擦干颗粒表面，将试样放入 105±5℃的烘箱中烘干到恒重，取出试样放进带盖的容器中，冷却至室温后称其质量 m_0。

(6)称量吊篮在同样温度的水中的质量 m_1，称量时盛水容器的水面高度仍应由溢流孔控制。

4.试验结果整理

粗集料表观密度试验计算公式为：

$$\rho'_t = \left(\frac{m_0}{m_0 + m_1 - m_2} - \alpha_t\right) \times 1000 \tag{2-43}$$

式中：ρ'_t——粗集料表观密度(kg/m³)；

m_0——烘干试样的质量(g)；

m_1——吊篮在水中的质量(g)；

m_2——吊篮及试样在水中的质量(g)；

α_t——考虑称量时的水温对水相对密度影响的修正系数，与细集料表观密度试验相同；

1000——水在 4℃时的密度值(kg/m³)。

以两次试验结果的算术平均值作为测定值，如两次结果之差值大于 20kg/m³。时，应重新取样进行试验，对颗粒材质不均匀的试样，如两次试验结果之差值超过规定时，可取四次测定结果的算术平均值作为测定值。本试验计算精确至 10kg/m³。

5.记录表格（表 2-33）

粗集料表观密度试验记录表 表 2-33

试样编号			试样来源			
试样名称			试样用途			
试验次数	烘干后的试样质量 m_0(g)	吊篮在水中的质量 m_1(g)	吊篮及试样在水中的质量 m_2(g)	粗集料表观密度 ρ'_t (kg/m³)		备注
				个别	平均	
①	②	③	④	⑤	⑥	⑦
1						
2						

试验者 计算者 审核者 试验日期 年 月 日

6.试验中注意的问题

(1)试样应具有代表性，每次试验应满足一份试样最小质量的要求。

(2)恒重指相邻两次称量间隔时间大于 3h 的情况下，前后两次称量之差小于要求的称量精度为 0.1%。

(3)试样的各项称量可以在 15～25℃的温度范围内进行，从试样加水静置的最后 2h 起一直到试验结束后，温度相差不应超过 2℃。

(4)其温度修正系数与细集料表观密度试验相同。

(5)两次平行试验的结果满足试验精度的要求。

三、粗集料堆积密度、振实密度试验

1.试验目的

本试验测定碎石或卵石的堆积密度和振实密度，为计算空隙率提供必要的依据。

2.仪器设备

(1)磅秤：称量50kg或100kg，感量50g。

(2)容量筒：金属制圆铁筒，应根据最大粒径的不同，按照表2-34要求选用。

容量筒的规格要求 表2-34

碎石或卵石的最大粒径(mm)	容量筒容积(L)	容量筒规格(mm)		筒壁厚度(mm)
		内径	净高	
9.5, 16, 19, 26.5,	10	208	294	2
31.5, 37.5, 63	20	294	294	3
75,	30	360	294	4

(3)烘箱：能使温度控制在105±5℃。

(4)振动台：频率每分钟2800～3200次，负荷下的振幅为0.35mm，空载时的振幅为0.5mm。

(5)平头铁锹、玻璃板。

3.试验步骤

(1)堆积密度：

①把从施工现场取来的试样拌匀后摊平，用四分法进行缩分，堆积密度所需碎石或卵石的最少取样量如表2-35所示。

堆积密度所需碎石或卵石的最少取样量 表2-35

最大粒径(mm)	9.5	16	19	26.5	31.5	37.5	63	75
堆积密度(kg)	40	40	40	40	80	80	120	120

取出规定的代表样，在105±5℃烘箱中烘干，也可摊在清洁的地面上风干，拌匀后分成两份备用。

②在磅秤上称量容量筒的质量 m_1。

③将容量筒置于平整干净的地板(或铁板)上，用平头铁锹铲起试样，铁锹的齐口至容量筒上口的距离应保持在50mm左右，使石子自由落入容量筒内。试样装满容量筒后，除去凸出筒口表面的颗粒，以合适的颗粒填入凹陷空隙，使表面稍凸起部分和凹陷部分的体积大致相等，然后称取试样和容量筒的总质量 m_2(注意在称量前的试验过程中应避免碰容量筒)。

(2)振实密度：

①人工振实：称量容量筒的质量 m_1，将试样分三层装入容量筒，每层装1/3高度，先装入1/3高度试样，筒底垫放一根直径为25mm的圆钢筋，将筒按住，左右交替颠击地面各25下，然后装入第二层，将钢筋旋转90°，将筒按住，前后交替颠击地面各25下。接着装入第三层，再将钢筋旋转90°，将筒按住，左右交替颠击地面25下，然后加料至试样超出容量筒口，用钢筋沿筒口边缘滚转，刮下高出筒口的颗粒，用合适的颗粒填平凹处，使表面凸起部分和凹陷部分的体积大致相等，称取试样和容量总质量 m_2。

②机械振实：称量容量筒的质量 m_1，将试样一次装满容量筒，将装满试样的容量筒固定在振动台上，振动 2～3min，将容量筒取下，加料至试样超出容量筒口，用钢筋沿筒口边缘滚转，刮下高出筒口的颗粒，用合适颗粒填平凹处，使表面稍凸起部分和凹陷部分的体积大致相等，称取试样和容量筒总质量 m_2。

(3)容量筒校正：称量容量筒和玻璃板的质量 m_1，然后用 15～20℃的饮用水装满容量筒，擦干筒外壁水分后称重 m_2，以两次质量之差即所盛水的质量计算容量筒的容积。

4.试验结果整理

粗集料堆积密度试验的计算公式为：

$$\rho = \frac{m_2 - m_1}{V} \tag{2-44}$$

式中：ρ——粗集料堆积密度或振实密度（kg/m^3）；

m_1——容量筒的质量（kg）；

m_2——容量筒和试样总质量（kg）；

V——容量筒的容积（L）。

以两次结果的算术平均值作为测定值，计算精确至 $10kg/m^3$。

5.记录表格（表 2-36）

粗集料堆积密度试验记录表 表 2-36

试样编号		试样来源	
试样名称		试样用途	

试验次数	容量筒体积 V (m^3)	容量筒质量 m_1 (kg)	容量筒和试样质量 m_2 (kg)	试样质量 $m_1 - m_0$ (kg)	堆积密度 ρ (kg/m^3)		备注
					个别	平均	
①	②	③	④	⑤	⑥	⑦	⑧
1							
2							

试验者 计算者 审核者 试验日期 年 月 日

6.试验中注意的问题

(1)试样应具有代表性，每次试验应满足一份试样最小质量的要求。

(2)堆积密度试验，试样用铁锹装入容量筒时，铁锹的齐口至容量筒上口的距离应保持在 50mm 左右，使石子自由落入容量筒内。从装料起到开始称量前应避免碰容量筒，以避免影响粒料的紧密程度。

(3)振实密度试验，分人工振实及机械振实，按各自不同的要求进行试验。

(4)容量筒校正时，水温应控制在 20±5℃范围内，并应考虑水温对水相对密度影响的修正系数。

四、空隙率计算

1.试验目的

根据试验求出的粗集料表观密度和堆积密度数值，计算粗集料的空隙率。

2.计算公式

空隙率计算公式如下：

$$n = 1 - \frac{\rho}{\rho'_t} \tag{2-45}$$

式中：n——粗集料的空隙率（%）；

ρ——粗集料的堆积密度或紧装密度（kg/m^3）；

ρ'_t——粗集料的表观密度（kg/m^3）。

3.计算表格（表 2-37）

粗集料空隙率计算表

表 2-37

试样编号			试样来源		
试样名称			试样用途		
试验次数	石表观密度 ρ'_t（kg/m^3）	石堆积密度 ρ（kg/m^3）	粗集料空隙率（%）		备　注
			个　别	平　均	
①	②	③	④	⑤	⑥
1					
2					

试验者　　　计算者　　　审核者　　　试验日期　　年　　月　　日

试验十五　细集料的筛分、表观密度、松装密度试验

一、细集料的筛分试验

1.试验目的

通过细集料（天然砂、人工砂、石屑）的筛分试验，可以测定细集料的颗粒级配及粗细程度。对水泥混凝土用细集料可采用干筛法，如果需要也可采用水洗法筛分，对沥青混合料及基层用细集料必须用水洗法筛分。

2.仪器设备

（1）标准筛：其筛孔孔径分别为 9.5mm、4.5mm、2.36mm、1.18mm、0.60mm、0.30mm、0.15mm 方孔筛，标准筛的规格见表 2-38。

砂的标准筛规格

表 2-38

筛孔尺寸，净孔（mm）	9.4	4.5	2.36	1.18	0.60	0.30	0.15
孔　型	方孔	方孔	方孔	方孔	方孔	方孔	方孔
金属板厚度（mm）	1.0	1.0	1.0				
金属丝直径（mm）				0.4	0.25	0.14	0.10

（2）天平：称量 1000g，感量 1g。

（3）摇筛机。

（4）烘箱：能使温度控制在 105±5℃。

（5）铝铲、钢丝刷、软毛刷、小铁盆、浅盘。

3.试验准备

用于筛分析的试样，根据最大粒径的大小，选用适宜的标准筛，通常为 9.5mm 筛（水泥混凝土用天然砂）和 4.75mm 筛（沥青路面及基层用天然砂、石屑、机制砂等）筛除其中的超粒径材料。然后样品在潮湿状态下充分拌匀，用分料器或四分法把试样缩分成每份不少于 550g 的

试样两份，把试样放入 105 ± 5℃的温度中烘到恒量，冷却至室温后备用。

4.试验步骤

1)干筛法试验

(1)准确称取烘干试样 500g(m_1)，准确值 0.5g，放入按筛孔大小顺序排列的套筛最上一层，即 4.75mm 筛上。将套筛装入摇筛机并卡紧，摇筛约 10min(无摇筛机时，可直接用手筛 10min)，然后取出套筛。

(2)按筛孔大小顺序，在清洁的浅盘上逐个进行手筛，直至每分钟的筛出量不超过试样总质量的 0.1% 时为止。用钢丝刷或软毛刷仔细将筛网上的试样刷净，称量存留在筛上的试样质量，精确至 1g。将称量后试样倒入小铁盆中。

(3)将上一号筛通过部分，即浅盘上的试样并入下一号筛，与下一号筛中的试样一起筛分，筛后称重。按这样顺序逐次进行，直至各号筛全部筛完为止。

(4)所有各筛的分计筛余量与底盘中剩余量的总量与筛分前的试样总质量相比，其相差不得超过 1%(即相差不得超过 ± 5g)。

2)水洗法试验

(1)准确称取烘干试样 500g(m_1)，准确至 0.5g。然后将试样放入一洁净容器中，加入足够数量的洁净水，将集料全部淹没。用搅棒充分搅动集料，使细粉悬浮在水中，但不允许由集料从水中溅出。

(2)用 1.18mm 筛及 0.075mm 筛组成套筛。仔细将容器中混有细粉的悬浮液徐徐倒出，经过套筛流入另一容器中，但不得将集料倒出。重复上述步骤，直至倒出的水洁净且小于 0.075mm的颗粒全部倒出。

(3)把容器中的集料倒入搪瓷盘中，用少量水冲洗，使容器上粘附的集料颗粒全部进入搪瓷盘中。将筛子反扣过来，用少量的水将筛上集料冲入搪瓷盘中。操作过程中不得有集料散失。把搪瓷盘连同集料一起放入 105 ± 5℃的温度中烘到恒重，称干集料试样总质量 m_2，准确至 10min。m_1 与 m_2 之差即为通过 0.075mm 筛部分。

(4)将全部要求筛孔组成套筛(但不需 0.075mm 筛)，将已洗去小于 0.075mm 部分的干集料放在套筛上(通常为筛)。将套筛装入摇筛机，摇筛约 10min，然后取出套筛，按筛孔大小顺序，从最大的筛号开始，在清洁的浅盘上逐个进行手筛，直至每分钟的筛出量不超过筛上剩余量的 0.1%时为止，将筛出通过的颗粒并入下一号筛，和下一号筛中的试样一起过筛，这样顺序进行，直至各号筛全部筛完为止。

(5)称量各筛筛余试样的质量，精确至 0.5g。所有各筛的分计筛余量和底盘中剩余量的总质量与筛分前后试样总质量 m_2 的差值不得超过后者的 1%。

5.试验结果整理

(1)计算分计筛余百分率　分计筛余百分率是各号筛上的筛余量除以试样总质量 m_1 的百分率，精确至 0.1%。对沥青路面筛下部分即为 0.075mm 的分计筛余，m_1 与 m_2 之差即为小于 0.075mm 的筛底部分。

(2)计算累计筛余百分率　累计筛余百分率是该号筛及大于该号筛的各号筛的分计筛余百分率之和，准确至 0.1%。

(3)计算质量通过百分率　各号筛的质量通过百分率等于 100 减去该号筛的累计筛余百分率，准确至 0.1%

根据各号筛的质量通过百分率和累计筛余百分率，可以绘制级配曲线。

通过计算出的累计筛余百分率可以计算细度模数，然后根据细度模数确定细集料的粗细程度。筛分试验应采用两个试样进行平行试验，并以其试验结果的算术平均值作为测定值(精确到0.1)。如两次试验所得的细度模数之差大于0.2，应重新进行试验。

6.记录表格(表2-39)

细集料筛分试验记录表　　表2-39

试样编号		试样来源					
试样名称		试样用途					
筛孔编号	筛孔尺寸(mm)	各筛存留质量(g)			分计筛余(%)	累计筛余(%)	通过量(%)
		1	2	平均			
①	②	③	④	⑤	⑥	⑦	⑧
1	4.75						
2	2.36						
3	1.18						
4	0.60						
5	0.30						
6	0.15						
7	<0.15						

试验者　　计算者　　审核者　　试验日期　　年　　月　　日

7.试验中注意的问题

(1)试样为特细砂时，在筛分时增加0.075mm的方孔筛一只。

(2)如试样含泥量超过5%时，则应先用水洗，然后烘干至恒重，再进行筛分。

(3)无摇筛机时，可改用手筛。

(4)试样在各号筛上的筛余量不得超过下式的量：

仲裁时
$$M_r = A\frac{\sqrt{d}}{300} \tag{2-46}$$

生产控制检验时
$$M_r = A\frac{\sqrt{d}}{300} \tag{2-47}$$

式中：M_r——在一个筛上的存留量(g)；

d——筛孔尺寸(mm)；

A——筛的面积(mm^2)。

否则应将该筛余试样分成两份，再次进行筛分，并以其筛余量之和作为该筛余量。

(5)用两次试验结果的平均值计算各种参数，将试验结果与规范对照，评定细集料是否满足级配要求。

二、细集料的表观密度试验(容量瓶法)

1.试验目的

用容量瓶法测定细集料在23℃时对水的表观相对密度和表观密度，可确定砂的单位体积物质的干质量，为空隙率计算和水泥混凝土配合比设计提供数据。

2.仪器设备

(1)天平：称量1kg，感量不大于1g。

(2)容量瓶:500mL。

(3)烘箱:能使温度控制在 105±5℃。

(4)烧杯:500mL。

(5)其他:干燥器、浅盘、滴管、漏斗、铝制料勺、温度计等。

3.试验步骤

(1)将试样在潮湿状态下拌匀,用四分法对试样进行缩分,将缩分后的试样称量 650g 左右放入烘箱,在温度为 105±5℃下烘至恒重,取出试样放在干燥器内冷却至室温备用。

(2)从干燥器中取出试样,准确称量烘干试样 300g(m_0),向容量瓶中注入半瓶洁净水,通过漏斗将所称量的 300g 试样装入容量瓶中。装完后摇转容量瓶,使试样在 23±1.7℃的水中充分搅动以排除气泡,塞紧瓶塞,静置 24h(要求试样加水静置的最后 2h 起至试验结束其温度相差不超过 2℃)。再加少量水至瓶颈刻线以下,为使其准确达到刻度线,可用滴管添水,使水面与瓶颈零刻度线平齐。用温度计测量水温,应保证试验温度在 20±5℃范围内进行,塞紧瓶塞,擦干瓶外壁水分,称量其总质量 m_2。

(3)倒出瓶中水和试样,把瓶的内外表面洗净,向瓶内注入冷开水,其水温与第一次静置时最后的温差不超过 2℃,计算表观密度时应考虑水的温度修正系数。用滴管添水至瓶颈零刻度线,塞紧瓶塞,擦干瓶外壁水分,称其总质量 m_1。

4.试验结果整理

细集料表观相对密度试验的计算公式为:

$$\gamma_a = \frac{m_0}{m_0 + m_1 - m_2} \tag{2-48}$$

式中:γ_a——细集料的表观相对密度,无量纲;

m_0——试样的烘干质量(g);

m_1——水及容量瓶总质量(g);

m_2——试样、水及容量瓶总质量(g);

通过表观相对密度还可以计算出表观密度,即 $\rho_a = \gamma_a \times \rho_T$ 或 $\rho_a = (\gamma_a - \alpha_T) \times \rho_w$ 计算精确至小数点后 3 位。ρ_a 是细集料的表观密度(g/cm^3),ρ_T 是试验温度 T 时水的密度(g/cm^3),按表 2-40 选用,α_T 是试验时水温对水密度的修正系数,按表 2-40 选用,ρ_w 是水在 4℃的密度(g/cm^3)。

不同稳定水温时水的密度 ρ_T 及水温度修正系数 α_T 表 2-40

水温(℃)	15	16	17	18	19	20
水的密度 ρ_T(g/cm^3)	0.99913	0.99897	0.99880	0.99862	0.99843	0.99882
水温修正系数 α_T	0.002	0.003	0.003	0.004	0.004	0.005
水温(℃)	21	22	23	24	25	
水的密度 ρ_T(g/cm^3)	0.99802	0.99779	0.99756	0.99733	0.99702	
水温修正系数 α_T	0.005	0.006	0.006	0.007	0.007	

以两次试验结果的算术平均值作为测定值,计算结果精确至 $10kg/m^3$。当两次结果误差大于 $20kg/m^3$ 时,应重新取样进行试验。

5.记录表格(表2-41)

细集料表观密度试验记录表　　表2-41

试样编号			试样来源		
试样名称			试样用途		

试验次数	烘干试样的质量 m_0 (g)	试样、水加容量瓶的质量 m_1 (g)	水加容量瓶的质量 m_2 (g)	表观密度 ρ'_t (kg/m³)		备　注
				个　别	平　均	
①	②	③	④	⑤	⑥	⑦
1						
2						

试验者　　计算者　　审核者　　试验日期　　年　　月　　日

6.试验中注意的问题

(1)缩分后的试样应当具有代表性。

(2)试验用水应为纯净水,水的温度应控制在规定范围内。

(3)滴管添水至瓶颈零刻度线应当以弯液面为准。

(4)两次平行试验结果的精度误差应当控制在20kg/m³范围内。

三、细集料的堆积密度及紧装密度试验

1.试验目的

通过本试验可测定砂在自然状态下的堆积密度,在紧密装填状态下的紧装密度和计算空隙率。

2.仪器设备

(1)台秤:称量5kg,感量5g。

(2)容量筒:金属制,圆筒形,内径108mm,净高109mm,筒壁厚5mm,容积约为1L。

(3)漏斗及漏斗架:可调整漏斗口的高度。

(4)烘箱:能使温度控制在105±5℃。

(5)平板玻璃、浅盘、钢尺、铝制料勺、10mm钢筋等。

3.试验步骤

试样制备:将试样在潮湿状态下拌均匀,用四分法缩分后,用浅盘装试样约3L,放入温度为105±5℃的烘箱中烘干至恒量,然后取出来试样并冷却至室温后,分成大致相等的两份备用。

1)堆积密度

(1)称量容量筒的质量 m_0。

(2)将容量筒放在漏斗架旁,调整漏斗架圆环的高度,使漏斗的出料口距容量筒筒口最大不超过50mm。

(3)用铝制料勺将试样通过漏斗装入容量筒,直至试样装满并超出容量筒口,然后用直尺将多余试样沿筒口中心线向两个相反方向刮平。

(4)称取质量 m_1。注意在称量前的试验过程中应避免碰容量筒。

2)紧装密度

(1)称量容量筒的质量 m_0。

(2)取试样1份,分两层装入容量筒,第一层装1/2,在筒底放入一根直径为10mm的钢筋,将筒按住,左右交替颠击各25下。将第二层砂装满,把所垫钢筋旋转90°,将筒按住,前后交替颠击各25下。再加料至试样超出容量口,用直尺将多余试样沿筒口中心线向两个相反方向刮平,然后称其质量。

(3)称取质量 m_2。

4.容量筒校正

称量容量筒和玻璃板的质量。用温度为20±5℃的饮用水装满容量筒,再用玻璃板沿筒口滑移,使其紧贴水面。擦干筒外壁水分,然后称量,根据两次称量质量之差,就可用所盛水的质量计算出容量筒容积。

5.试验结果整理

细集料堆积密度试验计算公式为:

$$\rho = \frac{m_1 - m_0}{V} \tag{2-49}$$

细集料紧装密度试验计算公式为:

$$\rho' = \frac{m_2 - m_0}{V} \tag{2-50}$$

式中:ρ——细集料堆积密度(g/cm^3);

ρ'——细集料紧装密度(g/cm^3);

m_0——容量筒的质量(g);

m_1——容量筒和堆积密度砂总质量(g);

m_2——容量筒和紧装密度砂总质量(g);

V——容量筒容积(L)。

本试验以两次试验结果的算术平均值作为测定值。

6.记录表格(表2-42)

细集料堆积密度试验记录表 表2-42

试样编号			试样来源				
试样名称			试样用途				
试验次数	容量筒体积 V (m^3)	容量筒质量 m_0 (kg)	容量筒和砂质量 m_1 (kg)	砂质量 $m_1 - m_0$ (kg)	堆积密度 ρ'_1 (kg/m^3)		备注
					个别	平均	
①	②	③	④	⑤	⑥	⑦	⑧
1							
2							

试验者　　计算者　　审核者　　试验日期　　年　　月　　日

7.试验中注意的问题

(1)堆积密度试验,试样通过漏斗装入容量筒时,漏斗的出料口距容量筒筒口最大高度不超过50mm,从装料起到开始称量前应避免碰容量筒,以避免影响粒料的紧密程度。

(2)紧装密度试验,分两层装料并按照要求使之达到规定的紧密程度。

(3)容量筒校正时,水温应控制在20±5℃范围内,并应考虑水温对水相对密度影响的修正系数。

四、空隙率计算

1.试验目的

根据试验求出的细集料表观密度和堆积密度数值,计算细集料的空隙率。

2.计算公式

空隙率计算公式如下:

$$n = \left(1 - \frac{\rho}{\rho'_t}\right) \times 100\% \tag{2-51}$$

式中:n——细集料的空隙率(%);

ρ——细集料的堆积密度或紧装密度(kg/m^3);

ρ'_t——细集料的表观密度 kg/m^3。

3.记录表格(表2-43)

细集料空隙率试验记录表　　表2-43

试样编号			试样来源		
试样名称			试样用途		
试验次数	砂表观密度 ρ'_t (kg/m^3)	砂堆积密度 ρ (kg/m^3)	细集料空隙率(%) 个别	细集料空隙率(%) 平均	备注
①	②	③	④	⑤	⑥
1					
2					

试验者　　计算者　　审核者　　试验日期　　年　　月　　日

试验十六　细集料的含泥量、有机质含量、云母含量试验

一、细集料的含泥量试验

1.试验目的

为保证水泥与细集料的黏结力,通过含泥量试验,测定水泥混凝土用砂中妨碍水泥黏结力的颗粒大于1.25mm的泥块含量。

2.试验仪器

(1)天平:称量2kg,感量不大于2g。

(2)烘箱:能控温在105±5℃。

(3)方孔筛:孔径0.75mm及1.18mm。

(4)其他:洗砂用的筒及烘干用的浅盘等。

3.试验步骤

(1)将试样用四分法缩分至每份约1000g,放入温度为105℃±5℃的烘箱中烘干至恒重,冷却到室温后,称取约400g的试样两份备用。

(2)取烘干的试样一份(m_0)置于筒中,并注入洁净的水,使水面超出砂面约200mm,充分搅拌均匀后浸泡24h后,然后用手在水中淘洗试样,使尘屑、淤泥和黏土与砂分离并使之悬浮在水中,缓慢地将混浊液倒入1.18mm至0.075mm的套筛上,滤去小于0.075mm的颗粒,试验

前筛子的两面应先用水湿润，整个试验过程中应注意避免砂粒丢失。

(3)再次加水于筒中，重复上述过程，直至筒内砂样洗出的水至清澈为止。用水冲洗剩留在筛上的细粒，并将 0.075mm 筛放在水中(使水面略高出筛中砂粒的上表面)来回摇动，以充分洗除小于 0.075mm 的颗粒。然后将两筛上的剩余颗粒和筒中已经洗净的试样一并装入浅盘，放入 105±5℃的烘箱中烘干至恒重，冷却至室温后称量 m_1。

4.试验结果整理

砂中泥块含量按式(2-52)计算，精确至 0.1%。

$$Q_s = \frac{m_0 - m_1}{m_0} \times 100\% \tag{2-52}$$

式中：Q_s——砂的含泥量(%)；

m_0——试验前的烘干试样质量(g)；

m_1——试验后的烘干试样质量(g)。

取两次试验结果的算术平均值作为测定值，若两次结果的差值超过 0.5% 应重新取样进行试验。

5.记录表格(表 2-44)

细集料的含泥量试验记录表 表 2-44

试样编号		试样来源	
试样名称		试样用途	

试验次数	试验前砂的质量 m_1 (g)	试验前砂的质量 m_2 (g)	砂的含泥量(%)		备　注
			个　别	平　均	
①	②	③	④	⑤	⑥
1					
2					

试验者　　　　计算者　　　　审核者　　　　试验日期　　年　　月　　日

二、细集料的有机质含量试验

1.试验目的

为保证水泥混凝土用砂的质量，通过有机质含量试验，评定天然砂中的有机质含量是否达到水泥混凝土品质的程度。

2.试验仪器

(1)天平：不大于称量的 0.01%。

(2)量筒：250mL、100mL 和 10mL。

(3)氢氧化钠溶液：氢氧化钠与蒸馏水的质量比为 3:97。

(4)鞣酸、酒精等。

(5)其他：烧杯、玻璃棒和孔径为 4.75mm 的方孔筛。

3.试验步骤

(1)筛去试样中 4.75mm 以上颗粒，用四分法缩分至 500g，风干备用。

(2)标准溶液的配制方法是取 2g 鞣酸溶解于 98mL 的 10% 酒精溶液中得到所需的鞣酸溶

液,取该溶液 2.5mL 注入 97.5mL 浓度为 3% 的氢氧化钠溶液中,加塞后剧烈摇动,静置 24h 即得标准溶液。

(3)向 250mL 量筒中倒入试样至 103mL 刻度处,再注入浓度为 3% 的氢氧化钠溶液至 200mL刻度处,剧烈摇动后静置 24h。

(4)比较试样上部溶液和新配制标准溶液的颜色,盛装标准溶液和盛装试样的量筒规格应一致。

4.试验结果评定

若试样上部溶液颜色浅于标准溶液颜色,则试样的有机质含量鉴定合格;如两种溶液的颜色接近,则应将该试样(包括上部溶液)倒入烧杯中放在温度为 60 ~ 70℃ 的水槽锅中加热 2 ~ 3h,然后再与标准溶液比色。

如溶液的颜色深于标准色,则应按下法做进一步试验:

取试样 1 份,用 3% 氢氧化钠溶液洗除有机杂质,再用清水淘洗干净,至试样用比色法试验时溶液的颜色浅于标准色,然后用经洗除有机质和未洗除有机质的试样分别以相同的配合比配成流动性基本相同的两种水泥砂浆,测定其 7d 和 28d 的抗压强度,如未经洗除砂的砂浆强度不低于经洗除有机质后的砂的砂浆强度的 95% 时,则此砂可以采用。

三、细集料的云母含量试验

1.试验目的

通过试验测定砂中云母的近似含量。

2.试验仪器

(1)放大镜(5 倍左右);

(2)钢针;

(3)天平:称量 100g,感量不大于 0.01g。

3.试验步骤

称取经缩分的试样 50g,在温度为 105 ± 5℃ 的烘箱中烘干至恒重,冷却至室温后,先筛去大于 4.5mm 和小于 0.30mm 的颗粒,然后根据砂的粗细不同称取试样 10 ~ 20g(m_0),放在放大镜下观察,用钢针将砂中所有云母全部挑出,称量所挑出的云母质量(m_1)。

4.试验结果整理

细集料中云母含量按式(2-53)计算。

$$Q_e = \frac{m_1}{m_0} \times 100\% \tag{2-53}$$

式中:Q_e——细集料中云母含量(%);

m_1——烘干的试样质量(g);

m_0——挑出的云母质量(g)。

试验十七　细集料砂当量试验

一、试 验 目 的

适用于测定细集料中所含的黏性土或杂质的含量,以评定集料的洁净程度。砂当量用 SE 表示;适用于沥青混合料及水泥混凝土用天然砂、人工砂、石屑,其集料最大粒径不超过4.75mm。

二、试验仪器与试剂

1.试验仪器

(1)透明圆柱形试筒:如图 2-10,透明塑料制,外径 40±0.5mm,内径 32±0.25mm,高度 420±0.25mm。在距试筒底部 100mm、380mm 处刻划刻度线,试筒口配有橡胶瓶口塞。

(2)冲洗管如图 2-11,由一根弯曲的硬管组成,不锈钢或冷锻钢制,其外径为 6±0.5mm,内径为 4±0.2mm。管的上部有一个开关,下部有一个不锈钢两侧带孔尖头,孔径为 1±0.1mm。

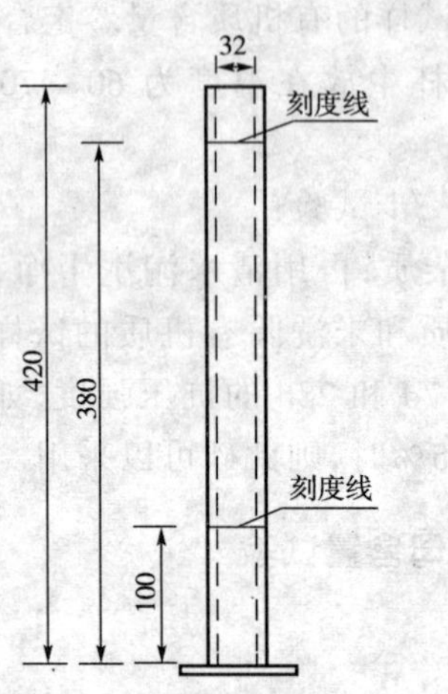

图 2-10 透明圆柱试筒(尺寸单位:mm)

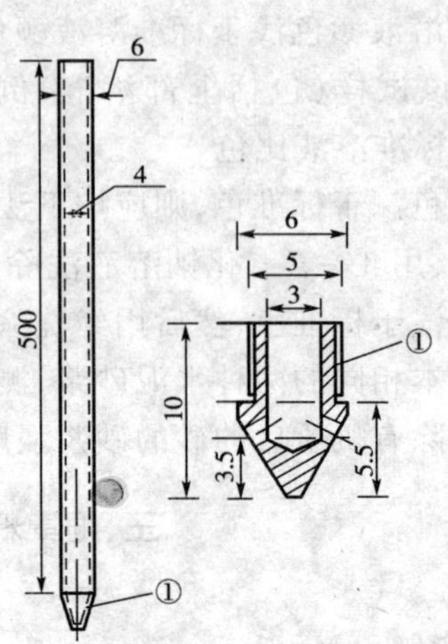

图 2-11 冲洗管(尺寸单位:mm)

(3)透明玻璃或塑料桶:容积 5L 有一根虹吸管放置桶中,桶底面高出工作台约 1m。

(4)核胶管(或塑料管):长约 1.5m,内径约 5mm 与冲洗管连在一起吸液用,配有金属夹,以控制冲洗液流量。

(5)配重活塞:如图 2-12,由长 440±0.25mm 的杆、直径 25±0.1mm 的底座(下面平坦、光滑、垂直杆轴)、套筒和配重组成。且在活塞上有三个横向螺钉可保持活塞在试筒中间,并使活塞与试筒之间有一条小缝隙。

套筒为黄铜或不锈钢制,厚 10±0.1mm,大小适合试筒并且引导活塞杆,能标记筒中活塞下沉的位置。套筒上有一个螺钉用于固定活塞杆。配重为 1kg±5g。

(6)机械振荡器:可以使试筒产生横向的直线运动振荡,振幅 203±1.0mm,频率 180±2 次/min。

(7)天平:称量 1kg,感量不大于 0.1g。

(8)烘箱:能使温度控制在 105±5℃。

(9)秒表。

(10)标准筛:筛孔为 4.75mm(圆孔筛为 5mm)。

(11)温度计。

(12)广口漏斗:玻璃或塑料制,口的直径为 100mm 左右。

(13)钢板尺:长 50cm,刻度 1mm。

(14)其他:量筒(500mL)、烧杯(1L)、塑料筒(5L)、烧杯、刷子、盘子、刮刀、勺子等。

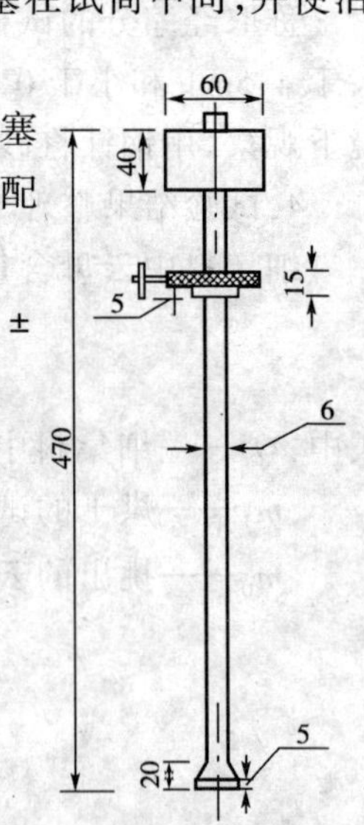

图 2-12 配重活塞(尺寸单位:mm)

2.试剂

(1)无水氯化钙($CaCl_2$):分析纯,含量96%,分子量110.99,纯品为无色立方体结晶,在水中溶解度大,溶解时放出大量热,它的水溶液呈微酸性,具有一定的腐蚀性。

(2)丙三醇($C_3H_8O_3$):又称甘油,分析纯,含量98%,分子量92.09。

(3)甲醛(HCHO):分析纯,含量36%,分子量30.03。

(4)洁净水或纯净水。

三、试验步骤

1.试样制备

(1)将样品通过孔径4.75mm筛,去掉筛上的粗颗粒部分,试样数量不少于1000g。如样品过分干燥,可在筛分之前加少量水分润湿(含水率约为3%左右)。用包橡胶的小锤打碎土块,然后再过筛,以防止将土块作为粗颗粒筛除。当粗颗粒部分被在筛分时不能分离的杂质裹覆时,应将筛上部分的粗集料进行清洗,并回收其中的细粒放入试样中。

(2)测定试样含水率。试验用的样品,在测定含水率和取样试验期间不要丢失水分。由于试验是加水湿润过的,对试样含水率应按现行含水率测定方法进行,含水率以两次测定的平均值计,准确至0.1%。经过含水率测定的试样不得用于试验。

(3)称取试样的湿重,根据测定的含水率按式(2-54)计算相当于120g干燥试样的样品湿重,准确至0.1g。

$$m_1 = \frac{120 \times (100 + w)}{100} \tag{2-54}$$

式中:w——集料试样的含水率(%);

m_1——相当于干燥试样120g时的潮湿试样的质量(g)。

2.配制冲洗液

(1)根据需要确定冲洗液的数量,通常一次配制5L,约可进行10次试验。如试验次数较少,可以按比例减少,但不宜少于2L,以减小试验误差。冲洗液的浓度以每升冲洗液中的氯化钙、甘油、甲醛含量分别为2.79g、12.12g、0.34g控制。称取配制5L冲洗液的各种试剂的用量:氯化钠14.0g;甘油60.6g;甲醛1.7g。

(2)称取无水氯化钙14.0g放入烧杯中,加洁净水30mL充分溶解,此时溶液温度会升高,待溶液冷却至室温,观察是否有不溶的杂质,若有杂质必须用滤纸将溶液过滤,以除去不溶的杂质。

(3)然后倒入适量的洁净水稀释,加入甘油60.6g,用玻璃棒搅拌均匀后再加入甲醛1.7g,用玻璃棒搅拌均匀后全部倒入1L量筒中,并用少量洁净水分别对盛过3种试剂的器皿洗涤3次,每次洗涤的水均放入量筒中,最后加入洁净水至1L刻度线。

(4)将配制的1L溶液倒入塑料桶或其他容器中,再加入4L洁净水或纯净水稀释至5±0.005L。该冲洗液的使用期限不得超过2周,超过2周后必须放弃,其工作温度为22±3℃。

3.具体操作

(1)用冲洗管将冲洗液加入试筒,直到最下面的100mm刻度处(约需80mL试验冲洗液)。

(2)把相当于120±1g干料重的湿样用漏斗仔细地倒入竖立的试筒中。

(3)用手掌反复敲打试筒下部,以除去气泡,并使试样尽快湿润,然后放置10min。

(4)在试样静止10±1min后。在试筒上塞上橡胶塞堵住试筒,用手将试筒横向水平放置,或将试筒水平固定在振荡机上。

(5)开动机械振荡器，在 30 ± 1s 的时间内振荡 90 次。用手振荡时，仅需手腕振荡，不必晃动手臂，以维持振幅 230 ± 25mm，振荡时间和次数与机械振荡器相同。然后将试筒取下竖直放回试验台上，拧下橡胶塞。

(6)将冲洗管插入试筒中，用冲洗液冲洗附在试筒壁上的集料，然后迅速将冲洗管插到试筒底部，不断转动冲洗管，使附着在集料表面的土颗粒杂质浮游上来。

(7)缓慢匀速向上拔除冲洗管，当冲洗管抽出液面，保持液面位于 380mm 刻度线时，切断冲洗管的液流，使液面保持在 380mm 刻度线处，然后开动秒表在没有扰动的情况下静置 20min ± 15s。

(8)如图 2-13 所示，在静止 20min 后，用尺量测从试筒底部到絮状凝结物上液面的高度(h_1)。

(9)将配重活塞徐徐插入试筒里，直至碰到沉淀物时，立即拧紧套筒上的固定螺钉。将活塞取出，用直尺插入套筒开口中，量取套筒顶面至活塞底面的高度，准确至 1mm。同时记录试筒内的温度，准确至 1℃。

(10)按上述步骤进行 2 个试样的平行试验。

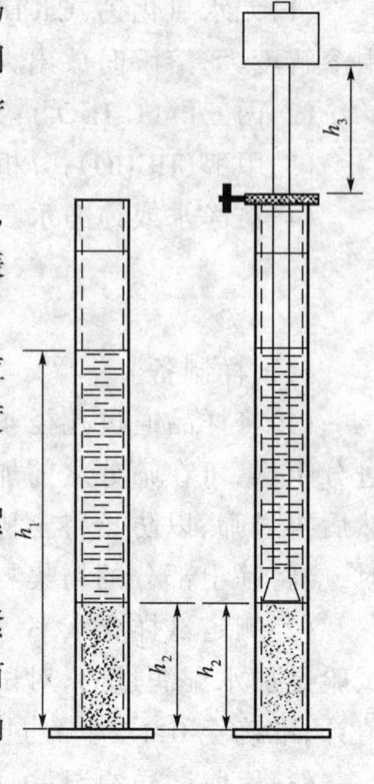

图 2-13 读数示意图

四、试验结果整理

(1)试验的目测砂当量值按式(2-55)计算。

$$SE = \frac{h_2}{h_1} \times 100\% \qquad (2\text{-}55)$$

式中：SE——试验的目测砂当量值(%)；

h_1——试筒中絮凝物和沉淀物的总高度(mm)；

h_2——试筒中目测集料沉淀物的高度(mm)。

(2)一种集料应平行测定两次，集料的砂当量 SE 或 SEV 是两个试样平行测定的砂当量的平均值，以活塞测得砂当量为准，并以整数表示。

(3)试验记录见表 2-45。

细集料砂当量试验记录表　　表 2-45

试样编号			石料产地		
岩石名称			用　途		
试验次数	试筒中絮状物和沉淀物的总高度 h_1(mm)	试筒中用活塞测定的集料沉淀物的高度 h_2(mm)	试样的砂当量 SE(%)		备　注
①	②	③	④		⑤
1					
2					

试验者　　计算者　　审核者　　试验日期　　年　　月　　日

试验十八　细集料棱角性试验(间隙率法)

一、试验目的

本方法测定一定量的细集料通过标准漏斗,装入标准容器中的间隙率,称为细集料棱角性,以百分率表示,适用于测定天然砂、人工砂、石屑等用于路面的细集料棱角性,以预测细集料对沥青混合料的内摩擦角和抗流动性能的影响。

二、试验仪器

(1)细集料棱角性测定仪:如图 2-14 所示,上部为一个金属或塑料的圆筒形容量瓶,容积不少于 250mL,下面接一个高 38mm 的金属制倒圆锥筒漏斗,角度为 60°±4°,漏斗内部光滑,流出孔开口直径 12.7mm±0.6m。测定仪下方放置一个 100mL 的铜制接受容器,容器内径 39mm,高 86mm。此容器镶嵌在一块厚 6mm 的金属板上,容器与底板之间用环氧树脂填充固结。金属底板底部的正中央有一凹坑,用以与底座位置对中。

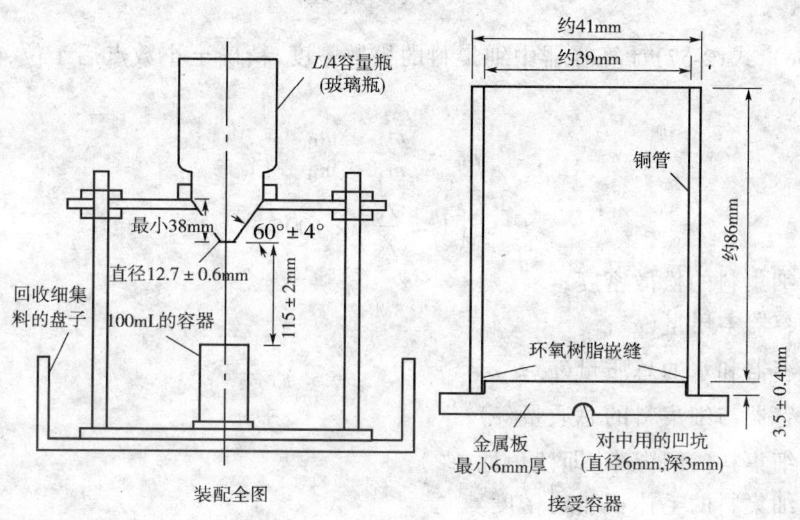

图 2-14　细集料棱角性测定装置

(2)标准筛:孔径为 4.75mm、2.36mm 的方孔筛。

(3)天平:感量不大于 0.1g。

(4)烘箱:能控温在 105±5℃。

(5)玻璃板:60mm×60mm,厚 4mm。

(6)刮尺:带刃直尺,长 100mm,宽 20mm。

(7)其他:搪瓷盘,毛刷等。

三、试验步骤

(1)称取细集料接受容器的干质量 m_0。

(2)在容器中加满水,称取圆筒加水的质量 m_1,标定圆筒加水的体积 $V=m_1-m_0$,此时可忽略温度对水密度的影响。

(3)将从现场取来的细集料试样,按照最大粒径的不同选择 2.36mm 或 4.75mm 的标准筛过筛,除去大于最大粒径的部分。通常对天然砂或 0 ~ 3mm 规格的机制砂、石屑采用 2.36mm 筛,对 0 ~ 5mm 机制砂、石屑采用 4.75mm。

(4)取约 2kg 试样放在搪瓷盘中,加水浸泡 24h,仔细淘洗,使泥土和粉尘悬浮在水中。分数次缓缓地将悬浊液通过 1.18mm、0.075mm 筛上部分均倒回搪瓷盘中,放入 105 ± 5℃烘箱中烘干至恒重,冷却后适当拌和均匀,按分料器法或四分法称取 190 ± 1g 的试样不少于 3 份。

(5)将漏斗与圆筒接好,成一整体。在漏斗下方放置接受容器。用一块小玻璃板堵住开口处。

(6)将试样与圆筒中央上方(高度与筒顶齐平)徐徐倒入漏斗,表面尽量倒平。

(7)取走堵住漏斗开启门的小玻璃板。漏斗中的细集料随即通过漏斗开口处流出,进入接受容器中。

(8)用带刃的直尺轻轻刮平容器的表面,不加任何振动。

(9)称取容器与细集料的总质量,准确至 0.1kg。

按《公路工程集料试验规程》(JTG E42—2005)T 0330 的方法测定细集料的毛体积相对密度。

(10)平行试验 3 次,以平均值作为细集料棱角性试验的结果。

四、数据整理

按式(2-56)、式(2-57)计算容器中细集料的松散密度,精确至小数点后 1 位,间隙率即为细集料棱角性。

$$\gamma_{fa} = \frac{m_2 - m_0}{m_1 - m_0} \tag{2-56}$$

$$U = \left(1 - \frac{\gamma_{fa}}{\gamma_b}\right) \times 100\% \tag{2-57}$$

式中:γ_{fa}——细集料的松散密度;

m_0——容器空质量(g);

m_1——容器和水的总质量(g);

m_2——容器与细集料的总质量(g);

U——细集料的间隙率,即棱角性(%);

γ_b——细集料的毛体积相对密度。

五、记录表格(表 2-46)

细集料棱角性试验记录表(间隙率法)　　表 2-46

试样编号				石料产地				
岩石名称				用途				
试验次数	容器空质量 m_0(g)	容器与水的总质量 m_1(g)	容器与细集料的总质量 m_2(g)	细集料的松装相对密度 $\gamma_{fa} = \frac{m_2 - m_0}{m_1 - m_0}$	细集料的毛体积相对密度 γ_b	细集料的间隙率,即棱角性 U(%)		备注
	①	②	③	④	⑤	⑥	⑦	⑧
1								
2								
3								

试验者　　计算者　　审核者　　试验日期　　年　　月　　日

试验十九　细集料棱角性试验(流动时间法)

一、试验目的

测定一定体积的细集料(机制砂,石屑,天然砂)全部通过标准漏斗所需要的流动时间,以 s 表示。适用于评定细集料颗粒的表面构造和粗糙度,预测细集料对沥青混合料的内摩擦角和抗流动变形性能的影响。

当工程上同时使用不同品种的细集料,如将天然砂、机制砂和石屑混合使用时,应以实际比例组成的细集料进行试验,并满足相应规范要求。

二、试验仪器

(1)细集料流动时间测定仪:如图 2-15 所示,上部为直径 90mm、高 125mm 的金属圆筒,下部为可更换的开口 60°的金属或硬质塑料漏斗,漏斗内部应光滑,其流出孔直径有两种可更换的规格 12mm 或 16mm,上部有螺纹与圆筒连接成一整体。漏斗下方有一个可以左右转动的开启挡板。测定仪下方放置一个足以存下 3kg 细集料的容器,如铝盆、搪瓷盆。

(2)标准筛:孔径为 4.75mm,2.36mm,0.075mm 的方孔筛。

(3)天平:感量不大于 0.1g。

(4)烘箱:能控温在 105 ± 5℃。

(5)秒表:准确至 0.1s。

(6)其他:搪瓷盘,毛刷等。

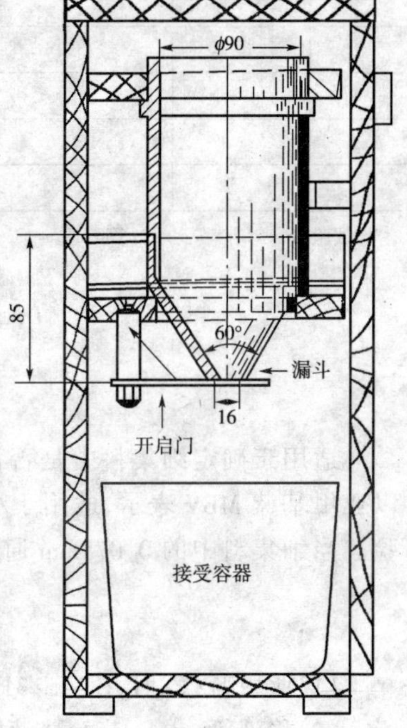

图 2-15　细集料流动时间测定仪
(流出孔径可更换,尺寸单位:mm)

三、试验步骤

(1)将从现场取来的细集料试样,按照最大粒径的不同选择 2.36mm 或 4.75mm 的标准筛过筛,除去大于最大粒径的部分。但当工程上同时使用不同品种的细集料,如将天然砂和机制砂,石屑混用时,应分别进行单一细集料品种的棱角性质量评定,同时以实际配合比例组成的细集料混合料进行试验,以评定其使用性能。

(2)按 T 0327 方法以水洗法除去小于 0.075mm 的粉尘部分,取 0.075 ~ 2.36mm 或 0.075 ~ 4.75mm 的试样约 6kg 放入 105 ± 5℃烘箱中烘干至恒重,在室温下冷却。

(3)按规程 T 0328 的方法测定试样的表观相对密度 γ_a,用分料器法或四分法将试样分成不少于 5 份,按式(2-58)计算每份试样所需的质量,称量准确至 0.1g。

$$m = \frac{1.0 \times \gamma_a}{2.7} \tag{2-58}$$

式中:m——每份试样的质量(kg)。

γ_a——该试样的表观相对密度,无量纲。

(4)根据试验的细集料规格选取漏斗,对规格 0.075 ~ 2.36mm 的细集料选用漏出孔径为 12mm 的漏斗,对规格 0.075 ~ 4.75mm 的细集料选用孔径为 16mm 的漏斗,将漏斗与圆筒连接安装成一整体。关闭漏斗下方的开启门,在漏斗下方放置接受容器。将试样从圆筒中央开口处徐徐倒入漏斗,表面尽量倒平,但倒完后不得以任何工具扰动或刮平试样。

(5)在打开漏斗开启门的同时开动秒表。漏斗中的细集料随即从漏斗开口处流出,进入接受容器中。在细集料全部流完的同时停止秒表,读取细集料流出的时间,准确至0.1s,即为该细集料试样的流动时间。一种试样需平行试验5次,以流动时间的平均值作为细集料棱角性试验的结果。

四、记录表格(表2-47)

细集料棱角性试验记录表(间隙率法)　　表2-47

<table>
<tr><td colspan="2">试样编号</td><td colspan="2"></td><td colspan="2">石料产地</td><td colspan="3"></td></tr>
<tr><td colspan="2">岩石名称</td><td colspan="2"></td><td colspan="2">用　途</td><td colspan="3"></td></tr>
<tr><td>试验次数</td><td>容器空质量 m_0(g)</td><td>容器与水的总质量 m_1(g)</td><td>容器与细集料的总质量 m_2(g)</td><td>细集料的松装相对密度 $\gamma_{fa}=\frac{m_2-m_0}{m_1-m_0}$</td><td>细集料的毛体积相对密度 γ_b</td><td colspan="2">细集料的间隙率,即棱角性 U(%)</td><td>备　注</td></tr>
<tr><td>①</td><td>②</td><td>③</td><td>④</td><td>⑤</td><td>⑥</td><td>⑦</td><td>⑧</td><td>⑨</td></tr>
<tr><td>1</td><td></td><td></td><td></td><td></td><td></td><td></td><td rowspan="3"></td><td rowspan="3"></td></tr>
<tr><td>2</td><td></td><td></td><td></td><td></td><td></td><td></td></tr>
<tr><td>3</td><td></td><td></td><td></td><td></td><td></td><td></td></tr>
</table>

试验者　　计算者　　审核者　　试验日期　　年　　月　　日

试验二十　亚甲蓝试验

一、试验目的

适用于确定细集料中是否存在膨胀性黏土矿物,并测定其含量,以评价集料的洁净程度,以亚甲基蓝MBV表示,适用于小于2.36mm或小于0.15mm的细集料,也可用于矿粉的质量检验。当细集料中的0.075mm通过率小于3%时,可不进行此项试验即作为合格看待。

二、试验仪器

(1)亚甲蓝($C_{16}H_{18}ClN_3S\cdot 3H_2O$):纯度不小于98.5%;

(2)移液管:5mL、2mL移液管各一个;

(3)叶轮搅拌机:转速可调,并能满足600±60转/min的转速要求,叶轮个数3或4个,叶轮直径75±10mm;(其他类型的搅拌器也能使用,但试验结果必须与使用上述搅拌器时基本一致)

(4)鼓风烘箱:能使温度控制在105±5℃

(5)天平:称重1000g、感量0.1g及称量100g、感量0.01g各一台;

(6)标准筛;孔径为0.075mm、0.15mm、2.36mm的方孔筛各一个;

(7)容器:深度大于250mm,要求淘洗试样时,保持试样不溅出;

(8)玻璃容量瓶:1L;

(9)定时装置:精度1s;

(10)玻璃棒:直径8mm,长300mm,2支;

(11)温度计:精度1℃;

(12)烧杯:1000mL;

(13)其他:定量滤纸、搪瓷盘、毛刷、洁净水等。

三、试验步骤

1.标准亚甲蓝溶液(10.0±0.1g/L标准浓度)配制

(1) 测定亚甲蓝中的水分含量 ω_0,称取5g左右的亚甲蓝粉末,记录质量 m_h,精确到0.01g,在100±5℃的温度下烘干至恒重(若烘干温度超过105℃,亚甲蓝粉末会变质),在干燥器中冷却,然后称重,记录质量 m_g,精确到0.01g。按式(2-59)计算亚甲蓝的含水率 ω。

$$\omega = \frac{m_h - m_g}{m_g} \times 100\% \tag{2-59}$$

式中:m_h——亚甲蓝粉末的质量(g);

m_g——干燥后亚甲蓝的质量(g)。

注:每次配制亚甲蓝溶液时,都必须首先确定亚甲蓝的含水量。

(2)取亚甲蓝粉末(100+ω)(10±0.01g)/100(即亚甲蓝干粉末质量10g),精确至0.01g。

(3)加热盛有约600mL洁净水的烧杯,水温不超过40℃。

(4)边搅动边加入亚甲蓝粉末,持续搅动45min,直至亚甲蓝粉末全部溶解为止,然后冷却至20℃。

(5)将溶液倒入1L容量瓶中,用洁净水淋洗烧杯等,使所有亚甲蓝溶液全部移入容量瓶,容量瓶和溶液的温度应保持在20±1℃,加洁净水至容量瓶1L刻度。

(6)摇晃容量瓶以保证亚甲蓝粉末完全溶解,将标准液移入深色储藏瓶中,亚甲蓝标准溶液保质期应不超过28d。配置好的溶液应标明制备日期、失效日期,并避光保存。

2.制备细集料悬浊液

(1)取代表性试样,缩分至约400g,置烘箱中在105±5℃条件下烘干至恒重,待冷却至室温后,筛除大于2.36mm颗粒,分两份备用。

(2)称取试样200g,精确至0.1g。将试样倒入盛有500±5mL洁净水的烧杯中,将搅拌器速度调整到600r/min,搅拌器叶轮离烧杯底部约10min。搅拌5min,形成悬浊液,用移液管准确加入5mL亚甲蓝溶液,然后保持400±40r/min转速不断搅拌,直到试验结束。

3.亚甲蓝吸附量的测定

(1)将滤纸架空放置在敞口烧杯的顶部,使其不与任何其他物品接触。

(2)细集料悬浊液在加入亚甲蓝溶液并经400±40r/min转速搅拌1min起,在滤纸上进行第一次色晕检验。即用玻璃棒蘸取一滴悬浊液滴于滤纸上,液滴在滤纸上形成环状,中间是集料沉淀物,液滴的数量应使沉淀物直径在8~12mm之间。外围环绕一圈无色的水环。当在沉淀物周围边缘放射出一个宽度约1mm左右的浅蓝色色晕时(图2-16),试验结果称为阳性。(由于集料吸附亚甲蓝需要一定的时间才能完成,在色晕试验过程中,色晕可能在出现后又消失了。为此,需每隔1min进行一次色晕检验,连续5次出现色晕方为有效。)

(3)如果第一次的5mL亚甲蓝没有使沉淀物周围出现色晕,再向悬浊液中加入5mL亚甲蓝溶液,继续搅拌1min,再用玻璃棒蘸取一滴悬浊液,滴于滤纸上,进行第二次色晕试验,若沉淀物周围仍未出现色晕,重复上述步骤,直到沉淀物周围放射出约1mm的稳定浅蓝色色晕。

(4)停止滴加亚甲蓝溶液,但继续搅拌悬浊液,每1min进行一次色晕试验。若色晕在最初的4min内消失,再加入5mL亚甲蓝溶液;若色晕在第5min消失,再加入2mL亚甲蓝溶液。两种情况下,均应继续搅拌并进行色晕试验,直至色晕可持续5min为止。

图2-16　亚甲蓝试验得到的色晕图像

(左图符合要求,右图不符合要求)

(5)记录色晕持续5min时所加入的亚甲蓝溶液总体积,精确至1mL。

注:试验结束后应立即用水彻底清洗试验用容器,清洗后的容器不得含有清洁剂成分,建议将这些容器作为亚甲蓝试验的专门容器。

4.亚甲蓝的快速评价试验

(1) 按规定制备细集料悬浊液的要求制样及搅拌。

(2) 一次性向烧杯中加入30mL亚甲蓝溶液,以400±40r/min转速持续搅拌8min,然后用玻璃棒蘸取一滴悬浊液,滴于滤纸上,观察沉淀物周围是否出现明显色晕。

5.小于0.15mm粒径部分的亚甲蓝值MBV_F的测定

按上述1.的(1)~(3)的规定准备试样,进行亚甲蓝试验测试,但试样为0~0.15mm,取30±0.1g。

6.按T 0333的筛洗法测定细集料中含泥量或石粉含量。

四、数据整理

(1)细集料亚甲蓝值MBV按式(2-60)计算,精确至0.1。

$$MBV = \frac{V}{m} \times 10 \qquad (2\text{-}60)$$

式中:MBV——亚甲蓝值(g/kg),表示每千克0~2.36mm粒级试样所消耗的亚甲蓝克数;

m——试样质量(g);

V——所加入的亚甲蓝溶液的总量(mL)。

注:公式中的系数10用于将每千克试样消耗的亚甲蓝溶液体积换算成亚甲蓝质量。

(2)亚甲蓝快速试验结果评定。若沉淀物周围出现明显色晕,则判定亚甲蓝快速试验合格,若沉淀物周围未出现明显色晕,则判定亚甲蓝快速试验不合格。

(3)小于0.15mm部分或矿粉的亚甲蓝值MBV_F按式(2-61)计算,精确至0.1。

$$MBV_F = \frac{V_1}{m_1} \times 10 \qquad (2\text{-}61)$$

式中:MBV_F——亚甲蓝值(g/kg),表示每千克0~0.15mm粒级或矿粉试样所消耗的亚甲蓝克数;

m_1——试样的质量(g);

V_1——加入的亚甲蓝溶液的总量(mL)。

(4)细集料中含泥量或石粉含量计算和评定按T 0333的方法进行。

五、记录表格(表 2-48)

细集料亚甲蓝试验记录表　　　　表 2-48

试样编号			石料产地					
岩石名称			用　　途					
试验次数	试样质量 m(g)	所加入的亚甲蓝溶液的总量 V(mL)	试样质量(小于0.15mm部分或矿粉) m_1(g)	所加入的亚甲蓝溶液的总量(小于0.15mm部分或矿粉) V_1(mL)	亚甲蓝 MBV (g/kg)	亚甲蓝值(小于0.15mm部分或矿粉)MBV_F (g/kg)		备注
	①	②	③	④	⑤	⑥	⑦	⑧
1								
2								

试验者　　　　计算者　　　　审核者　　　　试验日期　　年　　月　　日

试验二十一　细集料压碎指标试验

一、试验目的

用于衡量细集料在逐渐增加的荷载下抵抗压碎的能力,以评定其在公路中的适用性。

二、试验仪器

(1)压力机:量程 50~1000kN,示值相当误差 2%,应能保持 1kN/s 的加荷速率。

(2)天平:感量不大于 1g。

(3)标准筛。

(4)细集料压碎指标试模:由两端开口的钢制圆形试筒、加压块和圆形底板组成,其形状和尺寸见图 2-17,压头直径 75mm,金属筒试模内径 77mm,试模深 70mm。试筒内壁、加压头的底面及底板的上表面等与石料接触的表面都应进行热处理硬化,并保持光滑状态。

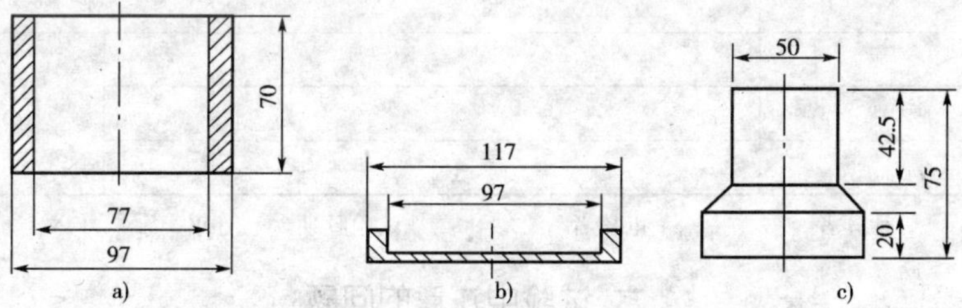

图 2-17　细集料压碎指标试模(尺寸单位:mm)

a)圆筒;b)底盘;c)加压头

(5)金属捣棒:直径 10mm,长 500mm,一端加工成半球形。

三、试验步骤

(1)采用风干的细集料样品,置烘箱中于 105±5℃条件下烘干置恒重,通常不超过 4h,取出冷却至室温。然后将 4.75mm、2.36mm 的粒组置 0.3mm 各档标准筛过筛,去除大于 4.75mm 部分,分成 4.75~2.36mm、2.36~1.18mm、1.18~0.6mm、0.6~0.3mm4 组试样,各组取 1000g

备用。

(2)称取单粒级试样 330g，准确至 1g。将试样倒入已组装的试样钢模中，使试样距底盘面的高度约为 50mm。整平钢模内试样表面，将加压头放入钢模内，转动一周，使其与试样均匀接触。

(3)将装有试样的试模放到压力机上，注意使压头摆平，对中压板中心。

(4)开动压力机，均匀地施加荷载，以 500N/s 的速率，加压至 25，稳压 5，以同样的速率卸荷。

(5)将试模从压力机上取下，取出试样，以该粒组的下限筛孔过筛(如对 4.75～2.36mm 的粒组以 2.36mm 标准筛过筛)。称取试样的筛余量(m_1)和通过量(m_2)，准确至 1g。

四、数据整理

按式(2-62)计算各种粒级细集料的压碎指标，精确至 1%。

$$Y_i = \frac{m_1}{m_1 + m_2} \times 100\% \tag{2-62}$$

式中：Y_i——第 i 粒级细集料的压碎指标值(%)；

m_1——试样的筛余量(g)；

m_2——试样的通过量(g)。

五、记录表格(表 2-49)

细集料压碎值指标试验记录表　　表 2-49

试样编号		石料产地		
岩石名称		用途		
试验次数	试样的筛余量 m_1(g)	试样的通过量 m_2(g)	第 i 粒级细集料的压碎标准值 Y_i (%)	备注
①	②	③	④	⑤
1				
2				
3				

试验者　　计算者　　审核者　　试验日期　　年　　月　　日

六、试验中注意的问题

(1)每组粒级的压碎指标值以 3 次试验结果的平均值表示，精确至 1%。

(2)取最大单粒级压碎指标值作为该细集料的压碎指标值。

复习思考题

1.石料的主要物理常数有哪几项？简述它们的含义。

2.试述石料真实密度、视密度、密度三者的关系。

3.什么是材料的孔隙率？它与密实度有何关系？二者各如何计算？

4.简述材料的孔隙率和孔隙特征与材料的密度、强度、吸水性、抗冻性等性质的关系。

5.当某一建筑材料的孔隙率增大时，表2-50内其他性质将如何变化？（注：用符号填写，↑增大；↓下降；—不变；？不定）

表2-50

孔隙率	真实密度	密度	强度	吸水率	抗冻性
↑					

6.影响石料抗压强度的主要因素（内因和外因）有哪些？

7.路用石料的技术等级怎样确定？

8.石料的饱水率和吸水率有何区别？

9.集料的主要物理常数有哪几项？与石料的物理常数有何区别？

10.石灰岩的密度和石灰岩碎石的视密度有何不同？天然含水量的大小对碎石的视密度是否有影响？

11.何谓“分计筛余百分率”、“累计筛余百分率”、“通过百分率”及“细度模数”？

12.何谓“连续级配”和“间断级配”？

13.集料的压碎值、磨光值、磨耗值和冲击值表征石料的什么性能？

14.何谓集料的“级配”？如何确定集料的级配？表示级配的参数有哪些？

15.n次幂最大密度公式对最大密度曲线公式理论有什么发展？

16.对矿质混合料进行组成设计的目的是什么？

17.试述试算法和图解法的计算步骤。

18.冶金矿渣在应用时应注意什么？

19.试述级配与粗度的区别与联系。

20.在质量为6.6kg、容积为10L的容器中，装满气干状态的卵石后称得总质量为21.6kg，卵石的空隙率为42%，求该卵石的视密度。

21.已知某岩石的密度为2.65g/cm^3，干燥时的密度为2.56kg/L，吸水率为1%，试计算该岩石中开口孔隙所占的比例。

22.某工地所用碎石的真实密度为2.65g/cm^3，疏松密度为1.68kg/L，视密度为2.61g/cm^3，求该碎石的空隙率和孔隙率。

23.某材料真实密度为2.50g/cm^3，干燥密度为1600kg/m^3，现将一重954g的该材料浸入水中，吸水饱和后取出称重为1086g，试求该材料的孔隙率、吸水率、开口孔隙率及闭口孔隙率。

24.某石灰岩的密度为2.62g/cm^3，孔隙率为1.2%，今将该石灰岩破碎成碎石，碎石的疏松密度为1580kg/m^3，求此碎石的视密度和空隙率。

25.现有某砂样经筛分试验，结果列于表2-51，求该砂样的级配参数，并用细度模数评价其粗度。

某砂样筛分试验结果 表2-51

筛孔尺寸(mm)	9.5	4.75	2.36	1.18	0.60	0.30	0.15	<0.15
各筛筛余质量(g)	0	30	50	80	130	110	80	20

26.现有碎石、石屑和矿粉三种矿质材料，筛分结果按分计筛余列于表2-52，要求配制成AC-13级配要求的混合料，试用试算法求碎石、石屑和矿粉三种材料在混合料中的用量比例。

27.现有碎石、砂和矿粉三种集料,筛析试验结果列于表2-53。

原有集料的分计筛余和混合料要求级配范围 表2-52

原材料		筛孔尺寸(mm)										
		16.0	13.2	9.5	4.75	2.36	1.18	0.6	0.3	0.15	0.075	<0.075
各种矿料分计筛余(%)	碎石		5.2	41.7	50.5	2.6						
	石屑				1.6	24.0	22.5	16.0	12.4	11.5	10.8	1.2
	矿粉										13.2	86.6
AC-13级配范围通过率(%)		100	90~100	68~85	38~68	24~50	18~38	10~28	7~20	5~15	4~8	

组成集料筛析结果 表2-53

材料名称	筛孔尺寸(mm)									
	16	13.2	9.5	4.75	2.36	1.18	0.6	0.3	0.15	0.075
	通过率(%)									
碎石	100	95	63	28	8	2	1	0	0	0
砂	100	100	100	100	100	90	60	35	10	1
矿粉	100	100	100	100	100	100	100	100	97	88

要求将上述三种集料组配成符合《公路沥青路面施工技术》(JTG F40—2004)细粒式沥青混合料(AC-13)级配要求(表2-54)的矿质混合料,试用图解法确定各种集料的用量比例。

规范要求的混合料级配 表2-54

混合料类型和级配		筛孔尺寸(mm)									
		16	13.2	9.5	4.75	2.36	1.18	0.6	0.3	0.15	0.075
		通过率(%)									
细粒式沥青混凝土(AC-13)	级配范围	100	90~100	68~85	38~68	24~50	18~38	10~28	7~20	5~15	4~8
	级配中值	100	95.0	76.5	53.0	37.0	28.0	19.0	13.5	10	6

第三章　石灰和水泥

【内容简介和学习目标】

本章着重阐述石灰的消化和硬化过程、质量检定指标；硅酸盐水泥的熟料矿物组成、凝结硬化机理和技术性质及其在道路和桥梁工程中的应用。简要介绍掺混合材料的水泥和其他品种水泥。

通过本章学习，要求学生必须知道石灰消化、硬化过程和质量检定方法；硅酸盐水泥熟料各矿物成分特性、凝结硬化的机理和技术性质检定方法；其他品种水泥的特性和应用。

工程上把能将松散粒料（如砂、碎石、卵石等）黏聚为一个具有一定强度的整体的材料称之为胶凝材料。按组成化学成分可分为两类：一类为无机胶凝材料，如石灰、水泥、石膏等；另一类为有机胶凝材料，如沥青及各种天然树脂及合成树脂等。

无机胶凝材料根据其硬化条件不同，可分为气硬性胶凝材料和水硬性胶凝材料。气硬性胶凝材料只能在空气中硬化，保持并继续提高强度，如石灰、石膏、镁质胶凝材料和水玻璃等。水硬性胶凝材料则不仅在空气中硬化，而且能更好地在水中硬化，在水中或适宜的环境中保持并继续提高强度。各种水泥都属于水硬性胶凝材料。

第一节　石灰和石膏

石灰根据化学成分的不同分为生石灰和熟石灰。生石灰的主要化学成分是 CaO，熟石灰主要化学成分是 $Ca(OH)_2$。

按氧化镁含量的不同，石灰分为钙质石灰和镁质石灰（见表 3-1）。

钙质、镁质石灰分类　　表 3-1

品　种	氧化镁含量（%）		品　种	氧化镁含量（%）	
	钙质石灰	镁质石灰		钙质石灰	镁质石灰
生石灰	≤5	>5	消石灰粉	≤5	>5

一、石　　灰

1.石灰的生产

生石灰是以富含碳酸钙的岩石为原料（如石灰岩、白垩、白云岩等），经过煅烧，逸出二氧化碳气体后得到的块状材料。化学反应可表示如下：

$$CaCO_3 \xrightarrow[178kJ/mol]{>900℃} CaO + CO_2\uparrow \tag{3-1}$$

天然石灰岩常含有碳酸镁、黏土、蛭石以及其他杂质，因而其生石灰中还含有氧化镁。目前煅烧石灰常用的石灰岩，要求黏土含量不超过 8%。生石灰的品质不仅与原料纯度有关，生产石灰的窑型、煅烧工艺及煅烧水平等也直接影响其质量。煅烧中要特别注意温度，为了使石灰岩得到完全分解，通常煅烧温度略高于分解反应温度。

优质的生石灰颜色呈洁白或带灰色，质地松软，质量较轻，块状石灰堆积密度为 800～1000kg/m^3。

生石灰在生产制造过程中，如果温度控制不适当，常会出现“欠火”或“过火”现象。“欠火”往往是由于石灰岩原料尺寸过大、料块粒径搭配不当、装料过多或由于煅烧温度不够、时间不足或窑中温度不均匀等原因引起的。“欠火”石灰比质量好的生石灰密度大，由于“欠火”，内部有未烧透的内核，氧化钙含量低，使用时黏结力差。“过火”多由于煅烧温度过高、时间过长引起。“过火”石灰的表面一般会出现裂缝或有玻璃状物质，颜色呈灰黑色。体积收缩明显，块体密度大。加大后消解缓慢，用于工程中时，在普通石灰消解以后，“过火”石灰仍会继续消解，引起成型的结构物体积膨胀，导致结构物表面产生鼓包、隆起、起皮、剥落或裂缝等破坏现象，危害甚大。

将块灰磨细后称为磨细生石灰粉，它的化学活性比熟石灰好。而且“过火”和“欠火”颗粒呈粉状均匀分布，可大大减小“过火”石灰颗粒的有害作用。但其主要缺点是不易久存。

2.生石灰的技术要求

用于公路或桥梁工程的生石灰，应符合下列要求：

(1)有效氧分钙和氧分镁含量　有效氧化钙是生石灰的主要成分，也是石灰黏结力的主要来源，它的含量愈多，石灰活性愈高，质量也愈好，活性 CaO + MgO 含量可用化学分析法测定。

(2)未消化残渣含量　生石灰经标准条件消解后，存留在 5mm 圆孔筛上的残渣含量(按百分率计)称为未消化残渣含量。未消解颗粒含量愈多，表明石灰质量愈差。

(3)产浆量　即单位体积生石灰(每 kg)经消化后所得石灰浆体积(L)。石灰产浆量愈高，表示石灰质量愈好。

建筑生石灰的技术指标应符合表 3-2 的规定。

生石灰的技术指标(JC/T 479—92)　　表 3-2

类别	钙质生石灰			镁质生石灰			类别	钙质生石灰			镁质生石灰		
项目＼等级	一等	二等	三等	一等	二等	三等	项目＼等级	一等	二等	三等	一等	二等	三等
CaO + MgO(%)	90	85	80	85	80	75	未消化残渣含量≤(%)	5	10	15	5	10	15
CO_3 含量(%)不大于	5	7	9	6	8	10	产浆量(L/kg)＜不大于						

3.石灰的消解

块状生石灰在使用前一般都需加水消解，消解后的石灰称为消石灰或熟石灰。熟石灰的主要化学成分为 $Ca(OH)_2$，化学反应如下：

$$CaO + H_2O \longrightarrow Ca(OH)_2 + 64.9kJ/mol \tag{3-2}$$

生石灰在消解时放出大量热，石灰消解后体积增大 1～2.5 倍。

消解石灰的理论加水量为石灰重的 32%，但是由于石灰消解是放热反应，部分水被蒸发，实际加水量需达 70%以上。

根据加水量的不同，可以得到不同形态的熟石灰。加水量恰好足以完成上述的反应，可得到细粉状的即消石灰粉。加入超过上述反应所需的水，可得石灰浆。加入更多的水稀释石灰浆可得到石灰乳。

块状石灰从加水至产生热量达到最高温度所需时间称为消解速度。对消解速度快、活性大的石灰,消解时要加水快、水量足,并加速搅拌,避免已消解的石灰颗粒包裹未消解颗粒,使内部生石灰不易消解。对消解速度慢的石灰,则应采取相反的措施。使生石灰充分消解,尽量减少未消解颗粒含量。

为了消除过火石灰的危害,石灰消解后要“陈伏”半个月,使其充分消解,然后再使用。在石灰陈伏期间应防止碳化。

4.熟石灰的技术要求

消石灰粉按有效氧化钙与氧化镁含量、含水量和细度等技术指标分为三个等级。

为保证消石灰粉的黏结力,对其有效氧化钙的氧化镁、细度等均有一定的要求,有效氧化钙和氧化镁含量的测法同生石灰(见本章第五节)。

消石灰中含有过量游离水分,对其质量亦有影响,故应限制,建筑消石灰粉的技术指标应符合表 3-3 的规定。

消石灰粉的技术指标(JC/T481—92)　　表 3-3

类别		钙质消石灰粉			镁质消石灰粉		
项目 \ 等级 \ 指标		优等品	一等品	合格品	优等品	一等品	合格品
有效钙加氧化镁含量,不小于(%)		70	65	60	65	60	55
游离水(%)		0.4~2	0.4~2	0.4~2	0.4~2	0.4~2	0.4~2
体积安定性		合格	合格	—	合格	合格	—
细度	0.9mm 筛的筛余,不大于(%)	0	0	0.5	0	0	0.5
	0.125mm 筛的筛余,不大于(%)	3	10	15	3	10	15

5.石灰的凝结和硬化

石灰的硬化原理包括以下两个同时进行的化学反应过程

(1)结晶作用　石灰浆中游离水逐渐蒸发,或被周围砌体吸收,形成氢氧化钙饱和溶液,氢氧化钙从饱和液中结晶析出,固相颗粒间距进一步变小,颗粒互相靠拢粘紧,随之产生强度,称为“结晶强度”。

$$Ca(OH)_2 + nH_2O \xrightarrow{\text{晶化}} Ca(OH)_2 \cdot nH_2O \tag{3-3}$$

(2)碳化作用　氢氧化钙与空气中的二氧化碳作用生成碳酸钙晶体,为熟石灰的“碳化”,石灰浆体经碳化后获得最终强度,化学反应如下:

$$Ca(OH)_2 + CO_2 + nH_2O \xrightarrow{\text{碳化}} CaCO_3 + (n+1)H_2O \tag{3-4}$$

该反应主要发生在与空气接触的表面,当浆体表面生成一层 $CaCO_3$ 薄膜后,碳化进程减慢,同时内部的水分不易蒸发,所以石灰的硬化速度随时间增长逐渐减慢 。

6.石灰的应用和储存

(1)石灰在道路建筑工程中的应用:

①石灰砂浆:石灰砂浆主要用于地面以上部分圬工砌体桥梁工程,并可用于抹面、装饰工程。

②加固软土地基:在软湿土地基打入生石灰桩,可利用生石灰吸水产生膨胀对桩周土壤起挤密作用;利用生石灰和黏土矿物间产生的胶凝反应使周围的土固结,从而达到提高地基承载

力的目的。

③用作半刚性材料的结合料:用于做路面基层或底基层石灰稳定土、石灰稳定工业废渣、石灰粉煤灰稳定土、石灰稳定碎石、石灰一水泥综合稳定土等,利用石灰的特性将被稳定材料胶结成一个整体,并逐渐形成具有一定强度的半刚性材料。

(2)石灰的储运:

生石灰在空气中存放过久,会吸收空气中的水分转化成碳酸钙。碳化后的生石灰粘结性下降,所以,石灰在储存、运输中应注意以下事项:

①磨细生石灰粉应储存于干燥的仓库内,不宜长期存储。运输时要采取严格防水措施。

②袋装消石灰粉应按类别、等级分别储存,储存期不宜过长。

③如需较长时间储存生石灰,最好将其消解成石灰浆、石灰膏并使表面隔绝空气,以防碳化。

④石灰能侵蚀呼吸器官及皮肤,在装卸石灰时,应披戴必要的防护用品。

二、石　膏

石膏是一种气硬性无机胶凝材料,它是用天然二水石膏($CaSO_4.2H_2O$)经煅烧脱水而成。煅烧温度不同,会生成不同含水量的结晶物,如半水石膏、硬石膏等。

熟石膏由天然二水石膏经107~170℃的低温煅烧分解成半水石膏($CaSO_4.1/2H_2O$)而成,熟石膏遇水后,重新水化成二水石膏,反应如下:

$$CaSO_4.2H_2O \xrightarrow{107℃\sim170℃} CaSO_4.\frac{1}{2}H_2O+\frac{3}{2}H_2O \tag{3-5}$$

$$CaSO_4\cdot\frac{1}{2}H_2O+\frac{3}{2}H_2O \Rightarrow CaSO_4\cdot 2H_2O \tag{3-6}$$

加水后,半水石膏先溶于水,形成二水石膏饱和溶液后,二水石膏便从溶液中结晶沉淀出来。这样溶液中浓度降低。促使半水石膏继续溶解。如此水化、析出,一直延续到半水石膏完全水化。初期析出的二水石膏为细小胶粒。随着水化反应的进行,水化物胶粒不断增多,浆体稠度增大并逐渐失去流动性和部分可塑性,浆体开始凝结。结晶过程随着二水石膏晶体的形成,互相蔓延、搭接连生,浆体最终失去可塑性而进入硬化。随着表面水分进一步蒸发,硬化体强度随之增长。

建筑石膏凝结硬化块,掺水几分钟即开始凝结。建筑石膏按技术要求分为优等品、一等品和合格品三级(表3-4)。

建筑石膏的技术性能(GB 9776—88)　　表3-4

等　级	优等品	一等品	合格品
细度0.2mm方孔筛筛余不大于	5.0	10.0	15.0
抗折强度(MPa)	2.5(25.0)	2.1(21.0)	1.8(18.0)
抗压强度(MPa)	4.9(50.0)	3.9(40.0)	2.9(30.0)
初凝时间(min)不小于	6		
终凝时间(min)不小于	300		

建筑石膏是制作水泥不可缺少的掺和料。虽掺量不多,但对水泥的性质影响很大。有关石膏对水泥性质的影响将在水泥一节中进行阐述。

第二节　硅酸盐水泥

水泥是一种水硬性胶凝材料。水泥与水混合后，经过一系列物理化学作用，由可塑性浆体变成坚硬的岩石，就硬化条件而言，水泥既能在空气中硬化，而且也能在水中更好地硬化，保持并继续发展其强度。所以水泥材料即可用于地上工程，也可用于地下工程。

在道路和桥梁中通用的水泥有：硅酸盐水泥、普通硅酸盐水泥、矿渣硅酸盐水泥、火山灰硅酸盐水泥、粉煤灰硅酸盐水泥和复合水泥等六大品种水泥。此外，在某些特殊工程中，还用高铝水泥、膨胀水泥、快硬水泥等，在工程建设中仍以硅酸盐水泥与普通硅酸盐水泥为主。本节重点介绍硅酸盐水泥的成分及其主要性能。

一、硅酸盐水泥

1.概述

按国家标准 GB 175—1999 定义：凡由硅酸盐水泥熟料、0%～5%的石灰石或粒化高炉矿渣、适量石膏磨细制成的水硬性胶凝材料称为硅酸盐水泥（波特兰水泥）。硅酸盐水泥分两种类型，不掺加混合材料的称 I 型硅酸盐水泥，代号 P·I。在硅酸盐水泥熟料粉磨时掺加不超过水泥质量 5%的石灰石或粒化高炉矿渣混合材料的称 II 型硅酸盐水泥，代号 P·II。

硅酸盐水泥在国际上统称波特兰水泥。1824 年英国建筑工人阿斯普丁（Aspdin）申请了生产波特兰水泥的专利，因其凝结后的外观颜色与英国波特兰（Portland）所产的一种常用于建筑的石灰石的颜色相似而命名。以后的研究，确认其主要成分是硅酸盐类物质，故也称硅酸盐水泥。

2.硅酸盐水泥的生产工艺简述

硅酸盐水泥的生产工艺可概括为三个阶段：

(1)生料的配制和磨细：以石灰石、黏土和铁矿粉为主要原料（有时需加入校正原料），将其按一定比例配合、磨细，制得具有适当化学成分、质量均匀的生料。

(2)熟料煅烧：将生料在水泥窑内经 1450℃高温煅烧至部分熔融，得到以硅酸钙为主要成分的硅酸盐水泥熟料。

(3)水泥粉磨：将熟料加适量石膏共同磨细，即得到硅酸盐水泥。

因此，硅酸盐水泥生产工艺概括起来为“两磨一烧”。

硅酸盐水泥的生产流程可用图 3-1 表示。

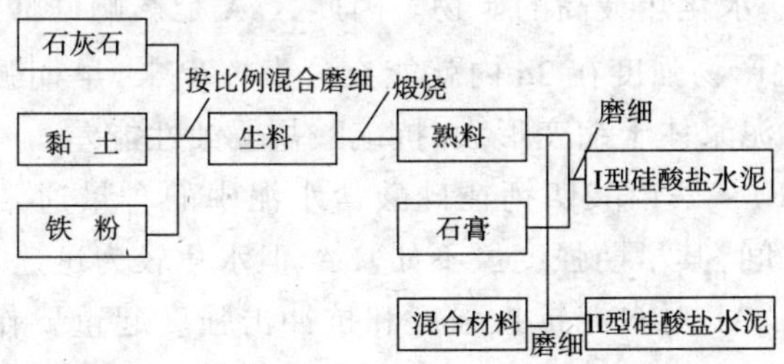

图 3-1　硅酸盐水泥生产流程示意图

3．硅酸盐水泥的化学成分和矿物组成

1)化学成分

硅酸盐水泥的化学成分主要有石灰石原料分解出的氧化钙（CaO），黏土原料分解出的氧化硅(SiO_2)和氧化铝(Al_2O_3),以及铁矿粉提供的氧化铁(Fe_2O_3)。

2)矿物组成

将制备好的水泥"生料"在立窑或旋转窑中进行高温煅烧,在煅烧过程中,生料中的四种氧化物相互化合,生成以硅酸盐为主要成分的硅酸盐水泥"熟料",它是由多种矿物组成的结晶细小(通常为 30~60μm)的集合体。水泥熟料主要由下面四种矿物组成:

硅酸三钙(化学分子式 $3CaO \cdot SiO_2$),简式 C_3S;

硅酸二钙(化学分子式 $2CaO \cdot SiO_2$),简式 C_2S;

铝酸三钙(化学分子式 $3CaO \cdot Al_2O_3$),简式 C_3A;

铁铝酸四钙(化学分子式 $4CaO \cdot Al_2O_3 \cdot Fe_2O_3$),简式 C_4AF。

在硅酸盐水泥中,这四种矿物组成占 95% 以上,其中 C_3S 和 C_2S 含量占 75% 左右,C_3A 和 C_4AF 含量约 22%,另外,还有少量的游离氧化钙 f-CaO 和方镁石结晶(结晶氧化镁)等含碱矿物。其组成与含量列于表 3-5。

硅酸盐水泥的矿物组成、含量及特性 表 3-5

矿物名称	硅酸三钙	硅酸二钙	铝酸三钙	铁铝酸四钙
矿物组成	$3CaO \cdot SiO_2$	$2CaO \cdot SiO_2$	$3CaO \cdot Al_2O_3$	$4CaO \cdot Al_2O_3 \cdot Fe_2O_3$
简写式	C_3S	C_2S	C_3A	C_4AF
大致含量(%)	35~65	10~40	0~15	5~15

3)四种矿物的技术特性

(1)硅酸三钙(C_3S)　硅酸三钙是硅酸盐水泥中最主要的矿物成分,其含量通常在 50% 左右,它对水泥的技术性质,特别是强度有着重要的影响。当水泥与水接触时,硅酸三钙即迅速水化,产生大量的热量,其水化产物早期强度高,且强度增进率较大,28d 强度可达一年强度的 70%~80%。就 28d 或一年的强度来说,在四种矿物中是最高的。

(2)硅酸二钙(C_2S)　硅酸二钙也是硅酸盐水泥的主要矿物,含量在 20% 左右。它的水化速度及凝结硬化过程较为缓慢,水化热很低,它的水化产物对水泥的早期强度贡献较小,但对水泥后期强度起主要作用。C_2S 具有相当长期的活性,其水化产物强度可在一年后超过 C_3S 的水化物。当水泥中 C_2S 含量较多时,水泥抗化学侵蚀性较高,干缩性较小。

(3)铝酸三钙(C_3A)　铝酸三钙在硅酸盐水泥中的含量通常在 15% 以下。在四种矿物中 C_3A 是遇水反应速度最快,水化热最高的矿物。因此,C_3A 是影响硅酸盐水泥早期强度及凝结速率的主要矿物。其水化产物强度在 3d 内就能充分发挥出来,早期强度较高,但后期强度不再增加。C_3A 含量高的水泥浆体干缩变形大,抗硫酸盐侵蚀性能差。

(4)铁铝酸四钙(C_4AF)　铁铝酸四钙在硅酸盐水泥中的含量通常为 5%~15%。它的水化速度介于 C_3A 和 C_3S 之间,其早期强度虽不如 C_3A,但水化较为迅速,在 28d 后强度还能继续增长,对后期强度有利。C_4AF 对水泥抗折强度和抗冲击强度起重要作用,其水化产物的耐化学侵蚀性好,干缩性小。

4)水泥熟料主要矿物组成的性质比较

(1)水化反应速度　以铝酸三钙(C_3A)最快,硅酸三钙(C_3S)较快,铁铝酸四钙(C_4AF)也较快,硅酸二钙(C_2S)最慢。

(2)水化放热量　C_3A 最大,C_3S 较大,C_4AF 居中,C_2S 最小。

(3)强度　C_3S 最高，C_2S 早期强度低，但后期增长率较大。故 C_3S 和 C_2S 是硅酸盐水泥强度的主要来源，C_3A 强度不高，C_4AF 对抗折强度有利。

(4)耐化学侵蚀性　C_4AF 最优，其次为 C_2S、C_3S，C_3A 最差。

(5)干缩性　C_4AF 和 C_2S 最小，C_3S 居中，C_3A 最大。

硅酸盐水泥的主要矿物组成的特性可归纳如表 3-6 所列。

硅酸盐水泥熟料中四种矿物的技术特性　　表 3-6

矿物组成		硅酸三钙 (C_3S)	硅酸二钙 (C_2S)	铝酸三钙 (C_3A)	铁铝酸四钙 (C_4AF)
水化反应速度		快	慢	快	中
水化热		高	低	高	中
水化物的强度	早期	高	低	中	低
	后期	高	高	低	中
干缩性		中	小	大	中
抗化学腐蚀性		中	中	差	好

水泥中矿物成分水化后抗压强度和释热量随龄期的增长见图 3-2 和图 3-3。

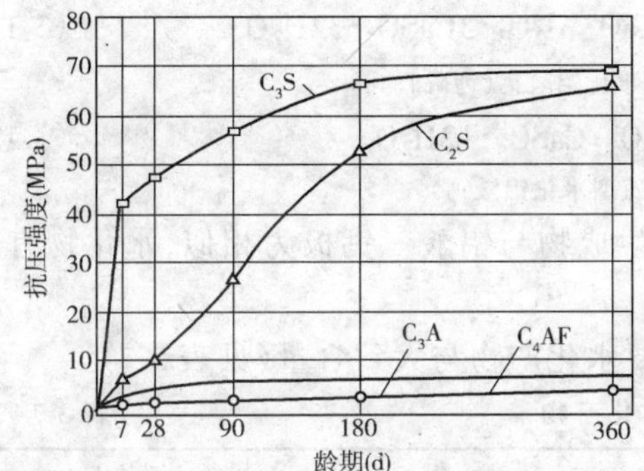

图 3-2　水泥熟料矿物在不同龄期的抗压强度

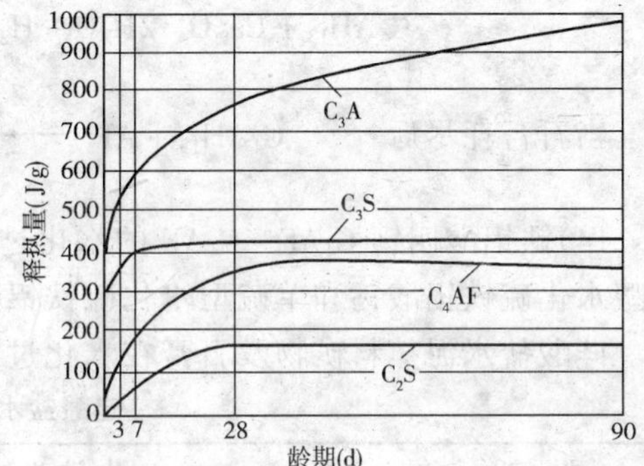

图 3-3　水泥熟料矿物在不同龄期的释热量

水泥是由多种矿物成分组成的，改变各熟料矿物组分之间的含量比例，水泥的性质就会发生相应的变化。例如，提高 C_3S 的相对含量可制得高强水泥和早强水泥；提高 C_2S 的相对含量，同时适当降低 C_3S 和 C_3A 的相对含量，即可制得低热水泥；提高 C_4AF 和 C_3S 含量，则可制得具有较高抗折强度的道路硅酸盐水泥。

4.硅酸盐水泥的水化和凝结硬化

水泥加水拌和后，由于水泥的水化作用，水泥浆体逐渐变稠失去流动性和可塑性而未具有强度的过程，称为水泥的"凝结"；随后产生强度逐渐发展成为坚硬的人造石的过程称为水泥的"硬化"。凝结和硬化是人为划分的两个阶段，实际上是一个连续而复杂的物理-化学变化过程。

1)水泥熟料矿物的水化反应及其水化生成物

水泥颗粒与水接触，其表面的熟料矿物立即与水发生水解及化合作用，生成各种水化物并放出热量。

(1)硅酸三钙 C_3S　C_3S 的水化反应过程用式(3-7)表示，水化生成物是水化硅酸钙 $x\mathrm{CaO}\cdot\mathrm{SiO_2}\cdot y\mathrm{H_2O}$ 和氢氧化钙 $\mathrm{Ca(OH)_2}$。水化硅酸钙几乎不溶于水，生成后立即以胶体颗粒析出并凝聚成为凝胶(C-S-H),附着于水泥颗粒表面。

$$3CaO \cdot SiO_2 + nH_2O \longrightarrow \underset{\text{(水化硅酸钙凝胶)}}{xCaO \cdot 2SiO_2 \cdot yH_2O} + \underset{\text{(氢氧化钙晶体)}}{(3-x)Ca(OH)_2} \tag{3-7}$$

(2)硅酸二钙 C_2S　C_2S 的水化过程用式(3-8)表示,其水化生成物与 C_3S 相似,但水化反应速度比 C_3S 慢得多。

$$2CaO \cdot SiO_2 + mH_2O \longrightarrow \underset{\text{(水化硅酸钙凝胶)}}{xCaO \cdot SiO_2 \cdot yH_2O} + \underset{\text{(氢氧化钙晶体)}}{(2-x)Ca(OH)_2} \tag{3-8}$$

(3)铝酸三钙 C_3A　C_3A 在纯水和石膏溶液中的生成物有所不同。在纯水中,C_3A 与水反应生成不同结晶水的水化铝酸钙(C_4AH_{13}、C_4AH_{19}、C_3AH_6…),见式(3-9),其中 C_4AH_{13}、C_4AH_{19} 极不稳定,当温度升高时,转化为 C_3AH_6。

在石膏溶液中,C_3A 的水化物为三硫型水化硫铝酸钙($3CaO \cdot Al_2O_3 \cdot 3CaSO_4 \cdot 32H_2O$),又称钙矾石。以 AFt 表示。当石膏耗尽后,$C_4AH_{13}$ 将与钙矾石反应生成单硫型水化硫铝酸钙($3CaO \cdot Al_2O_3 \cdot CaSO_4 \cdot 12H_2O$),以 AFm 表示。上述水化反应过程见式(3-9)~式(3-12)。

在纯水中:

$$3CaO \cdot Al_2O_3 + H_2O \longrightarrow \underset{\text{(水化铝酸钙)}}{C_4AH_{13}、C_4AH_{19}、C_3AH_6 \cdots} \tag{3-9}$$

在石膏溶液中:

$$3CaO \cdot Al_2O_3 + Ca(OH)_2 + H_2O \longrightarrow C_4AH_{13} \tag{3-10}$$

$$C_4AH_{13} + CaSO_4 \cdot 2H_2O + H_2O \longrightarrow \underset{\text{[三硫型水化铝酸钙(钙矾石)]}}{3CaO \cdot Al_2O_3 \cdot 3CaSO_4 \cdot 32H_2O} \tag{3-11}$$

当石膏耗尽后:

$$C_4AH_{13} + AFt \longrightarrow \underset{\text{(单硫型水化铝酸钙)}}{3CaO \cdot Al_2O_3 \cdot CaSO_4 \cdot 12H_2O} \tag{3-12}$$

(4)铁铝酸四钙 C_4AF　C_4AF 的水化过程及水化生成物与铝酸三钙极为相似,水化物有三硫型水化硫铁铝酸钙和单硫型水化硫铁铝酸钙。

硅酸盐水泥熟料矿物及石膏在水化过程中的主要水化产物与大致含量(见表 3-7)。

硅酸盐水泥的主要水化产物　　表 3-7

水化产物名称	化学组成	常用缩写	大致含量(%)
水化硅酸钙	$xCaO \cdot SiO_2 \cdot yH_2O$	C-S-H	70
氢氧化钙	$Ca(OH)_2$	CH	20
水化铝酸钙	$4CaO \cdot Al_2O_3 \cdot 13H_2O$	C_4AH_{13}	少量
水化铁酸钙	$4CaO \cdot Fe_2O_3 \cdot 13H_2O$	C_4FH_{13}	少量
三硫型水化硫铝酸钙	$3CaO \cdot Al_2O_3 \cdot 3CaSO_4 \cdot 32H_2O$	$C_3A_3CS \cdot H_{32}$ 或 AFt	7
单硫型水化硫铝酸钙	$3CaO \cdot Al_2O_3 \cdot CaSO_4 \cdot 12H_2O$	$C_3ACS \cdot H_{12}$ 或(AFm)	
三硫型水化硫铁铝酸钙	$3CaO(Al_2O_3 \cdot Fe_2O_3) \cdot 3CaSO_4 \cdot 32H_2O$	$C_3(A,F)3CS \cdot H_{32}$	少量
单硫型水化硫铁铝酸钙	$3CaO(Al_2O_3 \cdot Fe_2O_3) \cdot CaSO_4 \cdot 12H_2O$	$C_3(A,F)\ CS \cdot H_{12}$	少量

2)凝结硬化

水泥颗粒与水接触后,很快就发生化学反应,生成相应的水化产物,组成水泥—水—水化产物混合体系。这一阶段称作初始反应期,如图 3-4a)所示。

水化初期生成的产物迅速扩散到水中,逐渐形成水化产物的饱和溶液,并在水泥颗粒表面或周围析出,形成水化物膜层,使得水化反应进行较缓慢,这一阶段称作诱导期,这期间,水泥颗粒仍然分散,水泥浆还保持有良好的可塑性。如图 3-4b)所示。

随着水化的继续进行,水化产物不断生成并析出,自由水分逐渐减少,水化产物颗粒互相接触并粘结在一起形成网架状结构，使水泥浆体逐渐变稠，失去可塑性，这一阶段称作凝结期。如图 3-4c)所示。水化反应进一步进行，水化产物不断生成、长大并填充毛细孔，使整个体系更加紧密，水泥浆体逐渐硬化，强度随时间不断增长，这一阶段称作硬化期。如图 3-4d)所示。

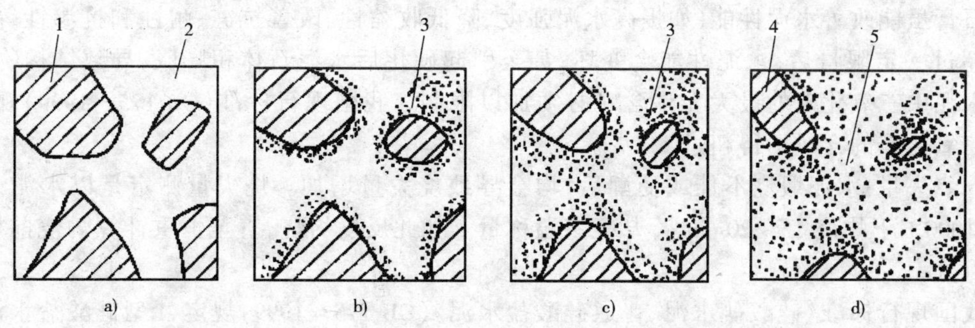

图 3-4　水泥凝结硬化过程示意

水泥的硬化期可以延续至很长时间，但 28d 基本表现出大部分强度。水泥的水化过程是由颗粒表面逐渐深入到颗粒内部的。在最初几天(1～3d)，由于水化产物增加迅速，因而强度增加很快；随着水化反应的不断进行，水化产物增加的速度逐渐变慢，使得强度增长速度变缓。若水泥石内部存在尚未水化的水泥颗粒，那么在几年甚至几十年之后，只要环境温度和湿度适宜，水泥颗粒仍将继续水化，生成水化产物填充到孔隙中，仍然会使水泥石的强度缓慢增长，如图 3-5 所示。

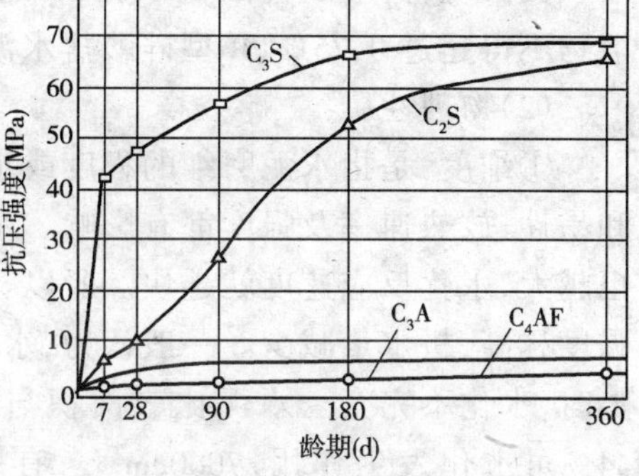

图 3-5　硅酸盐水泥强度发展与龄期的关系

3)石膏的缓凝作用

用于水泥中的石膏一般是二水石膏或无水石膏(硬石膏)。石膏的缓凝作用主要是控制 C_3A 的水化反应速度。水泥中的铝酸三钙 C_3A 水化速度极快，在很短时间内即生成大量薄片状水化铝酸钙，呈松散多孔结构，这些水化物分散在水泥浆体中，使水泥很快失去流动性而凝结。加入石膏后，石膏可与 C_3A 生成难溶于水的钙矾石，其溶解度很小，呈稳定的针状晶体析出，它的迁移比较困难，生成后凝聚在水泥颗粒表面形成水化薄膜，封闭了水泥的表面，阻滞水分子及离子的扩散，从而延缓了水泥颗粒特别是 C_3A 的水化速度。另外，生成的钙矾石由于是难溶的晶体，“加固”了结构，还有利于提高水泥的早期强度。但需要注意的是：石膏的掺量必须是适量的，因为过量的石膏不仅对缓凝作用帮助不大，同时由于在硬化后期还会继续生成钙矾石，体积膨胀，引起水泥的体积安定性不良。

5.硅酸盐水泥的技术性质和技术标准

1)技术性质

(1)化学性质　水泥的化学性质主要是控制水泥中有害的化学成分含量，若超过最大允许限量，即意味着对水泥性能和质量可能产生有害或潜在的影响。

①氧化镁含量：在水泥熟料中，常含有少量未与其他矿物结合的游离氧化镁，这种多余的氧化镁是高温时形成的方镁石，它水化为氢氧化镁的速度很慢，常在水泥硬化后才开始水化，产生体积膨胀，可导致水泥石结构产生裂缝甚至破坏，因此它是引起水泥安定性不良的原因之一。

我国现行标准《硅酸盐水泥、普通硅酸盐水泥》(GB 175—1999)规定,水泥中氧化镁的含量不宜超过5.0%。如果水泥经压蒸安定性合格,则水泥中氧化镁的含量允许放宽到6.0%。

②三氧化硫含量:水泥中的三氧化硫主要是在生产时为调节凝结时间加入石膏而产生的,适量石膏虽能改善水泥性能(如提高水泥强度、降低收缩性、改善抗冻、耐蚀和抗渗性等)。但石膏超过一定限量后,水泥性能会变坏,甚至引起硬化后水泥石体积膨胀,导致结构物破坏。因此水泥中三氧化硫的最大允许含量必须加以限制。我国现行标准(GB 175—1999)规定,水泥中三氧化硫的含量不得超过3.5%。

③烧失量:水泥煅烧不佳或受潮后,均会导致烧失量增加。烧失量测定是以水泥试样在950~1000℃下灼烧15~20min,冷却至室温称量。如此反复灼烧,直至恒重计算灼烧前后质量损失百分率。

我国现行标准《硅酸盐水泥、普通硅酸盐水泥》(GB 175—1999)规定,I型硅酸盐水泥的烧失量不得大于3.0%,II型硅酸盐水泥的烧失量不得大于3.5%。普通硅酸盐水泥的烧失量不得大于5.0%。

④不溶物:水泥中不溶物是用盐酸溶解滤去不溶残渣,经碳酸钠处理再用盐酸中和,高温下灼烧至恒重后称量,灼烧后不溶物质量占试样总质量比例为不溶物。

我国现行标准《硅酸盐水泥、普通硅酸盐水泥》(GB 175—1999)规定,I型硅酸盐水泥的不溶物不得超过0.75%,II型硅酸盐水泥的不溶物不得超过1.50%。

(2)物理性质:

①细度:是指水泥磨细的程度或水泥分散度的指标。它对水泥的硬化速度、水泥需水量、和易性、放热速率及强度都有影响。水泥颗粒越细,其总表面积越大,与水反应时接触的面积也越大,水化反应速度就越快。所以相同矿物组成的水泥,细度越大,凝结硬化速度越快,早期强度越高,析水量减少。一般认为,水泥颗粒粒径小于45μm时才具有较大的活性,在75μm以上时,水化不完全。水泥比表面积与水泥有效利用率(1年龄期)的关系是:3000cm^2/g,只有44%可水化发生作用,7000cm^2/g,有效利用率可达80%左右,10000cm^2/g,有效利用率可达90%~95%。

实践表明,水泥颗粒太细,在空气中的硬化收缩也较大,使混凝土发生裂缝的可能性增加。此外,水泥颗粒细度提高会导致粉磨能耗增加,生产成本提高。为充分发挥水泥熟料的活性,改善水泥性能,同时考虑能耗的节约,要合理控制水泥细度。按现行国家标准,水泥细度采用筛析法和比表面积法检测。

a.筛析法:以80μm方孔筛上的筛余百分率表示。筛析法有负压筛法和水筛法两种,鉴定结果发生争议时,以负压筛法为准。

b.比表面积法:以每千克水泥所具有的总表面积(m^2)表示。比表面积采用勃氏法测定。

我国现行标准《硅酸盐水泥、普通硅酸盐水泥》(GB 175-1999)规定,硅酸盐水泥细度比表面积大于300m^2/kg,普通硅酸盐水泥、矿渣硅酸盐水泥、火山灰硅酸盐水泥和粉煤灰硅酸盐水泥在80μm方孔筛筛余不得超过10.0%。

②标准稠度用水量:在测定水泥的凝结时间和安定性时,为使其测定结果具有可比性,必须采用标准稠度的水泥净浆进行测定。我国现行行业标准《公路工程水泥及水泥混凝土试验规程》(JTG E30—2005)规定,水泥净浆标准稠度的标准测定方法为试杆法,以标准试杆沉入净浆,并距离底板6±1mm时的水泥净浆的稠度作为标准稠度,其拌和用水为该水泥标准稠度用水量,按水泥质量百分比计;以试锥法(调整水量法和不变水量法)为代用法,采用调整水量法

测定标准稠度用水量时，拌和水量应按经验法确定加水量；采用不变水量法测定时，拌和水量为 142.5mL，水量精确到 0.5mL。如发生争议时，以调整水量法为准。

③凝结时间：凝结时间是指水泥从加水时至水泥浆失去可塑性所需的时间。凝结时间分初凝时间和终凝时间。初凝时间是从水泥加水至水泥浆开始失去可塑性所经历的时间；终凝时间是从水泥加水至水泥浆完全失去可塑性所经历的时间。水泥浆体凝结时间与物态的关系示意如图 3-6。

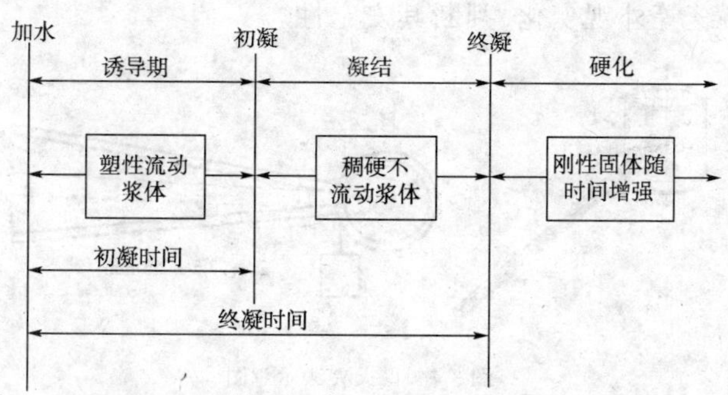

图 3-6　水泥凝结时间与水泥浆体状态的关系

正常煅烧的水泥磨细后与水拌和时，会立即产生凝结，为了调节凝结时间，在熟料粉磨时，需加入适量石膏，但石膏掺量过多会产生不良影响。

现行国家标准（GB/T 1346—2001）规定：采用维卡仪测定水泥的凝结状态，初凝状态是指初凝试针自由沉入标准稠度的水泥净浆试件至底板 4 ± 1mm 时的稠度状态，由水泥加水时至达到初凝状态所经历的时间作为初凝时间；完成初凝时间测定后，将试模连同浆体翻转 180°，换上终凝试针（终凝针上装有一个环形附件），当试针沉入试体 0.5mm 时，即环形附件开始不能在试体上留下痕迹时，为水泥达到终凝状态，由水泥加水时至达到终凝状态所经历的时间作为水泥的终凝时间。

水泥的凝结时间，对水泥混凝土的施工具有十分重要的意义。水泥的初凝时间不宜过短，以便在施工过程中有足够的时间对混凝土进行搅拌、运输、浇筑和振捣等操作；终凝时间不宜过长，以使混凝土能尽快硬化，产生强度，提高模具周转率，加快施工进度。我国现行国标（GB 175—1999）规定，硅酸盐水泥初凝不得早于 45min，终凝不得迟于 6.5h。普通硅酸盐水泥初凝不得早于 45min，终凝不得迟于 10h。初凝时间不符合规定的水泥为废品，严禁在工程中使用，终凝时间不符合要求者为不合格品。

④体积安定性：水泥的体积安定性是指水泥在凝结硬化过程中体积变化的均匀性。各种水泥在凝结硬化过程中，都可能产生不同程度的体积变化。如果这种体积变化是轻微的、均匀的，则对建筑物的质量没什么影响，但是如果混凝土硬化后，由于水泥中某些有害成分的作用，在水泥石内部产生了剧烈的、不均匀的体积变化，则会在建筑物内部产生破坏应力，导致建筑物的强度降低。若破坏应力发展到超过建筑物的强度，则会引起建筑物开裂、崩塌等严重质量事故，这种现象称为水泥的体积安定性不良。

水泥体积安定性不良的原因是：水泥熟料中含有过多的游离氧化钙和氧化镁或掺入的石膏含量过多。

按现行行业标准《公路工程水泥及水泥混凝土试验规程》（JTG E30—2005）规定：检验硅酸盐水泥体积安定性的标准法为雷氏法，以试饼法为代用法，有矛盾时以标准法为准。

a.雷氏法是将标准稠度的水泥净浆按规定方法装入雷氏夹的环形试模中，湿养24h后测定指针尖端距离，接着将其放入沸煮箱内，30±5min内加热至水沸腾，然后恒沸3h±5min。待试件冷却后再测定指针尖端的距离(图3-7)，若沸煮前后指针尖端增加的距离不超过5.0mm，则认为水泥的体积安定性合格。

b.试饼法是用标准稠度的水泥净浆，按规定方法制成直径70～80mm，中心厚约10mm的试饼，在湿气养护箱中养护24h，然后在沸煮箱中加热30±5min至沸，然后恒沸3h±5min，最后根据试饼有无弯曲、裂缝等外观变化，判断其安定性。

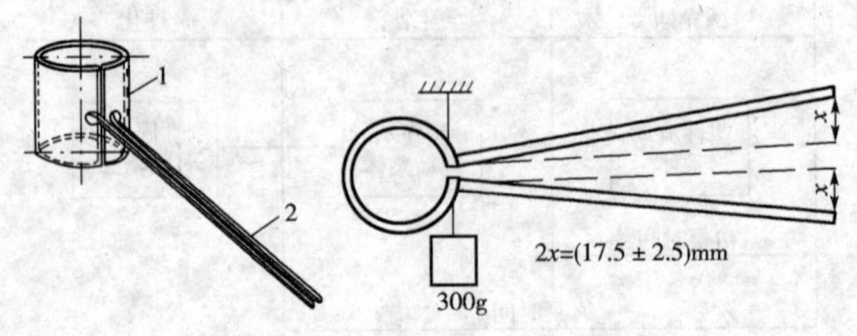

图3-7　雷氏夹法示意图

1-环模;2-指针

用沸煮法只能检测出游离CaO造成的体积安定性不良。由于MgO造成的体积安定性不良，必须用压蒸法才能检验出来。石膏造成的安定性不良则需要更长时间在温水中浸泡才能发现。由于这两种原因引起的体积安定性不良都不易快速检验，所以国家标准规定：硅酸盐水泥熟料中MgO的含量不得超过5.0%，若经压蒸试验水泥的安定性合格，允许放宽到6.0%；SO_3的含量不得超过3.5%，以保证水泥的安定性合格。安定性不合格的水泥为废品，严禁在工程中使用。

⑤强度：强度是水泥技术要求中最基本的指标，它直接反映了水泥的质量水平和使用价值，也是水泥混凝土和砂浆配合比设计的重要计算参数。水泥的强度越高，其胶结能力也越大。硅酸盐水泥的强度主要取决于熟料的矿物组成和水泥的细度，此外还与水灰比、试验方法、试验条件、养护龄期等因素有关。我国现行标准按现行行业标准《公路工程水泥及水泥混凝土试验规程》(GB/T 1346—2005)规定，用水泥胶砂强度法作为水泥强度的标准检验方法。此方法是以1:3的水泥和中国ISO标准砂，按规定的水灰比为0.5，用标准制作方法，制成40mm×40mm×160mm的标准试件，达到规定龄期(3d,28d)时，测其抗折强度和抗压强度，按国家标准《硅酸盐水泥、普通硅酸盐水泥》(GB 175—1999)、《矿渣硅酸盐水泥、火山灰质硅酸盐水泥及粉煤灰硅酸盐水泥》(GB 1344—1999)、《复合硅酸盐水泥》(GB 12958—1999)规定的最低强度值来评定其所属强度等级。

a.水泥强度等级：强度等级按规定龄期测定的抗压强度和抗折强度来划分，各强度等级水泥在各龄期的强度不得低于表3-8规定的数值。在规定各龄期的抗压强度和抗折强度均符合某一强度等级的最低强度值要求时，以28d抗压强度(MPa)作为强度等级，硅酸盐水泥强度等级分为42.5、42.5R、52.5、52.5R、62.5、62.5R六个强度等级。

b.水泥型号：根据3d强度，水泥分为普通型和早强型(或称R型)两个型号。早强型水泥早期强度发展较快，3d强度可达到28d强度的50%，并较同等级的普通型水泥3d强度提高10%以上。

2)技术标准

硅酸盐水泥的技术标准，按我国现行国标《硅酸盐水泥、普通硅酸盐水泥》(GB 175—1999)

的有关规定，汇总摘列于表3-9。

硅酸盐水泥的强度指标

表3-8

品　种	强度等级	抗压强度(MPa)		抗折强度(MPa)	
		3d	28d	3d	28d
硅酸盐水泥	42.5	17.0	42.5	3.5	6.5
	42.5R	22.0	42.5	4.0	6.5
	52.5	23.0	52.5	4.0	7.0
	52.54R	27.0	52.5	5.0	7.0
	62.5	28.0	62.5	5.0	8.0
	62.5R	32.0	62.5	5.5	8.0

硅酸盐水泥的技术标准

表3-9

技术标准	细度比表面积(m^2/kg)	凝结时间(min)		安定性(沸煮法)	抗压强度(MPa)	不溶物(%)		水泥中MgO(%)	水泥中SO_3(%)	烧失量(%)		水泥中碱含量按$Na_2O+0.658K_2O$计(%)
		初凝	终凝			Ⅰ型	Ⅱ型			Ⅰ型	Ⅱ型	
指标	>300	≥45	≤390	必须合格	见表3-9	≤0.75	≤1.5	5.0①	≤3.5	≤3.0	≤3.5	0.60②
试验方法	GB/T 8074	GB/T 1346		GB/T 750	GB/T 17671—99	GB/T 176						

注：①如果水泥经压蒸安定性合格，则水泥中MgO含量允许放宽到6.0%；

②水泥中碱含量$Na_2O+0.658K_2O$计算值来表示，若使用活性集料，用户要求低碱水泥时，水泥中碱含量不得大于0.60%或由供需双方商定。

我国现行国标《硅酸盐水泥、普通硅酸盐水泥》(GB 175—1999)规定：凡氧化镁、三氧化硫的初凝时间、安定性中任一项不符合标准规定(见表3-10)时，均为废品。凡细度、终凝时间、不溶物和烧失量中的任一项不符合标准规定或混合材料掺加量超过最大限量和强度低于商品强度等级的指标时为不合格品。水泥包装标志中水泥品种、强度等级、生产者名称和出厂编号不全的也属于不合格品。废品水泥严禁在工程中使用。

6.硅酸盐水泥的特性、应用与储运

1)特性与应用

(1)凝结硬化快，早期强度和后期强度均较高　硅酸盐水泥的凝结硬化速度快，强度高，适用于有早强要求的混凝土工程、冬季施工混凝土工程、地上及地下重要结构中的高强混凝土和预应力混凝土工程中。

(2)抗冻性好　硅酸盐水泥采用合理的配合比和充分养护后，可获得低孔隙率的水泥石，并有足够的强度，因此具有优良的抗冻性，适用于严寒地区水位升降范围内遭受反复冻融的混凝土工程。

(3)水化热大　硅酸盐水泥熟料中含有较多的C_3S和C_3A，水化时放热速度快且放热量大，因而不宜用于大体积混凝土工程，可用于冬季施工工程中。

(4)耐腐蚀性差　由于硅酸盐水泥的水化产物中含有较多的$Ca(OH)_2$和C_3AH_6，耐软水侵蚀和化学侵蚀性能较差，故不宜用于经常与流动淡水或硫酸盐等腐蚀性介质接触的工程。

(5)耐热性差　硅酸盐水泥的水化产物中有一些成分在高温下会脱水或分解，使水泥石的强度降低甚至破坏，因此，硅酸盐水泥不宜用于有耐热要求的混凝土工程中。

(6)抗碳化性能好　适用于 CO_2 浓度较高的环境。

(7)干缩小　硅酸盐水泥在硬化过程中,形成大量的水化硅酸钙凝胶体,使水泥石密实且游离水分少,干缩小,可用于干燥环境中的混凝土工程中。

(8)耐磨性好　硅酸盐水泥强度高,耐磨性好,可用于路面水泥混凝土工程中。

2)储存与运输

硅酸盐水泥在储存和运输过程中,应按不同品种、不同强度等级及出厂日期分别储运,不得混杂,要注意防潮、防水。

即使是良好的储存条件,水泥也不宜久存。在空气中水蒸气及 CO_2 的作用下,水泥会发生部分水化和碳化,使水泥的强度及胶结力降低。一般水泥在储存 3 个月后,强度降低约 10% ~20%,6 个月后降低 15% ~30%。水泥的有效储存期是 3 个月,存放期超过 3 个月的水泥在使用时必须重新鉴定其技术性能。

7.水泥石的腐蚀与防止

硅酸盐水泥硬化后形成的水泥石,在正常环境条件下将继续硬化,强度不断增长。但在某些腐蚀性液体或气体的长期作用下,水泥石就会受到不同程度的腐蚀,严重时会使水泥石强度明显降低,甚至完全破坏。这种现象称为水泥石的腐蚀。

1)腐蚀类型

在道路与桥隧构筑物中,水泥石常见的腐蚀类型有:

(1)淡水侵蚀　又称溶析性侵蚀,是指硬化后混凝土中的水泥水化产物被淡水溶解而带走,从而造成混凝土孔隙率增大、强度降低的一种侵蚀现象。

水泥石中的各种水化物与水作用时,$Ca(OH)_2$ 溶解度最大,首先被溶出。在静水或无水压的情况下,由于周围的水会被 $Ca(OH)_2$ 所饱和,使溶出作用停止,因此,溶出仅限于表层,对整体水泥石影响不大。但在流水及压力水的作用下,溶出的 $Ca(OH)_2$ 不断被流水带走,水泥石中的 $Ca(OH)_2$ 就会不断被溶析,使混凝土的孔隙率增大,强度降低,而且水泥石液相中 $Ca(OH)_2$的浓度降低,还会导致水化硅酸钙和水化铝酸钙的不断分解,使水泥石内部不断受到破坏,强度不断降低,最终可能导致整个结构物的破坏。

(2)硫酸盐的侵蚀　通过海湾、沼泽或跨越污染河流的线路,沿线桥涵墩台,有时会受到海水、沼泽水、工业污水的侵蚀,这时如水中含有碱性硫酸盐,就会与水泥石中的 $Ca(OH)_2$ 作用形成硫酸钙,硫酸钙会结晶析出,并与水泥石中的水化铝酸钙发生反应,生成钙矾石,体积膨胀,在水泥石内产生很大的内应力,使混凝土强度降低,造成结构物的破坏。

(3)镁盐侵蚀　在海水或地下水中,常含有较多的镁盐,主要以氯化镁、硫酸镁形态存在。镁盐与水泥石中的氢氧化钙起置换作用,生成强度低、无胶结能力的氢氧化镁,液相中氢氧化钙浓度降低,还会引起水泥石中氢氧化钙、水化硅酸钙、水化铝酸钙等强度组分的分解,导致水泥石的破坏。此外,氯化钙易溶于水,二水石膏能引起硫酸盐的破坏作用。

(4)碳酸侵蚀　在工业污水或地下水中常溶解有较多的 CO_2,这种水对水泥石有侵蚀作用。CO_2 与水泥石中的 $Ca(OH)_2$ 作用,可生成碳酸钙,碳酸钙再与水中的碳酸作用,生成可溶的碳酸氢钙,从而使水泥石的强度降低。

2)防止腐蚀的措施

(1)根据环境特点,合理选择水泥品种　当水泥石遭受淡水侵蚀时,可使用水化产物中 $Ca(OH)_2$含量少的水泥;若水泥石遭受硫酸盐的腐蚀,可选择 C_3A 含量小的水泥;在水泥生产时掺入适当的混合材料,可以降低水化产物中的 $Ca(OH)_2$ 含量,提高水泥的抗腐蚀能力。

(2)提高水泥石的密实度,降低孔隙率　在施工过程中,合理选择水泥混凝土的配合比,降低水灰比,改善集料级配,掺加外加剂等措施均可使水泥石的密实度提高。另外,在水泥石表面进行碳化处理或采取其他的表面密实措施,也可以提高水泥石的表面密实度,从而减少腐蚀介质进入水泥石内部,起到防腐作用。

(3)在水泥石表面设置保护层　当腐蚀作用较强时,可在混凝土表面敷设一层耐腐蚀性强且不透水的保护层,如陶瓷、玻璃、塑料、沥青、耐酸石料等,可以隔断腐蚀介质与水泥石接触,保护水泥石不受腐蚀。

当水泥石处于多种介质的同时侵蚀时,应分析清楚对水泥石侵蚀最严重的介质,采取相应措施,提高水泥石的耐腐蚀性。

二、普通硅酸盐水泥

凡由硅酸盐水泥熟料、6%~15%混合材料、适量石膏共同磨细制成的水硬性胶凝材料,称为普通硅酸盐水泥(简称普通水泥),代号 P·O。掺活性混合材料时,最大掺量不得超过 15%,其中允许用不超过水泥质量 5%的窑灰或不超过水泥质量 10%的非活性混合材料来代替。掺非活性混合材料时,最大掺量不得超过水泥质量的 10%。

普通硅酸盐水泥强度等级分为 32.5、32.5R、42.5、42.5R、52.5、52.5R 六个强度等级。普通硅酸盐水泥各强度等级、各龄期的强度指标参见表 3-10,其技术标准汇总于表 3-11。

普通硅酸盐水泥的强度指标　　表 3-10

品　种	强度等级	强度等级(MPa)		抗折强度(MPa)	
		3d	28d	3d	28d
普通硅酸盐水泥	32.5	11.0	32.5	2.5	5.5
	32.5R	16.0	32.5	3.5	5.5
	42.5	16.0	42.5	3.5	6.5
	42.5R	21.0	42.5	4.0	6.5
	52.5	22.0	52.5	4.0	7.0
	52.5R	26.0	52.5	5.0	7.0

普通硅酸盐水泥的技术标准　　表 3-11

技术标准	细度(80μm 方孔筛)的筛余量(%)	凝结时间		安定性(沸煮法)	抗压强度(MPa)	水泥中 MgO(%)	水泥中 SO_3(%)	烧失量(%)	碱含量(%)
		初凝	终凝						
指标	≤10	≥45	≤600	必须合格	见表 3-11	≤5.0	≤3.5	≤5.0	0.60
试验方法	GB/T 1345	GB/T 1346		GB/T 1346 GB/T 750	GB/T 17671	GB/T 176			

由于混合材料的掺量较少,所以普通硅酸盐水泥的性质与硅酸盐水泥基本相同,略有差异,主要表现为:

(1)早期强度略低;

(2)耐腐蚀性略有提高;

(3)耐热性稍好;

(4)水化热略低;

(5)抗冻性、耐磨性、抗碳化性略有降低。

由于普通硅酸盐水泥的性质与硅酸盐水泥差别不大,因此,在应用方面两种水泥基本相同。

第三节 掺混合材料的硅酸盐水泥

在水泥生产过程中加入的人工的或天然的矿物材料称为水泥混合材料。为改善硅酸盐水泥的某些性能,同时达到增加产量降低成本的目的,在硅酸盐水泥熟料中掺加适量的各种混合材料与石膏共同磨细制得的水硬性胶凝材料,称为掺混合材料水泥。

一、混合材料

混合材料按其在水泥中所起的作用,分为活性混合材料和非活性混合材料。

1.活性混合材料

活性混合材料是一种矿物材料,磨细的活性混合材料本身不具备水硬性,但与水泥或石灰(或石灰和石膏)拌和在一起,加水后既能在水中硬化又能在空气中硬化。常用的活性混合材料有粒化高炉矿渣、火山灰质混合材料和粉煤灰。

(1)粒化高炉矿渣 粒化高炉矿渣是对炼铁高炉的熔融渣进行水淬急冷处理后得到多孔、粒状的疏松颗粒。其主要化学成分是 CaO、SiO_2、Al_2O_3,它们的总含量约在90%以上,另外还有少量 MgO、Fe_2O_3 和一些硫化物(MnS、CaS、FeS 等)。粒化高炉矿渣磨成细粉后,其中的活性氧化硅 SiO_2 和活性的氧化铝 Al_2O_3 可以与 $Ca(OH)_2$ 化合,生成具有胶凝性的水化产物。

(2)火山灰质混合材料 火山灰质混合材料是指天然的或人工的以 SiO_2 和 Al_2O_3 为主要成分的矿物质原料。如火山灰、凝灰岩、浮石、硅藻石、烧黏土、煤渣、煤矸石渣等。尽管这些火山灰质矿物材料的物理状态不同,但化学组成却很相似,均含有大量的 SiO_2 和 Al_2O_3(含量在75%~85%),并含有少量的 CaO、MgO 和 Fe_2O_3。经磨细后,在 $Ca(OH)_2$ 的碱性作用下,可在空气中硬化,而后在水中继续硬化增加强度。

(3)粉煤灰 在火力发电厂,煤粉在炉膛中燃烧后大部分以灰的形式随烟气一起流动,通过静电收尘器收集的粉末为粉煤灰。从化学组成的角度,粉煤灰属于火山灰质混合材料。由于粉煤灰使用数量较大,且在颗粒形态和性能方面与其他火山灰质混合材料有所不同,因而单独列出。粉煤灰中含有较多的 SiO_2 和 Al_2O_3,与 $Ca(OH)_2$ 的化合能力较强,具有较高的活性。

2.非活性混合材料

非活性混合材料是指经磨细后加入水泥中不具有或只具有微弱的化学活性,在水泥水化中基本不参加化学反应,仅能起提高产量、调节水泥强度等级、节约水泥熟料的作用,因此又称为填充性混合材料。如磨细的石灰石、石英砂、黏土等,以及不符合技术要求的粒化高炉矿渣、粉煤灰及火山灰质混合材料等。

二、掺混合材料的水泥品种

1.矿渣硅酸盐水泥

凡由硅酸盐水泥熟料、粒化高炉矿渣和适量石膏共同磨细制成的水硬性胶凝材料称为矿渣硅酸盐水泥(简称矿渣水泥),代号 P·S。水泥中粒化高炉矿渣的掺量按质量百分比计为20%~70%。允许用石灰石、窑灰、粉煤灰和火山灰质混合材料中的一种材料代替粒化高炉矿渣，代替数量不得超过水泥质量的8%，替代后水泥中粒化高炉矿渣含量不得少于20%。

2.火山灰质硅酸盐水泥

凡由硅酸盐水泥熟料和火山灰质混合材料、适量石膏共同磨细制成的水硬性胶凝材料称为火山灰质硅酸盐水泥(简称火山灰水泥)，代号 P·P。水泥中火山灰质混合材料掺量按质量百分比计为20%~50%。

3.粉煤灰硅酸盐水泥

凡由硅酸盐水泥熟料和粉煤灰、适量石膏共同磨细制成的水硬性胶凝材料称为粉煤灰硅酸盐水泥(简称粉煤灰水泥)，代号 P·F。水泥中粉煤灰掺量按质量百分比计为20%~40%。

以上三种水泥均为掺混合材料硅酸盐水泥，在这类水泥中，石膏既要起调节凝结时间的作用，又要起硫酸盐激发剂的作用，所以，石膏掺量一般比普通硅酸盐水泥稍多。

三、掺混合材料硅酸盐水泥的凝结硬化特征

1.活性混合材料的凝结硬化原理

矿渣水泥与水拌和后，首先是硅酸盐熟料矿物水化，水化物氢氧化钙与所掺入的石膏分别作为矿渣的碱性激发剂和硫酸盐激发剂，与矿渣中的活性 SiO_2 和活性 Al_2O_3 发生化学反应，生成不定型水化硅酸钙、水化硫铝酸钙等水化产物，这种反应也称为“火山灰反应”。随着水化反应的深入，水泥浆体逐渐失去塑性获得强度。与硅酸盐水泥相比，矿渣水泥水化物的碱度较低，$Ca(OH)_2$ 含量相对较少。从电子显微镜的观察可知，水化硅酸钙和钙矾石是硬化矿渣水泥石的主要成分，而水化硅酸钙凝胶结构比硅酸盐水泥中的更为致密。

火山灰质水泥和粉煤灰水泥的水化与凝结硬化过程同矿渣水泥基本相似。

2.混合材料对水泥性质的影响

(1)水化速度慢，早期强度低，后期强度发展将超过同标号的硅酸盐水泥。

在掺混合材料中，水泥熟料矿物明显减少，尤其是 C_3S、C_3A 的减少，水泥水化和凝结速度变慢，而混合材料中的 SiO_2 和 Al_2O_3 与 $Ca(OH)_2$ 溶液的反应速度较为缓慢。所以掺混合材料水泥的早期强度较低。

“火山灰反应”过程对温度和湿度条件比较敏感，当温度较高时，反应速度较快。因此掺混合材料水泥一般都宜采用蒸汽养护。在蒸汽养护条件下，它们不但强度增长快，并且不影响后期强度的增长。

(2)化学稳定性较高，抗腐蚀(淡水、硫酸盐)。

由于在“火山灰反应”中消耗掉一部分 $Ca(OH)_2$，使水泥石中 $Ca(OH)_2$ 相对含量减少。二次反应的生成物(如无定型水化硅酸钙，水化铝酸钙)的碱度较低，较为稳定，抗淡水腐蚀及抗硫酸盐腐蚀性提高。但是如果所掺的混合材料为黏土质火山灰质材料，由于其水化产物中水化铝酸钙含量较大，因而不利于水泥石的抗硫酸盐腐蚀。

(3)水化热低，适应大体积工程。

在掺混合材料的水泥中，C_3S 和 C_3A 相对含量减少，水化速度低，单位时间所释放水化热低于硅酸盐水泥。

(4)抗冻性差，在低温条件下，火山灰反应缓慢甚至停止。所以在低温10℃以下需要强度迅速发展的工程结构中，应对水泥混凝土采用加热保温措施，否则不宜使用。

四、掺混合材料硅酸盐水泥的技术指标

掺混合材料水泥的技术指标与硅酸盐水泥基本相同。

我国现行国家标准《矿渣硅酸盐水泥、火山灰质硅酸盐水泥和粉煤灰硅酸盐水泥》(GB 1344—1999),对矿渣硅酸盐水泥、火山灰质硅酸盐水泥和粉煤灰硅酸盐水泥的技术性质要求见表 3-12。这三种水泥的强度等级分为 32.5、32.5R、42.5、42.5R、52.5、52.5R 等六个强度等级,其各龄期强度值见表 3-13。

矿渣水泥硅酸盐、火山灰质硅酸盐水泥及粉煤灰硅酸盐水泥的技术指标 表 3-12

水泥品种	SO_3 含量(%)	MgO 含量(%)	细度(80μm 方孔筛)筛余量(%)	凝结时间(min) 初凝	凝结时间(min) 终凝	安定性(沸煮法)	碱含量(%)
矿渣硅酸盐水泥	≤4.0	≤5.0[①]	≤10	≥45	≤600	必须合格	供需双方商定
火山灰质硅酸盐水泥	≤3.5						
粉煤灰硅酸盐水泥							

注:①如果水泥经压蒸安定性合格,则水泥中 MgO 含量允许放宽到 6.0%。

矿渣硅酸盐水泥、火山灰质硅酸盐水泥及粉煤灰硅酸盐水泥的技术指标 表 3-13

强度等级	抗压强度(MPa)		抗折强度(MPa)	
	3d	28d	3d	28d
32.5	10.0	32.5	2.5	5.5
32.5R	15.0	32.5	3.5	5.5
42.5	15.0	42.5	3.5	6.5
42.5R	19.0	42.5	4.0	6.5
52.5	21.0	52.5	4.0	7.0
52.5R	23.0	52.5	4.5	7.0

五、掺混合材料硅酸盐水泥的应用

1. 矿渣硅酸盐水泥

在矿渣水泥中,硅酸盐水泥熟料含量显著减小,其水化与硬化过程较为缓慢,并对环境的温湿条件较为敏感。因此矿渣水泥凝结速度较慢,早期强度较低,但后期强度的发展使之能够达到同标号硅酸盐水泥的强度。若能采用蒸汽养护等湿热处理方法,则能加快硬化速度且不影响后期强度的增长。矿渣水泥不宜用于有早强要求的工程,也不宜用于无加热保温措施的低温条件下施工的工程。由于火山灰反应的消耗,矿渣水泥浆体中的氢氧化钙及铝酸盐含量明显减少,对硫酸盐溶液及淡水腐蚀都有较强的抵抗能力,从而它有较高的化学稳定性。矿渣水泥中 C_3S 和 C_3A 的相对含量较低,水化速度缓慢,单位时间内释放的水化热比硅酸盐水泥低得多,因此适用于大体积工程。此外矿渣本身是耐火材料,其耐热性较强,适于制作受热构件(温度不高于 200℃)。

粒化高炉矿渣有尖锐的棱角,故达到标准稠度时需水量较大,且其保水能力较差,成型后易产生大量泌水,这将在水泥石中形成众多的毛细孔通道或粗大孔隙,而且干缩性较大,若养护不当易产生裂纹。因此矿渣水泥在干湿循环部位的抗冻性、抗渗性等均不及普通水泥。

2. 火山灰质硅酸盐水泥

火山灰质硅酸盐水泥的强度增长特点与矿渣水泥相似。在干燥环境中,水化反应会中止,且易产生裂缝,所以在施工中应注意洒水养护。适用于水中及地下混凝土工程,不易用于干燥地区和高温结构。又因其水化热较低,宜用于大体积工程。

3.粉煤灰硅酸盐水泥

粉煤灰水泥的凝结硬化过程与火山灰质水泥极为相似。但是由于粉煤灰的化学组成及矿物结构与其他火山灰质混合材料有所不同，因此构成了粉煤灰水泥的特点。粉煤灰呈球状颗粒，表面致密，内比表面积较小，不易水化，粉煤灰活性的发挥主要在后期。所以这种水泥的早期强度发展比矿渣水泥和火山灰水泥更低，但后期可以赶上。由于粉煤灰表面致密，吸水能力弱，与其他掺混合材料的水泥相比，标准稠度用水量较小，干缩性也小，因而早期干缩所引起的裂缝较少。粉煤灰的适用范围与上述两种掺混合材料水泥相似，可以用于一般水泥混凝土工程，而且更适用于大体积水工建筑及水中结构和海港工程。硅酸盐水泥、普通硅酸盐水泥、矿渣硅酸盐水泥、火山灰质硅酸盐水泥和粉煤灰硅酸盐水泥是目前土建工程中应用最广的品种，也统称五大品种水泥，这五种水泥的技术特性和适用性见表3-14。

五种水泥的主要特性及适用范围 表3-14

<table>
<tr><td colspan="2">名　称</td><td colspan="2">硅酸盐水泥</td><td>普通硅酸盐水泥</td><td>矿渣硅酸盐水泥</td><td>火山灰质硅酸盐水泥</td><td>粉煤灰硅酸盐水泥</td></tr>
<tr><td colspan="2" rowspan="2">简称</td><td colspan="2">硅酸盐水泥</td><td rowspan="2">普通水泥</td><td rowspan="2">矿渣水泥</td><td rowspan="2">火山灰水泥</td><td rowspan="2">粉煤灰水泥</td></tr>
<tr><td>Ⅰ型</td><td>Ⅱ型</td></tr>
<tr><td colspan="2">代号</td><td>P·Ⅰ</td><td>P·Ⅱ</td><td>P·O</td><td>P·S</td><td>P·P</td><td>P·F</td></tr>
<tr><td colspan="2">密度(g/cm^3)</td><td colspan="2">3.00~3.15</td><td>3.00~3.15</td><td>2.80~3.10</td><td>2.80~3.10</td><td>2.80~3.10</td></tr>
<tr><td colspan="2">堆积密度(kg/m^3)</td><td colspan="2">1000~1600</td><td>1000~1600</td><td>1000~1200</td><td>900~1000</td><td>900~1000</td></tr>
<tr><td colspan="2">强度等级</td><td colspan="6">42.5、42.5R、52.5、52.5R、62.5、62.5R 等6个等级</td></tr>
<tr><td rowspan="7">特性</td><td>硬化</td><td colspan="2">快</td><td>较快</td><td>慢</td><td>慢</td><td>慢</td></tr>
<tr><td>早期强度</td><td colspan="2">高</td><td>较高</td><td>低</td><td>低</td><td>低</td></tr>
<tr><td>水化热</td><td colspan="2">高</td><td>高</td><td>低</td><td>低</td><td>低</td></tr>
<tr><td>抗冻性</td><td colspan="2">好</td><td>好</td><td>差</td><td>差</td><td>差</td></tr>
<tr><td>耐热性</td><td colspan="2">差</td><td>较差</td><td>好</td><td>较差</td><td>较差</td></tr>
<tr><td>干缩性</td><td colspan="2">小</td><td>小</td><td>较大</td><td>较大</td><td>较小</td></tr>
<tr><td>抗渗性</td><td colspan="2">较好</td><td>较好</td><td>差</td><td>较好</td><td>较好</td></tr>
<tr><td rowspan="4">应用</td><td rowspan="2">优先选用</td><td colspan="3">有耐磨要求及早期强度要求高的混凝土，严寒地区反复遭受冻融作用的混凝土，抗碳化要求高的混凝土</td><td colspan="3">水下混凝土，海港混凝土，大体积混凝土，耐腐蚀要求较高的混凝土，蒸汽养护混凝土</td></tr>
<tr><td colspan="2">高强混凝土</td><td>普通气候及干燥环境中的混凝土，有抗渗要求及受干湿交替作用的混凝土</td><td>有耐热要求的混凝土</td><td>有抗渗要求的混凝土</td><td>承载较晚的混凝土</td></tr>
<tr><td>可以使用</td><td colspan="2">一般工程</td><td>高强混凝土，水下混凝土，耐热混凝土</td><td colspan="3">普通气候环境中的混凝土</td></tr>
<tr><td>不宜使用</td><td colspan="2">大体积混凝土，耐腐蚀要求高的混凝土，耐热及高温养护混凝土</td><td>大体积混凝土，耐腐蚀要求高的混凝土</td><td colspan="3">早期强度、抗冻性及抗渗性要求高的混凝土</td></tr>
</table>

六、复合硅酸盐水泥

凡由硅酸盐水泥熟料、两种或两种以上规定的混合材料、适量石膏磨细制成的水硬性胶凝材料,称为复合硅酸盐水泥(简称复合水泥),代号 P·C。水泥中混合材料的总掺加量按质量百分比计应大于 15%,但不超过 50%。

水泥中允许用不超过 8%的窑灰代替部分混合材料;掺矿渣时混合材料掺量不得与矿渣硅酸盐水泥重复。复合水泥的水化、凝结硬化过程基本上与掺混合材料的硅酸盐水泥相同。

按我国现行国标《复合硅酸盐水泥》(GB 12958—1999)规定,对复合硅酸盐水泥的技术要求:细度、氧化镁、三氧化硫、安定性等指标与矿渣水泥、火山灰水泥和粉煤灰水泥相同,但对凝结时间的要求有所不同,要求初凝时间不得早于 45min,终凝时间不得迟于 12h。强度等级分为 32.5、32.5R、42.5、42.5R、52.5、52.5R。各强度等级、各龄期的强度指标列于表 3-15。

复合硅酸盐水泥的强度指标 表 3-15

强度等级	抗压强度(MPa)		抗折强度(MPa)	
	3d	28d	3d	28d
32.5	11.0	32.5	2.5	5.5
32.5R	16.0	32.5	3.5	5.5
42.5	16.0	42.5	3.5	6.5
42.5R	21.0	42.5	4.0	6.5
52.5	22.0	52.5	4.0	7.0
52.5R	26.0	52.5	5.0	7.0

复合硅酸盐水泥中掺入了两种或两种以上的混合材料,可以互相取长补短,克服了掺单一混合材料水泥的一些弊病。复合水泥的早期强度接近于普通水泥,而其他性能优于矿渣水泥、火山灰水泥和粉煤灰水泥,因而适用范围较广。

第四节 其他品种水泥

一、道路硅酸盐水泥

道路硅酸盐水泥是指由道路硅酸盐水泥熟料、0~10%活性混合材料与适量石膏磨细制成的水硬性胶凝材料。简称道路水泥。道路硅酸盐水泥熟料是指以适当成分的生料烧至部分熔融,所得以硅酸钙为主要成分和较多量的铁铝酸钙的硅酸盐水泥熟料称为道路硅酸盐水泥熟料。

1.技术要求

各交通等级路面所使用水泥的化学成分和物理性能等要求应符合表 3-16 的规定。

各交通等级路面用水泥的化学成分和物理指标 表 3-16

水泥性能	特重、重交通路面	中、轻交通路面
铝酸三钙	不宜>7.0%	不宜>9.0%
铁铝酸四钙	不宜<15.0%	不宜<12.0%
游离氧化钙	不得>1.0%	不得>1.5%

水泥性能	特重、重交通路面	中、轻交通路面
氧化镁	不得>5.0%	不得>6.0%
三氧化硫	不得>3.5%	不得>4.0%
碱含量	$Na_2O+0.658K_2O\leqslant0.6\%$	怀疑有碱活性集料时,≤0.6%;无碱活性集料时,≤1.0%
混合材种类	不得掺窑灰、煤矸石、火山灰和黏土,有抗盐冻要求时不得掺石灰、石粉	不得掺窑灰、煤矸石、火山灰和黏土,有抗盐冻要求时不得掺石灰、石粉
出磨时安定性	雷氏夹或蒸煮法检验必须合格	蒸煮法检验必须合格
标准稠度用水量	不宜>28%	不宜>30%
烧失量	不得>3.0%	不得>5.0%
比表面积	宜在300~450m^2/kg	宜在300~450m^2/kg
细度(80μm)	筛余量不得>10%	筛余量不得>10%
初凝时间	不早于1.5h	不早于1.5h
终凝时间	不迟于10h	不迟于10h
28d干缩率	不得>0.09%	不得>0.1%
耐磨性	不得>3.6kg/m^2	不得>3.6kg/m^2

2.工程应用

道路硅酸盐水泥强度高,特别是抗折强度高,耐磨性好,干缩小,抗冲击性好,抗冻性好,抗硫酸盐腐蚀性能比较好的专用水泥。它适用于道路路面、机场跑道道面、城市广场等工程。由于道路水泥具有干缩性小、耐磨、抗冲击等特性,可减少水泥混凝土路面的裂缝和磨耗等病害,减少工程维修,延长路面的使用寿命,因此可获得显著的社会效益和经济效益。

二、快硬硅酸盐水泥

凡以硅酸盐水泥熟料和适量石膏磨细制成,以3d抗压强度表示强度等级的水硬性胶凝材料称为快硬硅酸盐水泥(简称快硬水泥)。

快硬硅酸盐水泥中的主要矿物成分为硅酸三钙、铝酸三钙。通常C_3S含量为50%~60%,C_3A含量为8%~14%,C_3S和C_3A的总含量不应少于60%~65%。为加快硬化速度,可适量增加石膏的掺量和提高水泥的磨细程度。

1.技术要求

1)化学性质

(1)氧化镁含量　熟料中氧化镁含量不得超过5.0%。如水泥经压蒸安定性试验合格,则熟料中氧化镁的含量允许放宽到6.0%。

(2)三氧化硫含量　水泥中三氧化硫含量不得超过4.0%。

2)物理力学性质

(1)细度　采用筛析法,80μm方孔筛筛余量不得大于10%。

(2)凝结时间　初凝时间不早于45min,终凝时间不得迟于10h。

(3)安定性　沸煮法检验必须合格。

(4)强度　以3d强度表示强度等级,各龄期强度不得低于规定数值,见表3-17。

快硬硅酸盐水泥的强度指标 表 3-17

强度等级	抗压强度(MPa)			抗折强度(MPa)		
	1d	3d	28d	1d	3d	28d
32.5	15.0	32.5	52.5	3.5	5.0	7.2
37.5	17.0	37.5	57.5	4.0	6.0	7.6
42.5	19.0	42.5	62.5	4.5	6.4	8.0

2.特性与应用

快硬硅酸盐水泥凝结硬化快,早期强度高,其3d抗压强度可达到强度等级,后期强度仍有一定增长率,抗冻性及抗渗性强,水化放热量大,耐腐蚀性差。适用于紧急抢修工程、冬季施工的混凝土工程。不宜应用大体积混凝土工程和耐腐蚀要求高的工程。另外,快硬水泥干缩率较大,容易吸湿降低强度,储存期超过一个月时,需重新检验其技术性质。

三、膨胀水泥

膨胀水泥是硬化过程中不产生收缩,而具有一定膨胀性能的水泥。

一般水泥在凝结硬化过程中都会产生一定的收缩,使水泥混凝土出现裂纹,影响混凝土的强度及其他性能。而膨胀水泥则克服了这一弱点,在硬化过程中能够产生一定的膨胀,增加水泥石的密实度,消除由收缩带来的不利影响。

膨胀水泥主要是比一般水泥多了一种膨胀组分,在凝结硬化过程中,膨胀组分使水泥产生一定量的膨胀值。常用的膨胀组分是在水化后能形成膨胀性产物水化硫铝酸钙的材料。

按膨胀值的大小,膨胀水泥可分为补偿收缩水泥和自应力水泥两大类。补偿收缩水泥膨胀率较小,大致可补偿水泥在凝结硬化过程中产生的收缩,因此又叫做无收缩水泥,这种水泥可防止混凝土产生收缩裂缝;自应力水泥的膨胀值较大,在限制膨胀的条件下(如有配筋时),由于水泥石的膨胀作用,使混凝土产生压应力,从而达到预应力的目的。这种靠水泥自身水化产生膨胀来张拉钢筋达到的预应力称为自应力。混凝土中所产生的压应力数值即为自应力值。

在路桥工程中,膨胀水泥常用于水泥混凝土路面、机场道面或桥梁结构中修补混凝土。此外,在越江隧道或山区隧道用于配制防水混凝土以及接缝、堵漏等。

第五节　石灰与水泥试验

试验二十二　石灰有效氧化钙及氧化镁的测定

一、石灰有效氧化钙的测定

1.试验目的

石灰的质量主要取决于有效氧化钙和氧化镁的含量,它们的含量愈高,则石灰黏结力愈好。

注:石灰中的有效氧化钙是指游离的氧化钙,它不同于总钙量,因为有效氧化钙不包括碳酸钙、硅酸钙以及其他钙盐中的钙。石灰中氧化钙的含量,以能溶解于蔗糖溶液中,并能与盐酸作用生成蔗糖钙的钙含量占石灰原试样的质量的百分率表示。

2.仪器及试剂

(1)筛子:筛孔 2 mm 和 0.15mm 各一个;

(2)烘箱:50 ~ 250℃;

(3)干燥器:ϕ25cm;

(4)称量瓶:ϕ30cm × ϕ50cm;

(5)分析天平:万分之一;

(6)架盘天平:感量 0.1g;

(7)玻璃珠:ϕ3mm,一袋(0.25g);

(8)具塞三角瓶:250mL,一个;

(9)量筒:50mL,一个;

(10)酸滴定管:50mL,一支;

(11)滴定架;

(12)蔗糖(分析纯);

(13)酚酞指示剂:称取 0.5g 酚酞溶于 50mL95%乙醇中。

(14)0.5mol/L 盐酸标准溶液:将 42mL 浓盐酸(相对密度 1.19g/mL)稀释至 1L,经标定后备用。

3.试样

(1)生石灰试样,将生石灰样品打碎,使颗粒不大于 2mm。拌和均匀后用四分法缩减至200g左右,放入瓷研钵中研细,再经四分法缩减几次至 20g 左右,研磨所得石灰样品,使通过0.15mm筛。从细样中均匀挑取 10 余克,置于称量瓶中在 100℃烘干 1h,储于干燥器中供试验用。

(2)消石灰试样,将消石灰样品用四分法缩减至 10 余克左右,如有大颗粒存在瓷研钵中磨细至无不均匀颗粒存在为止。置于称量瓶中在 105 ~ 110℃烘干 1h,贮于干燥器中,供试验用。

4.试验步骤

(1)用称量瓶按减量法称取试样约 0.5g(准确至 0.000 5g),置于干燥的 250mL 具塞三角瓶中,取 5g 蔗糖覆盖在试样表面,投入干玻璃珠 15 粒。迅速加入新煮沸并已冷却的蒸馏水 50mL,立即加塞振荡 15min(如有试样结块或粘于瓶壁现象,则应重新取样)。

(2)打开瓶塞,加入 2 ~ 3 滴酚酞指示剂,溶液即呈现粉红色,然后置于滴定架上,用 0.5mol/L盐酸标准溶液滴定。

(3)滴定时应先读出滴定管初读数,然后以 2 ~ 3 滴/s 的速度滴定,至溶液的粉红色显著消失并在 30s 内不再复现即为终点。

(4)读出中和后盐酸消耗的滴定管读数,减去初读数,即为实际消耗的盐酸数量(mL)。

5.计算方法

有效氧化钙的百分含量按下式计算:

$$CaO = \frac{V \times C \times 0.028}{G} \times 100\% \tag{3-13}$$

式中:V——滴定时消耗盐酸标准溶液的体积(mL);

C——盐酸标准溶液物质的量浓度(mol/L);

G——试样质量(g)。

对同一石灰样品应取两个试样分别进行测定,并取两次结果的平均值代表最终结果。

6.试验记录(见表 3-18)

有效 CaO 含量试验记录 表 3-18

试验次数	称量瓶号	空瓶质量(g)	瓶+试样质量(g)	试样质量(g)	盐酸物质的量浓度(mol/L)	消耗盐酸数量(mL)	石灰中有效CaO含量(%)	
1								平均
2								

试验者　　　　计算者　　　　审核者　　　　试验日期　　年　　月　　日

7.[附]盐酸浓度标定

(1)称取约0.800~1.000g(准确至0.000 2g)已在180℃烘干2h的碳酸钠,置于250mL三角瓶中,加入100mL水使其完全溶解。

(2)加入2~3滴0.1%甲基橙指示剂,用等标定的盐酸标准溶液滴定,至碳酸钠溶液由黄色变为橙红色。将溶液加热至沸,并保持微沸3min,然后放在冷水中冷却至室温,如此时橙红色变为黄色,则再用盐酸标准溶液滴定,直至溶液出现稳定橙红色时为止,记录盐酸消耗量(mL)。

盐酸标准溶液的准确物质的量浓度按下式计算:

$$C = \frac{Q}{V} \times 0.053 \tag{3-14}$$

式中:C——盐酸标准溶液的准确浓度(mol/L);

Q——称取碳酸钠的质量(g);

V——滴定时消耗盐酸标准溶液的体积(mL)。

二、氧化镁的测定

1.试验目的

石灰中有效氧化钙和氧化镁含量愈高,石灰黏结力愈好,按氧化镁含量可将石灰划分为钙质石灰或镁质石灰。

2.仪器设备

(1)电炉:1500W;

(2)石棉网:20cm×20cm;

(3)三角瓶:300mL、250mL各2个;

(4)容量瓶:250mL、1000mL各1个;

(5)量筒:200mL、100mL、5ml各1个;

(6)试剂瓶:250mL、1000mL若干个;

(7)烧杯:250mL;

(8)棕色广口瓶:60mL若干个;

(9)大肚移液管:25mL、50mL各2支;

(10)表面器:直径7cm;

(11)吸耳球:大、小各1个;

(12)玻璃棒:吸水管数支;试剂勺若干个;

(13)其余同有效氧化钙的测定所用仪器。

3.试剂

(1)1:10 盐酸:将 1 体积盐酸(相对密度 1.9)以 10 体积蒸馏水稀释。

(2)氨水-氯化铵缓冲溶液(pH = 10):将 67.5g 氧化铵溶于 300mL 无二氧化碳蒸馏水中,加浓氨水(相对密度为 0.90)570mL ,然后用水稀释至 1000mL。

(3)酸性铬蓝 K-萘酚绿 B(1:2.5)混合剂:称取 0.3g 酸性铬蓝 K 和 0.75g 萘酚绿与 50g 已在 105℃烘干的硝酸钾混合研细,保存于棕色广口瓶中。

(4)EDTA 二钠标准溶液:将 10gEDTA 二钠溶于温热蒸馏水中,待全部溶解并冷却到室温后,用水稀释至 1000mL。

(5)氧化钙标准溶液:精确称取 1.784 8g 在 105℃烘干(2h)的碳酸钙(优质纯),置于 250mL 烧杯中,盖上表面器,从杯嘴缓慢滴入 1:10 盐酸 100mL,加热溶解,待溶液冷却后,移入 1000mL 的容量瓶中,用新煮沸冷却后的蒸馏水稀释至刻度摇匀。此溶液 1 毫升相当于 1 毫克氧化钙。

(6)20%氢氧化钠溶液:将 20g 氢氧化钠溶于 80mL 蒸馏水中;

(7)钙指示剂:将 0.2g 钙试剂羟酸钠和 20g 已在 105℃烘干的硫酸钾混合研细,保存于棕色广口瓶中。

(8)10%酒石酸钾钠溶液:将 10g 酒石酸钾钠溶于 90mL 蒸馏水稀释摇匀。

(9)三乙醇胺(1:2)溶液:将 1 体积三乙醇胺以 2 体积蒸馏水稀释摇匀。

4.EDTA 标准溶液与氧化钙和氧化镁关系的标定

(1)精确吸取 50mL 氢氧化钙标准溶液放入 300mL 三角瓶中,用水稀释至 100mL 左右,然后加入钙指示剂约 0.1g,以 20%氢氧化钠溶液调整溶液碱度至出现酒红色,再过量加 3 ~ 4mL。

(2)以 EDTA 二钠标准液滴定,直至溶液由酒红然变为纯蓝色为止。记录 EDTA 二钠耗量。

EDTA 二钠标准溶液对氧化钙的滴定度 T_{CaO} 即 1mLEDTA 二钠标准溶液相当于氧化钙的毫克数按下式计算:

$$T_{CaO} = C \times \frac{V_1}{V_2} \tag{3-15}$$

式中:C——1mL 氧化钙标准溶液含有氧化钙的毫克数,等于 1;

V_1——吸取氧化钙标准溶液体积(mL);

V_2——消耗 EDTA 标准溶液体积(mL)。

EDTA 二钠标准溶液对氧化镁的滴定度 T_{MgO} 即 1mLEDTA 二钠标准溶液相当于氧化钙的毫克数按下式计算:

$$T_{MgO} = \frac{T_{CaO} \times 40.31}{56.08} = 0.72\,T_{CaO} \tag{3-16}$$

5.试验步骤

(1)采用与有效氧化钙测定相同的方法,用称量瓶称取约 0.5g(准确至 0.000 5g)试样,放入 250mL 烧杯中,用蒸馏水湿润,加 30mL1:10 盐酸,用表面器盖住烧杯,在电炉加热近沸并保持微沸 8 ~ 10min,用吸管吸取蒸馏水洗净表面器,洗液冲入烧杯中。冷却后把烧杯内的沉淀及溶液移入 250mL 容量瓶中,加水到刻度,仔细摇匀静置。

(2)待溶液沉淀后,用移液管吸取 25mL 溶液,放入 250mL 三角瓶中,加 50mL 蒸馏水稀释,然后顺序加酒石酸钾钠溶液 1mL 、三乙醇胺溶液 5mL,加入氨水一氯化铵缓冲溶液 10mL、酸性铬蓝 K-萘酚绿 B 指示剂约 0.1g,此时溶液呈酒红色。

(3)用 EDTA 二钠标准溶液滴定至溶液由酒红色变为纯蓝色即为滴定终点,记录 EDTA 标准溶液耗用体积 V_1。

(4)再从前述同一容量瓶中,用移液管吸取 25mL 溶液,置于 300mL 三角瓶中,加 150mL 蒸馏水稀释。然后依次加入三乙醇胺溶液 5mL、20%氢氧化钠溶液 5mL,放入约 0.1g 钙指示剂。此时溶液呈酒红色。

(5)用 EDTA 二钠标准溶液滴定,直至溶液由酒红色变为纯蓝色即为滴定终点,记录耗用 EDTA 二钠标准溶液体积 V_2。

6.计算方法

氧化镁的百分含量按下式计算:

$$MgO = \frac{T_{MgO} \times (V_1 - V_2) \times 10}{G \times 1000} \times 100\% \tag{3-17}$$

式中:T_{MgO}——EDTA 二钠标准溶液对氧化镁的滴定度;

V_1——滴定钙、镁含量消耗 EDTA 二钠标准溶液体积(mL);

V_2——滴定钙消耗 EDTA 二钠标准溶液体积(mL);

$\frac{250}{25} = 10$——总溶液对分取溶液的体积倍数;

G——试样质量(g)。

7.试验记录(表 3-19)

氧化镁含量试验记录 表 3-19

试验次数	称量瓶号	空瓶质量(g)	瓶与石灰试样的合重(g)	EDTA 对氧化钙滴定度	EDTA 对氧化镁滴定度	EDTA 耗量		石灰中氧化镁含量(%)	
						滴定钙镁合量(mL)	滴定钙(mL)		
									平均

试验者 计算者 审核者 试验日期 年 月 日

试验二十三 水泥细度、标准稠度、凝结时间试验

水泥试验均要在室内进行,规定试验室温度 17 ~ 25℃,相对湿度应大于 50%。试件养护箱温度规定为 20 ± 3℃,相对湿度应大于 90%。水泥试样应充分拌匀,通过 0.9mm 方孔筛并记录筛余物情况,要防止过筛时混进其他水泥。

本节介绍水泥细度、标准稠度、凝结时间、安定性、胶砂强度等试验方法。适用于硅酸盐水泥、普通水泥、矿渣水泥、粉煤灰水泥以及指定采用本方法的其他品种水泥。

一、水泥细度试验

1.负压筛法

1)试验目的

水泥的细度影响水泥的技术性质,相同矿物成分的熟料,水泥愈细强度愈高(特别是早期强度),凝结时间愈快,安定性愈好,但水泥过细,提高了生产成本费,而且储运过程易受潮。

2)仪器设备

(1)负压筛:

①负压筛由圆形筛框和筛网组成,筛网为金属丝编织方孔筛,方孔边长 0.080mm,负压筛应附有透明筛盖,筛盖与筛上口应有良好的密封性。

②筛网应紧绷在筛框上,筛网和筛框接触处,采用防水胶密封,防止水泥嵌入。

(2)负压筛析仪:

①负压筛析仪由筛座、负压筛、负压源及收尘器组成,其中筛座由转速为 30 ± 2r/min 的喷气嘴、负压表、控制板、微电机及壳体等部分构成。

②筛析仪负压可调范围为 4000 ~ 6000Pa。

③负压源和收尘器,由功率 600W 的工业吸尘器和小型旋风收尘筒或由其他具有相当功能的设备组成。

(3)天平:最大称量为 100g,分度值不大于 0.05g。

3)试验步骤

(1)筛析试验前,应把负压筛放在筛座上,盖上筛盖,接通电源,检查控制系统,调节负压至 4000 ~ 6000Pa;

(2)称取试样 25g,置于洁净的负压筛中,盖上筛盖,放在筛座上,开动筛析仪连续筛析 2min,在此期间如有试样附着在筛盖上,可轻轻地敲击,使试样落下。筛完后,用天平称取筛余物。

(3)当工作负压小于 4000Pa 时,应清理吸尘器内水泥,使负压恢复正常。

4)计算

水泥试样筛余百分数 A 按下式计算:

$$A = \frac{m_0}{m} \times 100\% \tag{3-18}$$

式中:m_0——水泥筛余物的质量(g);

m—— 水泥试样的质量(g)。

结果计算至 0.1%。

2.水筛法

1)仪器设备

(1)标准筛:采用方孔边长 0.080mm 金属丝网筛布,筛框有效直径 125mm;高 80mm。筛布应紧绷在筛框上,接缝处应用防水胶密封。

(2)水筛架:用于支撑筛子,并带动筛子转动,转速约 50r/min。

(3)喷头:直径 55mm,面上均匀分布 90 个孔,孔径为 0.5 ~ 0.7mm,安装高度离筛布 50mm 为宜。

(4)天平:最大称量 100g,分度值不大于 0.05g。

2)试验步骤

(1)筛析试验前,应检查水中无泥、砂,调整好水压及水筛架的位置,使其能正常运转,喷头底面和筛网之间距离为 35 ~ 75mm 。

(2)称取试样 25g,置于洁净的水筛中,立即用淡水冲洗至大部分细分通过后,放在水筛架上,用水压为 0.05 ± 0.02MPa 的喷头连续冲洗 3min。筛完后,用少量水把筛余物冲至蒸发器中,等水泥颗粒全部沉淀后,小心倒出清水,烘干并用天平称量筛余物。

结果计算与式(3-18)相同。

3.干筛法

在没有负压筛析和水筛的情况下,允许有手工干筛法。采用方孔边长 0.08mm 和铜丝网筛布,筛框有效直径 150mm、高 50mm。筛布应紧绷在筛框上,接缝处必须严密,并附有筛盖,试验步骤如下:

(1)称取水泥试样 50g 倒入干筛内。

(2)用一只手执筛往复摇动,另一只手轻轻拍打,拍打速度每分钟约 20 次,每 40 次向同一方向转动 60°,使试样均匀分布在筛网上,直至每分钟通过的试样量不超过 0.05g 为止。

(3)称量筛余物,按式(3-18)计算试验结果。

水泥细度试验记录见表 3-20。

水泥细度试验记录　　表 3-20

试验方法	试验次数	筛析用试样质量(g)	0.08mm 筛上筛余质量(g)	筛余百分数(%)

试验者　　　　计算者　　　　审核者　　　　试验日期　　　年　　　月　　　日

注:负压筛法与水筛法或手工干筛法测定的结果发生争议时,以负压筛法为准。

二、水泥标准稠度用水量与凝结时间试验

1.试验目的

检验水泥的凝结时间与体积安定性时,水泥浆和稠度影响试验结果,为便于比较,规定用标准稠度的水泥净浆试验。所以,测凝结时间与安定性之前,先要测定水泥标准稠度用水量。

水泥凝结时间的长短与施工关系密切,初凝过早,给施工造成困难,终凝太迟,将影响施工进度。国家标准对初、终凝时间有规定,因此必须了解水泥的凝结时间。

2.仪器设备

(1)水泥净浆标准稠度与凝结时间测定仪:仪器构造如图 3-8 所示,该仪器由铁座与可以自由滑动的金属圆棒构成,用松紧螺钉调整金属棒的高低。金属棒上附有指针,利用量程为 0 ~75mm 的标尺指示金属棒下降距离。

测定标准稠度时,试锥法(代表法)金属棒下装一金属空心试锥,锥底直径 40mm,高 50mm,装净浆用的锥模,上口内径 60mm,锥高 75mm (图 3-9)。

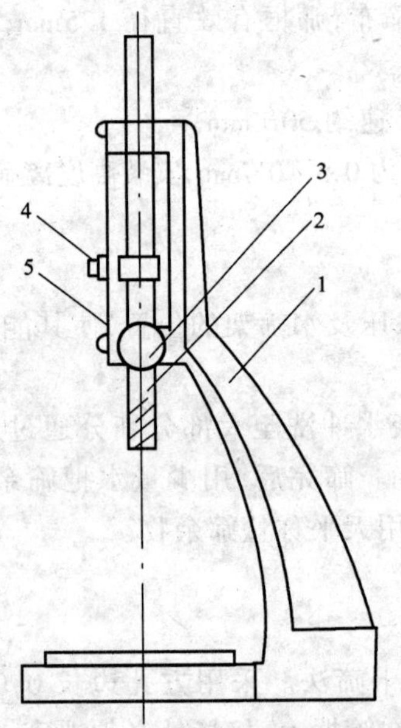

图 3-8　水泥净浆标准稠度与凝结时间测定仪

1-铁座;2-金属圆棒;3-松紧螺钉;4-指针;5-标尺

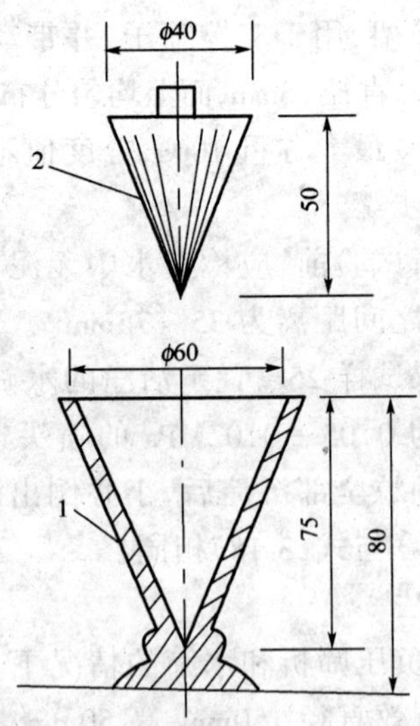

图 3-9　试锥与锥模(尺寸单位:mm)

1-锥模;2-试锥

标准法维卡仪：如图 3-10 所示，标准稠度测定用试杆[图 3-10a)]有效长度为 50±1mm，由直径为 $\phi10\pm0.05$mm 圆柱形耐腐蚀金属制成。测定凝结时间时取下试杆，用试针[图 3-10d)、e)]代替试杆。试针由钢制成，其有效长度初凝针为 50±1mm、终凝针为 30±1mm、直径为 $\phi1.13\pm0.05$mm 的圆柱体。滑动部分的总质量为 300±1g。与试杆、试针联结的滑动杆表面应光滑，能靠重力自由下落，不得有紧涩和晃动现象。

盛装水泥净浆的试模[图 3-10a)]应由耐腐蚀的、有足够硬度的金属制成，试模为深 40±0.2mm、顶内径 $\phi65\pm0.5$mm、底内径 $\phi75\pm0.5$mm 的截顶圆锥体，每只试模应配备一个大于试模、厚度≥2.5mm 的平板玻璃底板。

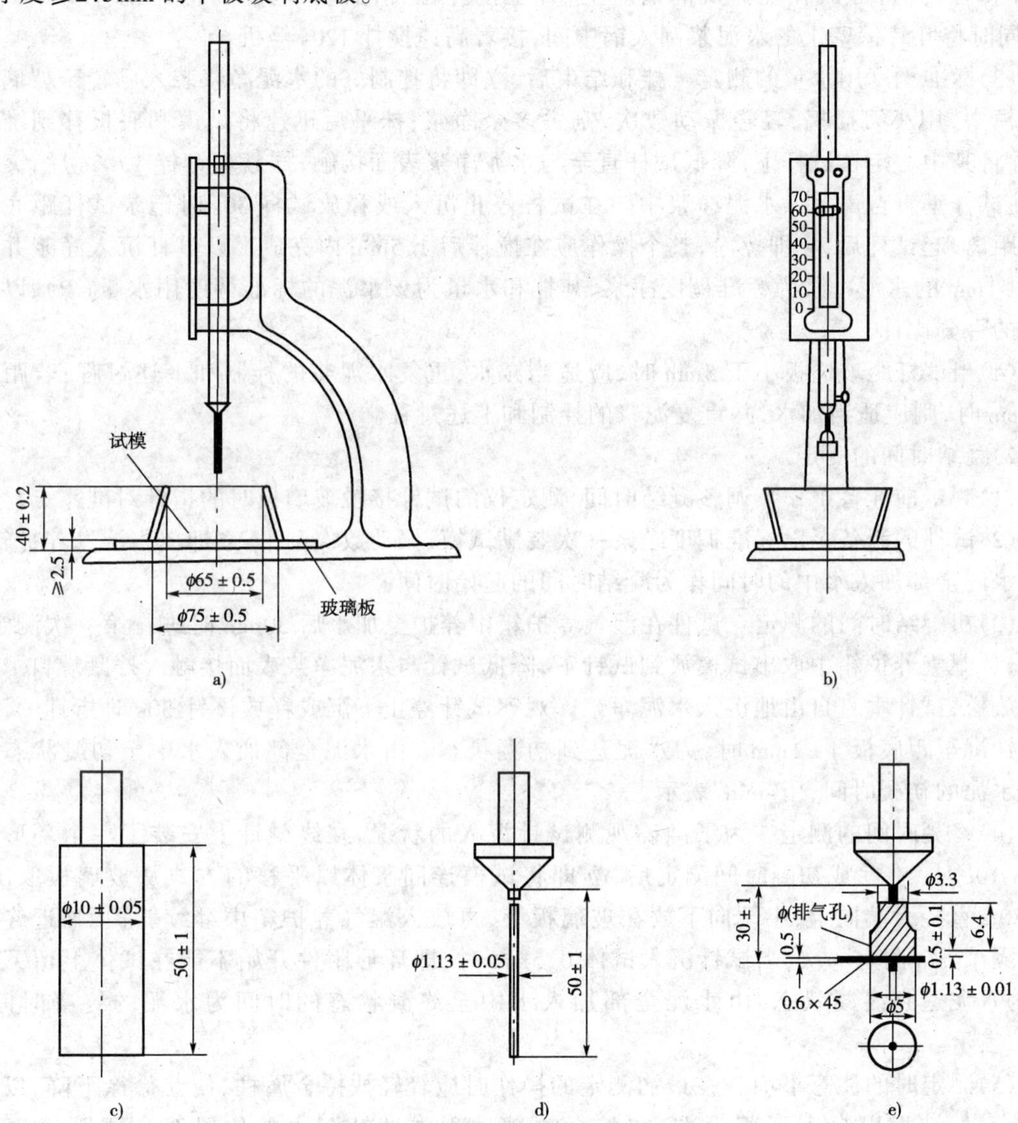

图 3-10 标准法维卡仪（尺寸单位：mm）

a)侧视目；b)反转试模前况图；c)试杆；d)测初凝试针；e)测终凝试针

(2)净浆搅拌机：符合《水泥物理检验仪器水泥净浆搅拌机》(GB 3350.8)的要求。

(3)湿气养护箱：应使温度控制在 20±1℃，相对湿度大于 90%。

(4)天平：称量精确至 1g。

(5)量水器：最小刻度为0.1mL，精度1%。

3.试验步骤

1)标准稠度用水量的测定(标准法)

(1)测定前准备工作　检查维卡仪的金属棒能自由滑动；调整至试杆接触玻璃板时指针对准零点；搅拌机运行正常。

(2)水泥净浆的拌制　用水泥净浆搅拌机搅拌，搅拌锅和搅拌叶片先用湿布擦过，将拌和水倒入搅拌锅内，然后在5～10s的时间内小心将称好的500g水泥加入水中，防止水和水泥溅出；拌和时，先将锅放在搅拌机的锅座上，升至搅拌位置，启动搅拌机，低速搅拌120s，停拌15s，同时将叶片锅壁上的水泥浆刮入锅中间，接着高速搅拌120s停机。

(3)标准稠度用水量的测定　拌和结束后，立即将拌制好的水泥净浆装入已置于玻璃板上的试模中，用小刀插捣，轻轻振动数次，刮去多余净浆；抹平后迅速将试模和底板移到维卡仪上，并将其中心定在试杆下，降低试杆直至与水泥净浆表面接触，拧紧螺钉拌1～2s后，突然放松，使试杆垂直自由沉入水泥净浆中。在试杆停止沉入或释放试杆30s时记录试杆距底板之间的距离，起试杆后，立即擦净；整个操作应在搅拌后1.5min内完成。以试杆沉入净浆并距底板6±1mm的水泥净浆为标准稠度净浆，其拌和水量为该水泥的标准稠度用水量(P)，以水泥质量的百分比计。

(4)当试杆距玻璃板小于5mm时，应适当减水，重复水泥浆的拌制和上述过程；若距离大于7mm时，则应适当加水，并重复泥浆的拌制和上述过程。

2)凝结时间的测定

(1)测定前准备工作　调整凝结时间，测定仪的试针接触玻璃板时的指针对准零点。

(2)试件的制备　以标准稠度净浆一次装满试模，振动数次刮平，立即放入湿气养护箱中。记录水泥全部加入水中的时间作为凝结时间的起始时间。

(3)初凝结时间的测定　试件在湿气养护箱中养护至加水后30min时进行第一次测定，测定时，从湿气养护箱中取出试模放到试针下，降低试针与水泥净浆表面接触。拧紧螺钉1～2s，突然放松，试针垂直自由地沉入水泥净浆。观察试针停止下沉或释放试针30s时指针的读数。当试针沉至距底板4±1mm时，为水泥达到初凝状态。由水泥全部加入水中至初凝状态的时间为水泥的初凝时间，用“min”表示。

(4)终凝时间的测定　为了准确观测试针沉入的状况，在终凝针上安装了一个环形附件[图3-10e)]，在完成初凝时间测定后，立即将试模连同浆体以平移的方式从玻璃板取出，翻转180°，直径大端向上，小端向下放在玻璃板上，再放入湿气养护箱中继续养护，临近终凝时间每隔15min测定一次，当试针沉入试体0.5mm时，即环形附件开始不能在试体上留下痕迹时，为水泥达到终凝状态，由水泥全部加入水中至终凝状态的时间为水泥的终凝时间，用“min”表示。

(5)测定时的注意事项　在最初测定的操作时应轻轻扶持金属柱，使其徐徐下降，以防试针撞弯，但结果以自由下落为准：在整个测试过程中试针沉入的位置至少要距试模内壁10mm，临近初凝时，每隔5min测定一次，临近终凝时每隔15min测定一次，到达初凝或终凝时立即重复测一次，当两次结论相同时才能定为到达初凝或终凝状态。每次测定不能让试针落入原针孔，每次测试完毕须将试针擦净并将试模放回湿气养护箱内，整个测试过程要防止试模受振。

注：可以使用能得出与标准中规定方法相同结果的凝结时间自动测定仪，使用时不必翻转试体。

3)标准稠度应用水量的测定(代用法)

(1)试验前的准备工作　检查维卡仪的金属棒能自由滑动;调整至试锥杆接触玻璃板时指针对准零点;搅拌机运行正常。

(2)水泥净浆的拌制　与标准法相同。

(3)标准稠度用水量的测定:

①采用代用法测定水泥标准稠度用水量可用调整水量和不变水量两种方法的任一种测定。

采用调整水量方法时拌和水量按经验找水,采用不变水量方法时拌和水量用142.5mL。

②拌和结束后,立即将拌制好的水泥净浆装入锥模中,从小刀插捣,轻轻振动数次,刮去多余的净浆:抹平后迅速放到试锥下面固定的位置上,将试锥降至净浆表面,拧紧螺钉1~2s后,突然放松,让试锥垂直自由地沉入水泥净浆中。到试锥停止下沉或释放试锥30s时记录试锥下沉深度,整个操作应在搅拌后1.5min内完成。

③用调整水量方法测定时,以试锥下沉深度28±2mm时的净浆为标准稠度净浆。其拌和水量为该水泥的标准稠度用水量P,按水泥质量的百分比计。如下沉深度超出范围需另称试样,调整水量,重新试验,直至达到28±2mm为止。

④用不变水量方法测定时,根据测得的试锥下沉深度S(mm),按式(3-19)(或仪器上对应标尺)计算得到标准稠度用水量P(%)。

$$P = 33.4 - 0.185S \tag{3-19}$$

当试锥下沉深度小于13mm时,应改用调整水量法测定。

水泥标准稠度用水量试验记录见表3-21。

水泥标准稠度用水量试验记录表　　表3-21

试验次数	水泥用量(g)	用水量(mL)	试锥(杆)下沉深度(mm)	标准稠度用水量(%)

水泥凝结时间记录见表3-22。

水泥凝结时间测定记录表　　表3-22

试验次数	标准稠度用水量(%)	加水时间(h,min,s)	初凝时(h,min,s)	终凝时(h,min,s)	初凝时间(h,min,s)	终凝时间(h,min,s)

试验者　　计算者　　审核者　　试验日期　　年　　月　　日

试验二十四　水泥安定性试验

一、试验目的

由于水泥成分中含有游离氧化钙、氧化镁及三氧化硫等,这些成分在水泥硬化过程中熟化缓慢。当混凝土产生强度后,仍继续熟化,引起混凝土膨胀而使建筑物开裂。本试验可检定由于游离氧化钙而引起水泥体积的变化,以表示水泥体积安定性是否合格。

安定性的测定方法可以用试饼法,也可以用雷氏法,有争议时以雷氏法为准。试饼法是观察水泥净浆试饼沸煮后的外形变化来检验水泥的体积安定性;雷氏法是测定水泥净浆在雷氏夹中沸煮后的膨胀值。

二、仪器设备

(1)沸煮箱　有效容积约为410mm×240mm×310mm,篦板结构应不影响试验结果,篦板与加热器之间的距离大于50mm。箱的内层由不易锈蚀的金属材料制成,能在30±5min内将箱内的试验用水由室温升至沸腾并可以保持沸腾状态3h以上,整个试验过程中不需补充水量。

(2)雷氏夹　由铜质材料制成,当一根指针的根部先悬挂在一根金属丝或尼龙丝上,另一根指针的根部再挂上300g质量的砝码时,两根指针的针尖距离增加应在17.5±2.5mm范围之内,当去掉砝码后针尖的距离能恢复至挂砝码前的状态。

(3)雷氏夹膨胀值测定仪 标尺最小刻度为1mm。

(4)玻璃板、抹刀、直尺。

(5)其他仪器设备与标准稠度用水量相同。

三、试验步骤

(1)采用雷氏夹测定时,每个雷氏夹需配备质量约75~80g的玻璃板两块;若采用试饼法测定,需准备两块约100 mm×100 mm的玻璃板。每种方法每个试样需成型两个试件。与水泥净浆接触的玻璃板和雷氏夹表面都要稍稍涂上一层油。

(2)稠度用水量加水,按水泥净浆的拌制方法制备标准稠度净浆。

(3)采用试饼法测定,将制好的净浆取出一部分分成两等分,使之呈球形,放在预先准备好的玻璃板上,轻轻振动玻璃板并用湿布擦净的小刀由边缘向中央抹动,作成直径70~80mm、中心厚约10mm、边缘渐薄、表面光滑的试饼,接着将试饼放入湿气养护箱内养护24±2h。

若采用雷氏法测定,将预先制备好的雷氏夹放在已稍擦油的玻璃板上,并立即将已制备好的标准稠度净浆装满试模。装模时一只手轻轻扶持试模,另一只手用宽约10 mm的小刀插捣15次左右然后抹平,盖上稍涂油的玻璃板,接着立即将试模移至湿气养护箱内养护24±2h。

(4)调整好沸煮箱内的水位,使之在整个沸煮过程中都能没过试件,不需中途添补试验用水,同时保证水在30±5min内能沸腾。

脱去玻璃板取下试件,用试饼法时,先检查试饼是否完整(如已开裂、翘曲,要检查原因,确定无外因时,该试饼已属不合格品,不必沸煮),在试饼无缺陷的情况下,将试饼放在沸煮箱的水中篦板上,然后在30±5min内加热至水沸腾,并恒沸3h±5min;当用雷氏法测定时,先测量试件指针尖端间的距离(A),精确到0.5mm,接着将试件放在水中篦板上,指尖朝上,试件之间互不交叉,30±5min内加热水至沸腾,并恒沸3 h±5min。

(5)沸煮结束后,放掉箱中的热水,打开箱盖,待箱体冷却至室温,取出试件进行判别:若为试饼法,目测未发现裂缝,用直尺检查也没有弯曲的试饼为安定性合格;反之为不合格。当两个试饼判别结果有矛盾时,该水泥的安定性为不合格;若为雷氏夹法,测量试件指针尖端间的距离(C),精确到0.5mm,当两个试件煮后增加距离($C-A$)的平均值不大于5.0mm时,即认为该水泥安定性合格;当两个试件的($C-A$)值相差超过4mm时,应用同一样品立即重做一次试验。

四、试验记录(见表 3-23)

表 3-23

试验次数	标准稠度用水量(%)	沸煮前指针尖端间的距离 A (mm)	沸煮后指针尖端间的距离 C (mm)	沸煮后增加距离 $C-A$ (mm)		安定性观察情况
					平均	

试验者　　　　计算者　　　　审核者　　　　试验日期　　年　　月　　日

注:试验用水必须是洁净的淡水,如有争议时也可用蒸馏水。

试验二十五　水泥胶砂软练法标准试件的制备及抗压、抗折强度的测定

一、试验目的

水泥胶砂强度检验(ISO 法)是为了确定水泥的强度等级。

二、仪器设备

1.行星式水泥胶砂搅拌机

行星式胶砂搅拌机(简称搅拌机)由胶砂搅拌锅和搅拌叶片及相应的机构组成,搅拌锅可以随意挪动,但可以很方便地固定在锅座上,而且搅拌时也不会明显晃动和转动;搅拌叶片呈扇形,搅拌时顺时针自转,外沿锅周边逆时针公转,并具有高低两种速度,属行星式搅拌机。

2.胶砂振实台

胶砂试体成型振实台(简称振实台)由跳动的台盘和使其跳动的轮等组成。台盘上有固定试模用的卡具,并连有两根起稳定作用的臂,轮由电机带动,通过控制器控制按一定的要求转动并保证使台盘平衡上升至一定高度后自由下落,其中心恰好与止动器撞击。卡具与模套连成一体,可沿与臂杆垂直方向向上转动不小于 100°。

3.试模与下料漏斗

(1)试模由三个水平的模槽组成。可同时成型三条截面 40mm × 40mm × 160mm。

(2)下料漏斗由漏斗和模套两部分组成。漏斗用厚为 0.5mm 的白铁皮制作,下料口宽度一般为 4 ~ 5mm。模套高度为 25mm,用金属材料制作,下料漏斗的质量为 2.5 ~ 2.0kg。

4.抗折试验机

通过三根圆柱轴的三个竖向平面应该平行,并在试验时继续保持平行和等距离垂直试体的方向,其中一根支撑圆柱和加荷圆柱能轻微地倾斜使圆柱与试体完全接触,以便荷载沿试体宽度方面均匀分布,同时不产生任何扭转应力。

5.抗压强度试验机用夹具

抗压强度试验机,在较大的量程范围内使用时,荷载应保证有 ± 1% 精度要求,能按 2400 ± 200N/s的速率加荷。人工操纵的试验机应配有一个速度动态装置以便于控制荷载增加。

压力机的活塞竖向轴在加荷时与压力机的竖向轴重合,活塞作用的合力要通过试件中心。压力机的下压板表面应与压力机的轴线垂直并在加荷过程中一直保持不变。

当需要使用夹具时，应把它放在压力机的上下压板之间并与压力机处于同一轴线，以便将压力机的荷载传递至胶砂件表面，夹具应符合 JC/T683 的要求，受压面积为 40mm × 40mm。夹具要保持清洁，球座应能转动，上压板从一开始就能适应试体的形状并在试验中保持不变。

6.刮平直尺和播料器

控制料层厚度和刮平锯割式刮平胶砂的专用工具。

7.其他

试验筛、天平、量筒等。

三、试验步骤

1.试件成型

成型前将试模擦净，应用黄干油等密封材料涂覆试模的外接缝，试模的内表面应涂上一薄层机油。

1)胶砂组成

(1)基准砂：

①ISO 基准砂(reference sand)，是由德国标准砂公司制备的 SiO_2 含量不低于 98%的天然的圆形硅质砂组成，其颗粒分布在下表 3-24 规定的范围内。

ISO 基准砂颗粒分布 表 3-24

方孔边长(mm)	累计筛余(%)	方孔边长(mm)	累计筛余(%)
2.0	0	0.5	67 ± 5
1.6	7 ± 5	0.16	87 ± 5
1.0	33 ± 5	0.08	99 ± 1

砂的筛析试验应用有代表性的样品来进行，每个筛子的筛析试验应进行至每分钟通过量小于 0.5g 为止。砂的含水量应小于 0.2%。

②中国 ISO 标准砂，完全符合 ISO 基准砂颗粒分布和含水量的规定，生产期间应对砂的质量每天至少测定一次。

(2)水泥：试验水泥从取样到试验要超过 24h 以上时，应把它储存在密封的容器里。

(3)仲裁试验或其他重要试验用蒸馏水，其他试验可用饮用水。

2)胶砂制备

(1)成型三个试体材料的需要量如表 3-25。

每锅胶砂的材料数量 表 3-25

水泥品种 \ 材料量	水泥	标准砂	水
硅酸盐水泥	450 ± 2	1350 ± 5	225 ± 1
普通硅酸盐水泥			
矿渣硅酸盐水泥			
粉煤灰硅酸盐水泥			
复合硅酸盐水泥			
石灰石硅酸盐水泥			

(2)水泥、砂、水和试验用具的温度与试验室相同，称量用的天平精度应为 ± 1g，当有自动滴管加 225mL 水时，滴管精度应达到 ± 1mL。

(3)每锅胶砂用搅拌机进行机械搅拌，先使搅拌机处于工作状态。水泥胶砂拌和的操作程序如下：先把水倒入锅内，再加入水泥，然后把锅放在固定架上，上升至固定位置后立即开动机器，低速搅拌 30s 后，在第二个 30s 开始的同时均匀地将砂子加入，当各级砂是分装时，从最粗粒级开始，依次将所需的砂倒入锅内，高速再拌和 30s 。停拌 90s 后，在第 1 个 15s 内用一胶皮刮具将叶片和锅壁上的胶砂刮入锅中间，再在高速下继续搅拌 60s。各个搅拌阶段，时间误差应在 ±1s 以内。

3)试件制备

(1)胶砂拌和后应立即成型。先把空试模和模套固定在振实台上，用一个小勺从搅拌锅里将胶砂分两层装入试模，装第一层时，每个模里约放 300g 胶砂，用大播料器垂直架在模套顶部沿每个模槽来回一次将料层播平，接着振实 60 次。再装入第二层胶砂，用小播料器播平，再振实 60 次，移走模套，从振实台上取下试模，用一金属直尺以近似 90°的角度架在试模模顶的一端，然后沿试模长度方向以横向锯割动作慢慢向另一端移动，一次将超过试模部分的胶砂刮去，并用同一直尺以近乎水平的情况下将试体表面抹平。在试模上作标记或加字条对试件编号。

(2)当使用代用振动台成型时，操作如下：

在搅拌胶砂的同时将试模和下料漏斗卡紧在振动台的中心。将搅拌好的全部胶砂均匀地装入下料漏斗中，开动振动台，胶砂通过漏斗流入试模。振动 120±5s 停车。振动完毕，取下试模，用刮平尺以规定的刮平手法刮去其高出试模的胶砂并抹平，接着在试模上作标记或用字条表明试件编号。

2.试样的养护

(1)去掉留在试模四周的胶砂，立即将作好标记的试模放入雾室或湿箱的水平架子上养护，湿空气应能与试模各边接触。养护时不应将试模放在其他试模上，一直养护到规定的脱模时间时取出脱模。脱模前，用防水墨汁或颜料笔对试体进行编号或做其他标记，对两个龄期以上的试体，在编号时应将同一试模中的三条试体分在二个以上龄期内。

(2)脱模应非常小心。对于 24h 龄期的，应在破型试验前 20min 内脱模，对于 24h 以上龄期的，应在成型后 20～24h 之间脱模。

注：如经 24h 养护，会因脱模对强度造成损害时，可以延迟至 24h 以后脱模，但在试验报告中应予说明。

已确定作为 24h 龄期试验(或其他不下水直接做试验)的已脱模试体，应用湿布覆盖至做试验时为止。

(3)将做好标记的试件立即水平或竖直放在 20±1℃水中养护，水平放置时刮平面应朝下，试件放在不易腐烂的篦子上，并彼此间保持一定间距，以让水与试件的六个面接触。养护期间试件之间间隔或试体上表面的水深不得小于 5mm。

注：不宜用木篦子。

每个养护池只养护同类型的水泥试件。最初用自来水装满养护池(或容器)，随后随时加水保持适当的恒定水位。不允许在养护期间全部换水，除 24h 龄期或延迟至 48h 脱模的试体外，任何到龄期的试体应在试验(破型)前 15min 从水中取出。揩去试体表面沉积物，并用湿布覆盖到试验为止。

(4)试体龄期是从水泥加水搅拌开始试验时算起，不同龄期强度试验在下列时间里进行：

24h±15min；48h±30min；72h±45min；7d±2h；28d±8h。

3.强度试验

1)抗折强度测定

将试体一个侧面放在试验机支撑圆柱上，试体长轴垂直于支撑圆柱，通过加荷圆柱以

50±10N/s的速率均匀地将荷载垂直地加在棱柱体相对侧面上，直至折断。

保持两上半截棱柱体处于潮湿状态直至抗压试验。

抗折强度 $f_{ce,m}$ 以牛顿每平方毫米(MPa)表示，按式(3-20)计算：

$$f_{ce,m} = \frac{1.5FL}{b^3} \tag{3-20}$$

式中：$f_{ce,m}$——标准试件的抗折强度(MPa)；

F——试件折断时施加在棱柱体中部的荷载(N)；

L——支撑圆柱之间的距离(mm)；

b——棱柱体正方形截面的边长(mm)。

2)抗压强度测定

在半截柱体的侧面上进行，半截棱柱中心与压力机压板受压中心板受压中心差应在±0.5mm内，棱柱体露在压板外的部分约有10mm。抗压强度 $f_{ce,c}$ 以牛顿每平方毫米(MPa)表示，按式(3-21)计算：

$$f_{ce,c} = \frac{F_c}{A} \tag{3-21}$$

式中：$f_{ce,c}$——试件的抗压强度(MPa)；

F_c——试件破坏时的最大荷载(N)；

A——试件受压部分面积(mm^2，$40mm \times 40mm = 1600mm^2$)

4.水泥的合格检验

(1)以一组三个棱柱体抗折结果的平均值作为试验结果。当三个强度值中有一个棱柱体抗折结果超出平均值±10%时，应剔除后再取平均值作为抗折强度试验结果。

(2)以一组三个棱柱体上得到的六个抗压强度测定值的算术平均值为试验结果。如六个测定值中有一个超出六个平均值的±10%，就应剔除这个结果，而以下五个的平均数为结果，如果五个测定值中再有超过它们平均数±10%的，则此组结果作废。

(3)各试体的抗折强度记录至0.1MPa，按规定计算平均值，计算精确到0.1MPa。各个半棱柱体得到的单个抗压强度结果至0.1MPa，按规定计算平均值，计算精确至0.1MPa。

(4)报告应包括所有各单个强度结果和计算出的平均值。

四、试验记录(表3-26)

抗折强度与抗压强度试验记录表 表3-26

试体编号	试体龄期	抗折强度					抗压强度			水泥强度
		破坏荷载 P(N)	支点间距 L(mm)	试体尺寸		抗折强度 R_f(MPa)	破坏荷载 P(N)	受压面积 S(mm^2)	抗压强度 R_c(MPa)	
				宽度 b(mm)	高度 h(mm)					

试验者　　计算者　　审核者　　试验日期　　年　　月　　日

复习思考题

1.试述石灰的煅烧、消化和硬化的化学反应过程，并说明其强度形成原理。

2.生石灰与消石灰有什么不同？生石灰、生石灰粉与消石灰粉主要技术指标是什么？

3.生石灰在使用前为什么要先进行“陈伏”？磨细生石灰为什么可不经“陈伏”而直接应用？

4.解释石灰浆塑性好、硬化慢、硬化后强度低但不耐水的原因。

5.硅酸盐水泥熟料矿物成分有哪些？它们相对含量的变化对水泥性能有什么影响？

6.现有甲、乙两厂生产的硅酸盐水泥熟料，其矿物组成见表3-27，若用其分别制成硅酸盐水泥，试估计和比较它们强度增长和水化反应速度、水化热等性质有何差异？

表3-27

生产厂	熟料矿物组成(%)			
	C_3S	C_2S	C_3A	C_4AF
甲	52	21	13	14
乙	47	28	7	18

7.引起水泥体积安定性不良的原因有哪些？安定性不良的水泥应如何处理？

8.什么是水泥的凝结时间？凝结时间对水泥混凝土的施工具有什么意义？

9.掺活性混合材料为什么能改善水泥的抗腐蚀性能？

10.如何按技术指标来判断水泥的质量？

11.进场32.5MPa普通硅酸盐水泥，送试验室检验，28d强度结果如下：

抗压破坏荷载：54.0kN，53.5kN，56.0kN，52.0kN，55.0kN，54.0kN；

抗折破坏荷载：2.83kN，2.81kN，2.82kN。

问：该水泥28d试验结果是否达到原等级强度？该水泥存放期已超过三个月，可否凭上述试验结果判定该水泥仍按原强度等级使用？

12.某52.5R普通硅酸盐水泥，在试验室进行强度检验，3d强度符合要求，现又测得其28d的抗折破坏荷载分别为：4280N、4160N、4000N；28d的抗压破坏荷载分别为：92.5×10^3N、93.5×10^3N、92.0×10^3N、94.5×10^3N、96.0×10^3N、97.0×10^3N，试评定该水泥的强度是否符合标准要求？

第四章　普通水泥混凝土、稳定土和建筑砂浆

【内容简介和学习目标】

本章介绍普通水泥混凝土的组成材料、技术性质、设计方法和质量控制。同时简要介绍其他混凝土的功能。

通过本章学习，学生能描述普通水泥混凝土的主要技术性质，知道影响水泥混凝土质量的因素，会进行混凝土配合比组成设计和质量评定，能描述其他混凝土的特性。

水泥混凝土是道路与桥梁工程建设中应用最广泛、用量最大的建筑材料之一。随着现代高等级公路的发展，水泥混凝土与沥青混凝土一样，成为高等级路面的主要建筑材料。在现代公路桥梁中，钢筋混凝土桥是最主要的一种桥型，广泛应用于高等级公路工程中。作为未来的道路与桥梁的建设者，必须熟悉水泥混凝土的基本理论和试验技能。

普通水泥混凝土(简称混凝土)干表观密度一般在 1900 ~ 2500kg/m^3 之间。是以水泥和水组成的水泥浆体为粘结介质，将分散其间的不同粒径的粗、细集料胶结起来(必要时加入适量外加剂或矿物掺和料)，在一定的条件下，硬化成为具有一定力学性能的人造石材。

路面及桥梁结构中常用的混凝土，干表观密度一般为 2350 ~ 2500kg/m^3；常用 2400kg/m^3。大跨度钢筋混凝土桥梁用轻混凝土干表观密度为 1900kg/m^3。按照强度划分，水泥混凝土有低强度混凝土(抗压强度小于 20MPa)、中强度混凝土(抗压强度 20 ~ 50MPa)和高强度混凝土(抗压强度大于 50MPa)三类。

第一节　普通水泥混凝土的组成材料

一、水泥混凝土组成材料的要求

水泥混凝土是由水泥、细集料、粗集料、水、外加剂和矿物掺和料组成。其中，水和水泥组成水泥浆，在凝结硬化前起润滑作用，凝结硬化后起胶结作用，硬化后成为水泥石。集料起骨架填充作用，加入不超过 5% 的外加剂可以改善混凝土的性能，加入矿物掺和料可以提高混凝土的强度，所以混凝土是一种复合材料。一般情况下，细集料的外观体积应该能填满粗集料的空隙，组成较为密集的堆积体，粗、细集料也称为分散相或粒子相。而水泥浆具有胶凝作用，在混凝土中连续分布，把集料牢固地胶结成一个整体，使两相物质共同抵抗外力作用和环境对混凝土的侵蚀作用。

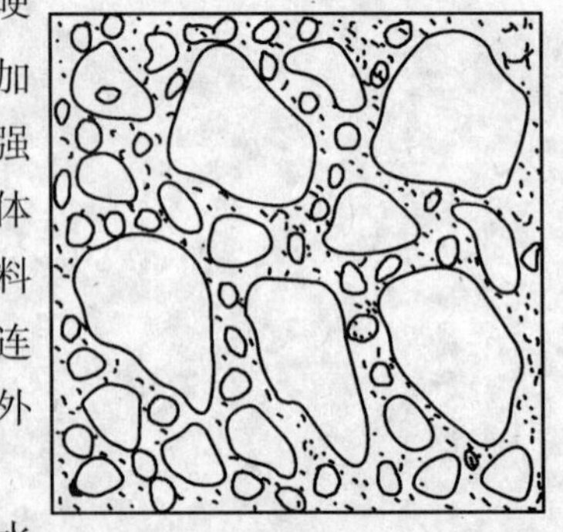

图 4-1　普通混凝土结构示意图

混凝土的结构示意图如图 4-1 所示，图中最小黑点代表未水化水泥粒子。

1.水泥

(1)水泥品种的选择　水泥在混凝土组成材料中的费用最高，所以在选择水泥的品种和强度时必须慎重。配制水泥混凝土一般可采用硅酸盐水泥、普通硅酸盐水泥、矿渣硅酸盐水泥、火山灰硅酸盐水泥和粉煤灰硅酸盐水泥。必要时也可采用快硬硅酸盐水泥或其他水泥。水泥的性能必须符合现行国家有关标准的规定。一般常根据混凝土工程的特点、所处环境、施工气候和条件等因素，参考表4-1选择。

常用水泥品种的选用参考表　　表4-1

项次	混凝土结构环境条件或特殊要求	优先使用	可以使用	不得使用
1	地面以上不接触水流的普通环境中	硅酸盐水泥 普通水泥	矿渣水泥 火山灰水泥 粉煤灰水泥	
2	干燥环境中	硅酸盐水泥 普通水泥	矿渣水泥	火山灰水泥 粉煤灰水泥
3	受水流冲刷或冰冻	硅酸盐水泥 普通水泥	矿渣水泥	火山灰水泥 粉煤灰水泥
4	处于河床最低冲刷线以下	矿渣水泥 火山灰水泥 粉煤灰水泥	硅酸盐水泥 普通水泥	
5	严寒地区露天或寒冷地区水位升降范围内	硅酸盐水泥 普通水泥	矿渣水泥 (强度等级＞32.5)	火山灰水泥 粉煤灰水泥
6	严寒地区水位升降范围内	硅酸盐水泥 普通水泥 (强度等级＞42.5)		矿渣水泥 火山灰水泥 粉煤灰水泥
7	厚大体积结构施工时要求水化热低	矿渣水泥 粉煤灰水泥	普通水泥 火山灰水泥	硅酸盐水泥 快硬水泥
8	要求快速脱模	硅酸盐水泥 快硬水泥	普通水泥	
9	低温环境施工要求早强	硅酸盐水泥 快硬水泥	普通水泥	
10	蒸汽养护	矿渣水泥 火山灰水泥 粉煤灰水泥	硅酸盐水泥 普通水泥	
11	要求抗渗	普通水泥 火山灰水泥 粉煤灰水泥	硅酸盐水泥	矿渣水泥
12	要求耐磨	硅酸盐水泥 普通水泥	矿渣水泥(强度等级＞42.5) 快硬水泥	火山灰水泥 粉煤灰水泥
13	接触侵蚀性环境中	根据侵蚀介质种类、浓度等具体条件，按有关规定或通过试验选用		

(2)水泥商品强度的选择　选用水泥商品强度应与要求配制的混凝土强度相适应。如用高强度水泥配制低强度混凝土，从强度考虑，少量水泥就能满足要求，但为满足工作性和耐久

性的要求，就要额外增加水泥用量，造成水泥的浪费。如用低强度水泥配制高强度混凝土，一方面会加大水泥用量造成浪费，另一方面需要减少用水量以保证混凝土的强度，给施工造成困难。经验表明，一般以水泥强度等级（以 MPa 为单位）为混凝土强度等级的 1.1 ~ 1.6 倍为宜，配制强度等级较高的混凝土时，以水泥强度等级（以 MPa 为单位）为混凝土强度等级的 0.7 ~ 1.2 倍。但是，随着混凝土要求的强度等级不断提高，近代高强混凝土并不受此比例的约束。水泥混凝土路面用水泥的商品强度与品种的选择，应根据路面的交通等级所要求的设计抗折强度确定，如表 4-2。

水泥混凝土路面用水泥的商品强度与品种选用表 表 4-2

交通等级	混凝土设计抗折强度（MPa）	水泥商品强度与品种	交通等级	混凝土设计抗折强度（MPa）	水泥商品强度与品种
特重	5.0	525P，525D	中等	4.5	425PO，425D，525PS
重	5.0	525P，525PO，525D，425D	轻	4.0	425PO，425PS

注：P、PO、D 和 PS 分别代表硅酸盐水泥、普通硅酸盐水泥、道路硅酸盐水泥和矿渣硅酸盐水泥。

2.细集料

为获得品质优良的混凝土，砂应具有高的密度和小的比表面，并符合级配范围规定的要求。混凝土用砂的级配范围根据《建筑用砂》（GB/T 14684—2001）的规定，砂按细度模数分为粗砂（3.7 ~ 3.1）、中砂（3.0 ~ 2.3）和细砂（2.2 ~ 1.6）；按技术要求分为 I、II、III 区砂，如表 4-3。I 区砂宜用于强度等级大于 C60 的混凝土，II 区砂宜用于强度等级大于 C30 ~ C60 的混凝土，III 区砂宜用于强啡等级小于 C30 的混凝土和建筑砂浆。建筑用砂的技术要求主要包括：颗粒级配、含泥量、石粉含量和泥块含量，有害物质及坚固性等。

砂的颗粒级配区规定表 表 4-3

级配区	筛孔尺寸（mm）						
	9.5	4.75	2.36	1.18	0.60	0.30	0.15
	累计筛余（%）						
I 区	0	10 ~ 0	35 ~ 5	65 ~ 35	85 ~ 71	95 ~ 80	100 ~ 90
II 区	0	10 ~ 0	25 ~ 0	50 ~ 10	70 ~ 41	92 ~ 70	100 ~ 90
III 区	0	10 ~ 0	15 ~ 0	25 ~ 0	40 ~ 16	85 ~ 55	100 ~ 90

（1）混凝土用砂的质量指标应符合表 4-4 要求。

普通混凝土用砂质量标准 表 4-4

技术指标				技术要求		
				I 级	II 级	III 级
人工砂	压碎指标（%）		<	20	25	30
	甲基蓝试验	*MB* 值 < 1.4 或合格	石粉含量（%）<	3.0	5.0	7.0
			泥块含量（%）<	0	1.0	2.0
		MB 值 ≥ 1.4 或合格	石粉含量（%）<	1.0	3.0	5.0
			泥块含量（%）<	0	1.0	2.0
天然砂	含泥量（%）		<	1.0	3.0	5.0
	泥块含量（%）		<	0	1.0	2.0

续上表

技术指标			技术要求		
			I级	II级	III级
有害杂质含量(%)	氯化物含量(按氯离子质量计)	<	0.01	0.02	0.06
	云母含量	<	1.0	2.0	2.0
	有机物含量(比色法)(%)		合格	合格	合格
	硫化物及硫酸盐(按 SO_3 质量计)(%)	<	0.5	0.5	0.5
	轻物质含量	<	1.0	1.0	1.0
坚固性(质量损失)(%)		<	8	8	10
密度和空隙率			表观密度 > 2500kg/m^3;松散堆积密度 > 1350kg/m^3;空隙率 < 47%		

(2)桥涵和路面水泥混凝土用砂质量标准　桥涵和路面水泥混凝土用砂质量要求应符合规定要求。但对 C30 以上的桥涵混凝土和要求有抗冻、抗渗的混凝土,砂的压碎指标不应大于35%;对 C30 以下的混凝土,砂的压碎指标不应大于50%。坚固性试验时,循环5次,砂的总质量损失不应大于10%。

(3)砂浆用砂的质量要求　砂浆用砂宜选用中砂或粗砂,用细砂时应增加水泥用量。砂的最大粒径,砌筑片石不超过5mm,砌筑块石、料石和砖时,不超过2.5mm。砂浆抗压强度≥5MPa 时,砂含泥量不超过5%;砂浆抗压强度 < 5MPa 时,砂含泥量不超过7%,其他技术要求与水泥混凝土用砂相同。

(4)砂的饱和面干含水率　砂的含水状态可分为如图4-2所示的几种状态。当砂在表面干燥而颗粒内部的空隙含水饱和时,称为饱和面干含水率。常用 SSD 表示。在计算混凝土各项材料的配合比时,理应以饱和面干的砂为准。

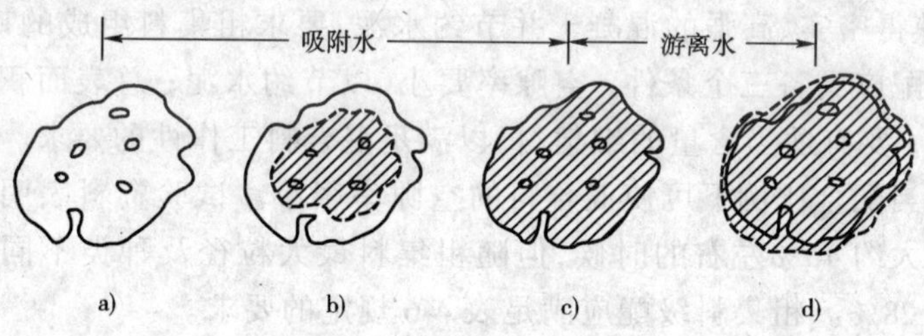

图4-2　砂的含水状态

(5)砂的湿胀　当砂含水量超过某一数值后,外观体积显著增大,这是由于在砂粒表面包裹一层水膜,小颗粒被水膜吸着,不能滑移到大颗粒间的空隙中,使颗粒间的距离加大。一般情况下,当含水率达5%~8%,砂的体积可增加20%~30%。但随含水率增加,水膜进入颗粒间的空隙,砂外观体积又缩小。

砂一般在露天堆放,容易受天气影响而使体积变化,施工时若按体积收方或配制混凝土及砂浆时,应事先测出该砂在各种含水率时的体积换算系数,以便进行换算。

3.粗集料

普通混凝土中采用的粗集料主要是碎石和卵石,其质量要求有:

(1)强度　为保证混凝土的强度、碎石或卵石的强度,可用岩石立方体强度和压碎值指标两种方法检验。如混凝土强度等级为 C60 或以上时，用于混凝土的碎石应进行抗压强度检验。岩石抗压强度与混凝土抗压强度等级之比不应小于 1.5，且岩浆岩不宜低于 80MPa，变质岩不宜低于 60MPa，沉积岩不宜低于 30MPa。根据国标《建筑用卵石、碎石》(GB/T 14685—2001)规定，按照技术要求将粗集料分为 I 级、II 级、III 级，具体要求见表 4-5。

碎石和卵石技术要求　　表 4-5

技术指标		技术要求		
		I 级	II 级	III 级
碎石压碎指标(%)	<	10	20	30
卵石压碎指标(%)	<	12	16	16
针片状颗粒含量(%)	<	5	15	25
含泥量(%)	<	0.5	1.0	1.5
泥块含量(%)	<	0	0.5	0.7
有机物含量(比色法)		合格	合格	合格
硫化物及硫酸盐含量(按 SO_3 质量计)(%)	<	0.5	1.0	1.0
坚固性(质量损失)(%)	<	5	8	12
岩石抗压强度(MPa)		在饱水状态下，火成岩应不小于 80；变质岩应不小于 60；水成岩应不小于 30		
密度与空隙率		表观密度 > 2500kg/m^3；松散堆积密度 > 1350kg/m^3；空隙率 < 47%		
碱集料反应		经碱集料反应试验后，由卵石、碎石配制的试件无裂缝、酥裂、胶体外溢等现象，在规定试验龄期的膨胀率应小于 0.10%		

(2)坚固性　为保证混凝土的耐久性，粗集料应具有足够的坚固性。碎石或卵石的坚固性是指集料在气候、环境变化或其他物理因素作用下抵抗碎裂的能力。混凝土用粗集料坚固性用硫酸钠溶液法检验，试样经 5 次循环后，其质量损失应符合表 4-5 规定。

(3)级配　为获得密实、高强的混凝土并节约水泥，要求粗集料组成的矿质混合料有良好的级配。较好的级配应具备三个条件，空隙率要小，以节约水泥；总表面积要小，以减少湿润集料表面的需水量；要有适当含量的细集料，以满足混合料工作性的要求。

粗细集料在适当配合比例下可使混合料的空隙率很小。试验资料表明，最小空隙率一般出现在细集料含量大约 40% 左右的时候，但随粗集料最大粒径及种类不同而有变化，其最小空隙率约为 20% ~ 28%。粗集料级配应满足表 4-6 规定的要求。

碎石和卵石的颗粒级配范围　　表 4-6

级配情况	序号	公称粒级(mm)	筛孔尺寸(方孔筛，mm)											
			2.36	4.75	9.5	16.0	19.0	26.5	31.5	37.5	53.0	63.0	75.0	90
			累计筛余(按质量计%)											
连续粒级	1	5 ~ 10	95 ~ 100	80 ~ 100	0 ~ 15	0	—	—	—	—	—	—	—	—
	2	5 ~ 16	95 ~ 100	90 ~ 100	30 ~ 60	0 ~ 10	—	—	—	—	—	—	—	—
	3	5 ~ 20	95 ~ 100	90 ~ 100	40 ~ 80	—	0 ~ 10	0	—	—	—	—	—	—
	4	5 ~ 25	95 ~ 100	90 ~ 100	—	30 ~ 70	—	0 ~ 5	0	—	—	—	—	—
	5	5 ~ 31.5	95 ~ 100	90 ~ 100	70 ~ 90	—	15 ~ 45	—	0 ~ 5	0	—	—	—	—
	6	5 ~ 40		95 ~ 100	75 ~ 90	—	30 ~ 65	—	—	0 ~ 5	0	—	—	—

续上表

级配情况	序号	公称粒级（mm）	筛孔尺寸（方孔筛，mm）											
			2.36	4.75	9.5	16.0	19.0	26.5	31.5	37.5	53.0	63.0	75.0	90
			累计筛余（按质量计%）											
单粒级	1	10~20	—	95~100	85~100	—	0~10	0	—	—	—	—	—	—
	2	16~31.5	—	95~100	—	85~100	—	—	0~10	0	—	—	—	—
	3	20~40	—	—	95~100	—	80~100	—	—	0~10	0	—	—	—
	4	31.5~63	—	—	—	95~100	—	—	75~100	45~75	—	0~10	0	—
	5	40~80	—	—	—	—	95~100	—	—	70~100	—	30~60	0~10	0

(4)最大粒径选择　粗集料中公称粒级的上限称为该粒级的最大粒径。新拌混凝土随最大粒径的增大，单位用水量相应减少。在固定用水量和水灰比的条件下，加大最大粒径，可获得较好的工作性。通常在结构断面允许条件下，尽量增大最大粒径以节约水泥（注意最大粒径时的最大抗拉强度会降低）。规范规定：混凝土用粗集料，其最大颗粒粒径不得大于结构截面最小尺寸的1/4，同时不得大于钢筋间最小净距的3/4。对于混凝土实心板、允许采用最大粒径为1/2板厚的颗粒级配，但最大粒径不得超过50mm。

(5)表面特征和形状　碎石配制的混凝土具有较高强度，卵石配制的混凝土具有较好的工作性。粗集料的颗粒接近正立方体者为佳，不宜含有较多针、片状颗粒。针状颗粒指颗粒长度大于该颗粒所属粒级平均粒径的2.4倍者；片状颗粒指颗粒厚度小于该颗粒所属粒级平均粒径的0.4倍者。混凝土用粗集料针、片状颗粒限值见表4-5。

(6)有害杂质含量　其含量限值见表4-5。

(7)碱活性检验　对于重要的水泥混凝土工程用粗集料，应进行集料碱活性检验。可采用下列方法鉴定集料与碱发生潜在有害反应，即水泥混凝土碱—硅酸盐反应和碱—硅酸反应的可能性。

①用岩相法检验确定哪些集料可能与水泥中的碱发生反应。当集料中下列材料含量为1%或更少时即有可能成为有害反应的集料，这些材料包括下列形式的二氧化硅：蛋白石、玉髓、鳞石英、方石英；在流纹岩、安山岩或英安岩中可能存在的中性重酸性（富硅）的火山玻璃，某些沸石和千枚岩等。

②用砂浆长度法检验集料产生有害反应的可能性。如果用高碱硅酸盐水泥制成的砂浆长度膨胀率3个月低于0.05%，或者6个月低于0.10%即可判定为非活性集料。超过上述数值时，应通过混凝土试验结果作出最后评定。

4.混凝土拌和用水

清洗集料、拌和混凝土及养生用的水，不应含有影响混凝土质量的油、酸、碱、盐类、有机物等。可饮用的水一般都能拌制混凝土。在对水质有疑问时，可将待检验水配制水泥砂浆或混凝土，并测定其28d抗压强度（若有早期强度要求时，需增做7d抗压强度），其强度值不应低于蒸馏水（或符合国家标准的生活用水）拌制的相应砂浆或混凝土抗压强度的90%，则该水可用于拌制混凝土。对混凝土拌和用水的要求见表4-7。

二、水泥混凝土外加剂

在水泥混凝土中应用外加剂的工程技术效益显著，受到国内外工程界的普遍重视，近几十年来,外加剂发展很快,品种愈来愈多,已成为混凝土组成材料的第五种组分。混凝土外加剂是在拌制混凝土过程中掺入,用以改善混凝土性质的物质。掺量不大于水泥质量的5%(特殊情况除外)。

混凝土拌和用水质量要求 表4-7

项　目	素混凝土	钢筋混凝土	预应力混凝土
pH值,不小于	4	4	4
不溶物(mg/L)不大于	5000	2000	2000
可溶物(mg/L)不大于	10000	5000	2000
氧化物(以 Cl^- 计)(mg/L)不大于	3500	1200	500*
硫酸盐(以 SO_4^{2-} 计)(mg/L)不大于	2700	2700	600
硫化物(以 S^{2-} 计)(mg/L)不大于	—	—	100

1.外加剂类型

混凝土外加剂品种繁多,通常每种外加剂具有一种或多种功能,按照主要功能分类见表4-8。

外加剂分类 表4-8

外加剂功能	外加剂类型	外加剂功能	外加剂类型
改善混凝土拌和物流变性能	减水剂、引气剂、泵送剂、保水剂等	改善混凝土耐久性	引气剂、阻锈剂、防水剂、抗渗剂等
调节混凝土凝结时间、硬化速度	缓凝剂、早强剂、速凝剂等	为混凝土提供特殊性能	膨胀剂、防冻剂、着色剂、碱-集料反应抑制剂等
调节混凝土体中含气量	引气剂、加气剂、泡沫剂、消泡剂等		

按照化学成分,外加剂分为无机化合物类和有机化合物类。无机化合物类主要是无机电解质盐类,如早强剂 $CaCl_2$ 和 Na_2SO_4 等。有机化合物外加剂包括某些有机化合物及其复盐、表面活性剂类。目前混凝土中所用的减水剂和引气剂多属于表面活性剂。

2.各种外加剂名称、主要功能及组成材料(表4-9)

外加剂名称、主要功能及组成材料 表4-9

外加剂类型	主 要 功 能	材　料
普通减水剂	(1)在混凝土和易性及强度不变的条件下,可节省水泥5%~10%; (2)在保证混凝土工作及水泥用量不变的条件下,可减少用水量10%左右,混凝土强度提高10%左右; (3)在保持混凝土用水量及水泥用量不变条件下,可增大混凝土流动性	(1)木质磺酸盐类(木钙、木镁、木钠); (2)腐殖酸类; (3)烤胶类
高效减水剂	(1)在保证混凝土工作性及水泥用量不变的条件下,减少用水量15%左右,混凝土强度提高20%左右; (2)在保持混凝土用水量及水泥用量不变的条件下,可大幅度提高混凝土拌和物流动性; (3)可节省水泥10%~20%	(1)多环芳香族磺酸盐类(萘系磺化物与甲醛缩合的盐类); (2)水溶性树脂磺酸盐类(磺化三聚氰胺树脂、磺化古玛隆树脂)

续上表

外加剂类型	主要功能	材料
引气剂及引气减水剂	(1)提高混凝土耐久性和抗渗性; (2)提高混凝土拌和物和易性,减少混凝土泌水离析; (3)引气减水剂还有减水剂的功能	(1)松香树脂类(松香热聚物、松香皂); (2)烷基苯磺酸盐类(烷基苯磺酸盐、烷基苯酚聚氧乙烯醚); (3)脂肪醇磺酸盐类(脂肪醇聚氧乙烯醚、脂肪醇聚氧乙烯磺酸钠)
早强剂及早强减水剂	(1)提高混凝土的早期强度; (2)缩短混凝土的蒸养时间; (3)早强减水剂还有减水剂功能	(1)氯盐类(氯化钙、氯化钠); (2)硫酸盐类(硫酸钠、硫代硫酸钠); (3)有机胺类(三乙醇胺、三异丙醇胺)
缓凝剂及缓凝减水剂	(1)延缓混凝土的凝结时间; (2)降低水泥初期水化热; (3)缓凝减水剂还有减水剂的功能	(1)糖类(糖钙); (2)木质素磺酸盐类(木钙、木钠木镁); (3)羟基羧酸及其盐类(柠檬酸、酒石酸钾钠); (4)无机盐类(锌盐、硼酸盐、磷酸盐)
膨胀剂	使混凝土体积在水化、硬化过程中产生一定膨胀,减少混凝土干缩裂缝,提高抗裂性和抗渗性能	(1)硫铝酸钙类(明矾石、CSA 膨胀剂); (2)氧化钙类(石灰膨胀剂); (3)氧化镁类(氧化镁); (4)金属类(铁屑); (5)复合类(氧化钙、硫铝酸剂)

3.各种混凝土工程对外加剂的选择(表 4-10)

各种混凝土工程对外加剂的选择

表 4-10

序号	工程项目	选用目的	选用剂型
1	自然条件下的混凝土工程和构件	改善工作性、提高早期强度,节约水泥	各种减水剂,常用木质素类
2	太阳直射下施工	缓凝	缓凝减水剂,常用糖蜜类
3	大体积混凝土	减少水化钠	缓凝剂、缓凝减水剂
4	冬期施工	早强、防寒、抗冻	早强减水剂、早强剂、抗冻剂
5	流态混凝土	提高流动度	非引气型减水剂,常用 FDN、UNF
6	泵送混凝土	减少坍落损失	泵送剂、引气剂、缓凝减水剂,常用 FDNP、UNF-5
7	高强混凝土	C50 以上混凝土	高效减水剂、非引气减水剂、密实剂
8	灌浆、补强、填缝	防止混凝土收缩	膨胀剂
9	蒸养混凝土	缩短蒸养时间	非引气高效减水剂、早强减水剂
10	预制构件	缩短生产周期,提高模具周转率	高效减水剂、早强减水剂
11	滑模工程	夏季宜缓凝	普通减水剂木质素类或糖蜜类
		冬季宜早强	高效减水剂或早强减水剂
12	大模板工程	提高和易性,一天强度能拆模	高效减水剂或早强减水剂
13	钢筋密集的构造物	提高和易性,利于浇筑	普通减水剂、高效减水剂
14	耐冻融混凝土	提高耐久性	引气高效减水剂
15	灌注桩基础	改善和易性	普通减水剂、高效减水剂
16	商品混凝土	节约水泥,保证运输后的和易性	普通减水剂、缓凝型减水剂

有些外加剂含氯、硫和其他杂质，对混凝土的耐久性有影响，应限制使用，其限制规定如表4-11。

外加剂限制使用规定 表 4-11

外加剂名称	不得使用的混凝土工程
氯盐、含氯盐的早强剂、含氯盐的早强减水剂	(1)在高湿度空气环境中使用的结构(排出大量蒸汽的)； (2)处于水位升降部位的结构； (3)露天结构或经常受水淋的结构； (4)有镀锌钢材或铝铁相接触部位的结构，以及有外露钢筋预埋件而无防护措施的结构； (5)与含有酸、碱或硫酸盐等侵蚀性介质相接触的结构； (6)使用过程中经常处于环境温度为60℃以上的结构； (7)使用冷拉钢筋、冷轧或冷拔钢丝的结构； (8)薄壁结构； (9)预应力混凝土结构； (10)蒸养混凝土构件
硫酸盐及其复合剂	(1)有活性集料的混凝土； (2)有镀锌钢材或铝铁相接触部位的结构； (3)有外露钢筋预埋件而无防护措施的结构

第二节 普通水泥混凝土的技术性质

一、新拌水泥混凝土的工作性

优质的新拌混凝土应该具有：满足输送和浇捣要求的流动性；不为外力作用产生脆断的可塑性；不产生分层、泌水的稳定性；易于浇捣密致的密实性。

1.工作性的涵义

工作性是指混合料具有流动性、可塑性、稳定性、易密性的综合性能。

(1)流动性　指混合料在本身自重或施工机械振捣作用下，克服内摩阻力而产生流动，从而能均匀密实地填满模板各部位的一种性能。它主要决定于粗集料、细集料、水泥三种固相物质与液相水的比率。增加用水量可使流动性显著提高。

(2)可塑性　指混合料在外力作用下产生塑性流动的能力。它与集灰比(集料与水泥的比值)和集料级配有关，降低集灰比和改善集料级配，可使可塑性增大。

(3)稳定性　指混合料在外力作用下，集料在水泥浆体中保持均匀分布的能力。即混合料中固体颗粒的重力不致使混合料产生分层和严重泌水。

(4)易密性　混合料在进行捣实或振动过程中克服内摩阻力而达到致密的能力。即混合料在振捣过程中所耗功的大小。

混合料的工作性是上述四种基本性能的综合概念。这四种性能既互相关联又互相矛盾，例如加大用水量可增加混合料的流动性，但对可塑性和稳定性不利，并对混凝土的强度损失很明显。要求稳定性好，混合料应具有较高的内聚性，而易密性则要求混合料具有较小的内聚力。

2.工作性的测定方法

混凝土拌和物工作性常用的测定方法,有坍落度试验和维勃稠度试验两种。坍落度试验适用于塑性混凝土;维勃稠度试验适用于干硬性混凝土。

(1)坍落度试验　坍落度试验是用标准坍落度圆锥筒测定。将被测的混合料拌和物分三层装入标准圆锥筒内(使捣实后每层高度为筒高的1/3左右),每层用捣棒沿螺旋线方向从外向内均匀地插捣25次。多余试样用镘刀刮平,然后垂直提取圆锥筒,测量筒高与坍落后混凝土混合料试体最高点之间的高差,即为新拌混凝土拌和物的坍落度(精确至5mm)。如图4-3所示。

若试体沿一边斜面下滑或向四周崩溃,是混合料中水泥浆不足,黏聚性不好的表现。进行坍落度试验的同时,应观察混凝土拌和物的黏聚性、保水性和含砂等情况,以便全面地评价混凝土拌和物的工作性。

坍落度试验只适用于最大粒径不大于40mm的塑性混合料。对水泥浆丰富的混合料的稠度变化才比较敏感,而且相同的混合料,不同的试样,测试值可能差别较大,受试验条件和测试人员的熟练水平影响较明显;细砂混凝土混合料比粗中砂混凝土混合料测得的坍落度小。故坍落度不是满意的工作性能指标。

(2)维勃稠度试验　坍落度小于10mm的新拌混凝土,可采用维勃稠度仪测定其工作性。

维勃稠度试验方法是将坍落度筒放在直径为240mm,高度为200mm的圆筒中,圆筒安置在专用的振动台上,按坍落度试验方法将新拌混凝土装入坍落度筒内,提起坍落度筒,将附有滑杆的透明圆盘放在混凝土拌和物顶部。开动振动台并记录时间,从开始振动到透明圆盘底面被水泥浆布满瞬间止,所经历的时间,以秒计(精确至1s),即为新拌混凝土的维勃稠度值。如图4-4所示。

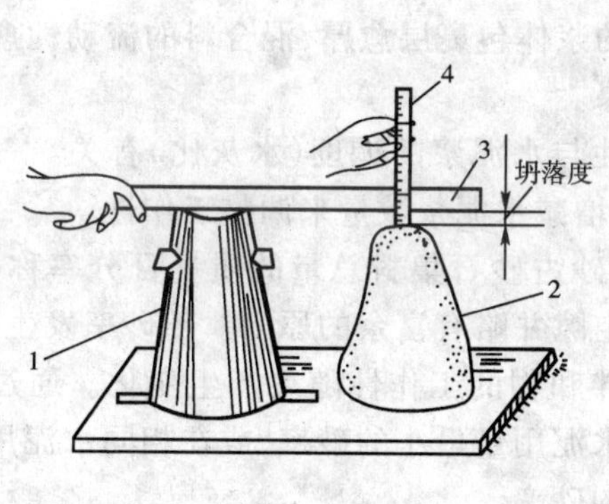

图4-3　混凝土坍落度试验

1-坍落度筒;2-混凝土拌和物;3-直尺;4-钢尺

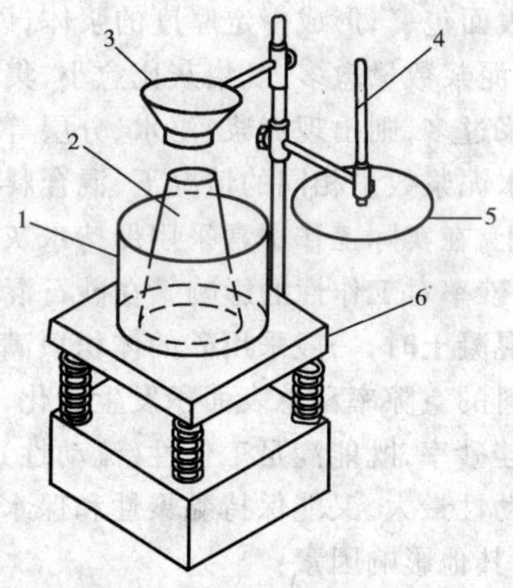

图4-4　维勃稠度仪

1-圆柱形容器;2-坍落度筒;3-漏斗;4-测杆;5-透明圆盘;6-振动台

这种测定方法适用于集料粒径不大于40mm,维勃稠度在5~30s之间的混合料稠度的测定。对于干硬性混凝土和特细砂、细砂混凝土的混合料较为适用。

3.工作性的选择

混凝土拌和物的工作性,依据结构物的断面尺寸、钢筋配置的疏密以及捣实的机械类型和施工方法等来选择。一般对无筋厚大结构、钢筋配置稀疏和易于施工的结构,尽可能选用较小的坍落度,以节约水泥。反之,对断面尺寸较小、形状复杂或配筋特密的结构,应选用较大的坍落度,以保证施工质量。公路桥涵用混凝土拌和物的坍落度,参考表4-12选用。

公路桥涵用混凝土拌和物的坍落度 表4-12

项次	结构种类	坍落度(mm)
1	桥涵基础、仰拱、挡土墙及大型制块等便于浇筑捣实的结构	0~20
2	上列桥涵墩台等工程中较不便施工处	10~30
3	普通配筋的钢筋混凝土结构如钢筋混凝土板、梁、柱等	30~50
4	钢筋较密、断面较小的钢筋混凝土结构(梁、柱、墙等)	50~70
5	钢筋配置特密、断面高而狭小极不便灌注捣实的特殊结构部位	70~90

水泥混凝土路面用道路混凝土拌和物的工作性,坍落度宜为10~25mm,坍落度小于10mm时,采用维勃稠度仪测验维勃时间宜为10~30s。

4.影响新拌混凝土工作性的因素

新拌混凝土工作性的影响因素主要有混合料的单位用水量、集灰比、水灰比和砂率,具体表现在混合料中水泥浆的数量与稠度以及砂石用量的比例上。此外,与组成材料的品种和环境温度、拌和后经历的时间等因素有关。

(1)单位用水量的影响　根据试验分析表明,在采用一定的集料时,若单位用水量一定,水泥用量的增减,对其坍落度的变化影响不大(称为需水性定则)。即固定了单位用水量,混合料的坍落度基本上可确定在某一范围不变。在此条件下变动水灰比,就可以配制出不同强度而坍落度相近的混凝土混合料。

(2)水泥浆的数量与集灰比的影响　在新拌混凝土中,水泥浆除填充集料间的空隙外,还在集料表面包裹,形成一定厚度的浆体,以减少集料间的摩擦力并具有流动的性能。在一定范围内,水泥浆数量愈多,既集灰比愈小,集料周围的浆体包裹层愈厚,混合料的流动性愈大。但若水泥浆过多,则出现流浆、泌水、分层等不良后果。

在水泥浆数量相同的情况下,混合料的流动性与水泥浆的稠度(水灰比)有关。一定强度的混凝土,在实际工作中常采用保持水灰比不变,增减水泥浆数量来调整工作性。

(3)砂率对工作性的影响　在砂石混合料中,砂占砂石集料总量的质量百分率称为砂率。在配制混凝土时,一般采用砂的体积填满粗集料空隙并略有富余的原则。随砂率发生变化,可导致集料的空隙率和总表面积发生变化,混凝土拌和物的工作性随之产生变化。通过试验可求出最佳砂率,既能满足工作性(流动性)条件下水泥用量最小的砂率,或在相同水泥用量下混合料流动性最大,又能保持黏聚性和保水性良好的砂率。

(4)其他影响因素:

①水泥特性的影响:通常普通水泥拌制的混凝土拌和物比矿渣水泥和火山灰水泥的拌和物工作性好;矿渣水泥的拌和物流动性虽大,但黏聚性差,易泌水离析;火山灰水泥的拌和物流动性小,但黏聚性好;适当提高水泥细度可改善混凝土拌和物的黏聚性和保水性,减少泌水离析现象。

②集料特性的影响:颗粒较大、形状较圆、表面光滑、棱角少及级配好的集料,拌制的混凝土拌和物流动性较大。

③外加剂的影响:除减水剂外,塑化剂、加气剂等外加剂对工作性都有一定影响。一般情况下,每增加1%空气量,约可使坍落度增加2.5cm。

④时间和温度的影响:混合料一般随搅拌后时间的延长而变得干稠,造成坍落度损失。随

温度升高会导致坍落度减小。

二、硬化后混凝土的力学性质

硬化后混凝土的力学性质包括强度和变形两个方面。

1.强度

强度是混凝土硬化后的主要力学性质,其中最重要的是混凝土的抗压强度和抗折强度。

(1)抗压强度标准值和强度等级　在结构设计时,混凝土各种力学强度的标准值,均可由强度等级换算出,因此,强度等级是混凝土各种力学强度标准值的基础。

①立方体抗压强度(f_{cu}):按照标准的制作方法制成边长150mm的正立方体试件,在标准养护条件(温度20±3℃,相对湿度90%以上)下,养护至28d龄期,按照标准的测定方法测定其抗压强度值,称为混凝土立方体试件抗压强度。按式(4-1)计算:

$$f_{cu}=\frac{F}{A}\cdot k \tag{4-1}$$

式中:f_{cu}——混凝土的立方体试件抗压强度(MPa);

F——破坏荷载(N);

A——试件承压面积(mm^2);

k——试件尺寸换算系数,可按表4-13选用。

非标准尺寸试件测得的立方体强度,应乘以试件尺寸换算系数,折算为标准试件的立方体抗压强度。

试件尺寸换算系数　表4-13

试件尺寸(mm)	100×100×100	150×150×150	200×200×2000
换算系数	0.95	1.00	1.05

以三个试件为一组,取三个试件强度的算术平均值作为每组试件的强度代表值。

②立方体抗压强度标准值($f_{cu,k}$):按照标准方法制作和养护的边长为150mm的立方体试件,在28d龄期,用标准试验方法测定的抗压强度总体分布中的一个值,强度低于该值的百分率不超过5%(即具有95%的保证率),立方体抗压强度标准值以($f_{cu,k}$)表示,单位MPa。

从以上定义可知,立方体抗压强度(f_{cu})只是一组混凝土试件抗压强度的算术平均值。而立方体抗压强度标准值以($f_{cu,k}$)是按数理统计方法确定,具有不低于95%保证率的立方体抗压强度。

③混凝土强度等级:它是根据立方体抗压强度标准值来确定的。强度等级的表示方法是用符号"C"和"立方体抗压强度标准值"两项内容表示。我国现行规范(GBJ 10—89)规定,普通混凝土按立方体抗压强度标准值划分为:C7.5、C10、C15、C20、C25、C30、C35、C40、C45、C50、C55、和C60等12个强度等级。

(2)抗折强度(f_{tf})　道路路面和机场道面用水泥混凝土,是以抗折强度作为主要强度指标,抗压强度作为参考强度指标。不同交通量分级的水泥混凝土计算抗折强度如表4-14。道路水泥混凝土抗折强度与抗压强度的关系如表4-15。

路面混凝土计算抗折强度　表4-14

交通量分级	特重	重	中等	轻
混凝土计算抗折强度(MPa)	5.0	4.5	4.5	4.0

道路水泥混凝土抗折强度与抗压强度的关系 表4-15

抗折强度(MPa)	4.0	4.5	5.0	5.5
抗压强度(MPa)	25.0	30.0	35.5	40.0

道路水泥混凝土的抗折强度是以标准抗折强度制备成150mm×150mm×550mm的梁形试件，在标准条件下，经养护28d后，按三分点加荷方式，测定其抗折强度。如为跨中单点加荷得到的抗折强度，应乘以折算系数0.85。抗折强度示意如图4-5所示。

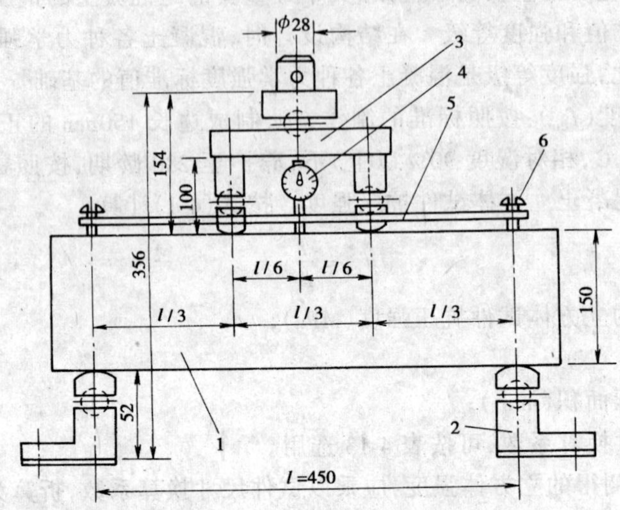

图4-5 水泥混凝土抗折强度试验

1-试件；2-支座；3-加荷支座；4-千分表；5-千分表架；6-螺杆

2.影响水泥混凝土强度的因素

影响混凝土抗压强度的因素很多，其中包括原材料的质量(主要是水泥强度和集料品种)；材料之间的比例关系(水灰比、灰集比、集料级配)；施工方法(拌和、运输、浇筑、振捣、养护)以及试验条件(龄期、试件形状与尺寸、试验方法、温度及湿度)等。

(1)水泥强度和水灰比 这是影响混凝土强度的最主要因素。试验表明，水泥的强度愈高，所制成的混凝土中的水泥浆体强度愈高，混凝土的强度也愈高。当水泥的强度一定时，混凝土的强度主要取决于水灰比的大小，在一定范围内随水灰比的减小而有规律地提高。

我国根据大量的试验资料统计结果，提出灰水比(C/W)、水泥实际强度(f_{ce})与混凝土28d立方体抗压强度($f_{cu,28}$)的关系公式(4-2)。

$$f_{cu,28} = Af_{ce}\left(\frac{C}{W} - B\right) \tag{4-2}$$

式中：$f_{cu,28}$——混凝土的立方体试件抗压强度(MPa)；

f_{ce}——水泥实际强度(MPa)；

C/W——灰水比；

A、B——经验常数，可按表4-16选用。

混凝土强度公式的经验常数 表4-16

集料种类 \ 经验常数	A	B
碎石	0.46	0.07
卵石	0.48	0.33

(2)集料的品种、质量与数量　用碎石比卵石拌制的混凝土强度高。集料中有害杂质过多且品质低劣时会降低混凝土的强度。混凝土中水泥浆的体积和集料体积的比值称为浆集比，对混凝土的强度也有一定影响。特别是高强度的混凝土更为明显，在水灰比相同的条件下，在达到最优浆集比后，混凝土的强度随浆集比的增加而降低。

(3)养护条件对强度的影响　对配合组成及施工方法相同的水泥混凝土，其力学强度取决于养护的湿度、温度和养护的时间(龄期)。混凝土在潮湿条件下养护强度高，在干燥条件下强度低。试验资料表明，混凝土在干燥条件下经过几个月后放在水中养护，强度仍然继续增长，时间愈早强度愈高。养护温度对混凝土强度的发展也有很大影响，在湿度相同的养护条件下，低温养护强度发展较慢，为达到一定强度，需要较长的养护时间。高温养护可以提高早期强度。

(4)龄期对强度的影响　水泥混凝土的强度是随时间而增长的，以龄期为常坐标和以龄期为对数坐标分别绘制强度与时间的关系曲线，会得出如图 4-6 所示的 a)、b)两种曲线。

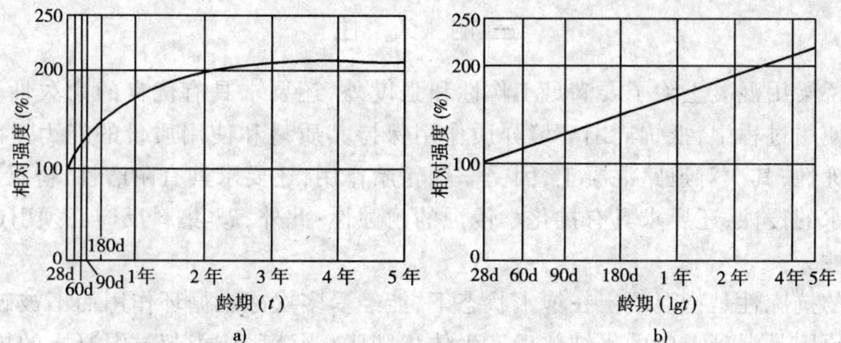

图 4-6　水泥混凝土的强度随时间增长

a)龄期为常坐标；b)龄期为对数坐标

在标准养护条件下，混凝土强度与龄期的对数有较好的相关性，为推算不同龄期的混凝土强度，有各种经验公式，目前常采用的方法有：

①单一龄期强度推算法：根据混凝土早期强度($f_{c,a}$)，假定混凝土强度随龄期按对数规律推算后期强度($f_{c,n}$)用下式表达：

$$f_{c,n}=f_{c,a}\frac{\lg n}{\lg a} \tag{4-3}$$

式中：$f_{c,n}$——n 天龄期的混凝土抗压强度(MPa)；

$f_{c,a}$——a 天龄期的混凝土抗压强度(MPa)。

②双龄期强度推算法：采用两个早期强度($f_{c,a}$和 $f_{c,b}$)，假定强度随龄期按 $\lg(1+\lg n)$规律增长，推算后期强度($f_{c,n}$)用下式表达：

$$f_{c,n}=f_{c,a}+m(f_{c,b}-f_{c,a}) \tag{4-4}$$

式中：m——$m=\dfrac{\lg(1+\lg n)-\lg(1+\lg a)}{\lg(1+\lg b)-\lg(1+\lg a)}$；

$f_{c,n}$——n 天龄期的混凝土抗压强度(MPa)；

$f_{c,a}$、$f_{c,b}$——a 天和 b 天龄期的混凝土抗压强度(MPa)。

根据混凝土的早期强度推算后期强度的示意图见图 4-7。

(5)试验条件对强度的影响　相同材料组成，制备和养护条件相同的混凝土试件，其力学强度还取决于试验条件，影响混凝土力学强度的试验条件主要有：试件形状与尺寸、试件湿度和温度、支承条件和加载方式等。

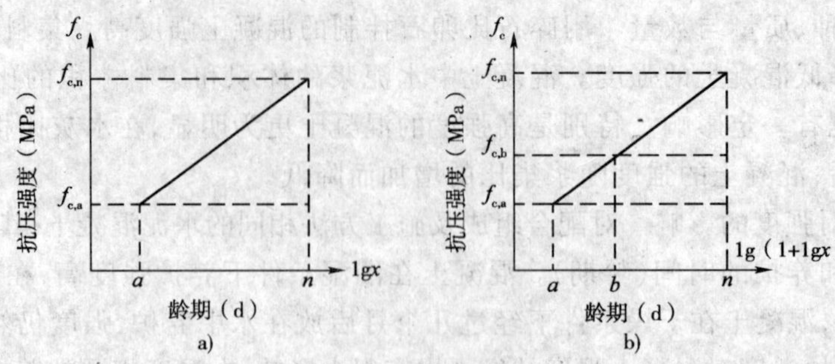

图 4-7　根据混凝土的早期强度推算后期强度

提高混凝土强度的措施有：选用高强度水泥和早强型水泥；采用低水灰比和浆集比；掺加混凝土外加剂和掺和料；采用蒸汽养护和蒸压养护；采用机械搅拌和振捣。

三、耐　久　性

道路与桥梁用混凝土除了要满足工作性和强度外，还要求具有优良的耐久性。耐久性是指混凝土在使用过程中，抵抗周围环境介质作用保持其质量和使用质量的能力。耐久性的首要要求是抗冻性；其次对道路混凝土，因受车辆轮胎作用，还要求其有耐磨性；桥梁墩台混凝土受海水或污水的侵蚀，还要求具有抗化学侵蚀的耐蚀性；此外，碱-集料反应必须引起关注。

1.抗冻性

混凝土的抗冻性是指混凝土在饱水状态下，能经受多次冻融循环作用而不被破坏的能力。冻融破坏的原因是混凝土中的水结冰后发生体积膨胀，当冰胀应力超过混凝土的抗拉强度时，便使混凝土产生微细裂缝，反复冻融使裂缝不断扩大，导致混凝土强度降低直至破坏。

混凝土的抗冻性一般以抗冻标号来表示。抗冻标号是以 100mm × 100mm × 400mm 棱柱体混凝土试件，经过 28d 龄期的养护，于 －17℃和 5℃条件下快速冻结和融化循环，每 25 次冻融循环，对试件进行一次横向基频的测试并称重。当冻融至 300 次或相对动弹性模量下降至 60％以下，或质量损失达到 5％，即可停止试验。此时的循环次数即为混凝土的抗冻标号。混凝土的抗冻标号分为 D10、D15、D25、D50、D100、D150、D200 、D250、D300 等。

2.耐磨性

耐磨性是道路路面和桥梁工程用混凝土的最重要的性能之一。作为高级路面的水泥混凝土，必须具有抵抗车辆轮胎磨耗和磨光的性能。作为大型桥梁的墩台用混凝土，也需要具有抵抗湍流空蚀的能力。

混凝土耐磨性的评价，以试件磨损面上单位的磨损作为评定混凝土耐磨性的相对指标。按现行标准，是以 150mm × 150mm × 150mm 立方体试件，养生至 28d 时，在 60℃温度下烘干至恒重，然后在带有花轮磨头的混凝土磨耗试验机上，在 200N 负荷下磨削 50 转。按下式计算试件的磨损量：

$$G = \frac{m_0 - m_1}{0.0125} \tag{4-5}$$

式中：G——单位面积磨损量（kg/m^2）；

m_0——试件的原始质量（kg）；

m_1——试件磨损后的质量（kg）；

0.0125——试件的磨损面积（m^2）。

混凝土的耐磨性与其强度等级有密切关系，同时也与水泥品种、集料硬度有关，细集料对路面混凝土的耐磨性有较大影响。欲提高混凝土抗磨损能力，应提高混凝土的断裂韧性，降低脆性，减少原生缺陷，提高硬度及降低弹性模量。

3.碱-集料反应

水泥混凝土中水泥的碱与某些碱活性集料发生化学反应，可引起混凝土产生膨胀、开裂，甚至破坏，这种化学反应称为碱-集料反应(简称 ARR)。碱-集料反应是引发水泥混凝土破损的原因，会导致路面或桥梁墩台的开裂和破坏，并且这种破坏会继续发展下去，维修困难，因此，引起世界各国的普遍关注。

碱-集料反应必须具备三个条件：①混凝土中的集料具有活性；②混凝土中含有一定量可溶性碱；③有一定湿度。为防止碱-集料反应的危害，按现行规范规定：①应使用含碱量小于0.6%的水泥或采用抑止碱-集料反应的掺和料；②当使用钾、钠离子的混凝土外加剂时，必须做专门试验。

影响混凝土耐久性的因素很多，主要是材料本身的性质以及混凝土的密实度、强度等。提高混凝土的耐久性应注意合理选择水泥品种，选用良好的砂石材料，改善集料的级配，采用减水剂或加气剂，改善混凝土的施工操作方法，提高混凝土的密实度。

4.混凝土的碳化

混凝土的碳化作用是指大气中的二氧化碳在存在水的条件与水泥水化产物氢氧化钙发生反应，生成碳酸钙和水。因氢氧化钙是碱性，而碳酸钙是中性，所以碳化又叫中性化。

碳化主要是对混凝土的碱度、强度和收缩产生影响。混凝土的碳化深度随着龄期的延长而增加，碳化的速度受许多因素影响，主要有：水泥品种和掺量、水灰比、环境条件、外加剂、集料种类等。提高混凝土抗碳化的主要措施有降低水灰比、使用减水剂、在混凝土表面刷涂料或水泥砂浆抹面等。

5.混凝土的抗侵蚀性

当混凝土所处的环境水有侵蚀性时，必须对侵蚀问题予以重视。环境侵蚀主要指对水泥石的侵蚀，如淡水侵蚀、硫酸盐侵蚀、酸碱侵蚀等。混凝土的抗侵蚀性主要在于选用合适的水泥品种和提高混凝土密实度。密实性好及具有封闭孔隙的混凝土，环境水不易侵入混凝土内部，故其抗侵蚀性好。

提高混凝土耐久性的措施有：合理选用水泥品种；合理水灰比和水泥用量，对最大水灰比和最小水泥用量加以规定；合理选用材料质量，改善骨料级配；掺入减水剂、加气剂，减少用水量，提高混凝土抗渗性和抗冻性；施工中加强搅拌、振捣、养护，严格控制施工质量。

第三节　普通水泥混凝土的配合比设计

混凝土配合比是指混凝土中四种材料水泥、水、砂及石子用量之间的比例关系，有时还注明外加剂的用量。通常以水泥为 1，并按“水泥：细集料：粗集料；水灰比”的顺序表示(例如 1:2.25:3.68；$W/C=0.52$)。

在进行普通水泥混凝土配合比设计时，主要是根据技术(强度、工作性、耐久性)和经济性的要求确定混凝土各种材料的组成配合比例，计算出 $1m^3$ 混凝土中各种材料(包括外加剂)的用量。

一、普通水泥混凝土配合比设计方法

混凝土配合比设计包括四个方面的内容:计算初步配合比、提出基准配合比、确定试验室配合比和换算工地配合比。

1.初步配合比的计算

1)确定混凝土的试配强度($f_{cu,0}$)

为保证混凝土的质量,应考虑配制的混凝土质量具有一定的保证率。配制强度可按标准差法(或变异系数法)确定。

$$f_{cu,0} = f_{cu,k} + t\sigma \tag{4-6}$$

式中:$f_{cu,0}$——混凝土的试配强度(MPa),可以计算确定,也可以按照表 4-17 选用;

$f_{cu,k}$——混凝土的设计强度(MPa);

t——保证率系数,可按表 4-18 选用;

σ——强度标准差(MPa),可根据本单位以往同类工程施工取样试块实测数据统计确定。如施工单位无历史统计资料时,强度标准差可按表 4-19 取值。

混凝土施工配制强度(MPa)　　表 4-17

强度标准差(MPa) / 强度等级	2.0	2.5	3.0	4.0	5.0	6.0
C7.5	10.8	11.6	12.4	14.1	15.7	17.4
C10	13.3	14.1	14.9	16.6	18.2	19.9
C15	18.3	19.1	19.9	21.6	23.2	24.9
C20	24.1	24.1	24.9	26.6	28.2	29.9
C25	29.1	29.1	29.9	31.6	33.2	34.9
C30	34.9	34.9	34.9	36.6	38.2	39.9
C35	39.9	39.9	39.9	41.6	43.2	44.9
C40	44.9	44.9	44.9	46.6	48.2	49.9
C45	49.9	49.9	49.9	51.6	53.2	54.9
C50	54.9	54.9	54.9	56.6	58.2	59.9
C55	59.9	59.9	59.9	61.6	63.2	64.9
C60	64.9	64.9	64.9	66.6	68.2	69.9

保证率与保证率系数的关系　　表 4-18

保证率 P(%)	保证率系数 t	保证率 P(%)	保证率系数 t
50	0.00	80	0.84
55	0.13	85	1.04
60	0.25	90	1.28
70	0.52	95	1.64
75	0.67	98	2.05

混凝土强度标准差参考值　　表 4-19

混凝土强度等级	C10 ~ C20	C25 ~ C30	C35 ~ C60
σ(MPa)	4.0	5.0	6.0

2)计算水灰比(W/C)

根据配制强度$f_{cu,0}$和水泥的实际强度f_{ce}计算水灰比值。

(1)按强度要求计算水灰比:

$$f_{cu,0}=Af_{ce}\left(\frac{C}{W}-B\right) \tag{4-7}$$

式中:$f_{cu,0}$——混凝土的试配强度(MPa);

C/W——混凝土所要求的灰水比;

A、B——实验常数。采用碎石时$A=0.46$,$B=0.07$;采用卵石时$A=0.48$,$B=0.33$;

f_{ce}——水泥的实际强度(MPa)。

在无法取得水泥实际强度值时,可用式(4-8)计算。

$$f_{ce}=\gamma_c \cdot f_{ce,k} \tag{4-8}$$

式中:γ_c——水泥商品强度的富裕系数。应按各地区实际统计资料确定,在无统计资料时可取$\gamma_c=1.13$试算。

$f_{ce,k}$——水泥商品强度(MPa)。

注:在应用公式$f_{ce}=\gamma_c \cdot f_{ce,k}$计算时应注意以下几点:

①新出厂或出厂不久的水泥可用该式计算;

②出厂1~3个月的水泥按原商品强度使用;

③进场后因存放条件不良,或出厂超过3个月的水泥应重新鉴定商品强度后使用。

(2)按耐久性要求校核水灰比:

按照强度要求计算出的水灰比,应当根据混凝土所处环境条件与满足耐久性要求所规定的最大水灰比值(表4-20)进行比较,选取较小值使用,以保证混凝土的耐久性。

混凝土最大水灰比和最小水泥用量 表4-20

环境条件	结构物类型		最大水灰比			最小水泥用量		
			素混凝土	钢筋混凝土	预应力混凝土	素混凝土	钢筋混凝土	预应力混凝土
干燥环境	正常居住或办公用房屋内部件		—	0.65	0.60	200	260	300
潮湿环境	无冻害	高湿度的室内部件; 室外部件; 在非侵蚀性土或水中部件	0.70	0.60	0.60	225	280	300
	有冻害	经受冻害的室外部件; 在非侵蚀性土或水中且经受冻害的部件; 高湿度经受冻害的室内部件	0.55	0.55	0.55	250	280	300
有冻害和除冻剂的潮湿环境	经受冻害和除冻剂作用的室内和室外部件		0.50	0.50	0.50	300	300	300

3)选择单位用水量(m_{w0})

按照集料品种、规格及施工要求的坍落度或维勃稠度选择$1m^3$混凝土的用水量W。一般根据本单位所用材料按经验选用。如无使用经验时可参照表 4-21 选用。

混凝土用水量 表 4-21

项目	指标	卵石最大粒径(mm)			碎石最大粒径(mm)		
		10	20	40	15	20	40
坍落度(mm)	10~30	190	170	160	205	185	170
	30~50	200	180	170	215	195	180
	50~70	210	190	180	225	205	190
	70~90	215	195	185	235	215	200
维勃稠度(s)	15~20	175	160	150	180	170	160
	10~15	180	165	160	185	175	165
	5~10	185	170	165	190	180	

4)计算单位水泥用量(m_{c0})

(1)按强度要求计算　由 $1m^3$ 混凝土用水量 m_{c0},根据水灰比值计算水泥用量 m_{c0},即:

$$m_{c0} = \frac{m_{w0}}{W/C} \tag{4-9}$$

(2)按耐久性要求校核　按照强度要求计算出的水泥用量,应当根据混凝土所处环境条件与满足耐久性要求所规定的最大水灰比值(表 4-20)进行比较,选取较大值使用,以保证混凝土的耐久性。

5)选择砂率(β_s)

砂率一般可根据本单位对所用材料的试验选用合理数值,也可按集料品种、规格及混凝土的水灰比来选用,参照表 4-22。

混凝土的砂率 表 4-22

水灰比 W/C	卵石最大粒径(mm)			碎石最大粒径(mm)		
	10	20	40	15	20	40
0.40	26~32	25~31	24~30	30~35	29~34	27~32
0.50	30~35	29~34	28~33	33~38	32~37	30~35
0.60	33~38	32~37	31~36	36~41	35~40	33~38
0.70	36~41	35~40	34~39	39~44	38~43	36~41

注:①表中数值系中砂的选用砂率。对细砂或粗砂,可相应地减少或增加砂率;

②表中数值适用于坍落度 10~60mm 的混凝土,坍落度大于 60mm 或小于 10mm 时,应相应地增加或减少砂率;

③只用 1 个单粒级粗集料配制混凝土时,砂率值应适当增加;

④掺有各种外加剂或掺和料时,其合理砂率值应经试验或参照其他有关规定;

⑤对薄壁式结构,砂率取偏大值。

6)计算粗、细集料的单位用量(m_{G0}、m_{s0})

在已知砂率的情况下,砂石用量可用体积法或假定表观密度法求得。

(1)体积法　体积法的原理是假设混凝土组成材料绝对体积的总和等于 1000L 的混凝土体积。砂石用量可由以下两式求得:

$$\begin{cases} \dfrac{m_{c0}}{\rho_C} + \dfrac{m_{s0}}{\rho_S} + \dfrac{m_{G0}}{\rho_G} + \dfrac{m_{w0}}{\rho_W} + 10\alpha = 1000 \\ \dfrac{m_{s0}}{m_{s0} + m_{G0}} \times 100\% = \beta_s \end{cases} \tag{4-10}$$

(2)假定表观密度法　假定表观密度法的原理是假定组成混凝土的水泥、砂、石及水等材料在密实状态下制得混凝土拌和物的表观密度接近于一个固定值，可根据本单位积累的试验资料或者在 2400～2450kg/m³ 范围内选取，见表 4-23。砂石用量可由以下两式求得：

$$\begin{cases} m_{c0} + m_{s0} + m_{G0} + m_{w0} = \rho_{cp} \\ \dfrac{m_{s0}}{m_{s0} + m_{G0}} \times 100\% = \beta_s \end{cases} \tag{4-11}$$

式中：m_{c0}、m_{s0}、m_{G0}、m_{w0}——1m³ 混凝土中水泥、细集料、粗集料和水的用量(kg)；

ρ_c、ρ_w——水泥、水的密度(g/cm³)；

ρ_G、ρ_s——粗集料、细集料的表观密度(g/cm³)；

α——混凝土含气百分数(%)，在不使用含气型外加剂时，$\alpha = 1$；

β_s——砂率(%)；

ρ_{cp}——混凝土拌和物的假定表观密度(kg/m³)。

混凝土强度等级与表观密度关系　　表 4-23

混凝土强度等级	C7.5～C10	C15～C30	C40～C60	>C60
表观密度 ρ_{cp}(kg/m³)	2360	2400	2450	2480

7)初步配合比

由上述方法求得的各组成材料用量除以水泥用量，即可得到初步配合比：

$$\frac{m_{c0}}{m_{c0}}:\frac{m_{s0}}{m_{c0}}:\frac{m_{G0}}{m_{C0}}:\frac{m_{w0}}{m_{c0}} = \text{水泥}:\text{砂}:\text{石}:\text{水} \tag{4-12}$$

2.试拌调整提出基准配合比

得出初步配合比后，应进行试配，试配应采用工程中实际使用的材料，粗细集料的称量均以干燥状态或饱和面干状态为基准。按初步配合比进行试拌，以检定混凝土拌和物的性能。混凝土的搅拌方法，应尽量与生产时的方法相同。试配时，每盘混凝土的数量应不少于表 4-24 的数值。采用机械搅拌时，拌和量应不少于搅拌机额定搅拌量的 1/4。

混凝土试配用拌和量　　表 4-24

集料最大粒径(mm)	拌和物数量(L)	集料最大粒径(mm)	拌和物数量(L)
30 或以下	15	40	30

如试拌得出的混凝土拌和物坍落度(或维勃稠度)低于工作性要求，或黏聚性和保水性能不好时，则应在保证水灰比不变的条件下，适当增加水泥浆用量；如果拌和物超过工作性设计要求，可以减少水泥浆用量，或保持砂率不变，增加砂石用量，每次调整增加少量材料重复试验(时间不得超过 20min)，直到符合要求为止。然后测定混凝土拌和物的实际表观密度 ρ_{cp}。

经过调整的混凝土拌和物，1m³ 混凝土中各种材料的用量按下列公式计算：

$$m_{ca} = \frac{m_{c\text{拌}}}{m_{c\text{拌}} + m_{s\text{拌}} + m_{G\text{拌}} + m_{w\text{拌}}} \times \rho_{cp} \tag{4-13}$$

$$m_{sa} = \frac{m_{s\text{拌}}}{m_{c\text{拌}} + m_{s\text{拌}} + m_{G\text{拌}} + m_{w\text{拌}}} \times \rho_{cp} \tag{4-14}$$

$$m_{Ga} = \frac{m_{G\text{拌}}}{m_{c\text{拌}} + m_{s\text{拌}} + m_{G\text{拌}} + m_{w\text{拌}}} \times \rho_{cp} \tag{4-15}$$

$$m_{wa}=\frac{m_{w拌}}{m_{c拌}+m_{s拌}+m_{G拌}+m_{w拌}}\times\rho_{cp} \tag{4-16}$$

调整后的混凝土配合比为：

$$m_{ca}:m_{sa}:m_{Ga}:m_{wa}=1:\frac{m_{sa}}{m_{ca}}:\frac{m_{Ga}}{m_{ca}}:\frac{m_{wa}}{m_{ca}}$$

并以此作为供检验混凝土强度用的基准配合比。

以上诸式中：$m_{c拌}$、$m_{s拌}$、$m_{G拌}$、$m_{w拌}$——调整后拌和物中各种材料的实际用量(kg)；

m_{ca}、m_{sa}、m_{Ga}、m_{wa}——基准配合比 1m^3 混凝土中各种材料的用量(kg)。

3.检验强度确定试验室配合比

1)制作试件、检验强度

为保证试配拌和达到要求的设计强度，按调整后的基准配合比(水灰比为 W/C)，增减水泥用量，配制成三组配合比(水灰比分别为 $W/C-0.05$；W/C；$W/C+0.05$)的新拌混凝土，分别检验混凝土拌和物的坍落度(或维勃稠度)、黏聚性、保水性，以试验结果作为代表这一配合比混凝土拌和物的性能，然后浇制立方体混凝土试块。为检验混凝土强度，每种配合比至少做一组(3 块)试件，经标准条件养护 28d 测定抗压强度。通过试验，选择满足配制强度要求、水泥用量较少的配合比作为试验室配合比提交施工单位。

2)确定试验室配合比

根据强度检验结果和湿表观密度测定结果，进一步修正配合比，即可得到试验室配合比设计值。

(1)根据强度检验结果修正配合比：

①确定用水量(m_{wb})：取基准配合比中用水量(m_{wa})，根据制作强度检验试件时测得的坍落度(或维勃稠度)值加以适当调整。

②确定水泥用量(m_{cb})：以调整后的用水量(m_{wb})乘以由"强度—灰水比"关系定出的，为达到配制强度($f_{cu,0}$)所必需的灰水比值。

③确定粗、细集料用量(m_{sb}、m_{Gb})：取基准配合比中的砂、石用量，并按确定的水灰比作适当调整。

(2)根据实测拌和物湿表观密度修正配合比：

①根据强度检验结果修正后定出的混凝土配合比，计算出混凝土的"计算湿表观密度"(ρ'_{cp})，即

$$\rho'_{cp}=m_{cb}+m_{sb}+m_{Gb}+m_{wb}$$

②将混凝土的实测表观密度值(ρ_{cp})除以计算湿表观密度值(ρ'_{cp})得出"校正系数"(δ)即：

$$\delta=\frac{\rho_{cp}}{m_{cb}+m_{sb}+m_{Gb}+m_{wb}}=\frac{\rho_{cp}}{\rho'_{cp}} \tag{4-17}$$

③将混凝土配合比中各项材料用量乘以校正系数(δ)，即得最终确定的试验室配合比设计。

$$m'_{cb}=m_{cb}\cdot\delta$$

$$m'_{sb}=m_{sb}\cdot\delta$$

$$m'_{Gb}=m_{Gb}\cdot\delta$$

$$m'_{wb}=m_{wb}\cdot\delta$$

$$m'_{cb}:m'_{sb}:m'_{Gb}:m'_{wb}=1:\frac{m'_{sb}}{m'_{cb}}:\frac{m'_{Gb}}{m'_{cb}}:\frac{m'_{wb}}{m'_{cb}}$$

4.施工配合比换算

试验室配合比所用原材料是以干燥或饱和面干状态为基准，而施工现场所用砂、石均含有一定水分，以此，施工配料前应测定现场砂、石的含水率，将试验室配合比换算成施工配合比。

1)施工配合比计算

设现场实测砂、石含水率为 $a\%$ 和 $b\%$，各种材料的称量为：

水泥 $$m_c = m'_{cb} \tag{4-18}$$

砂 $$m_s = m'_{sb} \times (1 + a\%) \tag{4-19}$$

石 $$m_G = m'_{Gb} \times (1 + b\%) \tag{4-20}$$

水 $$m_w = m'_{wb} - (m'_{sb} \times a\%) - (m'_{Gb} \times b\%) \tag{4-21}$$

式中：m_c、m_s、m_G、m_w——分别为施工现场的水泥、砂、石、水的每 $1m^3$ 混凝土材料用量(kg)。

2)搅拌机每次拌和材料用量的计算

搅拌机的容量是按装入各种混凝土材料松散体积来计算，装进混凝土搅拌机的材料在未搅拌前所占有的体积，几乎等于它们单独体积的总和，搅拌后空隙被填充，所制成的混凝土体积小于装入材料体积的总和，这种关系常用"制成系数 C_k"来表示。

(1)制成系数：

$$C_k = \frac{1000}{\frac{C}{\rho'_c} + \frac{S}{\rho'_s} + \frac{G}{\rho'_g}} \tag{4-22}$$

式中：　C_k——混凝土制成系数，一般 $C_k = 0.55 \sim 0.75$；

m_c、m_s、m_G——$1m^3$ 混凝土中水泥、砂、石的用量(kg)；

ρ'_c、ρ'_s、ρ'_g——分别为水泥、砂、石的堆积密度(g/cm^3)。

(2)每次拌和所得混凝土体积：

$$V = 搅拌机容积 \times C_k \tag{4-23}$$

(3)每罐一次搅拌所需材料数量：

$$水泥 = m_c \times V \tag{4-24}$$

$$砂 = m_s \times V \tag{4-25}$$

$$石 = m_G \times V \tag{4-26}$$

$$水 = m_w \times V \tag{4-27}$$

5.普通混凝土配合比设计举例

某现浇混凝土T梁，肋板部分最小断面16cm，钢筋最小净距7cm，混凝土设计强度等级为C25，采用机械搅拌，插入式振动棒浇捣，施工要求的混凝土坍落度为50～70mm。施工单位的强度标准差为4.0MPa。所用材料：C425普通硅酸盐水泥，实测28d强度为48MPa，$\rho_c = 3.15g/cm^3$，$\rho'_c = 1.30g/cm^3$；中砂，符合II区级配，$\rho_s = 2.60g/cm^3$，$\rho'_s = 1.49g/cm^3$；碎石，粒级5～40mm，$\rho_g = 2.65g/cm^3$，$\rho'_g = 1.50g/cm^3$；自来水，$\rho_w = 1.00g/cm^3$；工地实测砂含水量为1%，石含水量为2%。混凝土搅拌机容积400L。

解：1)计算混凝土的试配强度

混凝土试配强度 $f_{cu,0}$ 根据设计强度和施工单位的强度标准差，从表4-17选取，$f_{cu,0} = 31.6MPa$。

2)水灰比计算

(1)按强度要求计算水灰比：

$$\frac{W}{C}=\frac{Af_{ce}}{f_{cu,0}+ABf_{ce}}=\frac{0.46\times 48}{31.6+0.46\times 0.07\times 48}=0.67$$

(2)按耐久性要求校核水灰比：

按照强度要求计算出的水灰比，与耐久性要求所规定的最大水灰比值(表 4-20)进行比较，不满足耐久性要求。取 $W/C=0.55$。

3)确定用水量

根据所用碎石最大粒径 40mm，中砂及混凝土坍落度为 50 ~ 70mm 的要求，由表 4-21 查得用水量 $m_{w0}=185$kg。

4)计算水泥用量

(1)按强度要求计算：

$$m_{c0}=\frac{m_{w0}}{W/C}=\frac{185}{0.55}=336\text{kg}$$

(2)按耐久性要求校核水灰比：

按照强度要求计算出的水泥用量，与耐久性要求所规定的最小水泥用量(表 4-20)进行比较，满足耐久性要求。取 $m_{c0}=336$ kg。

5)确定砂率

根据水灰比、碎石最大粒径、中砂及施工时混凝土的坍落度，按表 4-22 选用 $\beta_s=30\%$。

6)计算砂、石用量

(1)用体积法计算：

将已知的数据带入计算公式：

$$\begin{cases}\dfrac{336}{3.15}+\dfrac{m_{s0}}{2.60}+\dfrac{m_{G0}}{2.65}+\dfrac{185}{1.0}+10\times 1=1000\\[2ex]\dfrac{m_{s0}}{m_{s0}+m_{G0}}\times 100\%=30\%\end{cases}$$

联立方程解得 $m_{s0}=553$kg，$m_{G0}=1288$kg

初步配合比为：$m_{c0}:m_{s0}:m_{G0}:m_{w0}=336:553:1288:185$

$=1:1.65:3.83:0.55$

(2)用假定表观密度法计算：

假定混凝土的表观密度 $\rho_{cp}=2400\text{kg/cm}^3$

$$\begin{cases}336+m_{s0}+m_{G0}+185=2400\\[1ex]\dfrac{m_{s0}}{m_{s0}+m_{G0}}\times 100\%=30\%\end{cases}$$

联立方程解得 $m_{s0}=564$kg，$m_{G0}=1315$kg

初步配合比为：$m_{c0}:m_{s0}:m_{G0}:m_{w0}=336:564:1315:185$

$=1:1.68:3.91:0.55$

7)基准配合比

根据集料最大粒径，取 30L 混凝土拌和物，按照体积法的配比计算材料用量。

水泥 = 336 × 0.03 = 10.08 kg

砂 = 553 × 0.03 = 16.59 kg

石 = 1288 × 0.03 = 38.64 kg

水 = 185 × 0.03 = 5.55 kg

将上述材料均匀拌和，测得坍落度值为 83mm，大于 50 ~ 70mm 的设计要求，故需进行坍落度调整，其方法如下：

在混凝土拌和物中加入 1% 的砂石用量，加入砂 0.17kg，石 0.39kg 后，测得坍落度为 68mm，黏聚性、保水性均良好，满足设计要求，此时混凝土拌和物的实测密度 $\rho_{cp} = 2415 kg/cm^3$，此时 $1m^3$ 混凝土中各种材料的用量为：

$$m_{ca} = \frac{10.08}{10.08 + 16.76 + 39.03 + 5.55} \times 2415 = 341 kg$$

$$m_{wa} = \frac{5.55}{10.08 + 16.76 + 39.03 + 5.55} \times 2415 = 188 kg$$

$$m_{sa} = \frac{16.76}{10.08 + 16.76 + 39.03 + 5.55} \times 2415 = 567 kg$$

$$m_{wa} = \frac{39.03}{10.08 + 16.76 + 39.03 + 5.55} \times 2415 = 1320 kg$$

调整后的混凝土基准配合比为 341∶567∶1320∶188 = 1∶1.66∶3.87∶0.55

8)试验室配合比

为确定混凝土的试配强度，至少配制 3 个不同的配合比，除了以上获得的基准配合比(水灰比 0.55)以外，还需增加 0.50 和 0.60 的配合比，作为标准养护 28d 的强度。其试压结果如下：

$$W/C = 0.50; f_{cu,28} = 27.1 \text{ MPa}$$

$$W/C = 0.55; f_{cu,28} = 32.7 \text{ MPa}$$

$$W/C = 0.60; f_{cu,28} = 36.8 \text{ MPa}$$

根据上述试验结果，作 $f_{cu,28}$ 与 W/C 关系图，如图 4-8 所示。由图解法，确定试配强度 $f_{cu,0}$ 所对应的水灰比为 0.552，接近于基准配合比(0.55)，因此，可不需进行调整。可以得出混凝土所需的配合比为：水泥∶砂∶石∶水 = 341∶567∶1320∶188 = 1∶1.66∶3.87∶0.55

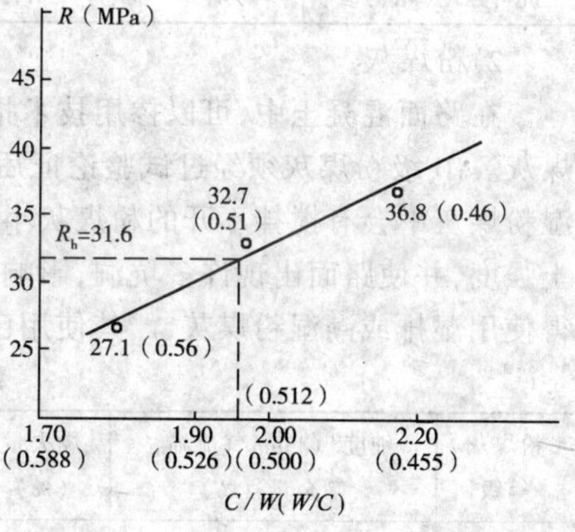

图 4-8 $f_{cu,28}$ 与 W/C 关系图

9)施工配合比

根据施工现场实测砂、石含水率，$1m^3$ 混凝土中实际拌和时各种材料的质量：

水泥：$m_c = 341$ kg

砂：$m_s = 567 \times (1 + 1\%) = 573$ kg

石：$m_G = 1320 \times (1 + 2\%) = 1346$ kg

水：$m_w = 188 - 567 \times 1\% - 1320 \times 2\% = 156$ kg

施工配合比为：水泥∶砂∶石∶水 = 341∶573∶1346∶156

= 1∶1.68∶3.95∶0.45

10)搅拌机每次拌和材料用量的计算

(1)制成系数：

$$C_k = \frac{1000}{\frac{341}{1.30} + \frac{573}{1.49} + \frac{1346}{1.50}} = 0.65$$

(2)每次拌和所得混凝土体积：

$$V = 400 \times 0.65 = 260\text{L} = 0.26\ \text{m}^3$$

(3)每罐一次搅拌所需材料数量：

$$水泥 = 341 \times 0.26 = 88.66\text{kg}$$

$$砂 = 573 \times 0.26 = 148.98\text{kg}$$

$$石 = 1346 \times 0.26 = 349.96\text{kg}$$

$$水 = 156 \times 0.26 = 40.56\text{kg}$$

二、路面水泥混凝土配合比设计方法

1.路面水泥混凝土组成材料的技术要求

1)水泥品种与强度要求

水泥是路面混凝土的重要组成材料，直接影响混凝土的强度、早期干缩、温度变形和抗磨性。特重、重交通等级的水泥混凝土路面，应优先采用旋窑道路硅酸盐水泥，可使用旋窑硅酸盐水泥或普通硅酸盐水泥。中、轻交通的路面，也可采用矿渣硅酸盐水泥。冬季施工、有快凝要求的路段可采用R型早强水泥，一般情况宜采用普通型水泥。表4-25为《公路水泥混凝土路面施工技术规范》(JTG F30—2003)对各级交通等级路面混凝土用水泥的强度要求，水泥的化学成分、物理性能等品质要求还应符合规定要求。

各交通等级路面水泥各龄期的强度要求 表4-25

交通等级	特重交通		重交通		中、轻交通	
龄期(d)	3	28	3	28	3	28
抗压强度(MPa)≥	25.5	57.5	22.0	52.5	16.0	42.5
抗折强度(MPa)≥	4.5	7.5	4.0	7.0	3.5	6.5

2)粉煤灰

在路面混凝土中，可以掺用技术指标符合表4-26规定的电收尘I、II级干排或磨细低钙粉煤灰。III级粉煤灰须经过试验论证后，才可以用于路面混凝土中，不得使用高钙粉煤灰。在湿粉煤灰中会有搅拌不开的粉煤灰小块，它与泥块或高度风化岩石集料一样，会严重影响混凝土强度，并使路面出现许多坑洞，影响道路行驶质量和路面耐久性。所以在路面混凝土中，不得使用湿排或潮湿粉煤灰，严禁使用已经结块的湿排干粉煤灰。

粉煤灰分级和质量指标 表4-26

粉煤灰等级	细度①(45μm气流筛，筛余量)(%)	烧失量(%)	需水量比(%)	含水量(%)	Cl^-(%)	SO_3(%)	混合砂浆活性指数②	
							7d	28d
I	≤12	≤5	≤95	≤1.0	<0.02	≤3	≥75	≥85(75)
II	≤20	≤8	≤105	≤1.0	<0.02	≤3	≥70	≥80(62)
III	≤45	≤15	≤115	≤1.5	—	≤3	—	—

注：①45μm气流筛，筛余量换算为80μm水泥筛的筛余量时换算系数约为2.4；

②混合砂浆的活性指数为掺粉煤灰的砂浆与水泥砂浆的抗压强度比的百分数，适用于所配制混凝土强度等级大于等于C40的混凝土；当配制的混凝土强度等级小于C40时，混凝土砂浆的活性指数要求应满足28d括号中的数值。

3)粗集料

(1)质量要求　粗集料应使用质地坚硬、耐久、洁净的碎石和卵石，并应符合表4-5的规定。高速公路、一级公路、二级公路及有抗(盐)冻要求的三、四级公路混凝土路面使用的粗集料级别应不低于II级，无抗(盐)冻要求的三、四级公路混凝土路面、碾压混凝土及贫混凝土基层可使用 III 级粗集料。有抗(盐)冻要求时,I 级集料吸水率不应大于 1.0%;II 级集料吸水率不应大于 2.0%。

(2)最大公称粒径和级配　为了提高路面混凝土弯拉强度,防止混凝土拌和物离析,减少对摊铺机的机械磨损,提高混凝土的抗冻性及耐磨性,集料的最大粒径不宜过大。路面混凝土用粗集料最大公称粒径的规定为:卵石 19.0mm;碎卵石 26.5mm;碎石 31.5mm。在钢纤维混凝土和碾压混凝土中粗集料最大公称粒径不宜大于 19.0mm,贫混凝土基层粗集料最大公称粒径不应大于 31.5mm。

为了保证施工质量,防止集料离析,路面混凝土中不得使用没有级配的统货粗集料。应按照最大公称粒径的不同,采用 2~4 个粒级的集料进行掺配,合成级配应符合表 4-27 的要求,且碎卵石或碎石集料中粒径小于 0.075mm 的石粉含量不得大于 1%。

粗集料级配范围　　表 4-27

级配类型 \ 粒径		筛孔尺寸(方孔筛,mm)							
		2.36	4.75	9.5	16.0	19.0	26.5	31.5	37.5
		累计筛余(按质量计%)							
连续粒级	4.75~16	95~100	85~100	40~60	0~10	—	—	—	—
	4.75~19	95~100	85~95	60~75	30~45	0~5	0	—	—
	4.75~26.5	95~100	90~100	70~90	50~70	25~40	0~5	0	—
	4.75~31.5	95~100	90~100	75~90	60~75	40~60	20~35	0~5	0
单粒级	4.75~9.5	95~100	80~100	0~15	0	—	—	—	—
	9.5~16	—	95~100	80~100	0~15	0	—	—	—
	9.5~19	—	95~100	85~100	40~60	0~15	0	—	—
	16~26.5	—	—	95~100	55~70	25~40	0~10	0	—
	16~31.5	—	—	95~100	85~100	55~70	25~40	0~10	0

4)细集料

(1)质量要求　细集料应采用质地坚硬、耐久、洁净的天然砂、机制砂或混合砂,并应符合表 4-4 的规定。高速公路、一级公路、二级公路及有抗(盐)冻要求的三、四级公路混凝土路面使用的砂不低于 II 级,无抗(盐)冻要求的三、四级公路混凝土路面、碾压混凝土及贫混凝土基层可使用 III 级砂。特重、重交通混凝土路面宜使用河砂,砂的硅质含量不应低于 25%。

(2)级配和细度　细集料的颗粒组成应符合表 4-3 的规定,路面和桥面用天然砂宜为中砂,也可使用细度模数在 2.0~3.5 之间的砂。同一配合比用砂的细度模数变化范围不应超过 0.3,否则,应分别堆放,并调整配合比中的砂率后使用。

5)水

饮用水可以直接作为混凝土搅拌和养护用水,水中不得含有油污、泥及其他有害杂质。对水质有疑问时,应检验表 4-28 中的指标,合格者方可使用。

路面混凝土用水的质量要求　　表 4-28

指　标	要求	指　标	要求
pH 值≥	4	含盐量(mg/mm^3)≤	0.005
硫酸盐含量(按 SO_4^{2-} 计)(mg/mm^3)<	0.002 7		

6)外加剂

外加剂可以改善混凝土的性能,通常掺入的外加剂有减水剂、引气剂、缓凝剂、抗冻剂等。在水泥混凝土中,所使用的高效减水剂,其减水率应达到15%;引气减水剂的减水率应达到12%。在各交通等级路面、桥面混凝土中宜选用减水率大、坍落度损失小、可调控凝结时间的复合型减水剂。高温施工使用引气缓凝减水剂;低温施工使用引气早强减水剂。在确定外加剂品种之前,必须与所用水泥进行适应性检验。在有抗冰(盐)冻要求地区,各交通等级路面、桥面、路缘石、路肩及贫混凝土基层必须使用引气剂;在无抗冰(盐)冻要求地区,二级及二级以上公路路面混凝土中应使用引气剂。

2.路面水泥混凝土的技术性质

1)抗折强度

各种交通等级,对混凝土抗折强度要求不低于表4-29的标准,条件许可时尽量采用较高的设计强度,特别是特重交通的道路。

路面水泥混凝土抗折强度标准值 表4-29

交通等级	特重	重	中等	轻
混凝土设计抗折强度(MPa)	5.0	5.0	4.5	4.0

注:在特重交通的特殊路段,通过论证,可使用设计抗折强度5.5MPa。

2)工作性(和易性)

(1)路面混凝土拌和物的施工方式　路面混凝土施工方式取决于施工机械,通常采用滑模摊铺机、轨道摊铺机、三辊轴机组及小型机具等对混凝土拌和物进行施工。

滑模摊铺机施工方式为:不架设边缘固定模板,通过基准线控制,采用滑模摊铺机,一次完成混凝土拌和物的摊铺、振捣密实、挤压成型、抹面修饰等功能。

轨道摊铺机施工方式为:按照路面的几何参数架设固定两边缘轨道、模板或轨模,通过轨道控制,采用轨道摊铺机摊铺出混凝土路面。

三辊轴机组施工方式为:采用密集振捣棒组和三辊轴整平机施工,在固定模板内由密集振捣棒组振实,三辊轴整平机在模板上前后滚动、振动,完成密实、整平和成型。

人工小型机具施工是一种采用固定模板控制路面几何尺寸,人工摊铺,手持振捣棒和振动板振动密实,人工辊轴、修整尺、抹刀整平混凝土路面的施工工艺。

(2)路面混凝土拌和物的施工和易性要求　路面混凝土拌和物的施工和易性要求取决于施工方式,滑模摊铺机前混凝土拌和物最佳坍落度及其允许范围应符合表4-30的要求。

混凝土路面滑模摊铺最佳坍落度、允许范围及最大单位用水量 表4-30

集料品种		卵石混凝土	碎石混凝土
坍落度(mm)	设超前角的滑模摊铺机	20~40	25~50
	不设超前角的滑模摊铺机	10~40	10~30
	允许波动范围(mm)	5~55	10~65
振动黏度系数($N\cdot s/m^2$)		200~500	100~600
最大单位用水量(kg/m^3)		155	160

轨道摊铺机摊铺、三辊轴机组摊铺、小型机具摊铺的路面混合物的坍落度要求及最大用水量要求见表4-31,表中的出机坍落度可根据施工气温、运距等适当增大。表中最大单位用水量是采用中砂。粗细集料为风干状态时的取值,若采用细砂,应使用减水率较大的(高效)减水剂。当使用外加剂或掺和料时,实际用水量应作相应调整,但不得超过表4-31中的最大单位

用水量。使用碎卵石时，最大用水量可取碎石与卵石中值。

不同路面施工方式混凝土坍落度及最大单位用水量 表 4-31

摊铺方式	轨道摊铺机摊铺		三辊轴机组摊铺		小型机具摊铺	
出机坍落度(mm)	40 ~ 60		30 ~ 50		10 ~ 40	
摊铺坍落度(mm)	20 ~ 40		10 ~ 30		0 ~ 20	
最大单位用水量(kg/m^3)	碎石 156	卵石 153	碎石 153	卵石 148	碎石 150	卵石 145

3)耐久性

混凝土与大自然接触，受到干湿、冷热、水流冲刷、行车磨耗和冲击、腐蚀等作用，要求混凝土路面必须具有良好的耐久性。在混凝土配合比设计时，采用限制最大水灰(胶)比和最小水泥用量来满足路面耐久性的要求，具体见表 4-32。此外，严寒地区路面混凝土抗冻标号不宜小于 D250，寒冷地区不宜小于 D200。

混凝土满足耐久性要求的最大水灰(胶)比和最小单位水泥用量 表 4-32

公路等级		高速公路、一级公路	二级公路	三、四级公路
最大水灰(胶)比		0.44	0.46	0.48
抗冰冻要求最大水灰(胶)比		0.42	0.44	0.46
抗盐冻要求最大水灰(胶)比		0.40	0.42	0.44
最小单位水泥用量(kg/m^3)	42.5 级	300	300	290
	32.5 级	310	310	305
抗冰(盐)冻时最小单位水泥用量(kg/m^3)	42.5 级	320	320	315
	32.5 级	330	330	325
掺粉煤灰时最小单位水泥用量(kg/m^3)	42.5 级	260	260	255
	2.5 级	280	270	265
抗冰(盐)冻掺粉煤灰最小单位水泥用量(42.5 级水泥)(kg/m^3)		280	270	265

注：①掺粉煤灰，并有抗冰(盐)冻性要求时，不得使用 32.5 级水泥；

②水灰(胶)比计算以砂石料的自然风干状态计(砂含水量≤1.0%；石子含水量≤0.5%)；

③处在除冰盐、海风、酸雨或硫酸盐等腐蚀性环境中，或在大纵坡等加减速车道上的混凝土，最大水灰(胶)比可比表中数值降低 0.01 ~ 0.02。

3.设计步骤

路面水泥混凝土配合比设计适用于滑模摊铺机、轨道摊铺机、三辊轴机组及小型机具四种施工方式，也包括掺用外加剂或真空脱水、掺用粉煤灰的路面混凝土、全部缩缝插传力杆的路面混凝土、配筋混凝土路面、桥面和桥头搭板等的混凝土配合比设计。重要的路面工程或桥面工程混凝土应采用正交试验法进行配合比优选。

1)配制弯拉强度 f_c

路面普通混凝土的配制弯拉强度均值 f_c 按式(4-28)计算。

$$f_c = \frac{f_{cm}}{1 - 1.04C_v} + t \cdot S \tag{4-28}$$

式中：f_{cm}——混凝土设计抗弯拉强度标准值(MPa)；

S——抗弯拉强度试验样本的标准差；

t——保证率系数，按样本数 n 和判别概率 P 参照表 4-33 确定；

C_v——混凝土弯拉强度变异系数，应按统计数据在表4-34的规定范围内取值。（在无统计数据时，抗弯拉强度变异系数应按设计取值；如施工配置抗弯拉强度超出设计给定的抗弯拉强度变异系数上限，则必须改进机械装备和提高施工控制水平）

保证率系数 表4-33

公路等级	判别概率 P	样本数 n(组)				
		3	6	9	15	20
高速公路	0.05	1.36	0.79	0.61	0.45	0.39
一级公路	0.10	0.95	0.59	0.46	0.35	0.30
二级公路	0.15	0.72	0.46	0.37	0.28	0.24
三、四级公路	0.20	0.56	0.37	0.29	0.22	0.19

各级公路混凝土路面抗弯拉强度变异系数 表4-34

公路等级	高速公路	一级公路		二级公路	三、四公路	
变异系数水平等级	低	低	中	中	中	高
变异系数 C_v 允许变化范围	0.05~0.10	0.05~0.10	0.10~0.15	0.10~0.15	0.10~0.15	0.15~0.20

2）水灰比 W/C 的计算、校核及确定

（1）按照混凝土弯拉强度计算水灰比　不同粗集料类型混凝土的水灰比 W/C 按经验公式(4-29)、式(4-30)计算。

对碎石或碎卵石混凝土：
$$\frac{W}{C}=\frac{1.5684}{f_c+1.0097-0.3595f_s} \tag{4-29}$$

对卵石混凝土：
$$\frac{W}{C}=\frac{1.2618}{f_c+1.5492-0.4709f_s} \tag{4-30}$$

式中：f_c——混凝土配制弯拉强度(MPa)；

f_s——水泥28d实测抗折强度(MPa)。

（2）水胶比 $W/(C+F)$ 的计算　水胶比中的"水胶"是指水泥与粉煤灰质量之和，如果将粉煤灰作为掺和料时，应计入超量取代法中代替水泥的那一部分粉煤灰用量 F，代替砂的超量部分不计入，此时水灰比 W/C 用水胶比 $W/(C+F)$ 代替。

（3）耐久性校核确定水灰（胶）比　按照路面混凝土的使用环境、道路等级查表4-32，得到满足耐久性要求的最大水灰比（或水胶比）。在满足弯拉强度和耐久性要求的水灰比（或水胶比）中取小值作为路面混凝土的设计水灰比（或水胶比）。

3）选取砂率 β_s

根据砂的细度模数和粗集料品种，查表4-35选取砂率 β_s。表4-35的适用条件为：水灰比在0.35~0.48之间，使用外加剂，集料级配良好，卵石最大粒径19.0mm，碎石最大粒径31.5mm，碎卵石可在碎石和卵石混凝土之间内插取值。

砂的细度模数与最优砂率关系 表4-35

砂细度模数		2.2~2.5	2.5~2.8	2.8~3.1	3.1~3.4	3.4~3.7
砂率 β_s (%)	碎石	30~34	32~36	34~38	36~40	38~42
	卵石	28~32	30~34	32~36	34~38	36~40

4）计算单位用水量 m_{wo}

（1）不掺外加剂和掺和料时，单位用水量的计算　单位用水量按照经验公式(4-31)或公式

(4-32)计算,其中砂石材料质量以自然风干状态计。

对碎石混凝土: $$m_{wo} = 104.97 + 0.309S_L + 11.27\frac{C}{W} + 0.61\beta_s \quad (4\text{-}31)$$

对卵石混凝土: $$m_{wo} = 86.89 + 0.370S_L + 11.24\frac{C}{W} + 1.00\beta_s \quad (4\text{-}32)$$

式中:S_L——坍落度(mm);

β_s——砂率(%),参考表4-35选定。

(2)掺外加剂的混凝土单位用水量:

$$m_{w,ad} = m_{wo}(1 - \beta_{ad}) \quad (4\text{-}33)$$

式中:$m_{w,ad}$——掺外加剂的混凝土单位用水量(kg/m^3);

m_{wo}——单位用水量(kg/m^3);

β_{ad}——外加剂减水率的实测值,以小数计。

单位用水量应取计算值与表4-30和表4-31中规定值两者中的小值。如果实际用水量在仅掺引气剂时的混凝土拌和物不能满足坍落度要求时,应掺用引气剂复合(高效)减水剂。对于三、四级公路,也可采用真空脱水工艺。

5)计算单位水泥用量 m_{co}

单位用水量 m_{co}按照式(4-34)计算,然后根据道路等级和环境条件,查表4-32,得到满足耐久性要求的最小水泥用量,取两者中的大值。

$$m_{co} = \frac{m_{co}}{W/C} \quad (4\text{-}34)$$

6)计算单位粉煤灰用量

路面混凝土中掺用粉煤灰时,其配合比应按照超量取代法进行。代替水泥的粉煤灰掺量:I型硅酸盐水泥≤30%;II型硅酸盐水泥≤25%;道路硅酸盐水泥≤20%;普通水泥≤15%;矿渣水泥不得掺加粉煤灰。粉煤灰的超量部分应代替砂,并折减用砂量。

7)计算砂石材料单位用量 m_{so}和 m_{Go}

一般道路混凝土中的砂石材料用量的计算采用体积法或密度法,将上述计算确定的单位水泥用量 m_{co}、单位用水量 m_{wo}和砂率 β_s 代入式(4-10)或式(4-11),即可求出砂石材料用量 m_{so}和 m_{Go}。

经计算得到的配合比应验算单位粗集料填充体积率,且不易小于70%。

混凝土的初步配合比确定后,应对该配合比进行试配、调整,确定其设计配合比。

8)试拌调整、提出基准配合比

(1)试拌　取施工现场实际材料,配制0.03m^3混凝土拌和物。

(2)测定工作性　测定坍落度(或维勃稠度),并观察黏聚性和保水性。

(3)调整配合比　若流动性不符合要求,在水灰比不变情况下,增减水泥浆用量;若黏聚性和保水性不符合要求,应调整砂率。

(4)提出基准配合比　混凝土经调整后,提出流动性、黏聚性和保水性均符合要求的基准配合比。

9)强度测定,确定试验室配合比

(1)制备抗折强度试件　按基准配合比,增加和减少水灰比0.03,再计算2组配合比,用3组配合比制备抗折强度试件。

(2)抗折强度测定　3 组试件经 28d,在标准条件下养护后,按标准方法测定其抗折强度。

(3)确定试验室配合比　根据抗折强度,确定工作性、强度符合要求,并且最经济合理的试验室配合比(即理论配合比)。

10)换算工地配合比

根据施工现场性质,对理论配合比进行换算,得出施工配合比。

【设计实例】　某一级公路拟采用水泥混凝土路面,试设计路面用混凝土配合比。

(1)原材料各项指标如下:

水泥:52.5 级普通硅酸盐水泥,密度为 3.1g/cm^3,实测 28d 胶砂抗折强度为 8.7MPa;

碎石:石灰石,最大粒径 40mm,级配合格,表观密度为 2.70g/cm^3;

砂:中砂,表观密度为 2.63g/cm^3,细度模数为 2.64,其他各项指标均符合技术要求;

水:饮用水。

(2)设计要求。混凝土抗折强度等级为 5.0MPa,施工要求混凝土弯拉强度样本的标准差为 0.4MPa($n=9$)。混凝土拌和物的坍落度为 30~50mm。

(3)配合比设计:

①确定试配强度:

$$f_c = \frac{f_{cm}}{1-1.04C_v} + t \cdot S = \frac{5}{1-1.04\times0.075} + 0.61\times0.4 = 5.67\text{MPa}$$

②计算水灰比:

$$\frac{W}{C} = \frac{1.5684}{f_c + 1.0097 - 0.3595 f_s} \text{得}: W/C = 0.42$$

查表得耐久性允许最大水灰比为 0.44。故取计算水灰比为 0.42。

③计算用水量:

由表 4-35 得:$W/C=0.42$ 时,$\beta_s = 34\%$;代入公式(4-33)中:

$$m_{wo} = 104.97 + 0.309S_L + 11.27\frac{C}{W} + 0.61\beta_s = 143\text{kg/m}^3$$

④计算水泥用量:

由公式(4-34)可得:　$m_{co} = 143\times\frac{1}{0.42} = 340\text{kg/m}^3$

由表 4-32 得:耐久性允许最小水泥用量为 300kg/m^3,故取 340kg/m^3。

⑤计算砂、石用量:

$$\begin{cases} \dfrac{340}{3.1} + \dfrac{m_{so}}{2.63} + \dfrac{m_{go}}{2.70} + \dfrac{143}{1} + 0.01\times1 = 1000 \\ \dfrac{m_{so}}{m_{so}+m_{go}} = 34\% \end{cases} \quad \text{解得}: \begin{matrix} m_{so} = 671\text{kg/m}^3 \\ m_{go} = 1302\text{kg/m}^3 \end{matrix}$$

验算:碎石的填充体积 $=\frac{m_{go}}{\rho_{gh}} = \frac{1302}{1701}\times100\% = 74.2\%$,符合要求。

由此确定路面混凝土的初步配合比为:

$$m_{wo} = 143\text{kg/m}^3;\ m_{co} = 340\text{kg/m}^3;\ m_{so} = 671\text{kg/m}^3;\ m_{co} = 1\,302\text{kg/m}^3$$

路面混凝土的基准配合比、设计配合比与施工配合比设计内容与普通混凝土相同。

第四节 建筑砂浆

砂浆是由胶凝材料，细集料和水等材料按一定比例配制而成。与混凝土在组成上的差别仅在于砂浆不含有粗集料，因此有关混凝土和易性、强度和耐久性的基本规律，原则上也能适用于砂浆。

一、技术性质

1.砂浆的和易性

对新拌砂浆的主要要求是和易性。和易性好的砂浆，容易在砖石表面铺展成均匀的薄层，并使砌体之间紧密黏结。这不仅能保证工程质量，而且还可以提高施工效率。砂浆的和易性包括流动性和保水性两个方面。

(1)流动性　为保证砂浆在施工时，能使铺砌在粗糙不平的砖石表面上形成均匀密实的薄层，因此要求砂浆具有一定的流动性。

砂浆流动性和许多因素有关，砂浆中胶结材料的品种和用量、用水量、砂粒粗细、形状、级配及搅拌时间都会影响砂浆流动性。流动性的测定，是以标准圆锥体在砂浆中沉入的深度(cm)表示。按照公路与桥梁施工技术规范的规定，砂浆流动性宜采用4~7cm；一般在炎热干燥环境中的石砌体，其流动性可采用5~7cm；寒冷潮湿环境中可采用4~5cm。

(2)保水性　保水性是指新拌砂浆在运输和施工过程中，能保持水分不流失和各组分不分离的能力。保水性优良的砂浆，不仅在使用过程中不易产生离析现象，而且在铺筑后仍能保持必要的水分，以保证胶凝材料在硬化中所需的水分。

影响砂浆保水性的主要因素是胶凝材料的类型和用量，同时与集料的粗度和级配有关。砂浆内胶结材料充足，掺用可塑性混合材料，其保水性较好。在砂浆中掺入适量外加剂也可以改善砂浆的保水性和流动性。

砂浆的保水性用分层度表示。先测定砂浆沉入度，再将砂浆按规定试验方法装入砂浆分层度试验仪中，静置30min，去掉上面2/3的砂浆，剩余1/3砂浆重新拌和后再测定其沉入度，前后两次沉入度之差即为分层度。保水性良好的砂浆分层度较小。一般规定砂浆的分层度应小于2cm。

2.硬化后砂浆的性质

(1)抗压强度　砌筑砂浆在砌体或建筑物中主要起承递荷载作用，应具有一定的抗压强度。对抗震设防地区，还需注意砌体的抗拉、抗剪强度。

砂浆强度以抗压强度表示。砂浆抗压强度是边长70.7mm的正立方体试块，在标准温度(20±3℃)和正常湿度条件下，养护28d的抗压强度值。在桥涵工程中砂浆按结构物类型要求的最低强度如表4-36。

桥梁砌筑砂浆强度要求　　表4-36

结构物类型		砌筑砂浆最低抗压强度(MPa)
拱圈	大、中桥	7.5
	小桥	5.0
大、中桥墩台及基础，梁式轻型桥台		5.0
小桥涵墩台及基础，挡土墙		2.5

砌筑砂浆按其使用条件不同，其强度可按下列两种方法计算：

①密实基底:对于毛石砌体,不吸水的基底,砂浆强度服从水灰比定则,其强度经验公式为:

$$f_{mo,28} = Af_{ce,k}\left(\frac{C}{W} - B\right) \tag{4-35}$$

式中:$f_{mo,28}$——砂浆 28d 抗压强度(MPa);

$f_{ce,k}$——水泥(商品强度)强度(MPa);

$\frac{C}{W}$——灰水比;

A、B——经验系数。缺乏经验资料时可取 $A = 0.293, B = 0.4$。

②多孔基底:对于砖等多孔吸水基底,由于砂浆具有保水性能,经底面吸水后,仍保留在砂浆中的水分几乎是不变的,因此砂浆的强度主要取决于水泥的用量和水泥商品强度,其经验公式如下:

$$f_{mo,28} = \frac{\alpha \cdot m_{co} f_{ce,k}}{1000} f_{mo,28} \tag{4-36}$$

式中:$f_{mo,28}$、$f_{ce,k}$——意义同上;

m_{co}——每立方米砂浆中水泥用量 (kg);

α——调整系数,根据水泥强度和要求的砂浆强度变化幅度在 0.6~1.1 之间,见调整系数表 4-37。

调整系数 α 值表

表 4-37

水泥强度(MPa)	砂浆强度(MPa)		
	2.5	5.0	10.0
22.5	0.766	0.932	—
27.5	0.732	0.890	1.048
32.5	0.690	0.842	0.989
42.5	0.632	0.811	0.953

(2)黏结性　为保证砌体的整体性,砂浆要有一定的黏结力。影响砂浆黏结性的因素很多,一般砂浆的抗压强度愈高,其黏结性愈好。

(3)耐久性　圬工砂浆经常遭受环境水作用,故除强度外,还应考虑抗渗性、抗冻性和抗蚀性等性能。提高砂浆耐久性,主要是提高其密实度。

二、配合比设计

砌筑砂浆的抗压强度应根据工程类别及砌体部位确定。根据所需要的砂浆抗压强度即可进行配合比设计。

1.密实基底砂浆配合比(质量比)

当砂浆用于不吸水的底面时,强度主要决定于水泥的商品强度和水灰比。其设计步骤如下:

(1)确定试配强度　为了使砌筑砂浆的强度具有一定的保证率,配制强度按设计强度提高15%计算。

$$f_{mo} = 1.15 f_m \tag{4-37}$$

式中:f_{mo}——砂浆的配制强度(MPa);

f_m——砂浆设计强度(MPa)；

(2)确定水灰比　根据密实基底计算公式得：

$$\frac{W}{C}=\frac{Af_{ce,k}}{f_{mo}+ABf_{ce,k}} \tag{4-38}$$

本公式仅适用于中砂或粗砂，且砂含水率为1%～8%的松散体。用干砂时，砂的配合量要减少10%，不得已采用细砂时，水泥用量要增加20%～25%。

(3)用水量　根据砂的细度模数及砂的沉入度要求，可参考表4-38选择用水量(m_{wo})。

砂浆用水量参考表

表4-38

砂细度模数	砂浆用水量(kg/cm^3)	说　明
>3	260～280	适用于沉入度2～4cm砂浆超过4cm时，沉入度每增加1cm，用水量增加2kg
2～3	280～320	
<2	320～350	

(4)求水泥用量　根据计算的水灰比和确定的单位用水量即可求出水泥用量。

$$m_{co}=\frac{m_{wo}}{W/C} \tag{4-39}$$

(5)计算砂子用量　可按体积法计算。

$$m_{so}=\left(1000-m_{wo}-\frac{m_{co}}{\rho_c}\right)\times\rho_s \tag{4-40}$$

式中：m_{so}——每立方米砂浆中砂的用量(kg)；

m_{wo}——每立方米砂浆中水的用量(kg)；

m_{co}——每立方米砂浆中水泥用量(kg)；

ρ_c——水泥的相对密度(g/cm^3)；

ρ_s——砂子的相对密度(g/cm^3)。

(6)计算砂浆配合比　按下式计算：

$$m_{co}:m_{so}=1:\frac{m_{so}}{m_{co}} \tag{4-41}$$

(7)试拌调整　按砂浆沉入度，分层度要求进行检验。当分层度、沉入度满足要求后，制成70.7mm×70.7mm×70.7mm的有底试件，在标准条件下养护28d后检验其抗压强度。

(8)选择施工配合比　根据强度试验结果，选择施工配合比。

2.多孔基底砂浆配合比(体积比)

用于计算普通黏土砖的砂浆配合比设计步骤如下：

(1)确定试配强度　为了使砌筑砂浆的强度具有一定的保证率，配制强度按设计强度提高15%计算。

$$f_{mo}=1.15f_m \tag{4-42}$$

式中：f_{mo}——砂浆的配制强度(MPa)；

f_m——砂浆设计强度(MPa)。

(2)确定$1m^3$砂浆的水泥用量：

$$m_{co}=\frac{f_{mo}}{a\cdot f_{ce,k}}\times 1000 \tag{4-43}$$

式中：f_{mo}——砂浆的配制强度(MPa)；

$f_{ce,k}$——水泥(商品强度)强度(MPa)；

α——调整系数。见表4-37。

若计算出的水泥用量低于350kg时，为保证砂浆的和易性，需补充一部分混合材料，即为混合砂浆。

(3)确定1 m^3砂浆掺和材料的用量m_{Do}：

$$m_{Do}=350-m_{co} \tag{4-44}$$

混合砂浆掺入石灰膏时，其石灰膏的沉入度为12cm；掺入黏土膏时，其黏土膏的沉入度为14~15cm。

(4)砂用量　1m^3砂浆的砂用量一般为含水率1%~3%的松散体积砂1m^3。若砂含水率接近于零时，则1m^3砂浆需用0.92m^3的砂；若含水率大于3%时，砂的用量随含水率增加而适当增加。

(5)砂浆配合比(按体积比)：

$$m_{co}:m_{Do}:m_{so}=V_{co}:\frac{m_{Do}}{\rho_D}:1=1:\frac{m_{Do}}{\rho_D\cdot V_{co}}:\frac{1}{V_{co}}$$

式中：V_{co}——水泥体积，水泥用量以水泥毛体积密度(1300kg/m^3)除之而得(m^3)；

m_{Do}——掺和材料用量(kg)；

ρ_D——掺和材料表观密度，若为石灰膏时，按1350kg/m^3计算。

(6)试拌调整　根据计算结果，应进行试配调整，直到满足和易性和强度的要求为止。

第五节　无机结合料稳定土

无机结合料稳定土具有较高的强度和水稳性，并有一定程度的抗冻性，整体性强。在经过级配改善或未改善的黏土类、亚黏土类、亚砂土类、粉土类中掺入各类水泥、熟石灰与磨细生石灰所组成的稳定土，称为无机结合料稳定土。与砂石材料相比，稳定土路面具有一定的抗拉强度和良好的稳定性，但耐磨性差，一般不用作面层。

一、无机结合料稳定土组成材料的要求

1.土质

土的矿物成分对无机结合料稳定土性质有重要影响。试验表明，除有机质或硫酸盐含量高的土以外，各类砂砾土、砂土、粉土和黏土都可用无机结合料稳定。一般规定用于稳定土的液限不大于40，塑性指数不大于20。级配良好的土用无机结合料稳定时，既可节约无机结合料用量，又可取得满意的效果。重黏土中黏土颗粒含量多，不易粉碎和拌和，用石灰稳定时，容易使路面造成缩裂。粉质黏土的稳定效果最佳。用水泥稳定重黏土时，不易粉碎和拌和，会造成水泥用量过高，经济性差。级配良好的砾石—砂—黏土稳定效果最佳。

2.无机结合料

(1)水泥　各种类型的水泥都可用于稳定土。水泥的矿物成分和分散度对稳定效果有明显的影响。同一种土，硅酸盐水泥比铝酸盐水泥稳定效果好。在水泥矿物成分相同且硬化条件相似的情况下，稳定土的强度随水泥比表面和活性的增大而提高。稳定土的强度还与水泥的用量有关，不存在最佳水泥剂量，而存在一个经济用量。一般在保证土的性质能起根本变

化，且能保证稳定土达到所规定的强度和稳定性的前提下，取尽可能低的水泥剂量。

(2)石灰　各种化学组成的石灰均可用于稳定土。在剂量不大的情况下，钙质石灰比镁质石灰稳定土的初期强度高。镁质石灰稳定土在剂量较大时，后期强度优于钙质石灰稳定土。石灰的最佳剂量，对黏性土和粉性土，石灰用量为占干土重的 8% ~ 16%，对砂性土为 10% ~ 18%。

3.含水量

水分是稳定土的一个重要组成部分。所用水分应能满足稳定土形成强度的需要，同时使稳定土在压实时具有一定的塑性，达到所需要的压实度。水分还可使稳定土在养生时具有一定的湿度，最佳含水量用重型击实试验法确定。

二、无机结合料稳定土强度形成原理

在土中掺入适量的石灰或水泥，并在最佳含水量下拌匀压实，使无机结合料与土发生一系列的物理、化学作用而逐渐形成强度。石灰与土之间产生的化学与物理-化学作用可分为四个方面，即离子交换作用、结晶作用、碳酸化作用和火山灰作用。水泥与土之间产生的化学与物理化学作用可分为三个方面，即离子交换及团粒化作用、硬凝反应、碳酸化作用。

1.石灰土强度形成原理

(1)离子交换作用　在石灰土中，由于水的作用使部分熟石灰离解成 Ca^{2+} 和 $(OH)^-$ 离子，溶液呈现出强碱性，随着 Ca^{2+} 浓度增大，灰土中土粒表面原来吸附的 Na^+、K^+ 等一价离子被石灰中的二价 Ca^{2+} 离子替换。原来的钠(钾)土变成了钙土，土粒表面吸附水膜的厚度减少，土粒相互之间更为接近。随分子引力增加，许多单个土粒结成小团粒，组成一个稳定的结构。它在初期发展迅速，使土的塑性降低、最佳含水量增加和最大密实度减小。

$$\boxed{土}\Big\langle\begin{matrix} Na^+ \\ \\ K^+ \end{matrix} + Ca^{2+} \longrightarrow \boxed{土} + Ca^{2+} + Na^+ (或\ K^+) \tag{4-45}$$

(2)结晶作用　熟石灰掺入土中，由于水分较少，只有少部分离解，一部分 $Ca(OH)_2$ 进行化学作用，绝大部分饱和 $Ca(OH)_2$ 在灰土中自行结晶，其化学反应式如下：

$$Ca(OH)_2 + nH_2O \longrightarrow Ca(OH)_2 \cdot nH_2O \tag{4-46}$$

由于结晶作用，把土粒胶结成整体，使石灰土的整体性得到提高。

(3)碳酸化作用　灰土中的 $Ca(OH)_2$ 与空气中的 CO_2 作用，生成 $CaCO_3$ 结晶，其化学反应式如下：

$$Ca(OH)_2 + CO_2 \longrightarrow CaCO_3 + H_2O \tag{4-47}$$

$CaCO_3$ 是坚硬的结晶体，与其他生成复杂的盐类把土粒胶结起来，大大地提高了土的强度和整体性。结晶作用与碳酸化作用使石灰土的后期板体性、强度和稳定性得到提高。

(4)火山灰作用

石灰中的 $Ca(OH)_2$ 与土中活性 SiO_2 和活性 Al_2O_3 起化学反应，生成含水的硅酸钙和含水铝酸钙，它们在水分作用下能够逐渐结硬，其反应式为：

$$xCa(OH)_2 + SiO_2 + (n-1)H_2O \longrightarrow xCaO \cdot SiO_2 \cdot nH_2O \tag{4-48}$$

$$xCa(OH)_2 + Al_2O_3 + (n-1)H_2O \longrightarrow xCaO \cdot Al_2O_3 \cdot nH_2O \tag{4-49}$$

火山灰反应在不断吸收水分的情况下逐渐发生，因而具有水硬性，是构成石灰土早期强度的主要原因。

2.水泥稳定土强度形成原理

(1)离子交换及团粒化作用　水泥水化后的胶体中 $Ca(OH)_2$ 和 $Ca^{2+}+(OH)^-$ 共存,其离子交换作用与石灰土相同。离子交换的结果使大量的土粒形成较大的土团。由于水泥水化生成物 $Ca(OH)_2$ 具有强烈的吸附活性,使较大的土团进一步结合,所形成的水泥土链条状结构,封闭了各土团之间的孔隙,形成坚固的联结,这是水泥土具有一定强度的主要原因。

(2)硬凝反应　随水泥水化反应的深入,溶液中析出大量 Ca^{2+},当 Ca^{2+} 的数量超过离子交换需要量后,则在碱性环境中与黏土矿物中的 SiO_2 和 Al_2O_3 进行化学反应,生成不溶于水的结晶矿物,从而增大了土的强度。

(3)碳酸化作用　与石灰土碳酸化作用基本相同。使土固结产生强度,但比硬凝反应的作用差一些。

三、混合料的配合比设计

1.一般原则

混合料组成设计所要达到的目标是:满足设计强度要求,抗裂性达到最优且便于施工。混合料组成设计的基本原则是:结合料剂量合理、尽可能采用综合稳定以及集料应有一定级配。结合料剂量太低不能成为半刚性材料,剂量太高则刚度太大,容易脆裂。采用综合稳定时,水泥可提高早期强度,石灰可使刚度不会太大,掺入一定粉煤灰可以降低收缩系数。

集料的级配以集料的数量达到靠拢而不紧密为原则,其空隙让无机结合料填充,形成各自发挥优势的稳定结构。因此,较为理想的基层材料应是石灰、粉煤灰、水泥综合稳定粒料类半刚性材料。

2.混合料试验项目

(1)重型击实试验　确定最佳含水量和最大干密度,通过试验规定工地碾压时的合适含水量和应达到的最小干密度;确定置备强度试验和耐久性试验的试件所应该用的含水量和干密度;确定置备承载比试件的材料含水量。

(2)承载比　通过承载比试验,求工地预期干密度下的承载比,确定材料是否适宜做基层或底基层。

(3)抗压强度　通过抗压强度试验进行材料组成设计,选定最适宜于用水泥或石灰稳定的材料(包括土),规定施工中所用的结合料剂量,为工地提供质量评定标准。

(4)耐久性　用干湿循环或冻融循环试验确定适宜于用石灰或水泥稳定的材料,探索石灰水泥稳定材料在潮湿冰冻条件下的使用性能。

3.半刚性基层材料组成设计的现行方法

现行混合料组成设计的主要内容是根据表 4-39 的强度标准值,通过试验选取适宜于稳定的材料,确定材料的配合比以及最大干密度和最佳含水量。表中所列数值指龄期为 7d(温养 6d、浸水 1d)的无侧限抗压强度。

4.石灰土强度计算

石灰土的强度常用无侧限抗压强度作为设计指标。通过测定无侧限抗压强度,可以确定材料的配合比,选择适宜的石灰剂量,同时还可以测定材料结构强度是否满足要求。

试验时可按土的颗粒组成选择试模,细粒土($D\leqslant 5$mm)用小试模($\phi=h=50$mm);中粒土($D\leqslant 25$mm)用中试模($\phi=h=100$mm);粗粒土($D\leqslant 40$mm)用大试模($\phi=h=150$mm)。按规定试验方法制成标准试件,立即放到密封湿气箱内保湿养生 7d 或 28d。养生期的最后 1d,应将试件浸泡在水中一昼夜，测定其抗压强度。然后从破坏试件内部取有代表性的样品测定其含水量后。可按式(4-50)计算无侧限抗压强度值。

无机结合料稳定类材料的抗压强度(MPa) 表 4-39

公路等级		高速、一级公路	二级及二级以下公路
水泥稳定类材料	基层	3.0～4.0	2.0～3.0
	底基层	≥1.5	≥1.5
石灰稳定类材料	基层		≥0.8
	底基层	≥0.8	>0.5～0.7①
二灰稳定类材料	基层	≥0.8	≥0.6
	底基层	≥0.8	≥0.6

注：①低限与高限分别用于塑性指数小于 12 和大于 12 的黏性土。

$$R=\frac{P}{A} \tag{4-50}$$

式中：P——试件破坏时的最大压力(N)；

A——试件的截面积(cm^2)。

具体设计步骤如下：

(1)置备同一种土样、不同结合料剂量的混合料，水泥和石灰的剂量可参考表 4-40、表 4-41 所列数值。

水泥剂量参考值 表 4-40

土类	层位	水泥剂量(%)				
中粒土和粗粒土	基层	3	4	5	6	7
	底基层	3	4	5	6	7
塑性指数小于 12 的土	基层	5	7	8	9	11
	底基层	4	5	6	7	9
其他细粒土	基层	8	10	12	14	16
	底基层	6	8	9	10	12

石灰剂量参考值 表 4-41

土类	层位	水泥剂量(%)				
砂粒土和碎石土	基层	3	4	5	6	7
塑性指数小于 12 的土	基层	10	12	13	14	16
	底基层	8	10	11	12	14
塑性指数大于 12 的土	基层	5	7	9	11	13
	底基层	5	7	8	9	11

二灰稳定类混合料试件的制备可根据不同情况进行。

①对硅铝粉煤灰，采用石灰粉煤灰做基层或底基层时，石灰与粉煤灰之比可以是 1:2～1:9。

②采用石灰粉煤灰土做基层或底基层时，石灰与粉煤灰的比常用 1:2～1:4(对于粉土，以 1:2 为宜)。石灰粉煤灰与细粒土的比例可以是 30:70～90:10。

③采用石灰粉煤灰粒料做基层或底基层时，石灰与粉煤灰的配比常用 1:2～1:4，石灰粉煤灰与级配粒料(中粒土和粗粒土)的配比可以是 1:6～1:4，石灰粉煤灰与粒料的配比也可以

用1:1左右,但后者可能强度较低,裂缝较多。

(2)采用重型击实试验确定各种混合料的最佳含水量和最大干密度,至少做三个不同水泥或石灰剂量混合料的击实试验,即最小剂量、中间剂量和最大剂量。其他剂量混合料的最佳含水量和最大干密度用内插法确定。

(3)按工地预定达到的压实度,分别计算不同结合料剂量时试件应有的干密度。

(4)按最佳含水量和计算得到的干密度制备试件,进行强度试验。作为平行试验的试件数量应符合表4-42中的规定。如试验结果的偏差系数大于表中规定的值,则应重做试验,并找出原因,加以解决。如不能降低偏差系数,则应增加试验数量。

最少的试验数量 表4-42

稳定土类型	下列偏差系数时的试验数量		
	小于10%	10~15%	小于20%
细粒土	6		
中粒土	6	9	
粗粒土		9	13

(5)试件在规定温度下保湿养生6d,浸水1d,进行无侧限抗压强度试验,试验温度为:冰冻地区20±2℃,非冰冻地区25±2℃。计算试验结果的算术平均值和偏差系数。

(6)根据表4-39的强度标准,选定合适的结合料剂量。此剂量试验室内试验结果的平均抗压强度应满足式(4-51)要求:

$$\bar{R} \geqslant \frac{R_d}{1 - Z_a C_v} \tag{4-51}$$

式中:R_d——设计抗压强度(表4-39);

C_v——试验结果的偏差系数(以小数计);

Z_a——标准正态分布中随保证率而变的系数。高等级公路上应取保证率95%,此时$Z_a = 1.645$。

工地实际采用的石灰或水泥剂量应较室内试验确定的剂量多0.5%~1.0%。

石灰土稳定碎石和石灰土稳定砂砾,仅对其中的石灰土进行组成设计,对碎石和砂砾,只要求它具有较好的级配。石灰土与碎石砂砾的质量比宜为1:4。二灰稳定粒料的组成设计,则应包括全部混合料(或25mm以下的粒料)。条件不具备时,可仅对二灰进行组成设计,确定二灰的配合比后,在二灰中掺入一定比例的粒料。

四、影响石灰土强度的因素

无机结合料稳定土强度形成的因素,包括内因与外因两个方面:属于内因的有土质、石灰的质量和剂量、含水量与密实度等;属于外因的有石灰土的龄期、养生条件(温度与湿度)等因素。

1.土质

一般黏土颗粒的活性强、比面积大,表面能量也较大,掺入石灰等活性材料后,所形成的离子交换、结晶作用、碳酸化作用和火山灰作用都比较活跃,故石灰土强度随土的塑性指数增加而增大。粉质黏土的稳定效果最好。

2.石灰的质量和剂量

石灰的等级愈高、细度愈大时稳定效果愈好。当石灰质量低于 III 级标准时,石灰土强度会明显降低,不宜采用。石灰剂量对石灰土强度的影响较为显著。剂量较低时(小于 3% ~ 4%),石灰主要起稳定的作用,即减少土的塑性、膨胀、吸水量,使土的密实度、强度得到稳定。在一定剂量范围内,石灰主要是起加固作用。

3.含水量

在施工期间,土中水分起减轻工艺过程作用,可保证土团得到最大限度的粉碎和均匀的拌和,并在最小压实功能的情况下达到最佳密实度。石灰土在养生时也需要大量水分。

4.密实度

石灰土强度随密实度的增加而增长。一般密实度每增减 1%,强度约增减 4% 左右。密实的灰土,其抗冻性、水稳性很好,缩裂现象也少。使石灰土达到要求的密实度是保证石灰土强度的关键。

5.石灰土的龄期

石灰土的强度随时间而增长,一般初期强度低,前期(1 ~ 2 个月)增长速率较后期快,半年强度约为一个月强度的一倍以上,随时间增长强度渐趋稳定。因石灰与土相互作用缓慢,施工应在冰冻前一定时间进行。目前对设计龄期的规定是:非冰冻地区采用三个月,冰冻地区采用一个月。

6.养生条件(温度与湿度)

石灰土养生条件不同,其强度有差异。当气温高时,物理化学作用大,强度增长快。气温低时强度增长缓慢,在负温度下强度不增长。养生时的湿度对强度也有很大影响,在潮湿条件下养生比在一般空气中养生强度高。

第六节　普通水泥混凝土和建筑砂浆试验

混凝土拌和物的取样及试件制备方法如下:

(1)混凝土拌和物试验用料应根据不同要求,从同一盘搅拌或同一车运送的混凝土中取出,或在试验室用机械或人工单独拌制。

(2)混凝土工程施工中取样机械混凝土试验时,其取样方法和原则应按有关规定执行。

(3)在试验室混凝土进行试验时,拌和用的集料应提前运入室内。拌和时试验室的温度应保持在 20 ± 5℃。需要模拟施工条件下的混凝土时,试验室原材料的温度宜保持与施工现场一致。

(4)试验室拌制混凝土时,材料用量以质量计,称量的精度:集料为 ± 1%;水、水泥和外加剂均为 ± 0.5%。

(5)拌和物取样后应尽快进行试验。试验前,试样应经人工略加翻拌,以保证其质量均匀。

(6)所有试件应在取样后立即制作,确定混凝土设计特征值、抗压强度或进行材料性能研究时,试件的成型方法应根据混凝土的稠度而定。坍落度不大于 70mm 的混凝土宜用振动台振实;大于 70mm 的宜用捣棒人工捣实。检验现浇混凝土工程和预制构件质量的混凝土,试件成型方法应与实际施工采用的方法相同。

(7)制作试件所用的试模应具有足够的刚度并拆装方便。试模的内表面应机械加工，其不平度应每 100mm 不超过 0.05mm，组装后各个相邻面的不垂直度不应超过 ±0.5°。制作试件前应将试模擦干净并在其内壁涂上一层矿物油脂或脱模剂。

(8)用振动台成型时，应将混凝土拌和物一次装入试模，装料时应用抹刀沿试模内壁略加插捣并应使混凝土拌和物高出试模上口。振动时防止试模在振动台上自由跳动。振动应持续到混凝土表面出浆为止，刮除多余的混凝土并用抹刀抹平。试验室振动台的振动频率应为 50 ±3Hz，空载时振幅为 0.5mm。

(9)用人工插捣时，混凝土拌和物应分两层装入试模，每层的装料厚度应大致相等。插捣用的钢制捣棒长 600mm，直径 16mm，端部磨圆。插捣按螺旋线方向从边缘向中心均匀进行。插捣底层时，捣棒应达到试模底面；插捣上层时，捣棒应穿入下层深度约 20～30mm。插捣时捣棒应保持垂直，并用抹刀沿内壁插入数次。每层的插捣次数应根据试件的截面而定，一般为每 $100cm^2$ 截面积不应少于 12 次。插捣完毕刮除多余的混凝土，并用抹刀抹平。

(10)根据试验目的不同，试件可采用标准养护、与构件同条件养护及自然养护等几种养护形式。

①采用标准养护的试件成型后应覆盖表面，以防止水分蒸发，并应在室温为 20±5℃情况下静置 1d 到 2d，然后编号拆模。

②拆模后的试件应立即在温度为 20±3℃、湿度为 90%以上的标准养护室中养护。试件应放在架上，彼此间隔为 10～20mm，应避免用水直接淋刷试件。

③无标准养护室时，混凝土试件可在 20±3℃的不流动水中养护。水的 pH 值不应小于 7。

④采用与构筑物或构件同条件养护的试件成型后应立即覆盖，试件的拆模时间可与实际构件的拆模时间相同，拆模后，试件仍需保持同条件养护。

⑤试验需要进行自然放置并晾干的试件应放置在干燥通风的室内，每块试件之间至少留有 10～20mm 的间隙。

(11)确定混凝土特征值、抗压强度或进行材料性能研究时应采用标准养护。检验现浇混凝土工程或预制构件中混凝土强度时，试件应采用同条件养护。试件一般养护至 28d 龄期(由成型时算起)进行试验。但也可以按要求(如需确定拆模、起吊、施加预应力或承受施工荷载等时的力学性能)养护到所需龄期。

试验二十六　水泥混凝土混合料坍落度、维勃稠度的测定

一、混凝土拌和物坍落度试验

1.试验目的

坍落度是表示混凝土拌和物稠度的一种指标，可以测量水泥混凝土在自重作用下流动的抗剪性。本试验适用于坍落度大于 10mm，集料粒径不大于 31.5mm 的混凝土。

2.试验仪器

(1)坍落筒：为铁板制成的截头圆锥筒，厚度不小于 1.5mm，内侧平滑，在筒的上方约 2/3 高度处有两个把手，近下端两侧焊有两个踏脚板，保证坍落筒可以稳定操作。坍落筒尺寸如表 4-43 所示。

坍落筒尺寸表 表 4-43

集料公称最大粒径（mm）	筒的名称	筒的内部尺寸(mm)		
		底面直径	顶面直径	高度
<31.5	标准坍落筒	200±2	100±2	300±2

(2)天平:称量 2kg,感量 1g;

(3)量筒:1000mL 和 200mL 各一个;

(4)磅秤:称量 100kg、感量 50g;

(5)坍落度高度测量器、漏斗、铁板、铁锹、抹刀、小铲、弹头形捣棒。

3.试验步骤(人工拌和)

(1)先用湿布擦净坍落度筒,检查校准磅秤及天平,备齐试验用砂石材料。用湿布将拌和板、铁锹擦湿,防止吸收试验中的水分。

(2)称量各种材料,先将水泥与砂倒在拌和板上,用铁锹干拌均匀,加入石子,再一起拌和均匀。将拌和物堆成长堆,中心扒成长槽,将称好的水倒入约一半。将拌和物仔细拌匀。再将材料堆成长堆,扒成长槽,倒入剩余的水,继续拌和。来回翻拌至少 6 遍,从加水完毕时起,当拌和物少于 30L 时,一般拌和 4~5 min。

(3)将坍落度筒踏板用脚踏紧,筒口放上漏斗,试样分三层装入筒内,每层装入高度稍大于筒高的 1/3 。用捣棒在每一层的横截面上均匀插捣 25 次,沿螺旋线由边缘至中心在全面积上插捣,插捣底层时插至底部,插捣其他两层时,应插透本层并插入下层约 20~30mm。垂直插捣时(除边缘部分外),不得冲击。测定时还应评定拌和物的棍度和含砂情况。

(4)顶层插捣完毕后,将捣棒用锯和滚的动作清除多余混凝土,用镘刀抹平筒口,刮净筒底周围的拌和物,在 5~10s 内垂直提起坍落筒。从开始装筒到提起坍落筒的全过程,不应超过 150s。

(5)将坍落筒放在锥体混凝土试样一旁,筒顶平放木尺,用小钢尺量出木尺底面至试样顶面最高点的垂直距离,即为该混凝土拌和物的坍落度,精确至 1mm。

(6)当混凝土试件的一侧发生崩坍或一边剪切破坏,应重新取样另测。如第二次仍发生上述情况,则表示该混凝土和易性不好,应记录。当混凝土拌和物的坍落度大于 220mm 时,用钢尺测量混凝土扩展后最终的最大直径和最小直径,在这两个直径之差小于 50mm 的条件下,用其算术平均值作为坍落扩展度值,否则,此次试验无效。

(7)测定时还应评定拌和物的棍度、含砂情况、黏聚性、保水性等性质(表 4-44)。以两次测定结果的平均值作为测定值。若两次结果相差 20mm 以上须做第三次试验,第三次与前两次结果均相差 20mm 以上时,整个试验重做。

拌和物其他性质 表 4-44

项　目	内　容	评定标准
棍度	插捣难易程度	上:容易 中:稍有阻滞 下:很难插捣
含砂情况	抹平情况	多:1~2 次抹平,无蜂窝 中:5~6 次抹平,无蜂窝 少:不易抹平,有空隙,石子外漏

续上表

项　　目	内　　容	评 定 标 准
黏聚性	在锥体一侧轻打时的情况	良好:渐渐下沉 不好:突然倒坍,石子离析
保水性	水分从拌和物底部析出情况	多量:较多水分从底部析出 少量:少量水分从底部析出 无:没有水分从底部析出

4.记录表格(表 4-45)

混凝土拌和物坍落度试验记录表　　　　表 4-45

试样编号		试样来源	
试样名称		试样用途	

试验次数	拌和混凝土各种材料用料				坍落度值(mm)	平均坍落度值(mm)	坍落扩展度值(mm)	平均坍落扩展度值(mm)	备注
	水泥重(kg)	砂重(kg)	石子(kg)	用水量(kg)					
①	②	③	④	⑤	⑥	⑦	⑧	⑨	⑩
1									
2									

试验者　　　　计算者　　　　审核者　　　　试验日期　　年　　月　　日

5.试验中注意的问题

(1)先用湿布擦净坍落度筒和擦湿拌和板及铁锹,防止吸收试验中的水分。

(2)各种材料按照规定的称量精度进行称量,按照试验规程的要求拌和。

(3)装坍落筒顶层混凝土时,应灌到高出筒口。插捣过程中,如混凝土沉落到低于筒口,则应随时添加,插捣时注意评定棍度情况。顶层插捣完后,刮去多余混凝土,用抹刀抹平,注意评定含砂情况。

(4)从开始装筒到提起坍落筒的全过程应在 150s 内完成。

(5)测定坍落度的同时还应评定拌和物的棍度、含砂情况、黏聚性、保水性等性质。

二、混凝土拌和物维勃稠度试验

1.试验目的

维勃稠度是用维勃时间表示的混凝土拌和物稠度指标,本方法适用于集料粒径不大于 31.5mm 的混凝土及维勃稠度在 5 ~ 30s 干稠混凝土的稠度测定。

2.试验仪器

(1)混凝土搅拌机:自由式或强制式,应附有产品品质保证文件。

(2)维勃稠度仪:由金属圆筒、坍落筒、漏斗、透明塑料圆盘、振动台等部分组成。振动台工作频率 50Hz,空载振幅 0.5mm,上有固定螺钉。

(3)磅秤:称量 100kg,感量 50g。

(4)其他:拌和用铁板、铁锹、镘刀、小铲、量筒 1000mL 和 200mL 各一个。

3.试验步骤(机械拌和)

(1)使用拌和机前,应先用少量砂浆进行涮膛,其水灰比及砂灰比与正式混凝土配合比相同。

(2)按规定称好各种原材料，往拌和机内顺序加入石子、砂、水泥，加料时间不宜超过2min，开动机器将材料拌和均匀，将水徐徐加入，水全部加入后，继续拌和约2min。将拌和物倾出在铁板上，再经人工翻拌1～2min，务使拌和物均匀一致。

(3)将擦净的容器固定在振动台上，放入坍落筒，把漏斗转到坍落筒上，拧紧螺钉。按坍落度试验步骤，分三层装拌和物，每层按螺旋线方向插捣25次，捣完第三层混凝土后移去漏斗，抹平筒口。提起筒模，将塑料透明圆盘移至拌和物上并轻轻与混凝土接触。圆盘可定向向下滑动。圆盘顶端滑棒上的刻度即为坍落度值。开动振动台并记时，当圆盘底面正好被水泥浆布满时，记录时间，即为维勃稠度，精确至1s。

4.记录表格(表4-46)

混凝土拌和物维勃稠度试验表

表4-46

试样编号				试样来源			
试样名称				试样用途			
试验次数	拌和12L混凝土各种材料的用量				维勃稠度(s)		备注
	水泥质量(kg)	砂质量(kg)	石质量(kg)	用水量(kg)	个别	平均	
①	②	③	④	⑤	⑥	⑦	⑧
1							
2							

试验者　　计算者　　审核者　　试验日期　　年　　月　　日

5.试验中注意的问题

(1)先用湿布将容器、坍落度筒、喂料斗内壁及其他用具擦湿。

(2)检查由测杆、圆盘及荷重块组成的滑动部分总质量应为2750±50g。

(3)应当垂直提起坍落筒，应注意不使混凝土试体产生横向扭动。

试验二十七　水泥混凝土拌和物表观密度试验

一、试验目的

本试验适用于测定混凝土拌和物捣实后的密度，以备修正、核实混凝土配合比计算中的材料用量。当已知所用原材料密度时，还可以算出拌和物近似含气量。

二、试验仪器

(1)试样筒：试样筒为刚性金属圆筒，两侧装有把手，筒壁坚固且不漏水。对于集料公称最大粒径不大于31.5mm的拌和物采用5L试样筒，其内径与内高均为186±2mm，壁厚为3mm，对于集料公称最大粒径大于31.5mm的拌和物采用的试样筒，其内径与内高均应大于集料最大公称粒径的4倍。

(2)捣棒：同坍落度试验用捣棒。

(3)磅秤：称量100kg、感量50g。

(4)其他：振动台、金属直尺、镘刀、玻璃板等。

三、试验步骤

1.毛体积密度测定(人工振捣)

(1)该方法适用于测定坍落度不小于70mm拌和物的流动性。先用湿布将量筒内外擦净，

称出质量 m_1。

(2)对于5L试样筒,试样分两层装入试样筒,每层插捣25次。对于大于5L的试样筒,每层混凝土高度不应大于100mm,每层插捣次数按每10000mm^{2}截面不小于12次计算。用捣棒从边缘到中心沿螺旋线均匀插捣,捣棒应垂直压下,不得冲击,捣底层时应捣至筒底,捣上两层时,须插入其下一层约20~30mm,每层插捣25次。每捣毕一层,应在试样筒外壁拍打5~10次,直至拌和物表面不出现气泡为止。

(3)去掉多余混凝土,仔细用镘刀抹平表面,并用玻璃板检验。而后擦净试样筒外部并称其质量 m_2,精确至50g。

2.毛体积密度测定(机械振捣)

(1)本方法适用于测定坍落度小于70mm混凝土的流动性。先用湿布将量筒内外擦净并称其质量 m_1。

(2)将试样筒在振动台上夹紧,一次将拌和物装满试样筒,立即开始振动,随时添加拌和物,直至拌和物表面出现水泥浆为止。

(3)从振动台上取下量筒,刮去多余混凝土,仔细用镘刀抹平表面。并用玻璃板检验抹平情况,擦净量筒外部并称其质量 m_2,精确至50g。

四、试验结果整理

毛体积密度计算公式:

$$\rho_h = \frac{m_2 - m_1}{V} \tag{4-52}$$

式中:ρ_h——拌和物表观密度(kg/L);

m_1——试样筒质量(kg);

m_2——捣实或振实后混凝土和试样筒总质量(kg);

V——量筒容积(L)。

以两次试验结果的算术平均值作为测定值,精确到10kg/m^3,试样不得重复使用。

五、记录表格(表4-47)

水泥混凝土表观密度试验记录表 表4-47

试样编号			试样来源				
试样名称			试样用途				

试验次数	容量筒体积 V (L)	容量筒质量 m_1 (kg)	容量筒和混凝土质量 m_2 (kg)	混凝土质量 m_2-m_1 (kg)	混凝土拌和物密度 ρ_h(kg/L) 个别	平均	备注
①	②	③	④	⑤	⑥	⑦	⑧
1							
2							

试验者 计算者 审核者 试验日期 年 月 日

六、试验中注意的问题

容量筒容积应经常予以校正。校正方法可采用一块能覆盖住容量筒顶面的玻璃板,先称量出玻璃板和空筒的质量,然后向容量筒中灌入清水,灌到接近上口时一边不断加水,一边把玻璃板沿筒口徐徐推入盖严,应注意使玻璃板下不带入任何气泡。然后擦净玻璃板面和筒壁外的水分,将容量筒连同玻璃板放在台秤上称量。两次称量之差(以 kg 计)即为容量筒的容积(L)。

试验二十八　水泥混凝土抗压、抗弯拉强度试验

一、混凝土抗压强度试验

1.试验目的

本试验规定了测定混凝土抗压强度的方法,以确定水泥混凝土的强度等级,作为评定混凝土的品质的主要指标,确定混凝土抗压强度。

2.试验仪器

(1)拌和用铁板、铁锹、镘刀、小铁铲。

(2)磅秤:称量 100kg,精度 0.5kg。

(3)天平:称量 2000g,感量 1g。

(4)量筒:1000mL、200mL 各一个。

(5)试模:每组 3 个,尺寸为 150mm 的正方体。采用非标准试件时,其集料粒径应符合表 4-48 的规定。

抗压强度试件尺寸表　　表 4-48

试件尺寸(mm)	集料公称最大粒径(mm)	试件尺寸(mm)	集料公称最大粒径(mm)
100×100×100	26.5	200×200×200	53
150×150×150	31.5		

(6)养护用水槽。

(7)压力试验机:上下压板平整并有足够刚度,可以均匀地连续加荷、卸载,满足试件破型吨位的要求。

3.试验步骤

(1)将拌和铁板、铁锹用湿布擦净,称量各种材料的用量,先将水泥和砂拌和均匀摊成一薄片。倒入石子,干拌均匀。将拌和物堆成一长堆,中心扒槽,将拌和水倒入约一半,仔细拌匀。再堆成长堆,中心扒槽,倒入剩余水,继续拌和,防止水分流失。来回至少翻拌 6 遍,从加水完毕时起拌和时间为 4~5min。

(2)将试模擦净,边模及底模涂抹干黄油紧密装配,防止漏浆,试模内涂一薄层机油。当坍落度大于 25mm 且小于 70mm 时,用标准振动台成型,当坍落度大于 70mm,用人工成型。

(3)采用人工成型时,将试样分两层装入标准试模,每层插捣 25 次,捣固时按螺旋线方向从边缘到中心均匀地进行,捣底层时应捣至模底,捣上层时应插入该层底面下 20~30mm 处。插捣结束后,将捣棒用锯和滚的动作刮除多余混凝土,流动性小的混凝土,随时用镘刀沿试模内壁插抹数次,防止试件产生麻面。抹平试件表面,与试件高度差不超过 0.5mm。

(4)试件成型后,用湿布覆盖表面,在室温 15~25℃,相对湿度大于 50%情况下静放 1~2 昼夜,拆模并作第一次外观检查、编号。编号后放入水槽中养护,养护水温 17~23℃。试件如有蜂窝缺陷,应在试验前三天用浓水泥浆填补平整,并在报告中说明。养护至规定龄期,取出试件,擦干试件水分先检查其形状和尺寸,量出边棱长度,精确至 1mm。试件截面积按其与压力机上下接触面的平均值计算。在破型前,试件保持原有湿度,称出其质量。

(5)以成型时侧面为上下受压面，置试件于压力机中心，几何对中。开动压力机，施加荷载。强度等级小于C30的混凝土取0.3～0.5MPa/s的加荷速度；强度等级大于C30小于C60时则取0.5～0.8MPa/s的加荷速度，强度等级大于C60则取0.8～1.0MPa/s的加荷速度，当试件接近破坏而开始迅速变形时，应停止调整试验机油门，直至试件破坏，记录破坏极限荷载。

4.试验结果与数据整理

抗压强度计算公式为：

$$f_{cu}=k\cdot\frac{F}{A} \tag{4-53}$$

式中：f_{cu}——混凝土抗压强度(MPa)；

F——极限荷载(N)；

A——受压面积(mm^2)；

k——尺寸换算系数(其取值见表4-49)。

抗压强度尺寸换算系数表　　表4-49

试件尺寸(mm)	尺寸换算系数	试件尺寸(mm)	尺寸换算系数
100×100×100	0.95	200×200×200	1.05
150×150×150	1.00		

以3个试件测值的算术平均值作为测定值。如任一个测值与中值的差值超过中值的15%时，取中值为测定值；如有两个测值与中值的差值均超过15%时，则该组试验结果无效。结果计算精确至0.1MPa。

5.记录表格(表4-50)

水泥混凝土抗压强度试验记录表　　表4-50

试样编号		试样来源	
试样名称		试样用途	

试验编号	拌制日期	试验日期	龄期(d)	最大荷载(kN)	试件尺寸(mm)	平均截面(mm^2)	抗压强度(MPa)	
							个别	平均
①	②	③	④	⑤	⑥	⑦	⑧	⑨
1								
2								
3								

试验者　　计算者　　审核者　　试验日期　　年　　月　　日

6.试验中注意的问题

(1)试件从养护地点取出后应尽快进行试验，以免试件内部的湿度发生显著变化。

(2)试验时以实测试件尺寸计算试件的承压面积，如实测尺寸与公称尺寸之差不超过1mm，可按公称尺寸进行计算。

(3)试验应连续而均匀加荷，当试件接近破坏而开始迅速变形时，停止调整试验机油门，直至试件破坏。

(4)150mm立方体试件的抗压强度为标准值，用其他尺寸试件测得的强度值均应乘以尺寸换算系数。

二、混凝土抗弯拉强度试验

1.试验目的

抗弯拉强度是水泥混凝土路面设计的重要指标。本试验规定了测定混凝土抗弯拉强度的方法,以提供设计参数。

2.试验仪器

(1)混凝土搅拌机:自由式或强制式,应附有产品品质保证文件。

(2)拌和用铁板、铁锹、镘刀、小铲。

(3)磅秤:称量100kg,感量50g。

(4)天平:称量2000g,感量1g。

(5)量筒:1000mL和200mL各一个。

(6)试验机:采用50~300kN抗折试验机或万能试验机。抗折试验装置由双点加荷压头和活动支座组成,活动支座采用球形支承,其中一半为二个钢球支承,另一半为两个钢球支承,加荷压头的两个加压点也为球形接触,其中一点为单球接触,与双球支座上下对应,另一点为双球接触与单球支座上下对应。

(7)抗折强度试模:尺寸为150mm×150mm×550 mm。

(8)养护试件用水槽。

3.试验步骤(机械拌和)

(1)使用拌和机前,应先用少量砂浆进行涮膛,其水灰比及砂灰比与正式混凝土配合比相同。

(2)按规定称好各种原材料,往拌和机内顺序加入石子、砂、水泥,加料时间不宜超过2min,开动机器将材料拌和均匀,将水徐徐加入,水全部加入后,继续拌和约2min。将拌和物倾出在铁板上,再经人工翻拌1~2min,务使拌和物均匀一致。

(3)将试模擦净,边模与底模接触处涂抹干黄油,防止漏浆。将试模紧密结合,试模内均匀涂抹一层机油。将拌和好的混凝土拌和物分两层装入试模,装入高度约为1/2 。每层插捣100次,按螺旋线由边缘到中心均匀进行。刮除多余混凝土,用镘刀抹平表面。擦净试模边缘多余混凝土。试件成型后,在室温15~25℃,相对湿度大于50%的情况下,静放1~2d,然后拆模并对试件进行外观检查并编号。

(4)将试件放入水槽中进行养护,水温应在17~23℃。若用其他方法养护,须在报告中说明养护方法。

(5)到达试验龄期时,从水槽中取出试件并擦干表面水分,检查试件,如试件中部1/3长度内有蜂窝,则该试件作废。在试件表面划出支点及加荷位置,距端部分别为50mm、200mm、350mm、500mm。

(6)调整两个可移动支座,使试件与试验机下压头中心距离各为225mm,并旋紧两支座。将试件放在支座上,侧面朝上,几何对中后,缓缓加一初荷载,约1kN。加荷时,应保持均匀、连续。当混凝土强度等级小于C30时,加荷速度为0.02~0.05MPa/s;当混凝土强度等级大于C30小于C60时,加荷速度为0.05~0.08MPa/s,当混凝土强度等级大于C60时,加荷速度为0.08~1.0MPa/s。当试件接近破坏而开始迅速变形时,不得调整试验机油门,直至试件破坏,记录破坏极限荷载。

4.试验结果与数据整理

抗折强度计算公式为：

$$f_{cf}=\frac{FL}{bh^2} \tag{4-54}$$

式中：f_{cf}——抗折强度（MPa）；

F——极限荷载（N）；

L——支座间距（450mm）；

b——试件宽度（150mm）；

h——试件高度（150mm）。

本试验以3个试件的算术平均值为测定值，强度计算精确到0.01MPa。如任一个测值与中值的差值超过中值的15%时，取中值为测定值，如两个测值与中值的差值均超15%时，该组试验结果无效。

3个试件中如有一个断裂面位于加荷点外侧，则混凝土抗弯拉强度按另外两个试件的试验结果计算。如果这两个测值的差值不大于这两个测值中较小值的15%，则以两个测值的平均值为测试结果，否则结果无效。如果有两根试件均出现断裂面位于加荷点外侧，则该组结果无效。

5.记录表格（表4-51）

混凝土抗折强度试验记录表 表4-51

试样编号				试样来源				
试样名称				试样用途				
试验编号	拌制日期	试验日期	龄期（d）	抗折破坏荷载（kN）	试件尺寸（mm）	平均截面（mm^2）	抗折强度（MPa）	
							个别	平均
①	②	③	④	⑤	⑥	⑦	⑧	⑨
1								
2								
3								

试验者　　　　计算者　　　　审核者　　　　试验日期　　　年　　　月　　　日

6.试验中注意的问题

（1）试件从养护水槽取出后应尽快擦干试件表面水分进行试验，以免试件内部的湿度发生显著变化。

（2）试验前准确在试件表面划出支点位置及加荷位置。

试验二十九　砂浆的和易性及抗压强度试验

一、概　　述

1.砂浆试验试验目的

砂浆是由细集料、胶凝材料及水所组成，其性质相近。但要求砂浆能敷抹在砌筑材料上成为致密、平整的薄层，并能将砌筑材料很好地粘为一体。因此，除测定砂浆硬化后的强度外，尚需测定新拌砂浆的稠度。

2.砂浆的制备

试验室拌制砂浆进行试验时，拌和用的材料要求提前运入室内，试验室的温度应保持在20±5℃。试验用水泥和其他原材料应与现场使用材料一致。水泥应通过0.9 mm方孔筛，细集料应采用干砂或饱和面干砂，通过 5mm 筛，如砌筑砖砌体的砂浆用砂，须筛去大于 2.5 mm 的颗粒。

按选好的砂浆配合比，称出各种材料的用量，先在拌锅或拌盘上干拌均匀，在中间做一凹口，将称好的石灰膏或黏土膏（混合砂浆）倒入凹口中，再倒入一部分水，将石灰膏或黏土膏稀释，然后充分拌和，并逐步加水，直至混合料色泽一致，和易性凭观察符合要求为止，一般须拌和 5min。拌好之后立即进行稠度测定。

二、砂浆稠度试验

1.试验目的

测定砂浆在自重或外力作用下的流动性能，稠度值小表示砂浆干稠，其流动性能较差。

2.试验仪器

(1)砂浆稠度仪：由试锥、容器和支座三部分组成。试锥由钢材或铜材制成，试锥高度为 145mm，锥底直径为 75mm，试锥连同滑竿的质量应为 300g；盛砂浆容器由钢板制成，筒高 180mm，锥底内径 150mm；支座分底座、支架及稠度显示三个部分，由铸铁、钢及其他金属制成。

(2)钢制捣棒：直径 10mm、长 350mm、端部磨圆。

3.试验步骤

(1)盛浆容器和试锥表面用湿布擦干净，并用少量润滑油轻擦滑竿，将滑竿上多余的油用吸油纸擦净，使滑竿能自由滑动。

(2)将拌好的砂浆一次装入砂浆筒内，使砂浆表面低于容器口约 10mm，用捣棒自容器中心向边缘插捣 25 次，然后轻轻地将容器摇动或敲击 5～6 下，使砂浆表面平整，随后将容器置于砂浆稠度测定仪的底座上。

(3)拧开试锥滑动杆的制动螺钉，向下移动滑竿，当试锥尖端与砂浆表面刚接触时，拧紧制动螺钉，使尺条侧杆下端刚好接触滑竿上端，并将指针对准零点上。

(4)拧开制动螺钉，同时记时间，待 10s 立即固定螺钉，将齿条测杆下端接触滑竿上端，从刻度盘上读出下沉深度（精确至 1mm）即为砂浆的稠度值。

(5)圆锥形容器内的砂浆，只允许测定一次稠度，重复测定时，应重新取样测定。

4.结果评定

(1)取两次试验结果的算术平均值，计算值精确至 1mm。

(2)两次试验值之差如大于 20mm，则应另取砂浆拌和后重新测定。

三、砌筑砂浆抗压强度试验

1.试验目的

测定砂浆的抗压强度，作为评定砂浆质量的一项依据。

2.试验仪器

(1)压力试验机：采用精度不大于 ±2% 的试验机，其量程应能使试件的预期破坏荷载值不小于全量程的 20%，也不大于全量程的 80%。

(2)试模：尺寸为 70.7mm×70.7mm×70.7mm 立方体，分有底试模和无底试模两种。由铸铁或钢制成，应具有足够的刚度并拆装方便。试模内的表面应机械加工，其不平度应为每 100mm 不超过 0.05mm。组装后的不垂直度不应超过 ±0.5°；

(3)捣棒：直径 10 mm、长 350 mm 的钢棒，端部磨圆；

(4)垫板：试验机及上、下压板及试件之间可以垫钢板，垫板的尺寸应大于试件的承压面，其不平度应为每 100mm 不超过 0.02mm。

3.试验步骤

(1)制作用于多孔基底的砂浆试件时,将无底试模放在预先铺有吸水性较好的纸的普通黏土砖上(砖的吸水率不小于 10%,含水率不大于 20%),试模内部事先涂刷薄层机油或脱模剂。

(2)放于砖上的湿纸,应为湿的新闻纸(或其他未粘过胶凝材料的纸),纸的大小要以能盖过砖的四边为准,砖的使用面要求平整,凡砖的四个垂直面粘过水泥或其他胶凝材料后,不允许再使用。

(3)向试模内一次注满砂浆,用捣棒均匀由外向里按螺旋方向插捣 25 次,为了防止低稠度砂浆插捣后可能留下孔洞,允许用油灰刀沿壁模插数次,使砂浆高出试模顶面 6~8mm。

(4)当砂浆表面开始麻斑状态时(约 15~30min),将高出部分的砂浆沿试模顶面削去抹平。

(5)试件制作后应在 25±5℃温度环境下停置一昼夜(24±2h),当气温较低时,可适当延长时间,但不应超过两昼夜,然后对试件进行编号并拆模。试件拆模后,应在标准养护条件下继续养护至 28d,然后进行试压。

(6)标准养护的条件是:水泥混合砂浆应为温度 20±3℃,相对湿度 60%~80%;水泥砂浆和微沫砂浆应为温度 20±3℃,相对湿度 90%以上;养护期间,试件彼此间隔不少于 10mm。

(7)试件从养护地点取出后,应尽快进行试验,以免试件内部的温度发生显著变化。试验前先将试件擦拭干净,测量尺寸并检查其外观。试件尺寸测量精确至 1mm,并据此计算试件的承压面积。如实测尺寸与公称尺寸之差不超过 1mm,可按公称尺寸进行计算。

(8)将试件安放在试验机的下压板上(或下垫板上),试件的承压面应与成型时的顶面垂直,试件中心应与试验机的下压板(或下垫板)中心对准。开动试验机,当上压板与试件(或上垫板)接近时,调整球座,使接触面均衡受压。承压试验应连续而均匀地加荷,加荷速度应为每秒钟 0.5~1.5kN(砂浆强度在 5MPa 及 5MPa 以下时,取下限为宜,砂浆强度在 5MPa 以上时,取上限为宜),当试件接近破坏而开始迅速变形时,停止调整试验机油门,直至试件破坏,然后记录破坏荷载。

(9)砂浆立方体抗压强度应按下列公式计算:

$$f_{m,cu}=\frac{N_u}{A} \tag{4-55}$$

式中:$f_{m,cu}$——砂浆立方体抗压强度(MPa);

N_u——立方体破坏压力(MPa);

A——试件承压面积(mm^2)。

4.结果评定

砂浆立方体抗压强度计算应精确至 0.1MPa。

以 6 个试件测值的算术平均值作为该组试件的抗压强度值,平均值计算精确至 0.1MPa。

当 6 个试件的最大值或最小值与平均值的差超过 20%时,以中间 4 个试件的算术平均值作为该组试件的抗压强度值。

试验三十　无机结合料稳定土强度试验

一、试 验 目 的

为路面施工中无机结合料稳定细粒土、中粒土和粗粒土配合比设计提供数据,同时也可用此方法检验路面结构强度是否满足要求。

二、试验仪器

(1)圆孔筛:孔径 40mm、25mm(或 20mm)及 5mm 的筛各一个。

(2)试模:适用于下列不同土的试模尺寸为:

细粒土(最大粒径不超过 10mm):试模的直径 × 高 = 50mm × 50mm;

中粒土(最大粒径不超过 25mm):试模的直径 × 高 = 100mm × 100mm;

粗粒土(最大粒径不超过 40mm):试模的直径 × 高 = 150mm × 150mm。

(3)脱模器。

(4)反力框架:规格为 400kN 以上。

(5)液压千斤顶:200 ~ 1000kN。

(6)夯锤与导管:夯锤底面直径 50mm,总质量 4.5kg。夯锤在导管内的总行程为 450mm。

(7)密封湿气箱或湿气池在能保持恒温的小房间内(约 6 ~ 8m^2,高 2m。热天用空调保持恒温,冷天用温度控制器或电炉保持恒温)。

(8)水槽:深度应大于试件高度 50mm。

(9)路面材料强度试验仪或其他合适的压力机(不大于 200kN)。

(10)天平:感量 0.01g。

(11)台秤:秤量 10kg,感量 5g。

(12)量筒、拌和工具、漏斗、大小铝盒、烘箱等。

三、试料准备

(1)将有代表性的风干试料(必要时也可以在 50℃烘箱内烘干),用木锤或木碾捣碎,但应避免破碎粒料的原粒径。将土过筛并进行分类。如试料为粗粒土,则除去大于 40mm 的颗粒备用;如试料为中粒土,则除去大于 25mm 或 20mm 的颗粒备用;如试料为细粒土,则除去大于 10mm 的颗粒备用。

(2)在预定做试验的前一天,取有代表性的试料测定其风干含水量。对细粒土,试样应不少于 100g;对粒径小于 25mm 的中粒土,试样应不少于 1000g;对于粒径小于 40mm 的粗粒土,试样的质量应不少于 2000g。

(3)用击实试验法确定无机结合料混合料的最佳含水率和最大干密度。

四、试件制作

1.试件数量要求

同一无机结合料剂量的混合料,应在相同试验状态下制作规定数量的试件:无机结合料稳定细粒土至少制作 6 个试件;无机结合料稳定中粒土和粗粒土分别制作 9 个和 13 个试件。

2.制作步骤

(1)称取一定数量的风干土并计算土的干质量,按试件尺寸的大小称取不同的数量:对于 50mm × 50mm 的试件,1 个试件约需干土 180 ~ 210g;对于 100mm × 100mm 的试件,1 个试件约需干土 1700 ~ 1900g;对于 150mm × 150mm 的试件,1 个试件约需干土 5700 ~ 6000g。

细粒土一次可称取 6 个试件的土;中粒土一次可称取 3 个试件的土;粗粒土一次只称取 1

个试件的土。

(2)将称好的土放在长方盘(约 400mm × 600mm × 70mm)内。向土中加水,对于细粒土(特别是黏性土)使其含水量较最佳含水量小 3%,对于中粒土和粗粒土可按最佳含水量加水①。将土和水拌和均匀后放在密闭容器内浸润备用。如为石灰稳定土和水泥、石灰综合稳定土,可将石灰与土一起拌匀后进行浸润。

浸润时间:黏性土 12 ~ 24h,粉性土 6 ~ 8h,砂性土、砂砾土、红土砂砾、级配砂砾等可缩短到 4h 左右,含土很少的未筛分碎石、砂砾及砂可以缩短到 2h。

注①:应加的水量可按下式计算:

$$Q_w = (Q_n/1 + 0.01w_n + Q_c/1 + 0.01w_c) \times 0.01w - (Q_n/1 + 0.01w_n)0.01w_n - (Q_c/1 + 0.01w_c) \times 0.01w_c$$

式中:Q_w——混合料中应加的水量(g);

Q_n——混合料中素土(或集料)的质量(g);其含水量为 w_n(风干含水量)(%);

Q_c——混合料中水泥或石灰的质量(g);其原始含水量为 w_c(%)(水泥的 w_c 通常很小,也可以忽略不计);

w——要求达到的混合料的含水量(%)。

(3)在浸润过的试料中,加入预定数量的水泥或石灰②并拌和均匀。拌和过程中,应预留 3%的水(对于细粒土)加入土中,使混合料的含水量达到最佳含水量。拌和均匀的加有水泥的混合料应在 1h 内按下述方法制成试件,超过 1h 的混合料应该作废。其他结合料稳定土,混合料虽不受限制,但也应尽快制成试件。

注②:水泥或石灰剂量按干土(即干集料)质量的百分率计。

(4)按预定的干密度制件,用反力框架和液压千斤顶制件。制备一个预定干密度的试件,需要的稳定土混合料数量 m_1(g)随试模的尺寸而变。

$$m_1 = \rho_d V(1 + w) \tag{4-56}$$

式中:V——试模的体积(cm^3);

w——稳定土混合料的含水量(%);

ρ_d——稳定土试件的干密度(g/cm^3)。

事先在试模的内壁及上下压柱的底面涂一薄层机油。将试模的下压柱放入试模的下部,外露 2cm 左右。将称量的规定数量 m_2(g)的稳定土混合料分 2 ~ 3 次灌入试模中(利用漏斗),每次灌入后用夯棒轻轻均匀插实。如制的是 50mm × 50mm 小试件,则可将混合料一次倒入试模中。然后将上压柱放入试模内,应使其也外露 2cm 左右(即上下压柱露出试模外的部分应该相等)。

将整个试模(连同上下压柱)放到反力框架内的液压千斤顶上(液压千斤顶下应放一扁球座),加压直到上下压柱都压入试模为止。维持压力 1min。解除压力后,拿去上压柱,并放到脱模器上将试件顶出③(利用千斤顶和下压柱)。称出试件的质量 m_2,小试件准确到 1g;中试件准确到 2g;大试件准确到 5g。然后用游标卡尺量出试件的高度,准确到 0.1mm。

用锤击试件,步骤同前。只是用击锤(可以利用作击实试验的锤,但压柱顶面需要垫一块牛皮或胶皮,以保护锤面和压柱顶面不受损伤)将上下压柱打入试模内。

注③:用水泥稳定有粘结性的材料时,制件后可以立即脱模,用水泥稳定无黏结性的材料时,最好过几个小时再脱模。

(5)养生,试件从试模内脱出并称量后,应立即放到密封湿气箱和恒温室内进行保温保湿养生。但中试件和大试件应先用塑料薄膜包覆。有条件时,可采用蜡封保湿养生。养生时间根据需要而定，作为工地控制，通常只取7d。整个养生期间的温度，在北方地区应保持20±2℃，在南方地区应保持25±2℃。

养生期的最后一天，应将试件浸泡在水中，水深应使水面在试件顶上约2.5cm。在浸泡水中之前，应再次称试件的质量 m_3。在养生期间，试件的质量损失应该符合下列规定：小试件不超过1g；中试件不超过4g；大试件不超过10g。质量损失超过此规定的试件，应该作废。

五、无侧限抗压强度试验

(1)将浸水一昼夜的试件从水中取出，用软的旧布吸去试件表面的可见自由水，并称试件的质量 m_4。

(2)用游标卡尺量试件的高度，准确到0.1mm。

(3)将试件放到路面材料强度试验仪的升降台上(台上先放一扁球座)，进行抗压试验。试验过程中，应使试件的形变等速增加，并保持形变速率约为1mm/min。记录试件破坏时的最大压力 P(N)。

(4)从试件内部取有代表性的样品(经过打破)，测定其含水量 w_1。

(5)试件的无侧限抗压强度 R_c，用下列的相应公式计算：

对于小试件
$$R_c = \frac{P}{A} = 0.00051P\ (\text{MPa}) \tag{4-57}$$

对于中试件
$$R_c = \frac{P}{A} = 0.000127P\ (\text{MPa}) \tag{4-58}$$

对于大试件
$$R_c = \frac{P}{A} = 0.000057P\ (\text{MPa}) \tag{4-59}$$

式中：P——试件破坏时的最大压力(N)；

A——试件的截面积(mm^2)($A = \frac{\pi D^2}{4}$，D 为试件直径，单位mm)。

(6)精密度或允许差，若干次平行试验的偏差系数 C_v(%)应符合下列规定：

小试件，不大于10%；

中试件，不大于15%；

大试件，不大于20%。

六、试验报告

(1)材料的颗粒组成；

(2)水泥的种类和商品强度或石灰的等级；

(3)确定最佳含水量时的结合料用量以及最佳含水量(%)和最大干密度(g/cm^3)；

(4)石灰或水泥剂量(%)或石灰(或水泥)、粉煤灰和集料的比例；

(5)试件的干密度(准确到0.01g/cm^3)或压实度；

(6)吸水量以及测抗压强度时的含水量(%)；

(7)抗压强度：小于2.0MPa时，采用两位小数，并用偶数表示；大于2.0MPa时，采用一位小数；

(8)若干个试验结果的最大值和最小值、平均值 $\bar{R}_c$、标准差 S、偏差系数 C_v 和95%的概率值，$R_{c(0.95)} = (\bar{R}_c - 1.645S)$。

七、试验表格(表 4-52)

无侧限抗压强度试验 表 4-52

工程名称______ 试件尺寸(cm)______ 结合料剂量(%)______ 试验者______

路段范围______ 养生龄期(d)______ 最大干密度(g/cm^3)______ 校核者______

混合料名称______ 加载速度(mm/min)______ 试件压实度(%)______ 试验日期______

试件号						
试件制备方法						
制件日期						
试验日期						
养生前试件质量(m_2)	(g)					
浸水前试件质量(m_3)	(g)					
浸水后试件质量(m_4)	(g)					
养生期间的质量损失①(m_2-m_3)	(g)					
吸水量(m_4-m_3)	(g)					
养生前试件的高度(h)	(cm)					
浸水后试件的高度(h)	(cm)					
试验的最大压力(p)	(N)					
无侧限抗压强度(R_c)	(MPa)					

注:①指水分损失。如养生后试件掉粒或掉块,不作为水分损失。

复习思考题

1.什么是水泥混凝土?为什么能够在高级路面和桥梁工程中得到广泛应用?

2.试述新拌混凝土工作性含义。施工中如何选择稠度大小?如达不到施工要求时有哪些改善措施?

3.试述影响新拌混凝土工作性的主要因素。

4.水泥混凝土用粗集料、细集料在技术性质上有哪些主要要求?

5.普通混凝土的强度等级是如何划分的?有哪几个强度等级?

6.试述影响水泥混凝土强度的主要因素及提高强度的主要措施。

7.试述我国现行的混凝土配合比设计方法及其内容和步骤。

8.水泥混凝土用的材料在技术性质上有哪些主要要求?如果这些技术性质不符合要求对混凝土质量有何影响?

9.现场浇筑混凝土时,禁止施工人员随意向混凝土拌和物中加水,试从理论上分析加水对混凝土质量的危害,它与成型后的洒水养护有无矛盾?为什么?

10.配制强度等级为 M2.5 的混合砂浆,水泥采用 32.5 级普通水泥,砂含水率小于 0.5%,堆积密度为 $1500kg/m^3$,施工水平一般,求每 $1m^3$ 砂浆中水泥、砂子和石灰膏的用量。

11.试设计某桥预应力混凝土T梁用混凝土的配合比组成。

(1)设计资料:

①按设计图纸,水泥混凝土强度等级C40;施工要求坍落度30~50mm。

②可供选择的组成材料及性质:

a.水泥:硅酸盐水泥I型42.5级,实测28d抗压强度48.5MPa,密度$\rho_c = 3.1g/cm^3$。

b.碎石:一级石灰岩轧制的碎石;最大粒径$d_{max} = 19mm$,表观密度$\rho'_c = 2.78g/cm^3$,现场含水量为1.0%。

c.砂:清洁河砂,属于中砂,表观密度$\rho'_c = 2.68g/cm^3$,现场含水量为5.0%。

d.水:饮用水,符合水泥混凝土拌和水要求;

e.减水剂:采用UNF-5,用量0.8%,减水率12%。

(2)设计要求:

①确定水泥混凝土配制强度,并选择适宜的组成材料;

②按我国国标现行方法计算初步配合比;

③通过试验室试样调整和强度试验,确定试验室配合比;

④按提供的现场材料含水量折算为工地配合比。

12.混凝土初步计算配合比为1:2.35:4.32,$W/C = 0.5$,在试拌调整时,增加了10%的水泥浆。试求:

①该混凝土的基准配合比;

②若已知以基准配制的混凝土,每立方米水泥用量为330kg,求$1m^3$混凝土其他材料的用量。

13.用32.5级P.O水泥配制碎石混凝土,制作边长为10cm的立方体试件3块,在标准条件下养护7d,测得破坏荷载分别为167kN、155kN、158kN。试求该混凝土的标准立方体抗压强度,并估算该混凝土的水灰比。(已知$A = 0.46$,$B = 0.07$,富余系数取1.10)

14.为确定混凝土的试验室配合比,采用0.70、0.60、0.65三个不同水灰比的配合比,测得28d时的抗压强度分别为19.1MPa、27.4MPa、23.1MPa。

①试确定配制C15混凝土所应采用的水灰比(假定$\sigma = 4.0MPa$);

②若基准配合比为水泥277kg、水180kg、砂700kg、石1200kg,试计算试验室配合比。假定混凝土拌和物体积密度的实测值为$2370kg/m^3$。

15.某混凝土配合比为1:2.43:4.71,$W/C = 0.62$,设混凝土表观密度为$2400kg/m^3$计,求各材料用量。

16.某建筑工地砌筑用水泥石灰混合砂浆,从有关资料查出,可使用其配合比值为水泥:石灰膏:砂子=1:0.46:5.5(体积比),问拌制$1m^3$砂浆需要各项材料用量为多少?若拌制$2.65m^3$的砂浆,各项材料用量又为多少?(已知水泥为$\rho_{oc} = 1300kg/m^3$,石灰膏为$\rho_{o石灰膏} = 1400kg/m^3$,砂子为$\rho_{o干} = 1450kg/m^3$)

第五章　沥青材料

【内容简介和学习目标】

本章重点阐述石油沥青的生产工艺、分类方法、组成结构、技术性质和技术标准，以及石油沥青技术性质的常规试验方法。同时简要介绍其他各类沥青材料的组成结构和技术性质。

通过本章学习，要求学生会描述石油沥青的化学组分、胶体结构、技术性质和试验方法。对其他各类沥青材料的组成结构和技术性质有所了解。

沥青材料是由极其复杂的高分子碳氢化合物和这些碳氢化合物的非金属(氧、硫、氮)的衍生物所组成的混合物。沥青在常温下一般呈固体或半固体，也有少数品种的沥青呈黏性液体状态，可溶于二硫化碳、四氯化碳、三氯甲烷和苯等有机溶剂，颜色为黑褐色或褐色。

沥青材料的品种很多，按其在自然界获得的方式不同，可分为地沥青和焦油沥青两大类。

- 沥青
  - 地沥青
    - 天然沥青
    - 石油沥青
  - 焦油沥青
    - 煤沥青
    - 页岩沥青

天然沥青指存在于自然界的沥青，如沥青湖、沥青砂岩等，被提炼加工后得到的产品称天然沥青。其性质与石油沥青相同。

石油沥青是由石油原料中经蒸馏提炼出各种轻质油品(汽油、煤油、柴油、润滑油等)后的残留物，再经加工而得的产品。

煤沥青是提炼焦炭或制煤气的副产品(煤焦油)经蒸馏提炼出轻质油品后的残留物，再经过加工而得到的产品。

页岩沥青是由油母页岩中提炼而得，其性质介于石油沥青与煤沥青之间。目前最常用的是石油沥青与煤沥青。

沥青材料是这类材料的总称，它具有良好的憎水性、黏结性和塑性，可以防水、防潮，因而广泛应用与道路和防水工程。通常所讲的沥青是石油沥青，其他沥青，如煤沥青、页岩沥青等都要在沥青前加上名称以示区别。

第一节　石油沥青

一、石油沥青的品种

1.按原油的成分分类

原油是生产石油沥青的原材料。在炼油时所采用的原油成分不同，炼油后所得到的沥青成分也不相同。原油按其所含烃类成分或硫含量的不同可划分为几种基本类型。

原油的分类一般是根据“关键馏分特性”和“含硫量”。可分为石蜡基原油、环烷基原油和中间基原油，以及高硫原油（含硫量 >2%）、含硫原油（含硫量 0.5%～2%）和低硫原油（含硫量 <0.5%）。

(1)石蜡基沥青　也称多蜡沥青，它是由含大量的烷烃成分的石蜡基原油提炼而得。这种沥青因原油中含有大量烷烃，沥青中含蜡量一般大于 5%，有的高达 10% 以上。蜡在常温下往往以结晶体存在，降低了沥青的粘结性和温度稳定性；表现为软化点高、针入度小、延度低，但抗老化性能较好。如果用丙烷脱蜡，仍然可得到延度较好的沥青。

(2)环烷基沥青　也称沥青基沥青，由沥青基石油提炼而得的沥青。它含有较多的环烷烃和芳香烃，所以此种沥青的芳香性高，含蜡量一般小于 2%，沥青的黏结性和塑性均较高。目前我国所产的环烷基沥青较少。

(3)中间基沥青　也称混合基沥青，中间基沥青是由蜡质介于石蜡基原油和环烷基原油之间的原油提炼而得。所含烃类成分和沥青的性质一般均介于石蜡基沥青和环烷基沥青之间。

我国石油油田分布广，但国产石油多属石蜡基和中间基原油。

2.按加工方法分类

(1)直馏沥青　也称残留沥青，用直馏的方法将石油在不同沸点温度的馏分（汽油、煤油、柴油）取出之后，最后残留的黑色液体状产品。符合沥青标准的，称为直馏沥青；不符合沥青标准的，针入度大于 300，含蜡量大的称为渣油。在一般情况下，低稠度原油生产的直馏沥青，其温度稳定性不足，还需要进行氧化处理才能达到黏稠石油的性质指标。

(2)氧化沥青　将常压或减压重油，或低稠直馏沥青在 250～300℃高温下吹入空气，经过数小时氧化可获得常温下为半固体或固体状的沥青。氧化沥青具有良好的温度稳定性。在道路工程中使用的沥青，氧化程度不能太深，有时也称为半氧化沥青。

(3)溶剂沥青　这种沥青是对含蜡量较高的重油采用溶剂萃取工艺，提炼出润滑油原料后所余残渣。在溶剂萃取过程中，一些石蜡成分溶解在萃取溶剂中随之被拔出，因此，溶剂沥青中石蜡成分相对减少，其性质较由石蜡基原油生产的渣油或氧化沥青有很大的改善。

(4)裂化沥青　在炼油过程中，为增加出油率，对蒸馏后的重油在隔绝空气和高温下进行热裂化，使碳链较长的烃分子转化为碳链较短的汽油、煤油等。裂化后所得到的裂化残渣，称为裂化沥青。裂化沥青具有硬度大、软化点高、延度小、没有足够的黏度和温度稳定性，不能直接用于道路上。

3.按沥青在常温下的稠度分类

根据用途的不同，要求石油沥青具有不同的稠度，一般可分为黏稠沥青和液体沥青两大类。黏稠沥青在常温下为半固体或固体状态。如按针入度分级时，针入度 <40 为固体沥青，针入度在 40～300 之间的呈半固体，而针入度 >300 者为黏性液体状态（单位为 0.1mm）。

4. 按用途分类

(1)道路石油沥青　主要含直馏沥青，是石油蒸馏后的残留物或残留物氧化而得的产品。

(2)建筑石油沥青　主要含氧化沥青，是原油蒸馏后的重油经氧化而得的产品。

(3)普通石油沥青　主要含蜡基沥青，它一般不能直接使用，要掺配或调和后才能使用。

液体沥青在常温下多成黏性液体或液体状态，根据凝结速度的不同，可按标准黏度分级划分为慢凝液体沥青、中凝液体沥青和快凝液体沥青三种类型。在生产应用中，常在黏稠沥青中掺入一定比例的溶剂，配制的稠度很低的液体沥青，称为稀释沥青。

二、石油沥青的组成与结构

1.石油沥青的化学组成

石油沥青是由多种碳氢化合物及其非金属(氧,硫,氮)的衍生物组成的混合物,它的分子表达通式为 $C_nH_{2n+a}O_bS_cN_d$。化学组成主要是碳(80%~87%)、氢(10%~15%),其次是非烃元素,如氧、硫、氮等(<3%)。此外,还含有一些微量的金属元素,如镍、钒、铁、锰、镁、钠等,但含量都极少,约为几个至几十个 ppm(百万分之一)。

由于石油沥青化学组成结构复杂,许多元素分析结果非常近似的石油沥青,它们的性质却相差很大。

2.石油沥青的化学组分

为了研究石油沥青化学组成与使用性能之间的联系,从工程角度出发,将沥青所含烃类化合物中化学性质相近的成分归类分析,从而划分为若干组,称为“沥青化学组分”,简称“组分”。

将沥青分为不同组分的化学分析方法称为组分分析法。组分分析是利用沥青在不同有机溶剂中的选择性溶解或在不同吸附剂上的选择性吸附等性质进行分析。

沥青组分划分方法较多。早年丁·马尔库松(德国)就提出将石油沥青分离为沥青酸、沥青酸酐、油分、树脂、沥青质、沥青碳和似碳物等组分的方法。后来经过许多研究者的改进,美国的 L.R 哈巴尔德和 K.E 斯坦费尔德将其完善为三组分分析法。再后来 L.W.科尔贝特(美国)又提出四组分分析法。

1)三组分分析法

石油沥青的三组分分析法是将石油沥青分离为油分、树脂、沥青质三个组分。在油分中常含有蜡,故在分析时还应将油蜡分离。这种分析方法称为溶解—吸附法。

溶解—吸附法的优点是组分分解明确,组分含量能在一定程度上说明沥青的路用性能,其分析示意图如图 5-1。但是它的主要缺点是分析流程复杂,分析时间长。

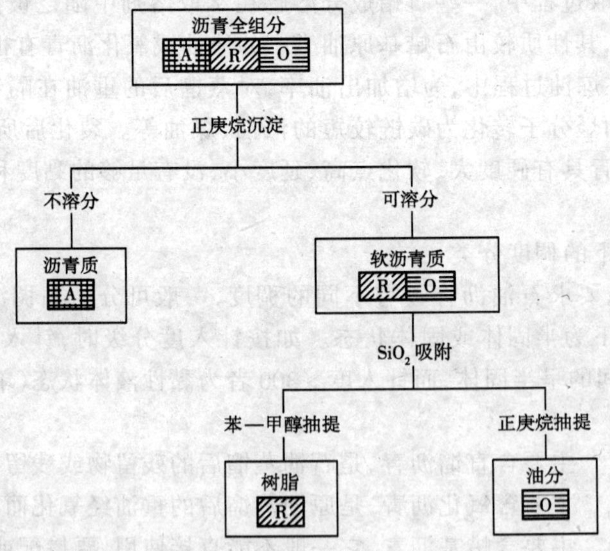

图 5-1 三组分分析法石油沥青分析流程图

按三组分分析法所得各组分的性状见表 5-1。

2)四组分分析法

由科尔贝特(L. W. Corbete)首先提出，该法可将沥青分为如下四种成分：

石油沥青三组分分析法的各组分的性状 表 5-1

性状 / 组分	外观特征	平均分子量 M_w	碳氢比 C/H	物化特征
油分	淡黄色透明液体	200～700	0.5～0.7	几乎可溶解大部分有机溶剂，具有光学活性，常发现有荧光，相对密度为0.910～0.925
树脂	红褐色黏稠半固体	800～3000	0.7～0.8	温度敏感性高，熔点低于100℃，相对密度大于1.000
沥青质	深褐色固体末微粒	1000～5000	0.8～1.0	加热不熔化，分解为硬焦炭，使沥青呈黑色

(1)沥青质(Asphaltene)沥青中不溶于正庚烷而溶于甲苯中的物质；

(2)饱和分(Saturate)亦称饱和烃，沥青中溶于正庚烷，吸附于 Al_2O_3 谱柱下，为正庚烷或石油醚溶解脱附的物质；

(3)环烷芳香烃亦称芳香烃(分)(Aromatics)，沥青经上一步骤处理后，为甲苯所溶解脱附的物质；

(4)极性芳香分亦称胶质(Resin)，沥青经上一步骤处理后，为苯—乙醇或苯—甲醇所溶解脱附的物质。

对于多蜡沥青，还可将饱和分和环烷芳香分用丁酮—苯混合溶液冷冻分离出蜡。石油沥青四组分分析法示意图如图 5-2。

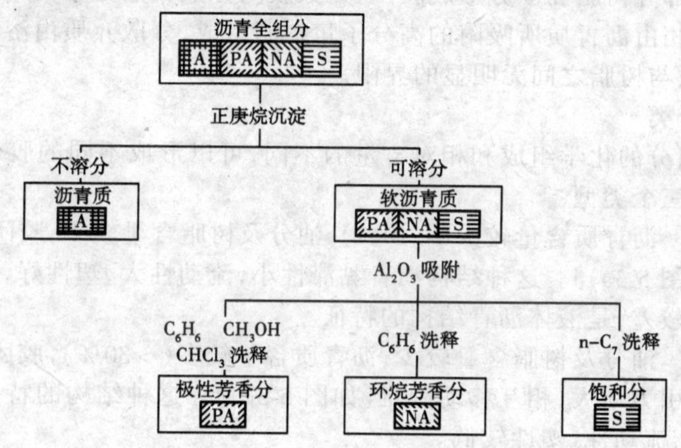

图 5-2 四组分分析法石油沥青分析流程图

按四组分分析法所得各组分的性状见表 5-2。

石油沥青四组分分析法的各组分的性状 表 5-2

性状 / 组分		外观特征	平均分子量 M_w	碳氢比 C/H	物化特征
沥青质		深褐色固体末微粒	1000～5000	<1.0	提高热稳定性和黏滞性
饱和分	相当油分	无色黏稠液体	300～1000	<1.0	赋予沥青流动性
芳香分	相当油分	茶色黏稠液体	300～1000	<1.0	赋予沥青流动性
胶质		红褐色至黑褐色黏稠半固体	500～1000	≈1.0	赋予胶体稳定性，提高黏附性及可塑性
蜡(石蜡和地蜡)		白色结晶	300～1000	<1.0	破坏沥青结构的均匀性，降低塑性

沥青的化学组分与沥青的物理、力学性质有着密切的关系，主要表现为沥青组分及其含量的不同将引起沥青性质趋向性的变化。一般认为：油分使沥青具有流动性；树脂使沥青具有塑性，树脂中含有少量的酸性树脂（即地沥青酸和地沥青酸酐），是一种表面活性物质，能增强沥青与矿质材料表面的吸附性；沥青质能提高沥青的黏结性和热稳定性。

3）沥青的含蜡量

沥青中的蜡可以是石蜡或地蜡。地蜡也称为微晶蜡，沥青中的蜡主要是地蜡。蜡在常温下呈白色晶体存在于沥青中，当温度达到45℃就会由固态转变为液态。蜡的存在对沥青性能的影响，是沥青性能研究的一个重要课题。现有研究认为：由于沥青中蜡的存在，在高温时使沥青容易发软，导致沥青的高温稳定性降低，出现车辙。同样低温时会使沥青变得脆硬，导致路面低温抗裂性降低，出现裂缝。此外，蜡会使沥青与石料黏附性降低，在水分作用下，会使路面石子与沥青产生剥落现象，造成路面破坏。更严重的是，沥青含蜡会使路面的抗滑性降低，影响路面的行车的安全。对于沥青含蜡量的限制，世界各国测定方法不一样，所以限值也不一样，其范围为2%～4%，《道路石油沥青技术要求》规定，A级沥青含蜡量（蒸馏法）不大于2.2%，B级沥青不大于3.0%，C级沥青不大于4.5%。

3.石油沥青的胶体结构

沥青的技术性质，不仅取决于沥青的化学组分和化学结构，而且取决于沥青的胶体结构。

1）胶体结构的形成

在石油沥青中，沥青质在油分中是不溶解的，但沥青质能被树脂所浸润，而油分和树脂之间可互溶。所以沥青胶体结构的形成是树脂浸润沥青质，在沥青质表面形成薄膜，构成以沥青质为核心，周围吸附部分树脂和油分形成胶团，无数胶团分散在油分中而形成胶体结构。在这个分散体系中，分散相由沥青质所吸附的高分子量树脂组成，分散介质由溶有油分的低分子量树脂组成。在沥青质与树脂之间无明显的界限。

2）胶体结构的分类

根据沥青中各组分的化学组成和相对含量的不同，可以形成不同的胶体结构。沥青的胶体结构，可分为下列三个类型：

（1）溶胶型结构　沥青质含量较少（＜10%），油分及树脂含量较多，胶团外薄膜较厚，胶团相对运动较自由〔如图5-3a)〕。这种结构沥青黏滞性小，流动性大，塑性好，开裂后自行愈合能力强，但温度稳定性较差，是液体沥青结构的特征。

（2）凝胶型结构　油分及树脂含量较少，沥青质含量较多（＞30%），胶团外膜较薄，胶团靠近团聚，胶团相互吸引力增大，相互移动困难〔如图5-3c)〕。这种结构的特点是弹性和黏性较高，温度敏感性较小，流动性、塑性较低。

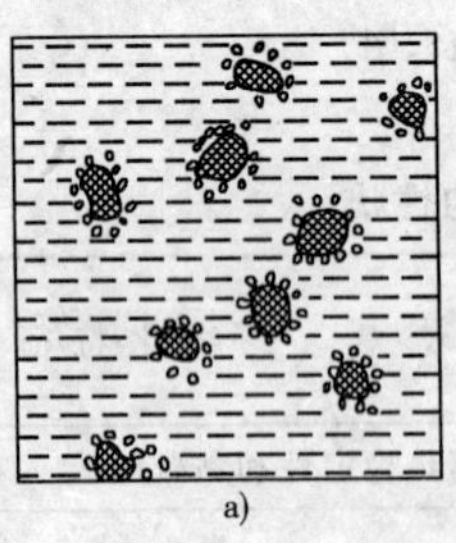

a)

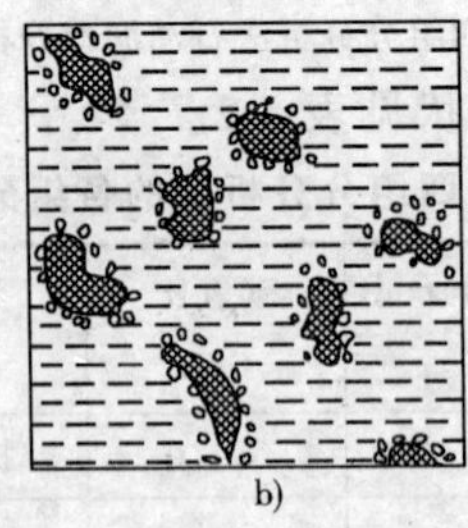

b)

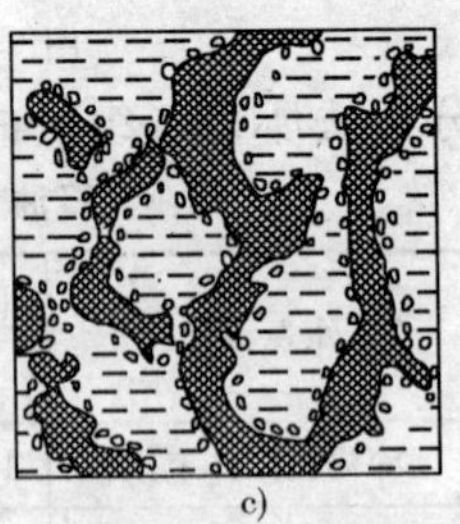

c)

图5-3　沥青的胶体结构示意图

（3）溶—凝胶型结构　当沥青质含量适当时（15%～25%），又含适量的油分及树脂。胶团的浓度增加，胶团间具有一定的吸引力，它介于溶胶型结构和凝胶型结构之间，称为溶—凝胶型结构〔如图5-3b)〕。这类沥青在高温时温度稳定性好，低温时的变形能力也好，现代高级路面所用的沥青,都应属于这类胶体结构类型。

3)胶体结构类型的判定

沥青的胶体结构与其路用性能有着密切的关系。为工程使用方便,通常采用针入度指数法划分其胶体结构类型(表 5-3)。

沥青的针入度指数和胶体结构类型 表 5-3

沥青针入度指数	沥青胶体结构类型	沥青的针入度指数	沥青胶体结构类型	沥青针入度指数	沥青胶体结构类型
< -2	溶胶	-2 ~ +2	溶凝胶	> +2	凝胶

三、技术性质及技术要求

1.技术性质

1)黏滞性(黏性)

黏滞性是指沥青在外力作用下抵抗变形的能力。是反映沥青内部材料阻碍其相对流动的特性。各种石油沥青的黏滞性变化范围很大,黏滞性的大小与组分及温度有关。

黏滞性是与沥青路面力学性质联系最密切的一种性质。在现代交通条件下,为防止路面出现车辙,沥青的黏度的选择是首要考虑的参数,沥青的黏滞性通常用黏度表示。

(1)沥青的绝对黏度(亦称动力黏度) 沥青绝对黏度的测定方法,我国现行试验规程《公路工程沥青及沥青混合料试验规程》(JTJ 052—2000)规定,沥青运动黏度采用毛细管法,沥青动力黏度采用真空减压毛细管法。

①毛细管法:是测定沥青运动黏度的一种方法。该法是沥青试样在严密控温条件下,在规定温度(通常为 135℃),通过选定型号的毛细管黏度计(通常采用的有坎芬式,如图 5-4),流经规定体积,所需的时间(以 s 计)。

②真空减压毛细管法:是测定沥青动力黏度的一种方法。该法是沥青试样在严密控制的真空装置内,保持一定的温度(通常为 60℃),通过规定型号的毛细管黏度计(AI 式,如图 5-5),流经规定的体积所需要的时间(以 s 计)。

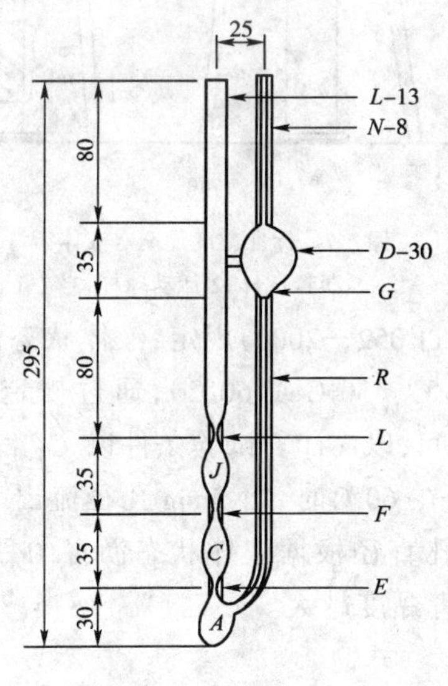

图 5-4 坎芬式逆流毛细管黏度计(尺寸单位:mm)

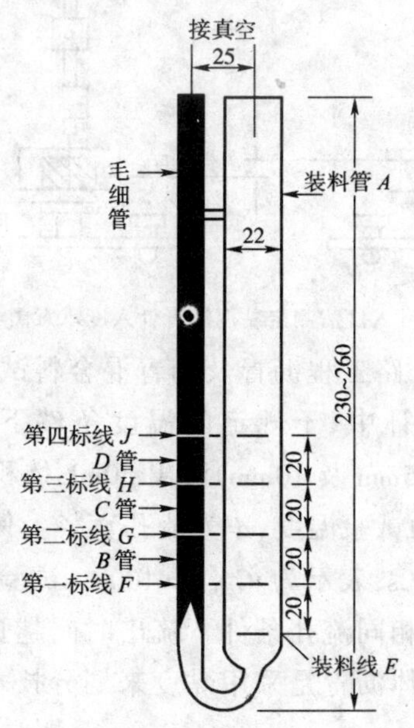

图 5-5 真空毛细管黏度计(尺寸单位:mm)

《公路沥青路面施工技术规范》(JTG F40—2004)规定 60℃动力黏度可作为 A 级沥青的选择性指标,用来评价沥青的高温性能。由于沥青的黏度受温度的影响很大,只有在高温情况下才接近牛顿液体,故一般不用绝对黏度表示,而用相对黏度表征沥青的黏滞性。

(2)沥青的相对黏度　沥青的相对黏度也称为条件黏度,是反映沥青材料在温度条件下表现出的性质。

①针入度:针入度试验是国际上普遍采用测定黏稠石油沥青黏性的一种方法。针入度试验模式见图 5-6。沥青的针入度是在规定的温度和时间内,附加一定质量的标准针垂直灌入试样的深度,以 0.1mm 表示。试验条件以 $P_{T,m,t}$表示,其中 P 为针入度,角标表示试验条件;T 为试验温度,m 为荷载重,t 为贯入时间。针入度值越小,表示黏度越大。

我国现行试验方法《公路工程沥青及沥青混合料试验规程》(JTJ 052—2000)规定:标准针和针连杆组合件的总质量为 50g ± 0.05g ,另加 50g ± 0.05g 的砝码一个,试验时总质量为 100 ± 0.05g,常用的试验温度为 25℃(当计算针入度指数 PI 时可采用 15℃、30℃、25℃或 5℃),标准针贯入时间为 5s。例如,某沥青在上述条件时测得针入度为 65(0.1mm),可表示为:

$$P_{25℃,100g,5s} = 65(0.1mm)$$

我国现行使用的黏稠沥青技术标准中,针入度是划分沥青技术等级的主要指标。针入度值越大,表明沥青愈软(稠度愈小)。

②黏度:黏度又称黏滞度,是测定液体石油沥青、煤沥青和乳化沥青等黏性的常用技术指标。采用道路标准黏度计法,试验模式见图 5-7。

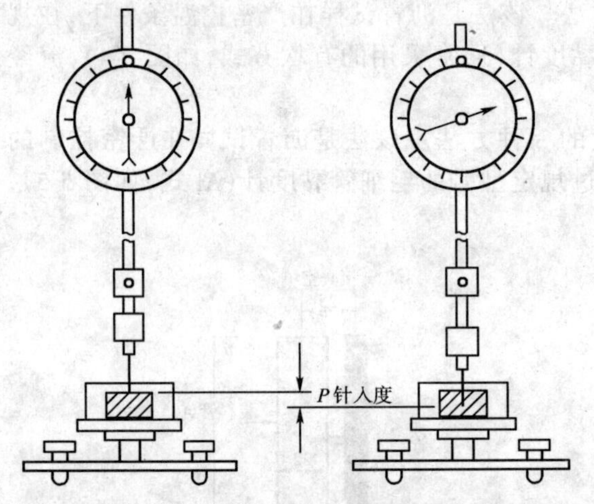

图 5-6　针入度法测定黏稠沥青针入度示意图

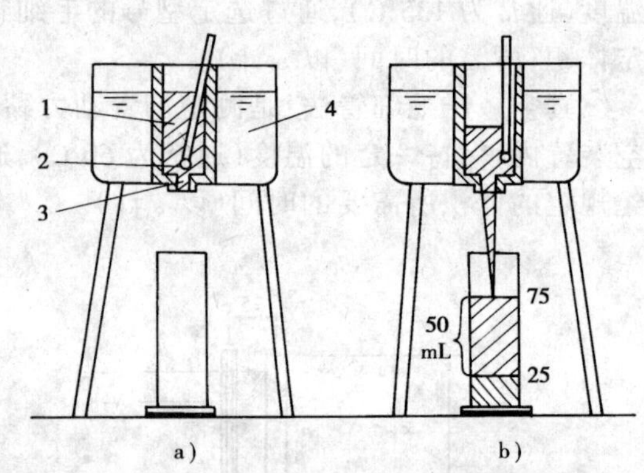

图 5-7　标准黏度计测定液体沥青示意图
1-沥青试样;2-活动球杆;3-流孔;4-水

根据《公路工程沥青及沥青混合料试验规程》(JTJ 052—2000)规定:液体状态的沥青材料,在标准黏度计中,于规定的温度条件下(20℃ 、25℃ 、30℃或 60℃),通过规定的流孔直径(3mm、4mm、5mm 及 10mm)流出 50mL 体积所需的时间,以 s 计。试验条件以 $C_{T,d}$表示,其中,C 为黏度,T 为试验温度,d 为流孔直径。例如某沥青在 60℃时,自 5mm 孔径流出 50mL 沥青所需时间为 100s,表示为 $C_{60,5} = 100s$。试验温度和流孔直径根据液体状态沥青的黏度选择。在相同温度和相同流孔条件下流出时间越长,表示沥青黏度越大。

我国液体沥青是采用黏度来划分技术等级的。

2)塑性

塑性是指沥青在外力作用下发生变形而不被破坏的能力,是沥青的内聚力的衡量,通常采用延度作为条件延性指标来表征，用延度仪测定，见图5-8。

我国现行试验方法《公路工程沥青及沥青混合料试验规程》(JTJ 052—2000)规定：将沥青试样制成∞字形标准试模(中间最小截面为1cm²)在规定速度5±0.25cm/min和规定温度15℃(或10℃)下拉断时的长度，以cm表示。

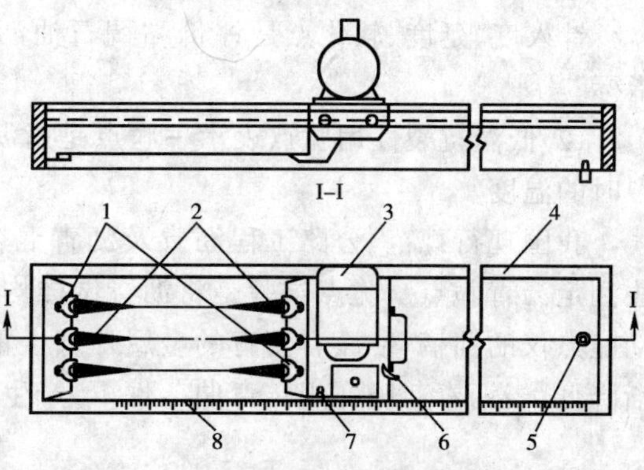

图5-8 延度仪

1-试模；2-试样；3-电机；4-水槽；5-泄水孔；6-开关柄；7-指针；8-标尺

沥青的塑性与沥青的流变特性、胶体结构和化学组分等有密切联系。沥青中树脂含量多，油分及沥青质含量适当，则塑性较大。在常温下，塑性好的沥青不易产生裂缝，并减少摩擦时的噪声。但沥青在温度降低时对抵抗开裂的性能有重要影响。《公路沥青路面施工技术规范》(JTG F40—2004)规定，A、B级沥青采用10℃延度，C级沥青采用15℃延度评定沥青的低温塑性指标。

有的研究指出，沥青的延度试验与路面沥青的拉伸状态不符，延度试验尺寸太大，路面中的沥青为薄膜状态，曾设想采用“微延度”试验，但未能成功。

3)温度稳定性(简称感温性)

温度敏感性是指沥青的黏滞性和延性随温度升降而变化的性能。当温度升高时，沥青由固态或半固态逐渐软化成黏流状态，当温度降低时由黏流状态转变为半固态或固态，甚至变脆。温度稳定性高的沥青，使用时不易因夏季高温而软化，也不易因冬季低温而脆。在工程上使用的沥青，要求具有良好的温度稳定性。

(1)高温敏感性用软化点表示　软化点是沥青材料由固化点到滴落点的温度间隔的87.21%为软化点。

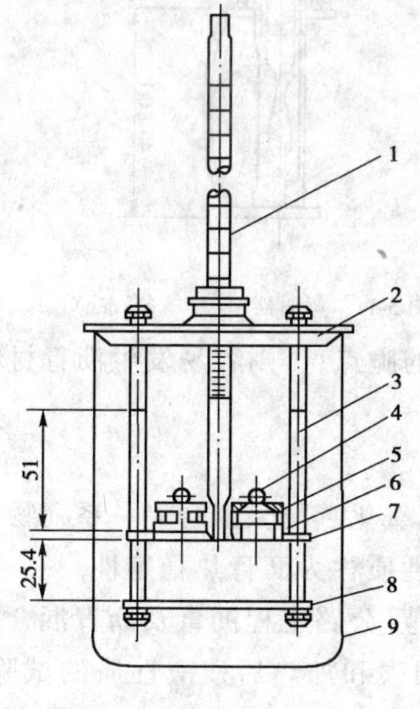

图5-9 软化点试验仪

1-温度计；2-上盖板；3-立杆；4-钢球；5-钢球定位环；6-金属环；7-中层板；8-下底板；9-烧杯

我国现行试验方法《公路工程沥青及沥青混合料试验规程》(JTJ 052—2000)规定：沥青软化点一般采用环球法软化点仪测定(见图5-9)，即将沥青试样装入规定尺寸的铜环内(内径18.9mm)，试样上放置标准钢球(重3.5g)浸入水或甘油中，以规定的升温速度(5℃/min)加热，使沥青软化下垂至规定距离(垂度为25.4mm)时的温度，以℃表示。软化点愈高，表明沥青的耐热性愈好，即温度稳定性愈好。

研究认为：多种沥青在软化时的黏度约为1200Pa·s，或相当于针入度值为800(0.1mm)。软化点试验实际上是测量沥青在一定外力(钢球)作用下开始产生流动并达到一定变形时的温度，可以认为软化点是一种认为的“等黏温度”。

由此可见，针入度是在规定温度下沥青的条件黏度，而软化点则是沥青达到规定条件黏度时的温度。软化点既是反映沥青材料感温性的一个指标，也是沥青黏度的一种量度。

针入度、延度、软化点是评价黏稠石油沥青路用性能最常用的经验指标，所以通称“三大指标”。

(2)低温抗裂性用脆点表示　脆点是指沥青材料由黏稠状态转变为固体状态达到条件脆裂时的温度。

我国现行规范《公路工程沥青及沥青混合料试验规程》(JTJ 052—2000)规定，采用弗拉斯法测定沥青脆点。脆点试验是将沥青试样均匀涂在金属片上，置于有冷却设备的脆点仪内，摇动脆点仪的曲柄，使涂有沥青的金属片产生重复弯曲，随制冷剂温度降低，沥青薄膜温度也逐渐降低，当沥青薄膜在规定弯曲条件下，产生断裂时的温度，即为脆点，见图 5-10、图 5-11。

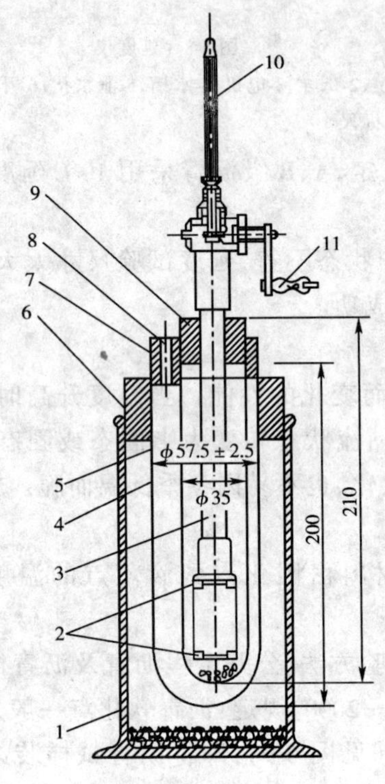

图 5-10　弗拉斯脆点仪(尺寸单位:mm)

1-外筒;2-夹钳;3-硬塑料管;4-真空玻璃管;5-试样管;6-橡胶管;7-橡胶管;8-通冷却液管道;9-橡胶管;10-温度计;11-摇把

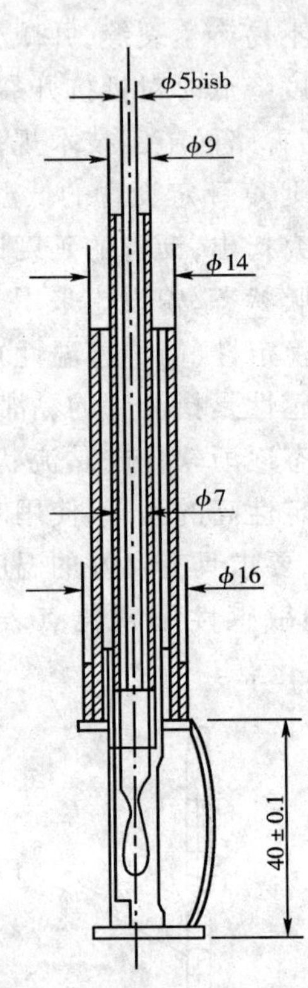

图 5-11　弯曲器(尺寸单位:mm)

在工程实际应用中，要求沥青具有较高的软化点和较低的脆点，否则容易发生沥青材料夏季流淌或冬季变脆甚至开裂等现象。

4)加热稳定性

沥青在加热或长时间加热过程中，会发生轻质馏分挥发、氧化、裂化、聚合等一系列物理及化学变化，使沥青的化学组成及性质相应地发生变化。这种性质称为沥青热稳定性。

为了解沥青材料在路面施工及使用过程中的耐久性，规范《公路工程沥青及沥青混合料试验规程》(JTJ 052—2000)规定，要对沥青材料进行加热质量损失和加热后残渣性质的试验，对道路石油沥青采用薄膜加热试验(TFOT)或旋转薄膜烘箱试验(RTFOT)后，测定质量变化、25℃残留针入度比及 10℃或 15℃的残留延度。对于液体石油沥青采用沥青蒸馏试验，测定 225℃前、315℃前、360℃前蒸馏体积的变化，蒸馏后残留物的性质主要测定 25℃的针入度、25℃的延度、5℃的浮漂度。

(1)沥青薄膜加热试验(TFOT)　该法是将50g沥青试样装入盛样皿(内径140mm,深9.5～10mm)内,使沥青成为厚约3.2mm的沥青薄膜。沥青薄膜在163±1℃的标准薄膜加热烘箱(图5-12)中加热5h后,取出冷却,测定其质量损失,并按规定的方法测定残留物的针入度、延度等技术指标。

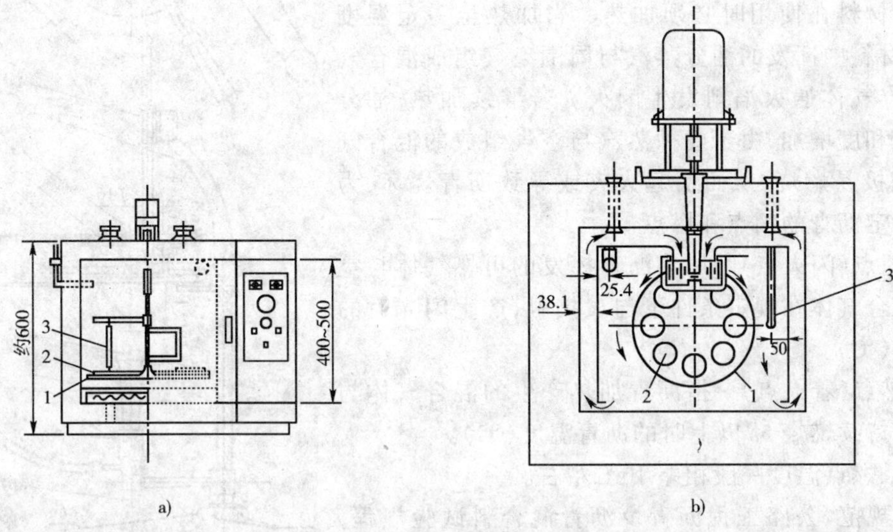

图5-12　沥青薄膜加热烘箱(尺寸单位:mm)

a)薄膜加热烘箱:1-转盘;2-试样;3-温度计;b)旋转薄膜加热烘箱:1-垂直转盘;2-盛样瓶插孔;3-试验温度计

(2)旋转薄膜烘箱试验(RTFOT)　该法是将沥青试样在垂直方向旋转,沥青膜较薄,能连续鼓入热空气,以加速老化,使试验时间缩短为75min;而且试验结果精度较高。

(3)液体石油沥青蒸馏试验　蒸馏试验是将沥青在标准曲颈蒸馏器(图5-13)内加热测定。选择馏出阶段较接近,同时具有相同物理、化学性质的馏分含量,以占试样体积百分率表示。

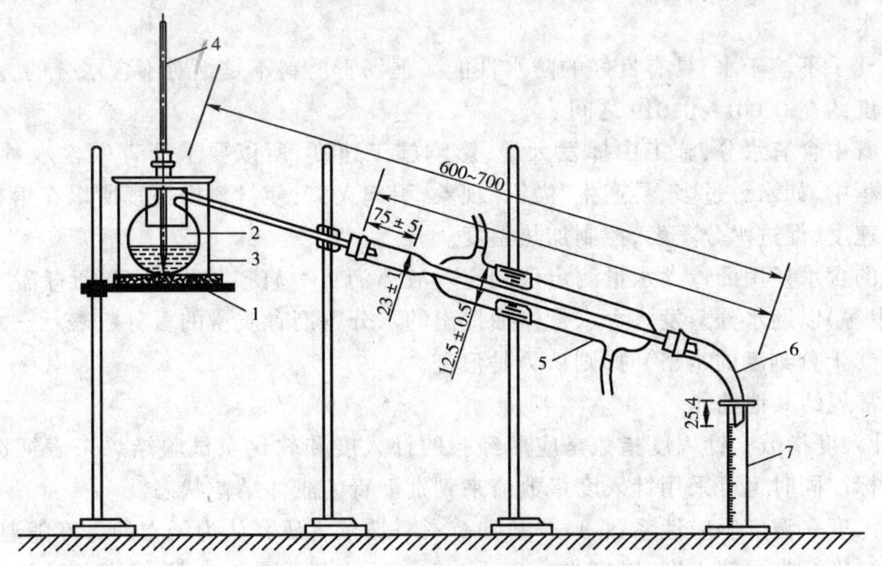

图5-13　液体石油沥青蒸馏试验(尺寸单位:mm)

1-调节加热器;2-蒸馏烧杯;3-保温罩;4-温度计;5-冷凝管;6-牛角管;7-量筒

除非特殊要求，各馏分蒸馏的标准切换温度为225℃、316℃、360℃。通过此试验可了解液体石油沥青含各温度范围内轻质挥发油的数量，并可根据对残留物的性质测定预估液体沥青在道路路面中的性质。

5)闪点、燃点

沥青材料在使用时必须加热。当加热至一定温度时，沥青材料中挥发的油分蒸汽与周围空气组成混合气体，此混合气体遇火焰则发生闪火。若继续加热，油分蒸汽的饱和度增加，由于此种蒸汽与空气组成的混合气体遇火焰极易燃烧，从而引起火灾或导致沥青烧坏，为此必须测定沥青的闪点和燃点。

(1)闪点(闪火点)　加热沥青挥发的可燃气体与空气组成混合气体在规定条件下与火接触，产生闪光时的沥青温度(℃)。

(2)燃点(着火点)　指沥青加热产生的混合气体与火接触能持续燃烧5s以上时的沥青温度(℃)。

闪点、燃点温度一般相差10℃左右。

我国规范《公路工程沥青及沥青混合料试验规程》(JTJ 052—2000)常用克利夫兰开口杯式闪点仪测定(图5-14)。

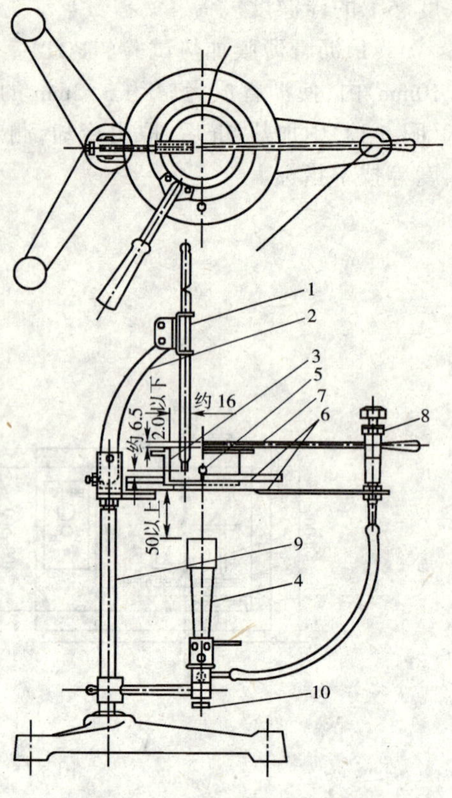

图5-14　克利夫兰开口杯式闪点仪

1-温度计；2-温度计支架；3-金属试验杯；4-加热器具；5-试验标准球；6-加热板；7-试验火焰喷嘴；8-试验火焰调节开关；9-加热板支架；10-加热器调节钮

6)溶解度

沥青的溶解度是指沥青在三氯乙烯中溶解的百分率(即有效物质含量)。那些不溶解的物质为有害物质(沥青碳，似碳物)，它会降低沥青的性能，应加以限制。

7)含水量

沥青几乎不溶于水，具有良好的防水性能。但沥青材料不是绝对不含水分的，水在纯沥青中的溶解度约在0.001~0.019之间。

如沥青中含有水分，施工中挥发太慢，影响施工速度，所以要求沥青中含水量不宜过多。在加热过程中，如水分过多，易产生“溢锅”现象，引起火灾，使材料损失。所以在熔化沥青时应加快搅拌速度，促进水分蒸发，控制加热温度。

沥青的含水量用沥青含水量测定仪测定。液体沥青可直接抽提；黏稠沥青需加挥发性溶剂(二苯甲等)以助水分蒸发。含水量以抽提出的水分占沥青质量的百分数表示。水分如小于0.025mL(二十分刻度的半格)时，则认为是痕迹。

8)非常规的其他性能

(1)针入度指数　针入度指数是应用经验的针入度和软化点试验结果来表征沥青感温性的一种指标。同时也可采用针入度指数值来判别沥青的胶体结构状态。

①针入度—温度感应性系数A：普费和范·德·玻尔等研究认为沥青的黏度随温度而变化，当以对数纵坐标表示针入度，以横坐标表示温度，可以得到图5-15所示的直线关系。此关系由式(5-1)表示。

$$\lg P = AT + K \tag{5-1}$$

式中：P——沥青的针入度(0.1mm)；

A——针入度—温度感应性系数，可由针入度和软化点确定；

K——回归系数。

费普等人根据对多种沥青的研究，认为沥青在软化点温度时，针入度在 600 ~ 1000 之间，假定为 800(0.1mm)。由此针入度—温度感应性系数 A 可由式(5-2)表示。

$$A = \frac{\lg 800 - \lg P_{25℃,100g,5s}}{T_{R\&B} - 25} \tag{5-2}$$

式中：$P_{25℃,100g,5s}$——在 25℃，100g，5s 条件下测定的针入度值(0.1mm)；

$T_{R\&B}$——环球法测定的软化点温度(℃)。

由于软化点温度时的针入度常与 800 相距甚大，因此斜率 A 应根据不同温度的针入度值确定，常采用的温度为 15℃、25℃及 30℃(或 5℃)3 个或 3 个以上(必要时增加 10℃、20℃等)的条件下测定沥青的针入度，但用于仲裁试验的温度条件应为 5 个。

②针入度指数(PI)的确定：

a.实用公式：按式(5-3)计算的 A 值均为小数，为使用方便，费普等作了一些处理，推导出针入度指数(PI)的计算公式如下：

$$PI = \frac{30}{1 + 50A} - 10 \tag{5-3}$$

b.针入度指数也可根据针入度指数诺模图(图 5-16)求得。

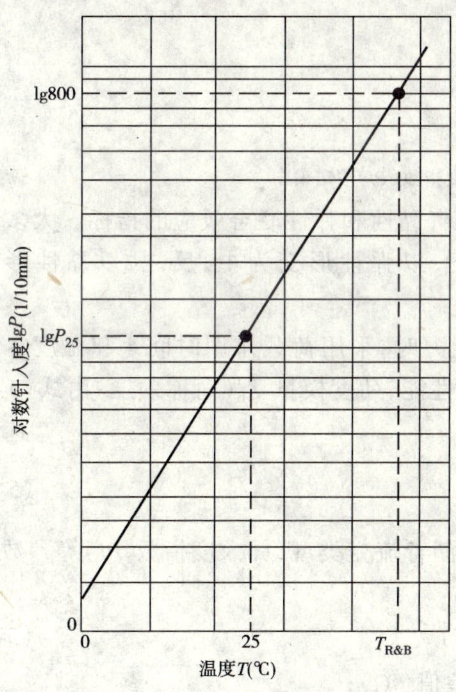

图 5-15　针入度与温度的关系图

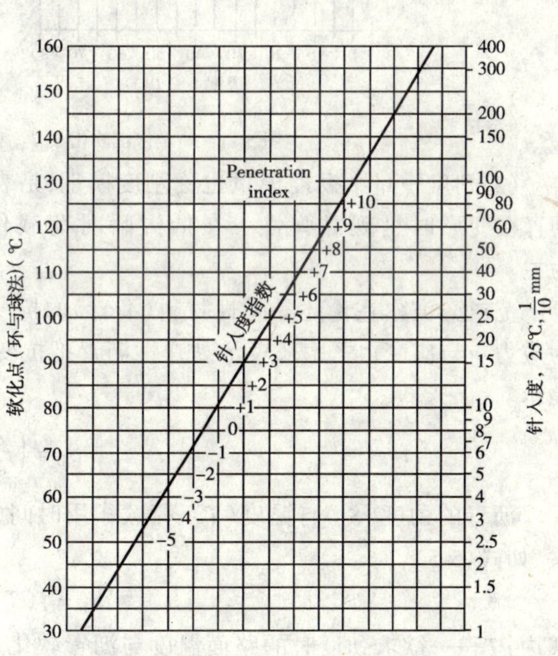

图 5-16　针入度指数诺模图

c.按针入度指数(PI)值可将沥青划分为三种胶体结构类型，即：

针入度指数 $PI < -2$ 者为溶胶结构；

针入度指数 $PI > +2$ 者为凝胶结构；

针入度指数 $PI = -2 \sim +2$ 者为溶—凝胶结构。

沥青的针入度指数还可以用查诺模图的方法确定。

③修正的针入度指数法：普费确定的针入度指数方法，是假定沥青在软化点时的针入度值为 800(1/10)为前提，实际上，沥青在软化点时的针入度波动于 600 ~ 1000 之间。在使用时，对针入度指数应当进行修正，修正方法有诺模图法和计算法。图 5-17 为确定修正软化点 T_{800} 和针入度指数（PI）用诺模图。

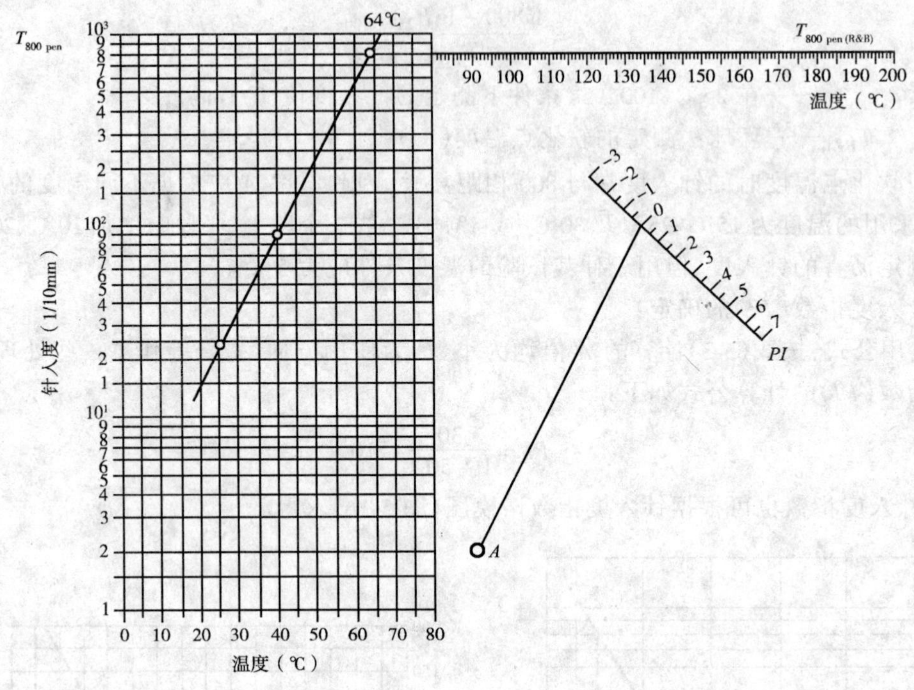

图 5-17　确定修正软化点 T_{800} 和针入度指数（PI）用诺模图

(2)劲度模量　劲度模量也称刚度模量，是表示沥青黏性和弹性联合效应的指标。大多数沥青在变形时呈现黏弹性。在低温瞬时荷载作用下，以弹性形变为主；反之，以黏性形变为主。

范·德·波尔在论述黏弹性材料（沥青）的抗变形能力时，采用荷载作用时间 t 和温度 T 作为应力 σ 与应变 ε 之比来表示黏弹性沥青抵抗变形的性能，劲度模量 S_b（简称劲度）由式(5-4)表示。

$$S_b = \left(\frac{\sigma}{\varepsilon}\right)_{t,T} \tag{5-4}$$

沥青的劲度（S_b）与温度（T）、荷载作用时间（t）和沥青流变类型（针入度指数 PI）等参数有关，如式(5-5)。

$$S_b = f(T, t, PI) \tag{5-5}$$

式中：T——欲求劲度时的路面温度与沥青软化点之差值（℃）；

t——荷载作用时间(s)；

PI——针入度指数。

按上述关系，范·德·波尔等绘制成可以应用于实际工程的劲度模量诺模图，如图 5-18，利用此诺模图，求算沥青的劲度模量时，须有四个参数。

①针入度为 800 时的 T_{800}，对于用作沥青混合料的沥青，此时大致取其软化点。

②针入度指数 *PI* 通过计算法或诺模图来确定。

③温度差即路面实际温度与环球法软化点之间的温差。

④加荷时间频率,对于路上的交通,有代表性的是 0.02s(车速 50~60km/h)。

根据上述参数求其劲度模量,可作为实际工程中的参考数值。

【例】 已知沥青软化点为 70℃,针入度指数为 2,路面温度 T 为 -10℃,荷载作用频率为 10 s^{-1},求沥青的劲度模量。

解:①在 A 线上找到加载时间为 10 s^{-1}的点为 a(见图 5-18)。

②已知路面温度与软化点之间的温差为 80℃,在 B 线上找到 80℃的点为 b。

③在针入度指数的标尺上找到 +2,作一水平线。

④连接 a、b 两点,并延长至与针入度指数为 +2 的水平线相交点的劲度曲线顺至顶点,即为劲度模量,即 $S_b = 2 \times 10^8 N/m^2 = 200MPa$。

(3)含蜡量　蜡含量过大,可使沥青的延性、黏滞性、温度稳定性降低。其中地蜡的影响较大。最常采用的测定方法是:直接蒸馏法。

(4)老化　沥青在自然因素(热、氧、光和水)的作用下,产生"不可逆"的化学变化,导致路用性能的逐渐劣化,通常称之为"老化"。

沥青在使用过程中,由于长时间受阳光、空气和水的作用,以及沥青与矿料间的物理-化学作用,沥青分子会发生氧化和聚合作用,使低分子化合物转变为较高分子化合物。其组分转化大致如下:

三组分转化:油分 ⟶ 树脂 ⟶ 沥青质 ⟶ 沥青碳 ⟶ 似碳物

四组分转化:饱和分 $\xrightarrow{\text{缓慢}}$ 芳香分 $\xrightarrow{\text{慢}}$ 胶质分 $\xrightarrow{\text{快}}$ 沥青质 ⟶ 沥青碳 ⟶ 似碳物

沥青老化后,其化学组分改变,物理性质也发生改变,表现为针入度减少,延度降低,软化点升高,绝对黏度提高,脆点降低等。在化学组分含量方面,表现为饱和分变化甚少,芳香分明显转变为胶质(速度较慢),而胶质又转变为沥青质(速度较快)。由于芳香分转变为胶质,不足以补偿胶质转变为沥青质,所以最终是胶质显著减少,而沥青质显著增加。沥青随着暴露在大气中的时间延长会产生化学组分转化而引起一系列性质的改变叫沥青材料的老化。

2.石油沥青的技术要求

1)道路石油沥青的技术要求

(1)道路石油沥青分级　道路石油沥青分为 A 级、B 级、C 级三个等级,各自的适用范围应符合表 5-4 的规定。

道路石油沥青的适用范围　　表 5-4

沥青等级	适 用 范 围
A 级沥青	各个等级的公路,适用于任何场合和层次
B 级沥青	(1)高速公路、一级公路沥青下面层及以下的层次,二级及二级以下公路的各个层次; (2)用作改性沥青、乳化沥青、改性乳化沥青、稀释沥青的基质沥青
C 级沥青	三级及三级以下公路的各个层次

(2)道路石油沥青标号　道路石油沥青按针入度划分为 160 号、130 号、110 号、90 号、70 号、50 号、30 号七个标号,同时对各标号沥青的延度、软化点、闪点、含蜡量、薄膜加热试验等技术指标也提出相应的要求。具体要求如表 5-5。

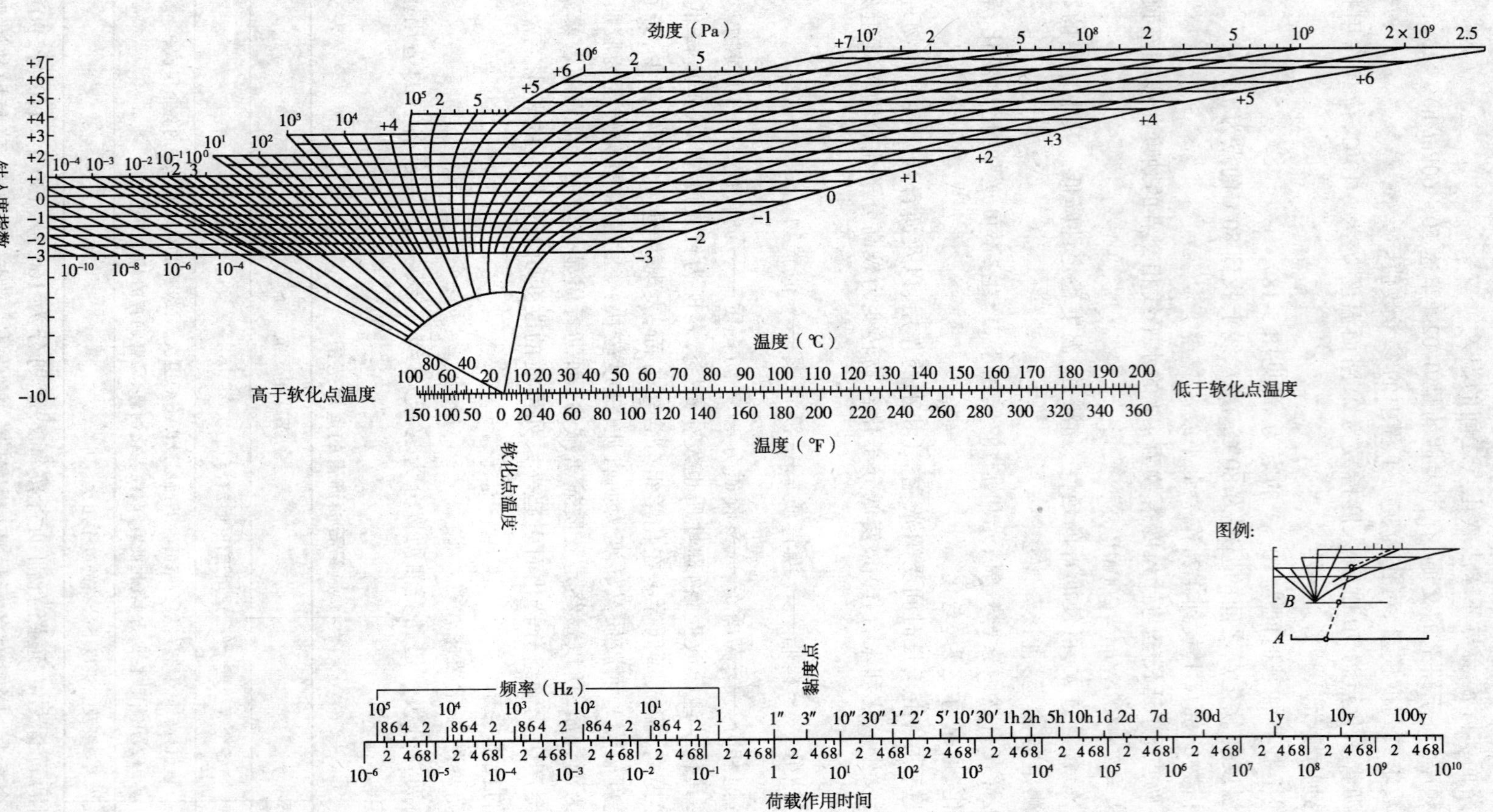

图 5-18　沥青劲度模量诺模图

2)道路用液体石油沥青的技术要求

道路用液体石油沥青的技术要求,按液体沥青的凝固速度而分为快凝、中凝、慢凝三个等级,快凝的液体石油沥青又划分为三个标号。除黏度外,对蒸馏的馏分及残留物性质、闪点和含水分等提出相应的要求。技术要求见表 5-6。

四、石油沥青的技术标准

1.道路石油沥青技术标准(表 5-5)

道路石油沥青技术标准(JTG F40—2003) 表 5-5

指标	等级	160号	130号	110号			90号					70号[5]					50号[5]	30号
适用的气候分区[1]		注[4]	注[4]	2-1	2-2	2-3	1-1	1-2	1-3	2-2	2-3	1-3	1-4	2-2	2-3	2-4	1-4	注[6]
针入度(25℃,100g,5s)(0.1mm)		140~200	120~140	100~120			80~100					60~80					40~60	20~40
针入度指数 PI[2,3]	A	-1.5 ~ +1.0																
	B	-1.8 ~ +1.0																
软化点(R&B)(℃)≥	A	38	40	43			45			44		46		45			49	55
	B	36	39	42			43			42		44		43			46	53
	C	35	37	41			42					43					45	50
60℃动力黏度(Pa·s)≥	A	—	60	120			160			140		180		160			200	260
10℃延度[3](cm)≥	A	50	50	40			45	30	20	30	20	0	5	5	0	5	15	—
	B	30	30	30			30	20	15	20	15	5	0	0	5	0	20	—
15℃延度(cm)≥	A、B																	
	C	80	80	60			50					40					40	40
闪点(COC)(℃)≥		230					260											
含蜡量(蒸馏法)(%)≤	A	2.2																
	B	3.0																
	C	4.5																
溶解度(%)		99.5																
15℃密度(g/cm^3)		实测记录																
薄膜加热试验(旋转薄膜加热功当量试验)后																		
质量变化(%)≤		±0.8																
针入度(%)≥	A	48	54	55			57					61					63	65
	B	45	50	52			54					58					60	62
	C	40	45	48			50					54					58	60

续上表

指标	等级	160号	130号	110号			90号					70号[⑤]					50号[⑤]	30号
适用的气候分区[①]		注[④]	注[④]	2-1	2-2	2-3	1-1	1-2	1-3	2-2	2-3	1-3	1-4	2-2	2-3	2-4	1-4	注[⑥]
10℃延度(cm) ≥	A	12	12	10			8					6					2	—
	B	10	10	8			6					4					2	—
15℃延度(cm) ≥	C	40	36	30			20					15					10	—

注:①沥青路面气候分区见第7章表7-2;

②用于仲裁试验时,求取针入度指数 *PI* 的5个温度与针入度回归关系的相关系数不得小于0.997;

③经主管部门同意,该表中的针入度指数 *PI*、60℃动力黏度及10℃延度作为选择性指标;

④160号沥青和130号沥青除了寒冷地区可直接用于中低级公路外,通常用作乳化沥青、稀释沥青及改性沥青的基质沥青;

⑤可根据需要要求供应商提供70号沥青的针入度范围为50~70或80~90的沥青;或者要求提供针入度范围40~50或50~60的50号沥青;

⑥30号沥青仅适用于沥青稳定基层。

2.道路液体石油沥青技术标准(表5-6)

道路液体石油沥青技术标准 表5-6

序号	项目		快凝		中凝						慢凝						实验方法 JTJ 052—2000
			AL(R)-1	AL(R)-2	AL(M)-1	AL(M)-2	AL(M)-3	AL(M)-4	AL(M)-5	AL(M)-6	AL(S)-1	AL(S)-2	AL(S)-3	AL(S)-4	AL(S)-5	AL(S)-6	
1	黏度(s)	C25,5	<20	—	<20	—	—	—	—	—	<20	—	—	—	—	—	T 0621
		C60,5	—	5~15	—	5~15	16~25	26~40	41~100	101~200	—	5~15	16~25	26~40	41~100	101~180	
2	蒸馏(体积)不大于(%)	225℃前	>20	>15	<10	<7	<3	<2	0	0	—	—	—	—	—	—	T 0632
		315℃前	>35	>30	<35	<25	<17	<14	<8	<5	—	—	—	—	—	—	
		360℃前	>45	>35	<50	<35	<30	<25	<20	<15	<40	<35	<25	<20	<15	<5	
3	蒸馏后残留物性质	针入度(25℃,100g,5s)(1/10mm)	60~200	60~200	100~300	100~300	100~300	100~300	100~300	100~300	—	—	—	—	—	—	T 0604
		延度25℃(cm)不小于	60	60	60	60	60	<60	60	60	—	—	—	—	—	—	T 0605
		浮漂度(50℃)(s)	—	—	—	—	—	—	—	—	<50	>20	>30	>40	>45	>45	T 0631
4	闪点(TOC)(℃)不低于		30	30	65	65	65	65	65	65	70	70	100	100	120	120	T 0633
5	含水量(%),不大于		0.2	0.2	0.2	0.2	0.2	0.2	0.2	0.2	0.2	0.2	0.2	0.2	0.2	0.2	T 0612

注:①本表根据中华人民共和国交通行业标准(JTJ 052—2000,T 0672)制定;

②黏度使用道路沥青黏度计测定,$C_{T,d}$的脚标第一个数字 T 代表温度(℃),第二个数字 d 代表孔径(mm);

③闪点(TOC)为泰格开口杯(Tag Open Cup)法。

3.沥青标号和等级的选用方法

国际上使用的沥青有向稠的方向发展的趋势,以增强抗车辙能力,尤其是中、下面层。

我国许多地方使用的沥青针入度偏大,路面出现了严重的车辙现象。对比国际上气候条件相当的地区,许多地方宜使用70号或50号沥青,只有在很少寒冷地区适用于90号沥青,110号沥青适用于中、轻交通的公路上。

我国重载交通比例大,甚至有严重的超载情况,应适当选择针入度更小的沥青,努力扩大AH-50号沥青的适用范围。沥青标号和等级的选用应满足下列要求:

(1)沥青路面采用的沥青标号,宜按照公路等级、气候条件、交通条件、路面类型及在结构层中的层位和受力特点、施工方法等,结合当地的使用经验,经技术论证后确定。

(2)对高速公路、一级公路,夏季温度高、高温持续时间长、重载交通、山区及丘陵区上坡路段、服务区、停车场等行车速度慢的路段,宜采用稠度大,60℃动力黏度大的沥青。

(3)对冬季寒冷地区或交通量小的公路、旅游公路宜选用稠度小、低温延度大的沥青。

(4)对温度日温差、年温差大的地区宜注意选用针入度指数大的沥青。当高温要求与低温要求发生矛盾时,应优先考虑满足高温性能要求。

第二节 煤 沥 青

煤沥青(俗称柏油)是用煤在隔绝空气条件下干馏,制取炼焦和制煤气的副产品煤焦油炼制而成。根据煤干馏的温度不同,而分为高温煤焦油(700℃以上)和低温煤焦油(450~700℃)两类。路用煤沥青主要是由炼焦或制造煤气得到的高温煤焦油加工而得。

一、煤沥青的化学组成和结构特点

1.煤沥青的化学组成

煤沥青的组成主要是芳香族碳氢化合物及其氧、硫和氮的衍生物的混合物,其元素组成主要为C、H、O、S和N。煤沥青的化学结构极其复杂,有环结构上带有侧链,但侧链很短。

煤沥青化学组分,与石油沥青研究方法相同,也是采用选择溶解等方法将煤沥青划分为几个化学性质相近、且与路用性能有一定联系的组分进行研究。煤沥青可以分离为:油分、软树脂、硬树脂和游离碳等四个组分。我国采用葛氏法,其流程如图5-19所示。煤沥青组分如下:

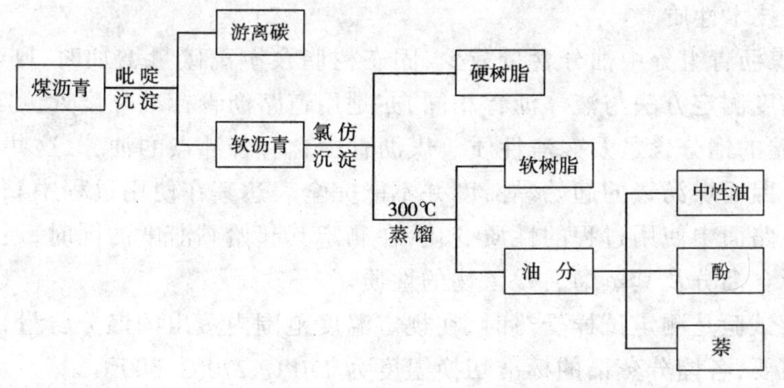

图5-19 B.O.葛列米尔德的煤沥青化学组分分析

(1)游离碳　又称自由碳，是高分子的有机化合物的固态碳质微粒，不溶于任何有机溶剂，具有足够的稳定性，只有在高温下才能溶解。在煤沥青中含有游离碳能增加沥青的黏滞性、提高其热稳定性。但游离碳超过一定含量时，沥青的低温脆性亦随之增加。煤沥青中游离碳相当于石油沥青中的沥青质，但颗粒比沥青质大得多。

(2)树脂　①硬树脂：固态晶体结构，在沥青中能增加其黏滞性，也类似石油沥青中的沥青质；②软树脂：赤褐色黏塑状物质，溶于氯仿，稳定性较低。能使煤沥青具有塑性，类似于石油沥青中的树脂。

(3)油分　主要由液体未饱和的芳香族碳氢化合物所组成，与石油沥青中的油分类似，使煤沥青具有流动性。在油分中尚包含萘油、蒽油和菲油等。当蒽油含量小于15%时，可溶于油分中；当含量大于15%，温度低于10℃时，由于萘油变成晶体，使煤沥青的稠度增加。萘在常温下易挥发，所以地煤沥青的技术性质有不良的影响。蒽油含量低于15%～25%时，同样能降低煤沥青的黏滞性，若超过此含量，蒽油结晶，也使煤沥青黏度增加。蒽油有毒，能引起呼吸道黏膜和皮肤发炎、疼痛。

除了上述的基本组分外，煤沥青中还含有少量碱性物质（吡啶，喹啉等）和酸性物质（主要是酚），酚有毒且易与碱作用生成易溶于水的酚盐，能降低沥青的水稳定性，故酚在煤沥青中的含量愈少愈好。煤沥青中的酸碱物质都属表面活性物质，相当于石油沥青中的沥青酸与沥青酸酐，但其活性物质含量高于石油沥青。所以煤沥青表面活性比石油沥青高，与石料的黏附力较好。

煤沥青各化学组分含量示例，如表5-7。

煤沥青化学组分示例　　表5-7

煤沥青标号	化学组分(%)					
	游离碳	硬树脂	软树脂	中性油	酚	萘
软煤沥青T-9	13.32	11.78	38.14	33.71	2.41	0.64

2.煤沥青的结构

煤沥青和石油沥青相类似，也是复杂的胶体分散系，游离碳和硬树脂组成的胶体微粒为分散相，油分为分散介质，而软树脂为保护物质，它吸附于固态分散胶粒周围，逐渐向外扩散，并溶解于油分中，使分散系形成稳定的胶体物质。

二、煤沥青的技术性质与技术标准

1.煤沥青的技术性质

(1)黏度　煤沥青组分中油分含量减少、固态树脂及游离碳量增加时，则煤沥青的黏度增高。煤沥青的黏度测定方法与液体沥青相同，亦是用道路沥青标准黏度计测定。

(2)蒸馏试验的馏分含量及残渣性质　煤沥青中含有各沸点的油分，这些油分的蒸发将影响沥青的性质。因而煤沥青的起始黏滞度并不能完全表达其在使用过程中黏结性的特征。为了预估煤沥青在路面中使用过程的性质变化，在测定其起始黏滞度的同时，还必须测定煤沥青在各温度阶段所含馏分及其蒸馏后残留物的性质。

煤沥青蒸馏试验是测定试样受热时，在规定温度范围内蒸出的馏分含量，以质量百分率表示。除非特殊需要，各馏分蒸馏的标准切换温度为170℃、270℃、300℃。

馏分含量的规定，控制了煤沥青由于蒸发而发生老化，残渣性质试验保证了煤沥青残渣具有适宜的黏结性与温度稳定性。

(3)煤沥青焦油酸　煤沥青的焦油酸(亦称酚)主要存在于煤沥青的中油中,故测定煤沥青中酚的含量是通过测定试样总的蒸馏馏分与碱性溶液氢氧化钠作用,使(C_6H_5OH)与氢氧化钠形成水溶性酚盐(C_6H_5ONa),根据酚钠体积求算出煤沥青中酚的含量,以体积百分率表示。

焦油酸溶解于水,易导致路面强度降低,同时它有毒。因此对其在沥青中的含量必须加以限制。

(4)含萘量　萘在煤沥青中低温时易结晶析出,使煤沥青产生假黏度而失去塑性,同时常温下易升华,并促使"老化"加速,降低煤沥青的技术性质。此外,萘有毒,故对其含量应加以限制。煤沥青的萘含量是取酚含量测定后的无酚中油,在低温下使萘结晶,然后与油分离而获得"粗萘"。萘含量即以粗萘占煤沥青的质量百分率表示。

(5)甲苯不溶物　煤沥青的甲苯不溶物含量,是试样在规定的甲苯溶剂中不溶物(游离碳)的含量,用质量百分率表示。

(6)含水量　与石油沥青一样,在煤沥青中含有过量的水分会使煤沥青在施工加热时发生许多困难,甚至导致材料质量的劣化和火灾。煤沥青含水量的测定方法与石油沥青相同。

2.煤沥青的技术标准

根据煤沥青在工程中应用要求的不同,按照稠度可划分为软煤沥青(液体、半固体的)和硬煤沥青(固体的)两大类。道路工程主要应用软煤沥青,用于道路的软煤沥青又按其黏度和有关技术性质分为9个标号,其技术要求见表5-8。

道路用煤沥青技术要求　　表5-8

试验项目		T-1	T-2	T-3	T-4	T-5	T-6	T-7	T-8	T-9	试验方法	
											JTJ 052—2000	YB/T 030—92
黏度(s)	C30,5 C30,10 C50,10 C60,10	5~25	26~70	5~20	21~50	51~120	121~200	10~75	76~200	25~65	T 0621	YB/T 033—92
蒸馏试验馏出量(%)	170℃前	<3	<3	<3	<2	<1.5	<1.5	<1.0	<1.0	<1.0	T 0641	YB/T 032—92
	270℃前	<20	<20	<20	<15	<15	<15	<10	<10	<10		
	300℃前	5~15	15~35	<30	<30	<25	<25	<20	<20	<15		
300℃蒸馏残渣软化点(环球法)(℃)		30~45	30~45	35~65	35~65	35~65	35~65	40~70	40~70	40~70	T 0641 T 0606	GB 2494—80
水分(%)		<3.0	<3.0	<1.0	<1.0	<1.0	<0.5	<0.5	<0.5	<0.5	T 0612	GB 2288—80
甲苯不溶物(%)		<20	<20	<20	<20	<20	<20	<20	<20	<20	T 0646	GB 2293—80
含萘量(%)		<5	<5	<5	<4	<4	<3.5	<3	<2	<2	T 0644 T 0645	YB/T 031—92
焦油酸含量(%)		<4	<4	<3	<3	<1.5	<2.5	<1.5	<1.5	<1.5	T 0642	GB 3065.3—82

注:本表根据中华人民共和国交通行业标准《道路用煤沥青技术要求》(M 0672—93)和中华人民共和国黑色冶金行业标准《煤沥青筑路油技术标准》(YB/T 30—92)列出。

3.煤沥青在技术性质上与石油沥青的差异

(1)煤沥青的温度稳定性差。煤沥青是较粗的分散系,同时可溶性树脂含量较多,受热易软化,温度稳定性差。因此加热温度和时间都要严格控制,更不宜反复加热,否则易引起性质急剧恶化。

(2)煤沥青的大气稳定性差。由于煤沥青中含有较多不饱和碳氢化合物,在热、阳光、氧气等长期综合作用下,使煤沥青的组分变化较大,易老化变脆。

(3)煤沥青塑性较差。因煤沥青含有较多的游离碳,使塑性降低,所以在使用时易因受力变形而开裂。

(4)煤沥青与矿质材料表面黏附性能好。煤沥青组分中含酸、碱性物质较多,它们都是极性物质,赋予煤沥青较高的等表面活性和较好的黏附力,对酸、碱性石料均能较好地黏附。

(5)煤沥青防腐性能好。由于煤沥青中含有酚、蒽、萘油等成分,所以防腐性好,故宜用于地下防水层及防腐材料。

(6)煤沥青含有对人体有害成分较多,臭味较重。

三、煤沥青与石油沥青的鉴别

如前所述,煤沥青的技术性能与石油沥青类似,但另有不同的特性,因而使用要求有一定区别。如煤油沥青加热温度一般应低于石油沥青,加热时间宜短不宜长等。在通常情况下,煤沥青不能与石油沥青混用,否则会因两者在物理-化学性质上的差异而导致絮凝结块现象。因此,在储存和加工时必须将这两种沥青严格区分开来。为使在工地条件下区别鉴认这两种沥青,现根据两种沥青的某些特性提出煤沥青与石油沥青的简易鉴别方法如表5-9。

石油沥青和煤沥青的简易鉴别方法 表5-9

鉴别方法	石油沥青	煤沥青
密度	接近1.0	1.25~1.28
燃烧	烟少,无色,有松香味,无毒	烟多,黄色,臭味大,有毒
气味	常温下无刺激性气味	常温下有刺激性臭味
颜色	呈辉亮褐色	浓黑色
溶解试验	可溶于汽油或煤油	难溶于汽油或煤油
锤击	韧性较好,不易碎	韧性差,较脆
大气稳定性	较高	较低
抗腐蚀性	差	强

第三节 乳化沥青

乳化沥青是将黏稠沥青加热至流动状态,再经高速离心、搅拌及剪切等机械作用,使沥青形成细小的微粒(2~5μm),且以此状态均匀分散在含有乳化剂和稳定剂的水中,形成水包油(O/W)型沥青乳液。其外观为茶褐色,在常温下具有较好的流动性。

乳化沥青的优点如下:

(1)可冷态施工,节约能源,无毒、无臭、不燃,减少环境污染。

(2)采用乳化沥青,扩展了沥青路面的类型,如稀浆封层等;

(3)常温下具有较好的流动性,能保证洒布的均匀性,可提高路面修筑质量;

(4)乳化沥青尽管与湿集料拌和仍具有良好的工作性和黏附性,可节约沥青并保证施工质量;

(5)可延长施工季节,乳化沥青施工受低温多雨季节影响较少。

乳化沥青的缺点：

(1)稳定性差，储存期不超过半年，储存期过长容易引起凝聚分层，储存温度在0℃以上。

(2)乳化沥青修筑路面成型期较长，最初应控制车辆行驶速度。

基于乳化沥青以上的性质，乳化沥青不仅适用于路面的维修与养护，并可用于铺筑表面处治、贯入式、沥青碎石、乳化沥青混凝土等各种结构形式的路面，还可用于旧沥青路面的冷再生，防尘处理。

一、乳化沥青的组成材料

乳化沥青主要由沥青、乳化剂、稳定剂和水等组成。

1.沥青

沥青是乳化沥青组成的主要材料，占55%～70%，沥青的性质将直接决定乳化沥青成膜性能和路用性质。在选择作为乳化沥青用的沥青时，首先要考虑它的易乳化性。一般说来，相同油源和工艺的沥青，针入度较大者易于形成乳液。但针入度的选择，应根据乳化沥青在路面工程中的用途来决定。另外，沥青中活性组分的含量对沥青乳化难易性有直接关系，通常认为沥青中沥青酸总量大于1%的沥青，采用通用乳化剂和一般工艺即易于形成乳化沥青。

2.乳化剂

乳化沥青的性质极大程度上依赖乳化剂的性能，是乳化沥青形成的关键材料。沥青乳化剂是一种表面活性剂，从化学结构上考察，它是一种“两亲性”分子，分子的一部分具有亲水作用，而另一部分具有亲油性质，这两个基团具有使互不相溶的沥青与水连接起来的特殊功能。在沥青、水分散体系中，沥青微粒被乳化剂分子的亲油基吸引，此时以沥青微粒为固体核，乳化剂包裹在沥青颗粒表面形成吸附层。乳化剂的另一端与水分子吸引，形成一层水膜，它可机械地阻碍颗粒的聚集。

乳化剂按其亲水基在水中是否电离而分为离子型和非离子型两大类。其分类如下：

- 乳化剂
  - 离子型
    - 阳离子型
    - 阴离子型
    - 两性离子型
  - 非离子型

(1)阴离子型乳化剂　阴离子型沥青乳化剂溶于水中时，能电离为离子或离子胶束，且与亲油基相连的亲水基团，带有阴(或负)电荷的乳化剂(图5-20)。这类乳化剂的明显特征是由带长链的有机阴离子与一种碱类(即皂类)作用形成盐。

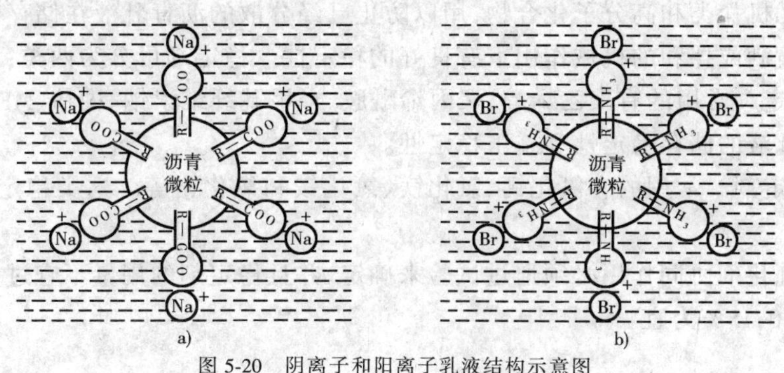

图5-20　阴离子和阳离子乳液结构示意图

a)阴离子乳液；b)阳离子溶液

阴离子沥青乳化剂最主要的亲水基团有羟酸盐(如-COONa)、硫酸酯盐(如-OSO_3Na)、磺酸盐(如-SO_3Na)等三种。

(2)阳离子型乳化剂　阳离子型沥青乳化剂是在溶于水中时,能电离为离子或离子胶束,且与亲油基相连接的亲水基团,带有阳(或正)电荷的乳化剂(图5-20)。

阳离子型沥青乳化剂按其化学结构,主要有季胺盐类、烷基胺类,酰胺类、咪唑啉类、环氧乙烷二胺类和胺化木质素类等。

(3)两性离子型乳化剂　两性离子型沥青乳化剂是在水中溶解时,电离成离子或离子胶束,且与亲油基相连接的亲水基团,即带有阴电荷又带有阳电荷的乳化剂。

两性离子型沥青乳化剂按其两性离子的亲水基团的结构和特性,品种主要有氨基酸型、甜菜型和咪唑啉型等。两性乳化剂可以吸附在带负电荷或正电荷的物质表面上,有良好的乳化性和分散性,但合成原料来源较困难,价格较高,目前在乳化沥青中应用较少。

(4)非离子型乳化剂　这类乳化剂是在水中溶解时,不能离解成离子状态,而是依赖分子所含的羟基(-OH)和醚链(-O-)等作为亲水基团的乳化剂。

非离子型乳化剂根据亲水基团的结构可分为醚基类、酯基类、酰胺类和杂环类等,但应用最多的为环氧乙烷缩合物和一元醇或多元醇的缩合物。非离子型表面活性剂在水介质中不会离解成水合离子,由于无电荷,当形成沥青乳液时与集料的结合力较弱,是靠水分蒸发破乳后,才能使沥青附着在集料表面上。单独作为沥青乳化剂的应用不多,而主要是与阳离子、阴离子乳化剂配合用于制造乳化沥青。

目前我国常用于乳化沥青的乳化剂类型,如表5-10。

我国各种不同乳化剂类型表　　表5-10

乳化剂类型	乳化剂名称
阴离子型	十二烷磺酸
阳离子型	十六烷基三甲基溴化铵
	十八烷基三甲基氯化铵
	十八叔胺二硝酸季氯盐
	十七烷基二甲基苄基氯化铵
两性离子型	氨基酸型两性乳化剂
非离子型	辛基酚聚氧乙烯醚

3.稳定剂

主要采用无机盐类和高分子化合物,用以防止已经分散的沥青乳液在储存期彼此凝聚,以及保证在施工喷洒或拌和的机械作用下有良好的稳定性。稳定剂可分为两类:

(1)有机稳定　常用的有聚乙烯醇、聚丙烯酰胺、羟甲基纤维素钠、糊精、MF废液等。这类稳定剂可提高乳液的储存稳定性和施工稳定性。

(2)无机稳定剂　常用的有氯化钙、氯化镁、氯化铵和氯化铬等。这类稳定剂可提高乳液的贮存稳定性。

稳定剂对乳化剂协同作用必须通过试验来确定,并且稳定剂的用量不宜过多,一般为沥青乳液的0.1%~0.15%为宜。

4.水

水是乳化沥青的主要组成部分。水在乳化沥青中起着润湿、溶解及化学反应的作用。所以要求乳化沥青中的水应当纯净，不含其他杂质，一般要求用每升水中氧化钙含量不得超过80mg的洁净水，否则对乳化性能将有很大的影响，并且要多消耗乳化剂。水的用量一般为30%～70%。

二、乳化沥青的形成机理

根据乳状液理论，由于沥青与水这两种物质的表面张力相差较大，将沥青分散于水中，则会因表面张力的作用使已分散的沥青颗粒重新聚集结成团块。欲使已分散的沥青能稳定均匀地存在（实际上是悬浮）于水中，必须使用乳化剂，以降低沥青与水之间的表面张力差。沥青能够均匀稳定地分散在乳化剂水溶液中的原因主要是：

（1）乳化剂降低界面能的作用　由于沥青与水的表面张力相差较大，在一般情况下是不能互溶的。当加入一定量的乳化剂后，乳化剂能规律地定向排列在沥青和水的界面上，由于乳化剂属表面活性物质，具有不对称的分子结构，分子一端是极性基因，是亲水的；另一端是非极性基因，是亲油的，所以当乳化剂加入沥青与水组成的溶液中，乳化剂分子吸附在沥青—水界面上，形成吸附层，从而降低了沥青和水之间的表面张力差，如图5-21所示。

（2）增强界面膜的保护作用　乳化剂分子的亲油基吸附在沥青微滴的表面，在沥青—水界面上形成界面膜，此界面膜具有一定的强度，对沥青微滴起保护作用，使其在相互碰撞时不易聚结。见图5-22。

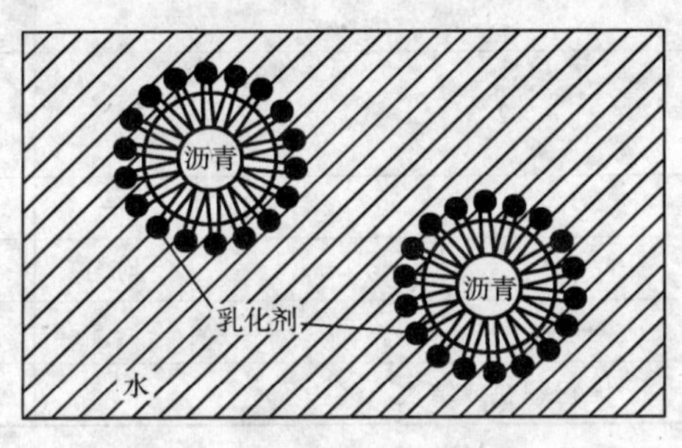

图5-21　乳化剂在沥青微粒表面形成界面膜

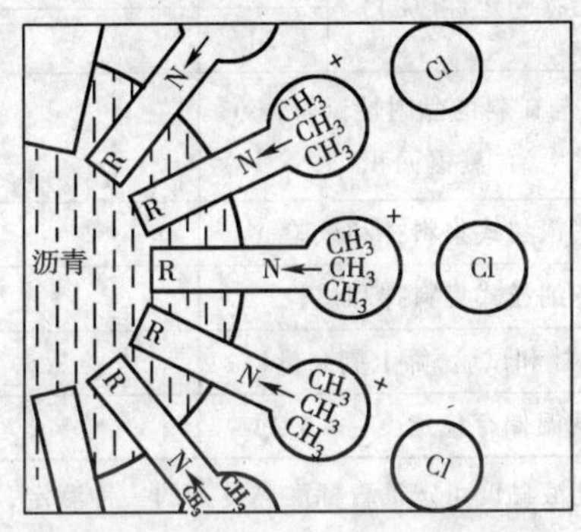

图5-22　阳离子乳化沥青的界面电荷

（3）界面电荷稳定作用　乳化剂溶于水后发生离解，当亲油基吸附于沥青时，使沥青微滴带有电荷（阳离子乳化沥青带正电荷，见图5-22），此时在沥青—水界面上形成扩散双电层。由于每个沥青微滴都带有相同电荷，且有扩散双电层的作用，故水—沥青体系成为稳定体系。

三、乳化沥青技术性质与技术要求

乳化沥青在使用中，与砂、石集料拌和成型后，在空气中逐渐脱水，水膜变薄，使沥青微粒靠拢，将乳化剂薄膜挤裂而凝成连续的沥青黏结膜层。成膜后的乳化沥青具有一定的耐热性、粘结性、抗裂性、韧性及防水性。

道路用乳化石油沥青技术要求见表5-11。

四、乳化沥青的生产

沥青乳液的制备可以采用各种设备，但其主要流程基本相同，一般由下列5个主要部分组成，如图5-23所示。

道路用乳化石油沥青技术要求 表 5-11

序号	种类项目		PC-1 PA-1	PC-2 PA-2	PC-3 PA-3	BC-1 BA-1	BC-2 BA-2	BC-3 BA-3	试验方法
1	筛上剩余量(%)		<0.3						T 0652
2	电荷		阳离子带正电荷(+)阴离子带负电荷(-)						T 0653
3	破乳速度试验		快裂	慢裂	快裂	中或慢裂		慢裂	T 0658
4	黏度	沥青标准黏度计 $C_{25,3}$(s)	12~45	8~20		2~100		40~100	T 0621
		恩格拉度(E_{25})	3~15	1~6		6~40		15~40	T 0622
5	蒸发残留物含量(%)		>60	>50		>55		60~62	T 0651
6	蒸发残留物性质	针入度(100g,25℃,5g)(0.1mm)	80~200	80~300	60~160	60~200	60~300	80~200	T 0651 T 0604
		与原沥青的延度比(%)25℃	>80						T 0651 T 0605
		溶解度(三氯乙烯)(%)	>97.5						T 0651 T 0607
7	储存稳定性(%)	5d	<5						T 0655
		1d	<1						T 0655
8	与矿料的黏附性试验,裹覆面积		>2/3						T 0654
9	粗粒式集料拌和试验		—				均匀	—	T 0659
10	细粒式集料拌和试验		—					均匀	T 0659
11	水泥拌和试验,筛上剩余量(%)		—					<5	T 0657
12	低温储存稳定度(-5℃)		无粗颗粒或结块						T 0656

注:①乳液黏度可选沥青标准黏度计的一种测定,$C_{25,3}$表示温度25℃,孔径3mm;E_{25}表示在25℃时测定;

②储存稳定性一般用5d的,如时间紧迫也可用1d的稳定性;

③PC、PA、BC、BA分别表示洒布型阳离子、洒布型阴离子、拌和型阳离子、拌和型阴离子乳化沥青。

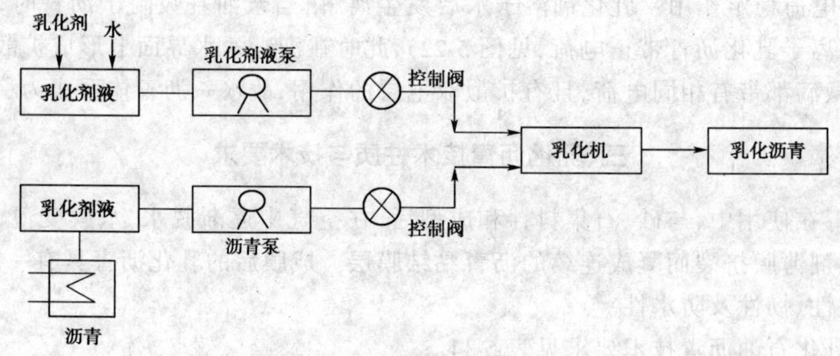

图 5-23 制备乳化沥青的工艺流程示意图

(1)乳化剂水溶液的调制 在水中加入需要数量的乳化剂和稳定剂。将水温调节至乳化剂和稳定剂溶解所需的温度,使其在水中充分溶解。

(2)沥青加热及储存。

(3)沥青与水比例控制机构。

(4)乳化,常用设备为胶体磨或其他同类设备。

(5)乳化成品储存。

五、乳化沥青在集料表面分裂机理

为使沥青发挥其黏结功能,必须使沥青从乳液中分离出来,使沥青微滴相互聚结,在集料表面形成连续的覆盖薄膜,这一过程称为分裂(俗称破乳)。

路用沥青乳液要有足够的稳定性,以保证在运输和洒布过程中不致过早分裂;另一方面,乳液洒布在路面上遇到集料时,则应立即产生分裂。乳液产生分裂的外观特征是它的颜色由棕褐色变成黑色,此时的乳化液还含有水分,需待水分蒸发完后,才能产生黏结力。

路用沥青乳液的分裂速度,与水的蒸发速度、集料表面性质、洒布和碾压作用等因素有关。

1.蒸发作用

沥青洒于路上,随即产生蒸发作用。蒸发快慢与气温、风速及路面环境等有关,和普通水的蒸发现象一样,在温度较高及有风的条件下,水分蒸发快;通常在开阔的路面比有树阴遮蔽的路面蒸发快。此外,还与洒布速度和压力有关。一般情况下,当沥青乳液中水分蒸发到沥青乳液的80%~90%时,乳液即开始凝结。碾压应力也会促使沥青凝结。

在水分蒸发的初期,乳液的分裂是可逆的,即当遇到雨水时,能使乳液再乳化;遇到大雨时甚至可使乳液从路上冲走。但是在完全分裂后,沥青微粒变成一层沥青膜时,则不再受雨水的影响。

在寒冷潮湿的条件下,分裂不完全的乳液,在行车作用下,则易引起破坏。当乳液完全形成一层黑色的薄膜后,它粘结在集料表面形成一层薄膜,与热拌沥青几乎无甚差别。

2.乳液与集料表面的吸附作用

在水分逐渐蒸发,乳液分裂凝聚的同时,沥青与矿料表面还有吸附作用。沥青与矿料的吸附除依靠分子间力产生的物理吸附外,还有二者之间的电性吸附。如前所述,沥青乳液中乳化剂的一端为亲油基与沥青吸附,另一端亲水基则伸入水中。当它与骨料相遇时,由于产生离子吸附,使骨料表面迅速牢固地形成一层沥青薄膜,其中水分子立即排除,而且这一反应过程不受气候、湿度和风速等因素的影响,故能形成高强度路面。

(1)阴离子乳液(沥青微滴带负电荷)与带正电荷碱性集料(石灰石、玄武石等)具有较好的粘结性。

(2)阳离子乳液(沥青微滴带正电荷)与带负电荷的酸性集料(花岗岩、石英石等)具有较好的粘结性。同时与碱性集料也有较好的亲和力。

由于乳化沥青的分裂需经一定时间才能彻底完成,路面初期强度不高,因此必须限制车辆行驶速度和行驶路线,以保证路面的整体性和强度的形成。

六、乳化沥青的应用

乳化沥青用于修筑路面,不论是阳离子型乳化沥青或阴离子型乳化沥青有两种施工方法:

(1)洒布法,如透层、黏层、表面处治或贯入式沥青碎石路面;

(2)拌和法,如沥青碎石或沥青混合料路面。

第四节　沥青材料试验

一、概　　述

1.主要试验项目

沥青是一种在常温下呈固体、半固体或液体状的、黑褐色的有机胶结剂，它由极其复杂的碳氢化合物所组成。沥青具有良好的粘结性、不透水性、耐化学腐蚀性及气候稳定性，用沥青铺筑的路面具有良好的力学性能，广泛应用于公路与桥梁工程中。为保证沥青在使用中的性质，应当对沥青的三大技术指标——针入度、延度、软化点进行检验。

2.沥青材料的取样方法

在生产厂、储存或交货验收地点，为检查沥青产品质量，应当采集具有代表性的样品。

(1)沥青性质常规检验取样数量规定为：黏稠或固体沥青不少于 1.5kg，液体沥青不少于1L，沥青乳液不少于 4L。进行沥青性质的非常规检验及沥青混合料性质试验所需沥青的数量，根据实际需要确定。

(2)从无搅拌设备的储油罐中取样：①液体沥青或经加热变成流体的黏稠沥青取样时，应先关闭进油阀和出油阀，然后取样；②用取样器按液面上、中、下位置(液面高各为 1/3 等分处，但距罐底不得低于总液面高度的 1/6)各取规定数量样品。每层取样后，取样器应尽可能倒净。当储油罐过深时，亦可在流出口按不同流出深度分三次取样；③将取出的三个样品充分混合后取规定数量样品作为试样，样品也可分别进行检验。

(3)从有搅拌设备的储油罐中取样时，应将液体沥青或经加热已变成流体的黏稠沥青充分搅拌后，用取样器从沥青层的中部取规定数量试样。

(4)从槽车、罐车、沥青洒布车中取样：①设有取样阀时，可旋开取样阀，待流出至少 4kg 或4L 后再取样；②仅有放样阀时，待放出全部沥青的一半时再取样；③从顶盖处取样，可用取样器从中部取样。

(5)在装料或卸料过程中取样时，要按时间间隔均匀地取至少三个规定数量样品，然后将这些样品充分混合后取规定数量样品作为试样。样品也可分别进行检验。

(6)从沥青储存池中取样时，沥青应加热熔化后经管道或沥青泵流至沥青加热锅之后取样。分间隔每锅至少取三个样品，然后将这些样品充分混合后再取规定数量作为试样，样品也可分别进行检验。

(7)从沥青桶中取样：①当能确认是同一批生产的产品时，可随机取样。如不能确认是同一批生产的产品时，应根据桶数按照表 5-12 规定或按总桶数的立方根数随机选出沥青桶数；②将沥青桶加热全部熔化成流体后，按罐车取样方法取样。每个样品的数量，以充分混合后能满足供检验用样品的规定数量要求为限；③若沥青桶不便熔化时，亦可在桶高的中部将桶凿开取样，但样品应在距桶壁 5cm 以上的内部凿取，并采取措施防止样品散落地面粘有尘土 。

(8)固体沥青取样时，从桶、袋、箱装或散装整块中取样，应在表面以下及容器侧面以内至少 5cm 处采取。如沥青能够打碎，可用一个干净的工具将沥青打碎后取中间部分试样；若沥青是软塑的，则用一个干净的热工具切割取样。

(9)试样的保护与存放：①试样应存放在阴凉干净处，注意防止试样污染。装有试样的盛样器应加盖、密封，外部擦拭干净，并在其上标明试样来源、品种、取样日期、地点及取样人；

②冬季乳化沥青试样要注意采取妥善防冻措施;③除试样的一部分用于检验外,其余试样应妥善保存备用;④试样需加热采取时,应一次取够一批试验所需的数量装入另一盛样器,其余试样密封保存,应尽量减少重复加热取样。用于质量仲裁检验的样品,重复加热的次数不得超过2次。

选取沥青样品桶数 表5-12

沥青桶总数	选取桶数	沥青桶总数	选取桶数
2~8	2	217~343	7
9~27	3	344~512	8
28~64	4	513~729	9
65~125	5	730~1000	10
126~216	6	1 001~1 331	11

3.沥青试样准备方法

1)热沥青试样准备

(1)将装有试样的盛样器带盖放入恒温烘箱中,烘箱温度80℃左右,加热至沥青全部熔化。

(2)将盛样器皿放在有石棉垫的炉具上缓慢加热,时间不超过30min,并用玻璃棒轻轻搅拌,防止局部过热。在沥青温度不超过100℃的条件下,仔细脱水至无泡沫为止,最后的加热温度不超过软化点以上100℃(石油沥青)或50℃(煤沥青)。

(3)将盛样器中的沥青通过0.6mm的滤筛过滤,分装入擦拭干净并干燥的一个或数个沥青盛样器中,数量应满足一批试验项目所需的沥青盛样器皿中,数量应满足一批试验项目所需的沥青样品并有富余。

(4)将准备好的沥青一次灌入各项试验的模具中。灌模时如温度下降可适当加热,试验冷却后反复加温的次数不得超过2次,以防沥青老化影响试验结果。

(5)灌模剩余的沥青应立即清洗干净,不得重复使用。

2)乳化沥青试样准备

(1)将按本规程T 0601取好乳化沥青的盛样器适当晃动使试样上下均匀,试样数量较少时,宜将盛样器上下倒置数次,使上下均匀。

(2)将试样倒出要求数量,装入盛样器皿或烧杯中,供试验使用。

(3)当乳化沥青在试验室自行配制时,可按下列步骤进行:

①按上述方法准备热沥青试样。

②根据所需制备的沥青乳液质量及沥青、乳化剂、水的比例计算各种材料的数量。

沥青用量计算公式为:

$$m_b = m_E \times P_b \tag{5-6}$$

式中:m_b——所需的沥青质量(g);

m_E——乳液总质量(g);

P_b——乳液中沥青含量(%)。

乳化剂计算公式为:

$$m_e = \frac{m_E P_E}{P_e} \tag{5-7}$$

式中:m_e——乳化剂用量(g);

P_E——乳液中乳化剂的含量(%);

P_e——乳化剂浓度(乳化剂中有效成分含量%)。

水的用量计算公式为：

$$m_w = m_E - m_E \times P_b \quad (5\text{-}8)$$

式中：m_w——配制乳液所需水的质量(g)。

③称取所需的乳化剂放入 1000mL 烧杯中。

④向盛有乳化剂的烧杯中加入所需的水(扣除乳化剂中所含水的质量)。

⑤将烧杯放到电炉上加热并不断搅拌，直到乳化剂完全溶解，如需调节 pH 值时可加入适量的外加剂，将溶液加热到 40～60℃。

⑥在容器中称取准备好的沥青并加热到 120～150℃。

⑦开动乳化机，用热水先把乳化机预热几分钟，然后把热水排净。

⑧将预热的乳化剂倒入乳化机中，随即将预热的沥青徐徐倒入，待全部沥青乳液在机中循环 1min 后放出，进行各项试验或密封保存。

二、验收规则

石油沥青交货验收，其质量按国家标准。发货单位根据所发出产品采样化验结果判断质量，如合格则发出产品质量合格证。收货单位有权抽查产品质量，如发现产品不符合质量标准，可提出复验保留样品意见，以保留样品的分析结果为仲裁根据。

石油沥青在交接验收和交接后的转运或储存中，因质量产生意见分歧时，按规定留样0.5kg作为仲裁检验凭证。留样的容器必须清洁、干燥，标签上写明生产厂的名称和发货单位、样品名称、批号、质量合格证明号码、采样地点、日期、编号及采样者的姓名。

在仲裁检验产品质量时，要进行重复性和再现性试验。重复性试验是指在短期内，在同一试验室，由同一试验人员，采用同一仪器，对同一试样完成两次以上的试验操作，所得试验结果的误差应不超过规定的允许差；再现性试验是指在两个以上不同的试验室，由各自的试验人员，采用各自的仪器，按相同的试验方法对同一试样分别完成试验操作，所得试验结果之间的误差，亦不应超过规定的允许差；重复性与再现性试验的允许值和作为一次试验取 2～3 个平行试验的差值的含义不同，它是多次试验的结果，即平均值之间的允许差。重复性试验是对试验人员的操作水平、取样代表性的检验。再现性则同时检验仪器设备的性能，通过这两类试验可检验试验结果的法定效果，如试验不符合精度要求时，试验结果即属无效。

试验三十一　石油沥青的针入度、延度、软化点试验

一、沥青针入度试验

1.试验目的

沥青针入度是在规定温度(25℃)和规定时间(5s)内，附加一定重量的标准针(100g)垂直贯入沥青试样中的深度，以度(°)(0.10mm)表示。用它来表征沥青材料的性质并作为控制施工质量的依据。

2.试验仪器设备

(1)针入度仪：凡能保证针和针连杆在无明显摩擦下垂直运动，并能指示针贯入深度准确至0.01mm的仪器均可使用。它的组成部分有拉杆、刻度盘、按钮、针连杆组合件，总质量100±0.05g，调节试样高度的升降操作机件，调节针入度仪水平的螺旋，可自由转动调节距离的悬臂。

当为自动针入度仪时，其基本要求相同，但应附有对计时装置的校正检验方法，以经常校验。

(2)标准针：由硬化回火的不锈钢制成，洛氏硬度 HRC 54～60，针及针杆总质量 2.5±0.05g，针杆上打印有号码标志，应对针妥善保管，防止碰撞针尖，使用过程中应当经常检验，并附有计量部门的检验单。

(3)盛样皿：金属制的圆柱形平底容器。小盛样皿的内径 55mm，深 35mm(适用于针入度小于 200)；大盛样皿的内径 70mm，深 45mm(适用于针入度 200～350)；对针入度大于 350 的试样需使用特殊盛样皿，其深度不小于 60mm，试样体积不少于 125mL。

(4)恒温水浴：容量不少于 10L，控制温度 ±0.1℃。水中应备有一带孔的隔板(台)，位于水面下不少于 100mm，距水浴底不少于 50mm 处。

(5)平底玻璃皿：容量不少于 1L，深度不少于 80mm。内设有一不锈钢三脚支架，能使盛样皿稳定。

(6)温度计：0～50℃，分度 0.1℃。

(7)盛样皿盖：平板玻璃，直径不小于盛样皿开口尺寸。

(8)其他：秒表、三氯乙烯、电炉或砂浴、石棉网、金属锅或瓷把坩埚铁夹等。

3.试验步骤

(1)将试样放在放有石棉垫的炉具上缓慢加热，时间不超过 30min，用玻璃棒轻轻搅拌，防止局部过热。加热脱水温度，石油沥青不超过软化点以上 100℃，煤沥青不超过软化点以上 50℃ 。沥青脱水后通过 0.6mm 滤筛过筛。

(2)试样注入盛样皿中，高度应超过预计针入度值 10mm，盖上盛样皿盖，防止落入灰尘。在 15～30℃室温中冷却 1～1.5h(小盛样皿)、1.5～2h(大盛样皿)、或者 2～2.5h(特殊盛样皿)后，再移入保持规定试验温度 ±0.1℃的恒温水浴中恒温 1～1.5h(小盛样皿)、1.5～2h(大盛样皿)、或者 2～2.5h(特殊盛样皿)。

(3)调整针入度仪使之水平。检查针连杆和导轨应无明显摩擦，用三氯乙烯清洗标准针并擦干，将标准针插入针连杆后用螺钉固紧。

(4)取出恒温后的试件，将试件移入平底玻璃皿中的三脚架上，平底玻璃皿中水温应保持在 25±1℃范围。试样表面以上的水层深度不少于 10mm。

(5)将平底玻璃皿置于针入度仪平台上，慢慢放下针连杆，仔细观察，使针尖恰好与试样表面接触。拉下刻度盘拉杆使与针连杆顶端轻轻接触，调节刻度盘指针指示为零。

(6)开动秒表，在指针正指 5s 的瞬间，用手紧压按钮，使标准针自动下落贯入试样，经过规定时间 5s，停压按钮使针停止下落，拉下刻度盘拉杆与针连杆顶端接触，读取刻度盘指针的读数，即为针入度，精确至 0.5°(1/10mm) 。当采用自动针入度仪测定时，计时与标准针落下贯入试样同时开始，至 5s 时自动停止。

(7)每次试验后，应换一根干净标准针或将标准针取下，用蘸有三氯乙烯溶剂的棉花或布揩净，再用干棉花或布擦干。将盛有试样皿的平底玻璃皿放入恒温水浴，使平底玻璃皿中水温保持试验温度。测针入度大于 200°的沥青试样时，至少用 3 支标准针，每次试验后将针留在试样中，直至 3 次平行试验完成后，才能将标准针取出。

4.试验结果与数据整理

同一试样进行三次平行试验，结果的最大值和最小值应在允许偏差范围内，见表 5-13，以三次结果的平均值作为针入度试验结果。取至整数作为针入度试验结果，以 0.1mm 为单位。

沥青针入度试验精度要求　　表 5-13

针入度(0.1mm)	允许差值(0.1mm)	针入度(0.1mm)	允许差值(0.1mm)
2	0～49	10	250～350
4	50～149	14	>350
6	150～249		

当试验结果小于50°时，重复性试验精度的允许差为2°。再现性试验精度的允许差为4°。当试验结果等于或大于50°时，重复性试验精度的允许差为平均值的4%，再现性试验精度的允许差为平均值的8%。

5.记录表格(表 5-14)

沥青针入度试验记录表　　表 5-14

试样编号							试样来源			工地取样			
试样名称							试样用途						
样品编号	试验温度(℃)	试验时间(s)	试验荷重(g)	指针度盘读数									针入度
				第一次			第二次			第三次			
				标准针刺入样品前	标准针刺入样品后	针入度	标准针刺入样品前	标准针刺入样品后	针入度	标准针刺入样品前	标准针刺入样品后	针入度	
(1)	(2)	(3)	(4)	(5)	(6)	(7)	(8)	(9)	(10)	(11)	(12)	(13)	(14)
1													
2													
3													

试验者　　计算者　　审核者　　试验日期　　年　　月　　日

6.试验中注意的问题

(1)根据沥青的标号选择盛样皿，试样深度应大于预计穿入深度10mm。不同的盛样皿其在恒温水浴中的恒温时间不同。

(2)测定针入度时，水温应当控制在25±1℃范围内，试样表面以上的水层高度不小于10mm。

(3)测定时针尖应刚好与试样表面接触，必要时用放置在合适位置的光源反射来观察。使活杆与针连杆顶端相接触，调节针入度刻度盘使指针为零。

(4)在3次重复测定时，各测定点之间及测定点与试样皿边缘之间的距离不应小于10mm。

(5)三次平行试验结果的最大值与最小值应在规定的允许差值范围内，若超过规定差值试验应重做。

二、沥青延度试验

1.试验目的

沥青延度是规定形状(∞字形)的试样在规定温度(25℃)条件下以规定拉伸速度(5cm/min)拉至断开时的长度，以厘米表示。本方法适用于测定道路石油沥青的延度。

2.仪器设备

(1)延度仪:将试件浸没于水中,能保持规定的试验温度及按照规定拉伸速度拉伸试件,在试验时无明显振动的延度仪均可使用。

(2)延度试模:黄铜制,由试模底板、两个端模和两个侧模组成,延度试模可从试模底板上取下。

(3)恒温水浴:容量不少于10L,控温精度±0.1℃,水浴中设有带孔搁架,搁架距底不少于50mm,试件浸入水中深度不小于100mm。

(4)甘油滑石粉隔离剂(甘油与滑石粉的质量比2:1)。

(5)其他:酒精灯、平刮刀、温度计、石棉网、食盐、酒精。

3.试验步骤

(1)用滑石粉和适量甘油拌和均匀,制成2:1的甘油滑石粉隔离剂。将隔离剂涂于清洁干燥的试模底板和两个侧模的内侧表面。涂好后将试模在试模底板上装妥,拧紧螺钉固定。

(2)将加热脱水的沥青试样,通过0.6mm筛过滤,将试样仔细从试模的一端至另一端往返数次缓缓注入模中,略高出试模,注模时应勿使气泡混入。

(3)将试件移入防尘罩中,在室温条件下冷却30~40min,然后置于规定试验温度(15℃或10℃)的恒温水浴中,保温30min。保温后,取出试件。点燃酒精灯将小刀烤热。用热刀刮除高出试模的沥青,使沥青面与试模面齐平。刮除方法应自试模的中间刮向两端,表面应刮得平滑。刮完后,将试模连同底板再浸入规定试验温度(15℃或10℃)的水浴中,保温1~1.5h。

(4)向延度仪水槽注水,保持水温达试验温度(15±0.5℃或10±0.5℃)。并检查延度仪的运转情况。

(5)将保温后的试件连同底板移入延度仪的水槽中。将盛有试样的试模从底板上取下,并取下侧模。将试模两端的孔分别套在滑板及槽端固定板的金属柱上,水面距试件表面不小于25mm。

(6)开动延度仪,拉伸速度为5±0.25cm/min。在试验过程中,水温应始终保持在试验温度15℃或10℃规定范围内,仪器不得有振动,水面不得有晃动。在试验中,如发现沥青浮于水面或沥青沉入槽底,应在水中加入酒精或加入食盐,调整水的密度至与试样接近后重新试验。

(7)试样拉断后,读取指针所指标尺上的读数,以cm表示,即为沥青的延度。在正常情况下,拉断时实际断面接近于零。不能得到这种结果,应在报告中注明。

4.试验结果与数据整理

同一试样,每次平行试验不少于三个。如三个测定结果均大于100cm,试验结果记作大于100 cm。如三个测定结果中,有一个以上的测定值小于100cm时,若最大值或最小值与平均值之差满足重复性试验精度要求,取三个测定结果的平均值的整数为延度试验结果。若最大值或最小值之差不符合重复性试验精度要求时,试验应重新进行。

当试验结果小于100cm时,重复性试验精度的允许差为平均值的20%,再现性试验精度的允许差为平均值的30%。

5.记录表格(表5-15)

6.试验中注意的问题

(1)按照规定方法制作延度试件,应当满足试件在空气中冷却和在水浴中保温的时间。

(2)检查延度仪拉伸速度是否符合要求,移动滑板是否能使指针对准标尺零点,检查水槽中水温是否符合规定温度。

黏稠沥青延度试验记录表 表 5-15

<table>
<tr><td colspan="2">试样编号</td><td colspan="2"></td><td colspan="2">试样来源</td><td colspan="3"></td></tr>
<tr><td colspan="2">试样名称</td><td colspan="2"></td><td colspan="2">试样用途</td><td colspan="3"></td></tr>
<tr><td rowspan="2">样品编号</td><td rowspan="2">试验温度（℃）</td><td rowspan="2">试验速度（cm/min）</td><td colspan="4">延度(cm)</td><td rowspan="2" colspan="2">拉伸情况描述</td></tr>
<tr><td>试件 1</td><td>试件 2</td><td>试件 3</td><td>平均值</td></tr>
<tr><td>①</td><td>②</td><td>③</td><td>④</td><td>⑤</td><td>⑥</td><td>⑦</td><td colspan="2">⑧</td></tr>
<tr><td>1</td><td></td><td></td><td></td><td></td><td></td><td></td><td colspan="2" rowspan="3"></td></tr>
<tr><td>2</td><td></td><td></td><td></td><td></td><td></td><td></td></tr>
<tr><td>3</td><td></td><td></td><td></td><td></td><td></td><td></td></tr>
</table>

试验者 计算者 审核者 试验日期 年 月 日

(3)拉伸过程中水面应距试件表面不小于 25mm，如发现沥青丝浮于水面则应在水中加入酒精，若发现沥青丝沉入槽底则应在水中加入食盐，调整水的密度至与试样的密度接近后再进行测定。

(4)试样在断裂时的实际断面应为零，若得不到该结果则应在报告中注明在此条件下无测定结果。

(5)三个平行试验结果的最大值与最小值之差应当满足重复性试验精度的要求。

三、沥青软化点试验

1.试验目的

沥青的软化点试样在规定尺寸的金属环内，上置规定尺寸和质量的钢球，放于水(5℃)或甘油(32.5℃)中，以 5±0.5℃/min 速度加热，至钢球下沉达到规定距离(25.4cm)时的温度，以℃表示。它在一定程度上表示沥青的温度稳定性。

2.仪器及设备

(1)软化点试验仪：由耐热玻璃烧杯、金属支架、钢球、试样环、钢球定位环、温度计等部件组成。耐热玻璃烧杯容量 800~1000mL，直径不少于 86mm，高不少于 120mm；金属支架由两个主杆和三层平行的金属板组成，上层为一圆盘，直径略大于烧杯直径，中间有一圆孔，可以插放温度计。中层板上有两个孔，可以放置试样环，中间有一小孔可支持温度计的测温底部。一侧立杆距环上面 51mm 处刻有水高标记。环下面距下层底板为 25.4mm，下底板距烧杯底不少于 12.7mm，也不得大于 19mm。三层金属板和两个主杆有两螺母固定在一起；钢球直径 9.53mm，质量 3.5±0.05g；试样杯由黄铜或不锈钢制成，高 6.4±0.1mm，下端有一 2mm 的凹槽；钢球定位环由黄铜或不锈钢制成。

(2)温度计：0~80℃，分度 0.5℃。

(3)装有温度调节器的电炉或其他加热炉具。

(4)试样底板：金属板或玻璃板。

(5)其他：环夹、恒温水槽、平直刮刀、金属锅、石棉网、坩埚、蒸馏水、甘油滑石粉隔离剂等。

3.试验步骤

准备工作：将沥青加热脱水，用 0.6mm 筛过滤，将试样环置于涂有甘油滑石粉隔离剂的玻璃板上，用备好的沥青试样缓缓注入试样环内，一直到略高出环面为止。将试样移入防尘罩内，在室温条件下冷却 30min 后取出。用环夹夹着试样环，再用热刀刮除环面上的试样，使之与环面齐平。然后擦去粘在环壁上的沥青。

(1)软化点在 80℃以下：

①将装有试样的试样环连同底板置于装有 5±0.5℃冷水的保温槽中，同时将金属支架，钢球，钢球定位环等置于相同水槽中，保温至少 15min。

②烧杯内注入新煮沸并冷却至 5℃的蒸馏水，水面略低于立杆上的水深标记。

③从保温水槽中取出盛有试样的试样环放置在支架中层板的圆孔中，套上定位环，环上放置 3.5g 重钢球。将整个环架放入烧杯中，调整水面到深度标记。并保持水温为 5±0.5℃。插上温度计，温度计端部测温头底部应与试样环下面齐平。注意环架上任何部分不得附有气泡。

④上述工作结束后立即加热，使杯中水温在 3min 内调节到每分钟上升 5±0.5℃。在加热过程中如温度上升速度超出此范围时应重做试验。试样受热软化逐渐下坠，直到试样与下层底板表面接触时，读取温度即为软化点，精确至 0.5℃。

(2)软化点在 80℃以上：

①烧杯内注入预先加热到 32±1℃的甘油，其液面略低于立杆上的深度标记。

②从保温槽中取出装有试样的试样环放入烧杯内，加甘油至标记处，加热 3min 后维持每分钟上升 5±0.5℃，加热到试样坠至与下层底板接触，读取温度即为软化点，精确至 1℃。

4.试验结果与数据整理

同一试样平行试验两次，当两次测定值的差值符合重复性试验精度要求时，取其平均值作为软化点试验结果，准确至 0.5℃。

当试样软化点小于 80℃时，重复性试验精度的允许差为 1℃，再现性试验允许差为 4℃。

当试样软化点等于或大于 80℃时，重复性试验精度的允许差为 2℃，再现性试验精度的允许差为 8℃。

5.记录表格(表 5-16)

黏稠沥青软化点试验记录表　　表 5-16

试样编号				试样来源		
试样名称				试样用途		
试验次数	加热方式	起始温度(℃)	温度上升速度(℃/min)	软化温度(℃)	平均软化点(℃)	备　注
①	②	③	④	⑤	⑥	⑦
1						
2						

试验者　　计算者　　审核者　　试验日期　　年　　月　　日

6.试验中注意的问题

(1)按照规定方法制作延度试件，应当满足试件在空气中冷却和在水浴中保温的时间。

(2)估计软化点在 80℃以下时，试验采用新煮沸并冷却至 5℃的蒸馏水作为起始温度测定软化点，当估计软化点在 80℃以上时，试验采用 32±1℃的甘油作为起始温度测定软化点。

(3)环架放入烧杯后，烧杯中的蒸馏水或甘油应加至环架深度标记处，环架上任何部分均不得有气泡。

(4)加热 3min 内调节到使液体维持每分钟上升 5±0.5℃，在整个测定过程中如温度上升速度超出此范围时应重做试验。

(5)两次平行试验测定值的差值应当符合重复性试验精度。

试验三十二　石油沥青的黏滞度试验

一、试 验 目 的

沥青黏度是试样在规定温度下，至道路沥青标准黏度计规定直径的流孔流出50mL沥青所需的时间，以s表示。本方法适用于测定液体石油沥青、煤沥青、乳化沥青等材料流动状态的黏度，用来评定沥青的标号。

二、仪 器 设 备

(1)道路标准黏度计：由水浴及盛样管等部件组成。水浴为一环形水槽，其内径160mm，深100mm，井壁与水浴之间距离不小于55mm。环形槽中存放保温用液体（水或油），上下方各设有一流水管。水浴中央有一圆井，放置盛样管用。水浴下装有可调节水浴高低的三脚架，架上有一圆盘承托水浴，离试验台面约200 mm，水浴的温度控制精度±0.2 ℃。水浴盖上还有一插孔，可放置温度计。可套在水浴的圆井上，下附有搅拌叶，盖上有一把手，转动把手时可借搅拌叶调匀水浴内水温。盛样管由黄铜制成，筒底为流孔，可根据试验需要选择3±0.025mm、4±0.025mm、5±0.025mm和10±0.025mm四种流孔的孔径。盛样管流孔用球塞堵塞，球塞杆上有一标记，用以指示盛样管内试样的高度。

(2)温度计：分度0.1℃。

(3)接受瓶：开口，圆柱形玻璃容器，容积100mL，在25mL、50mL、75mL、100mL处有刻度。也可采用100mL量筒。

(4)其他：流孔检查棒、秒表、恒温水浴、肥皂水或矿物油、加热炉、蒸发皿等。

三、试 验 步 骤

(1)按照沥青材料的种类和稠度，选择流孔直径。用规定的球塞堵好流孔。将盛样管置于水浴圆井中，流孔下放一蒸发皿，以备接受不慎流出的试样。

(2)根据试验需要，向水浴中注入规定温度的试验用水。调整恒温水浴的水温达到试验温度，误差为±0.1℃。旋转水浴盖把手，借搅拌叶调匀水浴内水温，并测量水的温度。

(3)将试样加热至比试验温度高2~3℃时，将沥青注入盛样管。沥青数量以液面到达球塞杆垂直时杆上的标记为准。

(4)试样在水浴中保持试验温度至少30min，用温度计轻轻搅拌试样，测量试样的温度为规定试验温度±0.1℃时，调整试样液面至球塞杆的标记处，再继续保温1~3 min。

(5)在接受瓶或量筒中注入肥皂水或矿物油25mL，以利于读数及洗涤。将流孔下蒸发皿移去，放置接受瓶或量筒，使其中心正对流孔。调节流孔距台面为200mm左右。

(6)试验前，再次核对水温和试样温度。提起球塞，借标记将球塞杆悬挂在试样管边上，待试样流入接受瓶或量筒达25mL（量筒刻度50mL）时，按动秒表。待试样流出75mL（量筒刻度100mL）时，按停秒表。记取试样流出50mL所经历的时间，以s计，即为试样的标准黏度。

四、试验结果整理

重复性试验精度的允许误差为平均值的4%。同一试样至少平行试验两次，当两次测定的差值不大于平均值的4%时，取其平均值的整数作为试验结果。

五、记 录 表 格(表 5-17)

沥青黏滞度试验记录表　　表 5-17

试样编号		试样来源			
试样名称		试样用途			
试验次数	试验流孔直径(mm)	保温水浴中水的温度(℃)	试验时试样温度(℃)	量杯中肥皂水数量(mL)	试验流出 50mL 沥青所需时间(s)
①	②	③	④	⑤	⑥
1					
2					

试验者　　计算者　　审核者　　试验日期　　年　　月　　日

六、试验中注意的问题

(1)规定球塞分为直径 12.7mm 和 6.35mm 两种,除 10mm 流孔采用 12.7mm 球塞外,其余流孔均采用直径为 6.35mm 的球塞。

(2)盛样管中沥青装入的数量以达到球塞杆的标记为准。

(3)试样应不超过规定试验温度 ±0.1℃,并在水浴中保持试验温度至少 30min。

(4)调节流孔距台面高度为 200mm 左右。

(5)两次平行试验的差值应符合试验规定要求。

试验三十三　石油沥青的加热损失试验

一、试 验 目 的

通过测定石油沥青材料的蒸发损失,对蒸发损失后的残留物进行针入度试验,计算出残留物针入度占原试样针入度的百分率,并根据需要测定沥青残留物的延度、软化点等其他试验,用来评定沥青受热时性质的变化。

二、仪 器 设 备

(1)烘箱:内部尺寸不少于 330mm × 330mm,装有温度自动调节器,控制温度的准确度为 1℃。箱内安装有一个直径大于 250mm 的转盘,中心由一垂直轴悬挂于烘箱中央,通过传动机构,使转盘以 5.5 ± 1r/min 的速度转动。转盘呈水平装置,上有 6 个凹圆槽,供放置盛样皿使用。烘箱正面安装有大于 100mm × 100mm 的铰接密封窗门,窗门内层为玻璃制成,试验时不必打开烘箱门,只要打开窗门,即可通过玻璃读取箱内温度计的读数。烘箱也可用“沥青薄膜加热试验”所用的薄膜加热烘箱代替。

(2)盛样皿:不少于两个,由金属或硬玻璃制成,平底,筒状,内径 55 ± 1mm,深 35 ± 1mm。也能用洁净的针入度试验用盛样皿代替。

(3)温度计:0 ~ 200℃,分度为 0.5℃。

(4)天平:感量不大于 1mg。

(5)其他:沥青熔化锅、计时器等。

三、试 验 步 骤

(1)称量洁净、干燥的盛样皿的质量 m_0,准确至 1mg。将按规定方法准备的沥青试样缓缓倾入两个盛样皿中,质量约 50g ± 0.5g,冷却至室温后再称试样与盛样皿合计质量 m_1,准确至 1mg。

烘箱调成水平,使转盘能在水平面上旋转;把温度计挂在转盘上方,位于转盘边缘内侧 20mm,水银球底部在转盘顶面上的 6mm 处;然后打开烘箱的上下气孔,并加热保持温度 163℃ ± 1℃。

(2)待烘箱温度恒温后,放入两个已盛试样的盛样皿,注意观察温度下降,从温度回升至 163℃时开始计算,连续保持 5 h。但全部时间不得超过 5.25 h。

注:一般不宜将不同品种或标号的沥青同时放进一个烘箱中试验。

(3)加热终了后取出盛样皿,在不落入灰尘的条件下,在室温下冷却,称取质量 m_2,准确至 1mg。

(4)把盛样皿放在加热炉具上使沥青徐徐加热将熔化,并用玻璃棒上下搅匀;并按照针入度试验法规定的步骤测定此残留物的针入度,如果试样数量不满足试验要求的数量时,应增加试样皿数量;然后合并在要求的试样皿内试验。

四、试验结果整理

(1)沥青试样蒸发损失百分率计算:

采用式(5-9)计算,当试样蒸发试验后质量减少时为负值,质量增加时为正值:

$$L_b = \frac{m_2 - m_1}{m_1 - m_0} \times 100\% \tag{5-9}$$

式中:L_b——试样的蒸发损失(%);

m_0——盛样皿质量(g);

m_1——加热前盛样皿与试样合计质量(g);

m_2——加热后盛样皿与试样合计质量(g)。

(2)试样蒸发后残留物的针入度占原试样针入度的百分率计算:

$$K_P = \frac{P_2}{P_1} \times 100\% \tag{5-10}$$

式中:K_P——针入度比(%);

P_1——原试样的针入度(0.1mm);

P_2——蒸发损失后残留物的针入度(0.1mm)。

同一试样平行试验两次,两个盛样皿的蒸发损失百分率之差符合重复性试验的精密度要求时,求取其平均值作为试验结果,准确至小数点后 2 位。

精密度或允许差要求:当蒸发损失小于 0.5%时,重复性试验的允许差为 0.10%,复现性试验的允许差为 0.20%。当蒸发损失等于或大于 0.5%时,重复性试验的允许差为 0.20%,复现性试验的允许差为 0.40%。

残留物针入度的精密度同针入度试验规定相同,不符要求时应重新试验。

试验三十四 石油沥青的闪燃点、脆点试验

一、沥青闪点与燃点试验(克利夫兰开口杯法)试验

1.试验目的

沥青的闪点是沥青质量的安全性指标,燃点是施工安全的参考指标。通过克利夫兰开口杯(简称 COC)试验,测定黏稠石油沥青、煤沥青及闪点在 79℃以上的液体石油沥青材料的闪点和燃点,以评定施工安全性时使用。

2.仪器设备

(1)克利夫兰开口杯式闪点仪:形状及尺寸如图 5-24。

(2)克利夫兰开口杯:用黄铜或铜合金制成,内口直径 $\phi63.5 \pm 0.5$mm,深 33.6 ± 0.5mm,在内壁与杯上口的距离为 9.4 ± 0.4mm 处刻有一道环状标线,带一个弯柄把手,形状及尺寸见图 5-25。

(3)加热板:黄铜或铸铁制,直径 145~160mm,厚约 6.5mm 的金属板,上有石棉垫板,中心有圆孔,以支承金属试样杯。在距中心 58mm 处有一个与标准试焰大小相当的 $\phi4.0 \pm 0.2$mm 电镀金属小球,供火焰调节的对照使用。加热板如图 5-26。

(4)温度计:0~400℃,分度为 2℃。

(5)点火器:金属管制,端部为产生火焰的尖嘴,端部外径约 1.6mm,内径为 0.7~0.8mm,与可燃气体压力容器(如液化丙烷气或天然气)连接,火焰大小可以调节。点火器可以 150mm 半径水平旋转,且端部恰好通过坩锅中心上方 2mm 以内,也可采用电动旋转点火用具,但火焰通过金属试验杯的时间应为 1.0s 左右。

(6)铁支架:高约 500mm,附有温度计夹及试样杯支架,支脚为高度调节器,使加热顶保持水平。

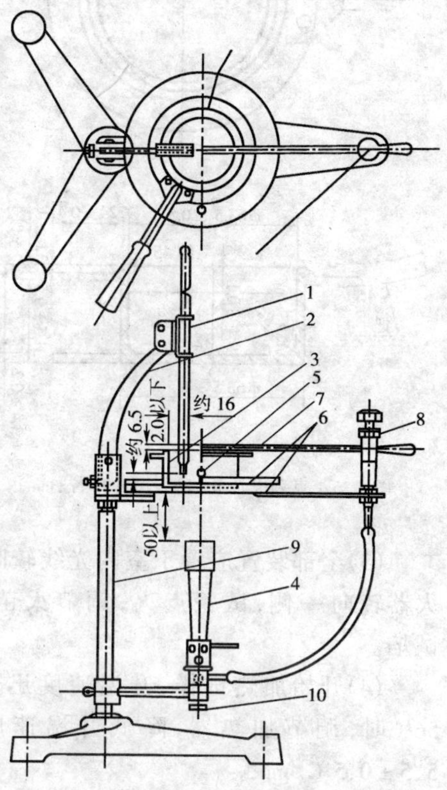

图 5-24 克利夫兰开口杯式闪点仪(尺寸单位:mm)

1-温度计;2-温度计支架;3-金属试验杯;4-加热器具;5-试验标准球;6-加热板;7-试验火焰喷嘴;8-试验火焰调节开火;9-加热板支架;10-加热器调节钮

(7)防风屏:金属薄板制,三面将仪器围住挡风,内壁涂成黑色,高约 600mm。

(8)加热源附有调节器的 1kW 电炉或燃气炉。根据需要,可以控制加热试样的升温速度为 14~17℃/min、5.5 ± 0.5℃/min。

3.试验步骤

(1)将试样杯用溶剂洗净、烘干,装置于支架上。加热板放在可调电炉上,如用燃气炉时,加热板距炉口约 50mm,接好可燃气管道或电源。

(2)安装温度计,垂直插入试样杯中,温度计的水银球距杯底约 6.5mm,位置在与点火器相对一侧距杯边缘约 16mm 处。把按规定方法准备的沥青试样注入试样杯中至标线处,并使试样杯其他部位不沾有沥青。

注:试样加热温度不能超过闪点以下 55℃。

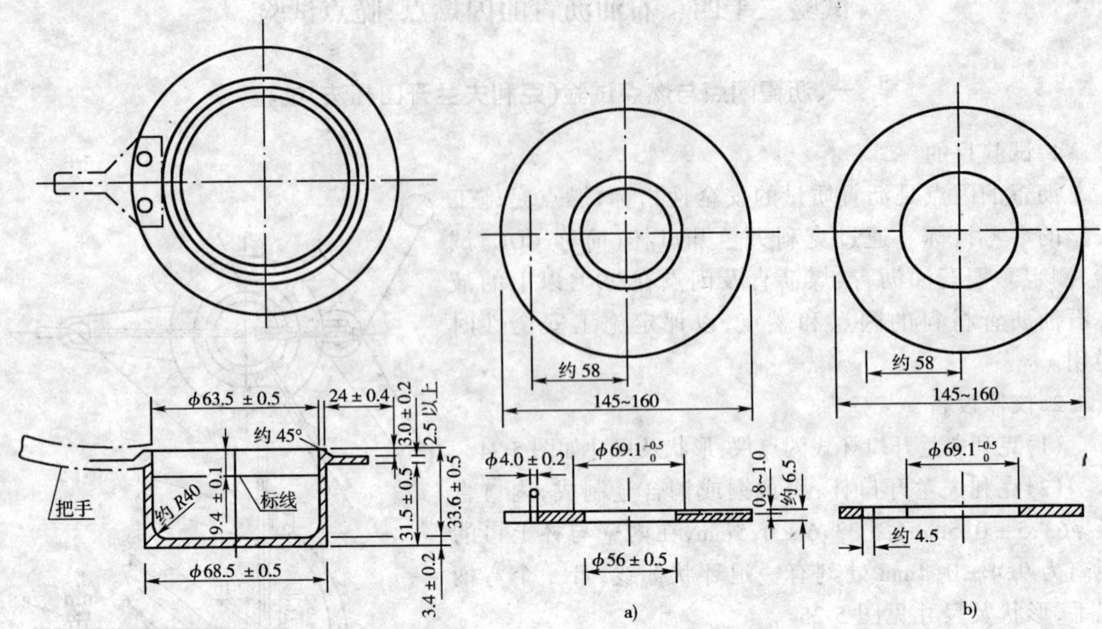

图 5-25　克利夫兰开口杯(尺寸单位:mm)

图 5-26　加热板(尺寸单位:mm)
a)金属板;b)硬质石棉板

(3)全部装置应置于室内光线较暗且无显著空气流通的地方,并用防风屏三面围护。将点火器转向一侧,试验点火,调节火苗在成标准球的形状或成直径为 4±0.8mm 的小球形试焰。

(4)开始加热试样,升温速度迅速地达到 14~17℃/min。待试样温度达到预期闪点前 56℃时,调节加热器,降低升温速度,以便在预期闪点前 28℃时能使升温速度控制在 5.5±0.5℃/min。

(5)试样温度达到预期闪点前 28℃时开始,每隔 2℃将点火器的试焰沿试验杯口中心以 150mm 半径作弧水平扫过一次;从试验杯口的一边至另一边所经过的时间约 1s。此时应确认点火器的试焰为直径 4±0.8mm 的火球,并位于坩锅口上方 2~2.5mm 处。

注:试验时不应对着试样杯呼气。

(6)当试样液面上最初出现一瞬即灭的蓝色火焰,立即从温度计上读记温度,作为试样的闪点。注意勿将试焰四周的蓝白色火焰误认为是闪点火焰。继续加热,保持试样升温速度 5.5±0.5℃/min,当试样接触火焰立即着火,并能继续燃烧不少于 5s 时,停止加热,并读记温度计上的温度,作为试样的燃点。

4.试验报告

(1)同一试样至少平行试验两次,两次测定结果的差值不超过重复性试验允许差 8℃时,取其平均值的整数作为试验结果。

(2)当试验时大气压在 95.3kPa(715mmHg)以下时,应对闪点或燃点的试验结果进行修正,若大气压为 95.3~84.5kPa(715~634mmHg)时,修正值为增加 2.8℃;当大气压为 84.5~73.3kPa(634~550mmHg)时,修正值为增加 5.5℃。

(3)精密度或允许差要求:重复性试验的允许差为:闪点 8℃,燃点 8℃;复现性试验的允许差为:闪点 16℃,燃点 14℃。

试验三十五　石油沥青的含水量、黏附性试验

一、石油沥青的含水量试验

1.试验目的

沥青从制造到使用的各个环节中都有可能混进水分，通过测定石油沥青、煤沥青或乳化沥青等的含水量，以保证沥青的质量和施工的安全。

2.仪器设备

(1)沥青含水量测定仪：组成部分有玻璃烧瓶、水分接受器和冷凝管。

(2)铁架：附有铁环及铁夹。

(3)量筒：100mL、最小分度 1mL。

(4)天平：感量不大于 0.1g。

(5)加热器：装有温度调节器的电炉或燃气炉。

(6)石棉网。

(7)其他：玻璃毛细管(一端封闭)或烘干的无釉磁片、带橡皮头的玻璃棒等。

(8)溶剂：二甲苯或甲苯与二甲苯(体积比 20:80)的混合物等，工业纯。

3.试验步骤

(1)称量洗净并烘干的玻璃烧瓶的质量 m_1，准确至 0.1g。然后把试样充分摇匀，或预热至 50～80℃，试样成流体后注入玻璃烧瓶中约 100g(水分少于 25%)或 50g(水分多于 25%)时，称其合计质量 m_2，准确至 0.1g。

(2)用量筒量取 200mL 溶剂，注入烧瓶中。将烧瓶中的混合物仔细摇匀，勿使溅出瓶外，并投入一些玻璃毛细管或无釉磁片。

(3)先将洗净并烘干的水分接受器的支管紧密地安装在玻璃烧瓶上，使支管的斜口进入烧瓶 15～20cm；然后在接受器上连接冷凝管 3。冷凝管的内壁要预先用棉花拭干。安装时，冷凝管与水分接受器的轴心线要互相重合，冷凝管的下端的斜口切面要与接受器的支管管口相对。为避免蒸汽逸出，应在塞子缝隙上再涂抹火棉胶。进入冷凝管的水温与室温相差较大时，应在冷凝管的上端用棉花塞着，以免空气中的水蒸气进入冷凝管凝结。

(4)加热烧瓶并控制冷凝液的回流速度，使冷凝管的斜口保持每秒滴下 2～5 滴液体。回馏过程中，水分接受器中的水将达到最大容积刻度前，停止加热，待无溶剂滴出时，迅速取下接受器，并将溶剂及水倒入一量筒中，然后装好继续加热回馏。

(5)回馏将近完毕时，如果冷凝管内壁沾有水滴，应使烧瓶中的混合液在短时间剧烈沸腾，利用冷凝的溶剂将水滴尽量洗入接受器中。接受器中收集的水体积不再增加，而且上层的溶剂完全透明时，应停止加热。

(6)停止加热后，如冷凝管内壁仍有水滴，应从冷凝管上端倒入溶剂，把水滴冲进接受器。如溶剂冲洗依然无效，就用细玻璃棒带有橡皮的一端，把冷凝器内的水刮到接受器中。

(7)使玻璃烧瓶冷却后，将仪器拆卸，读记接受器内或量筒中水分的体积 V_w。当接受器内的溶剂呈现浑浊，且管底收集的水分不超过 0.2mL 时，将接受器放入热水中浸 20～30min，使溶剂澄清，再将接受器冷却至室温后，才读记管底收集水分的体积。

4.试验结果整理

试样含水量的质量百分率按式(5-11)计算。

$$P_w = \frac{V_w}{(m_2 - m_1)} \times 100\% \quad (5\text{-}11)$$

式中：P_w——试样含水量（%）；

V_w——接受器中水分的体积（mL）；

m_1——玻璃烧瓶质量（g）；

m_2——玻璃烧瓶与试样合计质量（g）；

ρ_w——水的密度（≈1g/mL）。

同一试样至少平行试验两次，当两次平行试验结果的差数符合重复性试验精密度要求时，取其平均值作为试验结果。

5.试验中注意的问题

(1)对黏稠石油沥青，若接受器中的水不足1mL时，重复性试验的允许差为0.1mL；复现性试验的允许差为0.2mL。若接受器中的水为1.1～25mL时，重复性试验的允许差为0.1mL或平均值的2%；复现性试验的允许差为0.2mL或平均值的10%。

(2)对乳化沥青，重复性试验的允许差为0.8%，再现性试验的允许差为2.0%。

二、沥青与粗集料的黏附性试验

1.试验目的

通过黏附性试验检验沥青与粗集料表面的黏附性及评定粗集料的抗水剥离能力。对于最大粒径大于13.2mm的集料应用水煮法，对最大粒径小于或等于13.2mm的集料应用水浸法进行试验。对同一种料源集料最大粒径既有大于又有小于13.2mm不同的集料时，取大于13.2mm水煮法试验为标准，对细粒式沥青混合料应以水浸法试验为标准。

2.仪器设备

(1)天平：称量500g，感量不大于0.01g。

(2)恒温水槽：能保持温度80±1℃。

(3)拌和用小型容器：500mL。

(4)烧杯：1000mL。

(5)试验架。

(6)细线：尼龙线或棉线、铜丝线。

(7)铁丝网。

(8)标准筛：9.5mm、13.2mm、19mm各1个。

(9)烘箱：装有自动温度调节器。

(10)电炉、燃气炉。

(11)玻璃板：200mm×200mm左右。

(12)搪瓷盘：300mm×400mm左右。

(13)其他：拌和铲、石棉网、纱布、手套等。

3.试验步骤

(1)水煮法试验：①将集料过13.2mm、19mm的筛，取粒径13.2～19mm形状接近立方体的规则集料5个，用洁净水洗净，放入温度为105±5℃的烘箱中烘干，然后放在干燥器中备用；②大烧杯中盛水，并放在加热炉的石棉网上煮沸。把集料逐个用细线在中部系牢，再放入105±5℃烘箱内1h。再按照规定的方法准备好沥青试样；③逐个取出加热的矿料颗粒用线提起，浸入预先加热的沥青（石油沥青 130～150℃，煤沥青 100～110℃）试样中 45s 后，轻轻拿出，使集料颗粒完全为沥青膜所裹覆；④把裹覆沥青的集料颗粒悬挂于试验架上，下面垫一张纸，使多余的沥青流掉，并在室温下冷却 15min。待集料颗粒冷却后，逐个用线提起，浸入盛有煮沸水的大烧杯中央，调整加热炉，使烧杯中的水保持微沸状态，如图 5-27b）、c），但不允许有沸开的泡沫，如图 5-27a）；⑤浸煮 3min 后，将集料从水中取出，观察矿料颗粒上沥青膜的剥落程度，并按表 5-18 评定其黏附性等级；⑥同一试样应平行试验 5 个集料颗粒，并由两名以上经验丰富的试验人员分别评定后，取平均等级作为试验结果。

（2）水浸法试验：

①将集料过 9.5mm、13.2mm 筛，取粒径 9.5～13.2mm 形状规则的集料 200g，用洁净水洗净，并置温度为 105±5℃的烘箱中烘干，然后放在干燥器中备用；

②按照规定的方法准备好沥青试样，加热到按 T 0702 的要求决定的沥青与矿料的拌和温度；

③将煮沸过的热水注入恒温水槽中，并维持温度 80±1℃；

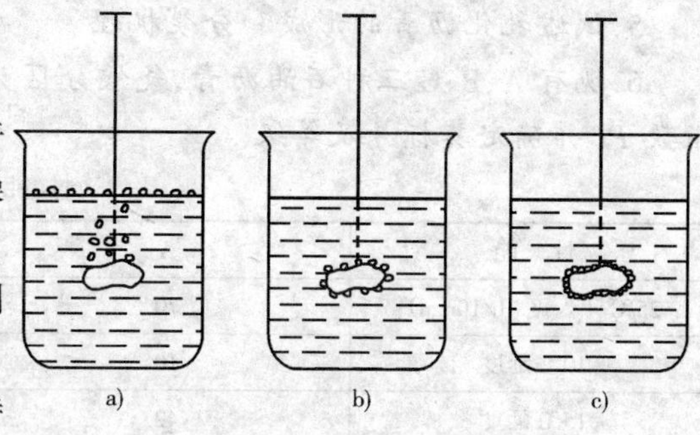

图 5-27　水煮法试验

④按四分法称取集料颗粒（9.5～13.2mm）100g 置搪瓷盘中，连同搪瓷盘一起放入已升温至沥青拌和温度以上 5℃的烘箱中持续加热 1h；

⑤按每 100g 矿料加入沥青 5.5±0.2g 的比例称取沥青，准确至 0.1g，放入小型拌和容器中，一起置入同一烘箱中加热 15min；

⑥将搪瓷盘中的集料倒入拌和容器的沥青中后，从烘箱中取出拌和容器，立即用金属铲均匀拌和 1～1.5min，使集料完全被沥青薄膜裹覆。然后，立即将裹有沥青的集料取 20 个，用小铲移至玻璃板上摊开，并置室温下冷却 1h；

⑦将放有集料的玻璃板浸入温度为 80±1℃的恒温水槽中，保持 30min，并将剥离及浮于水面的沥青，用纸片捞出；

⑧由水中小心取出玻璃板，浸入水槽内的冷水中，仔细观察裹覆集料的沥青薄膜的剥落情况。由两名以上经验丰富的试验人员分别目测，评定剥离面积的百分率，评定后取平均值表示。

注：为使估计的剥离面积百分率较为正确，宜先制取若干个不同剥离率的样本，用比照法目测评定，不同剥离率的样本，可用加不同比例抗剥离剂的改性沥青与酸性集料拌和后浸水得到，也可由同一种沥青与不同集料品种拌和后浸水得到，样本的剥离面积百分率逐个仔细计算得出。

⑨由剥离面积百分率按表 5-18 评定沥青与集料黏附性的等级。试验结果应报告采用的方法及集料粒径。

沥青与集料的黏附性等级　　表 5-18

试验后石料表面上沥青膜剥落情况	黏附性等级
沥青膜完全保存，剥离面积百分率接近于 0	5
沥青膜少部为水所移动，厚度不均匀，剥离面积百分率少于 10%	4
沥青膜局部明显地为水所移动，基本保留在石料表面上，剥离面积百分率少于 30%	3
沥青膜大部为水所移动，局部保留在石料表面上，剥离面积百分率大于 30%	2
沥青膜完全为水所移动，石料基本裸露，沥青全浮于水面上	1

复习思考题

1.试说明石油沥青的主要组分与技术性质之间的关系。

2.我国现行的石油沥青化学组分分析方法可将石油沥青分离为哪几个组分？国产石油沥青在化学组分上有什么特点？

3.石油沥青的“三大指标”表征沥青哪些特征？

4.煤沥青在化学组分和性质上有些什么特点？如何用简易方法识别煤沥青和石油沥青？

5.试述乳化沥青的形成和分裂机理。

6.现有A、B、C三种石油沥青，气候分区为2～3区，其性能检测如表5-19，试计算针入度指数 *PI* 并确定其标号及等级。

性能检测表 表5-19

性　能	A	B	C
25℃针入度(1/10mm)	70	95	118
10℃延度	10	23	28
15℃延度	42	60	65
软化点	44	44	41
含蜡量(蒸馏法)(%)	5.0	2.0	3.0

第六章　沥青混合料

【内容简介和学习目标】

本章重点阐述热拌沥青混合料的组成结构、技术性质、组成材料和设计方法，简要介绍其他各类沥青混合料。

通过本章学习，学生能够描述沥青混合料的强度形成原理、技术性质和技术要求；按现行方法设计沥青混合料的组成；进行沥青混合料质量的评定，对其他各类沥青混合料有一般了解。

第一节　概　　述

沥青混合料是指经人工合理选择级配组成的矿质混合料（包括粗集料、细集料和填料），与适量沥青结合料（包括沥青类材料及添加的外掺剂、改性剂等）拌和而成的高级路面材料。

一、沥青混合料的分类

1.按矿料公称最大粒径划分

根据行业规程《公路工程集料试验规程》(JTG E42—2005)的定义：集料的最大粒径是指通过百分率为100%的最小标准筛筛孔尺寸，集料的公称最大粒径是指全部通过或允许少量不通过（一般允许筛余不超过10%）的最小标准筛筛孔尺寸。通常公称最大粒径比最大粒径小一粒级。例如：某种集料在26.5mm筛孔的通过率为100%，在19mm筛孔上的筛余量小于10%，则此集料的最大粒径为26.5mm，而公称最大粒径为19mm。

根据集料的公称最大粒径，沥青混合料可分为特粗式、粗粒式、中粒式、细粒式和砂粒式，与之对应的集料粒径尺寸见表6-1。

2.按矿料的级配类型划分

(1)连续级配沥青混合料　矿料按级配原则，从大到小各级粒径都有，按比例相互搭配组成的沥青混合料。

(2)间断级配沥青混合料　矿料级配组成中缺少1个或几个粒径档次（或用量很少）而形成的沥青混合料。

3.按矿料级配组成及空隙率大小划分

(1)密级配沥青混合料　按连续密级配原理设计组成的矿料与沥青结合料拌和而成，设计空隙率为3%～6%，对不同交通及气候情况、层次可作适当调整，密级配沥青混凝土混合料以AC表示；密级配沥青稳定碎石混合料以ATB表示。按关键性筛孔通过率的不同又可分为细型、粗型密级配沥青混合料等，关键性筛孔通过率见表6-14。粗集料嵌挤作用较好的也称嵌挤密实型沥青混合料。

(2)半开级配沥青混合料　由适当比例的粗集料、细集料及少量填料（或不加填料）与沥青结合料拌和而成，经马歇尔标准击实成型的试件剩余空隙率在6%～12%的半开式沥青碎石混合料(以 AM 表示)。剩余空隙率介于 10% ~ 15%。

(3)开级配沥青混合料　矿料级配主要由粗集料嵌挤组成,细集料及填料较少,设计空隙率为 18%,剩余空隙率大于 15%的混合料。

4.按制造工艺划分

有热拌沥青混合料、冷拌沥青混合料、再生沥青混合料等。

热拌沥青混合料类型汇总　　表 6-1

混合料类型	密级配			开级配		半开级配	公称最大粒径(mm)	最大粒径(mm)
	连续级配		间断级配	间断级配				
	沥青混凝土	沥青稳定碎石	沥青玛蹄脂碎石	排水式沥青磨耗层	排水式沥青碎石基层	沥青碎石		
特粗式	—	ATB-40	—	—	ATPB-40	—	37.5	53.0
粗粒式	—	ATB-30	—	—	ATPB-30	—	31.5	37.5
	AC-25	ATB-25	—	—	ATPB-25	—	26.5	21.5
中粒式	AC-20	—	SMA-20	—	—	AM-20	19.0	26.5
	AC-16	—	SMA-16	OGFC-16	—	AM-16	16.0	19.0
细粒式	AC-13	—	SMA-13	OGFC-13	—	AM-13	13.2	16.0
	AC-10	—	SMA-10	OGFC-10	—	AM-10	9.5	13.2
砂粒式	AC-5	—	—	—	—	AM-5	4.75	9.5
设计空隙率(%)	3 ~ 5	3 ~ 6	3 ~ 4	> 18	> 18	6 ~ 12	—	—

二、沥青混合料的特点

沥青混合料是现代高等级道路应用的主要材料,它具有许多其他建筑材料无法比拟的优越性,具体表现如下:

(1)沥青混合料是一种黏弹性材料,具有良好的力学性质,铺筑的路面平整无接缝,振动小,噪声低,行车舒适。

(2)路面平整且有一定的粗糙度,耐磨性好,无强烈反光,有利于行车安全。

(3)施工方便,不需养护,能及时开放交通。

(4)维修简单,旧沥青混合料可再生利用。

但是,沥青混合料路面目前还存在一定的缺点,主要是:

(1)老化:在长期的大气因素作用下,因沥青塑性降低,脆性增强,黏聚力减小,导致路面表层产生松散,引起路面破坏。

(2)温度稳定性差:夏季高温沥青易软化,路面易产生车辙、波浪等现象;冬季低温时易脆裂,在车辆重复荷载作用下易产生开裂。

三、层厚与最大粒径的关系

沥青面层的最大粒径宜从上至下逐渐增大,并与压实层厚度相匹配。对热拌热铺密级配沥青混合料,沥青层一层的压实厚度不宜小于集料公称最大粒径的 2.5 ~ 3 倍。对 SMA 和 OGFC 等嵌挤型混合料不宜小于公称最大粒径的 2 ~ 2.5 倍,以减少离析,便于压实。

美国以前规定结构层厚度应不小于最大粒径的 2 倍,现在 Superpave 提出宜为公称最大粒径的3倍,澳大利亚要求2.5倍。集料粒径选择要与沥青层厚度相适应,见表6-2。

选择适宜的沥青层厚度和集料粒径 表6-2

级配名称（AC、AK、AM、SMA等）	10	13	16	20	25
公称最大粒径(mm)	9.5	13.2	16	19	26.5
最大粒径(mm)	13.2	16(19)	19	26.5	31.5
3倍公称粒径的最小厚度(mm)	28.5	40	38	57	80
2倍最大粒径的最小厚度(mm)	26	32(38)	38	53	63

1.适宜层厚的选择

尽量按公称最大粒径的3倍考虑,例如:表面层:13mm粒径,厚度4cm;如为16mm粒径,厚度应不小于4.5cm。中面层:宜采用AC-20型,厚度不宜小于6cm。下面层:宜采用AC-25型,厚度不宜小于8cm。三层组合的沥青面层总厚度一般需达18cm。如果必须减薄,推荐采用双层结构,下面层采用AC-20型或AC-25型。厚度可达8~10cm。或者在表面作一个更薄的磨耗层。

2.最大粒径过大的缺点

(1)压实困难;

(2)离析(全幅摊铺离析更严重);

(3)关于沥青混合料性能上的误解:粒径大不一定高温抗车辙性能好,欧洲环道试验表明,中粒式的高温抗车辙性能最好,细粒式次之,粗粒式的高温抗车辙性能最差。

第二节 热拌沥青混合料

热拌沥青混合料通常是指将沥青加热至150~170℃,矿质集料加热至160~180℃,在热态下拌和,并在热态下进行摊铺、压实的混合料,通称“热拌热铺沥青混合料”,简称“热拌沥青混合料”。

热拌沥青混合料是沥青混合料中最典型的品种。本节主要详述它的组成结构、技术性质、组成材料和设计方法。

一、沥青混合料的组成结构和强度理论

1.沥青混合料的组成结构

1)组成结构理论

沥青混合料是由粗集料、细集料、矿粉与沥青以及外加剂所组成的一种复合材料。粗集料分布在沥青与细集料形成的沥青砂中,细集料又分布在沥青与矿粉构成的沥青胶浆中,形成具有一定内摩阻力和黏结力的多级网络结构。沥青混合料的力学强度,主要由矿质颗粒之间的摩擦与嵌挤作用以及沥青与矿料之间的黏结力所构成。

目前沥青混合料组成结构理论有两种:

(1)传统理论——表面理论 该理论认为,沥青混合料是由粗集料、细集料和填料组成密实的矿质骨架,沥青结合料分布其表面,从而将它们胶结成一个具有强度的整体。该理论较突出矿质骨料的骨架作用,认为强度的关键是矿质骨料的强度和密实度。

(2)近代理论——胶浆理论 该理论把沥青混合料看作是一种多级空间网状结构的分散

系。主要分为三个分散系：

①粗分散系：以粗集料为分散相，分散在沥青砂浆的介质中。

②细分散系：以细集料为分散相，分散在沥青胶浆的介质中。

③微分散系：以矿粉填充料为分散相，分散在高稠度的沥青介质中。

这三级分散系以沥青胶浆最为重要，它的组成结构决定沥青混合料的高温稳定性和低温变形能力。矿粉的矿物成分、级配以及沥青与矿粉表层的交互作用对沥青混合料性能有较大影响。

2)沥青混合料组成结构类型

按照沥青混合料的矿料级配组成特点将其分为三种类型。在实际工程中，对其类型的选择要综合考虑气候环境、道路功能、路面功能、路面结构层次功能等要求。

(1)悬浮密实结构　矿质集料采用连续型密级配，即矿料粒径由大到小连续存在，粒径较大的颗粒被较小一档的颗粒挤开，不能直接接触形成嵌挤骨架结构，彼此分离悬浮于较小颗粒和沥青胶浆之间，而较小颗粒与沥青胶浆较为密实，形成了所谓的悬浮密实结构，如图6-1a)所示。这种结构的沥青混合料具有较高的黏聚力，但内摩阻力较低，由于黏聚力易受温度影响，故高温稳定性较差。按照连续密级配原理设计的 AC 型沥青混合料是典型的悬浮密实结构。

(2)骨架空隙结构　矿质集料采用连续型开级配，较粗集料颗粒彼此接触，形成相互嵌挤的骨架，但细集料数量较少，不足以充分填充骨架空隙，压实后其残余空隙率较大，形成了所谓的骨架空隙结构，如图 6-1b)所示。这种结构的沥青混合料具有较高的内摩阻角，但粘结力较低，故其结构强度主要依赖于骨料颗粒之间相互嵌挤、摩擦所产生的内摩阻力，其路面的性能受温度的影响相对较小。沥青碎石混合料(AM)以及排水式沥青磨耗层混合料(OGFC)是典型的骨架空隙结构。

(3)骨架密实结构　矿质集料采用间断型密级配，在沥青混合料中既有足够数量的粗集料形成骨架，又有足够数量的细集料和沥青胶浆使之填满骨架空隙，形成较高密实度的骨架结构，如图 6-1c)所示。这种沥青混合料同时具有较高的黏聚力和内摩阻力，是一种较为理想的结构类型。沥青玛蹄脂碎石混合料(SMA)是一种典型的骨架密实结构。

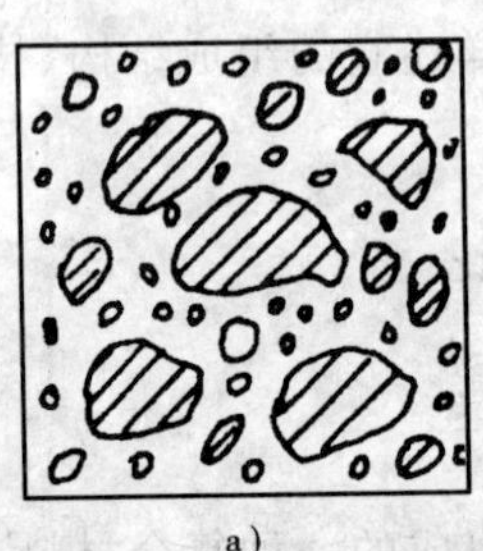
a)

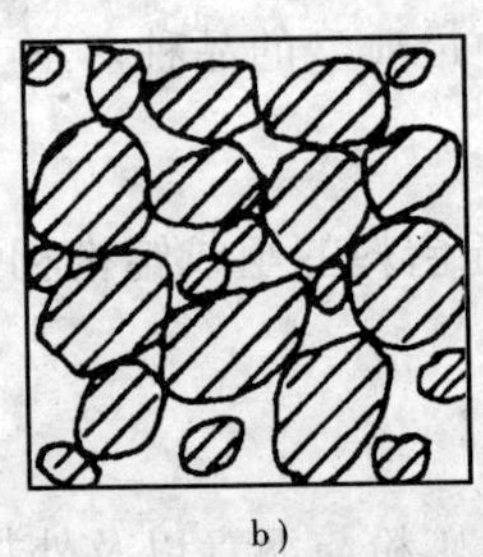
b)

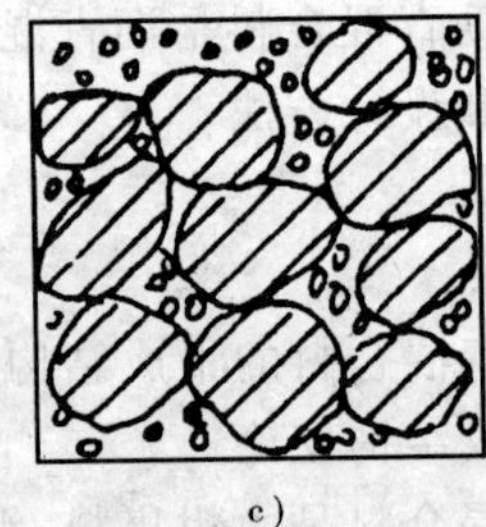
c)

图 6-1　沥青混合料的典型组成结构

a)悬浮密实结构；b)骨架空隙结构；c)骨架密实结构

2.沥青混合料的强度理论

沥青混合料的强度特性直接影响着沥青路面的使用性能，如高温稳定性和低温抗裂性，而材料的强度构成特性又与其自然属性有关。目前沥青混合料强度和稳定性理论，主要是要求沥青混合料在高温时必须具有一定的抗剪强度和抵抗变形的能力。

沥青混合料的抗剪强度，一般采用库伦理论进行分析。通过三轴剪切试验可求得：

$$\tau = c + \sigma \tan\varphi \tag{6-1}$$

式中：τ——沥青混合料的抗剪强度(MPa)；

c——正应力(MPa)；

σ——沥青与矿质集料物理、化学交互作用而产生的黏聚力(MPa)；

φ——大小不同的矿质颗粒间嵌挤、摩擦所形成的内摩阻角(rad)。

由式(6-1)可知，沥青混合料的抗剪强度主要取决于黏聚力 c 和内摩阻角 φ 两个参数。

3.影响沥青混合料抗剪强度的因素

沥青混合料抗剪强度的影响因素，主要是材料的组成、材料的技术性质以及外界因素，如车辆荷载、温度、环境条件等。

1)沥青黏度的影响

沥青混合料作为一个具有多级空间网络结构的分散系，它的黏聚力与分散相的浓度和分散介质黏度有着密切的关系。在其他因素固定的条件下，沥青混合料的黏聚力 c 是随着沥青黏度的提高而增加的；同时内摩阻角亦稍有提高。因为沥青的黏度即沥青内部沥青胶团相互位移时，其抵抗剪切作用的抗力，所以沥青混合料受到剪切作用时，特别是受到短暂的瞬时荷载时，具有高黏度的沥青能赋予沥青混合料较大的黏滞阻力，因而具有较高的抗剪强度。

2)沥青与矿料之间的吸附作用

(1)沥青与矿料的物理吸附　沥青材料与矿料之间在分子引力的作用下，形成一种定向多层吸附层，即为物理吸附。该吸附作用的大小，主要取决于沥青中的表面活性物质及矿料与沥青分子亲和性的大小。当沥青表面活性物质含量愈多，矿料与沥青分子亲和性愈大，则物理吸附作用愈强烈，混合料的黏聚力也就愈强。但是，水会破坏沥青与矿料的物理吸附作用，不具备水稳定性。

(2)沥青与矿料的化学吸附　沥青中的活性物质与矿料的金属阳离子产生化学反应在矿料表面构成单分子层的化学吸附层，即为化学吸附。当沥青与矿料形成化学吸附层时，相互之间的黏结力大大提高。

研究表明：沥青与矿粉相互作用后，沥青在矿粉表面产生化学组分的重新排列，在矿粉表面形成一层厚度为 δ_0 的扩散溶剂化膜(如图 6-2)。在此膜厚度以内的沥青称为结构沥青，在此膜厚度以外的沥青称为自由沥青。如果矿粉颗粒之间接触处是由结构沥青联结，会具有较大的黏聚力；若为自由沥青联结，则黏聚力较小。

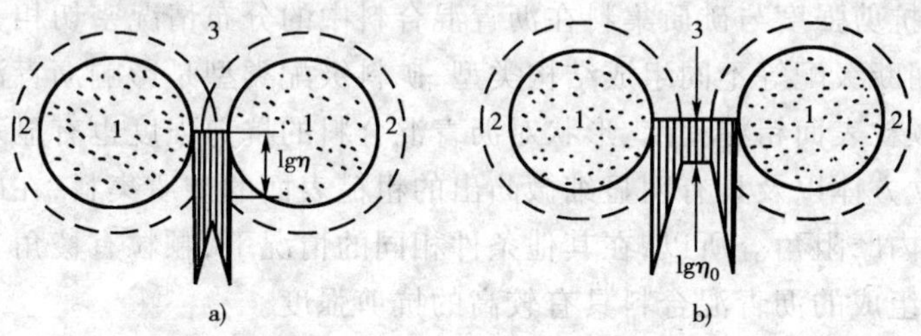

图 6-2　沥青膜厚度对黏聚力 c 的影响

沥青与矿料相互作用不仅与沥青的化学性质有关，而且与矿料的性质有关。试验表明，碱性石料与沥青的化学吸附作用较强，而酸性石料与沥青的化学吸附作用较弱。

沥青与矿料的化学吸附比物理吸附要强得多，同时具有水稳定性。

3)矿料比面的影响

在相同的沥青用量条件下，与沥青产生相互作用的矿料表面积愈大，则形成的沥青膜愈薄，在沥青中结构沥青所占的比例愈大，沥青混合料的黏聚力亦愈高。所以在沥青混合料配料时，必须含有适量的矿粉，但不宜过多，否则施工时混合料易结团。

4)沥青用量的影响

当沥青用量很少时，沥青不足以形成薄膜粘结矿料颗粒。随着沥青用量的增多，结构沥青逐渐形成，沥青较为完全地黏附于矿料表面，使沥青与矿料间的黏结力随着沥青用量的增多而增大。当沥青用量足以形成薄膜并充分粘结在矿料表面时，沥青混合料具有最优的黏聚力。随后，如沥青用量继续增多，则由于沥青过剩，会将矿料颗粒推开，在颗粒间形成未与矿料相互作用的自由沥青，则沥青胶结物的黏结力随着自由沥青的增加而降低，当沥青用量增加至某一用量后，沥青混合料的黏结力主要取决于自由沥青，所以抗剪强度不变。沥青在混合料中不仅起结合料的作用，而且还起着润滑作用，因此，随着沥青数量的增加，沥青混合料的内摩阻力下降(图 6-3)。

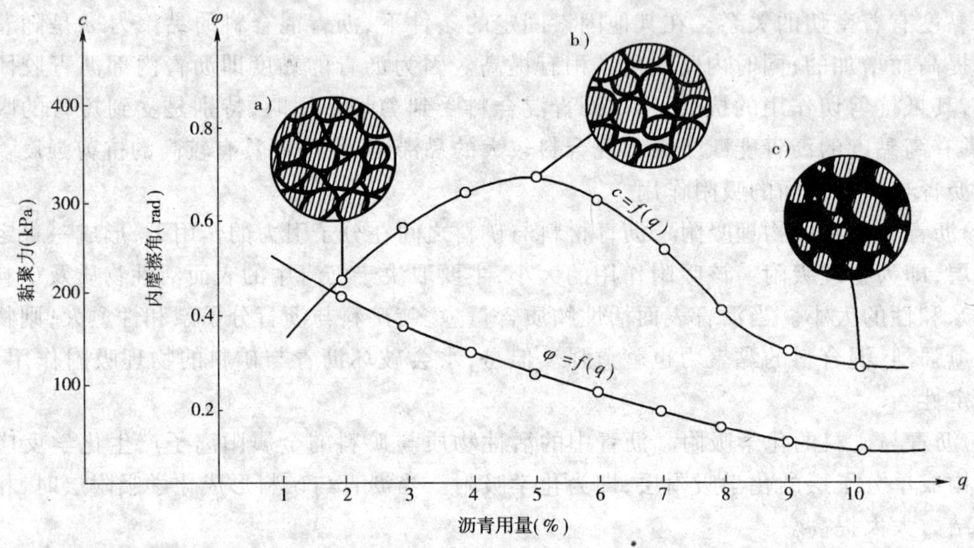

图 6-3　沥青用量对沥青混合料强度的影响

a)沥青用量不足；b)沥青用量适中；c)沥青用量过度

5)矿料级配、颗粒几何形状与表面特征的影响

沥青混合料的抗剪强度与矿质集料在沥青混合料中的分布情况密切相关。沥青混合料有密级配、开级配和间断级配等不同组成结构类型，矿料级配类型是影响沥青混合料抗剪强度的因素之一。另外，颗粒表面粗糙程度、形状对沥青混合料的抗剪强度也有显著影响。通常表面具有棱角、近似正立方体以及具有明显细微凸出的粗糙表面的矿质集料，在碾压后能相互嵌挤锁结而具有很大的内摩阻角。所以，在其他条件相同的情况下，颗粒有棱角、近似立方体、表面粗糙的矿质集料所组成的沥青混合料具有较高的抗剪强度。

6)温度和变形速度的影响

随着温度提高，沥青混合料的黏聚力 c 显著降低，但内摩阻角 ϕ 受温度变化的影响较小。此外，沥青混合料的黏聚力 c 还随变形速度的增加而显著提高，而 ϕ 随变形速度的变化很小。

二、沥青路面使用性能的气候分区

沥青混合料的物理力学性质与使用环境，如气温和湿度关系密切。因此，在选择沥青胶结料等级，进行沥青混合料配合比设计，检验沥青混合料的使用性能时，应考虑沥青路面工程的环境因素，尤其是温度和湿度条件。所以，应按照不同的气候分区的特点对沥青混合料的技术性能提出相应要求。

在我国技术规范《公路沥青路面施工技术规范》(JTJ F40—2005)中，提出沥青路面使用性能气候分区。

1.气候分区指标

1)气候分区的高温指标

采用工程所在地最近30年最热月份平均气温的平均值，作为反映沥青路面在高温和重载条件下出现车辙等流动变形的气候因子，并作为气候分区的一级指标。按照设计高温指标，一级区划分为3个区。

2)气候分区的低温指标

采用工程所在地最近30年内的极端最低气温作为反映沥青路面由于温度收缩产生裂缝的气候因子，并作为气候区划的二级指标。按照设计低温指标，二级区划分为4个区。

3)气候分区的雨量指标

采用工程所在地最近30年内的年降雨量的平均值，作为反映沥青路面受水影响的气候因子，并作为气候区划的三级指标。按照设计雨量指标，三级区划分4个区。

2.气候分区的确定

沥青路面使用性能气候分区由一、二、三级区划组合而成，以综合反映该地区的气候特征，见表6-3。

沥青路面使用性能气候分区 表6-3

<table>
<tr><td colspan="2">气候分区指标</td><td colspan="4">气候分区</td></tr>
<tr><td rowspan="3">按照高温指标</td><td>高温气候区</td><td>1</td><td>2</td><td colspan="2">3</td></tr>
<tr><td>气候区名称</td><td>夏炎热区</td><td>夏热区</td><td colspan="2">夏凉区</td></tr>
<tr><td>七月份平均最高温度(℃)</td><td>>30</td><td>20~30</td><td colspan="2"><20</td></tr>
<tr><td rowspan="3">按照低温指标</td><td>低温气候区</td><td>1</td><td>2</td><td>3</td><td>4</td></tr>
<tr><td>气候区名称</td><td>冬严寒区</td><td>冬寒区</td><td>冬冷区</td><td>冬温区</td></tr>
<tr><td>极端最低气温(℃)</td><td><-37</td><td>-37~-21.5</td><td>-21.5~-9.0</td><td>>-9.0</td></tr>
<tr><td rowspan="3">按照雨量指标</td><td>雨量气候区</td><td>1</td><td>2</td><td>3</td><td>4</td></tr>
<tr><td>气候区名称</td><td>潮湿区</td><td>湿润区</td><td>半干区</td><td>干旱区</td></tr>
<tr><td>年降雨量(mm)</td><td>>1000</td><td>1000~500</td><td>500~250</td><td><250</td></tr>
</table>

3.气候分区的组合

每个气候分区划用3个数字表示：第一个数字代表高温分区，第二个数字代表低温分区，第三个数字代表雨量分区，每个数字越小，表示气候因素对沥青路面的影响越严重。气候分区的组合见表6-4。沥青及沥青混合料气候分区的组合见表6-5。沥青路面使用性能温度气候分区见图6-4。沥青路面雨量气候分区图见图6-5。如我国上海市属于1-3-1气候分区，为夏炎热冬冷潮湿区，对沥青混合料的高温稳定性和水稳定性要求较高。

气候分区的组合 表 6-4

气候区名		最热月平均最高气温(℃)	年极端最低气温(℃)	备注
1-1	夏炎热冬严寒	>30	< -37.0	
1-2	夏炎热冬寒		-37.0 ~ -21.5	
1-3	夏炎热冬温		-21.5 ~ -9.0	
1-4	夏热冬严寒夏		> -9.0	
2-1	夏热冬寒	20~30	< -37.0	
2-2	夏热冬温		-37.0 ~ -21.5	
2-3	夏热冬冷		-21.5 ~ -9.0	
2-4	夏热冬温		> -9.0	
3-1	夏凉冬严寒	<20	< -37.0	不存在
3-2	夏凉冬寒		-37.0 ~ -21.5	
3-3	夏凉冬冷		-21.5 ~ -9.0	不存在
3-4	夏凉冬温		> -9.0	不存在

沥青及沥青混合料气候分区的组合 表 6-5

气候区名		温度(℃)		雨量(mm)
		最热月平均最高气温(℃)	年极端最低气温(℃)	年降雨量(mm)
1-1-4	夏炎热冬严寒干旱	>30	< -37.0	<250
1-2-2	夏炎热冬寒湿润	>30	-37.0 ~ -21.5	500~1000
1-2-3	夏炎热冬寒半干	>30	-37.0 ~ -21.5	250~500
1-2-4	夏炎热冬寒干旱	>30	-37.0 ~ -21.5	<250
1-3-1	夏炎热冬冷潮湿	>30	-21.5 ~ -9.0	>1000
1-3-2	夏炎热冬冷湿润	>30	-21.5 ~ -9.0	500~1000
1-3-3	夏炎热冬冷半干	>30	-21.5 ~ -9.0	250~500
1-3-4	夏炎热冬冷干旱	>30	-21.5 ~ -9.0	<250
1-4-1	夏炎热冬温潮湿	>30	> -9.0	>1000
1-4-2	夏炎热冬温湿润	>30	> -9.0	500~1000
2-1-2	夏炎热冬严寒湿润	20~30	< -37.0	500~1000
2-1-3	夏炎热冬严寒半干	20~30	< -37.0	250~500
2-1-4	夏炎热冬严寒干旱	20~30	< -37.0	<250
2-2-1	夏热冬寒潮湿	20~30	-37.0 ~ -21.5	>1000
2-2-2	夏热冬寒湿润	20~30	-37.0 ~ -21.5	500~1000
2-2-3	夏热冬寒半干	20~30	-37.0 ~ -21.5	250~500
2-2-4	夏热冬寒干旱	20~30	-37.0 ~ -21.5	<250
2-3-1	夏热冬冷潮湿	20~30	-21.5 ~ -9.0	>1000
2-3-2	夏热冬冷湿润	20~30	-21.5 ~ -9.0	500~1000
2-3-3	夏热冬冷半干	20~30	-21.5 ~ -9.0	250~500
2-3-4	夏热冬冷干旱	20~30	-21.5 ~ -9.0	<250
2-4-1	夏热冬温潮湿	20~30	> -9.0	>1000
2-4-2	夏热冬温湿润	20~30	> -9.0	500~1000
2-4-3	夏热冬温半干	20~30	> -9.0	250~500
3-2-1	夏凉冬寒潮湿	<20	-37.0 ~ -21.5	>1000
3-2-2	夏凉冬寒湿润	<20	-37.0 ~ -21.5	500~1000

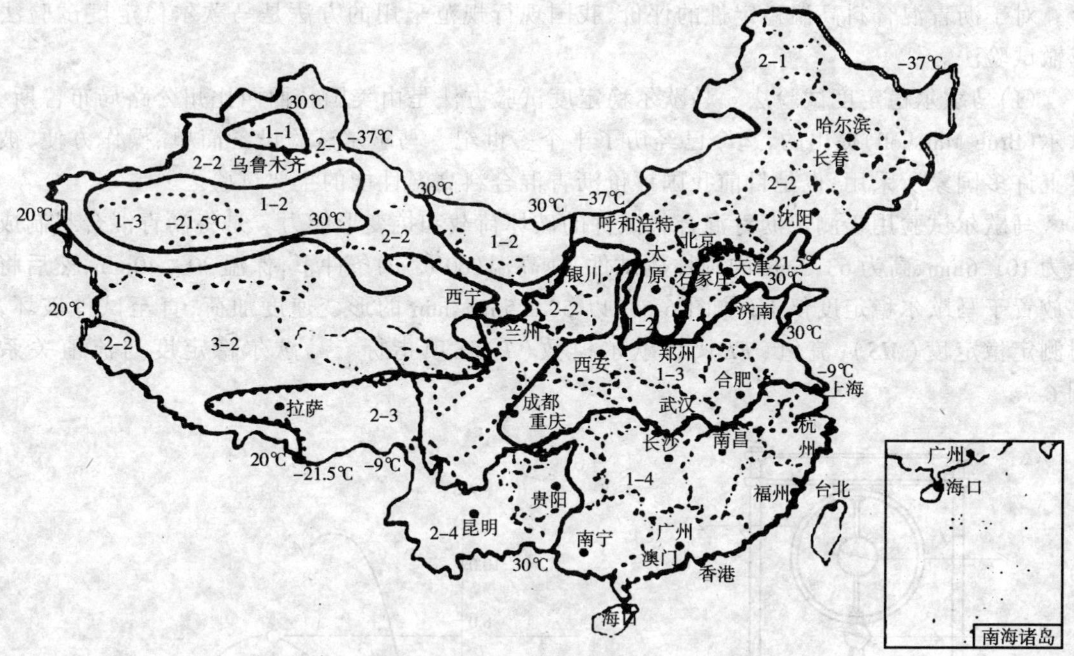

图 6-4　沥青路面使用性能温度气候分区

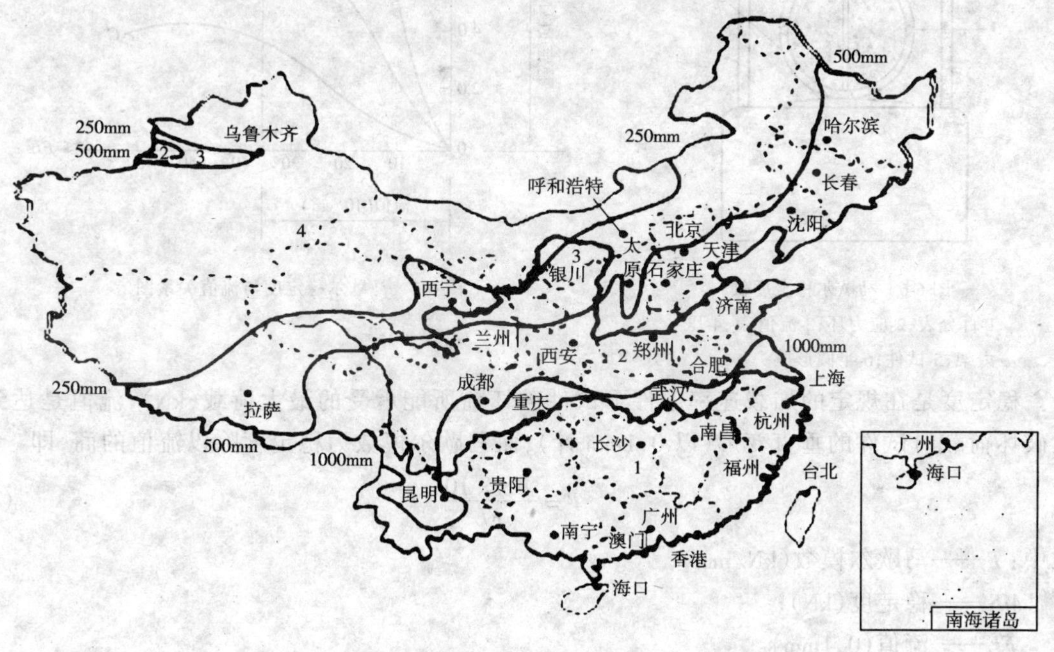

图 6-5　沥青路面雨量气候分区

三、沥青混合料的技术性质和技术标准

1.沥青混合料的技术性质

1)高温稳定性

沥青混合料的高温稳定性习惯上是指沥青混合料在高温条件下，经行车荷载反复作用后，不产生车辙、推移、波浪、壅包、泛油等病害的性能。

对于沥青混合料高温稳定性的评价，我国现行规范采用的方法是马歇尔稳定度试验法和车辙试验法。

(1)马歇尔稳定度试验法　马歇尔稳定度试验方法是由美国密西西比州公路局布鲁斯·马歇尔(Brue Marshell)提出的，迄今已经历了半个多世纪。马歇尔试验设备简单、操作方便，被世界上许多国家所采用，也是目前我国评价沥青混合料高温性能的主要试验之一。

马歇尔试验用于测定沥青混合料试件的破坏荷载和抗变形能力。是将沥青混合料制成直径为101.6mm、高为63.5mm的圆柱体试件，在高温(60℃)的条件下，保温30～40min，然后将试件放置于马歇尔稳定度仪上(如图6-6)，以50±5mm/min的形变速度加荷，直至试件破坏，同时测定稳定度(MS)、流值(FL)、马歇尔模数(T)三项指标。马歇尔稳定度与流值关系见图6-7。

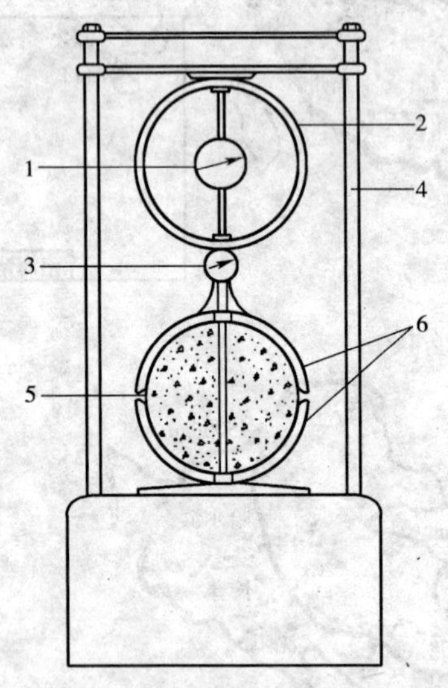

图6-6　马歇尔稳定度仪

1-百分表；2-应力环；3-流值表；4-压力架；5-试件；6-半圆形压头

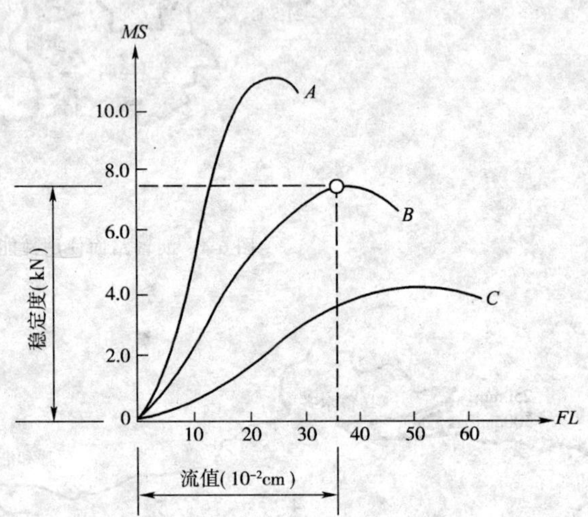

图6-7　马歇尔稳定度与流值关系图

稳定度是在规定的加载速率条件下试件破坏前所能承受的最大荷载(kN)；流值是达到最大破坏荷载时试件的垂直变形(以0.1mm计)；而马歇尔模数为稳定度除以流值的商，即

$$T = \frac{MS \times 10}{FL} \tag{6-2}$$

式中：T——马歇尔模数(kN/mm)；

MS——稳定度(kN)；

FL——流值(0.1mm)。

马歇尔稳定度越大、流值越小，说明高温稳定性越高。而马歇尔模数有关学者则认为与车辙深度有一定的相关性，马歇尔模数愈大，车辙深度愈小。

(2)车辙试验　车辙试验方法首先是由英国运输与道路研究试验所(TRRL)开发的，并经过了法国、日本等国道路工作者的改进与完善。车辙试验是一种模拟车辆轮胎在路面上滚动形成车辙的试验方法，其结果较直观，且与沥青路面车辙深度之间有着较好的相关性。我国标准规定，对于高速公路、一级公路、城市快速路、主干路用沥青混合料，在用马歇尔试验进行配合比设计时，必须采用车辙试验检验其抗车辙能力。

目前我国的车辙试验是采用标准方法成型，制成 300mm × 300mm × 50mm 大小的试件，在 60℃的温度条件下，让试验轮对板块状试件产生 0.7MPa 的压强，在同一轨迹上作一定时间的反复行走，形成一定程度的车辙深度，试验过程中记录绘制时间-变形曲线。

通过试验可以得到沥青混合料的动稳定度，其含义是：试件产生单位变形时所需试验轮的行走次数，以次/mm 为单位。动稳定度越大，沥青混合料高温稳定性越好。我国现行规范的计算方法如下：

在试验变形曲线的直线段上，求取 45min(t_1)、60min(t_2)的对应车辙变形 d_1 和 d_2。当车辙变形过大，在未到 60min 变形已达 25mm 时，则以达到 25mm(d_2)时的时间为 t_2，其前 15min 的时间为 t_1，此时的变形记为 d_1，则动稳定度 DS 可按下式计算：

$$DS = \frac{(t_2 - t_1) \times N}{d_2 - d_1} \times C_1 \times C_2 \tag{6-3}$$

式中：d_1——对应于时间 t_1 的变形量(mm)；

d_2——对应于时间 t_2 的变形量(mm)；

C_1——试验机类型修正系数。曲柄连杆驱动试件的变速行走方式为 1.0，链驱动试验轮等速方式的修正系数为 1.5；

C_2——试件系数。试验室制备宽为 300mm 的试件系数为 1.0，从路面切割宽为 150mm 的试件系数为 0.8；

N——试验轮往返碾压速度，通常为 42 次/min。

影响沥青混合料高温稳定性的主要因素有沥青的用量、沥青的黏度、矿料的级配、尺寸、形状等。沥青用量过大，不仅降低沥青混合料的内摩阻力，而且在夏季容易产生泛油现象，因此，适当减少沥青的用量，可使矿料颗粒更多地以结构沥青的形式相联结，增加混合料的黏聚力和内摩阻力。沥青的高温黏度越大，与集料的黏附性越好，相应的沥青混合料的抗高温变形能力就越强。采用合理级配的矿料，混合料可形成骨架密实结构，使黏聚力和内摩阻力都较大。采用表面粗糙、多棱角、颗粒接近立方体的碎石集料，经压实后集料颗粒间能够形成紧密的嵌锁作用，增大沥青混合料的内摩阻角，有利于增强沥青混合料的高温稳定性。另外，可以使用合适的外加剂，来改善沥青混合料的性能。这些措施，均可提高沥青混合料的抗剪强度和减少塑性变形，从而增强其高温稳定性。

2)低温抗裂性

沥青混合料抵抗低温收缩裂缝的能力称为低温抗裂性。由于沥青混合料随着温度的降低，通常会变脆变硬，劲度增大，变形能力下降，在温度下降所产生的温度应力和外界荷载应力的作用下，路面内部的应力来不及松弛，应力逐渐累积下来，这些累积应力超过沥青混合料的容许应力值时即发生开裂，从而导致沥青混合料路面的破坏，所以沥青混合料在低温时应具有较低的劲度和较大的抗变形能力来满足低温抗裂性能。

一般认为，沥青混合料路面的低温收缩开裂主要有两种形式：一种是由于气温骤降造成材料低温收缩，在有约束的沥青混合料面层内产生温度应力超过沥青混合料在相应温度下的抗拉强度时造成的开裂；另一种形式是低温收缩疲劳裂缝，这是由于在沥青混合料经受长期多次的温度循环后，沥青混合料的极限拉伸应变变小，应力松弛性能降低，这样，就会在温度应力小于其相应温度原始抗拉强度时产生开裂，即经受长期多次的降温循环后材料的抗拉强度降低，变成温度疲劳强度，在温度应力超过此温度疲劳强度时就会产生开裂。这种裂缝主要发生在温度变化频繁的温和地区。

沥青混合料的低温抗裂性能可通过低温收缩试验、直接拉伸试验、弯曲蠕变试验及低温弯曲试验等评价。根据《公路沥青路面施工技术规范》(JTJ F40—2004)规定,沥青混合料配合比设计的低温抗裂性能检验采用的是低温弯曲试验。将轮碾成型后切制的30mm(宽)×35mm(高)×250mm(长)的棱柱体小梁试件,跨径200mm,按50mm/min的加载速度在跨中施加集中荷载至断裂破坏。由破坏时的最大荷载求得试件的抗弯强度,由破坏时的跨中挠度求得沥青混合料的破坏弯拉应变,两者之比值为破坏时的弯曲劲度模量。

沥青混合料低温抗裂性能与其低温劲度模量成反比。而影响沥青混合料低温劲度的最主要因素是沥青的黏度和温度敏感性。试验表明:针入度较大、温度敏感性较低的沥青低温劲度较小,抗裂能力较强。所以在寒冷地区,可采用稠度较低、劲度较低的沥青,或选择松弛性能较好的橡胶类改性沥青来提高沥青混合料的低温抗裂性。

3)耐久性

沥青混合料在路面中长期受到自然因素和重复车辆荷载的作用下,为保证路面具有较长的使用年限,沥青混合料必须具有良好的耐久性。沥青混合料的耐久性有多方面的含义,其中较为重要的是水稳定性、耐老化性和耐疲劳性。

(1)沥青混合料的水稳定性　水稳性是指沥青混合料抵抗由于水侵蚀而逐渐产生沥青膜剥离、松散、坑槽等破坏的能力。水稳性差的沥青混合料在有水情况下,会发生沥青与矿料颗粒表面的局部分离,同时在车辆荷载的作用下会加剧沥青与矿料的剥落,形成松散薄弱块,飞转的车轮带走剥离或局部剥离的矿粒或沥青,从而形成表面的损失,并逐渐形成独立的大小不等的坑槽,导致路面的早期破坏。

我国现行规范采用浸水马歇尔试验和冻融劈裂试验来检验沥青混合料的水稳定性。浸水马歇尔试验通过测定浸水48h马歇尔试件的稳定度与未浸水的马歇尔试件的稳定度之比值即残留稳定度(%),以此作为评价水稳性好坏的指标。残留稳定度越大,混合料的水稳性越高。冻融劈裂试验测定的是沥青混合料试件在受到水、冻融循环作用前后的劈裂破坏强度之比值即残留强度比,其值越大,沥青混合料在水与冻融循环共同作用下的水稳性越高。

影响沥青混合料水稳定性的因素很多,诸如:矿料和沥青的性质、其相互之间的交互作用、沥青混合料的空隙率以及沥青膜的厚度等。矿料表面粗糙、洁净,有微孔,可增强其与沥青间的黏附性;沥青的黏度越高,与矿料的黏附力也越大;选择碱性集料可与沥青之间产生强烈的化学吸附作用,使沥青与矿料间遇水不易分离;沥青混合料的空隙率越小,大气水分停留与存储的空间越小,沥青混合料受水分作用时间越短,受水作用产生沥青剥离破坏的可能性就越小。但一般沥青混合料中应残留一定空隙,以备夏季沥青材料膨胀,不致造成路面泛油。

(2)沥青混合料的耐老化性　耐老化性是指沥青混合料抵抗由于人为和自然因素作用而逐渐丧失变形能力、柔韧性等各种良好品质的能力。沥青路面在施工中要对沥青反复加热,铺筑好的沥青混合料路面长期处在自然环境中,要经受阳光特别是紫外线作用,这些均会使沥青产生老化,变形能力下降,使路面在温度和荷载作用下容易开裂,从而导致水分下渗数量增加,加剧路面破坏,缩短沥青混合料路面的使用寿命。

影响沥青混合料老化速度的因素主要有沥青的性质、沥青的用量、沥青混合料的残留空隙率、施工工艺等。沥青化学组分中轻质成分、不饱和烃含量越多,沥青老化速度越快;沥青用量的大小决定了沥青混合料内部所分布沥青膜的厚度,特别薄的沥青膜容易老化、容易变脆,使沥青混合料的耐老化性较低;空隙率越大,沥青与空气、水接触的范围越大,越容易产生老化现象;过高的拌和温度、过长时间的加热,会导致沥青的严重老化,路面上会过早地出现裂缝。

(3)沥青混合料的耐疲劳性　沥青混合料在使用期间经受车轮荷载的反复作用，长期处于应力应变交迭变化状态，致使混合料强度逐渐下降。当荷载重复作用超过一定次数以后，在荷载作用下沥青混合料路面内产生的应力就会超过强度下降后的强度（也称疲劳强度），使沥青混合料路面出现裂缝，即产生疲劳断裂破坏。

沥青混合料的耐疲劳性即是混合料在反复荷载作用下抵抗这种疲劳破坏的能力。在相同荷载数量重复作用下，疲劳强度下降幅度小的沥青混合料，或疲劳强度变化率小的沥青混合料，其耐疲劳性好。从使用寿命看，其路面耐久性就高。

4)抗滑性

沥青路面的抗滑性对于保证道路交通安全至关重要。用于沥青路面表层的粗集料应选用表面粗糙、坚硬、耐磨、抗冲击性好、磨光值大的碎石或破碎砾石集料。通常，坚硬耐磨的集料多为酸性石料，与沥青的黏附性不好，应掺加抗剥剂或采用石灰水处理集料表面等。

沥青用量对抗滑性的影响非常敏感，沥青用量超过最佳用量时的0.5%即可使抗滑系数明显降低。

含蜡量对沥青混合料抗滑性也有明显影响，我国现行行业标准《公路沥青路面施工技术规范》（JTJ F40—2004）中《道路石油沥青技术要求》提出，A级沥青含蜡量应不大于2.2%，B级沥青不大于3.0%，C级则不大于4.5%。

5)施工和易性

沥青混合料应具备良好的施工和易性，使混合料易于拌和、摊铺和碾压。影响沥青混合料施工和易性的因素很多，诸如沥青混合料组成材料的技术品质、用量比例，以及施工条件等。

从混合料材料性质来看，影响沥青混合料施工和易性的是混合料的级配和沥青用量，如粗细集料的颗粒大小相距过大，缺乏中间尺寸，混合料容易分层层积（粗粒集中表面，细粒集中底部）；如细集料太少，沥青层就不容易均匀地分布在粗颗粒表面；细集料过多，则使拌和困难。当沥青用量过少，或矿粉用量过多时，混合料容易产生疏松不易压实。反之，如沥青用量过多，或矿粉质量不好，则容易使混合料粘结成团块，不易摊铺。

沥青混合料应在一定的温度下进行施工，以使沥青结合料能够达到要求的流动值，在拌和过程中能够充分均匀地黏附在集料颗粒表面；在压实期间，集料颗粒能够克服沥青的黏滞力及自身内摩阻力相互移动就位，达到规定的压实密度。但若施工温度过高则会引起沥青老化，严重影响沥青混合料的使用性能。

2.热拌沥青混合料的技术标准

我国现行行业标准《公路沥青路面施工技术规范》（JTJ F40—2004）对热拌沥青混合料的马歇尔试验技术标准的规定见表6-6，并应有良好的施工性能。

密级配沥青混凝土混合料马歇尔试验技术标准　　表6-6

试验指标		单位	高速公路、一级公路				其他等级公路	行人道路
			夏炎热区（1-1、1-2、1-3、1-4区）		夏热区及夏凉区（2-1、2-2、2-3、2-4、3-2区）			
			中轻交通	重载交通	中轻交通	重载交通		
击实次数（双面）		次	75				50	50
试件尺寸		mm	ϕ101.6mm×63.5mm					
空隙率 VV	深约90mm以内	%	3～5	4～6	2～4	3～5	3～6	2～4
	深约90mm以下	%	3～6		2～4	3～6	3～6	—

续上表

试验指标		单位	高速公路、一级公路				其他等级公路	行人道路
			夏炎热区(1-1、1-2、1-3、1-4 区)		夏热区及夏凉区(2-1、2-2、2-3、2-4、3-2 区)			
			中轻交通	重载交通	中轻交通	重载交通		
稳定度 *MS* 不小于		kN	8				5	3
流值 *FL*		mm	2~4	1.5~4	2~4.5	2~4	2~4.5	2~5
矿料间隙率 VMA(%) 不小于	设计空隙率(%)	相应于以下公称最大粒径(mm)的最小 VMA 及 VFA 技术要求(%)						
			26.5	19	16	13.2	9.5	4.75
	2		10	11	11.5	12	13	15
	3		11	12	12.5	13	14	16
	4		12	13	13.5	14	15	17
	5		13	14	14.5	15	16	18
	6		14	15	15.5	16	17	19
沥青饱和度 VFA(%)			55~70		65~75		70~85	

注:①重载交通是指设计交通量在1000万辆以上的路段,长大坡度的路段按重载交通路段考虑;

②对空隙率大于5%的夏炎热区重载交通路段,施工时应至少提高压实度1个百分点;

③当设计的空隙率不是整数时,由内插确定要求的VMA最小值;

④对改性沥青混合料,马歇尔试验的流值可适当放宽。

四、沥青混合料组成材料的技术要求

沥青混合料的技术性质决定于组成材料的性质、组成配合的比例及混合料的制备工艺等因素,其中组成材料的质量是首先需要关注的问题。

1.沥青材料

沥青是沥青混合料中最重要的组成材料,其性能直接影响沥青混合料的各种技术性质。沥青路面所用的沥青标号,宜按照公路等级、气候条件、交通性质、路面类型及在结构层中的层位及受力特点、施工方法等,结合当地的使用经验确定。按现行行业标准《公路沥青路面施工技术规范》(JTJ F40—2004),沥青标号根据道路所属的气候分区可查《道路石油沥青技术要求》选用。

对高速公路、一级公路,夏季温度高、高温持续时间长、重载交通、山区及丘陵区上坡路段、服务区、停车场等行车速度慢的路段,尤其是汽车荷载剪应力大的层次,宜采用稠度大、60℃黏度大的沥青,也可提高高温气候分区的温度水平选用沥青等级;对冬季寒冷的地区或交通量小的公路、旅游公路宜选用稠度小、低温延度大的沥青;对温度日温差、年温差大的地区宜选用针入度指数大的沥青。当高温要求与低温要求发生矛盾时应优先考虑高温性能的要求。

当缺乏所需标号的沥青时,可采用不同标号的沥青掺配,但掺配后的技术指标应符合《道路石油沥青技术要求》。

2.粗集料

沥青混合料用粗集料可采用碎石、破碎砾石、筛选砾石、钢渣、矿渣等,但高速公路和一级公路不得使用筛选砾石和矿渣。

粗集料要求洁净、干燥、坚硬、表面粗糙、形状接近立方体,且无风化、无杂质,并具有足够的强度、耐磨耗性。质量应符合表 6-7 的规定。当单一规格集料的质量指标达不到表中要求，而按照集料配合比计算的质量指标符合要求时，工程上允许使用。对受热易变质的集料，宜采用经拌和机烘干后的集料进行检验。

沥青混合料用粗集料质量技术要求 表 6-7

技术指标		单位	高速公路、一级公路		其他等级公路	试验方法
			表面层	其他层次		
石料压碎值，不大于		%	26	28	30	T 0316
洛杉矶磨耗损失，不大于		%	28	30	35	T 0317
坚固性[①]，不大于		%	12	12	—	T 0314
吸水率，不大于		%	2.0	3.0	3.0	T 0304
表观相对密度[②]，不小于		—	2.60	2.50	2.45	T 0304
针片状颗粒含量[③]（混合料），不大于		%	15	18	20	T 0312
其中粒径大于 9.5mm，不大于		%	12	15	—	
其中粒径小于 9.5mm，不大于		%	18	20	—	
水洗法 < 0.075mm 颗粒含量，不大于		%	1	1	1	T 0310
软石含量，不大于		%	3	5	5	T 0320
破碎砾石的破碎面，不小于	1 个破碎面	%	100	90	80(70)	T 0361
	2 个破碎面		90	80	60(50)	

注：①坚固性试验根据需要进行；

②用于高速公路、一级公路时，多孔玄武岩的视密度可放宽至 2.45t/m³，吸水率可放宽至 3%，但必须得到建设单位的批准，且不得用于 SMA 路面；

③对 S14 即 3～5 规格的粗集料，针片状颗粒含量可不予要求，< 0.075mm 含量可放宽到 3%。

粗集料的粒径规格应符合表 6-8 的规定生产和使用。

沥青混合料用粗集料规格 表 6-8

规格名称	公称粒径（mm）	通过下列筛孔（mm）的质量百分率（%）												
		106	75	63	53	37.5	31.5	26.5	19.0	13.2	9.5	4.75	2.36	0.6
S1	40～75	100	90～100	—	—	0～15	—	0～5						
S2	40～60		100	90～100	—	0～15	—	0～5						
S3	30～60		100	90～100	—	—	0～15	—	0～5					
S4	25～50			100	90～100	—	—	0～15	—	0～5				
S5	20～40				100	90～100	—	—	0～15	—	0～5			
S6	15～30					100	90～100	—	—	0～15	—	0～5		
S7	10～30					100	90～100	—	—	—	0～15	0～5		
S8	10～25						100	90～100	—	0～15	—	0～5		
S9	10～20							100	90～100	—	0～15	0～5		
S10	10～15								100	90～100	0～15	0～5		
S11	5～15								100	90～100	40～70	0～15	0～5	
S12	5～10									100	90～100	0～15	0～5	
S13	3～10									100	90～100	40～70	0～20	0～5
S14	3～5										100	90～100	0～15	0～3

高速公路、一级公路沥青路面的表面层（或磨耗层）的粗集料的磨光值应符合表 6-9 的要

求。除 SMA、OGFC 路面外,允许在硬质粗集料中掺加部分较小粒径的磨光值达不到要求的粗集料,其最大掺加比例由磨光值试验确定。

粗集料与沥青的黏附性应符合表 6-9 的要求,当使用不符合要求的粗集料时,宜掺加消石灰、水泥或用饱和石灰水处理后使用,必要时可同时在沥青中掺加耐热、耐水、长期性能好的抗剥落剂,也可采用改性沥青的措施,使沥青混合料的水稳定性检验达到要求。

粗集料与沥青的黏附性、磨光值的技术要求 表 6-9

雨量气候区	1(潮湿区)	2(湿润区)	3(半干区)	4(干旱区)
年降雨量(mm)	>1000	1000~500	500~250	<250
粗集料的磨光值 *PSV*,不小于(高速公路、一级公路表面层)	42	40	38	36
粗集料与沥青的黏附性,不小于(高速公路、一级公路表面层)	5	4	4	3
粗集料与沥青的黏附性,不小于(高速公路、一级公路的其他层次及其他等级公路的各个层次)	4	4	3	3

3.细集料

沥青路面的细集料可采用天然砂、机制砂、石屑。细集料应洁净、干燥、无风化、无杂质,并有适当的颗粒级配,其质量应符合表 6-10 的规定。细集料的洁净程度,天然砂以小于0.075mm含量的百分数表示,石屑和机制砂以砂当量(适用于 0~4.75mm)或亚甲蓝值(适用于 0~2.36mm或 0~0.15mm)表示。

沥青混合料用细集料质量要求 表 6-10

项　　目	单位	高速公路、一级公路	其他等级公路	试验方法
表观相对密度,不小于	—	2.50	2.45	T 0328
坚固性①(>0.3mm 部分),不大于	%	12	—	T 0340
含泥量(小于 0.075mm 的含量),不大于	%	3	5	T 0333
砂当量,不小于	%	60	50	T 0334
亚甲蓝值,不大于	g/kg	25	—	T 0349
棱角性(流动时间),不小于	s	30	—	T 0345

注:①坚固性试验可根据需要进行。

天然砂可采用河砂或海砂,通常宜采用粗、中砂,其规格应符合表 6-11 的规定。热拌密级配沥青混合料中天然砂的用量通常不宜超过集料总量的 20%,SMA 和 OGFC 混合料不宜使用天然砂。

沥青混合料用天然砂规格 表 6-11

筛孔尺寸(mm)	通过各筛孔的质量百分率(%)		
	粗砂	中砂	细砂
9.5	100	100	100
4.75	90~100	90~100	90~100
2.36	65~95	75~90	85~100
1.18	35~65	50~90	75~100
0.6	15~30	30~60	60~84
0.3	5~20	8~30	15~45
0.15	0~10	0~10	0~10
0.075	0~5	0~5	0~5

石屑是采石场破碎石料通过 4.75mm 或 2.36mm 的筛下部分,其规格应符合表 6-12 的要

求。机制砂是由制砂机生产的细集料，其级配应符合 S16 的要求。

沥青混合料用机制砂或石屑规格　　表 6-12

规格	公称粒径 (mm)	通过下筛孔(方孔筛)的质量百分率(%)							
		9.5	4.75	2.36	1.18	0.6	0.3	0.15	0.075
S15	0~5	100	90~100	60~90	40~75	20~55	7~40	2~20	0~10
S16	0~3	—	100	80~100	50~80	25~60	8~45	0~25	0~15

4.填料

填料在沥青混合料中的作用非常重要，沥青混合料主要依靠沥青与矿粉的交互作用形成具有较高黏结力的沥青胶浆，将粗细集料结合成一个整体。沥青混合料所用矿粉最好采用石灰岩或岩浆岩中的强基性岩石等憎水性石料经磨细得到的矿粉，原石料中的泥土杂质应除净。矿粉应干净、洁净，能自由地从矿粉仓流出，其质量应符合表 6-13 的要求。

沥青混合料用矿粉质量技术要求　　表 6-13

指　　标	单位	高速公路、一级公路	其他等级公路	试验方法
表观密度，不小于	t/m^3	2.50	2.45	T 0352
含水量，不大于	%	1	1	T 0103 烘干法
粒度范围 < 0.6mm	%	100	100	T 0351
< 0.15mm	%	90~100	90~100	
< 0.075mm	%	75~100	70~100	
外观	—	无团粒结块		—
亲水系数	—	< 1		T 0353
塑性指数	—	< 4		T 0354
加热安定性	—	实测记录		T 0355

拌和机的粉尘也可作为矿粉的一部分回收使用。回收粉尘的用量不得超过填料总量的25%，掺有粉尘填料的塑性指数不得大于 4%。

粉煤灰作为填料使用时，其用量不得超过填料总量的 50%，烧失量应小于 12%，与矿粉混合后的塑性指数应小于 4%。高速公路、一级公路的沥青面层不宜采用粉煤灰做填料。

五、沥青混合料配合比设计

热拌沥青混合料配合比设计包括目标配合比设计、生产配合比设计及生产配合比验证三个阶段，用以确定沥青混合料的材料品种及配合比、矿料级配、最佳沥青用量。本节着重介绍目标配合比设计。目标配合比设计可分为矿质混合料的配合组成设计和最佳沥青用量确定两部分。

1.矿质混合料的配合组成设计

矿质混合料的配合组成设计通常是根据规范推荐的级配范围，来选配一个具有足够密实度、并有较高内摩阻力的矿质混合料。按我国现行国标《公路沥青路面施工技术规范》(JTG F40—2004)的规定，其基本步骤如下：

1)确定沥青混合料类型

沥青混合料的类型，根据道路等级、路面类型及所处的结构层位，参照相关的设计规范选定。

2)确定工程设计的级配范围

根据已确定的沥青混合料类型,查阅规范推荐的矿质混合料级配范围表以确定所需的级配范围。密级配沥青混合料宜根据公路等级、气候及交通条件按表 6-14 选择粗型(C 型)或细型(F 型)混合料。对夏季温度高、高温持续时间长、重载交通多的路段,宜选用粗型密级配沥青混合料(AC-C 型),并取较高的设计空隙率。对冬季温度低、且低温持续时间长的地区,或者重载交通较少的路段,宜选用细型密级配沥青混合料(AC-F 型),并取较低的设计空隙率。

粗型和细型密级配沥青混凝土的关键性筛孔通过率 表 6-14

混合料类型	公称最大粒径(mm)	用以分类的关键性筛孔(mm)	粗型密级配		细型密级配	
			名称	关键性筛孔通过率(%)	名称	关键性筛孔通过率(%)
AC-25	26.5	4.75	AC-25C	<40	AC-25F	>40
AC-20	19	4.75	AC-20C	<45	AC-20F	>45
AC-16	16	2.36	AC-16C	<38	AC-16F	>38
AC-13	13.2	2.36	AC-13C	<40	AC-13F	>40
AC-10	9.5	2.36	AC-10C	<45		

密级配沥青混合料的设计级配宜在表 6-15 规定的级配范围内,根据公路等级、工程特性、气候条件、交通条件、材料品种等因素,通过对条件大体相当的工程使用情况进行调查研究后调整确定,必要时允许超出规范级配范围。经确定的工程设计级配范围是配合比设计的依据,不得随意变更。

密级配沥青混凝土混合料矿料级配范围 表 6-15

级配类型		通过下列筛孔(方孔筛,mm)的质量百分率(%)														
		53.0	37.5	31.5	26.5	19.0	16.0	13.2	9.5	4.75	2.36	1.18	0.6	0.3	0.15	0.075
粗粒式	AC-25			100	90~100	75~90	65~83	57~76	45~65	24~52	16~42	12~33	8~24	5~17	4~13	3~7
中粒式	AC-20				100	90~100	78~92	62~80	50~72	26~56	16~44	12~32	8~24	5~17	4~13	3~7
	AC-16					100	90~100	76~92	60~80	34~62	20~48	13~36	9~26	7~18	5~14	4~8
细粒式	AC-13						100	90~100	68~85	38~68	24~50	18~38	10~28	7~20	5~15	4~8
	AC-10							100	90~100	45~75	30~58	20~44	13~32	9~23	6~16	4~8
砂粒式	AC-5								100	90~100	55~75	35~55	20~40	12~28	7~18	5~10
密级配沥青稳定碎石 ATB																
特粗	ATB-40	100	90~100	75~92	65~85	49~71	43~63	37~57	30~50	20~40	15~32	10~25	8~18	5~14	3~10	2~6
粗粒式	ATB-30		100	90~100	70~90	53~72	44~66	39~60	31~51	20~40	15~32	10~25	8~18	5~14	3~10	2~6
	ATB-25			100	90~100	60~80	48~68	42~62	32~52	20~40	15~32	10~25	8~18	5~14	3~10	2~6
半开级配沥青稳定碎石 AM																
中粒式	AM-20				100	90~100	60~85	50~75	40~65	15~40	5~22	2~16	1~12	0~10	0~8	0~5
	AM-16					100	90~100	60~85	45~68	18~40	6~25	3~18	1~14	0~10	0~8	0~5
细粒式	AM-13						100	90~100	50~80	20~45	8~28	4~20	2~16	0~10	0~8	0~6
	AM-10							100	90~100	35~65	10~35	5~22	2~16	0~12	0~9	0~6

级配类型		通过下列筛孔(方孔筛,mm)的质量百分率(%)														
		53.0	37.5	31.5	26.5	19.0	16.0	13.2	9.5	4.75	2.36	1.18	0.6	0.3	0.15	0.075
开级配沥青稳定碎石 ATPB																
特粗	ATPB-40	100	70~100	65~90	55~85	43~75	32~70	20~65	12~50	0~3	0~3	0~3	0~3	0~3	0~3	0~3
细粒式	ATPB-30		100	80~100	70~95	53~85	36~80	26~75	14~60	0~3	0~3	0~3	0~3	0~3	0~3	0~3
	ATPB-25			100	80~100	60~100	45~90	30~82	16~70	0~3	0~3	0~3	0~3	0~3	0~3	0~3
开级配排水性磨耗层混合料																
中粒式	OGFC-16					100	90~100	70~90	45~70	12~30	10~22	6~18	4~15	3~12	3~8	2~6
细粒式	OGFC-13						100	90~100	60~80	12~30	10~22	6~18	4~15	3~12	3~8	2~6
	OGFC-10							100	90~100	50~70	10~22	6~18	4~15	3~12	3~8	2~6
传统的 AC-I 型沥青混合料																
粗粒式	AC-30I		100	90~100	79~92	66~82	59~77	52~72	43~63	32~52	25~42	18~32	13~25	8~18	5~13	3~7
	AC-25I			100	95~100	75~90	62~80	53~73	43~63	32~52	25~42	18~32	13~25	8~18	5~13	3~7
中粒式	AC-20I				100	95~100	75~90	62~80	52~72	38~58	28~46	20~34	15~27	10~20	6~14	4~8
	AC-16I					100	95~100	75~90	58~78	42~63	32~50	22~37	16~28	11~21	7~15	4~8
细粒式	AC-13I						100	95~100	70~88	48~68	36~53	24~41	18~30	12~22	8~16	4~8
	AC-10I							100	95~100	55~75	38~58	26~43	17~33	10~24	6~16	4~9
砂粒式	AC-13I								100	95~100	55~75	35~55	20~40	12~28	7~18	5~10

调整工程设计级配范围宜遵循下列原则:

(1)要确保高温抗车辙能力,同时兼顾低温抗裂性能的需要。配合比设计时宜适当减少公称最大粒径附近的粗集料用量,减少 0.6mm 以下部分细粉的用量,使中等粒径集料较多,形成 S 型级配曲线,并取中等或偏高水平的设计空隙率。

(2)确定各层的工程设计级配范围时应考虑不同层位的功能需要,经组合设计的沥青路面应能满足耐久、稳定、密水、抗滑等要求。

(3)根据公路等级和施工设备的控制水平,确定的工程设计级配范围应比规范级配范围窄,其中 4.75mm 和 2.36mm 通过率的上下限差值宜小于 12%。

(4)沥青混合料的配合比设计应充分考虑施工性能,使沥青混合料容易摊铺和压实,避免造成严重的离析。

3)材料选择与准备

按气候和交通条件选择合适的各种材料,经现场取样检验,其质量应符合规定的技术要求。当单一规格的集料某项指标不合格,但不同粒径规格的材料按级配组成的集料混合料指标能符合规范要求时,允许使用。

4)矿料配合比设计

高速公路和一级公路沥青路面矿料配合比设计宜借助电子计算机的电子表格用试配法进行,其设计计算表示例见表 6-16。

矿料级配设计计算表示例 表 6-16

筛孔(%)	10~20(%)	5~10(%)	3~5(%)	石屑(%)	黄砂(%)	矿粉(%)	消石灰(%)	合成级配	工程设计级配范围		
									中限	下限	上限
16	100	100	100	100	100	100	100	100.0	100	100	100
13.2	88.6	100	100	100	100	100	100	96.7	95	90	100
9.5	16.6	99.7	100	100	100	100	100	76.6	70	60	80

续上表

筛孔（%）	10～20（%）	5～10（%）	3～5（%）	石屑（%）	黄砂（%）	矿粉（%）	消石灰（%）	合成级配	工程设计级配范围		
									中限	下限	上限
4.75	0.4	8.7	94.9	100	100	100	100	47.7	41.5	30	53
2.36	0.3	0.7	3.7	97.2	87.9	100	100	30.6	30	20	40
1.18	0.3	0.7	0.5	67.8	62.2	100	100	22.8	22.5	15	30
0.6	0.3	0.7	0.5	40.5	46.4	100	100	17.2	16.5	10	23
0.3	0.3	0.7	0.5	30.2	3.7	99.8	99.2	9.5	12.5	7	18
0.15	0.3	0.7	0.5	20.6	3.1	96.2	97.6	8.1	8.5	5	12
0.075	0.2	0.6	0.3	4.2	1.9	84.7	95.6	5.5	6	4	8
配合比	28	26	14	12	15	3.3	1.7	100.0	—	—	—

矿料级配曲线采用泰勒曲线的标准画法绘制（图 6-8），纵坐标为普通坐标，横坐标按 $x = d_i^{0.45}$ 计算如表 6-17。以原点与通过集料最大粒径 100% 的点的连线作为沥青混合料的最大密度线。

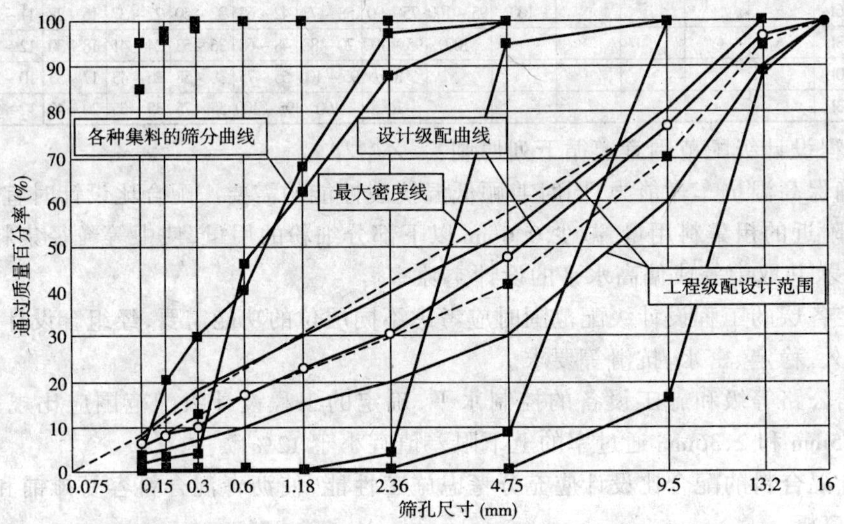

图 6-8　矿料级配曲线示例

泰勒曲线的横坐标　　表 6-17

d_i	0.075	0.15	0.3	0.6	1.18	2.36	4.75	9.5
$x = d_i^{0.45}$	0.312	0.426	0.582	0.795	1.077	1.472	2.016	2.754
d_i	13.2	16	19	26.5	31.5	37.5	53	63
$x = d_i^{0.45}$	3.193	3.482	3.762	4.370	4.723	5.109	5.969	6.452

对高速公路和一级公路，宜在工程设计级配范围内计算 1～3 组粗细不同的配合比，绘制设计级配曲线，分别位于工程设计级配范围的上方、中值及下方。设计合成级配不得有太多的锯齿形交错，且在 0.3～0.6mm 范围内不出现“驼峰”。当反复调整不能满足时，宜更换材料设计。

根据当地的实践经验选择适宜的沥青用量，分别制作几组级配的马歇尔试件，测定 VMA，初选一组满足或接近设计要求的级配作为设计级配。

2.确定沥青混合料的最佳沥青用量

沥青混合料的最佳沥青用量(简称 OAC),按我国现行标准《公路沥青路面施工技术规范》(JTJ F40—2004)中规定,采用马歇尔试验方法确定,同时也允许采用其他设计方法。当采用其他设计方法时,应按马歇尔设计方法进行检验。马歇尔试验法确定最佳沥青用量按下列步骤进行。

1)制备试件

(1)确定试件的制作温度 沥青混合料试件的制作温度宜通过测定沥青在 135℃及 175℃条件下的黏度-温度曲线,要求与实际施工温度一致,按表 6-18 的规定确定。如缺乏黏温曲线时可参照表 6-19 的规定,改性沥青混合料的成型温度在此基础上再提高 10 ~ 20℃。

确定沥青混合料拌和及压实温度的适宜温度 表 6-18

黏度	适宜于拌和的沥青混合料黏度	适宜于压实的沥青混合料黏度	测定方法
表观黏度	0.17 ± 0.02Pa·s	0.28 ± 0.03Pa·s	T 0625
运动黏度	170 ± 20mm²/s	280 ± 30mm²/s	T 0619
赛波特黏度	85 ± 10s	140 ± 15s	T 0623

热拌普通沥青混合料试件的制作温度 表 6-19

施工工序	石油沥青的标号				
	50 号	70 号	90 号	110 号	130 号
沥青加热温度(℃)	160 ~ 170	155 ~ 165	150 ~ 160	145 ~ 155	140 ~ 150
矿料加热温度(℃)	集料加热温度比沥青温度高 10 ~ 30(填料不加热)				
沥青混合料拌和温度(℃)	150 ~ 170	145 ~ 165	140 ~ 160	135 ~ 155	130 ~ 150
试件击实成型温度(℃)	140 ~ 160	135 ~ 155	130 ~ 150	125 ~ 145	120 ~ 40

(2)确定沥青用量范围:

①按式(6-4)计算矿质混合料的合成毛体积相对密度 γ_{sb}。

$$\gamma_{sb}=\frac{100}{\dfrac{P_1}{\gamma_1}+\dfrac{P_2}{\gamma_2}+\cdots+\dfrac{p_n}{\gamma_n}} \tag{6-4}$$

式中:P_1、P_2、…、P_n——各种矿料占矿料总质量的百分率(%),其和为 100;

γ_1、γ_2、…、γ_n——各种矿料相应的毛体积相对密度,粗集料按(JTG E42—2005,T 0304)方法测定,机制砂及石屑可按(JTG E42—2005,T 0330)方法测定,也可以用筛出的 2.36 ~ 4.75mm 部分的毛体积相对密度代替,矿粉(含消石灰、水泥)以表观相对密度代替。

②按式(6-5)或按式(6-6)预估沥青混合料的适宜油石比 P_a 或沥青用量 P_b。

$$P_a=\frac{P_{a1}\times\gamma_{sb1}}{\gamma_{sb}} \tag{6-5}$$

$$P_b=\frac{P_a}{100+\gamma_{sb}}\times 100\% \tag{6-6}$$

式中:P_a——预估的最佳油石比(与矿料总量的百分比)(%);

P_b——预估的最佳沥青用量(占混合料总量的百分数)(%);

P_{a1}——已建类似工程沥青混合料的标准油石比(%);

γ_{sb}——集料的合成毛体积相对密度；

γ_{sb1}——已建类似工程集料的合成毛体积相对密度。

③确定矿料的有效相对密度：对非改性沥青混合料，宜以预估的最佳油石比拌和2组混合料，采用真空法实测理论最大相对密度，取平均值。然后由式(6-7)反算合成矿料的有效相对密度 γ_{se}。

$$\gamma_{se} = \frac{100 - P_b}{\frac{100}{\gamma_t} - \frac{P_b}{\gamma_b}} \tag{6-7}$$

式中：γ_{se}——合成矿料的有效相对密度；

P_b——试验采用的沥青用量(占混合料总量的百分数)(%)；

γ_t——试验沥青用量条件下实测得到的最大相对密度，无量纲；

γ_b——沥青的相对密度(25℃/25℃)，无量纲。

④以预估的油石比为中值，按一定间隔(对密级配沥青混合料通常为0.5%，对沥青碎石混合料可适当缩小间隔为0.3%～0.4%)，取5个或5个以上不同的油石比分别成型马歇尔试件。例如预估油石比为4.8%，可选3.8%、4.3%、4.8%、5.3%、5.8%等。

2)测定马歇尔试件物理指标

(1)测定压实沥青混合料试件的毛体积相对密度 γ_f 和吸水率，取平均值。

通常采用表干法测定毛体积相对密度；对吸水率大于2%的试件，宜采用蜡封法测定。

(2)确定沥青混合料的理论最大相对密度，对非改性的普通沥青混合料，在成型马歇尔试件的同时，用真空法实测各组沥青混合料的理论最大相对密度 γ_{ti}。当只对其中一组油石比测定理论最大相对密度时，也可按式(6-8)或式(6-9)计算其他不同油石比时的理论最大相对密度 γ_{ti}。

$$\gamma_{ti} = \frac{100 + P_{ai}}{\frac{100}{\gamma_{se}} + \frac{P_{ai}}{\gamma_b}} \tag{6-8}$$

$$\gamma_{ti} = \frac{100}{\frac{P_{si}}{\gamma_{se}} + \frac{P_{bi}}{\gamma_b}} \tag{6-9}$$

式中：γ_{ti}——相对于计算沥青用量 P_{bi}时沥青混合料的理论最大相对密度，无量纲；

P_{ai}——所计算的沥青混合料中的油石比(%)；

P_{bi}——所计算的沥青混合料的沥青用量，$P_{bi} = \frac{P_{ai}}{(1 + P_{ai})}$(%)；

P_{si}——所计算的沥青混合料的矿料含量，$P_{si} = 100 - P_{bi}$(%)；

γ_{se}——矿料的有效相对密度，无量纲；

γ_b——沥青的相对密度(25℃/25℃)，无量纲。

(3)按式(6-10)～式(6-12)计算沥青混合料试件的空隙率、矿料间隙率 *VMA*、有效沥青的饱和度 VFA 等体积指标，进行体积组成分析。

$$VV = (1 - \frac{\gamma_f}{\gamma_t}) \times 100\% \tag{6-10}$$

$$\mathrm{VMA} = (1 - \frac{\gamma_f}{\gamma_{sb}} \times P_s) \times 100\% \tag{6-11}$$

$$VFA = \frac{VMA - VV}{VMA} \times 100\% \tag{6-12}$$

式中：VV——试件的空隙率（%）；

VMA——试件的矿料间隙率（%）；

VFA——试件的有效沥青饱和度（有效沥青含量占 *VMA* 的体积比例）（%）；

γ_f——试件的毛体积相对密度，无量纲；

γ_t——沥青混合料的最大理论相对密度，无量纲；

P_s——各种矿料占沥青混合料总质量的百分率之和，即 $P_s = 100 - P_b$（%）；

γ_{sb}——矿质混合料的合成毛体积相对密度。

3）测定力学指标

进行马歇尔试验，测定马歇尔稳定度和流值。

4）马歇尔试验结果分析

（1）绘制沥青用量与物理力学指标关系图，以油石比或沥青用量为横坐标，以毛体积密度、空隙率、有效沥青饱和度（VFA）、矿料间隙率（VMA）、稳定度和流值为纵坐标，将试验结果点入图中，连成光滑的曲线，如图 6-9 所示。确定均符合规范规定的沥青混合料技术标准的沥青用量范围 $OAC_{min} \sim OAC_{max}$。

选择的沥青用量范围必须涵盖设计空隙率的全部范围，并尽可能涵盖沥青饱和度的要求范围，同时使密度及稳定度曲线出现峰值。如果没有涵盖设计空隙率的全部范围，试验必须扩大沥青用量范围重新进行。

（2）根据试验曲线走势确定最佳沥青用量的初始值 OAC_1：

①在曲线图上求取相应于密度最大值、稳定度最大值、目标空隙率（或中值）、沥青饱和度范围的沥青用量 a_1、a_2、a_3、a_4，按式（6-13）取平均值作为 OAC_1。即

$$OAC_1 = \frac{a_1 + a_2 + a_3 + a_4}{4} \tag{6-13}$$

②如果在所选择的沥青用量范围未能涵盖沥青饱和度的要求范围，按式（6-12）求取 3 者的平均值作为 OAC_1。即

$$OAC_1 = \frac{a_1 + a_2 + a_3}{3} \tag{6-14}$$

③对所选择试验的沥青用量范围，密度或稳定度没有出现峰值（最大值经常在曲线的两端）时，可直接以目标空隙率所对应的沥青用量 a_3 作为 OAC_1，但 OAC_1 必须介于 $OAC_{min} \sim OAC_{max}$ 的范围内，否则应重新进行配合比设计。

（3）确定最佳沥青用量的初始值 OAC_2，以各项指标均符合沥青混合料技术标准（不含 VMA）的沥青用量范围 $OAC_{min} \sim OAC_{max}$ 的中值作为 OAC_2。即

$$OAC_2 = \frac{OAC_{min} + OAC_{max}}{2} \tag{6-15}$$

（4）确定计算的最佳沥青用量 OAC，通常情况下取 OAC_1 及 OAC_2 的中值作为计算的最佳沥青用量 OAC。

$$OAC = \frac{OAC_1 + OAC_2}{2} \tag{6-16}$$

按式（6-16）计算的最佳沥青用量 OAC，从图 6-9 中得出所对应的空隙率和 VMA 值，检验是

否能满足表 6-6 中关于最小 VMA 值的要求。OAC 宜位于 VMA 凹形曲线最小值的贫油一侧。当空隙率不是整数时,最小 VMA 按内插法确定,并将其画入图 6-9 中。

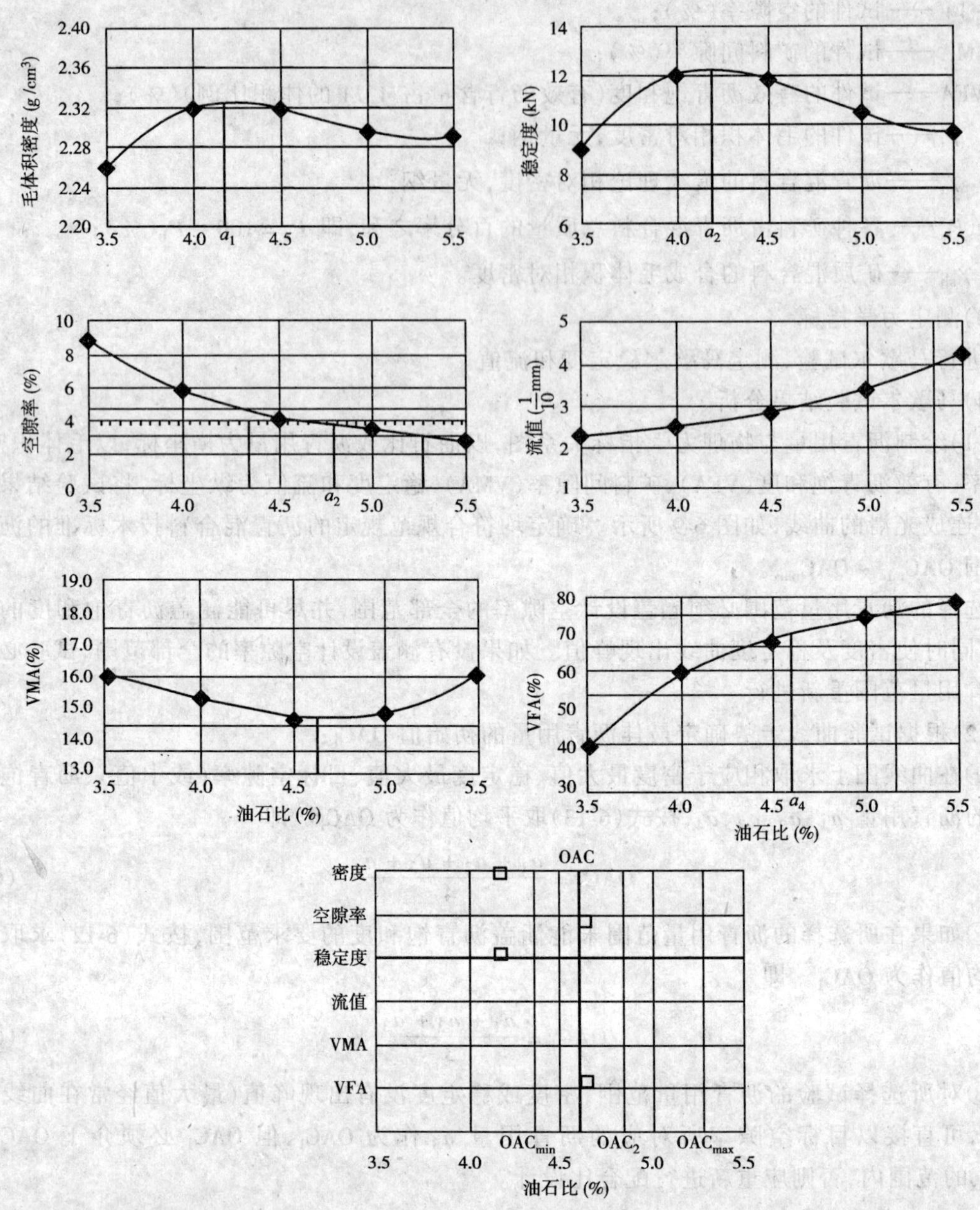

图 6-9　马歇尔试验结果示例

检查图 6-9 中相应于此 OAC 的各项指标是否均符合马歇尔试验技术标准。

(5)根据实践经验和公路等级、气候条件、交通情况,调整确定最佳沥青用量 OAC。

①调查与当地条件相近工程的沥青用量和使用效果,论证适宜的最佳沥青用量,与计算所得到的最佳沥青用量相对照,如相差甚远,应查明原因,必要时重新调查级配,进行配合比设计。

②对炎热地区公路以及高速公路、一级公路的重载交通路段,山区公路的长大坡度路段,预计有可能产生较大车辙时,宜在空隙率符合要求的范围内将计算的最佳沥青用量减小

0.1%~0.5%作为设计沥青用量。此时,除空隙率外的其他指标可能会超出马歇尔试验配合比设计技术标准,配合比设计报告或设计文件必须予以说明。但配合比设计报告必须要求采用重型轮胎压路机和振动压路机组合等方式加强碾压,以使施工后路面的空隙达到未调整前的原最佳沥青用量时的水平,且渗水系数符合要求。如果试验路段试拌试铺达不到此要求时,宜调整所减小的沥青用量的幅度。

③对寒区道路、旅游道路、交通量很少的公路,最佳沥青用量可以在 OAC 的基础上增加0.1%~0.3%,以适当减小设计空隙率,但不得降低压实度要求。

(6)检验最佳沥青用量时的粉胶比和有效沥青膜厚度:

①按式(6-17)、式(6-18)计算沥青被集料吸收的比例及有效沥青含量。

$$P_{ba}=\frac{\gamma_{se}-\gamma_b}{\gamma_{se}\times\gamma_{sb}}\times\gamma_b\times100\% \tag{6-17}$$

$$P_{be}=P_b-\frac{P_{ba}}{100}\times P_s \tag{6-18}$$

式中:P_{ba}——沥青混合料中被集料吸收的沥青结合料的比例(%);

P_{be}——沥青混合料中的有效沥青用量(%);

γ_{se}——集料的有效相对密度,无量纲;

γ_{sb}——材料的合成毛体积相对密度,无量纲;

γ_b——沥青的相对密度(25℃/25℃),无量纲;

P_b——沥青含量(%);

P_s——各种矿料占沥青混合料总质量的百分率之和,即 $P_s=100-P_b$(%)。

如果需要,可按式(6-19)及式(6-20)计算有效沥青的体积百分率 V_b 及矿料的体积百分率 V_g。

$$V_b=\frac{\gamma_f\times P_{be}}{\gamma_b} \tag{6-19}$$

$$V_g=100-(V_{be}+VV) \tag{6-20}$$

②检验最佳沥青用量时的粉胶比和有效沥青膜厚度。

a.按式(6-21)计算沥青混合料的粉胶比,宜符合 0.6~1.6 的要求。对常用的公称最大粒径为 13.2~19mm 的密级配沥青混合料,粉胶比宜控制在 0.8~1.2 范围内。

$$FB=\frac{P_{0.075}}{P_{be}} \tag{6-21}$$

式中:FB——粉胶比,沥青混合料的矿料中 0.075mm 通过率与有效沥青含量的比值,无量纲;

$P_{0.075}$——矿料级配中 0.075mm 的通过率(水洗法)(%);

P_{be}——有效沥青含量(%)。

b.按式(6-22)的方法计算集料的比表面,按式(6-23)估算沥青混合料的沥青膜有效厚度。根据国外资料,通常情况下连续密级配沥青混合料有效厚度宜不小于 6μm,密实式沥青碎石混合料的有效厚度宜不小于 5μm。各种集料粒径的表面积系数按表 6-20 采用。

$$SA=\sum(P_i\times FA_i) \tag{6-22}$$

$$DA=\frac{P_{be}}{\gamma_b\times SA}\times10 \tag{6-23}$$

式中：SA——集料的比表面积（m^2/kg）；

P_i——各种粒径的通过百分率（%）；

FA_i——相应于各种粒径的集料的表面积系数，见表 6-20；

DA——沥青膜有效厚度（μm）；

P_{be}——有效沥青含量（%）；

γ_b——沥青的相对密度（25℃/25℃），无量纲。

注：各种公称最大粒径混合料中大于 4.75mm 尺寸集料的表面积系数 FA 均取 0.0041，且只计算一次，4.75mm以下部分的 FA，见表 6-20。该例的 $SA = 6.60m^2/kg$。若混合料的有效沥青含量为 4.65%，沥青的相对密度为 1.03，则沥青膜厚度为 $DA = 4.65/(1.03 \times 6.60) \times 10 = 6.83\mu m$。

集料的表面积系数计算示例 表 6-20

筛孔尺寸(mm)	19	16	13.2	9.5	4.75	2.36	1.18	0.6	0.3	0.15	0.075	集料比表面总和 SA (m^2/kg)
表面积系数 FA_i	0.0041	—	—	—	0.0041	0.0082	0.0164	0.0287	0.0614	0.1229	0.3277	
通过百分率 P_i(%)	100	92	85	76	60	42	32	23	16	12	6	
比表面 $FA_i \times P_i$ (m^2/kg)	0.41	—	—	—	0.25	0.34	0.52	0.66	0.98	1.47	1.97	6.60

3.配合比设计检验

对用于高速公路和一级公路的公称最大粒径等于或小于 19mm 的密级配沥青混合料（AC），SMA、OGFC 混合料，需在配合比设计的基础上按规范要求进行各种使用性能的检验，不符合要求的沥青混合料，必须更换材料或重新进行配合比设计。配合比设计检验按计算确定的设计最佳沥青用量在标准条件下进行，若按照根据实践经验和公路等级、气候条件、交通情况调整确定的最佳沥青用量，或者改变试验条件时，各项技术要求均应适当调整。

1）高温稳定性检验

采用最佳沥青用量 OAC 制作车辙试件按规定方法进行车辙试验，动稳定度应符合表 6-21 的要求。

沥青混合料车辙试验动稳定度技术要求 表 6-21

<table>
<tr><td colspan="2">气候条件与技术指标</td><td colspan="9">相应于下列气候分区所要求的动稳定度（次/mm）</td><td rowspan="3">试验方法</td></tr>
<tr><td colspan="2" rowspan="2">七月平均最高气温（℃）及气候分区</td><td colspan="4">>30
1.夏炎热区</td><td colspan="4">20～30
2.夏热区</td><td><20
3.夏凉区</td></tr>
<tr><td>1-1</td><td>1-2</td><td>1-3</td><td>1-4</td><td>2-1</td><td>2-2</td><td>2-3</td><td>2-4</td><td>3-2</td></tr>
<tr><td colspan="2">普通沥青混合料，不小于</td><td colspan="2">800</td><td colspan="2">1000</td><td>600</td><td colspan="3">800</td><td>600</td><td rowspan="5">T 0719</td></tr>
<tr><td colspan="2">改性沥青混合料，不小于</td><td colspan="2">2400</td><td colspan="2">2800</td><td>2000</td><td colspan="3">2400</td><td>1800</td></tr>
<tr><td rowspan="2">SMA 混合料</td><td>非改性，不小于</td><td colspan="9">1500</td></tr>
<tr><td>改性，不小于</td><td colspan="9">3000</td></tr>
<tr><td colspan="2">OGFC 混合料</td><td colspan="9">1500（一般交通路段）、3000（重交通路段）</td></tr>
</table>

注：①如果其他月份的平均气温高于七月时，可使用该月平均最高气温；

②在特殊情况下，如钢桥面铺装、重载车特别多或纵坡较大的长距离上坡路段、厂矿专用道路，可酌情提高动稳定度

的要求；

③对因气候寒冷确需使用针入度很大的沥青(如大于100)，动稳定度难以达到要求，或因采用石灰岩等不很坚硬的石料，改性沥青混合料的动稳定度难以达到要求等特殊情况，可酌情降低要求；

④为满足炎热地区及重载车要求，在配合比设计时采取减少最佳沥青用量的技术措施时，可适当提高试验温度或增加试验荷载进行试验，同时增加试件的碾压成型密度和施工压实度要求；

⑤车辙试验不得采用若干次加热的混合料，试验必须检验其密度是否符合试验规程的要求；

⑥如需要对公称最大粒径等于和大于26.5mm的混合料进行车辙试验，可适当增加试件的厚度，但不宜作为评定合格与否的依据。

2)水稳定性检验

按规定的试验方法进行浸水马歇尔试验和冻融劈裂试验，检验试件的残留稳定度及残留强度比是否符合表6-22的要求。达不到要求时应采取抗剥落措施，调整最佳沥青用量后再次试验。

沥青混合料水稳定性检验技术要求 表6-22

气候条件与技术指标		相应于下列气候分区的技术要求(%)				试验方法
年降雨量(mm)及气候分区		>1000	500~1000	250~500	<250	
		1.潮湿区	2.湿润区	3.半干区	4.干旱区	
浸水马歇尔试验残留稳定度(%)，不小于						
普通沥青混合料		80		75		T 0709
改性沥青混合料		85		80		
SMA混合料	普通沥青	75				
	改性沥青	80				
冻融劈裂试验的残留强度比(%)，不小于						
普通沥青混合料		75		70		T 0729
改性沥青混合料		80		75		
SMA混合料	普通沥青	75				
	改性沥青	80				

(1)浸水马歇尔试验　将试件分两组：一组在60℃水浴中保温30~40min后测其马歇尔稳定度MS_0；另一组在60℃水浴中保温48h后测其马歇尔稳定度MS_1。其残留稳定度按式(6-24)计算：

$$MS_0 = \frac{MS_1}{MS} \times 100\% \tag{6-24}$$

式中：MS_0——试件的浸水残留稳定度(%)；

MS_1——试件浸水48h后的稳定度(kN)。

(2)冻融劈裂试验　将双面各击实50次的马歇尔试件分两组：一组在25℃水浴中浸泡2h后测其劈裂抗拉强度R_{T1}；另一组先真空饱水，在98.3~98.7kPa真空条件下浸水15min，然后恢复常压，在水中放置0.5h，再在-18℃冰箱中置放16h，而后放到60℃水浴中恒温24h，再放到25℃水中浸泡2h后测其劈裂抗拉强度R_{T2}；其残留强度比按式(6-25)计算：

$$\mathrm{TSR} = \frac{R_{T2}}{R_{T1}} \times 100\% \tag{6-25}$$

3)低温抗裂性能的检验

对密级配沥青混合料可以按规定方法进行低温弯曲试验，试验温度-10℃、加载速率

50mm/min,用以测定破坏强度、破坏应变、破坏劲度模量,并根据应力应变曲线的形状,综合评价沥青混合料的低温抗裂性能。其中沥青混合料的破坏应变宜不小于表 6-23 的要求。

沥青混合料低温弯曲试验破坏应变($\mu\varepsilon$)技术要求 表 6-23

气候条件与技术指标	相应于下列气候分区所要求的破坏应变($\mu\varepsilon$)									试验方法
年极端最低气温(℃)及气候分区	< -37.0		-21.5 ~ -37.0			-9.0 ~ -21.5		> -9.0		
	1.冬严寒区		2.冬寒区			3.冬冷区		4.冬温区		
	1-1	2-1	1-2	2-2	2-3	1-3	2-3	1-4	2-4	
普通沥青混合料,不小于	2 600		2 300			2 000				T 0715
改性沥青混合料,不小于	3 000		2 800			2 500				

4)渗水系数检验

可以利用轮碾机成型的车辙试件,脱模架起进行渗水试验,并符合表 6-24 的要求。

沥青混合料试件渗水系数(mL/min)技术要求 表 6-24

级配类型	渗水系数要求(mL/min)	试验方法
密级配沥青混凝土,不大于	120	T 0730
SMA 混合料,不大于	80	
OGFC 混合料,不小于	实测	

5)钢渣活性检验

对使用钢渣作为集料的沥青混合料,应按规定的试验方法进行活性和膨胀性试验,钢渣沥青混凝土的膨胀量不得超过 1.5%。

6)改变试验条件进行配合比设计检验

根据需要,可以改变试验条件进行配合比设计检验,如按调整后的最佳沥青用量、变化最佳沥青用量 OAC ± 0.3%、提高试验温度、加大试验荷载、采用现场压实密度进行车辙试验,在施工后的残余空隙率(如 7% ~ 8%)的条件下进行水稳定性试验和渗水试验等,但不宜用规范规定的技术要求进行合格评定。

4.配合比设计报告

配合比设计报告应包括工程设计级配范围选择说明、材料品种选择与原材料质量试验结果、矿料级配、最佳沥青用量,以及各项体积指标、配合比设计检验结果等。试验报告的矿料级配曲线应按规定的方法绘制。

当按实践经验和公路等级、气候条件、交通情况调整的沥青用量作为最佳沥青用量,宜报告不同沥青用量条件下的各项试验结果,并提出对施工压实工艺的技术要求。

5.沥青混合料配合比设计阶段

高速公路和一级公路的热拌沥青混合料组成设计,应通过三个设计阶段进行设计,通过配合比设计,决定沥青混合料所用材料的品种,矿料级配及沥青用量。

(1)目标配合比设计阶段　用工程实际使用的材料按照沥青混合料配合比设计方法,优选矿料级配、确定最佳沥青用量,得到符合配合比设计标准和满足配合比设计检验要求的矿料级配和沥青用量。以此矿料级配及沥青用量作为目标配合比,供拌和机确定各冷料仓的供料比例、进料速度及试拌使用。

(2)生产配合比设计阶段　间歇式拌和机从二次筛分后进入各热料仓的材料取样进行筛分,以确定各热拌仓的材料比例,供拌和机控制室使用。应反复调整冷料仓进料比例,尽量使各热料仓的供料大体平衡。采用目标配合比设计的最佳沥青用量，按照 OAC - 0.3%、OAC、OAC + 0.3%等三个沥青用量进行马歇尔试验和试拌，通过室内试验及从拌和机取样试验综合确定生产配合比的最佳沥青用量，由此确定的最佳沥青用量与目标配合比设计的结果的差值不宜大于 ±2%。连续式拌和机可省略生产配合比设计步骤。

(3)生产配合比验证阶段　采用生产配合比进行试拌、铺筑试验路，并取样进行马歇尔试验，同时从路上钻取芯样观察空隙率的大小，由此确定生产用的标准配合比。标准配合比应作为生产上控制的依据和质量检验的标准。标准配合比的矿料合成级配中，至少应包括方孔筛为 0.075mm、2.36mm、4.75mm 及公称最大粒径筛孔的通过率接近优选的工程设计范围的中值，并避免在 0.3 ~ 0.6mm 处出现"驼峰"。对确定的标准配合比，宜再次进行车辙试验和水稳定性检验。

以上三个阶段配合比设计是一个完整的整体，必须通过设计找到一个平衡点，使材料、性能、经济各方面都满意，得出的标准配合比在生产中能够使用。确定施工级配允许波动的范围应按照标准配合比及《公路沥青路面施工技术规范》(JTG F40—2004)对各筛孔的允许波动范围，制定施工用的级配控制范围，用此检查沥青混合料的生产质量。

经设计确定的标准配合比在施工过程中不得随意变更，生产过程中应加强跟踪检测，严格控制进场材料的质量，如遇材料发生变化并经检测沥青混合料的矿料级配、马歇尔技术指标不符合要求时，应及时调整配合比，使沥青混合料的质量符合要求并保持相对稳定，必要时重新进行配合比设计。

第三节　其他沥青混合料

一、冷拌冷铺沥青混合料

冷拌沥青混合料是指采用乳化沥青或稀释沥青与矿料在常温状态下拌和、铺筑的沥青混合料，又称作常温沥青混合料。其主要具有节省能源、保护环境、节约沥青、延长施工季节等优势。我国目前经常采用的冷拌沥青混合料，主要是乳化沥青混合料和沥青稀浆封层混合料。

1.乳化沥青混合料

乳化沥青混合料是采用乳化沥青与矿质混合料在常温状态下拌和，经铺筑与压实成型后形成的沥青路面，根据矿料的级配类型分为乳化沥青碎石混合料与乳化沥青混凝土混合料。乳化沥青混合料适用于沥青路面的维修和养护，如铺筑封层、罩面、修补坑槽等。

1)强度的形成过程

乳化沥青混合料的成型过程与热拌沥青混合料明显不同，由于乳液是沥青与水的混合物，其中的沥青必须经过乳液与集料的黏附、分解破乳、排水、蒸干等过程才能完全恢复其原有的黏结性能。最初摊铺和碾压的乳化沥青混合料，由于分散在混合料中的水分不能立即排净，水的"润滑"作用大大降低了集料间的内摩阻力，使沥青混合料的强度和稳定性下降。故要成型并达到一定的强度，时间比热沥青要长得多。随着行车压实，混合料中的水分继续分离蒸发，粗、细集料的位置进一步调整，密实度逐步增加，强度也将随时间增长。

2)材料组成

乳化沥青混合料的材料组成及技术要求与热拌沥青混合料的基本相同。乳化沥青混合料可采用的乳化沥青类型见表 6-25。其用量可根据当地实践经验以及交通量、气候、集料情况、沥青标号、施工机械等条件确定,也可按热拌沥青混合料的沥青用量折算,如乳化沥青碎石混合料,其乳液的沥青残留物数量可较同规格的热拌沥青混合料的沥青用量减少 10% ~ 20%。乳化沥青混合料宜采用密级配沥青混合料,当采用半开级配的冷拌沥青碎石混合料路面时应铺筑上封层。

乳化沥青混合料选用的乳化沥青类型　　表 6-25

乳化沥青混合料类型	乳化沥青品种
乳化沥青碎石混合料	BC-1,BA-1
乳化沥青混凝土混合料	BC-1,BA-1,BN-1

3)施工工艺

(1)拌和　乳化沥青混合料的拌和应在乳液破乳前结束,在保证乳液与骨料拌和均匀的前提下,拌和时间宜短不宜长。最佳拌和时间应根据施工现场使用的骨料级配情况、拌和机械性能、施工时的气候等条件通过试拌确定。此外,当采用阳离子乳化沥青拌和时,宜先用水使集料湿润,以便乳液能均布其表面,也可延缓乳液的破乳时间,保持良好的施工和易性。

(2)摊铺、压实　由于乳化沥青混合料有一个乳液破乳、水分蒸发的过程,故摊铺必须在破乳前完成,而压实则不可能在水分蒸发前完成,开始必须用轻碾碾压,使其初步压实,待水分蒸发后再做补碾。在完全压实之前,不能开放交通。

2.沥青稀浆封层混合料

沥青稀浆封层混合料简称沥青稀浆封层,是由乳化沥青、石屑(或砂)、填料和水等拌制而成的一种具有一定流动性的沥青混合料。将沥青稀浆封层混合料摊铺在路面上(厚度为 3 ~ 10mm),经破乳、析水、蒸发、固化等过程,形成密实、坚固耐磨的表面处治薄层,可以治疗路面早期病害,延长路面使用寿命。

1)沥青稀浆封层的作用

(1)防水作用　混合料的集料粒径较小,具有一定的级配,铺筑成型后,能与原路面牢固地黏附在一起,可形成一层密实的表层,可防止雨水或雪水通过裂缝渗入路面基层,可保持基层和土基的稳定。

(2)防滑作用　稀浆混合料摊铺厚度薄,沥青在粗、细集料中分布均匀,沥青用量适当,没有多余的沥青,可使铺筑稀浆封层后的路面不产生光滑、泛油等病害。乳化沥青稀浆封层混合料具有良好的粗糙面,路面的摩擦系数明显增加,抗滑性能显著提高。

(3)填充作用　稀浆封层混合料中有较多的水分,拌和后成稀浆状态,具有良好的流动性,可封闭沥青路面上的细微裂缝,填补原路面由于松散脱粒或机械性破坏等原因造成的不平,改善路面的平整度。

(4)耐磨作用　乳化沥青对酸、碱性矿料都有着较好的黏附力,所以稀浆混合料可选用坚硬的优质抗磨矿料,以铺筑有很强耐磨性能的沥青路面面层,延长路面的使用寿命。

(5)恢复路面外观形象　对使用年久,表面磨损发白、老化干涩,或经养护修补,表面状态很不一致的旧沥青路面,可用稀浆混合料进行罩面,遮盖破损与修补部位,使旧沥青路面外观形象焕然一新,形成一个新的沥青面层。

但是,稀浆封层也有其局限性。它只能作为表面保护层和磨耗层使用,而不起承重性的结构作用,不具备结构补强能力。

2)材料组成

(1)乳化沥青　常采用阳离子慢凝乳液,为提高稀浆封层的效果,可采用改性乳化沥青,如丁苯橡胶改性沥青、氯丁胶乳改性沥青等。

(2)集料　采用级配石屑(或砂)组成矿质混合料,集料应坚硬、粗糙、耐磨、洁净,稀浆封层用通过4.75mm筛的合成矿料的砂当量不得低于50%。细集料宜采用碱性石料生产的机制砂或洁净的石屑。对集料中的超粒径颗粒必须筛除。

根据铺筑厚度、处治目的、公路等级等条件,可按照表6-26选用合适的矿料级配。

稀浆封层的矿料级配　表6-26

筛孔尺寸(mm)	不同类型通过各筛孔的百分率(%)		
	ES-1型	ES-2型	ES-3型
9.5	—	100	100
4.75	100	95~100	70~90
2.36	90~100	65~90	45~70
1.18	60~90	45~70	27~50
0.6	40~65	30~50	19~34
0.3	25~42	18~30	12~25
0.15	15~30	10~21	17~18
0.075	10~20	5~15	5~15
一层的适宜厚度(mm)	2.5~3	4~7	8~10

(3)填料　为提高集料的密实度,需掺加水泥、石灰、粉煤灰、石粉等填料。掺入的填料应干燥、无结团、不含杂质。

(4)水　为湿润集料,使稀浆混合料具有要求的流动度,需掺加适量的水。水应采用饮用水,一般可采用自来水。

(5)添加剂　为调节稀浆混合料的和易性和凝结时间,需添加各种助剂,如氯化铵、氯化钠、硫酸铝等。

3)沥青稀浆封层混合料的配合比设计

沥青稀浆封层混合料的配合比设计,可根据理论的矿料表面吸收法,即按单位质量的矿料表面积裹覆8μm厚的沥青膜,计算出最佳沥青用量。但该方法并不能反映稀浆混合料的工作特性、旧路面的情况和施工的要求。为满足上述特性、情况和要求,目前通常采用试验法来确定配合比,其主要试验内容包括下列各项:

(1)稠度试验　该试验是为了确定稀浆混合料的加水量。它类似于水泥混凝土的坍落度试验。

稀浆混合料的含水量既要满足施工和易性的要求,又要保证所摊铺的稀浆能形成稳定坚固的封层。一般要求总的含水量在12%~20%范围内。

(2)初凝时间试验　稀浆混合料的初凝时间不能太长也不能太短,初凝时间太长,就会延长开放交通时间,给施工管理带来困难;初凝时间太短,会给搅拌和摊铺带来困难,保证不了质量。

稀浆混合料的初凝时间可用斑点法测定,其是指混合料拌和以后至乳液完全破乳,用滤纸检验已无沥青斑点的时间。

(3)固化时间试验　稀浆混合料的固化时间,也就是其摊铺后开放交通的时间。稀浆混合料摊铺后开放交通的时间不能太长,太长了会对施工和管理带来很大困难,否则得考虑用助剂来调节。

稀浆混合料的固化时间，是初凝后的混合料在黏结力试验中达到最大黏结力的时间。

(4)湿轮磨耗试验　稀浆混合料的沥青用量是配合比设计中最重要的参数。沥青用量太少，稀浆封层就会松散；沥青用量太多，路面就会壅包，并且也浪费沥青材料。湿轮磨耗试验是用来确定稀浆混合料的最小沥青用量，同时也用于检验稀浆混合料成型后的耐磨耗性能。

湿轮磨耗试验是按规定的成型方法，将成型后的稀浆混合料试件放在水中，用湿轮磨耗仪磨头磨 5min，测定磨耗损失的试验。

(5)乳化沥青稀浆混合料碾压试验　乳化沥青稀浆混合料碾压试验是用来测定混合料中是否有过量的沥青，也就是确定稀浆混合料的最大沥青用量。可与湿轮磨耗试验一起确定稀浆混合料的最佳沥青用量。

碾压试验是稀浆混合料成型后，在 57kg 负荷轮下碾压 1000 次，模拟车辆行驶碾压；然后在试件上撒定量的热砂，再碾压 100 次，以每平方米吸收的砂量来表示。

经配合比设计，稀浆封层混合料的性能应符合表 6-27 的要求。

稀浆封层混合料技术要求　　表 6-27

项　目	单位	稀浆封层	试验方法
可拌和时间	s	>120	手工拌和
稠度	cm	2~3	T 0751
黏聚力试验 30min(初凝时间) 60min(开放交通时间)	 N·m N·m	(仅适用于快开放交通的稀浆封层) ≥1.2 ≥2.0	T 0754
负荷轮碾压试验(LWT) 黏附砂量	g/m^2	(仅适用于重交通道路表层时) <450	T 0755
湿轮磨耗试验的磨耗值(WTAT) 浸水 1h	g/m^2	<800	T 0752

4)沥青稀浆封层混合料的应用

沥青稀浆封层适合于沥青路面预防性养护。在路面尚未出现严重病害之前，为了避免沥青性质明显硬化，在路面上用沥青稀浆进行封层，不但有利于填充和治愈路面的裂缝，还可以提高路面的密实性以及抗水、防滑、抗磨耗的能力，从而提高路面的服务能力，延长路面的使用寿命。

在水泥混凝土路面上加铺稀浆封层，可以弥合表面细小的裂缝，防止混凝土表面剥落，改善车辆的行驶条件。

用稀浆封层技术处理砂石路面，可以起到防尘和改善道路状况的作用。

二、沥青玛蹄脂碎石混合料(SMA)

沥青玛蹄脂碎石混合料(Stone Matrix Asphalt)是由沥青结合料与少量的纤维稳定剂、细集料以及较多的填料(矿粉)组成的沥青玛蹄脂，填充于间断级配的粗集料骨架间隙中组成一体所形成的沥青混合料，简称 SMA。SMA 混合料属于骨架密实结构，具有耐磨抗滑、密实耐久、抗疲劳、抗高温车辙、减少低温开裂等优点，主要用于高等级道路沥青路面的上面层。

1.SMA 的技术性质

1)高温稳定性

SMA 混合料中粒径≥4.75mm 的粗集料用量高达 70%～80%，矿粉用量为 10%左右，细集料较少。粗集料颗粒间有着良好的嵌锁作用，沥青玛蹄脂起胶结作用并填充粗集料的骨架空隙，有助于消散对下层的冲击力，所以 SMA 混合料抵抗荷载变形的能力较强，具有较好的高温抗车辙能力。有研究表明：SMA 混合料的动稳定度较 AC 混合料动稳定度高，尤其是采用改性沥青后，SMA 混合料的动稳定度较 AC 混合料提高近 1 倍。

2)低温抗裂性

低温时，沥青混合料的抗裂性主要由结合料的性质决定，由于在 SMA 混合料中有着相当数量的沥青玛蹄脂，当温度下降混合料收缩使集料颗粒被拉开时，沥青玛蹄脂具有较高的黏结能力，它的韧性和柔性使得混合料具有良好的低温变形能力。

3)耐久性

SMA 混合料内部被沥青结合料充分填充，使沥青在集料表面形成较厚的沥青膜，空隙率较小，一般在 3%～4%之间，受水的影响较少，因此 SMA 混合料的水稳定性和抗老化性较普通沥青混合料为好；由于 SMA 混合料基本是不透水的，对中、下面层有较好的保护作用和隔水作用，使沥青路面能够保持较高的整体性和稳定性。

4)表面特征

SMA 混合料一方面要求采用坚硬、粗糙、耐磨的优质碎石，另一方面采用间断级配的矿料，路面在压实后表面构造深度大，一般超过 1mm，这使得沥青面层具有良好的抗滑性和耐磨性，拥有较好的横向排水性能；雨天行车不会产生较大的水雾和溅水，增加雨天行走的可见度，并减少夜间的路面反光；路面噪声可降低 3～5dB，从而提高了道路的行驶质量。

5)投资效益高

由于 SMA 结构能全面提高沥青混合料和沥青路面的使用性能，使得 SMA 路面能够减少维修费用，延长使用寿命。使用 SMA 较早的欧洲，一般认为 SMA 路面使用寿命比密级配混合料路面延长 20%～40%，德国早期铺筑的 SMA 路面平均使用寿命为 17 年左右。

2.SMA 的组成材料

由于 SMA 混合料的骨架结构特性以及对它较高的性能要求，其组成材料的质量除了应满足普通热拌沥青混合料组成材料的基本要求外，还应满足一些特殊要求。

1)沥青

SMA 混合料中要求沥青具有较高的黏度，与集料有良好的黏附性，以保证有足够的高温稳定性和低温韧性，SMA 所用沥青质量必须符合我国“重交通道路沥青技术要求”，并应采用比当地常用沥青标号稍硬 1 级或 2 级的沥青。

对于高速公路、承受繁重交通的重大工程道路、夏季特别炎热或冬季特别寒冷地区的道路，最好采用改性沥青配制 SMA 混合料。用于改性沥青的基质沥青质量必须符合我国“重交通道路沥青技术要求”，所配制的聚合物改性沥青质量应符合《公路改性沥青施工技术规范》(JTJ 036—98)规定。当以提高沥青混合料的抗车辙能力作为主要目的时，宜要求改性沥青的软化点温度高于年最高路面温度。

2)集料与填料

用于 SMA 的粗集料应是高质量的轧制碎石，其岩石应坚韧，具有较高的强度和刚度。应严格控制集料中的针片状颗粒含量，集料的颗粒形状应接近立方体，富棱角，纹理粗糙，其他技术要求见表6-28。当采用酸性集料作粗集料，沥青与集料的黏附性和沥青混合料的水稳定性不符合要求时，应采用改性沥青、掺加适量消石灰粉或水泥等措施。如使用抗剥落剂，必须确认抗剥落剂具有长期的抗水损害效果。

SMA表面层用粗集料质量技术要求 表6-28

指 标		单位	技术要求	试验方法
石料压碎值	≤	%	25	T 0316
洛杉矶磨耗损失	≤	%	28	T 0317
视密度	≥	t/m^3	2.60	T 0304
吸水率	≤	%	2.0	T 0304
与沥青的黏附性	≥	级	4	T 0616
坚固性	≤	%	12	T 0314
针片状颗粒含量	≤	%	15	T 0312
水洗法＜0.075mm颗粒含量	≤	%	1	T 0310
软石含量	≤	%	1	T 0320
石料磨光值	≥	BPN	42	T 0321
具有一定数量破碎面颗粒的含量 具有一个破碎面的颗粒 具有2个或2个以上破碎面的颗粒	≥	%	 100 90	T 0327

细集料最好使用坚硬的机制砂，也可以从洁净的石屑中筛取粒径范围0.5～3mm部分作为机制砂使用。当采用普通石屑作为细集料时，宜采用石灰石石屑，石屑中不得含有泥土类杂物。当与天然砂混用时，天然砂的用量不宜超过机制砂或石屑的用量。细集料质量除了满足普通热拌沥青混合料对细集料的要求外，棱角性最好大于45%。

填料必须采用石灰石等碱性岩石磨细的矿粉，矿粉质量应满足普通沥青混合料对矿粉的要求。粉煤灰不得作为SMA混合料的填料使用。回收粉尘的比例不得超过填料总质量的25%。其他要求同普通热拌沥青混合料。

3)纤维

SMA混合料中常用的纤维材料有：木质素纤维、矿物纤维、腈纶纤维、涤纶纤维、玻璃纤维等聚合物化学纤维。纤维在SMA混合料中的作用是吸油、稳定、增强，并提高SMA混合料高温下的抗剪强度。选择纤维时主要考虑其吸油性、耐热性、与沥青的黏附性等指标。纤维应能承受240℃的高温条件，不变形、不变质、不脆化，化学稳定性好，对环境无污染。

3.SMA混合料的配合比设计

SMA混合料的配合比设计，应遵循现行规范关于热拌沥青混合料配合比设计的目标配合比、生产配合比及生产配合比验证三个阶段，确定矿料级配及最佳沥青用量。

1)SMA混合料配合比设计指标

(1)SMA混合料设计级配范围 表6-29为SMA混合料级配范围的建议值，SMA混合料的最大粒径应与面层结构设计厚度相匹配，结构设计厚度为集料的公称最大粒径的2～2.5倍。

(2)SMA混合料的体积结构参数：

①粗集料骨架间隙率VCA，是指粗集料实体之外的空间体积占整个试件体积的百分率，用于评价按照嵌挤原则设计的骨架型沥青混合料的体积特征，主要用于SMA混合料或OGFC混合料的组成设计。

SMA 混合料矿料级配范围 表 6-29

规格 \ 筛孔尺寸(mm)	26.5	19	16	13.2	9.5	4.75	2.36	1.18	0.6	0.3	0.15	0.075
SMA-19	100	90 ~ 100	72 ~ 92	62 ~ 82	40 ~ 55	18 ~ 30	13 ~ 22	12 ~ 20	10 ~ 16	9 ~ 14	8 ~ 13	8 ~ 12
SMA-16		100	90 ~ 100	65 ~ 85	45 ~ 65	20 ~ 32	15 ~ 24	14 ~ 22	12 ~ 18	10 ~ 15	9 ~ 14	8 ~ 13
SMA-13			100	90 ~ 100	50 ~ 75	20 ~ 34	15 ~ 26	14 ~ 24	12 ~ 20	10 ~ 16	9 ~ 15	8 ~ 12
SMA-10				100	90 ~ 100	28 ~ 60	20 ~ 32	14 ~ 26	12 ~ 22	10 ~ 18	9 ~ 16	8 ~ 13

a.捣实状态下粗集料骨架间隙率：捣实状态下粗集料骨架间隙率是将 4.75mm（或 2.36mm）以上的干燥粗集料按照规定条件在容量筒中捣实，所形成的粗集料骨架实体以外的空间体积占容量筒体积的百分率，以 VCA_{DRC}表示，采用式(6-26)计算：

$$VCA_{DRC} = (1 - \frac{\rho}{\rho_{ca}}) \times 100\% \tag{6-26}$$

式中：VCA_{DRC}——捣实状态下粗集料骨架间隙率(%)；

ρ——捣实法测定的粗集料装填密度(g/cm³)；

ρ_{ca}——粗集料的平均毛体积密度(g/cm³)。

b.沥青混合料试件的粗集料间隙率：压实沥青混合料试件内粗集料骨架以外的体积占整个试件体积的百分率，采用式(6-27)计算，对于 SMA-16 和 SMA-13，粗集料通常指粒径≥4.75mm的粗集料；对于 SMA-10 粗集料是指粒径≥2.36mm 的粗集料。

$$VCA_{mix} = \left(1 - \frac{\rho_b \times P_{ca}}{\rho_{ca} \times \rho_w}\right) \times 100\% \tag{6-27}$$

式中：VCA_{mix}——沥青混合料粗集料骨架间隙率(%)；

P_{ca}——沥青混合料中粒径≥4.75mm 或(2.36mm)的粗集料比例(%)；

ρ_b——沥青混合料实测毛体积密度(g/cm³)；

ρ_{ca}——粗集料的平均毛体积密度(g/cm³)；

ρ_w——水的密度，1g/cm³。

SMA 混合料是按照骨架嵌挤原则设计的，为了充分发挥 SMA 混合料中粗集料石—石骨架的嵌挤作用，在压实状态下，要求沥青混合料中粗集料间隙率 VCA_{mix}不能大于 VCA_{DRC}。粗集料骨架间隙率 VCA_{DRC}能否大于沥青混合料间隙率 VCA_{mix}是检验粗集料能否形成嵌挤骨架的关键。当 $VCA_{mix} > VCA_{DRC}$时，混合料的粗集料骨架实际上被所填充的沥青玛蹄脂撑开了，表明在沥青混合料中或者沥青玛蹄脂过多、或者粗集料骨架间隙率过小。所以，粗集料间隙率 VCA 实际上控制了 SMA 混合料中沥青玛蹄脂的总体积。

②马歇尔试件的体积参数：SMA 混合料中应有足够的矿料间隙率 VMA 以保证可以加入充足的沥青，否则，在路面压实及使用过程中，会使过多的沥青浮于混合料的表面，出现泛油或油斑等病害。由于在 SMA 混合料中沥青用量高于普通沥青混合料，所以对其矿料间隙率的要求较大。

沥青饱和度 VFA 的大小反映沥青混合料中沥青用量是否合适。沥青用量过大会导致路面的泛油和车辙等，过小，沥青路面的耐久性不足。

压实后 SMA 混合料的空隙率 *VV* 对沥青路面的使用性能和耐久性有着较大的影响。由于 SMA 混合料的粗级配及高沥青用量特征，较低的空隙率将导致沥青路面出现油斑、泛油或发生车辙，而空隙率过大会降低 SMA 混合料的耐久性。目前世界各国对 SMA 空隙率的控制值不尽相同，如德国 2% ~ 4%，匈牙利 2.5% ~ 4.5%，意大利 1% ~ 4%，荷兰 4% ~ 5%，美国 3% ~ 4%。我国现行规范建议控制在 3% ~ 4%，在实际使用时，应根据气温和荷载情况综合确定。

(3)SMA 混合料的力学性能指标：由于马歇尔试验的局限性，在相同的试验条件下，与密级配 AC 型混合料相比，SMA 混合料通常表现为马歇尔稳定度低，而流值高，试验结果与这两种混合料在实际路面中的表现不相符，所以马歇尔试验的稳定度和流值不是 SMA 混合料配合比设计的主要指标。马歇尔试验的目的是检测试件的各项体积结构参数，以确定 SMA 混合料的矿料级配。SMA 混合料的水稳定性采用浸水试件的残留稳定度评价，高温抗车辙能力通过车辙试验检测。

(4)析漏试验和飞散试验：

①谢伦堡沥青析漏试验：谢伦堡沥青析漏试验用以检测沥青结合料在高温状态下从沥青混合料中析出的数量，是确定 SMA 混合料中沥青用量的一种辅助试验方法。谢伦堡沥青析漏试验在施工最高温度下进行，一般非改性沥青混合料的试验温度为 170℃，聚合物改性沥青混合料的试验温度为 185℃。将拌和好的沥青混合料倒入 800mL 的烧杯中，在规定温度的烘箱中静置 60min，按式(6-28)计算沥青析漏损失量。

$$\Delta m = \frac{m_2 - m_0}{m_1 - m_0} \times 100\% \tag{6-28}$$

式中：Δm——沥青析漏损失量(%)；

m_0——烧杯质量(g)；

m_1——烧杯与沥青混合料试样的总质量(g)；

m_2——将沥青混合料倒出后，烧杯及黏附在烧杯上的沥青玛蹄脂的质量(g)。

沥青析漏量随着沥青用量增加而增加，根据沥青析漏量的多少，可以确定沥青混合料中有无多余的自由沥青或过多的沥青玛蹄脂，用以限定 SMA 混合料的最大沥青用量。在 SMA 混合料中虽然需要使用较多的沥青，但不能超过所有矿料表面所能吸附的最大沥青用量。过多的自由沥青将成为集料颗粒间的润滑剂，导致沥青玛蹄脂上浮，影响路表构造深度、降低混合料的高温稳定性等。

②肯塔堡飞散试验：肯塔堡飞散试验用以检验 SMA 混合料中集料与沥青结合料的黏结力的辅助试验，用于确定最小沥青用量。在压实的 SMA 混合料表面，构造深度较大，粗集料外露，在交通荷载的反复作用下，若混合料中沥青用量或黏结力不足，会引起集料的脱落、掉粒或飞散，进而发展为坑槽，造成路面损坏。肯塔堡飞散试验采用沥青混合料的马歇尔试件在洛杉矶磨耗试验机上进行，标准试验温度为 20℃，水中养生时间为 20h。在多雨潮湿地区，也可进行浸水试验，标准试验温度为 60℃，水中养生时间为 48h。飞散试验在以试件在洛杉矶磨耗试验机中旋转撞击规定次数后，试件的损失质量百分率表示，由式(6-29)计算。

$$\Delta S = \frac{m_0 - m_1}{m_0} \times 100\% \tag{6-29}$$

式中：ΔS——沥青混合料的飞散损失(%)；

m_0——磨耗试验前试件的质量(g)；

m_1——磨耗试验后试件的质量(g)。

谢伦堡试验和肯塔堡试验往往是同时进行的，前者用于确定沥青用量的上限，后者用于确定沥青用量的下限。通过对两者的综合分析，可以得出一个较为合理的沥青用量范围。

SMA 混合料配合比设计的技术指标及其相应的要求见表 6-30。

SMA 混合料的物理力学性能指标和技术要求　　表 6-30

技术指标和技术要求				使用非改性沥青	使用改性沥青
配合比设计马歇尔试验指标	马歇尔试件击实次数			两面各击实 50 次	
	空隙率 VV(%)			3～4①	
	矿料间隙率 VMA(%) ≥	集料的最大公称粒径尺寸(mm)	9.5	17.5	
			13.2	17.0	
			16	16.5	
			19	16.0	
	混合料粗集料间隙率 VCA_{mix}(%)			≤粗集料骨架间隙率 VCA_{DRC}	
	沥青饱和度 VFA(%)			75～85	
	马歇尔稳定度(kN)		≥	5.5	6.0
	流值(0.1mm)			20～50	20～50
配合比设计检验指标	谢伦堡沥青析漏量(%)		≤	0.20	0.10
	肯塔堡飞散损失量(20℃)		≤	20	15
	车辙试验的动稳定度(次/mm)		>	1500	3000
	水稳定性试验	残留稳定度(%)	>	75	80
		动融劈裂强度比(%)	>	75	80
	渗水系数(mL/min)		<	80	

2)SMA 混合料的配合比设计方法

SMA 混合料的配合比设计原则体现在两个方面：一是粗集料颗粒互相嵌挤组成高温定性的“石-石骨架”结构；二是由细集料、沥青结合料和稳定添加剂组成的沥青玛蹄脂填充“骨架”间隙，并将“骨架”胶结在一起，沥青玛蹄脂应略有富余，以使混合料获得较好的柔韧性和耐久性。

(1)原材料选择及其性能测试　按照规定方法，精确测定各种原材料的密度，其中粗集料为毛体积密度，石屑、砂和矿粉为表观密度。

(2)确定 SMA 混合料的初试级配　调整各种集料用量比例，设计 3 组不同的初试级配，3 组级配的 4.75mm 通过率(当为 SMA-10 时为 2.36mm，下同)分别为中值、中值 ± 4%，其矿粉数量宜相同，使 0.075mm 通过率为 10% 左右。其他筛孔上，3 组级配必须符合所选择的级配范围的要求。

(3)试验检测：

①测试粗集料骨架间隙率 VCA_{DRC}：将 3 组初试级配混合料中小于 4.75mm 的集料筛除，分别测定 4.75mm 以上各档粗集料的毛体积密度，并按照各档集料比例计算粗集料的平均毛体积密度。用捣实法测定 4.75mm 以上粗集料的装填密度，计算各组初试级配在捣实状态下粗集料骨架间隙率 VCA_{DRC}。

②制作马歇尔试件：根据矿料的平均毛体积密度，并参考使用经验选择制作马歇尔试件的初试油石比。

③试件体积参数的测试：采用表干法测试 SMA 混合料马歇尔试件的毛体积密度。最好采

用实测法测定 SMA 混合料试件的最大毛体积密度，当使用改性沥青时用溶剂法测试，使用非改性沥青时也可以采用真空法测定。若采用实测法有困难或难以得到准确结果时，也可以采用 SMA 混合料的理论最大密度替代实测最大毛体积密度。

(4)确定 SMA 混合料的设计级配　从 3 组初试级配的试验结果中选择满足 $VCA_{mix} \leq VCA_{DRC}$和 VMA 满足设计要求的级配作为设计级配。当有 1 组以上的级配同时满足要求时，以 4.75mm 通过率大的级配为设计级配。

(5)确定 SMA 混合料的沥青用量　根据所选择的设计级配和初试油石比的空隙率结果，以 0.2% ~ 0.4% 为间隔，调整 3 个不同的油石比，再次制作马歇尔试件。然后测试密度，并计算试件空隙率等各项体积参数指标。绘制各项体积指标与油石比的关系曲线，根据要求的设计空隙率确定最佳油石比。

若初试油石比的空隙率恰好接近设计要求，可以省略此步骤。

(6)SMA 混合料的性能检验　SMA 混合料的配合比确定后，应对混合料进行谢伦堡沥青析漏试验、肯塔堡飞散试验。

SMA 混合料必须进行车辙试验，验证混合料的高温抗车辙能力。

SMA 混合料的水稳定检验。

采用轮碾法成型 SMA 混合料试件，进行表面的渗水系数和构造深度检验。

第四节　沥青混合料试验

试验三十六　沥青混合料试件制作方法(击实法)

一、试验目的

(1)本方法适用于标准击实法制作沥青混合料试件，以供试验室进行沥青混合料物理力学性质试验使用。

(2)标准击实法适用于马歇尔试验、间接抗拉试验(劈裂法)等所使用的 φ101.6mm × 63.5mm圆柱体试件的成型。

(3)沥青混合料试件制作时的矿料规格及试件数量应符合如下规定：

①沥青混合料配合比设计及在试验室人工配制沥青混合料制作试件时，试件尺寸应符合试件直径不小于集料公称最大粒径的 4 倍，厚度不小于集料公称最大粒径的 1 ~ 1.5 倍的规定。对直径为 φ101.6mm 的试件，集料公称最大粒径应不大于 26.5mm。对粒径大于 26.5mm 的粗粒式沥青混合料，其大于 26.5mm 的集料应用等量的 13.2 ~ 26.5mm 集料代替(代替法)。试验室成型的一组试件的数量不得少于 4 个，必要时宜增加至 5 ~ 6 个。

②用拌和厂及施工现场采集的拌和沥青混合料成品试样制作直径 φ101.6mm 的试件时，按下列规定选用不同的方法及试件数量：

a.当集料公称最大粒径小于或等于 26.5mm 时，可直接取样(直接法)。一组试件的数量通常为 4 个。

b.当集料公称最大粒径大于 26.5mm，但不大于 31.5mm，宜将大于 26.5mm 的集料筛除后使用(过筛法)，一组试件数量仍为 4 个，如采用直接法，一组试件的数量应增加至 6 个。

c.当集料公称最大粒径大于 31.5mm 时,必须采用过筛法。过筛的筛孔为 26.5mm,一组试件仍为 4 个。

二、试验仪器

(1)标准击实仪:由击实锤、ϕ98.5mm 平圆形压实头及带手柄的导向棒组成。用人工或机械将压实锤举起,从 453.2 ± 1.5mm 高度沿导向棒自由落下击实,标准击实锤质量为 4536g ± 9g。

(2)标准击实台:用以固定试模,在 200mm × 200mm × 457mm 的硬木墩上面有一块305mm × 305mm × 25mm 的钢板,木墩用 4 根型钢固定在下面的水泥混凝土板上。木墩采用青网栎、松或其他干密度为 0.67 ~ 0.77g/cm^3 的硬木制成。人工击实或机械击实均必须有此标准击实台。

自动击实仪是将标准击实锤及标准击实台安装一体并用电力驱动使击实锤连续击实试件且可自动记数的设备,击实速度为 60 ± 5 次/min。

(3)试验室用沥青混合料拌和机:能保证拌和温度并充分拌和均匀,可控制拌和时间,容量不小于 10L,如图 6-10 所示。搅拌叶自转速度 70 ~ 80r/min,公转速度 40 ~ 50r/min。

(4)脱模器:电动或手动,可无破损地推出圆柱体试件,备有标准圆柱体试件尺寸的推出环。

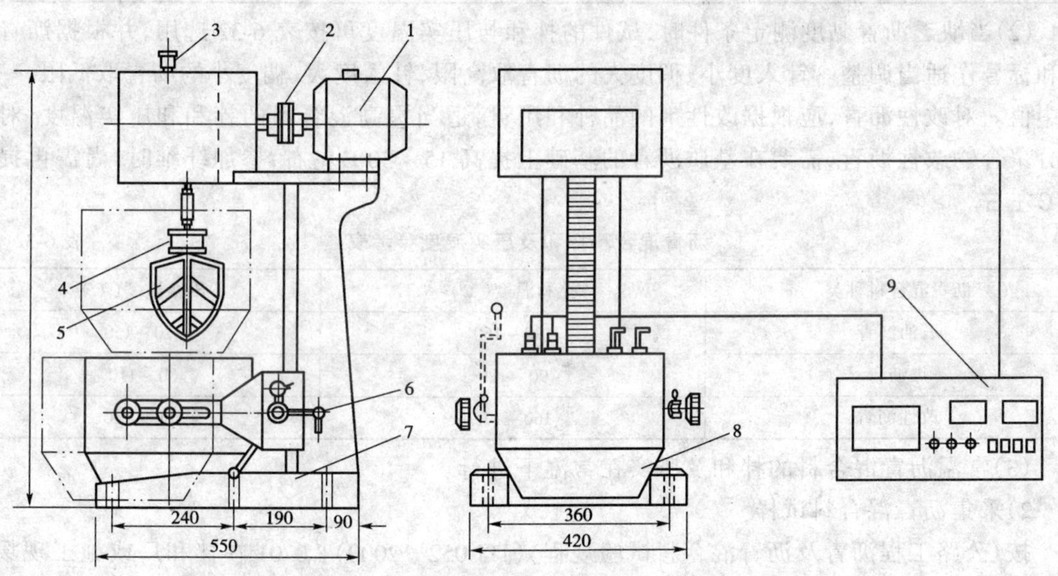

图 6-10 试验室用沥青混合料拌和机(尺寸单位:mm)

1-电机;2-联轴器;3-变速箱;4-弹簧;5-拌和叶片;6-升降手柄;7-底座;8-加热拌和锅;9-温度时间控制仪

(5)试模:由高碳钢或工具钢制成,每组包括内径 101.6 ± 0.2mm,高 87mm 的圆柱形金属筒、底座(直径约 120.6mm)和套筒(内径 101.6mm、高 70mm)各 1 个。

(6)烘箱:大、中型各一台,装有温度调节器。

(7)天平或电子秤:用于称量矿料的,感量不大于 0.5g;用于称量沥青的,感量不大于 0.1g。

(8)沥青运动黏度测定设备:毛细管黏度计、赛波特重油黏度计或布洛克菲尔德黏度计。

(9)插刀或大螺丝刀。

(10)温度计:分度为1℃。宜采用有金属插杆的热电偶沥青温度计,金属插杆的长度不小于300mm。量程0～300℃,数字显示或度盘指针的分度为0.1℃,且有留置读数功能。

(11)其他:电炉或煤气炉、沥青熔化锅、拌和铲、标准筛、滤纸(或普通纸)、胶布、卡尺、秒表、粉笔、棉纱等。

三、试验步骤

1.准备工作

1)确定制作沥青混合料试件的拌和与压实温度

(1)按本规程测定沥青的黏度,绘制黏温曲线。按表6-31的要求确定适宜于沥青混合料拌和及压实的等黏温度。

适宜于沥青混合料拌和及压实的沥青等黏温度 表6-31

沥青结合料的种类	黏度与测定方法	适宜于拌和的沥青结合料黏度	适宜于压实的沥青结合料黏度
石油沥青(含改性沥青)	表观黏度,T 0625	0.17±0.02Pa·s	0.28±0.03Pa·s
	运动黏度,T 0619	170±20mm²/s	280±30mm²/s
	赛波特黏度,T 0623	85±10s	140±15s
煤沥青	恩格拉度,T 0622	25±3	40±5

(2)当缺乏沥青黏度测定条件时,试件的拌和与压实温度可按表6-32选用,并根据沥青品种和标号作适当调整。针入度小、稠度大的沥青取高限,针入度大、稠度小的沥青取低限,一般取中值。对改性沥青,应根据改性剂的品种和用量,适当提高混合料的拌和和压实温度,对大部分聚合物改性沥青,需要在基质沥青的基础上提高15～30℃左右,掺加纤维时,尚需再提高10℃左右。

沥青混合料拌和及压实温度参考表 表6-32

沥青混合料种类	拌和温度(℃)	压实温度(℃)
石油沥青	130～160	120～150
煤沥青	90～120	80～110
改性沥青	160～175	140～170

(3)常温沥青混合料的拌和及压实在常温下进行。

2)采集沥青混合料试样

按《公路工程沥青及沥青混合料试验规程》(JTJ 052—2000)T 0701在拌和厂或施工现场采集沥青混合料试样。将试样置于烘箱中或加热的砂浴上保温,在混合料中插入温度计测量温度,待混合料温度符合要求后成型。需要适当拌和时可倒入已加热的小型沥青混合料拌和机中适当拌和,时间不超过1min。但不得用铁锅在电炉或明火上加热炒拌。

3)在试验室人工配制沥青混合料,进行材料准备

(1)将各种规格的矿料置于105±5℃的烘箱中烘干至恒重(一般不少于4～6h)。根据需要,粗集料可先用水冲洗干净后烘干。也可将粗细集料过筛后用水冲洗再烘干备用。

(2)按规定试验方法分别测定不同粒径规格粗、细集料及其填料(矿粉)的各种密度,按《公路工程沥青及沥青混合料试验规程》(JTJ 052—2000)T 0603测定沥青的密度。

(3)将烘干分级的粗细集料,按每个试件设计级配要求称其质量,在一个金属盘中混合均

匀，矿粉单独加热，置烘箱中预热至沥青拌和温度以上约15℃(采用石油沥青时通常为163℃；采用改性沥青时通常需180℃)备用。一般按一组试件(每组4~6个)备料，但进行配合比设计时宜对每个试件分别备料。当采用替代法时，对粗集料中粒径大于26.5mm的部分，以13.2~26.5mm粗集料等量代替。常温沥青混合料的矿料不应加热。

(4)将按《公路工程沥青及沥青混合料试验规程》(JTJ 052—2000)T 0601采集的沥青试样，用恒温烘箱或油浴、电热套熔化加热至规定的沥青混合料拌和温度备用，但不得超过175℃。当不得已采用燃气炉或电炉直接加热进行脱水时，必须使用石棉垫隔开。

4)注意事项

用沾有少许黄油的棉纱擦净试模、套筒及击实座等置于100℃左右烘箱中加热1h备用。常温沥青混合料用试模不加热

2.拌制沥青混合料

1)黏稠石油沥青或煤沥青混合料

(1)将沥青混合料拌和机预热至拌和温度以上10℃左右备用(对试验室试验研究、配合比设计及采用机械拌和施工的工程，严禁用人工炒拌法热拌沥青混合料).

(2)每个试件预热的粗细集料置于拌和机中，用小铲子适当混合，然后再加入需要数量的已加热至拌和温度的沥青(如沥青已称量在一专用容器内时，可在倒掉沥青后用一部分热矿粉将沾在容器壁上的沥青擦拭一起倒入拌和锅中)，开动拌和机一边搅拌一边将拌和叶片插入混合料中拌和1~1.5min，然后暂停拌和，加入单独加热的矿粉，继续拌和至均匀为止，并使沥青混合料保持要求的拌和温度范围内。标准的总拌和时间为3min。

2)液体石油沥青混合料

将每组(或每个)试件的矿料置于已加热至55~100℃的沥青混合料拌和机中，注入要求数量的液体沥青，并将混合料边加热边拌和，使液体沥青中的溶剂挥发至50%以下，拌和时间应事先试拌决定。

3)乳化沥青混合料

将每个试件的粗细集料，置于沥青混合料拌和机(不加热，也可用人工炒拌)中，注入计算的用水量(阴离子乳化沥青不加水)后，拌和均匀并使矿料表面完全湿润，再注入设计的沥青乳液用量，在1min内使混合料拌匀，然后加入矿粉后迅速拌和，使混合料拌成褐色为止。

3.试件成型

马歇尔标准击实法的成型步骤如下：

①将拌好的沥青混合料，均匀称取一个试件所需的用量(标准马歇尔试件约为1200g)。当已知沥青混合料的密度时，可根据试件的标准尺寸计算并乘以1.03得到要求的混合料数量。当一次拌和几个试件时，宜将其倒入经预热的金属盘中，用小铲适当拌和均匀分成几份，分别取用。在试件制作过程中，为防止混合料温度下降，应连盘放在烘箱中保温。

②从烘箱中取出预热的试模及套筒，用沾有少许黄油的棉纱擦拭套筒、底座及击实锤底面，将试模装在底座上，垫一张圆形的吸油性小的纸，按四分法从四个方向用小铲将混合料铲入试模中，用插刀或大螺丝刀沿周边插捣15次，中间10次，插捣后将沥青混合料表面整平成凸圆弧面。

③插入温度计，至混合料中心附近，检查混合料温度。

④待混合料温度符合要求的压实温度后，将试模连同底座一起放在击实台上固定，在装好的混合料上面垫一张吸油性小的圆纸，再将装入击实锤及导向棒的压实头插入试模中，然后开

启电动机或人工将击实锤从 457mm 的高度自由落下击实规定的次数(75、50 或 35 次)。

⑤试件击实一面后,取下套筒,将试模掉头,装上套筒,然后以同样的方法和次数击实另一面。

乳化沥青混合料试件在两面击实后,将一组试件在室温下横向放置 24h。另一组试件置温度为 105 ± 5℃的烘箱中养生 24h。将养生试件取出后再立即两面锤击各 25 次。

⑥试件击实结束后,立即用镊子取掉上下面的纸,用卡尺量取试件离试模上口的高度并由此计算试件高度,如高度不符合要求时,试件应作废,并按下式(6-30)调整试件的混合料质量,以保证高度符合 63.5 ± 1.3mm (标准试件)的要求。

$$\text{调整沥青混合料} = \frac{\text{要求试件高度} \times \text{原用混合料质量}}{\text{所得试件高度}} \tag{6-30}$$

⑦卸去套筒和底座,将装有试件的试模横向放置冷却至室温后(不少于 12h)置于脱模机上脱出试件。用于《公路工程沥青及沥青混合料试验规程》(JTJ 052—2000)T 0709 作现场马歇尔指标检验的试件,在施工质量检验过程中如急需试验,允许采用电风扇吹 1h 或浸水冷却 3min 以上的方法脱模,但浸水脱模法不能用于测量密度、空隙率等各项物理指标。

⑧将试件仔细置于干燥洁净的平面上,供试验用。

四、试验记录(表 6-33)

沥青混合料试件制作试验(击实法)记录表　　表 6-33

试样编号			试样来源			
试样名称			初拟用途			
配合组成	组成材料名称		配合时所需质量(g)		配合比(%)	
试件编号	制备日期	成型温度	成型压力	试件尺寸(mm)		试件用途
		T(℃)	F_0(Pa)	高度 h	直径 d	

试验者　　计算者　　审核者　　试验日期　　年　　月　　日

试验三十七　压实沥青混合料密度试验(表干法)

一、试验目的

(1)表干法适用于测定吸水率不大于 2% 的各种沥青混合料试件,包括 I 型或较密实的 II 型沥青混凝土、抗滑表层混合料、沥青玛蹄脂碎石混合料(SMA)试件的毛体积相对密度或毛体积密度。

(2)本方法测定的毛体积密度适用于计算沥青混合料试件的空隙率、矿料间隙等各项体积指标。

二、试验仪器

(1)浸水天平或电子秤:当最大称量在3kg以下时,感量不大于0.1g;最大称量3kg以上时,感量不大于0.5g;最大称量10kg以上时,感量不大于0.5g,应有测量水中重的挂钩。

(2)网篮。

(3)溢流水箱:如图6-11所示,使用洁净水,有水位溢流装置,保持试件和网篮浸入水中后的水位一定。

(4)试件悬吊装置:天平下方悬吊网篮及试件的装置,吊线应采用不吸水的细尼龙线绳,并有足够的长度。对轮碾成型机成型的板块状试件可用铁丝悬挂。

(5)秒表。

(6)毛巾。

(7)电风扇或烘箱。

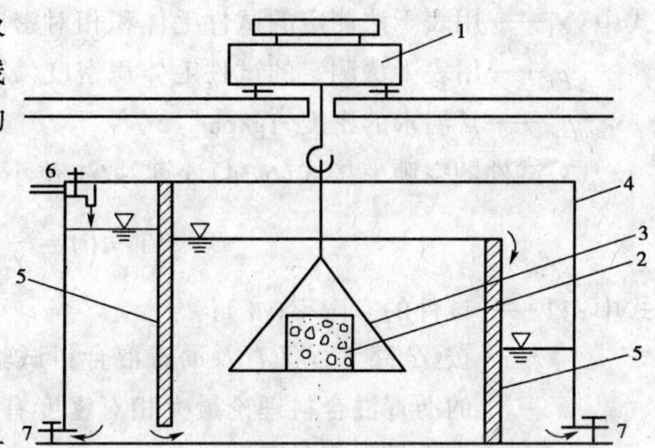

图6-11 溢流水箱及下挂法水中重称量方法示意图

1-浸水天平或电子秤;2-试件;3-网篮;4-溢流水箱;5-水位搁板;6-注入口;7-放水阀门

三、试验步骤

(1)选择适宜的浸水天平或电子秤,最大称量应不小于试件质量的1.25倍,且不大于试件质量的5倍。

(2)除去试件表面的浮粒,称取干燥试件的空中质量,根据选择的天平的感量读数,准确至0.1g、0.5g或5g。

(3)挂上网篮,浸入溢流水箱中,调节水位,将天平调平或复零,把试件置于网篮中(注意不要晃动水)浸水中约3~5min,称取水中质量 m_w。若天平读数持续变化,不能很快达到稳定,说明试件吸水较严重,不适用于此法测定,应改用《公路工程沥青及沥青混合料试验规程》(JTJ 052—2000)T 0707的蜡封法测定。

(4)从水中取出试件,用洁净柔软的拧干湿毛巾轻轻擦去试件的表面水(不得吸走空隙内的水),称取试件的表干质量 m_f。

(5)对从路上钻取的非干燥试件可先称取水中质量 m_w,然后用电风扇将试件吹干至恒重(一般不少于12h,当不需进行其他试验时,也可用60±5 ℃烘箱烘干至恒重),再称取空中质量 m_a。

四、数据整理与计算

(1)计算试件的吸水率,取1位小数。

试件的吸水率即试件吸水体积占沥青混合料毛体积的百分率,按式(6-31)计算。

$$S_a = \frac{m_f - m_a}{m_f - m_w} \times 100\% \tag{6-31}$$

式中:S_a——试件的吸水率(%);

m_a——干燥试件的空中质量(g)；

m_w——试件的水中质量(g)；

m_f——试件的表干质量(g)。

(2)计算试件的毛体积相对密度和毛体积密度，取3位小数。

当试件的吸水率符合 $S_a < 2\%$ 要求时，试件的毛体积密度和毛体积相对密度按式(6-32)和式(6-33)计算，当吸水率 $S_a > 2\%$ 要求时，应改用蜡封法测定。

$$\rho_f = \frac{m_a}{m_f - m_w} \times \rho_w \tag{6-32}$$

$$\gamma_f = \frac{m_a}{m_f - m_w} \tag{6-33}$$

式中：γ_f——用表干法测定的试件毛体积相对密度，无量纲；

ρ_f——用表干法测定的试件毛体积密度(g/cm^3)；

ρ_w——常温水的密度，$1g/cm^3$。

(3)试件的空隙率按式(6-34)计算，取1位小数。

$$VV = \left(1 - \frac{\gamma_f}{\gamma_t}\right) \times 100\% \tag{6-34}$$

式中：VV——试件的空隙率(%)；

γ_t——按《公路工程沥青及沥青混合料试验规程》(JTJ 052—2000)T 0711 或 T 0712 测定的沥青混合料理论最大相对密度有困难时，也可采用按式(6-35)相应的公式计算理论最大相对密度；

γ_f——试件的毛体积相对密度，用表干法测定；当试件吸水率 $S_a < 2\%$ 时，由蜡封法或体积法测定；当按规定容许采用水中重法测定时，也可用表观密度 γ_a 代替。

(4)计算试件的理论最大相对密度或理论最大密度，取3位小数。

①当已知试件的油石比时，试件的理论最大相对密度可按式(6-35)计算。

$$\gamma_t = \frac{100 + P_a}{\frac{P_1}{\gamma_1} + \frac{P_2}{\gamma_2} + \cdots + \frac{P_n}{\gamma_n} + \frac{P_a}{\gamma_a}} \tag{6-35}$$

式中：γ_t——理论最大相对密度，无量纲；

P_a——油石比(%)；

γ_a——沥青的相对密度(g/cm^3)；

P_1、…、P_n——各种矿料占矿料总质量的百分率(%)；

γ_1、…、γ_2——各种矿料对水的相对密度，对粗集料，宜采用与沥青混合料同一种相对密度，即混合料采用表干法、蜡封法或体积法测定的毛体积相对密度时，粗集料也采用毛体积相对密度。当混合料采用水中重法测定的表观相对密度代替时，粗集料也可采用表观密度；对细集料(砂、石屑)和矿粉均采用表观相对密度。矿料的相对密度按《公路工程集料试验规程》(JTG E42—2005)规定的方法测定。

②当已知试件的沥青含量时，试件的理论最大相对密度按式(6-36)计算。

$$\gamma_t = \frac{100}{\frac{P'_1}{\gamma_1} + \frac{P'_2}{\gamma_2} + \cdots + \frac{P'_n}{\gamma_n} + \frac{P'_b}{\gamma_b}} \tag{6-36}$$

式中：P'_1、…、P'_n——各种矿料占沥青混合料总质量的百分率（%）；

P_b——沥青含量（%）。

③试件的理论最大密度按式(6-37)计算。

$$\rho_t = \gamma_t \times \rho_w \tag{6-37}$$

式中：ρ_t——理论最大密度（g/cm^3）。

④旧路面钻取芯样试样的混合料缺乏材料及配合比时，沥青混合料理论最大相对密度应采用《公路工程沥青及沥青混合料试验规程》（JTJ 052—2000）T 0711、T 0712 方法实测求得。

(5)试件中沥青的体积百分率中按式(6-37)或(6-38)计算，取 1 位数。

$$VA = \frac{P_b \times \gamma_f}{\gamma_a} \tag{6-38}$$

或

$$VA = \frac{100 \times P_a \times \gamma_f}{(100 + P_a) \times \gamma_a} \tag{6-39}$$

式中：VA——沥青混合料试件的沥青体积百分率（%）。

(6)试件中的矿料间隙率，取 1 位小数。

当空隙率按计算的理论最大相对密度计算时，可按式(6-40)计算。

$$\mathrm{VMA} = VA + VV \tag{6-40}$$

当空隙率按实测的理论最大相对密度计算时，可按式(6-41)计算。

$$\mathrm{VMA} = \left(1 - \frac{\gamma_f}{\gamma_{ab}} \cdot P_s\right) \times 100\% \tag{6-41}$$

式中：VMA——沥青混合料试件的矿料间隙率（%）；

P_s——沥青混合料中各种矿料占沥青混合料总质量的百分率之和即$\sum P'_i$（%）；

γ_{sb}——全部矿料对水的平均相对密度，按式(6-42)计算。

$$\gamma_{sb} = \frac{100}{\frac{P_1}{\gamma_1} + \frac{P_2}{\gamma_2} + \cdots + \frac{P_n}{\gamma_n}} \tag{6-42}$$

(7)试件的沥青饱和度按式(6-43)计算，取 1 位小数。

$$\mathrm{VFA} = \frac{VA}{VA + VV} \times 100\% \tag{6-43}$$

式中：VFA——沥青混合料的沥青饱和度（%）。

(8)试件中的粗集料骨架间隙可按式(6-44)计算，取 1 位小数。

$$\mathrm{VCA_{mix}} = \left(1 - \frac{\gamma_f}{\gamma_{ca}} \times P_{ca}\right) \times 100\% \tag{6-44}$$

式中：$\mathrm{VCA_{mix}}$——沥青混合料中粗集料骨架之外的体积（通常指小于 4.75mm 的粗细集料、矿粉、沥青及空隙）占总体积的比例（%）；

P_{ca}——沥青混合料中粗集料的比例（由 $P_{ca} = P_s \times PA_{4.75}$计算，$PA_{4.75}$为矿料级配中 4.75mm 筛余量，即 100 减去 4.75mm 通过率之差）（%）；

γ_{ca}——矿料中所有粗集料颗粒部分对水的合成毛体相对密度，按式(6-45)计算。

$$\gamma_{ca} = \frac{P_{1c} + P_{2c} + \cdots + P_{nc}}{\frac{P_{1c}}{\gamma_{1c}} + \frac{P_{2c}}{\gamma_{2c}} + \cdots + \frac{P_{nc}}{\gamma_{nc}}} \tag{6-45}$$

式中：P_{1c}、…、P_{nc}——各种粗集料在矿料配合比中的比例（%）；

$\gamma_{1c} \cdots \gamma_{nc}$——相应的各种粗集料对水的毛体积相对密度。

五、试验报告(表 6-34)

压实沥青混合料密度试验记录表 表 6-34

试样编号		试样来源	
试样名称		初拟用途	

混合料用途		矿料品种		矿粉密度(g/cm^3)	
混合料类型		粗集料表观密度(g/cm^3)		沥青品种	
混合料配合比		细集料表观密度(g/cm^3)		沥青密度(g/cm^3)	

试件编号	沥青用量 P_a(%)	干燥质量 m_a(g)	水中质量 m_w(g)	表干质量 m_f(g)	实测密度 ρ_f (g/cm^3)	理论密度 ρ'_f (g/cm^3)	沥青含量(%)	试件空隙率 VV(%)	矿料间隙率 VMA(%)	沥青饱和度 VFA(%)

试验者　　　　计算者　　　　审核者　　　　试验日期　　年　　月　　日

应在试验报告中注明沥青混合料的类型及采用的测定密度的方法。

注:本试验仅介绍"表干法",关于"水中重法"、"蜡封法""体积法"未作详细介绍,需要时参阅《公路工程沥青及沥青混合料试验规程》(JTJ 052—2000)T 0706、T 0707、T 0708。

试验三十八　沥青混合料马歇尔稳定度试验

一、试验目的

(1)本方法适用于马歇尔稳定度试验和浸水马歇尔稳定度试验,以进行沥青混合料的配合比设计或沥青路面施工质量检验。浸水马歇尔稳定度试验(根据需要,也可进行真空饱水马歇尔试验)供检验沥青混合料受水损害时抵抗剥落的能力时使用,通过测试其水稳定性来检验配合比设计的可行性。

(2)本方法适用于按《公路工程沥青及沥青混合料试验规程》(JTJ 052—2000)T 0702 成型的标准马歇尔试件圆柱体。

二、试验仪器

(1)沥青混合料马歇尔试验仪:符合国家标准《沥青混合料马歇尔试验仪》(GB/T 11823)技术要求的产品,对用于高速公路和一级公路的沥青混合料宜采用自动马歇尔试验仪,用计算机或 X-Y 记录仪记录荷载-位移曲线,并具有自动测定荷载与试件垂直变形的传感器、位移计,能自动显示或打印试验结果。对 63.5mm 的标准马歇尔试件,试件仪最大荷载不小于 25kN,读数准确度 100N,加载速率应能保持 50 ± 5mm/min。钢球直径 16mm,上下压头曲率半径为 50.8mm。

(2)恒温水槽:控温准确度为1,深度不小于150mm。

(3)真空饱水容器:包括真空泵及真空干燥器。

(4)烘箱。

(5)天平:感量不大于0.1g。

(6)温度计:分度为1℃。

(7)卡尺。

(8)其他:棉纱,黄油。

三、试验步骤

1.准备工作

(1)按《公路工程沥青及沥青混合料试验规程》(JTJ 052—2000)T 0702标准击实法成型马歇尔试件,标准马歇尔试件尺寸应符合直径101.6±0.2mm、高63.5±1.3mm的要求。

(2)量测试件的直径及高度:用卡尺测量试件中部的直径,用马歇尔试件高度测定器或用卡尺在十字对称的4个方向量测离试件边缘10mm处的高度,准确至0.1mm,并以其平均值作为试件的高度。如试件高度不符合63.5±1.3mm要求或两侧高度差大于2mm时,此试件应作废。

(3)按《公路工程沥青及沥青混合料试验规程》(JTJ 052—2000)规定的方法测定试件的密度、空隙率、沥青体积百分率、沥青饱和度、矿料间隙率等物理指标。

(4)将恒温水槽调节至要求的试验温度,对黏稠石油沥青或烘箱养生过的乳化沥青混合料为60±1℃,对煤沥青混合料为33.8±1℃,对空气养生的乳化沥青或液体沥青混合料为25±1℃。

2.试验步骤

(1)试件置于已达规定温度的恒温水槽中保温,保温时间对标准马歇尔试件需30~40min。试件之间应有间隔,底下应垫起,离容器底部不小于5cm。

(2)将马歇尔试验仪的上下压头放入水槽或烘箱中达到同样温度。将上下压头从水槽或烘箱中取出擦拭干净内面。为使上下压头滑动自如,可在下压头的导棒上涂少量黄油。再将试件取出置于下压头上,盖上上压头,然后装在加载设备上。

(3)在上压头的球座上放妥钢球,并对准荷载测定装置的压头。

(4)当采用自动马歇尔试验仪时,将自动马歇尔试验仪的压力传感器、位移传感器与计算机或 *X-Y* 记录仪正确连接,调整好适宜的放大比例。调整好计算机程序或将 *X-Y* 记录仪的记录笔对准原点。

(5)当采用压力环和流值计时,将流值计安装在导棒上,使导向套轻轻地压住上压头,同时将流值计读数调零。调整压力环中百分表,对零。

(6)启动加载设备,使试件承受荷载,加载速度为50±5mm/min。计算机或 *X-Y* 记录仪自动记录传感器压力和试件变形曲线并将数据自动存入计算机。

(7)当试验荷载达到最大值的瞬间,取下流值计,同时读取压力环中百分表读数及流值计的流值读数。

(8)从恒温水槽中取出试件至测出最大荷载值的时间,不得超过30s。

注:①浸水马歇尔试验方法:浸水马歇尔试验与标准马歇尔试验方法的不同之处在于,试件在已达规定温度恒温水槽中的保温时间为48h,其余均与标准马歇尔试验方法相同。

②真空饱水马歇尔试验方法：试件先放入真空干燥器中，关闭进水胶管，开动真空泵，使干燥器的真空度达到98.3kPa(730mmHg)以上，维持15min，然后打开进水胶管，靠负压进入冷水流使试件全部浸入水中，浸水15min后恢复常压，取出试件再放入已达规定温度的恒温水槽中保温48h，其余均与标准马歇尔试验方法相同。

四、试验数据整理与计算

1.试件的稳定度及流值

(1)当采用自动马歇尔试验仪时，将计算机采集的数据绘制成压力和试件变形曲线，或由 *X-Y* 记录仪自动记录的荷载—变形曲线，按图6-12所示的方法在切线方向延长曲线与横坐标相交于 O_1，将 O_1 作为修正原点，从 O_1 起量取相应于荷载最大值时的变形作为流值(*FL*)，以mm计，准确至0.1mm。最大荷载即为稳定度(*MS*)，以kN计，准确至0.01kN。

(2)当采用压力环和流值计测定时，根据压力环标定曲线，将压力环中百分表的读数换算为荷载值，或者由荷载测定装置读取的最大值即为试样的稳定度 *MS*，以kN计，准确至0.01kN。由流值计及位移传感器测定装置读取的试件垂直变形，即为试件的流值 *FL*，以mm计，准确至0.1mm。

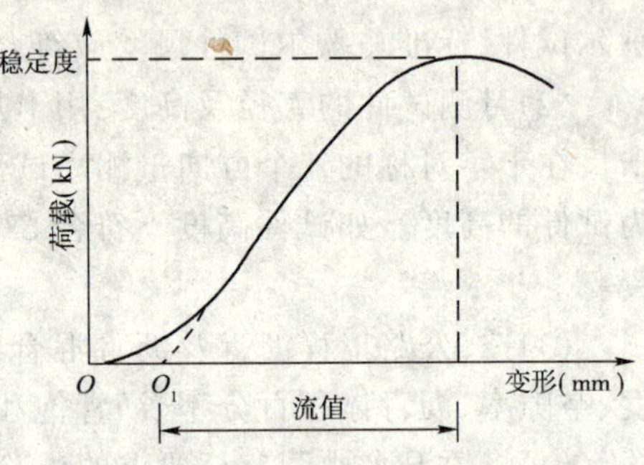

图6-12　马歇尔试验结果的修正方法

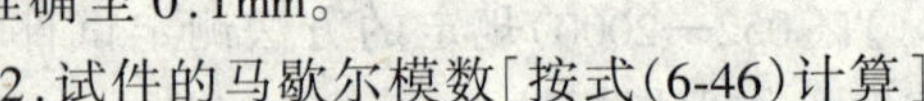

2.试件的马歇尔模数[按式(6-46)计算]

$$T = \frac{MS}{FL} \tag{6-46}$$

式中：*T*——试件的马歇尔模数(kN/mm)；

MS——试件的稳定度(kN)；

FL——试件的流值(mm)。

3.试件的浸水残留稳定度[按式(6-47)计算]

$$MS_0 = \frac{MS_1}{MS} \times 100\% \tag{6-47}$$

式中：MS_0——试件的浸水残留稳定度(%)；

MS_1——试件浸水48h后的稳定度(kN)。

4.试件的真空饱水残留稳定度[按式(6-48)计算]

$$MS'_0 = \frac{MS_2}{MS} \times 100\% \tag{6-48}$$

式中：MS'_0——试件的真空饱水残留稳定度(%)；

MS_2——试件真空饱水后浸水48h后的稳定度(kN)。

5.试验报告

(1)当一组测定值中某个测定值与平均值之差大于标准差的 k 倍时，该测定值应予舍弃，并以其余测定值作为试验结果。当试件数目 n 为3、4、5、6个时，k 值分别为1.15、1.46、1.67、1.82。

(2)采用自动马歇尔试验时，试验结果应附上荷载-变形曲线原件或自动打印结果，并报告马歇尔稳定度、流值、马歇尔模数，以及试件尺寸、试件的密度、空隙率、沥青用量、沥青体积百分率、沥青饱和度、矿料间隙率等各项物理指标。

五、试验记录(表 6-35)

沥青混合料稳定度试验记录表 表 6-35

试样编号			试样来源				
试样名称			初拟用途				
试样编号	稳定度(kN)				流值 FL (mm)	马歇尔模数 T	备注
	百分表读数	折算稳定度	修正系数 k (kN/100mm)	稳定度 NS(kN)			

试验者 计算者 审核者 试验日期 年 月 日

试验三十九 沥青混合料中沥青含量试验(离心分离法)

一、试验目的

(1)本方法采用离心分离法测定黏稠石油沥青拌制的沥青混合料中沥青含量(或油石比)。

(2)本方法适用热拌热铺沥青混合料路面施工时的沥青用量检测,以评定拌和厂产品质量。此法也适用于旧路调查时检测沥青混合料的沥青用量,用此法抽提的沥青溶液可用于回收沥青,以评定沥青的老化性质。

二、试验仪器

(1)离心抽提仪:由试样容器及转速不小于 3 000r/min 的离心分离器组成,分离器备有过滤液出口。容器盖与容器之间用耐油的圆环形滤纸密封。滤液通过滤纸排出后从出口流出收入回收瓶中,仪器必须安放稳固并有排风装置。

(2)圆环形滤纸。

(3)回收瓶:容量 1700mL 以上。

(4)压力过滤装置。

(5)天平:感量不大于 0.01g、1mg 的天平各一台。

(6)量筒:最小分度 1mL。

(7)电烘箱:装有温度自动调节器。

(8)三氯乙烯:工业用。

(9)碳酸铵饱和液:供燃烧法测定滤纸中的矿粉含量用。

(10)其他:小铲、金属盘、大烧杯等。

三、试验步骤

1.准备工作

(1)按《公路工程沥青及沥青混合料试验规程》(JTJ 052—2000)T 0701 沥青混合料取样方

法，在拌和厂从运料卡车采取沥青混合料试样，放在金属盘中适当拌和，待温度稍下降后至100℃以下时，用大烧杯取混合料试样质量1000～1500g左右(粗粒式沥青混合料用高限，细粒式用低限，中粒式用中限)，准确至0.1g。

(2)如果试样是路上用钻机法或切割法取得的，应用电风扇吹风使其完全干燥，置微波炉或烘箱中适当加热成松散状态取样，但不得锤击以防集料破碎。

2.试验步骤

(1)向装有试样的烧杯中注入三氯乙烯溶剂，将其浸没，浸泡30min，用玻璃棒适当搅动混合料，使沥青充分溶解。

注：也可直接在离心分离器中浸泡。

(2)将混合料及溶液倒入离心分离器，用少量溶剂将烧杯及玻璃棒上的黏附物全部洗入分离容器中。

(3)称取洁净的圆环形滤纸质量，准确至0.01g。注意，滤纸不宜多次反复使用，有破损者不能使用，有石粉黏附时应用毛刷清除干净。

(4)将滤纸垫在分离器边缘上，加盖紧固，在分离器出口处放上回收瓶，上口应注意密封，防止流出液呈雾状散失。

(5)开动离心机，转速逐渐增至3000r/min，沥青溶液通过排出口注入回收瓶中，待流出停止后停机。

(6)从上盖的孔中加入新溶剂，数量大体相同，稍停3～5min后，重复上述操作，如此数次直至流出的抽提液呈清澈的淡黄色为止。

(7)卸下上盖，取下圆环形滤纸，在通风橱或室内空气中蒸发干燥，然后放入105±5℃的烘箱中干燥，称取质量，其增重部分m_2为矿粉的一部分。

(8)将容器中的集料仔细取出，在通风橱或室内空气中蒸发后放入105±5℃烘箱中烘干(一般需要4h)，然后放入大干燥器中冷却至室温，称取集料质量m_1。

(9)用压力过滤器过滤回收瓶中的沥青溶液，由滤纸的增重m_3得出泄漏入滤液中矿粉，如无压力过滤器时，也可用燃烧法测定。

(10)用燃烧法测定抽提液中矿粉质量的步骤如下：

①将回收瓶中的抽提液倒入量筒中，准确定量至$m_1(V_a)$。

②充分搅匀抽提液，取出10mL(V_b)放入坩埚中，在热浴上适当加热使溶液试样呈暗黑色后，置高温炉(500～600℃)中烧成残渣，取出坩埚冷却。

③向坩埚中按每1g残渣5mL的用量比例，注入碳酸胺饱和溶液，净置1h，放入105±5℃烘箱中干燥。

④取出放在干燥器冷却，称取残渣质量m_4，准确至1mg。

四、数据整理与计算

(1)沥青混合料中矿料的总质量按式(6-49)计算。

$$m_a = m_1 + m_2 + m_3 \tag{6-49}$$

式中：m_a——沥青混合料中矿粉部分的总质量；

m_1——容器中留下的集料干燥质量(g)；

m_2——圆环形滤纸在试验前后的增重(g)；

m_3——泄漏抽提溶液中的矿粉质量(g)。用燃烧法时可按式(6-50)计算。

$$m_3 = m_4 \times \frac{V_a}{V_b} \tag{6-50}$$

式中：V_a——抽提液的总量（mL）；

V_b——取出的燃烧干燥的抽提液数量（mL）；

m_4——坩埚中燃烧干燥的残渣质量（g）。

（2）沥青混合料中沥青含量按式（6-51）计算，油石比按式（6-52）计算。

$$P_b = \frac{m - m_a}{m} \tag{6-51}$$

$$P_a = \frac{m - m_a}{m_a} \tag{6-52}$$

式中：m——沥青混合料的总质量（g）；

P_b——沥青混合料的沥青含量（%）；

P_a——沥青混合料的油石比（%）。

五、试验报告（表 6-36、表 6-37）

同一沥青混合料试样至少平行试验两次，取平均值作为试验结果。两次试验结果的差值应小于 0.3%，当大于 0.3% 但小于 0.5% 时，应补充平行试验一次，以 3 次试验的平均值作为试验结果，3 次试验的最大值与最小值之差不得大于 0.5%。

用压力过滤器过滤回收瓶中沥青溶液记录表 表 6-36

试样名称		沥青混合料总质量 m(g)	
洁净滤纸质量(g)		干燥后滤纸质量(g)	
滤纸增量 m_1(g)		干燥后集料质量 m_2(g)	
滤液中矿粉 m_3(g)		矿料总质量 $m_a = m_1 + m_2 + m_3$(g)	
沥青含量 P_b(%)：$P_b = \frac{m - m_a}{m}$			
油石比 P_a(%)：$P_a = \frac{m - m_a}{m_a}$			

试验者　　计算者　　审核者　　试验日期　　年　　月　　日

用燃烧法测定抽提液中矿粉质量试验记录表 表 6-37

试样名称		沥青混合料总质量 m(g)	
洁净滤纸质量(g)		干燥后滤纸质量(g)	
滤纸增量 m_1(g)		干燥后集料质量 m_2(g)	
抽提液总量 V_a(mL)		取出抽提液数量 V_b(mL)	
残渣质量 m_4(g)		抽提液中矿粉质量 $m_3 = \frac{m_4 \cdot V_a}{V_b}$(%)	
矿料总质量 $m_a = m_1 + m_2 + m_3$(g)			
沥青含量 P_b(%)：$P_b = \frac{m - m_a}{m}$			
油石比 P_a(%)：$P_a = \frac{m - m_a}{m_a}$			

试验者　　计算者　　审核者　　试验日期　　年　　月　　日

试验四十　沥青混合料车辙试验(选做)

一、目的与适用范围

(1)本方法适用于测定沥青混合料的高温抗车辙能力,供沥青混合料配合比设计的高温稳定性检验使用。

(2)车辙试验的试验温度与轮压可根据有关规定和需要选用。非经注明,试验温度为60℃,轮压为0.7MPa。根据需要,如在寒冷地区也可采用45℃,在高温条件下采用70℃等,但应在报告中注明。计算动稳定度的时间原则上为试验开始后45~60min之间。

(3)本方法适用于用轮碾成型机碾压成型的长300mm、宽300mm、厚50mm的板块状试件,也适用于现场切割制作长300mm、宽150mm、厚50mm板块状试件。根据需要,试件的厚度也可采用40mm。

二、仪器设备

(1)车辙试验机:如图6-13,主要由下列几部分组成:

①试件台:可牢固地安装两种宽度(300mm及150mm)的规定尺寸试件的试模。

②试验轮:橡胶制的实心轮胎,外径ϕ200mm。轮宽50mm,橡胶层厚15mm。橡胶硬度(国际标准硬度)20℃时为84±4,60℃时为78±2。试验轮行走距离为230mm±10mm,往返碾压速度为42次/min±1次/min(21次往返/min)。允许采用曲柄连杆驱动试验台运动(试验轮不移动)或链驱动试验轮运动(试验台不动)的任一种方式。

注:轮胎橡胶硬度应注意检验,不符合要求者及时更换。

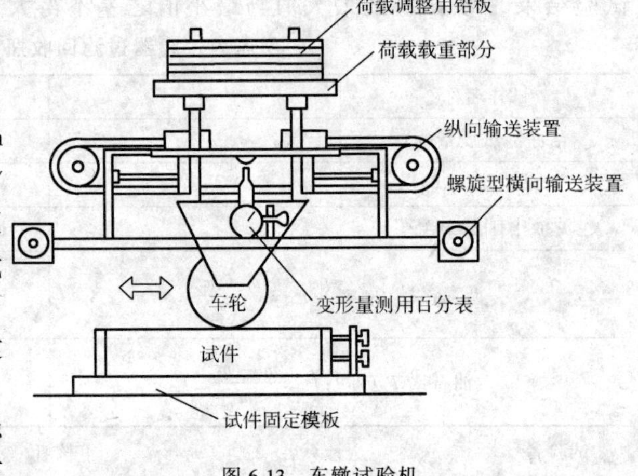

图6-13　车辙试验机

③加载装置:使试验轮与试件接触压强在60℃时为0.7±0.05MPa,施加的总荷重为75kg左右,根据需要可以调整。

④试模:钢板制成,内底板及侧板组成,试模内侧尺寸长为300mm,宽为300mm,厚为50mm(试验室制作),亦可固定150mm宽的现场切制试件。

⑤变形测量装置:自动检测车辙变形并记录曲线的装置,通常用LVDT、电测百分表或非接触位移计。

⑥温度检测装置:自动检测并记录试件表面及恒温室内温度的温度传感器、温度计精密度0.5℃。

(2)恒温室:车辙试验机必须整机安放在恒温室内,装有加热器、气流循环装置及装有自动温度控制设备,能保持恒温室温度60±1℃(试件内部温度60±0.5℃),根据需要亦可为其他需要的温度。用于保温试件并进行试验,温度应能自动连续记录。

(3)台秤:称量15kg,感量不大于5g。

三、试验准备

(1)试验轮接地压强测定:测定在60℃时进行,在试验台上放置一块50mm厚的钢板,其上铺一张毫米方格纸,上铺一张新的复写纸,以规定的700N荷载后试验轮静压复写纸,即可在方格纸上得出轮压面积,并由此求得接地压强。当压强不符合0.7±0.05MPa,荷载应予适当调整。

(2)用轮碾成型法制作车辙试验试块。在试验室或工地制备成型的车辙试件,其标准尺寸为300mm×300mm×50mm。也可从路面切割得到300mm×150mm×50mm的试件。

当直接在拌和厂取拌和好的沥青混合料样品制作试件检验生产配合比设计或混合料生产质量时,必须将混合料装入保温桶中,在温度下降至成型温度之前迅速送达试验室制作试件,如果温度稍有不足,可放在烘箱中稍加热(时间不超过30min)后使用。也可直接在现场用手动碾或压路机碾压成型试件,但不得将混合料放冷却后二次加热重塑制作试件。重塑制件的试验结果仅供参考,不得用于评定配合比设计检验是否合格。

(3)如需要,将试件脱模按本规程规定的方法测定密度及空隙率等各项物理指标。如经水浸,应用电扇将其吹干,然后再装回原试模中。

(4)试件成型后,连同试模一起在常温条件下放置的时间不得少于12h。对聚合物改性沥青混合料,放置的时间以48h为宜,使聚合物改性沥青充分固化后方可进行车辙试验,但室温放置时间也不得长于1周。

注:为使试件与试模紧密接触应记住四边的方向位置不变。

四、试验步骤

(1)将试件连同试模一起,置于已达到试验温度60±1℃的恒温室中,保温不少于5h,也不得多于24h。在试件的试验轮不行走的部位上,粘贴一个热电隅温度计(也可在试件制作时预先将热电隅导线埋入试件一角),控制试件温度稳定在60±0.5℃。

(2)将试件连同试模移置于轮辙试验机的试验台上,试验轮在试件的中央部位,其行走方向须与试件碾压或行车方向一致。开动车辙变形自动记录仪,然后启动试验机,使试验轮往返行走,时间约1h,或最大变形达到25mm时为止。试验时,记录仪自动记录变形曲线(如图6-14)及试件温度。

注:对300mm宽且试验时变形较小的试件,也可对一块试件在两侧1/3位置上进行两次试验取平均值。

五、结果整理

1.计算

(1)从图6-14上读取45min(t_1)及60min(t_2)时的车辙变形 d_1 及 d_2,准确至0.01mm。

当变形过大,在未到60mm变形已达25mm时,则以达到25mm(d_2)时的时间为 t_2,其前15min为 t_1,此时的变形量为 d_1。

(2)沥青混合料试件的动稳定度按式(6-53)计算。

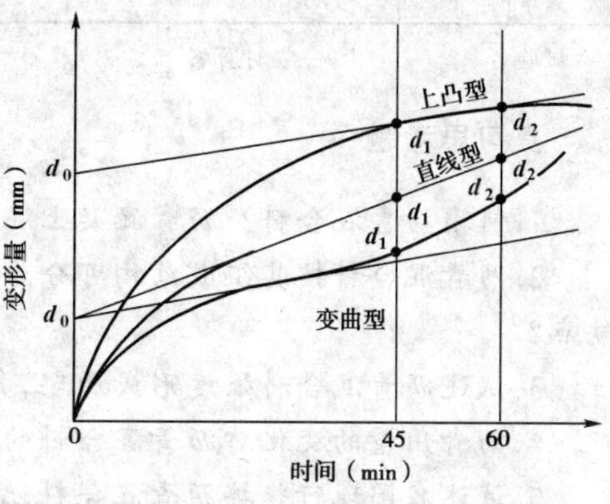

图6-14 车辙试验自动记录的变形曲线

$$DS = \frac{(t_2 - t_1) \times N}{d_2 - d_1} \times C_1 \times C_2 \tag{6-53}$$

式中：DS——沥青混合料的动稳定度(次/mm)；

d_1——对应于时间 t_1 的变形量(mm)；

d_2——对应于时间 t_2 的变形量(mm)；

C_1——试验机类型修正系数，曲柄连杆驱动试件的变速行走方式为1.0，链驱动试验轮的等速方式为1.5；

C_2——试件系数，试验室制备的宽300mm的试件为1.0，从路面切割的宽150mm的试件为0.8；

N——试验轮往返碾压速度，通常为42次/min。

2.报告

(1)同一沥青混合料或同一路段的路面，至少平行试验3个试件，当3个试件动稳定度变异系数小于20%时，取其平均值作为试验结果。变异系数大于20%时应分析原因，并追加试验。如计算动稳定度值大于6000次/mm时，记作：>6000次/mm。

(2)试验报告应注明试验温度、试验轮接地压强、试件密度、空隙率及试件制作方法等。

3.精密度或允许差

重复性试验动稳定度变异系数的允许差为20%。

六、试验记录(表6-38)

车辙试验记录表　　　　表6-38

试验名称						试验温度		
试验接地压强						制作方法		
试件密度						空隙率		
试验次数	t_{1min}	d_{1min}	t_{2min}	d_{min}	试验轮往返碾压次数(次/min)	C_1	C_1	动稳定度 DS(次/min)

试验者　　　　计算者　　　　审核者　　　　试验日期　　年　　月　　日

复习思考题

1.何谓沥青混合料？沥青混凝土混合料与沥青碎石混合料有什么区别？

2.沥青混合料按其组成结构可分为哪几种类型？各种结构类型的沥青混合料各有什么优缺点？

3.试述沥青混合料强度形成原理，并从内部材料组成参数和外界影响因素方面加以分析。

4.沥青用量的变化对沥青混合料的各技术性质有何影响？说明原因。

5.试述我国现行热拌沥青混合料配合比组成设计方法。

6.按我国现行沥青混凝土配合比设计方法，沥青最佳用量(OAC)是怎样确定的？

7.配制沥青混凝土用的四种矿质材料为石灰岩碎石、石屑、砂子及石灰石粉，它们的筛分结果见表 6-39,①计算矿质混合料的级配组成;②计算此级配的砂率。试问此级配的砂率是否适用于水泥混凝土?

表 6-39

筛孔(mm)	26.5	19	9.5	4.75	2.36	1.18	0.6	0.3	0.15	0.075
碎石	100	100	0							
石屑		100	78	0						
砂				100	84	70	51	15	1	0
矿粉									100	90

8.已知 6 种沥青用量的沥青混凝土,其各项性质指标测定结果见表 6-40。设计要求沥青混凝土的技术指标如下:

稳定度:大于 3000N;

流 值:30 ~ 80(1/100cm);

孔隙率:2% ~ 4%。

试求该沥青混凝土的最佳沥青用量应为多少?

表 6-40

沥青指标	沥青用量(%)					
	4.5	5.0	5.5	6.0	6.5	7.0
毛体积相对密度(kg/m^3)	2 330	2 350	2 360	2 355	2 350	2 340
理论最大相对密度(kg/m^3)	2 440	2 450	2 430	2 420	2 400	2 390
空隙率(%)						
稳定度(N)	4 400	4 750	4 000	3 400	3 000	2 140
流值(1/100mm)	35	38	42	57	59	84
矿料间隙率 *VMA*(%)	16	15.5	15.1	15.3	15.8	16.2
沥青饱和度 *VFA*(%)	40	55	63	68	72	80

注:空隙率由表内数值计算而得。

9.某沥青混合料的视密度为 2.35g/cm³,理论密度为 2.48 g/cm³,沥青用量 5.0%(油石比),沥青的相对密度为 0.98。求该沥青混合料的空隙率、矿料间隙率及沥青混合料的饱和度。

第七章　建筑钢材与木材

【内容简介和学习目标】

本章着重阐述路桥工程常用建筑钢材和木材的技术性质和技术标准。

通过本章学习,要求学生能够描述工程中常用钢材和木材的主要技术性能和技术标准,并能按设计要求选用相应规格的钢材和木材。

第一节　建筑钢材

一、钢材的分类及建筑钢材的类属

1.钢材的分类

钢的分类方法很多,较常用的有下列分类方法。

1)按冶炼方法分类

(1)按生产的炉型分类有:①转炉钢,以熔融的铁水为原料,在转炉中倒入铁水后,在炉的底部或侧面吹入空气或纯氧气进行冶炼。②平炉钢,以固体或液体的生铁、铁矿石或废钢为原料,以煤气、煤油或重油为燃料。③电炉钢,以废钢及生铁为原料,用电热进行高温冶炼。

(2)按脱氧程度分类有:①沸腾钢,是脱氧不充分的钢,钢液中含氧量较高。在浇铸及钢液冷却时,有大量的一氧化碳气体逸出,钢液呈激烈沸腾状。这种钢的塑性较好,有利于冲压,但钢中杂质分布不均匀,偏析较严重,使钢的冲击韧性及可焊性较差。由于成本较低、产量较高,可以用于一般的建筑结构中。②镇静钢,脱氧充分,钢水较纯净,浇铸钢锭时钢水平静。镇静钢材质致密均匀,可焊性好,抗蚀性强,质量高于沸腾钢,但成本较高,可用于承受冲击荷载或其他重要的结构。③半镇静钢,脱氧程度及钢水质量介于上述两者之间,是建筑工程中应用最广泛的一种钢材。④特殊钢,是一种比镇静钢脱氧还要充分彻底的钢,所以其质量最好,适用于特别重要的结构工程。

2)按化学成分分类

按化学成分的不同可分为:

(1)碳素钢:亦称"碳钢",是含碳量低于2.00%的铁碳合金。除铁、碳外,常含有如锰、硅、硫、磷、氧、氮等杂质。碳素钢按含碳量可分为:①低碳钢,含碳量小于0.25%;②中碳钢,含碳量为0.25%~0.60%;③高碳钢,含碳量大于0.60%。

(2)合金钢:为改善钢的性能,在钢中特意加入某些合金元素(如锰、硅、钒、钛等),使钢材具有特殊的力学性质。合金钢按合金元素含量可分为:①低合金钢,合金元素总含量小于5%;②中合金钢,合金元素总含量为5%~10%;③高合金钢,合金元素总含量大于10%。

3)按质量分类

碳素钢按供应的钢材化学成分中有害杂质(硫和磷)的含量不同,又可划分为:

(1)普通钢,钢中磷含量不大于0.045%,硫含量不大于0.050%;

(2)优质钢,钢中磷含量不大于0.035%,硫含量不大于0.035%;

(3)高级优质钢,钢中磷含量不大于0.025%,硫的含量不大于0.025%;

(4)特级优质钢,钢中磷含量不大于0.025%,硫的含量不大于0.015%。

4)按用途分类

钢材按用途的不同可分为:

(1)结构钢:用于建筑结构,机械制造等,一般为低、中碳钢;

(2)工具钢:用于各种工具、量具及模具,一般为高碳钢;

(3)特殊钢:具有各种特殊物理-化学性能的钢材,如不锈钢、磁性钢等,一般为合金钢。

5)按成型方法分类

分为铸造钢、锻造钢、轧压钢和冷拔钢。

2.建筑钢材的类属

由于桥梁结构需要承受车辆等荷载的作用,同时需要经受各种大气因素的考验,对于桥梁用钢材要求具有高的强度、良好的塑性、韧性和可焊性。因此,桥梁建筑用钢材,钢筋混凝土用钢筋,就其用途分类来说,均属于结构钢;就其质量分类来说,都属于普通钢;按其含碳量的分类来说,均属于低碳钢。所以桥梁结构用钢和混凝土用钢筋是属于碳素结构钢或低合金结构钢。

二、建筑钢材的技术性质

桥梁建筑用钢和钢筋混凝土用钢筋的基本技术性质包括:屈服强度、抗拉强度、伸长率、冲击韧性、冷弯和硬度等。

1.强度

钢材在承受抗拉试验时,可绘出拉伸图(拉力-变形关系),根据拉伸图改换坐标可作出应力-应变曲线。现举碳素结构钢为例,其应力-应变图如图7-1所示。图中的曲线可明显地划分为四个阶段:弹性阶段($O \rightarrow A$)、屈服阶段($B \rightarrow B'$)、强化阶段($B \rightarrow C$)和缩颈阶段($C \rightarrow D$)。OA是一直线,在OA范围内如卸去荷载,试件变形恢复原状,即呈弹性变形。与A点对应的应力称为弹性极限,用σ_e表示。A点以后是钢材开始丧失对变形的抵抗能力,并开始产生大量塑性变形时所对应的应力。从图中可了解到碳素结构钢下列特征性能指标:

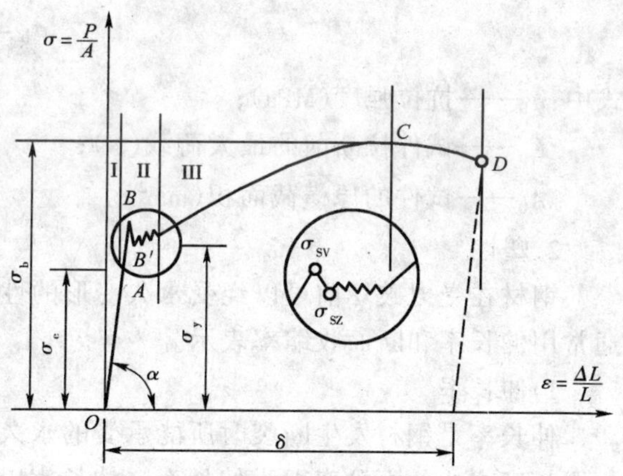

图7-1 碳素结构钢的应力-应变图

1)屈服强度

它是钢材开始丧失对变形的抵抗能力,并开始产生大量塑性变形时所对应的应力。在屈服阶段,锯齿形的最高点所对应的应力称为上屈服点(σ_{sv});锯齿形的最低点所对应的应力称为下屈服点(σ_{sz})。因为上屈服点与试验过程中的许多因素有关,而下屈服点较为稳定,所以我国现行规范规定以下屈服点的应力作为钢材的屈服极限。屈服强度以σ_s表示,并按式(7-1)计算。

$$\sigma_s = \frac{F_s}{A_0} \tag{7-1}$$

式中：σ_s——屈服强度（MPa）；

F_s——相当于所求应力的荷载（N）；

A_0——试件的原横截面积（mm^2）。

中碳钢和高碳钢没有明显的屈服点，通常以残余变形0.2%的应力作为屈服强度，表示为$\sigma_{s(0.2)}$，并按（7-2）计算。

$$\sigma_{s(0.2)} = \frac{F_{0.2}}{A_0} \tag{7-2}$$

式中：$\sigma_{s(0.2)}$——屈服强度（MPa）；

$F_{0.2}$——相当于所求应力的荷载（N）；

A_0——试件的原横截面积（mm^2）。

屈服强度对钢材使用有重要的意义，当构件的实际应力超过屈服点时，将产生不可恢复的永久变形；另一方面，当应力超过屈服点时，受力较高的部位应力不再提高，而自动将荷载重新分配给某些应力较低的部分。因此，屈服强度是确定钢结构容许应力的主要依据。

2）抗拉强度

它是钢材所能承受的最大拉应力，即当拉应力达到强度极限时，钢材完全丧失了对变形的抵抗能力而断裂。抗拉强度虽然不能直接作为计算依据，但屈服强度和抗拉强度的比值，即屈强比（σ_s/σ_b），对使用有较大的意义。此值越小，则结构的可靠性越高，即延缓结构损坏过程的潜力愈大，但此值太小时，钢材强度的有效利用率低。所以屈服强度和抗拉强度是钢材力学性能的主要检验指标。抗拉强度以σ_b表示，并按式（7-3）计算。

$$\sigma_b = \frac{F_b}{A_0} \tag{7-3}$$

式中：σ_b——抗拉强度（MPa）；

F_b——试件拉断前的最大荷载（N）；

A_0——试件的原横截面积（mm^2）。

2.塑性

钢材在受力破坏前可以经受永久变形的性能，称为塑性。在工程应用中钢材的塑性指标通常用伸长率和断面收缩率表示。

1）伸长率

伸长率是钢材发生断裂时所能承受的永久变形的能力。试件拉断后标距长度的增量与原标距长度之比的百分率即为伸长率。伸长率以δ_n表示，并按式（7-4）计算。

$$\delta_n = \frac{L_1 - L_0}{L_0} \times 100\% \tag{7-4}$$

式中：δ_n——伸长率（%）；

L_1——试件拉断后标距部分的长度（mm）；

L_0——试件的原标距长度（mm）；

n——试件长度与试件直径之比（如试件直径为10mm，标距长度为50mm时，$n=5$，若标距长度为100mm时，$n=10$）。

2)断面收缩率

收缩率是试件拉断后缩颈处横断面积的最大缩减量占横截面积的百分率。断面收缩率以 Ψ 表示,并按式(7-5)计算。

$$\Psi = \frac{A_0 - A_1}{A_0} \times 100\% \tag{7-5}$$

式中:Ψ——断面收缩率(%);

A_1——试件裂断(缩颈)处的横截面积(mm^2);

A_0——试件的原横截面积(mm^2)。

3.硬度

硬度是金属表面局部体积内抵抗硬物体压入而引起塑性变形的抗力。钢材硬度值愈高,表示它抵抗局部塑性变形的能力愈大,金属产生塑性变形越困难,硬度不是一个单纯的物理量,它与强度指标(σ_s,σ_b)和塑性指标(δ,Ψ)有一定的相关性。

我国现行国家标准测定金属硬度的方法有:布氏硬度、洛氏硬度和维氏硬度等 3 种,最常用的为布氏硬度和洛氏硬度。

1)布氏硬度

布氏硬度测定方法是将一个标准的淬火的钢球,用力压入试件,经一定时间后,卸去荷载,试件表面留有球的压痕如图 7-2 所示。计算压痕单位表面积所承受的荷载值即为布氏硬度,当压头用淬火钢球时,用 HBS 表示;压头用硬质合金钢时,用 HBW 表示。

2)洛氏硬度

洛氏硬度测定方法是用金刚石圆锥体或钢球做压头,在初始试验力 F_0 和总试验力 F (F = 初始试验力 F_0 + 主试验力 F_1)的先后作用下,将压头压入试件。洛氏硬度值是以卸除主试验力 F_1 而保留初始试验力 F_0 时,压入试件的深度 h_1 与在初始试验力作用下的压入深度 h_0 之差($h_1 - h_0$)计算的,如图 7-3 所示,($h_1 - h_0$)的数值愈大,表示试样愈软;反之,表示试样愈硬。这和习惯概念正好相反,故改用一常数 K 减去($h_1 - h_0$)之差来表示硬度的高低,并规定每压入 0.002mm 为一硬度单位,以 HR 表示。

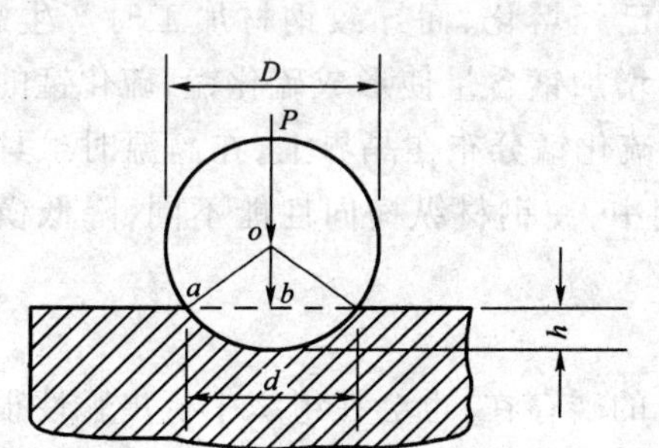

图 7-2 布氏硬度试验原理示意图

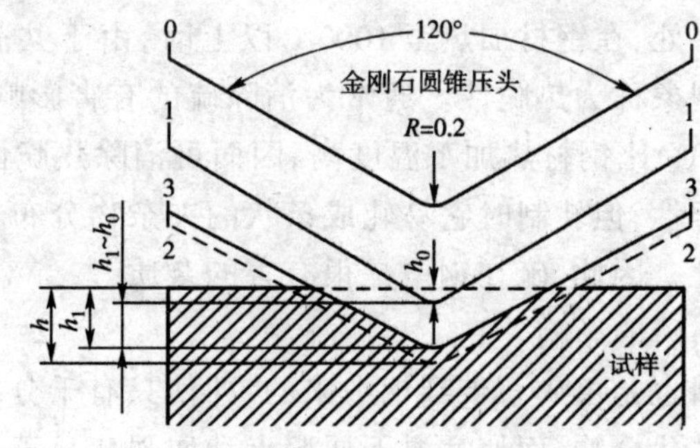

图 7-3 洛氏硬度原理示意图

布氏硬度测定结果准确性较高,但压痕较大,不宜用作测定已成构件。而用洛氏硬度测定法时,压痕微小,测后不影响构件的使用。

4.冲击韧性

冲击韧性是钢材在瞬间动荷载作用下,抵抗破坏的能力。钢构件在工作过程中常受到冲击荷载,因此对钢材的抗冲击力也有一定的要求。按我国国家标准试验方法的摆冲法,横梁式为标准方法。如图7-4所示按规定制成有槽口的标准试件，以横梁式放在冲击试验机的支座上，然后将试验机的摆锤升至规定高度，突然松开，摆锤自由下落，冲断试件。试验表盘上指示出冲断试样时所消耗的功能。

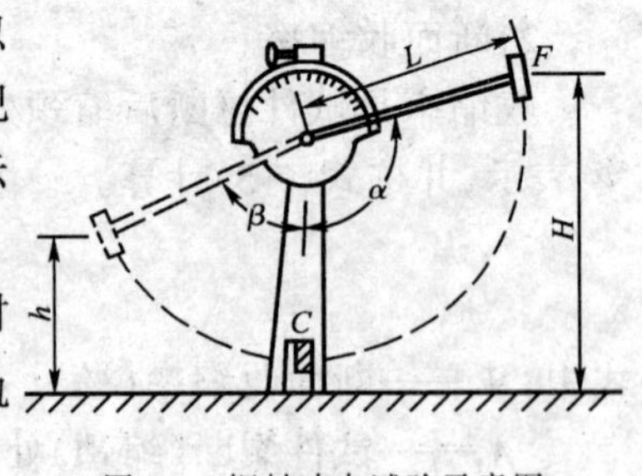

图7-4 钢材冲击试验示意图

α_k 值低的钢材在断裂前没有显著的塑性变形，属脆性材料，不宜用作承担冲击荷载的构件，如连杆、桥梁轨道等。

5.冷弯性能

冷弯性能是钢材在常温条件下承受规定弯曲程度的弯曲变形的能力，并且是显示缺陷的一种工艺性能。

钢材的冷弯性能是以规定尺寸的试件，在常温条件下进行弯曲试验。弯曲的指标与试件被弯曲的角度、弯心的直径与试件的厚度（或直径）的比值有关。弯曲角度愈大，弯心直径与试件厚度比愈小，则表示弯曲性能的要求愈高。按我国现行国家标准有下列三种类型：①达到某规定的角度的弯曲；②绕着弯心弯到两面平行；③弯到两面接触的重合弯曲。按规定试件弯曲处不产生裂纹、断裂和起层等现象即认为合格。

三、化学成分对碳素钢技术性能的影响

1.碳的影响

碳是钢中除铁之外含量最多的元素。建筑碳钢里的含碳量不大于0.8%，在此范围内，随着含碳量的增加，钢的硬度和抗拉强度随之升高，而塑性指标伸长率、断面收缩率和冲击韧度显著降低。碳还可显著降低钢材的焊接性，增加钢的冷脆性和时效敏感性，降低抗大气腐蚀性。

2.硫的影响

硫是钢中的有害物质，是在炼钢时由矿石与燃料带到钢中的杂质。硫几乎不溶于铁，而与铁化合成硫化铁。在950℃时硫化铁与铁形成共晶体，这些低熔点共晶体在结晶时，总是分布在晶界处，在钢材加热至1000℃以上时，由于共晶体已经熔化，而导致钢材加工时产生裂缝，这种现象称为热脆性。通常为消除硫的有害影响，可增加锰含量使形成硫化锰，硫化锰的熔点（1620℃）比钢材热加工温度高，因而可消除热脆性。硫化锰分布在晶界上，在高温时虽具有一定的塑性，但轧制时它易轧成条状的夹杂物分布在钢中，使钢材纵横向性能不同，降低横向冲击韧性。因此，硫在钢中是很有害的杂质。

3.磷的影响

磷也是由矿石带到钢中来的，即使只有千分之几的磷存在，也会在组织中析出脆性很大的磷化铁化合物，而使室温下屈服点和屈强比显著提高，而塑性和冲击韧性显著降低，特别是在低温时，对塑性和韧性的影响更大。故磷在碳钢中亦为很有害物质。

4.锰的影响

锰是炼钢时用锰脱氧、硫时残留在钢中的元素。锰具有很强的脱氧、硫能力，因此能够消除钢中的氧、硫，大大改善钢的热加工性能。在普通碳钢中一般含有0.25%~0.80%的锰。锰不仅能消除或减轻碳钢中氧、硫所引起的热脆性，同时锰在铁中对钢有一定的强化作用。故锰对碳钢的性能有良好的影响，是一个有益的元素。

5.硅的影响

硅也是作为脱氧剂而存在于钢中的。硅的脱氧能力比锰还要强，能与氧化铁形成 FeO-SiO_2，消除氧化铁杂质的影响。当硅含量很低时，能显著地提高钢材的强度，但不明显地降低塑性和韧性。

6.氧的影响

氧是由于炼钢氧气化过程而存在于钢中的。氧在钢中少部分能溶于铁素体中，而大部分以 FeO_2、MnO、Mn_3O_4、SiO_2、Al_2O_3 等形成夹杂物而存在。随着含氧量的增加，钢材力学强度可以提高，但会使塑性和疲劳强度显著降低。钢中 FeO_2 与其他夹杂物形成低熔点的复合化合物而聚在晶界面上时，会造成钢材的热脆性。总之，钢中的氧为有害元素。

7.氮的影响

氮对碳钢的影响，与碳、磷相似，可使钢材强度增高，塑性、冲击韧性显著降低。

四、桥梁建筑用钢材及其制品

1.桥梁建筑用钢的技术要求

用于桥梁建筑的钢材，根据工程使用条件和特点，这类钢材应具有下列技术要求。

1)良好的综合力学性能

桥梁结构在使用中承受复杂的交通荷载，同时在无遮盖的条件下还要经受大气条件的严酷环境考验，为此必须具有良好的综合力学性能，即除具有较高的屈服点与抗拉强度外，还应具有良好的塑性、冷弯性能、冲出韧性和抵抗振动应力的疲劳强度，以及低温(－40℃)时的冲击韧性。

2)良好的焊接性

由于近代焊接技术的发展，桥梁钢结构趋向于采用焊接结构代替铆接结构，以加快施工速度和节约钢材。桥梁在焊接后不易整体热处理，因此要求钢材具有良好的焊接性，亦即焊接的连接部分应强而韧，并应不低于或略低于焊件本身，以防止产生硬化脆裂和内应力过大等现象。

3)良好的抗蚀性

桥梁长期暴露于大气中，所以要求桥梁用钢具有良好的抵抗大气因素腐蚀的性能。

2.桥梁建筑用主要钢材

桥梁建筑用主要钢材有碳素结构钢、优质碳素结构钢和低合金结构钢等。

1)碳素结构钢

碳素结构钢在供应时，其化学成分和力学性能均需保证。

(1)碳素结构钢的牌号　碳素结构钢按化学成分和力学性能(屈服点)分为 Q195、Q215、Q235、Q255 和 Q275 五个牌号。

牌号表示方法按国家标准(GB/T 700—1988)规定，碳素结构钢按屈服点的数值(MPa)分为 195、215、、235、255 和 275 五个强度级；按硫、磷杂质的含量分为 A、B、C 和 D 四个质量等级；按脱氧程度分为特殊镇静钢、镇静钢、半镇静钢和沸腾钢。碳素结构钢的牌号由代表屈服点的屈字汉语拼音首位字母“Q”、屈服点数值(以 16mm 厚度钢材为准)、质量等级和脱氧程度四部分组成。例如 Q215AF 表示屈服点为 215MPa 的 A 级沸腾钢。

(2)碳素结构钢的性能　碳素结构钢的性能应符合我国现行国标《碳素结构钢》(GB 700—88)的要求，其化学组成和力学性能见表 7-1、表 7-2 和表 7-3。

碳素结构钢的化学成分 表 7-1

钢号	等级	化学成分(%)					脱氧方法
		C	Mn	Si	S	P	
				不大于			
Q195	—	0.16~0.12	0.25~0.50	0.30	0.050	0.045	F,b,Z
Q215	A	0.09~0.15	0.25~0.55	0.30	0.050	0.045	F,b,Z
	B				0.045		
Q235	A	0.14~0.22	0.30~0.65	0.30	0.50	0.045	F,b,Z
	B	0.12~0.20	0.30~0.70		0.045		
	C	≤0.18	0.35~0.80		0.040	0.040	Z
	D	≤0.17			0.035	0.035	TZ
Q255	A	0.18~0.28	0.40~0.70	0.30	0.50	0.045	Z
	B				0.045		
Q275	—	0.28~0.38	0.50~0.80	0.35	0.050	0.045	Z

注:牌号 Q235 的 A 和 B 级沸腾钢(F)的锰含量上限为 0.60%。

碳素结构钢的拉伸与冲击性能 表 7-2

牌号	等级	拉伸试验													冲击试验	
		屈服强度 f_y(MPa)						抗拉强度 f_b(MPa)	伸长率(%)						温度(℃)	V 型冲击功(J)
		钢材厚度(直径)(mm)							钢材厚度(直径)(mm)							
		≤16	>16~40	>40~60	>60~100	>100~150	>150		≤16	>16~40	>40~60	>60~100	>100~150	>150		
		不小于							不小于							不小于
—	—	(195)	(185)	—	—	—	—	315~390	33	32	—	—	—	—	—	—
Q215	A	215	205	195	185	175	165	335~410	31	30	29	28	27	26	—	
	B														20	
Q235	A	235	225	215	205	195	185	375~460	26	25	24	23	22	21	—	
	B														20	
	C														0	
	D														-20	
Q255	A	255	245	235	225	215	205	410~510	24	23	22	21	20	19	—	
	B														20	
Q275	—	275	265	255	245	235	225	490~610	20	19	18	17	16	15	—	—

从表 7-1、表 7-2 可以看出,自 Q195~Q275,牌号愈大,其含碳量和含锰量愈高。同时可以看出,随着牌号增大(即碳锰含量的提高),屈服点和抗拉强度随之提高,但伸长率随之降低。

(3)碳素结构钢的应用　由于五个牌号的性能不同,其用途也不同。①Q195、Q215 号钢塑性高,易于冷弯和焊接,但强度较低,故多用于受荷载较小及焊接构件;②Q235 号钢具有较高的强度和良好的塑性、韧性,易于焊接,且经焊接及气割后力学性能仍稳定,有利于冷热加工,故广泛地用于桥梁构件及钢筋混凝土结构中的钢筋等，是目前应用最广泛的钢种；③Q235、Q275号钢的屈服强度较高，但塑性、韧性和焊接性较差，可用于钢筋混凝土结构中配筋及钢结构的构件和螺栓。

碳素结构钢的冷弯性能 表7-3

牌号	试样方向	冷弯试验（弯曲角度180℃）		
		钢材厚度 a（或直径）(mm)，试件宽度 $B=2a$		
		≤60	>60~100	>100~200
		弯心直径 d		
Q195	纵 横	0 0.5a		
Q215	纵 横	3.5a a	3.5a 2a	2a 2.5a
Q235	纵 横	1a 1.5a	2a 2.5a	2.2a 3a
Q255		2a	3a	3.5a
Q275		3a	4a	4.5a

2）优质碳素结构钢

优质碳素结构钢简称优质碳素钢。这类钢与碳素结构钢相比，由于允许的硫、磷含量比碳素钢要低，所以综合力学性能比普通碳素结构钢好。

(1)钢号表示方法　按国家标准(GB 697—88)规定，优质碳素结构钢根据含碳量划分钢号，并按锰含量不同划分普通含锰量钢和较高锰钢两组，共分为33个钢号。钢号用平均含碳量的万分数的近似值表示，如系较高含锰量钢，在钢号后面加"锰"字(或代号Mn)。例如20锰，表示含碳量为0.20%的高含锰量钢。

优质碳素结构钢的化学成分中，对硫、磷含量要求较为严格，规定硫含量不大于0.040%、磷含量不大于0.035%。

(2)优质碳素结构钢的性能　优质结构钢有33个牌号，现摘要其常用的几个牌号的化学成分和力学性能见表7-4。

优质碳素结构钢的化学成分和力学性能 表7-4

序号	牌号	化学成分(%)								力学性能				
		C	Si	Mn	P	S	Ni	Cr	Cu	f_y (MPa)	f_b (MPa)	δ_n (MPa)	Ψ (%)	$A_k(a_k)$ (J)
					不大于					不小于				
9	30Mn	0.27~0.35	0.17~0.37	0.50~0.80	0.035	0.035	0.25	0.25	0.25	295	490	21	50	63
10	35Mn	0.32~0.40	0.17~0.37	0.50~0.80	0.035	0.035	0.25	0.25	0.25	315	530	20	45	55
11	40Mn	0.37~0.45	0.17~0.37	0.50~0.80	0.035	0.035	0.25	0.25	0.25	335	570	19	45	47
12	45Mn	0.42~0.50	0.17~0.37	0.50~0.80	0.035	0.035	0.25	0.25	0.25	355	600	16	40	39
29	60Mn	0.57~0.60	0.17~0.37	0.70~1.00	0.035	0.035	0.25	0.25	0.25	410	695	11	35	—
30	65Mn	0.62~0.70	0.17~0.37	0.90~1.20	0.033	0.035	0.25	0.25	0.25	430	733	9	30	—

(3)工程应用　优质碳素结构钢适于热处理后使用,但也可不经过热处理而直接使用。这种钢在建筑上应用不太多。一般常用30、35、40和45钢做高强螺栓,45钢用作预应力钢筋的锚具,65、70、75和80钢可用于生产预应力混凝土用的碳素钢丝、刻痕钢丝和钢绞线。

3)低合金结构钢

在碳素结构钢的基础上,加入少量或微量的合金元素,可大大改善其性能,从而获得高强度、高韧度和良好的可焊性的低合金钢。这类钢称为低合金结构钢(简称"普低钢")。

低合金结构钢具有以下优点:

(1)强度高、综合性能好。碳素结构钢(如Q235)的屈服点一般为235MPa,抗拉强度为300~400MPa。而低合金结构钢屈服点一般为300~700MPa,抗拉强度为400~1000MPa,由于其强度较碳素结构钢高,故称高强钢。低合金结构钢由于含碳量限制在0.20%以下,这样就保证有良好的塑性、低温韧性和焊接性等。同时掺入少量合金元素提高其强度,故可达到综合性好的效果。

(2)质量轻。采用低合金结构钢建造的构件,其质量和所需要的钢材量可较碳素结构钢减少20%~30%,从而降低了成本,且便利运输和安装。

(3)耐蚀性好。合金中某些元素(如铜、磷等)不仅能提高低合金钢的强度而且能提高耐蚀性。

由上述可知,低合金结构钢最适用于大跨度的桥梁工程。

现行国标《低合金高强度结构钢》(GB/T 1591—1994)共分为Q295、Q345、Q390、Q420、Q460五个牌号,其命名方法由代表屈服点的汉语拼音字母Q、屈服点数值、质量等级符号(A、B、C、D、E)三个部分按顺序排列。例如:Q345B中Q为钢材屈服点的汉语拼音的首位字母;345表示屈服点的数值,单位MPa;B为质量等级。

低合金高强度结构钢的含碳量较低(例如Q295的碳含量到0.18%也可交货)是为了使钢材具有良好的加工性能(如焊接性等),强度的提高主要由添加合金元素解决。表7-5列出了低合金结构钢力学性能指标。

低合金高强度结构钢的力学和工艺性能　表7-5

牌号	质量等级	屈服强度 f_y(MPa)				抗拉强度 f_b(MPa)	伸长率 δ_n(%)	冲击功(纵向)(J)				180°弯曲试验(d为弯心直径,a为试样厚度)	
		厚度(直径,边长)(mm)						20℃	0℃	-20℃	-40℃	钢材厚度(直径)(mm)	
		≤16	>16~35	>35~50	>50~100							≤16	>16~35
		不小于					不小于						
Q295	A	295	275	255	235	390~570	23					d=2a	d=3a
	B						23	34					
Q345	A	345	325	295	275	470~630	21					d=2a	d=3a
	B						21	34					
	C						22		34				
	D						22			34			
	E						22				27		

续上表

牌号	质量等级	屈服强度 f_y(MPa)				抗拉强度 f_b(MPa)	伸长率 δ_n(%)	冲击功(纵向)(J)				180°弯曲试验(*d* 为弯心直径,*a* 为试样厚度)	
		厚度(直径,边长)(mm)						20℃	0℃	-20℃	-40℃	钢材厚度(直径)(mm)	
		≤16	>16~35	>35~50	>50~100							≤16	>16~35
		不小于					不小于						
Q390	A	390	370	350	330	490~650	19					$d=2a$	$d=3a$
	B						19	34					
	C						20		34				
	D						20			34			
	E						20				27		
Q420	A	420	400	380	360	520~680	18					$d=2a$	$d=3a$
	B						18	34					
	C						19		34				
	D						19			34			
	E						19				27		
Q460	A	460	440	420	400	550~720	17		34			$d=2a$	$d=3a$
	B						17			34			
	C						17				27		

4)桥梁用结构钢

根据使用要求,对桥梁建筑用钢的三个标准合并修订为《桥梁结构钢》(GB/T 714—2000),该标准规定了桥梁结构钢的尺寸、外形、质量和允许偏差、技术要求、试验方法、检测规则及质量证明书等。桥梁的钢的牌号由代表屈服点的汉语拼音字母、屈服点数值、桥梁钢的汉语拼音字母、质量等级符号 4 个部分组成,如 Q345qc,其中 Q 表示屈服点;345 代表屈服点数值,单位 MPa;q 为桥字汉语拼音首位字母;c 为质量等级为 C 级。

为了改善钢材性能,可以加入钒、铌、钛、氨等微量元素,其含量应符合表 7-6 的规定,并应在质量说明书中注明。钢的牌号与化学成分(熔炼分析)力学性能与工艺性能应符合表 7-7 和表 7-8 的规定。

桥梁结构钢中微量元素含量限定值 表 7-6

V	Nb	Ti	N
≤0.80	≤0.015	≤0.02	≤0.018

桥梁用结构的牌号与化学成分要求 表 7-7

牌号	质量等级	化学成分(%)					Als
		C	Si	Mn	P	S	
					≯		
Q235q	C	≤0.02	≤0.30	0.40~0.70	0.035	0.035	
	D	≤0.18	≤0.30	0.50~0.80	0.025	0.025	≥0.015

续上表

牌号	质量等级	化学成分(%)					
		C	Si	Mn	P	S	Als
					≯		
Q345q	C	≤0.02	≤0.60	1.00~1.60	0.035	0.035	
	D	≤0.18	≤0.60	1.00~1.60	0.025	0.025	≥0.015
	E	≤0.17	≤0.50	1.20~1.60	0.020	0.015	≥0.015
Q370q	C	≤0.18	≤0.50	1.20~1.60	0.035	0.035	
	D	≤0.17	≤0.50	1.20~1.60	0.025	0.025	≥0.015
	E	≤0.17	≤0.50	1.20~1.60	0.020	0.015	≥0.015
Q420q	C	≤0.18	≤0.50	1.20~1.60	0.035	0.035	
	D	≤0.17	≤0.60	1.20~1.70	0.025	0.025	≥0.015
	E	≤0.17	≤0.60	1.20~1.70	0.020	0.015	≥0.015

注:表中的酸溶铝(Als)可以用测定总含铝量代替,此时铝含量应不小于0.020%。

桥梁结构钢的力学性能与工艺性能要求 表7-8

牌号	质量等级	板厚(mm)	屈服点 σ_s(MPa)	抗拉强度 σ_b(MPa)	伸长率 δ_n(%)	V型冲击功能(纵向)			180°弯曲试验 钢材厚度(mm)	
						温度(℃)	J	时效(J)		
			不小于						≤16	>16
Q235q	C	≤16	235	390	26	0	27	27	$d=1.5a$	$d=2.5a$
		>16~35	225	380						
		>35~50	215	375						
		>50~100	205	375						
	D	≤16	235	390	26	-20				
		>16~35	225	380						
		>35~50	215	375						
		>50~100	205	375						
Q345q	C	≤16	345	510	21	0	34	34	$d=2a$	$d=3a$
		>16~35	325	490	20					
		>35~50	315	470	20					
		>50~100	305	470	20					
	D	≤16	345	510	21	-20				
		>16~35	325	490	20					
		>35~50	315	470	20					
		>50~100	305	470	20					
	E	≤16	345	510	21	-40				
		>16~35	325	490	20					
		>35~50	315	470	20					
		>50~100	305	470	20					

续上表

牌号	质量等级	板厚(mm)	屈服点 σ_s(MPa)	抗拉强度 σ_b(MPa)	伸长率 δ_n(%)	V型冲击功能(纵向) 温度(℃)	J	时效(J)	180°弯曲试验 钢材厚度(mm) ≤16	>16
			不小于						≤16	>16
Q370q	C	≤16	370	530	21	0	41	41	$d=2a$	$d=3a$
		>16~35	355	510	20					
		>35~50	330	490	20					
		>50~100	330	490	20					
	D	≤16	370	530	21	-20				
		>16~35	355	510	20					
		>35~50	330	490	20					
		>50~100	330	490	20					
	E	≤16	370	530	21	-40				
		>16~35	355	510	20					
		>35~50	330	490	20					
		>50~100	330	490	20					
Q420q	C	≤16	420	570	20	0	47	47	$d=2a$	$d=3a$
		>16~35	410	550	19					
		>35~50	400	540	19					
		>50~100	390	530	19					
	D	≤16	420	570	20	-20				
		>16~35	410	550	19					
		>35~50	400	540	19					
		>50~100	390	530	19					
	E	≤16	420	570	20	-40				
		>16~35	410	550	19					
		>35~50	400	540	19					
		>50~100	390	530	19					

3.钢筋混凝土和预应力用钢筋和钢丝

1)热轧钢筋

热轧钢筋主要应用于钢筋混凝土结构中,分为热轧光圆钢筋和热轧带肋钢筋。

根据现行国家标准《钢筋混凝土用热轧光圆钢筋》(GB 13013—91)的规定,光圆钢筋是指横截面通常为圆形,表面光滑的钢筋混凝土配筋用钢材。热轧光圆钢筋是指经热轧成型并自然冷却后的成品光圆直条钢筋。钢筋的长度一般为3.5~12m,公称直径为8、10、12、16、20mm等几种。钢筋的化学成分、力学和工艺性能应符合表7-9的规定。

此外,钢筋混凝土中还经常使用低碳钢热轧圆盘条,其相应的国家标准为(GB/T 701—1997)。盘条按用途可分为供拉丝用盘条(符号为L)和供建筑用以及其他一般用途用盘条(符号为J)。其中供建筑用盘条的力学性能和工艺性能的要求见表7-10。

热轧带肋钢筋是钢筋混凝土结构中使用的主要钢筋类型,由低合金钢轧制而成。横截面为圆形，外表带肋，长度方向有两条纵肋及均匀分布的月牙状横肋，其几何形状如图 7-5。

光圆钢筋的化学成分、力学及工艺性能　　表 7-9

表面形状	光圆	钢筋级别	I	强度代号 R235
牌号	Q235	公称直径	8 ~ 20mm	
化学成分	C			0.14 ~ 0.22
	Si			0.12 ~ 0.30
	Mn			0.30 ~ 0.65
	P		不大于	0.045
	S			0.050
力学性能	屈服点 f_y(MPa)		小于	235
	抗拉屈服强度 f_b(MPa)			370
	伸长率 δ_n(%)			25
工艺性能	冷弯（d 为弯心直径，a 为钢筋公称直径）			180° $d = a$

盘条的力学性能和工艺性能　　表 7-10

牌号	力学性能			冷弯试验 180°（d 为弯心直径，a 为试样直径）
	屈服点 f_y(MPa)	抗拉强度 f_b(MPa)	伸长率 δ_n(%)	
	不小于			
Q215	215	375	27	$d = 0$
Q235	235	410	23	$d = 0.5a$

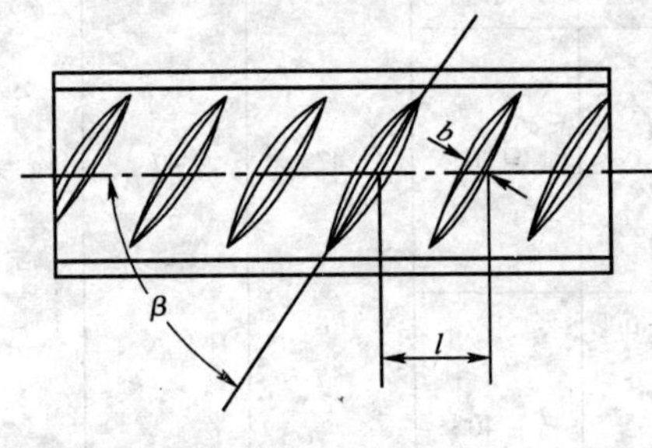

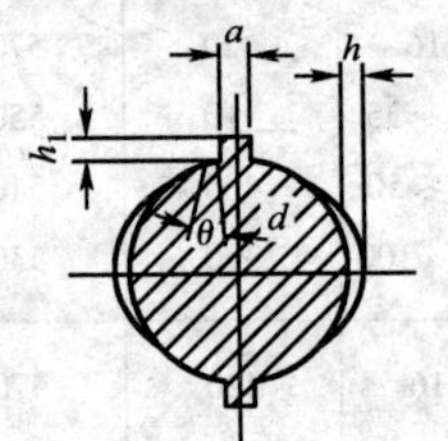

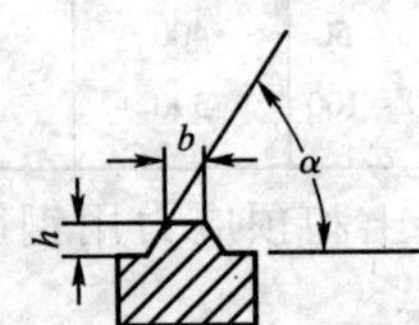

图 7-5　月牙肋钢筋

根据国家标准《钢筋混凝土用热轧带肋钢筋》(GB 1499—1998)的规定，热轧钢筋按力学性能划分为 HRB335、HRB400、HRB500 三个牌号。各种牌号钢筋的力学性能见表 7-11。

钢筋混凝土结构对热轧钢筋的要求是：力学强度较高，具有一定的塑性、韧性、冷弯性能和焊接性。光圆钢筋的强度较低，但塑性及焊接性好，便于冷加工，广泛用作普通钢筋混凝土中的非预应力钢筋；热轧带肋钢筋的强度较高，塑性及焊接性也较好，广泛用作大、中型钢筋混凝土结构的受力钢筋以及预应力钢筋。

2)冷加工钢筋

(1)冷拉钢筋　为了提高强度以节约钢筋，工程中常按施工规程对钢筋进行冷拉。

由于冷拉钢筋的塑性、韧性较差，易于发生脆断，因此，冷拉钢筋不宜用于负温及受冲击或重复荷载作用的结构。

热轧带肋钢筋的力学性能 表 7-11

表面形状	牌号	公称直径(mm)	化学成分(%)，不大于						屈服点 f_y 或 $[f_{y(0.2)}]$(MPa)	抗拉屈服强度 f_b(MPa)	伸长率 δ_n(%)	弯曲试验弯心直径
			C	Si	Mn	P	S	Ceq	不小于			
月牙肋	HRB 335	6～25	0.25	0.80	1.60	0.045	0.045	0.52	335	490	16	3a
		28～50										4a
	HRB 400	6～25	0.25	0.80	1.60	0.045	0.045	0.54	400	570	14	4a
		28～50										5a
	HRB 500	6～25	0.25	0.80	1.60	0.045	0.045	0.55	500	630	12	6a
		28～50										7a

冷拉Ⅰ级钢筋适合用作非预应力受拉钢筋。冷拉热轧带肋钢筋强度较高，可用作预应力混凝土结构的预应力盘筋。

(2)冷拔低碳钢丝　冷拔低碳丝是用6～8mm的碳素结构Q235或Q215盘条，通过拔丝机进行多次强力拉拔而成。根据《混凝土结构工程施工及验收规范》(GB 50204—92)的规定，冷拔低碳钢丝分为甲乙两级。甲级钢丝由符合Ⅰ级热轧钢筋标准的圆盘条拔制而成，主要用作预应力筋。乙级钢丝用于焊接网、焊接骨架、箍筋和构造钢筋等。

冷拔低碳钢丝由于经过反复拉拔强化，强度大为提高，但塑性显著降低，脆性随之增加，已属硬钢类钢筋。由于加工时受到原材料质量和工艺的影响较大，常有强度和塑性离散性较大情况，故使用时应加注意分析。

冷拔低碳钢丝的力学性能应符合表7-12的规定。

冷拔低碳钢丝的力学性能 表 7-12

钢丝级别	直径(mm)	抗拉强度(MPa)		伸长率 δ_n(%)	180°反复弯曲(次数)
		Ⅰ组	Ⅱ组		
		不小于			
甲级	5	650	660	3.0	4
	4	700	650	2.5	4
乙级	3～5	550		2.0	4

注：预应力冷拔低碳钢丝经机械调直后，抗拉强度标准值应降低50MPa。

(3)冷轧带肋钢筋　将热轧圆盘条经冷轧和冷拔减径后在其表面冷轧形成三面有月牙肋的钢筋即形成冷轧钢筋。

冷轧钢筋强度高、焊接性好，广泛用于中、小预应力混凝土结构构件和普通钢筋混凝土结构构件中，也适用于上述构件的制造和用冷轧带肋钢筋或冷轧光圆钢筋焊接而成的钢筋网。

冷轧带肋钢筋代号为LL×××(第一个L为“冷”字的汉语拼音字头，第二个L为“肋”字的汉语拼音字头，后面的“×××”为三位阿拉伯数字，表示钢筋抗拉强度等级数值)。钢筋按抗拉强度分为LL550、LL650、LL800三级。分别表示抗拉强度不小于550MPa、650MPa、800MPa

的钢筋。其性能见表 7-13。

冷轧带肋钢筋性能 表 7-13

级别代号	牌号	屈服强度 $f_{y(0.2)}$(MPa) 不小于	抗拉强度 f_b(MPa) 不小于	伸长率(%),不小于		冷弯 180°(D 为弯心直径,d 为钢筋公称直径)	压力松弛 $f_{con}=0.7f_b$	
				δ_{10}	δ_{100}		1000h 不大于(%)	10h 不大于(%)
LL550	Q215	500	550	8	—	$D=3d$	—	—
LL650	Q235	520	650	—	4	$D=4d$	8	5
LL800	24MnTi	640	800	—	4	$D=5d$	8	5

冷轧钢筋的直径为 5mm、6mm、7mm、8mm、9mm、10mm 等几种,钢筋交货时一般为盘圆,每盘由一束长钢筋组成。LL650、LL800 级钢筋不应有焊接接头。

3)热处理钢筋

热处理钢筋是用热轧螺纹钢筋经淬火和回火进行调质处理而成的,代号为 RB150。根据《预应力混凝土用热处理钢筋》(GB 4463—84)的规定:热处理钢筋有 40Si2Mn、48Si2Mn 和 45Si2Cr 三个牌号;公称直径分别为 6mm、8.2mm 和 10mm;其强度要求均为屈服点 $f_{y(0.2)}$不低于 1 325MPa,抗拉强度 f_u 不低于 1 470MPa;其伸长率 δ_{10}要求均不低于 6%。

热处理钢筋目前主要用于预应力混凝土轨枕,用以代替高强度钢丝,配筋数量减少,制作方便,锚固性能好,建立预应力稳定。也用于预应力混凝土板、梁和吊车梁,使用效果良好。

热处理钢筋系成盘供应(每盘长约 200m),开盘后能自然伸直,不需调直、焊接,故施工简单,并可节约钢材。

4)钢丝和钢绞线

钢丝和钢绞线均由优质碳素结构钢经过冷加工、热处理、冷轧、绞捻等过程制得。它们的特点是强度高、安全可靠、便于施工,一般用于预应力混凝土结构中。

按照《预应力混凝土用钢丝》(GB/T 5223—1995)的规定,钢丝可分为冷拉钢丝和消除应力钢丝两种。消除应力钢丝按外形又可分为光面钢丝、刻痕钢丝、螺旋肋钢丝。其代号分别是:冷拉钢丝为 RCD,消除应力刻痕钢丝为 SI,消除应力螺旋肋钢丝为 SH。钢丝直径有 3mm、4mm、5mm 三种规格,抗拉强度 f_b 可达 1670MPa。

钢丝由含碳量不低于 0.8%的优质碳素结构钢盘条,经冷拔及回火制成,具有较好的力学性能。将钢丝表面沿长度方向压出刻痕钢丝,见图 7-6。这种钢丝应用于钢筋混凝土结构中可以增加钢丝与混凝土之间的摩擦阻力,改善钢筋混凝土结构的受力性能。

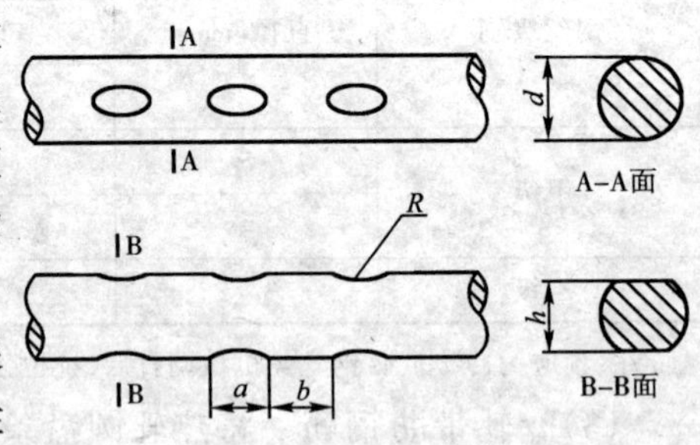

图 7-6 刻痕钢丝外形图

预应力钢绞线按捻制结构分别用两根、三根和七根圆形断面的高强度钢丝捻制而形成,根据其应力松弛性能又可将其分为 I 级松弛(代号 I)和 II 级松弛(代号 II)两种。钢绞线的标记反映了钢绞线的分类情况。例如:"预应力钢绞线 1×3—10.80—1720—I—GB/T 5224—1995"表示公称直径为 10.80mm、强度级别为 1720MPa、I 级松弛的用三根钢丝捻制而成的(1×3)钢绞线。"GB/T 5224—1995"为现行国家标准《预应力混凝土用钢绞线》的代号。每盘钢绞线由一整根组成,其长度不小于 200m。钢绞线的捻向一般向左(S)捻,特殊情况下也可向右(Z)捻。捻制后,为消除捻制时产生的应力,应进行热处理。钢绞线的尺寸及拉伸性能见表 7-14。

钢绞线的尺寸及拉伸性能 表 7-14

钢绞线结构		钢绞线公称直径(mm)		强度等级(MPa)	整根钢绞线的最大负荷(kN)	屈服负荷(kN)	伸长率(%)	1000h 松弛率(%),不大于			
								I 级松弛		II 级松弛	
								初始负荷			
		钢铰线	钢丝					70%公称最大负荷	80%公称最大负荷	70%公称最大负荷	80%公称最大负荷
1×2		10.00	5.00	1 720	67.9	57.7	3.5	8.0	12	2.5	4.5
		12.00	6.00		97.9	83.2					
1×3		10.80	5.00		102	86.7					
		12.90	6.00		147	125					
1×7	标准型	9.50	—	1 860	102	86.6					
		11.10	—	1 860	138	117					
		12.70	—	1 860	184	156					
		15.20	—	1 720	239	203					
				1 860	259	220					
	模拔型	12.70	—	1 860	209	178					
		15.20	—	1 820	300	255					

注:①I 级松弛即普通松弛,II 级松弛即低松弛。它们分别适用所有钢绞线;

②屈服负荷不小于整根钢绞线公称最大负荷的 85%;

③1×7 结构钢绞线也按 ISO 6934—4:1991(E)分成“标准型”和“模拔型”;

④1×7 结构钢绞线中心钢丝直径加大范围不小于 2.0%。

预应力钢丝和钢绞线主要用于大跨度、大负荷的桥梁、电杆、轨枕、屋架、大跨度吊车梁等,安全可靠,节约钢材,且不需冷拉、焊接接头等加工,因此在土木工程中得到广泛应用。

第二节 木 材

目前,我国木材资源非常贫乏,木材产量远远不能满足社会需要,尽量用其他材料代替木材,减少木材使用量。

一、树木的分类,构造及木材的分类

1.树木的分类

针叶树大都为常绿树,它木质较软,故又称软木,针叶树一般纹理顺直,易于加工,胀缩变形较小,且有较高的强度,耐腐性也较强,它们是建筑工程中的主要用材。

阔叶树大都为落叶树。因大部分阔叶树木质重而硬,质硬的阔叶树加工困难,胀缩变形,弯曲裂缝等都较针叶树显著,但其坚硬耐磨,经加工后,大都有美观的纹理。

2.木材的构造

木材是从树干中取得的,树干是由树皮、形成层、髓心和木质部组成。

要全面观察木材的宏观构造,必须从三个不同的切面入手,这三个切面是横切面、径切面和弦切面(见图 7-7)。

横切面是指与树干或木纹方向垂直锯割的切面(见图 7-8);径切面是指顺着树干方向,通过髓心锯割的切面;弦切面是顺着树干方向,不通过髓心锯割的切面。

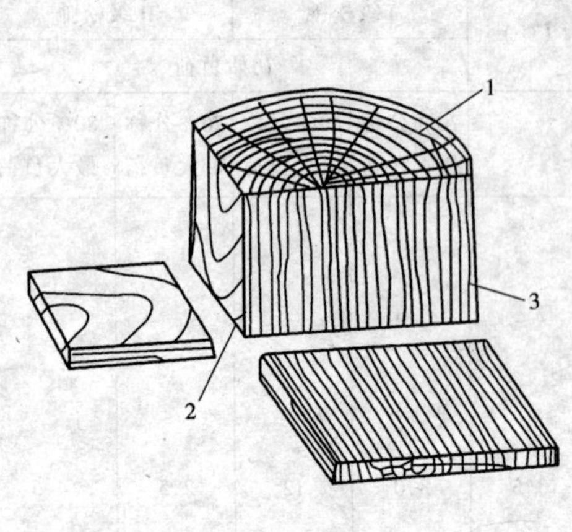

图 7-7 木材的切面

1-横切面;2-径切面;3-弦切面

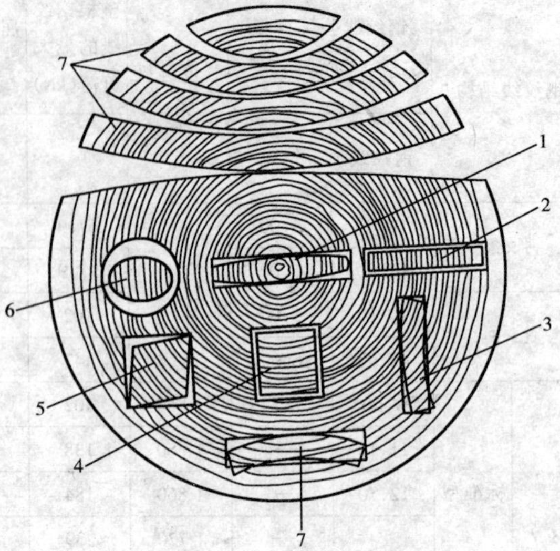

图 7-8 木材的横切面

1-树皮;2-年轮;3-边材;4-心材;5-髓心;6-髓线

3.木材的分类

木材根据其加工和用途的不同,分为原条、原木和锯材(板方材)。

二、木材的性质

1.木材中的含水量

树木通过根须不断地把土壤中的水分吸收并通过树干输送到树叶,树干里存在大量水分,潮湿的木材能向空气中放出水分,干燥的木材能自空气中吸收水分。

木材中水分的含量叫做含水率或含水量,用水分的质量与木材质量之比的百分率表示。若以全干木材的质量为计算的基础,算出的数值叫绝对含水率或简称为含水率;含水率也可以用湿材质量作为计算的基础,算出的数值叫做相对含水率。含水率的计算公式如下:

$$W = \frac{G_{湿} - G_{干}}{G_{干}} \times 100\% \tag{7-6}$$

$$W = \frac{G_{湿} - G_{干}}{G_{湿}} \times 100\% \tag{7-7}$$

式中:W——含水率(%);

W_0——相对含水率(%);

$G_{干}$——全干木材质量(g);

$G_{湿}$——潮湿木材质量(g)。

木材中的水分,一部分存在于细胞腔和细胞间隙里,叫自由水(也叫游离水、毛细管水);另一部分存在于细胞壁中,叫吸着水(也叫附着水、胞壁水)。

在不同情况下,木材的含水率不同。

湿材在干燥的过程中,最先蒸发的是自由水,自由水蒸发完了,吸着水还处于包和水分,在细胞腔和细胞间隙中没有出现水分时,也叫纤维饱和点,这时的木材含水率叫纤维饱和点含水率。因树种不同,纤维饱和点含水率一般在23%~30%之间。

干燥的木材能自空气中吸收水分,潮湿的木材能向空气中放出水分,一直达到和周围空气湿度相平衡的状态为止,这时的含水率,叫平衡含水率。

2.木材的干缩变形与开裂。

木材有显著的干缩与湿胀性。在自然环境及水的影响下木材会产生干缩湿胀与变形。木材的干缩与湿胀是细胞壁内有吸着水减少或增加的结果。最终使木材产生翘曲,影响使用效果。

3.木材的强度

由于木材内部组织的不均匀性,因此木材各方向的力学性质都不相同。木材的受压情况见图7-9。木材的强度有木材的抗拉强度、抗压强度、弯曲强度、抗剪强度等,木材的各种强度都有一定的相应关系。见表7-15。

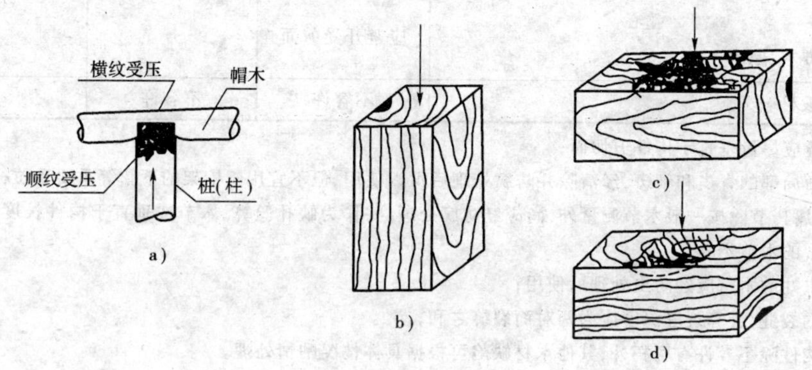

图7-9 木材的受压

a)木材的结构中受压情况;b)顺纹受压;c)横纹径向受压;d)横纹弦向受压

各种木材的相对确定

表7-15

抗压		抗拉		抗弯	抗剪	
顺纹	横纹	顺纹	横纹		顺纹	横纹
1	1/10 1/3	2~3	1/20~1/3	1.5~2.0	1/7~1/3	1/10~1/5

注:表中数值以顺纹抗压强度为基数。

三、木材的材质标准

桥梁承重木结构木材的材质标准见表7-16。

桥梁承重结构木材的材质标准

表7-16

项目	缺陷名称	构件类别		
		受拉或拉变构件	受弯或压弯构件	受压构件
1	腐朽	不容许	不容许	不容许
2	方木(板材)——在构件任一面的任何15cm长度内,所有木节尺寸(在木材宽度方向量取)的总和不大于木节所在面宽度的……	方木1/3 板材1/4	方木2/5 板材1/3	方木1/2 板材2/5
	当在连接位时……	方木1/4 板材1/5		
	所有木节尺寸(在周长方向量取)的总和不大于所测部位周长的……	1/4	1/3	—
	每个木节的最大尺寸不得大于所测部位原木周长的……	1/10(连接部位) 1/12	1/6	1/6

续上表

项目	缺陷名称	构件类别		
		受拉或拉变构件	受弯或压弯构件	受压构件
3	斜纹 方木、板材——每米平均斜度不大于……	5cm	8cm	12cm
4	扭纹 原木——扭转纹每米平均斜度不大于……	8cm	12cm	15cm
5	裂缝 方木——在连接部位的受剪面附近其裂缝深度不得大于材宽的	1/4	1/3	—
	在连接受剪面上	不容许	不容许	不容许
	板材——在连接部位的受剪面及其附近	不容许	不容许	不容许
6	髓心 方木、原木……	应避开受剪面	—	—
	板材……	不容许	不容许	—

注：①原木裂缝应尽量垂直于构件剪切面；

②木材表面局部的青皮和细斑，经清除并防腐处理后可以使用，但不宜用于桁架的下弦等重要受拉杆件；

③松软节、腐朽节除按一般木节测量外，尚应经防腐处理，并作为缺孔验算，木节按垂直于构件长度方向测量，直径小于 1cm 的木节不算；

④有表面虫蛀的木材应经防虫处理后使用；

⑤有对面的裂缝，计算裂缝深度应为两对面裂缝之和；

⑥非承重构件除不容许有腐朽外，其他木材缺陷可根据具体情况酌情处理。

第三节　建筑钢材试验

试验四十一　钢筋的拉伸试验

一、试验目的

抗拉强度是钢筋的基本力学性质。为了测定钢筋的抗拉强度，将标准试样放在压力机上，逐渐加一个缓慢的拉力荷载，观察由于这个荷载的作用所产生的弹性和塑性变形，直至试样拉断为止。即可求得钢筋的屈服点、抗拉强度、伸长率等指标，作为评定钢筋质量是否合格的一个试验项目。

二、试验仪具

(1)万能材料试验机。

(2)游标卡尺、引伸计。

三、试验方法

1.准备试样

(1)在每批钢筋中任取两根，在距钢筋端部 50cm 处各取一根试样。

(2)试验前，先将材料制成一定形状的标推试样，如图 7-10 所示。试样一般应不经切削加工。受拉力机吨位的限制，直径为 22～40mm 的钢筋可进行切削加工，制成直径(标距部分直

径 d_0)为 20mm 的标准试样。试样长度:拉伸试样分短试件为 $5d_0+100$mm,或长试件为 $10d_0+200$mm。当直径 $d_0=10$mm 的试样时,其标距长度 $l_0=200$mm(长试样,δ_{10})或 100mm(短试样,δ_5);标距部分到头部的过渡必须缓和,其圆弧尺寸 R 最小为 5mm,$l=230$mm(长试样)或 130mm(短试样);$h=50\sim70$mm。

(3)标距部分直径 d_0 的允许偏差为不大于 ±0.2mm;标距部分长度的允许偏差为不大于 ±0.1mm;试样标距长度内最大直径与最小直径的允许偏差为 0.05mm。

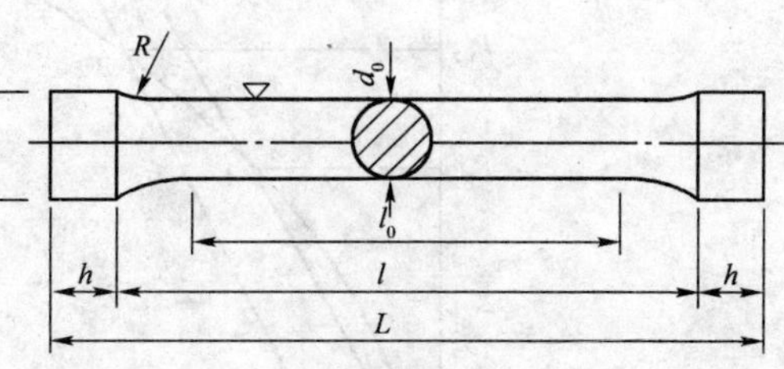

图 7-10 拉伸试验标准试件

(4)根据试样的横截面积确定试样的标距长度。然后按标距的两端用不深的冲眼刻画出标志,并按试样标距长度,以每隔 5~10mm 作一分格标志,以计算试样的伸长率用。

(5)未经车削的试样横截面积 S_0(mm^2)应按式(7-8)求得。

$$S_0=\frac{m}{\rho L}\times 1000 \tag{7-8}$$

式中:m——试样质量(g);

ρ——试样密度(g/cm^3);

L——试样总长度(mm)。

(6)将试样安置在万能试验机的夹头中,试样应对准夹头的中心,试样轴线应绝对垂直,然后进行拉伸试验,测定试样的屈服点(有明显屈服现象的材料),屈服强度(没有明显屈服现象的材料)、抗拉强度和伸长率。

2.屈服点的测定

(1)测定屈服点时,在向试样连续而均匀地施加负荷的过程中,在液压式试验机上,当负荷指示器上的指针停止转动或开始回转(在杠杆式试验机上,杠杆平衡或开始明显下落)时之恒定力,最大或最小负荷读数,即为屈服负荷 F_s 值。

(2)屈服点也可以从试验机自动记录的负荷—伸长曲线上确定。屈服负荷系位于曲线上的一点,该点相当于负荷不变而试样继续伸长时之平台,如图 7-11a)所示,或负荷开始下降而试样继续伸长时之最高或最低点,如图 7-11b)所示,但此时曲线图纵坐标每 1mm 长度所代表的应力不得大于 10MPa。

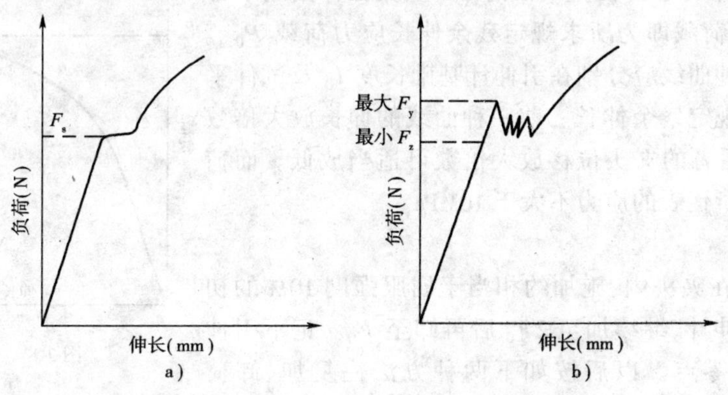

图 7-11 负荷—伸长曲线上屈服点的确定示意图

3.屈服强度的测定

对拉伸曲线无明显屈服现象的材料(见图 7-12)则必须测定其屈服强度。

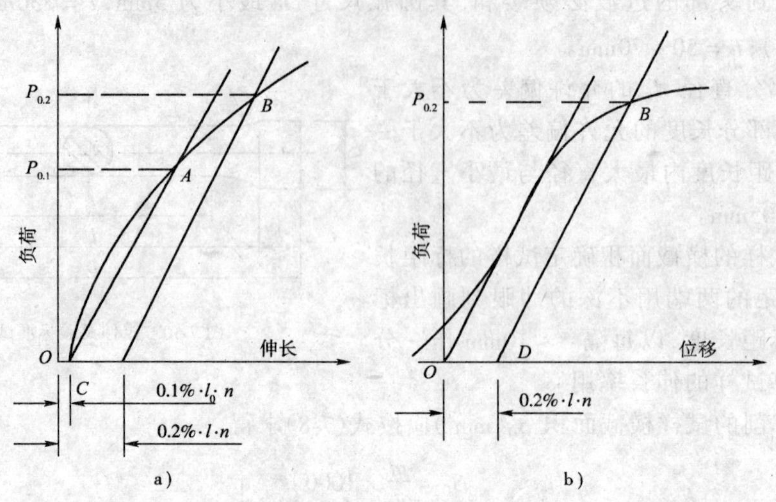

图 7-12　无屈服平台的应力应变曲线

屈服强度 $f_{y(0.2)}$——试样在拉伸过程中标距部分残余伸长达到原标距长度的 0.2% 时应力。

屈服强度可用图解法或引伸法测定。

1)图解法

(1)将制备好的试样安装于夹头中,试样标距部分不得夹入钳口中,试样被夹长部分不小于钳口的 2/3。

(2)试样被夹紧后,把自动绘图装置或电子引伸计调整好,处于工作状态。然后向试样连续均匀而无冲击地施加荷载。此时自动记录装置或电子引伸计绘出拉伸曲线。达到规定的要求停止试验,卸去试样关闭机器。

(3)在自动记录装置(配合电子引伸计)绘出的或根据在荷载下活动夹头移动距离;或根据从测力度盘与示值引伸计读取的荷载与伸长值而绘出的拉伸曲线(如图 7-13),自初始弹性直线段与横坐标轴的交点 O 起,截取一等于规定残余伸长的距离 OD,再从 D 点作平行于弹性直线段的 DB 线交拉伸曲线于 B 点,对应于此点的荷载即为所求规定残余伸长应力荷载 $P_{0.2}$。此时对于上述两种曲线应分别在引伸计基础长度 l_0 及试件平行长度 l 上求得规定残余伸长。前一种曲线的伸长放大倍数应不低于 50 倍,后者的夹头位移放大倍数可适当放低。而荷载坐标轴每毫米所代表的应力不大于 10MPa。

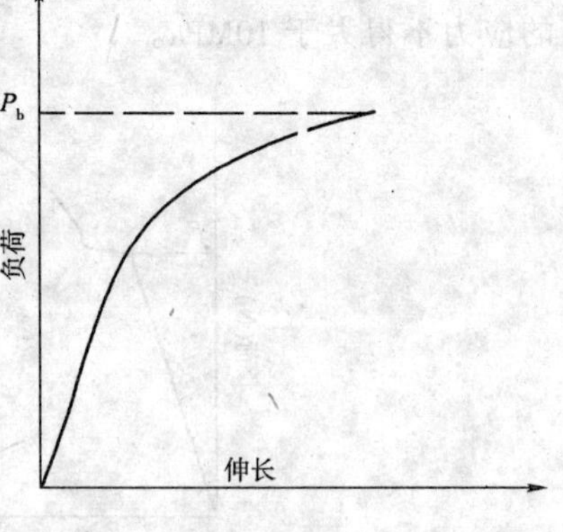

图 7-13　拉伸曲线

2)引伸计法

将试样固定在夹头内,施加约相当于屈服强度 10% 的初负荷 F_0,装上引伸计,继续加至 $2F_0$ 后再卸至 F_0。记下引伸计读数作为条件零点。以后按如下两种方法往复加、卸荷(卸荷至 F_0)或连续施荷,直至实测或计算的残余伸长等于或大于规定残余伸长为止。

(1)卸荷法:从 F_0 起第一次负荷加至使试样在引伸计标距内产生的总伸长 $0.2\%\cdot l_e\cdot n+$

(1～2)分格。式中第一项为规定残余伸长，第二项为弹性伸长。在引伸计上读出首次卸荷至 F_0 时的残余伸长，以后每次加荷应使试样产生的总伸长为：前一次总伸长加上规定残余伸长与该次残余伸长(卸荷至 F_0)之差，再加上 1～2 分格的弹性伸长增量。

(2)直接加荷法：从 F_0 起按测定 f_{y0} 所述方法逐级施荷，求出弹性直线段相应于小等级负荷的平均伸长增量，由此计算出偏离直线段后的各级负荷的弹性伸长。从总伸长减去弹性伸长即为残余伸长。

4.抗拉强度的测定

(1)将试样安置在拉力机上，连续施加负荷到拉断为止，此时从负荷指示器上读出的最大负荷即为抗拉强度的负荷 F_b。

(2)试样拉断后标距长度 l_1 测量，将试样拉断后的两段在拉断处紧密对接起来，尽量使其轴线位于一条直线上。如拉断处由于各种原因形成缝隙，则此缝隙应计入试样拉断后的标距部分长度内。l_1 用下述方法之一确定：

直测法：如拉断处到邻近标距端点的距离大于 $1/3l_0$ 时，可直接测量两端点之间的距离。

移位法：如拉断处到邻近标距端点的距离小于或等于 $1/3l_0$ 时，则可按下法确定 l_1：

在长段上从拉断处 O 取基本等于短段格数，得 B 点，接着取等于长段所余格数[偶数，如图 7-14a)所示]之半，得 C 点；或者取所余格数[奇数，如图 7-14b)所示]减 1 或加 1 之半，得 C 或 C_1 点，移位后的 l_1 分别为 $AO+OB+2BC$ 或者 $AO+0B+BC+BC_1$。

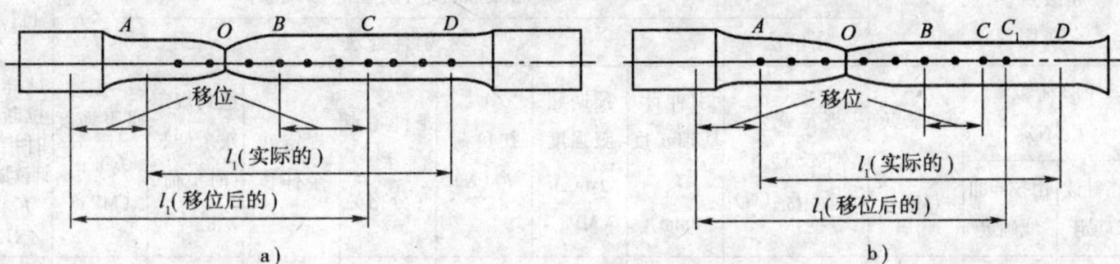

图 7-14　试样拉断后的标距长度测量

四、试验结果

屈服点：

$$f_y=\frac{F_s}{S_0} \tag{7-9}$$

式中：F_s——相当于所求应力的负荷(N)；

S_0——试样的原横截面积(mm)；

f_y——屈服强度(MPa)，计算精确度应达 5MPa。

硬钢和线材的屈服点：

$$f_{y(0.2)}=\frac{F_{0.2}}{S_0} \tag{7-10}$$

式中：$F_{0.2}$——相当于所求应力的负荷(N)；

S_0——试样的原横截面积(mm^2)；

$f_{y(0.2)}$——硬钢和线材的屈服点(MPa)，计算精确度与 f_y 相同。

伸长率：

$$\delta_n=\frac{l_1-l_0}{l_0}\times100\% \tag{7-11}$$

式中：l_1——试样拉断后标距部分的长度(mm)；

l_0——试样原标距的长度(mm)；

n——长试样及短试样的标志。长试样 $\delta_n=10$，伸长率为 10；短试样 $\delta_n=5$，伸长率为 5；

δ_n——试样的伸长率，计算精确度应达 0.5%。

五、试 验 记 录(表 7-17)

钢筋拉伸试验记录表 表 7-17

试样编号			试样来源						
试样名称			初拟用途						
试验次数	试件尺寸								
	试样长度 l(mm)	试样原标距部分长度 l_0(mm)	试样原标距部分直径 d_0(mm)	试样的原横截面积 A_0(mm^2)	试样拉断后标距部分长度 l_1(mm)	试样拉断后标距部分直径 d_1(mm)	试样断裂处的横截面积 A_1(mm^2)	伸长率 δ_n(%)	断面收缩率 Ψ(%)
①	②	③	④	⑤	⑥	⑦	⑧	⑨ = [⑥ - ③]/③	10 = [⑤ - ⑧]/⑤

试验次数	屈服点(有明显屈服现象)			屈服点(没有明显屈服现象)								抗拉强度	
				图解法	引伸计法								
	屈服荷载 F_s(N)		屈服点 $f_{y(0.2)}$(MPa)	规定残余伸长应力荷载 $f_{0.2}$(N)	引伸计基础长度 l_e(mm)	预期屈服强度 $f_{y(0.2)}$(MPa)	初负荷 F_0(N)	条件零点 K(分格)	规定残余伸长	达到规定残余伸长时负荷 $f_{y(0.2)}$(N)	屈服强度 $f_{y(0.2)}$(MPa)	试样拉断时指针读数 F_b(N)	抗拉强度 f_u(MPa)
	由指针读数确定	由拉伸曲线确定											
①	11	12	13	14	15	16	17	18	19	20	21 = 20/5	22	23 = 22/5

试验者　　　　计算者　　　　审核者　　　　试验日期　　年　　月　　日

六、试验结果评定

钢筋作拉伸试验的两根试样中，如其中一根试样的屈服点、抗拉强度、伸长率三个指标中，有一个指标不符合规定要求时，即为拉力试验不合格。应再取双倍数量的试样重新测定三个指标。在第二次拉伸试验中，如仍有一个指标不符合规定要求，不论这个指标在第一次试验中是否合格，拉力试验项目也作为不合格，该批钢筋即为不合格品。

试验四十二　建筑钢材的硬度和冷弯试验

一、硬 度 试 验

1. 试验目的

钢材的硬度是钢材抵抗其他材料构成的压陷器压入其表面的能力。硬度试验因为操作简便，同时硬度与其他力学性能之间存在着一定的关系，根据硬度值可以判定钢材的其他力学性能，所以它是广泛被采用来间接检验钢材力学性能的一种试验方法。

2.试验仪具

1)布氏硬度试验法

(1)布氏硬度试验机：结构示意如图 7-15。

(2)钢球：试验用钢球应符合下列要求：

①钢球应用淬火硬钢制成，其硬度值应不低于维氏硬度 HV8505。

②钢球直径为 2.5mm，5.0mm 或 10.0mm。

③钢球直径为 2.5mm 和 5.0mm 的，其允许偏差应不超过 ±0.005mm；直径为 10.0mm，其允许偏差应不超过 ±0.010mm。如试验后钢球因残余变形超过上述偏差时，则应更换，而相应的试验结果无效。

④钢球表面光洁度应不低于▽▽▽▽12，并在 5 倍放大镜下观察无任何表面缺陷。

(3)试件：试件表面应制成光滑平面，以便压痕边缘足够清晰而保证测量压痕直径的准确性；试件表面无氧化皮或其他外来污物。制作试件时，不应使试件表面因受热或加工硬化而改变其硬度。

2)洛氏硬度试验法

(1)洛氏硬度试验机：结构示意如图 7-16。

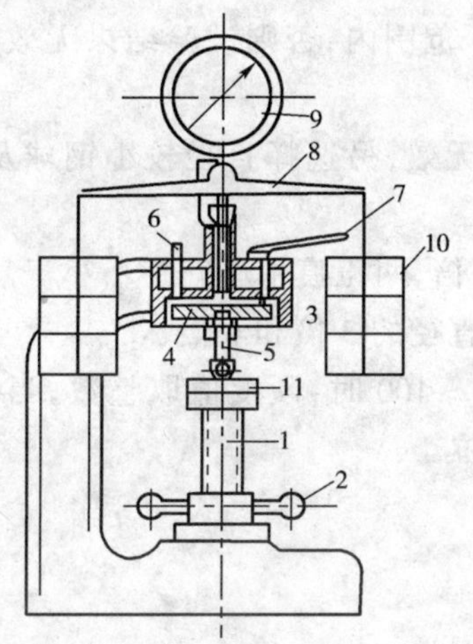

图 7-15 布氏硬度试验机结构示意图

1-支持台螺杆；2-手轮；3-工作油缸；4-工作活塞；5-压缩器；6-油门；7-油筒手柄；8-测力活塞十字头；9-压力表；10-砝码；11-试件

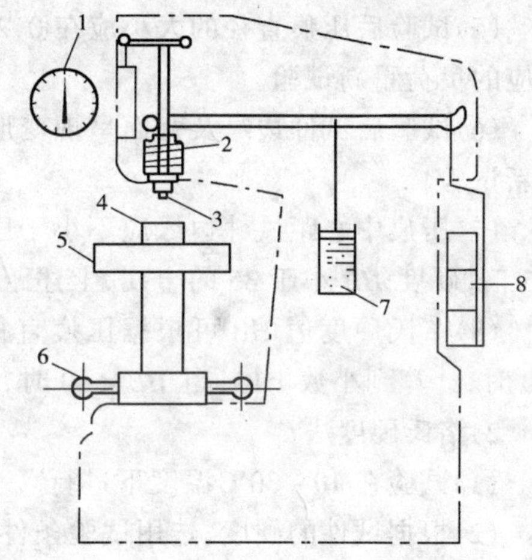

图 7-16 洛氏硬度试验机结构示意图

1-指示器；2-弹簧；3-压陷器；4-试件；5-支持台；6-手轮；7-缓冲油壶；8-重砣

(2)试件：试件应符合下列要求：

①试件试验面必须精细制备使其平坦，不带有油脂、氧化皮、裂缝、显著加工痕迹、凹坑及外来污物。试件表面加工时避免因受热或冷加工改变金属的性能；

②对于弯曲面的试件，其曲率半径不得小于 15mm，如半径为 5～15mm，则测得硬度值需加以修正；

③试件表面层最小厚度不小于卸除主负荷后压头压入深度的 8 倍。

3.试验方法

1)布氏硬度法

(1)试验应在 10~30℃温度下进行。

(2)根据试件的硬度、厚度选用钢球直径和试验力,见表 7-18。

钢球直径和试验力选用表 表 7-18

金属种类	硬度范围 *HB*	试件厚度 *h*(mm)	试验力 *F* 与钢球直径 *D* 的关系	钢球直径 *d*(mm)	试验力 (kN)(kgf)	负荷保持时间 *t*(s)
黑色金属	140~450	6~3	$F=30D^2$	10	29.42(3000)	10
		4~2		5	7.335(750)	
		<2		2.5	1.839(187.5)	
	<140	>6	$F=10D^2$	10	9.807(1000)	10
		6~3		5	2.452(250)	
		<3		2.5	0.6129(62.5)	

(3)将试件放在支承台上,加初负荷使试件与钢球互相接触,必须使所施加作用力与试验平面垂直、平稳均匀地施加负荷,不得受到冲击和振动,按规定时间保持负荷。

(4)卸下负荷,用测微显微镜测量压痕直径,从相互垂直方向各测 1 次(或从直读式硬度机上读出压痕直径),用钢球直径为 10mm、5mm 或 2.5mm 时,压痕直径测量分别精确到 0.02mm、0.02mm 和 0.01mm。压痕两直径之差应不超过较小直径的 2%,但对显著各向异性材料则不受此限,按有关技术条件规定执行。

(5)试验后压痕直径的大小应在 $0.25D<d<0.6D$ 范围内,否则试验结果无效,另行选择相应的负荷重新试验。

(6)试验后试件边缘及背面呈现变形痕迹时,试验无效,另选择直径较小钢球及相应负荷重新试验。

(7)压痕中心距试件边缘应不小于压痕直径的 2.5 倍,两压痕中心间距不小于压痕直径的 2.5 倍,硬度 *HB* 小于 35 的金属,上述距离分别为压痕直径的 3 倍和 6 倍。

(8)布氏硬度值 HB 可根据压痕直径计算。当 $HB \geqslant 100$ 时,硬度值取整数,当 $HB=10\sim100$ 时,计算到小数 1 位;当 $HB<10$ 时,计算到小数两位。

2)洛氏硬度法

(1)试验在 10~30℃温度下进行。

(2)根据试件的硬度,选用试验条件,见表 7-19。

试验条件选用表 表 7-19

洛氏硬度标尺	采用压头	初始试验力 F_0 (N)	主试验力 F_1 (N)	总试验力 *F* (N)	洛氏硬度范围
HRA	金刚石圆锥	98.07	490.3	588.4	20~88HRA
HRB	1.588 钢球	98.07	882.6	980.7	20~100HRB
HRC	金刚石圆锥	98.07	1373	1470	20~70HRC

(3)试件的试验面、支承面、试台表面和压头表面应清洁。试件应稳固地放置在试台上,以保证在试验过程中不产生位移及变形。

(4)在任何情况下,不允许压头与试台及支座触碰。试件支承面、支座和试台工作面上均不得有压痕。

(5)试验时,必须保证试验力方向与试件的试验面垂直。

(6)在试验过程中,试验装置不应受到冲击和振动。

(7)施加初始试验力时，指针或指示线不得超过硬度计规定范围，否则应卸除初始试验力，在试件另一位置试验。

(8)调整示值指示器至零点后，应在 2～8s 内施加全部主试验力。

(9)应均匀平稳地施加试验力，不得有冲击及振动。

(10)施加主试验力后，总试验力的保持时间应以示值指示器指示基本不变为准。总试验力保持时间推荐如下：

对于施加主试验力后不随时间继续变形的试件，保持时间为 1～3s；

对于施加主试验力后随时间缓慢变形的试件，保持时间为 6～8s；

对于施加主试验力后随时间明显变形的试件，保持时间为 20～25s。

(11)达到要求的保持时间后，在 2s 内平稳地卸除主试验力，保持初始试验力，从相应的标尺刻度上读出硬度值。

(12)两相邻压痕中心间距至少应为压痕直径的 4 倍，但不得小于 2mm。任一压痕中心距试样边缘距离至少应为压痕直径的 2.5 倍，但不得小于 1mm。

(13)在每个试件上的试验点数应不少于 4 点(第一点不记)。对大批量试件的检验，点数可适当减少。

二、冷弯试验

1.试验目的

钢材在冷的状态下进行弯曲试验，以表示其承受弯曲后达到要求角度及形状的能力。本试验法是以试件环绕弯心弯曲至规定角度，观察其是否有裂纹、起层或断裂等情况。

冷弯试验是一种工艺试验。借此可了解受试钢材对某种工艺加工适合的程度。钢材含碳、含磷量较高，或曾经不正常的热处理，则冷弯试验往往不能合格，故钢筋和桥梁建筑用钢等常做此种试验。钢筋电焊接头的可靠性亦常用此试验检查。

2.试验仪具

万能机：附有冷弯支座和弯心，支座和弯心顶端圆柱应有一定的硬度，以免受压变形。亦可采用特制冷弯试验机。

3.试件制备

(1)直径为 d 之圆钢，边长为 a 之方钢，或宽度小于 100mm、厚度为 d 之钢板，试件长度 $l \approx 5a + 150\text{mm}$，宽度为 $b = 2a$，并且 b 不小于 10mm。

(2)其他制品及材料厚度大于 30mm 者，按技术条件特别规定。

(3)试件可由试样两端或边部截取，切割线与试件实际边距离不小于 10mm。试样中间1/3范围内不准有凿冲等工具刻痕或压痕。

(4)试件应在常温下切割，可用车床、铣床或锯进行加工，但加工时应防止高热，棱边必须挫圆(圆的半径不小于 2mm)。

(5)如必须采用有弯曲试样时，应用均匀压力使其压平。

4.试验方法

(1)试验前，测量试样尺寸是否合格。

(2)选择适当之弯心直径 d，按图 7-17 装置，支座之净距为 $L = d + 2.1a$。

(3)上升支座使弯心与试样接触，而后均匀加压直至规定之角度，如图 7-18 所示。

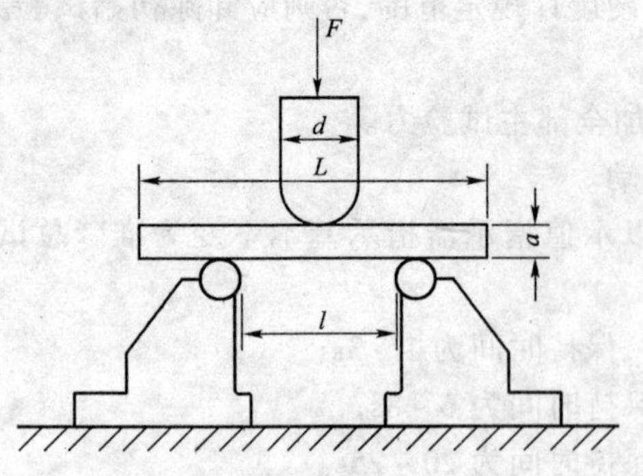

图 7-17　金属试件冷弯时的装置

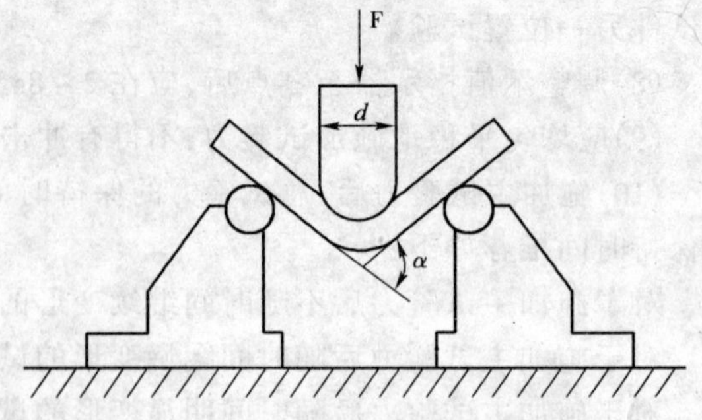

图 7-18　冷弯试验(弯曲至规定角度)

(4)如要弯成两臂平行，可一次绕弯心弯成，亦可用衬垫[如图 7-19a)]进行试验。

(5)如需压成两臂接触，可先弯成两臂平行，而后取出改放在压力机上压至试件面两臂接触为止，如图 7-19b)所示。

(6)压至规定条件后，检查试件弯曲处外部有无裂纹、起层分化或断裂等情况。

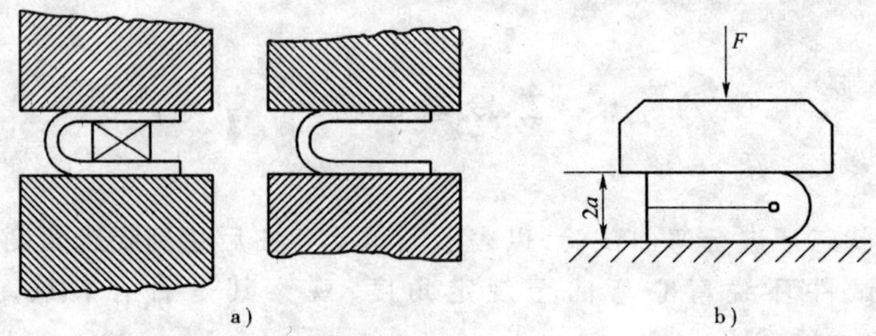

图 7-19　冷弯试验

a)弯至两臂平行；b)弯至两臂接触重合

5.试验记录

建筑钢材硬度和冷弯试验记录格式参见表 7-20。

建筑钢材硬度和冷弯试验记录表　　表 7-20

试样编号					试样来源		
试样名称					拟作用途		
布氏硬度	试验次数	钢球直径 D (mm)	荷载 P (N)	加压时间 t (s)	压痕直径 (mm)		硬度值 HB
	1						
	2						
	3						
洛氏硬度	试验次数	压头名称	标尺名称	荷载 P (N)	初荷压痕深度 h_0 (mm)	主荷后保留初荷压痕深度 h_1(mm)	硬度值 HB
	1						
	2						
	3						

续上表

<table>
<tr><td>试样编号</td><td colspan="4"></td><td>试样来源</td><td colspan="3"></td></tr>
<tr><td>试样名称</td><td colspan="4"></td><td>拟作用途</td><td colspan="3"></td></tr>
<tr><td rowspan="5">冷弯</td><td rowspan="2">试验次数</td><td colspan="3">试件尺寸
（mm）</td><td rowspan="2">弯心直径 d
（mm）</td><td rowspan="2">跨度 L
（mm）</td><td rowspan="2">弯折角度 α
（°）</td><td rowspan="2">试验结果</td></tr>
<tr><td>宽 b</td><td>厚 a</td><td>长 L</td></tr>
<tr><td>1</td><td></td><td></td><td></td><td></td><td></td><td></td><td></td></tr>
<tr><td>2</td><td></td><td></td><td></td><td></td><td></td><td></td><td></td></tr>
<tr><td>3</td><td></td><td></td><td></td><td></td><td></td><td></td><td></td></tr>
</table>

试验者　　　　　　　　日　期　　　　　　　　复核者　　　　　　　　日　期

复习思考题

1.低碳钢在拉伸过程中可分为几个阶段？各阶段的特点如何？

2.评价建筑用钢的技术性质应根据哪些主要指标？

3.在低碳钢拉伸试验的应力—应变图中，标出弹性极限强度 f_P、屈服点 f_y 和抗拉强度 f_b 的位置，并说明屈服点和抗拉强度的实用意义。

4.伸长率表示钢材的什么性质？伸长率的大小对钢材的使用有何影响？

5.含碳量对建筑用钢的力学性能有哪些规律性的影响？硫、磷元素对钢材技术性能有什么影响？

6.桥梁建筑用钢有哪些技术要求？

7.说明下列钢材牌号含义：Q235A、16Mn、15MnVq、45Si2Cr。

8.某寒冷地区一钢结构厂房，于某日突然发生倒塌，当时气温为零下22℃，事后经调查认为，与钢材性质有很大关系。你能从钢材材性方面来分析事故发生的可能原因吗？

9.试述含水量对木材物理力学性质的影响。如何用纤维饱和点的概念去解释木材的变形性和力学性质？

10.今有一批 ϕ16mm 3号钢光面钢筋，抽样截取一根试件进行抗拉试验，这根试件的力学性能如下：

屈服荷载 51.5kN；

极限荷载 78.8kN；

原标距长度 160mm，拉断后的标距尺寸如图7-20所示。试估计此批钢筋能否合格？

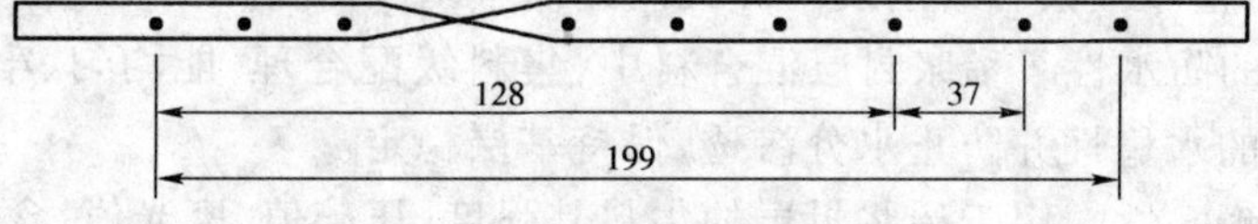

图 7-20

11.从工地刚到的一批20锰硅人字绞钢筋中，随机抽取一根钢筋，截取一根试件做拉力试验，以后又抽一根做试件，两根试件的试验结果见表7-21。试问这批钢筋能否通过验收？

表 7-21

指标	试件1	试件2	指标	试件1	试件2
试件长度	260	260	极限荷载	101	108
试件质量	408.2	408.1	原标距长	80	80
屈服荷载	70.3	72.3	拉断后标距长	93.6	92

第八章　发展中的材料与应用

【内容简介和学习目标】

本章主要介绍新型建筑材料及其在工程中的应用。

通过本章学习，要求学生随时关注建筑工程中新材料的发展趋势和使用情况。

第一节　乳化沥青稀浆封层

乳化沥青稀浆封层是用适当级配的石屑或砂、填料(水泥、石灰、粉煤灰、石粉等)与乳化沥青、外加剂和水，按一定的比例拌制而成的流动状态的沥青混合料，将其均匀地摊铺在路面上形成的沥青封层。

乳化沥青的应用在品种上应考虑其各自的特点，阳离子乳化沥青技术性能好，尤其适用于潮湿矿料及低温气候，与石料黏附性好。阴离子乳化沥青与碱性石料黏附性好，价格便宜，来源丰富。

一、乳化沥青稀浆封层的应用条件及作用

乳化沥青稀浆封层可用于道路表面铺筑的上封层或下封层。

1.乳化沥青的适用条件

(1)上封层的适用条件　沥青面层的空隙较大，透水严重；已修补的旧沥青路面有裂缝；旧沥青路面需加铺磨耗层改善抗滑性能；新建沥青路面需铺筑磨耗层或保护层。

(2)下封层适用条件　在位于多雨地区的沥青面层，空隙较大且透水严重；在铺筑基层后不能及时铺筑沥青面层且需开放交通的道路。稀浆封层的厚度宜为 3 ~ 6mm。

2.乳化沥青稀浆封层的作用

(1)具有填充性　乳化沥青稀浆具有较好的流动性，很容易进入微观裂缝和小坑槽中，将路面填充密实成为整体。具有封闭裂缝和提高路面平整度的作用。

(2)具有很好的防水性　稀浆封层混合料中，集料级配合理，能均匀、牢固、密实地黏附在路面上，具有较好的水稳性并防止水分渗透，保持基层稳定。

(3)有一定的耐磨性　用于稀浆封层的集料其强度、压碎值、磨光值、含泥量等性能指标达到标准要求，不论是酸性和碱性石料都能很好地黏附在路面上，在路面上形成磨耗层。

(4)有良好的抗滑性能 乳化沥青与集料拌和，沥青能适量而均匀地分布在集料表面，路面不会出现泛油和壅包，纹理深度符合标准规定的稀浆封层，摩擦系数明显增加，具有良好的抗滑性能。

(5)稀浆封层可保护年久路面使用寿命，恢复路面性能。

(6)需注意的问题　稀浆封层不能控制路面反射裂缝；不能提高路面强度，不能解决稳定性的问题。在泛油的路面上不能采用稀浆封层。

二、乳化沥青稀浆材料的组成

1.乳化沥青

稀浆封层可选择慢裂或中裂的拌和型乳化沥青铺筑,需要减缓破乳速度时,可掺适量的氧化钙作外加剂。当需要加快破乳速度时,可采用一定数量的水泥或消石灰粉作填料。乳化沥青应满足道路用乳化石油沥青的技术要求,见表5-11要求。

2.细集料

沥青稀浆封层细集料的颗粒粒径可决定封层厚度。细集料主要采用石屑和砂,应坚硬耐磨、强度高、硬度大、多棱角。细集料中黏土含量应不大于3%,级配符合乳化沥青稀浆封层的矿料级配要求(表8-1)。

3.填料

填料可提高沥青与集料的黏结力,提高早期强度,调节破乳时间。填料少则稀浆和易性不好,易离析不易摊铺,降低封层密实度、热稳性及强度。填料过多,沥青用量提高,稳定性降低。沥青稀浆封层中使用的水泥、石灰、粉煤灰、石粉等,填料应不含泥土杂质和团块。填料与细集料的级配应符合乳化沥青稀浆封层的矿料级配的要求(表8-1)。

乳化沥青稀浆封层的矿料级配及沥青用量范围

表8-1

	筛孔(mm)		级配类型		
	方孔筛	圆孔筛	ES-1	ES-2	ES-3
通过筛孔的质量百分率(%)	9.5	10		100	100
	4.75	5	100	90~100	70~90
	2.36	2.5	90~100	65~90	45~70
	18	2	60~90	45~75	28~50
	0.6	0.6	45~65	30~50	19~34
	0.3	0.3	25~42	18~30	12~25
	0.15	0.15	15~30	10~21	7~8
	0.075	0.075	10~20	5~15	5~15
沥青用量(油石比)(%)			10~16	7.5~13.5	6.5~12
适宜的稀浆封层平均厚度(mm)			2~3	3~5	4~6
稀浆混合料用量(kg/m²)			3~3.5	5.5~8	>8

注:①表中沥青用量指乳化沥青中水分蒸发后的沥青数量,乳化沥青用量可按其浓度计算。

②ES-1型适用于较大裂缝的封缝或中、轻交通道路的薄层罩面处理;ES-2型是铺筑中等粗糙度磨耗最常用的级配,也可以用于旧路修复罩面。

③ES-3型适用于高速公路、一级公路的表层抗滑处理,铺筑高粗糙度的磨耗层。

三、乳化沥青稀浆封层的质量

稀浆封层本身不具备强度,承载能力主要取决于稀浆封层下各层路面的强度。稀浆封层的厚度一般是3~6mm,根据用途、集料颗粒级配而定。稀浆封层的质量主要决定于乳化沥青、集料、填料的用量与质量。若稀浆封层中乳化沥青用量不足或集料级配选择不当,所铺装出的面层表现为表面干涩、松散脱落,缩短使用时间。当稀浆封层中乳化沥青用量过多时则引起路面泛油。为保证稀浆封层质量要求,控制油石比,规范规定采用湿轮磨耗试验确定最佳乳化沥青用量。即规定标准磨耗量 5min 湿磨耗损失小于 800g/m²。用于稀浆封层的乳化沥青用量为 16%～20%，折算油石比为 6%～12%。当集料颗粒较粗与较光时采用的油石比小，反之油石比就大。

四、乳化沥青稀浆封层的配合比例

乳化沥青稀浆封层的配合比设计，主要是根据不同的用途要求由室内试验而定。其配合比应满足稀浆封层厚度、抗磨耗、抗滑、龟网裂处治、稠度、易拌和摊铺、初凝时间等性能要求。在实际工作中，一般是先根据需要初步确定配合比范围，然后进行稠度、凝结时间、养护时间、湿轮磨耗等试验，检验配合比是否符合要求，若不符合要求则需调整配合比，直至符合设计要求为止。

1.稠度试验

为了确定集料、乳液、水、矿粉的最佳配合比，稀浆必须具有适宜的稠度。最佳稠度是通过稀浆稠度仪测定，以确定适宜用水量，一般要求坍落度值为 2～3mm。

2.初凝时间试验

稀浆混合料选配出最佳稠度后，用"纸墨迹法"测定稀浆达到初凝所需的时间。将稠度符合要求的混合料，倒在直径 259mm 的油毡上，摊铺 6mm 厚的薄层，存放在 25±1℃温度下，相对湿度 50%±5%的环境中，用一张白纸巾轻轻压在稀浆表面上，每 15min 轻压一次，如在潮湿的纸上见褐色的斑点，说明稀浆已达到初凝时间，一般要求初凝时间为 2h。

3.湿轮磨耗试验

湿轮磨耗试验是检验稀浆封层混合料质量的重要项目，主要检验沥青乳液用量、集料质量、填料等的配合比设计。它模拟汽车轮胎对路面在潮湿状态下的磨耗情况，结果以每平方米的磨耗克数表示，一般不应大于 800g/m²。

4.固化时间试验

一般规定固化时间为 3～5h。

第二节　土　工　布

土工合成材料是以高分子聚合物为原料的新型建筑材料，广泛应用于土木工程各个领域。它的种类很多，其中有一类具有透水性的布状织物，叫做"土工织物"俗称"土工布"。织物的成分是人造聚合物，常用的有聚丙烯(丙纶)、聚酯(涤纶)、聚乙烯、聚酰胺(锦纶)、尼龙和聚偏二氯乙烯等。目前土工合成材料主要包括：土工织物(透水、布状)、土工网、格、垫(粗格或网状)、土工薄膜(不透水、膜状)和土工复合材料(以上材料的组合)。

一、土工布的种类和特点

按照不同的制造工艺，可将土工布分为有纺、无纺、编织和复合织物四种。

1.有纺织物

是由经线和纬线相互交织而成的织物，与日用布相似可分为平纹织物(经、纬线相互垂直)和斜纹织物。

(1)单丝有纺织物　由单长丝纱织成的有纺织物，厚度约 0.5mm；织物的成分大多为聚酯或聚丙烯，单丝的横截面为圆形或长方形。一般用炭黑进行抗紫外线稳定处理，所以呈黑色。

单丝有纺织物一般为中等强度，主要用作反滤材料。

(2)复丝有纺织物　由许多细纤维(或纤维状薄膜丝)组成的纱线织造而成，厚度约3～5mm。纤维原料多为聚丙烯和聚酯，薄膜丝原料为聚乙烯。主要用于加筋，在铺设时应注意使其最大强度方向与最大应力方向一致。此种织物价格较高，应用受到限制。

(3)扁丝有纺织物　由宽度大于厚度许多倍的纤维织造而成，厚度约3～5mm。常见的扁丝有纺织物是聚丙烯切膜织物，均匀度不如单丝织物，扁丝之间不经黏合容易撕裂。扁丝有纺织物价格较低，接近无纺织物，质量较轻，具有较高的强度和弹性模量，主要用作分隔材料。

2.无纺织物

将纤维沿一定方向或随机地以某种方法相互结合而制成的织物。无纺织物的原料几乎全是聚酯、聚丙烯，或聚丙烯与尼龙纤维混纺制成。其价格较低，具有中、低强度和中等至较大的破坏延伸率，已广泛用作反滤、隔离和加筋材料。无纺织纤维之间的结合方式很多，大致有以下四种：

(1)针刺法　用许多带倒钩的针排垂直穿刺纤网(单层纤维网或多层纤维网)，使纤维发生紊乱并相互结合，所制得一种外观如同毡垫的织物，厚约1～5mm。此织物可压缩，重量和厚度较大，孔隙结构非常复杂。在应力作用下，孔隙特性会发生变化，纤维之间的移动性较大。

(2)热黏合法　通过加热使部分纤维熔化，再使纤维相互黏合。这种织物一般较薄，厚度为0.5～1mm。此种织物纤维结合稳定，除非纤维断裂或黏合点脱开，纤维不会发生移动。

(3)化学黏织物　使用乳胶、橡胶、纤维素衍生物、合成树脂等黏合剂，将纤维相互粘结固定。与其他方法相比，这种方法成本较高，织物的孔隙较小，渗透性差。

3.编织织物

由一股或多股纱线组成的线卷相互连锁而制成，又称“针织物”，其工艺过程如同机制毛衣。使用单丝和复合长丝。编织工艺有两个优点：一是造价较低，二是能够织成各种管状织物。编织织物在工程领域中的应用尚不广泛，近年美国已将其用于反滤与加筋材料。

4.复合织物

将编织织物、有纺织物和无纺织物等重叠在一起，用黏合或针刺等方法使其相互组合而成的织物。例如，在有纺织物上针刺纤网，由织物提供强度、纤网提供反滤耐磨性。产品可分为薄、厚两种类型。许多专门用于排水的复合织物由两层薄反滤层中间夹一厚透水层组成。反滤层一般是热黏合无纺织物，透水层是厚型针刺织物或特种织物。厚型复合织物价格较高，适用于各种特殊用途，可用于强度耐磨性要求很高、反滤性能良好的场合。

二、土工布在道路工程中的应用

合成织物用于土木工程始于20世纪50年代末，最早应用是将透水性合成纤维有纺织物铺设于混凝土块下，作为防冲刷保护层。70年代后，国外织物的应用从公路、铁路路基工程逐步扩展到挡土墙、土坝等大型永久性工程。20世纪80年代初，我国铁道部门开始试用无纺织物，自80年代中期，水利、港建、航道和公路部门开始推广使用。

织物在工程中可以起到多方面的作用，概括起来有以下几种：

1.排水作用

织物是多孔隙透水介质，埋在土中可以汇集水分，并将水排出土体。织物不仅可以延垂直于其平面的方向排水，也可以沿其平面方向排水，即具有水平排水功能。

2.反滤作用

为防止土中细颗粒被渗流潜蚀(管涌现象),传统上使用级配粒料反滤层。而有纺和无纺织物都能取代常规的粒料,起反滤层作用。工程中往往同时利用织物的反滤和排水两种作用。

3.分隔作用

在岩土工程中,不同的粒料层之间经常发生相互混杂现象,使各层失去应有的性能。将织物铺设在不同粒料层之间,可以起到分隔作用。例如,在软弱地基上铺设碎石粒料基层时,在层间铺设织物,可有效地防止层间土料相互贯入和控制不均匀沉降。织物的分隔作用在公路软土路基处理中很有效果。

4.加筋作用

织物具有较高的抗拉强度和较大的破坏变形率,以适当方式将其埋在土中,作为加筋材料,可以控制土的变形,增加土体稳定性。

在一项工程中,可能要求织物发挥多种作用,织物在工程中的各种作用见表8-2。

织物在工程中的各种作用 表8-2

主要作用	工程	次要作用	主要作用	工程	次要作用
分隔	道路和铁路路基	反滤、排水、加筋	加筋	沥青混凝土路面	—
	填土、预压稳定	排水、加筋		路面底基层	反滤
	边坡防护、运动场、停车场	反滤、排水、加筋		挡土结构	排水
排水	挡土墙、垂直排水	分隔、反滤		软土地基	分隔、排水、反滤
	横向排水(铺在薄膜下)	加筋		填土地基	排水
	土坝	反滤	反滤	沟渠、基层、结构和坡脚排水	分隔、排水
	铺在水泥板下	—		堤岸防护	分隔

第三节 改性沥青

随着重型大交通量的增加,对沥青路面的稳定性和耐久性提出了更高的要求,要求沥青混凝土路面同时具有抵抗高温变形和低温开裂的能力,因而要求使用优质的道路沥青。由于原油品质、油源的差异和石油热加工工艺的不同,使石油沥青的品质和性质各不相同,造成路面结构的路用品质和使用年限难以达到预期的目标。鉴于我国原油含蜡量高和现有的沥青生产工艺,国产石油沥青很难适应重型交通的要求,故必须对沥青加以改性。

一、沥青的改性发展概况

改性沥青国外应用较多,主要根据不同的使用要求,改善沥青某些方面的性能。我国石油沥青改性,主要针对国产沥青路用性能较差,通过改性达到合格路用沥青的要求。经过20多年的研究开发,现已出现品种繁多的改性道路沥青,取得了一定的工程实用效果。

20世纪70年代用废橡胶粉改性道路沥青,因它具有料源丰富、价格低廉、工艺简单、效果显著等优点,取得了较好的使用效果。利用旧橡胶改性沥青已成为国际上公认的一种沥青改性材料。20世纪80年代初交通部重庆公路科学研究所利用丁苯橡胶(SBR)改善国产沥青,于

1985 年通过部级鉴定，认为改性效果明显，生产工艺国内领先。1990 年被列为国家级新产品后转入推广应用阶段，先后在十几个省、市铺筑了近 100 万平方米的橡胶沥青路面，其混合料的路用性能达到了重交通沥青混合料的技术要求，与性能优良的进口沥青相当，可适当代替部分进口沥青，为高等级公路道路沥青找到了一条较好的技术途径。

其他有用丁苯胶乳、氯丁橡胶、苯乙烯嵌断型共聚物(SBS)、EVA 树脂、无规聚丙烯改性沥青，也有用炭黑改性沥青，也有用调配法生产丙烷脱沥青直接生产 50 号、70 号重交通沥青，均做了一定的室内试验和铺筑了试验路，但由于设备不配套，施工工艺的复杂性或是改性价格昂贵，研究成果未能形成工业化生产能力，试验路也未上规模。

二、沥青的改性措施

改性沥青为基质沥青与一种或数种改性剂通过适宜的加工工艺形成的混合物。常见的沥青改性措施有：

1.用矿料等填充料改善沥青的性能

可以用作沥青微填料的物质主要有炭黑、火山灰、粉煤灰和页岩粉等。许多研究者致力于研究微填的颗粒级配(例如以 0.08mm 为最大粒径的级配曲线)、表面性质和空隙状态(沥青组分在微填料表面和空隙中的分布)等等。研究认为：沥青混合料的性状(例如高温流变特性和低温变形能力等)与微填料的颗粒级配、表面性质和空隙状态有密切关系。采用的微填料应经预处理(例如活化、芳化等)，才能达到改善沥青性能效果，否则反而会劣化沥青性能。

2.用橡胶材料改善沥青的性能

用橡胶材料对沥青进行改性可使沥青软化点提高，改善低温下的流动性，降低针入度，提高延度(尤其是低温下的延度)，使沥青产生可逆的弹性变形性。

3.用树脂材料改善沥青的性能

树脂类高聚物分为热塑性和热固性两类。用树脂改性可使沥青针入度下降，软化点上升，而延度减小。用它们作为沥青的改性剂可以大大改善路面的高温稳定性，提高抗车辙能力，减薄路面厚度，降低路面造价等。但是树脂类改性剂可使沥青及其混合料的低温脆性增大，掺加时易分解，与沥青相容性差，因而限制了其使用性。但是由于有些树脂(如热塑性树脂聚乙烯、无规聚丙烯等)比较便宜，可以直接掺加在沥青中，适用于对沥青低温稳定性能要求不高的温和地区。

4.用复合材料提高沥青的性能

常用的复合材料有热塑性弹性体类聚合物，这类产品具有橡胶的性能，同时又具有热塑性树脂的性能，它对沥青性能的改善优于树脂和橡胶改性沥青。用复合材料改性可使沥青针入度提高、软化点上升、而低温延度大大提高。复合沥青与原始沥青在路用性能上比较，主要有下列改善：提高了低温变形能力，提高了高温使用的黏度，提高了温度感应性和力学性能，具有较好的施工流动性，提高了耐久性。

三、改性沥青的技术要求

聚合物改性沥青的技术要求应符合表 8-3 的规定。各项指标的试验应按现行《公路工程沥青及沥青混合料试验规程》(JTJ 052—2000)规定的方法执行。当采用复合改性沥青时，应根据所用改性剂的类型、比例、剂量等，参考表 8-1 确定各项技术指标。按现行《公路工程沥青及沥青混合料试验规程》(JTJ 052—2000)规定的方法测定的改性沥青与石料的黏附性不满足设计要求时，应添加抗剥离剂。其他改性沥青可参照国内、外使用经验并经试验研究确定相应的技术要求。

四、改性沥青的制备

制备改性沥青时，应采用适宜的生产条件和方法进行，通过试验确定合理的改性剂剂量和适宜的加工温度，制订详细的生产工艺和操作规程。改性剂在基质沥青中应分散均匀并达到一定的细度 。在现场制造的改性沥青宜随配随用；需作短时间保存时，应保持适宜的温度，并进行不间断的搅拌或泵送循环。

制备改性沥青可以采用一次掺配法，也可以采用二次掺配法。搅拌法、浑融法、胶乳法适用于采用一次掺配法制备改性沥青。母体法适用于采用二次掺配法制备改性沥青。

1.搅拌法

本方法适用于各种可通过搅拌工艺直接与沥青均匀混合的改性剂。此法是将改性剂直接掺入热沥青中，通过机械强力搅拌，使改性剂颗粒与沥青在高温下混合制备成具有所需改性剂含量的改性沥青。采用搅拌法生产改性沥青时的拌和时间、温度、搅拌速度等应通过试验研究确定。

聚合物改性沥青的技术要求 表 8-3

技术指标	SBS(I)				SBR(II)			EVA、PE(III)			
	I-A	I-B	I-C	I-D	II-A	II-B	II-C	III-A	III-B	III-C	III-D
针入度 25℃，100g，5s(0.1mm)最小	100	80	60	40	100	80	60	80	60	40	30
针入度指数 *PI* 最小[1]	-1.0	-0.6	-0.2	+0.2	-1.0	-0.8	-0.6	-1.0	-0.8	-0.6	-0.4
延度 5℃，5cm/min(cm) 最小	50	40	30	20	60	50	40	—			
软化点 $T_{R\&B}$(cm) 最小	45	50	55	60	45	48	50	48	52	56	60
运动黏度 135℃(Pa·s)最大[2]	3										
闪点(℃)最小	230				230			230			
溶解度(%)最小	99				99			—			
离析，软化点差(℃)最大[3]	2.5				—			无改性剂明显析出、凝聚			
弹性恢复 25℃(%)最小	55	60	65	70	—			—			
黏韧性(N·m)最小	—				5			—			
韧性(N·m) 最小	—				2.5			—			
RTFOT 后残留物[4]											
质量损失(%) 最大	1.0										
针入度比 25℃(%) 最小[5]	50	55	60	65	50	55	60	50	55	58	60
延度 5℃最小	30	25	20	15	30	20	10				

注：①针入度指数 *PI* 由 15℃、25℃、30℃等三个以上不同温度的针入度，按式 $\lg p = AT + k$ 进行线性回归，在计算获得参数 *A* 后由下式求得，但直线回归的相关系数 *R* 不得低于 0.997；

$$PI = \frac{20 - 500A}{1 + 50A}$$

②表中 135℃运动黏度可采用《公路工程沥青及沥青混合料试验规程》(JTJ 052—2000)中的"沥青黏度测定方法"进行测定。若在不改变物理力学性质并符合安全条件下易于泵送和拌和，或经试验适当提高泵送和拌和温度时能保证改变沥青的质量，容易施工，可不要求测定。有条件时应测定改性沥青在 60℃时的动力黏度，用毛细管法测定；

③改性沥青在现场制作后立即使用或贮存期间进行不间断的搅拌或泵送循环时，对离析试验指标可不作要求；

④老化试验以采用旋转薄膜烘箱试验(RTFOT)方法为准；允许采用薄膜加热试验(TFOT)代替，但必须在报告中注明，且不得作为仲裁结果；

⑤对采用几种不同类型改性剂制备的复合改性沥青，根据不同改性剂的类型和剂量比例，按照工程上改性剂的类型和剂量比例，按照工程上改性的目的和要求，参照表中指标综合确定应该达到的技术要求。

2.浑融法

当采用一般的机械搅拌法不能生产出混合均匀的改性沥青,或机械搅拌所需时间过长时,宜采用本法。此法宜采用高速剪切设备或胶体磨。采用浑融法生产改性沥青的浑融时间、温度、遍数等参数应根据不同基质沥青、改性剂及设备能力来设定,生产前应制订详细的生产工艺、操作步骤及产品质量控制与检验方法。

3.胶乳法

本法主要适用于橡胶类乳胶改性剂。使用时根据乳胶中改性剂固体物的含量,按要求的比例进行掺配。可预先将乳胶与沥青混合制备成改性沥青后使用,也可在生产现场直接将乳胶喷入拌和机中生产改性沥青混合料。乳胶应按照产品生产厂或销售商的要求妥善运输、装卸与存放,严禁长时间暴晒或冷冻,存放时间不得超过保质期;乳胶在使用前取样进行检验,检测乳胶中改性剂固体物的含量,不宜小于45%。

4.母体法

本法适用于各类可生产改性剂含量高的改性沥青母体的改性剂。改性沥青母体中改性剂的含量应适当。用溶剂法生产SBR改性沥青母体时,残留溶剂含量不应超过5%,且母体中的改性剂不得离析。掺配时应根据改性沥青母体中改性剂的含量,按比例与基质沥青混合,制备成具有所需改性剂含量的改性沥青。改性沥青母体与基质沥青掺配时,应充分拌和均匀,掺配温度应适当;宜随配随用,需要短时间储存时,应继续保温并进行不间断的搅拌或泵送循环。

五、橡胶沥青的性能及应用

橡胶改性沥青的特点是低温变形能力提高,韧度或韧性增大,高温(施工温度)黏度增大。橡胶改性沥青的性能,主要取决于沥青原材料的性能、橡胶的种类、组成、聚合度以及制备工艺。当前合成橡胶系改性沥青中效果最好的是丁苯橡胶(SBR)。现举丁苯橡胶改性沥青(重庆公路研究所)为例说明其性能。以茂明A-60沥青为基料,用溶剂法掺入丁苯橡胶2%,组成橡胶沥青的性能如表8-4所示。

原始沥青和丁苯改性沥青技术性质 表8-4

沥青名称	针入度 P(25℃,100g,5s)(1/10mm)	软化点 $T_{(R\&B)}$(℃)	延度 D(5cm/min)(cm)		热稳流动值(mm)	黏附性水煮法(级)	韧度25℃(N·cm)	黏度(Pa·s)	
			5℃	5℃				95℃	60℃
原始沥青(A-60)	64	53.0	30.2	2.7	21.5	4	136	82	2908
改性沥青(A-60+SBT2%)	62	54.5	30.0	84.8	15.0	4+	264	103	3486

掺加橡胶后的改性沥青,其性能主要表现为:

(1)在常规指标上,针入度值减小,软化点升高,常温(25℃)延度稍有增加,而低温(5℃)延度有较明显的增加。

(2)具有良好的高温稳定性。与普通沥青相比,橡胶沥青提高了软化点,降低了针入度和热流动度,特别是橡胶沥青混合料的高温蠕变模量大幅度提高,具有良好的弹性恢复能力。可代替重交通沥青或优质沥青在南方地区铺筑高等级公路。

(3)具有优良的低温抗开裂性能。橡胶沥青在5℃的延伸度是其他优质沥青的10~20倍。橡胶沥青混合料在低温下的回弹模量低,回弹变形大;应力松弛时间短,松弛模量小。说明橡胶沥青比普通沥青与优质沥青更适应在寒冷地区使用。

(4)与集料的粘结性好。橡胶与沥青都是热塑型高分子化合物,橡胶加入沥青中不单作为弹性填充料,而且表层吸收沥青中某些轻质油分,呈胶联作用,使沥青结构得以加强。根据对比试验,基准沥青与酸性集料的黏附能力原先仅2级,在沸水中3min后集料表面的沥青膜大部分为水所移动。橡胶改性沥青与酸性集料的黏附能力可以达到4~5级,表明它与集料的黏附力优于其本身的内聚力。

利用废旧橡胶粉配制成橡胶改性沥青,目前世界上已广泛地应用于道路路面中。常用的有废旧橡胶、再生胶和丁苯橡胶改性沥青,国内江西省在20世纪80年代初就试验应用这项技术,到1988年底已铺筑了400km的橡胶沥青路面,其使用寿命较未改性的同类沥青路面延长50%以上,显示出明显的经济效益。在湿热地区道路整体强度不足时,采用废旧橡胶沥青作为表面处理,以防治或延缓大面积网裂,维持较好的行车使用品质,可获得明显的效果。

第四节　钢纤维混凝土和碾压混凝土

一、钢纤维混凝土

钢纤维混凝土(Steel Fiber Reinforced Concrete)缩写SFRC,主要用碳钢纤维作增强材料,在长期受潮或受高温条件下则使用不锈钢纤维。纤维的体积率一般为1%~3%,SFRC的抗冲击性、抗爆能力、抗裂性、耐磨性、耐疲劳性等性能均优于普通混凝土。可用于现场施工,建造公路路面、飞机场跑道、桥面与防护堤等。

1.钢纤维混凝土材料的组成及特点

(1)水泥　应采用高强耐磨、收缩性小、抗冻性好的硅酸盐水泥或普通水泥,水泥标号不低于425号。其物理性能和化学成分应符合国家有关标准的规定。民航机场道面和高速公路必须采用标号不低于425号的硅酸盐水泥。

(2)细集料　应采用洁净、坚硬、规定级配、细度模数在2.5以上的粗、中砂。

(3)粗集料　应质地坚硬并符合规定级配,最大粒径不应超过25mm;石料饱水抗压强度为SFRC设计强度的2倍以上,有抗冻性要求的SFRC所用的碎(砾)石,应进行冻融和坚固性试验。

(4)水　拌和与养护用水应清洁,宜采用饮用水。使用非饮用水时,硫酸盐含量(按SO_4^-计)不得超过2700mg/L;pH值不得小于4。

(5)钢纤维　钢纤维品种、规格应符合设计要求。钢纤维的长度为20~40mm,直径为0.35~0.7mm。钢纤维若轻微锈蚀还可使用,严重锈蚀时不能使用。钢纤维应互不熔结、缠绕。不符合设计要求截面尺寸的钢纤维应不超过钢纤维总重的5%,颗粒状、粉末状的钢屑应低于总重的0.5%,纤维表面应不沾油污。

2.钢纤维混凝土的强度形成理论

在水泥混凝土中掺入定量的短切钢纤维后,能显著提高水泥混凝土的强度和韧性。C40~C60混凝土制成的SFRC比素混凝土韧性提高30~100倍,这是由于钢纤维可以约束微裂纹的扩展,当普通水泥混凝土达到极限荷载后,SFRC整体里钢纤维仍处于弹性受力阶段,使整体继续发挥承载能力。随荷载继续增加,裂纹逐渐扩展,变形增长率随之加大,达到极限荷载后,纤维逐渐拔出,整体承载能力逐渐减小直到破坏。由于众多的纤维拔出需吸收大量能量,材料可表现出良好的延塑性和冲击韧性。

3.钢纤维混凝土的配合比

路用 SFRC 配合比设计,应满足路面结构设计要求的抗折强度和适于施工的工作要求,应合理使用材料,达到节约钢纤维和水泥的目的。在特殊情况下应满足抗冻性要求。SFRC 工作度以 VB 秒计,不应采用坍落度控制。

SFRC 配合比应通过计算和试验确定,并以抗折强度为 SFRC 配合比设计的强度指标。可按下列步骤确定:

(1)确定 SFRC 抗折配制强度,应比设计强度提高 10%~15%;

(2)确定钢纤维体积率,可根据抗折配制强度,通过试验或按有关资料确定。钢纤维体积率一般不应小于 0.5%,也不宜大于 2%,路用钢纤维体积率以 1%~2%为经济合理,交通量繁重的取高限。

(3)根据试配抗折强度计算水灰比。

$$f_c = k \times f_{ce}\left(0.0802 \times \frac{C}{W} + 0.08\,V_f - 0.08 \times \frac{L_f}{d_f}\right) \tag{8-1}$$

式中:f_c——SFRC 抗折配制强度(MPa);

k——水泥活性系数或水泥强度富余系数,取 1.13;

f_{ce}——水泥商品强度(MPa);

C/W——灰水比;

V_f——钢纤维体积率(%);

L_f/d_f——钢纤维长径比。

由于钢纤维混凝土弯拉强度与钢纤维用量、水灰比均有关,可先根据经验确定纤维用量,再确定水灰比。钢纤维混凝土的水灰比宜为 0.45~0.50;对于以耐久性为主要要求的钢纤维混凝土不得大于 0.50。

(4)确定单位用水量,钢纤维混凝土单位用水量、可通过试验或根据已有经验确定;也可根据材料品种规格、钢纤维体积率、水灰比和稠度参照表 8-5 或表 8-6 选用。

半干硬性钢纤维混凝土单位体积用水量选用表 表 8-5

拌和条件	维勃稠度(s)	单位体积用水量(kg)
$V_f = 1.0\%$ 碎石最大粒径 10~15mm $W/C = 0.4 \sim 0.5$	10	195
	15	182
	20	175
	25	170
	30	166

注:①碎石最大粒径为 20mm 时,单位体积用水量减少 5kg;

②粗集料为卵石时,单位体积用水量相应减少 10kg;

③钢纤维体积率每增减 0.5%,单位体积用水量相应增减 8kg。

(5)计算水泥用量。

$$m_{c0} = \frac{m_{w0}}{W/C} \tag{8-2}$$

式中:m_{c0}——单位水泥用量(kg/m³);

m_{w0}——单位用水量(kg/m³)。

塑性钢纤维混凝土单位体积用水量选用表 表 8-6

拌和条件	集料品种	集料最大粒径(mm)	单位体积用水量(kg)
$L_f/d_f=50$ $V_f=0.5\%$ 坍落度 = 20mm $W/C=0.5\sim0.6$ 中砂	碎石	10 ~ 15	235
		20	220
	卵石	10 ~ 15	225
		20	205

注:①坍落度变化范围为 10 ~ 50mm 时,每增减 10mm,单位体积用水量增减 7kg;

②钢纤维体积率每增减 0.5%,单位体积用水量相应增减 8kg;

③L_f/d_f 为纤维长径比,钢纤维长径比每增减 10,单位体积用水量相应增减 10kg。

路用 SFRC 水泥用量不应大于 500kg/m^3,以 360 ~ 400kg/m^3 为宜。

(6)通过试验和有关资料确定含砂率:一般取 45% ~ 50% 为宜。

(7)用体积法或质量法计算粗、细集料用量,确定试配配合比。

(8)试拌调整 :用计算出的配合比进行试拌,若拌和物 VB 秒不满足要求,则应在保证水灰比和钢纤维体积率不变的条件下调整用水量和砂率,直到符合要求为止。据此提供检验 SFRC 抗折强度用的基准配合比。检验 SFRC 抗压强度和抗折强度,每组至少三个不同的配合比,即($W/C-0.05$),W/C,($W/C+0.05$)。钢纤维体积率应较基准配合比分别增加及减少 0.2%。改变基准配合比和钢纤维体积率时,其用水量不变,砂率做适当调整。

(9)确定施工配合比:与普通混凝土配合比相同。

4.钢纤维混凝土在道路上的应用

SFRC 在公路、桥梁、机场道路等方面的应用正在扩大。其优点在于减薄了铺筑厚度,比普通混凝土路面可减薄 35% ~ 56%;可以加大缩缝间距,普通混凝土路面缩缝间距一般为 5 ~ 6m,钢纤维混凝土路面可放大到 15 ~ 16m,而且可以不设路面的胀缝和纵缝。由于 SFRC 延韧性、抗裂性好,使路面寿命大为延长,可节省养护维修费用。STRC 还能够提高结构的抗震性能。

二、碾压混凝土

碾压混凝土(RCC)是一种人工摊铺或机械摊铺的干硬性混凝土,经振动碾压成型的密实路面。它是一种以突出工艺性质而命名的干硬性混凝土。

1.碾压混凝土材料的组成及特点

(1)水泥　应采用强度高,收缩性小,耐磨性强,抗冻性好的水泥,其物理性能和化学成分应符合国家有关标准的规定。高速公路和机场道面的上层 RCC 路面所用的水泥,必须使用标号不低于 425 号的硅酸盐水泥。当采用摊铺机摊铺时,推荐使用缓凝水泥或一般水泥加适当缓凝剂,初凝时间不宜小于 3h。

(2)集料　RCC 路面用砂应符合《普通混凝土用砂质量标准及检验方法》(JGJ 52—79)的要求,以细度模数在 2.5 以上的粗、中砂为好。当无法取得粗、中砂时,经配合比试验确认亦可采用细砂,所用砂应符合级配要求。砂的泥土杂物含量必须控制在 3% 以下。

(3)粗集料　RCC 路面所用粗集料应符合《普通混凝土用碎石或卵石质量标准及检验方法》JGJ 53—79)要求,RCC 的骨料集配,根据使用要求,按最大粒径 20mm 和 40mm 分为细粒式(I 型)和粗粒式(II 型)两档,下层 RCC 可采用 I 型或 II 型,上层 RCC 宜用 I 型,以改善提浆性和路面平整度。建议级配见表 8-7。

建议级配　表 8-7

通过量(%) 孔径(mm) 最大粒径	40	20	10	5.0	0.6	0.15	0.074
40mm	90 ~ 100	55 ~ 69	35 ~ 50	25 ~ 40	10 ~ 20	5 ~ 10	3 ~ 7
20mm		90 ~ 100	50 ~ 65	30 ~ 45	10 ~ 20	5 ~ 10	3 ~ 7

经过充分的技术经济论证，下层 RCC 的粗集料粒径和级配范围，可适当放宽。在一月份平均温度低于 -10℃的地区，应进行碎(砾)石的冻融和坚固性试验，满足抗冻性要求。

(4)水　拌制和养护 RCC 应使用清洁的饮用水，使用非饮用水时，应当经过试验符合规定方可使用。

(5)粉煤灰　粉煤灰掺量应根据配合比设计并经试配决定，一般情况下，其取代水泥率以 20%左右为宜。当粉煤灰质量好时，可适当提高，但以不超过 35%为宜。

(6)外加剂　应经配合比试验确认符合要求后方可使用，掺用木质磺硫钙类外掺剂效果较好。

2.碾压混凝土的强度形成理论

碾压混凝土(RCC)因是一种干硬性混凝土，它的强度形成机理与普通水泥混凝土不同，普通混凝土的集料悬浮在水泥浆中，其强度主要依靠水泥水化产物的数量。RCC 的强度除依靠水泥水化作用外，主要靠骨料之间的相互嵌锁作用产生强度。RCC 的强度可从以下三个方面解释。

(1)水泥水化　当混凝土拌和物与水拌和后，各种水化产物开始生成，因 RCC 的水灰比小，水化生成物的自由度小，所形成的水化生成物更为致密，故 RCC 早期强度高。

(2)气孔分布　普通水泥混凝土用显微镜或劈开后观察，混凝土内部的气泡为圆形，它的分布没有规律。而 RCC 由于水灰比小，水的用量少，在施工时又经过振碾作用，它的气泡为长方形，呈有规律分布。

(3)集料分布　普通水泥混凝土的集料随机，呈分散悬浮分布。RCC 中的集料沿水平方向排列，互相嵌挤，形成骨架产生强度。

3.碾压混凝土的配合比

RCC 配合比设计，应合理地使用原材料，在保证混凝土强度和耐久性、耐磨性的同时，使拌和物的工作度满足施工需要。路面用的混凝土以 28d 抗折强度为计算依据。其配合比设计步骤如下：

(1)计算试配抗折强度。

$$R_w = R_{sw} + t \cdot \sigma \tag{8-3}$$

式中：R_w——试配抗折强度(MPa)；

R_{sw}——设计抗折强度(MPa)；

t——保证率系数，根据路面等级，结构类型和保证率确定，见表 8-8；

保证率系数表　表 8-8

路面等级	结构形式	保证率(%)	保证系数	路面等级	结构形式	保证率(%)	保证率系数
二	全厚式	95	1.64	三	全厚式	90	1.28
	复合式				复合式	85	1.04

σ——标准差,可按设计抗折强度参考表 8-9 选取。

标准差表 表 8-9

设计抗折强度(MPa)	3.5～4.0	4.5～5.0	5.5～6.0
标准差(MPa)	0.2	0.4	0.7

(2)计算水灰比值。

$$R_w = 0.4383 \times R_{cw} \times \frac{C}{W} \times 0.3937 \tag{8-4}$$

式中:R_w——试配抗折强度(MPa);

R_{cw}——水泥胶砂标准试件抗折强度(MPa)。如无法取得试验值时,可用水泥标号的标准抗折强度乘以水泥标号富余系数确定,$K = 1.13$;

(3)初步计算用水量。

$$m_{w0} = 206.53 - 97.74 \times \frac{C}{W} + 103.46P + 2.07k_c \tag{8-5}$$

式中:C/W——灰水比;

m_{w0}——单位用水量(kg/m^3);

P——砂率,可参考表 8-10 选用;

k_c——经验系数,由表 8-11 查取;

砂率表 表 8-10

水胶材比 $W/(C+F)$	胶材水比 $(C+F)/W$	不同集料最大粒径时的砂率(%)	
		15～20	35～40
0.35	2.71	30～34	28～33
0.40	2.50	32～36	30～34
0.45	2.22	34～38	32～36
0.50	2.00	36～40	34～38

经验系数表 表 8-11

P(%)	5～7	9～10	11～13
K_c(kg/m)	4	6	9

(4)计算水泥用量。

$$m_{c0} = \frac{m_{w0}}{W/C} \tag{8-6}$$

当掺入粉煤灰时:

$$C + kF_n = \frac{m_{w0}}{\dfrac{W}{C + kF_n}} \tag{8-7}$$

式中:kF_n——粉煤灰取代水泥数量;

m_{c0}——单位水泥用量(kg/m^3)。当采用掺粉煤灰代替部分水泥时,水泥用量应采用胶结材料用量 c',取 $c' = c + KF_n$;F_n 为单位粉煤灰用量。

其他符号意义同前。

(5)砂(m_{s0})和石(m_{G0})的用量,可按体积法求算。当采用超量取代法时,应按粉煤灰混凝土中水泥、粉煤灰和细集料的绝对体积,求出粉煤灰超出水泥的体积,在计算砂用量时,应扣除与粉煤灰超出水泥的相同体积的用料数量。

(6)修正初步计算的用水量：

$$m_w = m_{w0} + C(P_w - 0.26) + m_{s0} \times W_s + m_{G0} \times W_G + 0.015F_n + k_c \tag{8-8}$$

式中：m_w——修正后的用水量(kg/m^3)；

m_{w0}——初步计算的用水量(kg/m^3)；

W_s——砂饱和面干吸水率(%)；

W_G——石料饱和面干吸水率(%)；

P_w——水泥标准稠度用水量(%)；

F_n——粉煤灰用量(kg/m^3)。

(7)检验拌和物的改进工作度和强度值，如符合要求则认为配合比设计合理；否则需作调整，直至符合要求为止。改进的工作度值，宜在45±15s之间选用，RCC为全碾压层时，60～80s之间较合适。

(8)施工配合比，在施工时，应测定现场砂、石、粉煤灰的含水率，将上述理论配合比换算为施工配合比，作为混凝土施工配料的依据。

4.碾压混凝土在道路上的应用

RCC在道路上可用于混凝土板、基层、复合式混凝土路面、混凝土罩面等。

(1)混凝土板　RCC的适用性主要应从两个方面考虑：一是从承受汽车荷载考虑，应对板的抗弯拉强度、表面的耐磨性能提出要求；二是从自然因素的作用考虑，应对耐久性提出要求。

①矿区、工作场路面，确因行驶的是重型载货汽车，车速低，对路面的平整度要求低，采用RCC较经济。

②轻交通路面，因RCC路面不设置接缝，容许路面发生轻微裂缝，不会损坏路面的整体结构，县、乡公路采用RCC是合适的。

③重交通路面，RCC路面作为新建的干线公路路面时，为提高混凝土板的平整度，必须认真养护和维修，使之成为磨耗小、耐久性好的面层。也可在其上加一层沥青罩面，以改善RCC路面的表面功能。

(2)基层　当路基受雨水浸湿时，由于车轮荷载作用引起板的反复翘曲，路基中水分将沿着接缝或裂缝处溢出，造成混凝土板的唧泥和错台，为防止路基冲刷和混凝土的唧泥、错台，提高耐久性，可选用RCC作贫水泥混凝土基层。

(3)复合式路面　底面采用RCC，表面采用沥青混凝土或高强度的普通水泥混凝土。可提高路面的耐久性，改善和提高表面功能。

复习思考题

1.什么是土工布？简述土工布在道路工程中的作用。

2.什么是钢纤维混凝土？简述钢纤维混凝土的强度理论。

3.什么是碾压混凝土？碾压混凝土在道路工程中有哪些应用？

4.乳化沥青稀浆封层的适用条件有哪些？

《道路材料试验》教学基本要求

（126学时）

一、课程性质和任务

本课程是公路与桥梁专业的一门实践性很强的主干专业课程。

本课程学习土、集料、石料、水泥、石灰、沥青、粉煤灰、建筑材料等材料的基本性能，学习水泥混凝土和沥青混凝土混合料的配合比设计与集料的级配组成的制定方法，进行常规试验项目的技能训练；学习土的分类方法、工程性质以及按照交通部颁布的土工试验规程规定的各种试验方法，确定土的类别和名称的方法；学习常见的特殊土的工程性质等，并进行各种土工试验技能训练。

二、课程教学目标

在学完本课程后，学生能够：

(1)根据土的三相体的基本概念，进行土的物理性质指标的测试和计算；

(2)描述黏性土的物理性质、物理状态与含水量变化之间的关系，会应用颗粒分析方法和公路土工分类方法；

(3)描述砂石材料、水泥、水泥混凝土、沥青材料、沥青混合料的组成成分、结构及技术性质和技术标准；

(4)按照交通部颁布的《公路工程岩石试验规程》(JTG E41—2005)、《公路工程水泥及水泥混凝土试验规程》(JTG E30—2005)、《公路工程沥青及沥青混合料试验规程》(JTJ 052—2000)的要求，完成砂石材料、水泥、水泥混凝土、沥青材料、沥青混凝土等的常规试验；

(5)说明金属材料、木材的组成结构与技术性能，以及新型建筑材料的技术性能。

三、教学内容和要求

1.土的组成

(1)描述土粒特征、土的结构类型；

(2)论述土中固体物质、水和气三者之间的相互关系；

(3)论述土的三相体的基本概念，土固体颗粒与水分子作用及作用理论。

2.土的物理性质及其指标

(1)叙述土的质量、密度和土粒密度的基本概念及定义式；

(2)论述土的含水量、饱和含水量、最佳含水量和饱和度的基本概念；

(3)叙述土的孔隙率、孔隙比、孔隙度、相对密度与压实系数的基本概念及定义式、计算式；

(4)学习土的物理性质指标定义式、换算公式和计算方法；

(5)按照《公路土工试验规程》(JTJ 051—93)的要求完成如下五项试验：

试验一　土的含水量试验（烘干法、酒精燃烧法）；

试验二　土粒密度试验（比重瓶法）；

试验三　土体密度试验（环刀法、灌砂法）；

试验四　土的最大干密度、最佳含水量试验；

试验五　土的击实试验（轻型、重型法）。

3.土的水理性质

(1)论述土中重力水的渗透流量、流速和渗透系数，黏性土的相对不透水性的基本理论；

(2)描述黏性土相对不透水性、毛细作用现象；

(3)叙述黏性土的稠度、稠度状态和界限含水量；

(4)描述液限、塑限、塑性指数和液限指数；

(5)描述黏性土的亲水性、收缩性、膨胀性和其他特性；

(6)按照《公路土工试验规程》(JTJ 051—93)的要求完成如下两项试验：

试验一　黏性土的液限和塑限含水量试验（联合测定仪，搓条法）；

试验二　砂性土的渗透系数试验。

4.土的粒度成分及工程分类

(1)描述土的粒度、粒组和粒组的划分；

(2)叙述颗粒分析法和粒度成分表示法、粒径级配综合特征；

(3)描述土的工程分类原则、分类方法、分类符号、普通土的划分和特殊土的分类以及土的野外鉴别方法；

(4)按照《公路土工试验规程》(JTJ 051—93)的要求完成如下两项试验：

试验一　土的颗粒分析试验（筛分法）；

试验二　土的颗粒分析试验（沉降法）。

5.砂石材料

(1)描述砂石材料的来源与分类；

(2)论述砂石材料的技术性质和技术要求；

(3)分析石料的技术性质及其与物理力学性质之间的相互关系；

(4)根据级配原理计算级配参数和粗度模数，并能评价砂的质量；

(5)利用试算法和图解法计算矿质混合料组成材料的配合比；

(6)按照《公路工程岩石试验规程》(JTG E41—2005)、《公路工程水泥及水泥混凝土试验规程》(JTG E30—2005)的要求完成如下九项试验：

试验一　石料的密度试验、毛体积密度试验；

试验二　石料的饱水率试验；

试验三　石料饱水抗压强度试验；

试验四　石料和粗集料的搁板式或双筒式磨耗度试验；

试验五　粗集料的压碎性试验；

试验六　粗集料的针、片状含量试验；

试验七　砂的筛分、表观密度、松装密度试验；

试验八　砂的含泥量、有机质含量、云母含量试验；

试验九　粗集料的筛分、表观密度、松装密度试验。

6.石灰和水泥

(1)描述石灰的分类、生产工艺、消解与硬化的过程；

(2)分析石灰的技术性质及相互关系；

(3)结合定义描述硅酸盐水泥和普通水泥的生产工艺、主要矿物成分及其特性，论述硅酸盐水泥和普通水泥的凝结硬化原理和主要技术性质；

(4)分析影响水泥硬化的各种因素；

(5)说明掺混合材料的硅酸盐水泥的种类、特性及其适用范围；

(6)解释水泥腐蚀的原因；

(7)按照《水泥及水泥混凝土试验规程》(JTG E30—2005)的要求完成如下四项试验：

试验一　石灰活性氧化钙及氧化镁含量的测定；

试验二　水泥细度、标准稠度用水量和凝结时间的测定；

试验三　水泥安定性的测定；

试验四　水泥胶砂软练法标准试件的制备及抗折、抗压强度的测定。

7.水泥混凝土、稳定土和建筑砂浆

(1)描述水泥混凝土对组成材料的要求；

(2)说明水泥混凝土的主要技术性质及其影响因素和变形；

(3)进行水泥混凝土初步配合比(体积法、质量法)、基准配合比、试验室配合比和施工配合比设计；

(4)描述水泥混凝土质量管理的控制过程，按数理统计法评定水泥混凝土质量的方法；

(5)描述无机结合料稳定土对组成材料的要求；

(6)论述无机结合料稳定土强度的形成原理，进行无机结合料稳定土的配合比设计；

(7)描述建筑砂浆的组成、技术性质，选定砂浆配合比；

(8)按照《水泥及水泥混凝土试验规程》(JTG E30—2005)、《公路工程水泥及水泥混凝土试验规程》(JTG E30—2005)、《公路工程无机结合料稳定材料试验规程》(JTJ 057—94)的要求完成如下六项试验：

试验一　水泥混凝土混合料坍落度、维勃稠度的测定；

试验二　水泥混凝土试件的制备及密度试验；

试验三　水泥混凝土抗压、抗折强度试验；

试验四　砂浆的和易性及抗压强度试验；

试验五　无机结合料稳定土的击实试验；

试验六　无机结合料稳定土强度试验。

8.沥青材料

(1)描述沥青材料的分类和产源；

(2)说明石油沥青的分类、化学组分及胶体结构；

(3)说明石油沥青的技术性质、技术标准及其检验方法；

(4)描述煤沥青的分类、化学组分和胶体结构；

(5)说明沥青的掺配及其储运方法；

(6)说明乳化沥青的种类、对组成材料的要求以及乳化沥青的形成机理；

(7)按照《公路工程沥青及沥青混合料试验规程》(JTJ 052—2000)的要求完成如下五项试验：

试验一　石油沥青的针入度、延度、软化点试验；

试验二　石油沥青的黏滞度、密度试验；

试验三　石油沥青的加热损失试验；

试验四　石油沥青的闪点、脆点试验；
试验五　石油沥青的含水量、黏附性试验。

9.沥青混合料

(1)描述沥青混合料及其分类；
(2)描述热拌石油沥青混合料的组成结构类型；
(3)分析沥青混合料的强度理论及其影响因素；
(4)论述热拌石油沥青混合料的技术性质和技术标准；
(5)根据马歇尔试验结果确定沥青的最佳用量；
(6)按照《公路工程沥青及沥青混合料试验规程》(JTJ 052—2000)的要求完成如下四项试验：
试验一　沥青混合料马歇尔试验的试件制备；
试验二　沥青混合料的物理指标测定试验；
试验三　沥青混合料的马歇尔稳定度试验；
试验四　沥青混合料的油石比试验。

10.建筑钢材和木材

(1)说明建筑钢材的分类、技术性质；
(2)描述桥梁建筑用钢材的种类和技术要求；
(3)描述木材的性能及其在路桥工程上的应用。

11.发展中的材料与应用

(1)描述乳化沥青稀浆封层的作用、材料组成及配合比例；
(2)描述土工布种类、特点及在工程中的应用；
(3)描述改性沥青的发展概况及在工程中的应用；
(4)描述钢纤维混凝土和碾压混凝土在工程中的应用。

四、学时分配建议(附表1)

附表1

序号	课程内容	教学时数			
		合计	讲课	实训	机动
1	土的组成	2	2		
2	土的物理性质及其指标	10	4	6	
3	土的水理性质	12	4	8	
4	土的颗粒成分及工程分类	8	4	4	
5	砂石材料	16	8	8	
6	石灰和水泥	12	6	6	
7	水泥混凝土、稳定土和建筑砂浆	18	8	10	
8	沥青材料	10	6	4	
9	沥青混合料	14	6	8	
10	建筑钢材与木材	2	2		
11	发展中的材料与应用	2	2		
机　动		20			20
合　计		126	52	54	20

注：实训时数包括试验和设计两部分，试验时数占实训时数的90%；设计时数主要指对学生进行水泥混凝土和沥青混合料的配合比组成设计进行训练。

五、说　　明

(1)本课程主要研究公路与桥梁工程常用材料的性能、组成与构造,结合材料的技术标准和技术要求对材料的性能进行检验。

(2)本课程试验所需的实习仪器设备数量应满足《交通职业学校公路与桥梁专业测量学实验、实习仪器设备装备标准》中的相关要求。

(3)在教学过程中,应重视和利用电化教学手段,对学生的实践技能进行标准化和规范化的训练,正确分析和整理试验资料。

(4)考虑到各地道路材料需求差异较大,本课程留出约15%的课时作为机动学时,以便各校和广大教师根据生产技术发展和不同地区的实际情况及时调整和更新教学内容,并为学生自主学习创造条件。

参考文献

[1] 严家伋.道路建筑材料(第三版).北京:人民交通出版社,2000.

[2] 杨云芳.公路建筑材料.北京:人民交通出版社,1998.

[3] 许家保.建筑材料学.广州:华南工学院出版社,1986.

[4] 陈昌焕.公路建筑材料.北京:人民交通出版社,1986.

[5] 全国职业高中建筑类专业教材编写组.建筑材料.北京:高等教育出版社,1994.

[6] 重庆建筑工程学院,南京工学院.混凝土学.北京:中国建筑工业出版社,1983.

[7] 吴玉荣.现代建筑材料手册.湖南:湖南科学技术出版社,1993.

[8] 中华人民共和国行业标准.公路工程集料试验规程(JTG E42—2005).北京:人民交通出版社,2000.

[9] 中华人民共和国行业标准.公路工程沥青及沥青混合料试验规程(JTJ 052—2000).北京:人民交通出版社,2000.

[10] 中华人民共和国行业标准.公路沥青路面施工技术规范(JTG F40—2004).北京:人民交通出版社,2004.

[11] 中华人民共和国行业标准.公路工程石料试验规程(JTJ 054—94).北京:人民交通出版社,1994.

[12] 中华人民共和国行业标准.公路工程水泥及水泥混凝土混凝土试验规程(JTG E30—2005).北京:人民交通出版社,2005.

[13] 中华人民共和国行业标准.公路工程无机结合料稳定材料试验规程(JTJ 057—94).北京:人民交通出版社,1994.

[14] 李立寒,张南鹭.道路建筑材料.上海:同济大学出版社,1999.

[15] 张爱勤.道路建筑材料.济南:山东大学出版社,2005.

[16] 苏达根.土木工程材料.北京:高等教育出版社,2003.

[17] 中华人民共和国行业标准.公路水泥混凝土路面施工技术规范(JTJ F30—2003).北京:人民交通出版社,2003.

[18] 中华人民共和国国家标准.水泥标准稠度用水量、凝结时间、安定性检验方法(GB/T 1346—2001).北京:中国标准出版社,2001.

[19] 中华人民共和国行业标准.公路工程岩石试验规程(JTG E41—2005) .北京:人民交通出版社,2005.

[20] 中华人民共和国行业标准.公路工程集料试验规程(JTG E42—2005).北京:人民交通出版社,2005.

[21] 中华人民共和国行业标准.公路路面基层施工技术规范(JTJ 034—2000).北京:人民交通出版社,2000.

[22] 中华人民共和国行业标准.公路工程无机结合料稳定材料试验规程(JTJ 057—2000).北京:人民交通出版社,1994.

[23] 中华人民共和国国家标准.硅酸盐水泥、普通硅酸盐水泥(GB 175—1999).北京:中国标准出版社,1999.

[24] 中华人民共和国国家标准.矿渣硅酸盐水泥、火山灰硅酸盐水泥、粉煤灰硅酸盐水泥(GB 1334—1999).北京:中国标准出版社,1999.
[25] 中华人民共和国行业标准.公路土工试验规程(JTJ 051—93).北京:人民交通出版社,1993.
[26] 中华人民共和国国家标准.水泥胶砂强度检验方法(ISO 法)(GB/T 17671—1999).北京:中国标准出版社,1999.
[27] 中华人民共和国国家标准.复合硅酸盐水泥(GB 12958—1999).北京:中国标准出版社,1999.
[28] 中华人民共和国行业标准.砌筑砂浆配合比设计规程(JGT 98—2000).北京:中国建筑工业出版社,2001.
[29] 申爱琴.水泥与水泥混凝土.北京:人民交通出版社,2000.
[30] 沈金安.改性沥青与 SMA 路面. 北京:人民交通出版社,1999.
[31] 孟祥波.土质学与土力学. 北京:人民交通出版社,2004.
[32] 高大钊. 土质学与土力学(第三版) . 北京:人民交通出版社,2003.
[33] 刘秉京.混凝土技术(第二版) . 北京:人民交通出版社,2004.
[34] 刘中林,谭发茂.高等级公路沥青混凝土路面新技术. 北京:人民交通出版社,2004.
[35] 沙庆林.高等级公路半刚性基层沥青路面. 北京:人民交通出版社,1999.
[36] 葛勇,张宝生.建筑材料. 北京:中国建材工业出版社,2003.
[37] 张应立.现代混凝土配合比设计手册. 北京:人民交通出版社,2002.
[38] 徐培华.公路工程混合料配合比设计与试验技术. 北京:人民交通出版社,2002.
[39] 田文玉,江利民.道路建筑材料. 北京:人民交通出版社,2004.